Heinz Böker (Hg.)
Psychoanalyse im Dialog mit den Nachbarwissenschaften

Das Anliegen der Buchreihe Bibliothek der Psychoanalyse besteht darin, ein Forum der Auseinandersetzung zu schaffen, das der Psychoanalyse als Grundlagenwissenschaft, als Human- und Kulturwissenschaft und als klinische Theorie und Praxis neue Impulse verleiht. Die verschiedenen Strömungen innerhalb der Psychoanalyse sollen zu Wort kommen, und der kritische Dialog mit den Nachbarwissenschaften soll intensiviert werden. Bislang haben sich folgende Themenschwerpunkte herauskristallisiert:

Die Wiederentdeckung lange vergriffener Klassiker der Psychoanalyse – wie beispielsweise der Werke von Otto Fenichel, Karl Abraham, W. R. D. Fairbairn, Sándor Ferenczi und Otto Rank – soll die gemeinsamen Wurzeln der von Zersplitterung bedrohten psychoanalytischen Bewegung stärken. Einen weiteren Baustein psychoanalytischer Identität bildet die Beschäftigung mit dem Werk und der Person Sigmund Freuds und den Diskussionen und Konflikten in der Frühgeschichte der psychoanalytischen Bewegung.

Im Zuge ihrer Etablierung als medizinisch-psychologisches Heilverfahren hat die Psychoanalyse ihre geisteswissenschaftlichen, kulturanalytischen und politischen Ansätze vernachlässigt. Indem der Dialog mit den Nachbarwissenschaften wiederaufgenommen wird, soll das kultur- und gesellschaftskritische Erbe der Psychoanalyse wiederbelebt und weiterentwickelt werden.

Stärker als früher steht die Psychoanalyse in Konkurrenz zu benachbarten Psychotherapieverfahren und der biologischen Psychiatrie. Als das anspruchsvollste unter den psychotherapeutischen Verfahren sollte sich die Psychoanalyse der Überprüfung ihrer Verfahrensweisen und ihrer Therapie-Erfolge durch die empirischen Wissenschaften stellen, aber auch eigene Kriterien und Konzepte zur Erfolgskontrolle entwickeln. In diesen Zusammenhang gehört auch die Wiederaufnahme der Diskussion über den besonderen wissenschaftstheoretischen Status der Psychoanalyse.

Hundert Jahre nach ihrer Schöpfung durch Sigmund Freud sieht sich die Psychoanalyse vor neue Herausforderungen gestellt, die sie nur bewältigen kann, wenn sie sich auf ihr kritisches Potenzial besinnt.

Bibliothek der Psychoanalyse
Herausgegeben von Hans-Jürgen Wirth

Heinz Böker (Hg.)

Psychoanalyse im Dialog mit den Nachbarwissenschaften

Mit Beiträgen von Michael Bertschinger,
Heinz Böker, Dominique Bondy Borbély,
Brigitte Boothe, Peter Dettmering,
Michael Dümpelmann, Mario Erdheim,
Ludwig Haesler, Peter Hartwich,
Rolf Haubl, Holger Himmighoffen,
Alice Holzhey-Kunz, Joachim Küchenhoff,
Marianne Leuzinger-Bohleber, Alexander Moser,
Georg Northoff, Thomas Stark, Regula Umbricht,
Thomas Umbricht, Hans-Jürgen Wirth,
Ioannis S. Zachariadis und Jeannette Zahner

Psychosozial-Verlag

SCHWEIZERISCHE GESELLSCHAFT FÜR PSYCHOANALYSE (SGPsa)
FREUD-INSTITUT ZÜRICH

Bibliografische Information der Deutschen Nationalbibliothek
Die Deutsche Nationalbibliothek verzeichnet diese Publikation in der Deutschen Nationalbibliografie; detaillierte bibliografische Daten sind im Internet über http://dnb.d-nb.de abrufbar.

Originalausgabe

E-Mail: info@psychosozial-verlag.de
www.psychosozial-verlag.de

Umschlagabbildung: Skulptur in Zürich; Foto: Hans-Jürgen Wirth
Umschlaggestaltung & Satz: Hanspeter Ludwig, Gießen
www.imaginary-art.net
ISBN 978-3-8379-2027-7

Inhalt

III Psychoanalyse und Kultur

IV Psychoanalyse und Psychotherapie

Vorwort

Psychoanalytiker, psychoanalytisch orientierte Psychotherapeuten und Vertreter der institutionalisierten Psychoanalyse sind zur Teilnahme an einem öffentlichen Diskurs eingeladen, einem Diskurs auf gesellschaftlicher, wissenschaftlicher, kultureller und nicht zuletzt auch politischer und gesundheitspolitischer Ebene. Die oftmals eher kritische Wahrnehmung der Psychoanalyse in der Öffentlichkeit, die nachhaltig wirksamen Zerrbilder hinsichtlich der Psychoanalyse im wissenschaftlichen Umfeld und die noch unklaren Konsequenzen für die psychoanalytisch-psychotherapeutische Praxis innerhalb eines zunehmend deregulierten Gesundheitssystems erfordern es, das berufliche Selbstverständnis zu überdenken und eine gefestigte berufliche Identität auf der Grundlage einer gewachsenen Professionalisierung der Psychoanalyse und verwandter Methoden (z.B. der Psychoanalytischen Psychotherapie) zu erwerben. Auch gilt es zu fragen, worin der Beitrag der Psychoanalyse im Dialog mit ihren Nachbardisziplinen besteht und inwiefern dieser Dialog eine Bereicherung für den psychoanalytischen Wissenskorpus darstellen kann. Dies war das Anliegen der ersten »Psychoanalytischen Arbeitstage«, die am 19. und 20. September 2008 durch das Freud-Institut Zürich, Mitglied der Schweizerischen Gesellschaft für Psychoanalyse (SGPsa), durchgeführt wurden. Die »Psychoanalytischen Arbeitstage« knüpfen an die »Zürcher Arbeitstage zur Psychoanalytischen Entwicklungslehre und Technik« an, lösen diese aber gleichzeitig ab, ist doch die Erweiterung des Themenbereichs einer solchen auch an die Öffentlichkeit gerichteten Einladung zu einem Dialog ein Gebot der Zeit.

Ergänzend zu den Vorträgen und Ergebnissen der Diskussionen in den Arbeitsgruppen der ersten »Psychoanalytischen Arbeitstage Zürich« enthält dieses Buch weitere Beiträge von renommierten Wissenschaftlerinnen und Wissenschaftlern, mit denen die vier Schwerpunktthemata ergänzt und vertieft werden.

Die Theorie der Psychoanalyse hat sich seit ihrem Bestehen vielfältig aufgefächert. Triebdynamische Konzeptionen sind durch ich-, selbst- und objektbeziehungspsychologische Konzepte ergänzt worden. Die zuvor eher vernachlässigten Affekte erlebten eine Renaissance: Sie ermöglichten den Brückenschlag zu anderen Disziplinen, insbesondere zu den Neurowissenschaften, dem ersten Schwerpunktthema dieses Buches. Die Erkenntnisse der Neurowissenschaften werden inzwischen auch von Vertretern der Psychoanalyse als eine Chance zur vertieften Auseinandersetzung mit dem eigenen Theoriegebäude wahrgenommen. Das jüngste Kind der Psychoanalyse, die Neuropsychoanalyse, setzt sich insbesondere mit dem erkenntnistheoretischen Spannungsfeld von subjektivem Erleben und objektivierender Messung auseinander.

Das zweite Schwerpunktthema zielt auf die Analyse unbewusster Prozesse von Gewalt, Traumatisierung und Destruktivität in der modernen Gesellschaft. Welchen Beitrag kann die Psychoanalyse als Wissenschaft vom Innenleben des Menschen zu diesen brennenden gesellschaftspolitischen Fragen leisten? Darüber hinaus werden in einer psychoanalytischen Perspektive innerhalb des gesundheitspolitischen Kontextes Fragen adressiert, die die Rolle des psychisch kranken Menschen in der postmodernen Gesellschaft und in der gegenwärtigen Medizinpraxis und Gesundheitsplanung betreffen.

Das dritte Schwerpunktthema ist der Begegnung der Psychoanalyse mit der Kunst und den Kulturwissenschaften gewidmet. Im Mittelpunkt stehen die Berührungspunkte und Divergenzen zwischen Psychoanalyse und Theater, Psychoanalyse und Literatur sowie Psychoanalyse und Film.

Das vierte Schwerpunktthema fragt nach dem Beitrag der Psychoanalyse für die Selbstkonstitution des Menschen innerhalb therapeutischer

Prozesse. Es werden Überlegungen angestellt zur Rolle der psychoanalytisch orientierten Psychosenpsychotherapie im Speziellen und zur zukünftigen Rolle der Psychoanalyse in der Psychiatrie. Fragen zur psychoanalytischen Ausbildung werden – ebenfalls in einem dialogischen Sinne – sowohl in der Perspektive der Ausbildungskandidaten wie auch der Lehranalytiker diskutiert.

Diese thematische Vielfalt mag auf den ersten Blick irritieren. Sie lässt sich jedoch stets auf einen zentralen Fokus beziehen: Die Auseinandersetzung mit dem Konzept des Selbst und dem Prozess der Selbstkonstitution. Das Selbst des Menschen mit seinem Gefühlsleben und seinen unbewussten Konflikten stellt das zentrale Thema der Psychoanalyse dar. Dementsprechend liegt es nahe, das Wissen der Psychoanalyse heranzuziehen, um die angeschnittenen Fragen im wissenschaftlichen, gesellschaftlichen, kulturellen und therapeutischen Kontext zu untersuchen. Zugleich gilt es auch, die Reichweite psychoanalytischer Theorien angesichts der wissenschaftlichen Entwicklung und der komplexen sozialen und ökonomischen Prozesse in einer globalisierten Welt kritisch im Auge zu behalten. Die Psychoanalyse ist aufgerufen, Stellung zu beziehen (und dies auch außerhalb der Mauern psychoanalytischer Institutionen). Gerade durch die Auseinandersetzung mit den Ergebnissen benachbarter Wissenschaften wird die notwendige Suche nach dem eigenen common ground fruchtbar. Dieser Dialog, der von gegenseitigem Zuhören und gemeinsamem Denken getragen ist, stärkt – nicht zuletzt – auch die eigene berufliche Identität.

Danksagung

Mein besonderer Dank gilt Herrn Dr. med. Thomas Umbricht als Mitorganisator der ersten »Psychoanalytischen Arbeitstage Zürich«. In den zahlreichen anregenden Diskussionen und mit seinen vielfältigen Anregungen trug er wesentlich zur Entwicklung des Tagungsthemas und nicht zuletzt auch zur Konzeption des vorliegenden Buches bei. Danken möchte ich auch den zahlreichen Kolleginnen und Kollegen, deren Diskussionsbeiträge deutlich machten, dass die in diesem

Buch angeschnittenen Fragen Kristallisationspunkte einer breiteren Diskussion innerhalb der Psychoanalyse und in ihrem wissenschaftlichen, gesellschaftlichen und kulturellen Umfeld darstellen. Bedanken möchte ich mich ferner beim Freud-Institut Zürich für die finanzielle Unterstützung der Publikation.

Dem Psychosozial-Verlag und dessen Lektorin, Frau Katrin Frank, danke ich für die umsichtige Vorbereitung des Buchprojektes. Nicht zuletzt gilt mein besonderer Dank Frau Dawn Eckelhart, die in sehr verlässlicher Weise die Schreibarbeiten übernommen hat und durch ihren aufmerksam-kritischen Blick als Leserin zum Verständnis der Texte beigetragen hat.

Zürich, im August 2009
Heinz Böker

Geleitwort

Pluralität und Einheit in der heutigen Psychoanalyse

Die Bemühungen um neue Integrationen gehört zu den Visionen von Charles Hanly für seine anbrechende Präsidentschaft, wie er dies in seiner Eröffnungsrede des IPA Kongresses in Chicago im Juli 2009 ausführte. Er ist in Sorge, dass die heute vorherrschende Pluralität in der Welt der internationalen Psychoanalyse, und zwar sowohl bezüglich der theoretischen Ansätze als auch bezüglich der klinischen Behandlungstechniken, schließlich zu einem Zusammenbrechen des »common ground« führen könnte. Ich teile seine Sorge: Zwar bietet die heutige Pluralität an psychoanalytischen Konzepten einen wertvollen Reichtum möglicher Annäherungen an die Komplexität klinischer Phänomene – wie bei einem Blick durch ein Kaleidoskop legen z.B. verschiedene theoretische »Einstellungen« andere Sinnstrukturen in den Manifestationen komplexer unbewusster Fantasien und Konflikte in der psychoanalytischen Situation offen –, doch sind selbstverständlich kontinuierliche Bemühungen notwendig, Theorien und Konzepte wieder auf neue Weise miteinander in Beziehung zu setzen und zu integrieren, wie dies z.B. Steven Ellman (2009) in seinem neuen Buch *When Theories Touch. A Historical and Theorectial Integration* eindrucksvoll illustriert. Ohne solche Integrationsbemühungen formieren sich immer mehr psychoanalytische Subschulen, die – aus meiner Sicht – in wenig produktiver Weise ihre Energien zur gegenseitigen Abgrenzung verschwenden, statt sie zum gemeinsamen Eintreten für die Psychoanalyse in Wissenschaft und Öffentlichkeit zu nutzen oder sich in Gebieten wie China und Ostasien zu engagieren, die sich eben erst für die Psychoanalyse erschließen[1]. Und wie Charles Hanly dies befürchtet: Im Extremfall sind Fragmentierungs- und Spaltungsprozesse innerhalb der psychoanalytischen Bewegung zu befürchten.

Gleichzeitig beschäftigt mich aber noch eine andere Sorge, nämlich, dass der Ruf nach Integration, oder sogar nach »Unifizierung«, sich bedrohlich auf ein Gebiet der Psychoanalyse auswirken könnte, das besonders sensibel dafür ist: die *psychoanalytische Forschung.* Wie der Herausgeber dieses Bandes, Heinz Böker, und weitere Autorinnen und Autoren dieses Bandes haben wir uns schon seit Jahrzehnten um *ein der Psychoanalyse adäquates Wissenschaftsverständnis* bemüht und eine *Vielfalt an klinischen und extraklinischen Forschungsstrategien* entwickelt. Für diese Prozesse erwies sich eine kritische wissenschaftstheoretische Reflexion einer überholten Vorstellung einer »Einheitswissenschaft« als unverzichtbar. Es waren vor allem Psychoanalytiker aus dem französischen und deutschen Sprachraum, die ein Unbehagen an einem neopositivistischen Verständnis von »science« geäußert haben, das uns in der vergleichenden Psychotherapieforschung begegnet und auch von der Psychoanalyse – in uniformer Weise – einen Nachweis ihrer Wirksamkeit erfordert. Zwar finden es Psychoanalytiker weltweit verständlich, dass z. B. öffentliche Kostenträger wissen wollen, ob psychoanalytische Behandlungen auch wirklich eine kurz- und langfristige Veränderung und Verbesserung der psychischen und psychosozialen Situation bewirken. Andererseits sind die Zielvorstellungen von psychoanalytischen verglichen etwa mit verhaltenstherapeutischen Behandlungen nicht identisch und entsprechen unterschiedlichen Vorstellungen von »psychischer Gesundheit«, Lebensqualität und basalen erkenntnistheoretischen Positionen. Habermas (1971) sprach schon vor Jahrzehnten vom »emanzipatorischen« Erkenntnisinteresse der Psychoanalyse, verglichen mit dem »technischen« der Verhaltenstherapie. – Wie können solche Unterschiede, etwa in vergleichenden Wirksamkeitsstudien, kreativ vertreten werden, ohne sich dabei einerseits einem überholten einheitswissenschaftlichen Verständnis zu unterwerfen oder sich andererseits aus der Welt der »evidence based medicine« völlig

1 So ist die Mitgliederzahl in der IPA seit den 1990er Jahren weltweit von 4.000 auf über 12.000 angewachsen.

zu verabschieden und sich in den psychoanalytischen Elfenbeinturm zurückzuziehen?

Viele Autoren dieses Bandes beschäftigen sich mit diesem Spannungsfeld, dem wir vor allem in der Medizin, in der akademischen Psychologie und in der Gesundheitspolitik begegnen, aber in anderer Form durchaus auch in öffentlichen Diskursen, in Kunst, Literatur und Film. Wie ich in meinem eigenen Beitrag zu diskutieren versuche, ist der Dialog sowohl mit unseren Kolleginnen und Kollegen in der internationalen Psychoanalyse als auch in der nicht psychoanalytischen wissenschaftlichen Community unverzichtbar, um den damit verbundenen Seiltanz zwischen der Gefahr einer Überanpassung und des Identitätsverlusts einerseits und einem Rückzug in die Sterilität eines abgeschlossenen Wissenschaftsdiskurses, einer »splendid isolation«, andererseits kunstvoll zu gestalten und dabei nicht abzustürzen. So kann uns z.B. der Dialog mit Wissenschaftshistorikern und -philosophen die Augen dafür öffnen, dass die Psychoanalyse heute – in Zeiten des *Pluralismus der Wissenschaften* – zwar ihre exklusive, unvergleichbare Position als »Wissenschaft zwischen den Wissenschaften«, zwischen hermeneutischen und nomothetischen Disziplinen, zwischen Geistes- und Naturwissenschaften verloren hat, wie sie während ihrer Hochblüte in den 1970er Jahren z.B. von Alfred Lorenzer charakterisiert wurde. Die Dilthey'sche Dichotomie zwischen verstehenden und erklärenden Wissenschaften ist viel zu grob, als dass sie die Vielfalt heutiger Wissenschaften, eben ihre Pluralität, noch abbilden könnte. Sowohl die Welt der Human- als auch die der Naturwissenschaften hat sich so weit ausdifferenziert, dass es für alle wissenschaftlichen Disziplinen zur Selbstverständlichkeit geworden ist, ihre *spezifischen Forschungsmethoden*, die sich eignen, ihren *spezifischen Forschungsgegenstand* wissenschaftlich zu untersuchen, sowie ihre *spezifischen Qualitäts- und Abgrenzungskriterien* präzise und für Außenstehende nachvollziehbar zu beschreiben. Dies gilt selbstverständlich auch für die Psychoanalyse. So müssen wir zwar immer wieder den Verlust einer exklusiven Position der Psychoanalyse betrauern und akzeptieren, dass die Erwartungen, die so manche während der Studentenbewegung an die Psychoanalyse als kritische »Metawissenschaft« und »Kulturtheorie« gerichtet haben, überhöht und nicht zu erfüllen waren. Die schmerzliche Trauerarbeit scheint mir eine persönliche Voraussetzung, um sich als heutige psychoanalytische Forscherin und Klinikerin – bescheidener, aber auch spezifischer – in den Kanon wissenschaftlicher Disziplinen einzubringen. In konkreten interdisziplinären Forschungsverbünden und -netzwerken, die durch die sich ständig beschleunigende, medialisierte »Wissensgesellschaft« (Weingart) eingefordert werden, erfahren wir dann aber durchaus auch eine neue Wertschätzung und Akzeptanz. Die Psychoanalyse wird als »normale«, spezifische Wissenschaft des Unbewussten wahrgenommen, die aufgrund ihrer 100-jährigen Forschungsgeschichte über einen einzigartigen und unverzichtbaren Reichtum an professionellen Einsichten in das Unbewusste verfügt. So ist die Psychoanalyse zu einer zwar leisen, aber unverzichtbaren »Stimme der Vernunft« in Wissenschaft, Kultur und Öffentlichkeit geworden.

Auch der Dialog mit anderen Wissenschaftlern, Neurowissenschaftlern, Soziologen, Ethnologen, Literatur-, Kunst- und Filmwissenschaftlern, wirft, wie die Beiträge in diesem Band zeigen, einen triangulierenden, fruchtbaren Blick auf das Eigene und sensibilisiert dafür, dass es in der heutigen Psychoanalyse trotz aller Pluralität und Vielfalt doch auch einen »common ground«, eine »Einheit«, gibt – so etwa das tastende Suchen nach unbewussten Bedeutungen in komplexen Informationsstrukturen und der professionelle Umgang mit dem »Nicht-Wissen« und den damit verbundenen Ängsten vor dem Unbewussten, dem Unkontrollierbaren und »Unlogischen«. So sagte z. B. der dänische Regisseur Lars von Trier kürzlich in einem Interview: »The brain is constructed to look for patterns and we're taught to develop this skill in childhood through the stories we read and are told. However, that mechanism, that skill, can be put to use in another way. Illogically …« (Sacnorama, July/August 2009, S. 39).

Die Psychoanalyse als Wissenschaft des Unbewussten, des »Unlogischen«, ist Teil unserer Wissensgesellschaft und unserer Kultur geworden …

Frankfurt am Main, im August 2009
Marianne Leuzinger-Bohleber

Einleitung

Heinz Böker

Die Psychoanalyse erhebt als Wissenschaft vom menschlichen Unbewussten den Anspruch, eine umfassende Konzeption des Mentalen – einschließlich seiner Entwicklungszusammenhänge – und seiner Verbindungen sowohl zu den Dimensionen des Körperlichen wie auch des Soziokulturellen vorzuweisen. Sie verfügt über eine allgemeine Theorie, ist Forschungsmethode, Krankheitslehre und klinische Technik zugleich. Als Methode zur Untersuchung menschlichen Fühlens, Denkens und Handelns sucht sie nach latenter, dem Ich nicht ohne weiteres zugänglicher Bedeutung sowohl in den Symptomen des einzelnen Menschen als auch in den Manifestationen ganzer Gruppen und Kulturen. Psychoanalytische Interpretationstechniken kommen in den verschiedensten Bereichen zum Zuge, sei es in gesellschaftlichen Fragen, in Film, Literatur oder Theater, in den bildenden Künsten, Märchen oder anderen kulturellen Produktionen. Im engeren Sinne aber ist Psychoanalyse zunächst einmal ein klinisches Verfahren, welches auf Einsicht gründet: Einsicht in die unbewussten Zusammenhänge, in die Psychodynamik des Seelenlebens, Einsicht, welche im Bezug zu einem anderen im Dialog, im Beisein – oder der Abwesenheit – eines anderen heranwächst. Diese Einsicht ist als ein Prozess zu verstehen. Dieser andere, mittels dessen Präsenz Einsicht gewonnen werden kann, ist die Psychoanalytikerin, der Psychoanalytiker.

Somit hat Psychoanalyse schon in ihrem zentralen Anliegen als Methode zur Selbsterkenntnis und damit auch zur Selbstfindung etwas genuin Dialogisches. Dialog weniger als Rede und Antwort auf bewusster Ebene, vielmehr als Bezogenheit zwischen zwei Subjekten und ihrem Unbewussten, als gemeinsames Nachdenken, als Sprechen zu und Gehörtwerden von einem anderen – und auch Gedeutetwerden von ihm, wobei dieser andere auch das eigene Selbst sein kann.

Geht man der Bedeutung des Ausdrucks »Dialog« nach, so findet man als eine mögliche Herkunft des Wortes die beiden griechischen Wortwurzeln *dia* (durch, hindurch) und *logos* (Wort, Sinn, Bedeutung). Das heißt in anderen Worten: Dialog als ein Fließen von Sinn.

Angesichts der vielfach beschworenen Notwendigkeit des Dialogs müssen zunächst auch die Voraussetzungen und Spielregeln des Dialogs geklärt werden. Zwei Grundvoraussetzungen eines Dialogs, der diesen Namen verdient, sind die Anerkennung des anderen in seinem Eigenen. Was so banal und selbstverständlich tönt, ist es – wie auch der Tagungsbeobachter der ersten »Psychoanalytischen Arbeitstage Zürich«, Heinz Müller, betonte, leider nicht. Ferner sollte an die Stelle konkurrierender oder alternativer Konzepte, deren Kluft allenfalls zu überbrücken wäre, der Gedanke oder die dialogische Frage einer möglichen oder notwendigen Komplementarität treten. Als Drittes fordert der Dialog ein Sprechen und Schreiben, das an den Dialogpartner adressiert ist und die Sprache der eigenen Wissenschaft für den Laien übersetzt, möglichst ohne Verlust an Komplexität, was alles andere als einfach ist.

Der Titel *Psychoanalyse in Dialog* mit den Nachbarwissenschaften soll deutlich machen, dass die Psychoanalyse sich als Wissenschaft unter anderen Wissenschaften versteht und damit ihre eigenständige Position im heterogenen Pluralismus der Wissenschaftslandschaft behauptet. Der erste Themenschwerpunkt des Buches zielt auf den Dialog der Psychoanalyse mit den benachbarten Wissenschaften. Dieser Dialog wurde – für viele zunächst überraschend – gerade auch durch die empirischen Ergebnisse der Neurowissenschaften in den vergangenen 20 Jahren deutlich gefördert. Angesichts dieser Entwicklungen liegt es nahe, die spezifische Schnittstelle zwischen Neurowissenschaften und Psychoanalyse als Ausgangspunkt dieses Dialoges zu setzen.

Georg Northoff setzt sich mit den neurobiologischen Grundlagen des phänomenalen Selbstbewusstseins auseinander. Im Hinblick auf die Beziehung zwischen den verschiedenen Konzepten des Selbst und den diesen zugrunde liegenden neuronalen Mechanismen schlägt er eine prozessuale Definition des Selbst in Form des selbst-bezogenen Prozessing vor. Dabei wird das Selbst durch das phänomenale Erleben der Beziehung zwischen Umwelt und Organismus definiert. Unter Berücksichtigung der Ergebnisse bisheriger Studien zum Selbst in der funktionellen Bildgebung gelangt Northoff zu dem Schluss, dass die Selbst-bezogene Prozessierung (SBP) mit der neuronalen Aktivität in den medialen Regionen des Gehirns – den sogenannten kortikalen Mittellinienstrukturen – zusammenhängen könnte. In dieser von Georg Northoff entwickelten Perspektive rückt ein prozessuales Konzept des Selbst an die Stelle eines inhaltlichen bzw. domänenbezogenen Konzepts des Selbst, welches durch einen spezifischen Prozess definiert wird.

Die Implikationen der Selbst-bezogenen Prozessierung für das Konzept des Selbst und im Hinblick auf psychiatrische Krankheitsbilder und den Dialog zwischen Neurowissenschaften, Psychiatrie und Psychoanalyse werden diskutiert. Im Fokus sind dabei insbesondere depressiv Erkrankte, die ihr eigenes Selbst – wie erfahrene Kliniker immer wieder beobachten – in den akuten Krankheitszuständen oftmals nicht mehr erleben, ihm keine Emotionen mehr zuordnen können und sich isoliert und abgetrennt von der Umwelt fühlen. Neuroimaging-Studien zeigten, dass depressive Patienten in den kortikalen Mittellinenstrukturen starke Veränderungen bei emotionaler Stimulation aufwiesen. Diese empirischen Befunde unterstreichen zum einen die Hypothese eines abnormen Zusammenhangs zwischen der Hirnaktivierung in den kortikalen Mittellinienstrukturen und dem Selbst, und machen zugleich deutlich, wie groß unsere Wissenslücken im Hinblick auf den Zusammenhang zwischen Selbst, komplexen Änderungen im Erleben und in der Beziehung zur Umwelt und deren neurophysiologischen Korrelationen (insbesondere hinsichtlich der neurophysiologischen Substrate im Bereich der kortikalen Mittellinienstrukturen) sind. Erst aus einer genaueren Kenntnis dieser Zusammenhänge könnten in Zukunft auch gezielte psychotherapeutische und/oder pharmakotherapeutische Interventionen abgeleitet werden.

Im Zusammenhang mit dem Konzept der Selbst-bezogenen Prozessierung geht Georg Northoff schließlich auch auf den Dialog zwischen Psychoanalyse und Neurowissenschaften ein. Das Konzept des Selbst sei seitens der Psychoanalyse – im Vergleich mit dem Ich – eher vernachlässigt worden. Selbst und Ich seien als komplementäre Konzepte anzusehen. Gerade von dieser Komplementarität des Selbst- und Ich-Konzeptes könnte die Neurowissenschaft von der Psychoanalyse lernen, insbesondere im Hinblick auf die Überwindung der Fixierung auf mentale und nichtmentale Inhalte. Die Komplementarität zwischen Selbst und Ich lenke den Blick von den Inhalten auf die Organisation der Psyche. Selbst und Ich entsprechen eben nicht bestimmten neuronalen Inhalten; vielmehr sei es auch für die Neurowissenschaften entscheidend, die Aufmerksamkeit auf die neuronale Organisation zu lenken.

Thomas Stark setzt sich mit der Neurobiologie des Selbst und dem Unbewussten in psychoanalytischer Perspektive auseinander. Ausgangspunkt ist dabei die Unterscheidung zwischen einem objektiven Kern-Selbst und einem erzählenden subjektiven Selbst. Die anatomisch-strukturellen Grundlagen des neuroethologischen Kern-Selbst sind die sogenannten subkortikalen und kortikalen Mittellinienstrukturen, deren neuronale Funktionen ganz wesentlich auf das sogenannte »self-related processing« (von Stark mit »zu einem Selbst verknüpfende neuronale Aktivität« übersetzt) zielen. Stark betont, dass das Kernselbst über das Self-related Processing intensiv mit der Umwelt verbunden ist. Stark ordnet es den Freud'schen Selbsterhaltungstrieben zu, die die Bausteine und den Rahmen des in der Psychoanalyse erforschten psychischen Lebens bilden (Bewusstsein, Affekte und Antriebe). Die Auslagerungen der Wurzeln dieser Funktionen in die Säugetierbiologie gebe der Psychoanalyse Spielraum für die Erforschung des Säugetier-Kernselbst durch die Besonderheiten der menschlichen Entwicklung und ihrer Folgen, das heißt des psychoanalytischen Unbewussten.

Während der Andere in den Arbeiten Northoffs nur implizit als Reiz aus der Außenwelt enthalten sei, käme dem Anderen aus entwicklungspsychologischer und psychoanalytischer Sicht eine unabdingbare Bedeutung für die Entwicklung des Subjekts zu. Unter Bezug auf Laplanches Konzept der »rätselhaften Botschaften« weist Stark darauf hin, dass das

Kind über eine komplexe Entwicklung eines mit dem Erwachsenen nicht geteilten eigenen verdrängten Unbewussten aus einer gemeinsamen intersubjektiven bzw. relationalen Matrix heraus die Fähigkeit entwickelt, in die allgemeine unpersönliche Subjektivität Grenzen einzuziehen, die das Kind zum Subjekt und das Gegenüber zum Anderen ein- und die Welt in ein Da-Draußen ausschließen. Dementsprechend plädiert Stark für eine neurobiologische Konzeption des psychoanalytischen Unbewussten, die von einer notwendigen gegenseitigen Bedingtheit von Hirnentwicklung, psychoanalytischem Unbewussten und Selbst unter dem Einfluss des Anderen ausgeht. Er macht ferner darauf aufmerksam, dass die von Northoff vertretene Erste-Person-Perspektive nur das bewusste Selbsterleben der Versuchspersonen erfasse, wesentliche zum erzählenden subjektiven Selbst gehörende Vorgänge jedoch nicht wahrnehmbar seien. Hinsichtlich der von Northoff geschilderten Forschungsparadigmata bleibt für den Psychoanalytiker die Frage offen, worin die durch die Versuchssituation (bzw. die präsentierten Bilder) ausgelösten dynamisch unbewussten Vorgänge bestehen.

Thomas Stark gelingt es ausgezeichnet, als Psychoanalytiker die Perspektive des Neurowissenschaftlers einzunehmen und diese in einem weiteren Schritt in psychoanalytischer Sicht zu erweitern und zu hinterfragen.

Der Anspruch, eine Brücke zu schlagen zwischen verschiedenen erkenntnistheoretischen Ansätzen und methodologischen Zugängen, setzt die Klärung der methodologischen Voraussetzungen eines solchen Brückenschlags voraus. Diese grundsätzlich zu lösende Problematik wird auf die Untersuchung neuronaler Effekte Psychodynamischer Psychotherapie mittels bildgebender Verfahren bezogen, wie Georg Northoff und Heinz Böker in ihrem Beitrag erörtern. Neben den grundsätzlichen Problemen der Interpretation von Neuroimaging-Befunden bei der Untersuchung psychotherapeutischer Interventionen verweisen die Autoren insbesondere auf das Problem der Unterscheidung zwischen dem Zielsymptom und den – diesem möglicherweise zugrunde liegenden – psychodynamischen Prozessen sowie auf das Problem der Konzeptualisierung psychodynamischer Konzepte hin. Die Vielzahl der in den Studien zu den neuronalen Effekten Psychodynamischer

Psychotherapie zu kontrollierenden Faktoren wird zusammengefasst unter den Überschriften »Design-Problem« und »Übersetzungsproblem«. Das Design-Problem zielt dabei auf die Frage, auf welche Weise funktionell verknüpfte Variablen in einer experimentellen Studie auf unabhängigem Wege erfasst werden können. Das Übersetzungsproblem wirft die Frage auf, wie die verschiedenen konzeptuellen Ebenen überbrückt werden können (die subjektiv-personale Ebene von Patient und Psychotherapeut, die neuronale Ebene des Gehirns, die Diskrepanz zwischen den zu beobachtenden behavioralen Effekten der Psychotherapie und der subjektiv erlebten Wirksamkeit, und nicht zuletzt auch die Lücke zwischen der psychodynamischen Ebene der Psychodynamischen Psychotherapie, der psychologischen Ebene der Aktivierungsaufgaben im Rahmen von Neuroimaging-Studien und der neuronalen Ebene der gemessenen Parameter). Valide und reliable Messungen und Interpretationen der Daten setzen eine Klärung dieser grundsätzlichen Fragen voraus, um ein experimentell einwandfreies Design zu entwickeln. Ein zentrales methodologisches Problem besteht darin, dass mögliche neuronale Veränderungen vermutlich eher diejenigen psychodynamischen Prozesse widerspiegeln, die der psychotherapeutischen Intervention zugrunde liegen, als die psychotherapeutische Intervention selbst (den therapeutischen »Input«). Diese Diskrepanz zwischen klinischer Realität und den Notwendigkeiten eines experimentellen Designs muss sowohl im Hinblick auf die Entwicklung eines geeigneten Untersuchungsparadigmas wie auch hinsichtlich der Dateninterpretation berücksichtigt werden.

Ein weiteres methodologisches Problem ergibt sich dann, wenn die Wirksamkeit der Psychotherapie (Output) ausschließlich auf der Ebene der jeweiligen psychodynamischen Dimensionen erfasst wird, da bei einem solchen Vorgehen die unabhängige Variable gleichzeitig abhängig von dem gewählten Maß (den psychodynamischen Dimensionen) bleibt. Deshalb werden zusätzliche abhängige Variablen für die Veränderungsmessung im Verlauf psychotherapeutischer Behandlungen benötigt. Ein mögliches Vorgehen bei der Entwicklung eines experimentellen Designs wird am Beispiel des »introjektiven Typus« der Depression beispielhaft dargestellt.

Zusammenfassend unterstreichen die Überlegungen zu den methodologischen Voraussetzungen des Brückenschlags das hohe Ausmaß an Komplexität, das mit unterschiedlichen konzeptuellen, empirischen und experimentellen Problemen verknüpft ist. Ein wesentliches Anliegen der Autoren besteht darin, gerade angesichts dieser komplexen Problematik einen »Weg durch den Dschungel der Komplexität zu vermitteln«. Dabei gehen sie davon aus, dass die Komplexität der Erforschung der neuronalen Effekte Psychodynamischer Psychotherapie in beinahe paradigmatischer Weise die Komplexität des menschlichen Gehirns widerspiegelt, sodass die Ergebnisse neuropsychodynamischer Forschung eine Einsicht und ein besseres Verständnis allgemeiner Prinzipien neuronaler Organisation ermöglichen können.

Marianne Leuzinger-Bohleber beschreibt als erfahrene Psychoanalytikerin und Psychotherapieforscherin die psychoanalytische Psychotherapieforschung als ein Spannungsfeld, das viele Entwicklungsmöglichkeiten enthalte, zugleich aber auch mit möglicher Überforderung verbunden sei. Ausgangspunkt ist eine kritische Reflexion des Pluralismus der Wissenschaften. So sei es stets problematisch, wenn sich die Psychoanalyse in Therapievergleichsstudien unkritisch einem einheitswissenschaftlichen Forschungsparadigma der Messbarkeit und der wissenschaftlichen Kontrolle unter dem Deckmantel der Qualitätssicherung unterziehe, andererseits könne sich die Psychoanalyse in ihrem Anspruch als Heilmethode nicht dem Nachweis ihrer Wirksamkeit entziehen. Psychoanalytische Forschung sei oftmals vergleichbar einem Seiltanz zwischen zwei drohenden Gefahren: zwischen der Skylla der Überanpassung und des Identitätsverlustes einerseits und der Charybdis der Verweigerung des interdisziplinären wissenschaftlichen Diskurses mit dem Rückzug in eine »splendid isolation« im psychoanalytischen Elfenbeinturm andererseits. Aufgrund ihrer wissenschaftshistorischen Überlegungen schlussfolgert sie, dass es weder das Anliegen der heutigen Psychoanalyse sein könne, sich an die Kriterien von »science« im Sinne einer naturwissenschaftlich geprägten Einheitswissenschaft anzugleichen, noch die Psychoanalyse weiterhin in einem Schwebezustand zwischen Kunst und Wissenschaft zu lokalisieren. Sie fordert stattdessen dazu auf, die Psychoanalyse möge die Spezifität der psychoanalytischen

Wissenschaft mit ihren charakteristischen Forschungsmethoden und ihren spezifischen Prüf- und Wahrheitskriterien im Kanon anderer Wissenschaften offensiv vertreten. Eine wesentliche Voraussetzung bestehe darin, die Spezifität der Psychoanalyse (inklusive der spezifischen Untersuchungsmethode, ihres spezifischen Untersuchungsgegenstandes und der ihr eigenen spezifischen Qualitätskriterien) im kritischen Austausch mit anderen Wissenschaften transparent zu machen. Sie grenzt eine »forschende Grundhaltung« in den verschiedenen Formen psychoanalytischer Forschung von einer professionellen Behandlungskunst ab und beschreibt die klinisch-psychoanalytische Forschung (als Kernstück psychoanalytischer Forschung überhaupt), die psychoanalytische Konzeptforschung und die Zielsetzungen der extraklinischen Forschung (beispielhaft insbesondere die multizentrische LAC-Studie zur Depressionsbehandlung).

Das wissenschaftliche Plädoyer von Marianne Leuzinger-Bohleber besteht darin, dass sich die klinische Psychoanalyse neben der Intensivierung der klinisch-psychoanalytischen Forschung nur produktiv weiterentwickeln könne, »wenn sie eine große Offenheit für neue Patientengruppen, aktuelle gesellschaftliche Themen und Anforderungen sowie die verschiedenen Formen klinischer und extraklinischer, empirischer und interdisziplinärer Forschung – und vor allem auch für ihren wissenschaftlichen Nachwuchs – an den Tisch legt«.

Der Beitrag von Heinz Böker, Jeannette Zahner und Holger Himmighoffen setzt sich mit einem hartnäckigen Vorurteil auseinander, nämlich mit der Annahme, dass psychoanalytische Therapieverfahren nicht wissenschaftlich fundiert seien. Dieses Klischee wird u.a. entkräftet durch die Vielzahl empirischer Untersuchungen zum Stellenwert der Psychodynamischen Psychotherapie im Rahmen der Depressionsbehandlung. Der Beitrag vermittelt einen Überblick über die Ergebnisse der vorliegenden Wirksamkeitsstudien zur psychodynamisch orientierten Kurzzeittherapie und zur psychoanalytischen Langzeittherapie bei depressiv Erkrankten. Es zeigt sich, dass neben der kognitiv-behavioralen Therapie und der interpersonellen Therapie auch die Wirksamkeit der Psychodynamischen Psychotherapie bzw. der Psychoanalytischen Psychotherapie bei Depressionen empirisch gut abgesichert ist. Es wird deutlich, dass angesichts der Schwere depressiver Erkrankungen, der Rezidivierung und der Chronifizierung Depressionsbehandlungen jenseits der notwendigen intensiven Interventionen nach einer Erstmanifestation insbesondere auch den Langzeitverlauf depressiver Erkrankungen berücksichtigen müssen. Die Psychodynamische Psychotherapie und die Psychoanalytische Psychotherapie tragen als wirksame Psychotherapieverfahren zu einer adäquaten Behandlung insbesondere derjenigen depressiv Erkrankten bei, bei denen eine persönlichkeitsstrukturell verankerte Dynamik, intrapsychische und/oder interpersonelle Konflikte zur Auslösung depressiver Episoden und zur Chronifizierung des Krankheitsgeschehens führen können.

In einem weiteren Schritt gehen die Autoren dem Phänomen nach, dass der vorhandenen empirischen Evidenz der Wirksamkeit Psychodynamischer Psychotherapie in der Depressionsbehandlung weder in der aktuellen wissenschaftlichen noch in der gesundheitspolitischen Diskussion Rechnung getragen wird. Der Beitrag setzt sich kritisch mit dem »golden standard« der randomisiert-kontrollierten Studie im Rahmen der Psychotherapieforschung auseinander. Gerade auch die Heterogenität depressiver Syndrome, die hohe Komorbiditätsrate bei depressiv Erkrankten und die Bedeutung der Qualität der therapeutischen Beziehung unterstreichen, dass die Anwendung eines laborexperimentellen Untersuchungsdesigns bei der Bewertung und beim Vergleich unterschiedlicher Psychotherapiemethoden auf zwei zentralen empirisch nicht validierten Annahmen beruht, die gerade auch in der Behandlung depressiv Erkrankter nicht erfüllt sind: homogene Patientenstichproben zu identifizieren und eine Behandlungsmethode unabhängig vom Einfluss des Therapeuten untersuchen zu können. Es wird eine mehrstufige Psychotherapieforschung propagiert, die neben der Untersuchung isolierter therapeutischer Interventionen (z. B. mittels RCT) insbesondere auch den Verlauf der Behandlung unter Praxisbedingungen erfasst. Die chronische Depression stellt eine besondere Herausforderung dar; dies unterstreicht, dass die Propagierung kurzer Therapien gerade bei der Depression weder der klinischen Alltagserfahrung noch der vorhandenen empirischen Datenlage entspricht. Zur Gestaltung einer dem jeweiligen Einzelfall anzupassenden mehrdimensionalen Behandlung ist nicht zuletzt auch der – von ideologischen Vorbehalten befreite – Dialog der Vertreter unterschiedlicher Psychotherapierichtungen und der Pharmakotherapie eine wesentliche Voraussetzung.

Brigitte Boothe betont in ihrem Beitrag die Nähe der Psychoanalyse zur Narrativik, zur Literatur- und Geisteswissenschaft. Indem der Psychoanalytiker das, was er sieht und versteht, als Mitteilung auffasse und dazu eine Geschichte rekonstruiere, nehme er teil an einer enthüllenden Inszenierung: Er wird zu einem emotional engagierten Zuschauer bei einer Szene, die dem Betrachter etwas Bedeutungsvolles mitteilt, für den Produzenten aber nur Ausdruck von Störung und Leiden sei. Dieses von Argelander so bezeichnete »szenische Verstehen« wird dabei zum sichersten Fundament des psychoanalytischen Erkennens in der Teilhabe an der Situation des Patienten, worauf bereits Lorenzer aufmerksam gemacht hat.

Anhand von klinischen Beispielen zeigt Boothe, dass die Psychoanalyse als klinischer Dialog narrativ und szenisch darstellende, explorativ-reflexive Arbeit ist, zugleich auch eine der Stärkung und der Entwicklung des Ich dienende Kooperationsform. Die narrativen Inszenierungen verweisen auf Wünsche, Ängste, Abwehrstrategien und ermöglichen einen spezifischen Einblick in den persönlichen Kosmos einer Person. Prototypische Beziehungsmuster lassen sich in einer systematischen Weise erschließen (z. B. mittels des »Zentralen Beziehungskonflikts« nach Luborsky, 1998, oder der Operationalisierten Psychodynamischen Diagnostik). Im Rahmen der von Brigitte Boothe vorgestellten »klinischen Narratologie« kann die Mikrodynamik des therapeutischen Prozesses mittels qualitativer Forschungsmethoden (z. B. Erzählanalyse nach Jakob) näher erforscht werden.

Die sprachliche Ausgestaltung oder narrative Inszenierung von Ereignissen dient wesentlichen psychischen Funktionen (der Wunscherfüllung, der psychischen Reorganisation, der sozialen Integration und der Aktualisierung im historischen Kontext). In diesem Zusammenhang ist es naheliegend, dass Selbstartikulation des Leidens und psychisches Leiden verschwistert sind und es dementsprechend unverzichtbar ist, dieser Selbstartikulation besondere Aufmerksamkeit zu schenken. Im Rahmen der psychoanalytischen Behandlung wird dabei die Erzählung zu einem gemeinsamen Dritten von Patient und Therapeut.

Boothe betont schließlich die narrative Wende der Psychologie und weist darauf hin, dass die Psychoanalyse nicht mehr als Entdeckungs-, sondern als Konstruktionsverfahren anzusehen sei. Die Inhalte der Konstruktionen und die neuen Perspektiven erschließen sich dabei vor allem im Dialog.

Der Beitrag von Alice Holzhey-Kunz setzt sich in einer nicht enzyklopädischen Weise mit einzelnen Aspekten des Verhältnisses von Psychoanalyse und Philosophie auseinander. Es geht insbesondere um die Frage, inwieweit sich das bekannte Misstrauen Freuds gegenüber der Philosophie (»Überschätzung des Wortzaubers«) philosophisch begründen lässt. Holzhey-Kunz unterstreicht, dass Freud mit Recht geltend machte, etwas über oder im Menschen entdeckt zu haben, was die Philosophie nicht kennt und was sie auch mit ihren Mitteln nicht zur Sprache zu bringen vermag. Sie vertritt dabei die Auffassung, dass sich die Entdeckungen Freuds existenzial-philosophisch begründen lassen. Dabei bezieht sich die Autorin insbesondere auf Kierkegaard und den frühen Heidegger, die ebenfalls den Finger auf etwas gelegt hatten, was die Philosophie bis dahin abgewehrt hatte und das im Übrigen – angestoßen durch Lacan und Laplanche – bereits zu Versuchen geführt hat, Freuds Entdeckung neu zu konzipieren.

In einer sozialwissenschaftlichen Perspektive setzt sich Rolf Haubl mit der Aufmerksamkeitsdefizit-Hyperaktivitätsstörung (ADHS) auseinander. Haubl hinterfragt die biomedizinisch-psychiatrische Definitionshoheit über die Störung und stellt die ausschließlich biologisch-genetische Erklärung der ADHS – epidemiologisch der größten psychosozialen Belastung von Kindern und Jugendlichen – infrage. Der biomedizinisch-psychiatrische ADHS-Diskurs tendiere dazu, die einzelnen Risiko- und Schutzfaktoren zu isolieren. Haubl gibt zu bedenken, dass die rasante Zunahme an ADHS-Diagnosen und Ritalin-Verordnungen in Deutschland am Übergang vom 20. ins 21. Jahrhundert in einen Zeitraum falle, in dem ein rasanter Gesellschaftswandel – die neoliberale Transformation – vonstattengehe. Angesichts der verringerten sozialen Sicherheit und des gestiegenen gesellschaftlichen Angstniveaus bestehe die Gefahr, dass psychopharmakologisches Enhancement – z. B. am Arbeitsplatz – alltäglich zu werden drohe. Ähnlich wie für Studierende aus einem konkurrenten Herkunftsmilieu, die – wie eine US-amerikanische Studie zeigte – sehr viel häufiger auf psychopharmakologische Enhancer zurückgreifen, gelte auch für Schüler und Kindergartenkinder: Kinder, die in eine konkurrente Welt hineingeboren werden, »stehen […] von Anbeginn ihres Lebens unter Beobachtung«. Eltern seien mit der paradoxen Situation konfrontiert, sich für Normabweichungen zu sensibilisieren und für Abweichungskorrekturen bereitzuhalten, »ohne sich der geltenden Norm sicher zu sein«.

Haubl plädiert für eine »verantwortungsvolle Aufklärung« und einen »konfliktträchtigen Verständigungsprozess«, da die ADHS-Thematik in einem emotionalisierten Feld divergierender Erwartungen angesiedelt sei. In einer sozialwissenschaftlichen Perspektive gehe es schließlich auch darum, Krankheiten und Störungen als Lebensstilindikatoren zu thematisieren. In diesem Zusammenhang lasse sich die These formulieren, dass die »Ritalin-Gesellschaft« eine Folge der »erregten Gesellschaft« sei, das heißt einer Gesellschaft, die eine multisensorische Reizflut produziere, die schnell zu einer Reizüberflutung werden könne. Medienerziehung und Regulierung medial vermittelter Erregtheit sei eine wichtige pädagogische Herausforderung.

Die Bedeutung des Dialogs zwischen Sozialwissenschaften und Psychoanalyse findet ihren Niederschlag nicht zuletzt auch in der Arbeit verschiedener interdisziplinärer Forschungsgruppen, welche die beziehungsdynamischen, rollendynamischen und soziokulturellen Aspekte der Aufmerksamkeitsdefizit-Hyperaktivitätsstörung untersuchen.

Das zweite Schwerpunktthema des Buches »Psychoanalyse und Gesellschaft« wird mit einem Beitrag von Hans-Jürgen Wirth eingeleitet, der sich mit den Phänomenen von Macht und Destruktivität in der Politik aus psychoanalytischer Perspektive nähert. Dabei bezieht er sich insbesondere auf das Narzissmus-Konzept und dessen objektbeziehungspsychologische Weiterentwicklung durch Jessica Benjamin, Vamik D. Volkan und Otto F. Kernberg. So unternahm Benjamin den Versuch, das Problem der Macht mit der existenziellen Abhängigkeit des Menschen einerseits und seinem gleichermaßen ausgeprägten Bedürfnis nach Souveränität andererseits in Verbindung zu bringen. Die Ausübung von Macht, die Varianten des pathologischen Narzissmus und damit verknüpfte paranoide Projektionen stellen in dieser Sichtweise Strategien dar, um die Abhängigkeit zu verleugnen.

Besonderes Augenmerk gilt den psychoanalytischen Aspekten von Terrorismus und Fanatismus sowie den kollektiven Identitäten. Die destruktiv-narzisstische Dynamik verdichtet sich und findet sogleich ihren Endpunkt in der Metapher von der Verschmelzung des Kämpfers mit seiner tödlichen Waffe; in dieser Metapher kommt die vollständige Funktionalisierung des Individuums, seine vollständige Verdinglichung und die gleichzeitig damit verbundene Erlösungsfantasie, die sich mit dem Tod verwirklichen soll, zum Ausdruck. Ausgehend von Kernbergs Einschätzung, dass nicht nur die Gewalt, die man am eigenen Leibe erlebt, traumatisierend wirkt, sondern auch die Gewalt, deren Zeuge man wird, wird das destruktive Potenzial von Kollektiven verständlich, deren Elterngeneration Opfer von Gewalt geworden war und/oder deren kollektives Selbstwertgefühl narzisstisch verletzt wird. In dieser Perspektive lassen sich Terroristen auch als unbewusste Delegierte transgenerationaler Konflikte charakterisieren.

Das kollektive Trauma diskutiert Wirth insbesondere mit Blick auf den Anschlag vom 11. September 2001 auf das World Trade Center und im Hinblick auf die Auswirkungen dieser für die US-Amerikaner kollektiven Traumatisierung in der Politik des Landes. Auch hinsichtlich der kollektiven Identität kommt der Erinnerung und dem Gedächtnis eine besondere Bedeutung zu. Hervorgehoben werden die Gefahren, die sich daraus ergeben, dass das erlittene kollektive Trauma abgewehrt wird, indem sich die Betroffenen – in dem Fall die US-amerikanische Gesellschaft – auf das Trauma fixieren und es zum zentralen Bezugspunkt der nationalen Identität (im Sinne des »gewählten Traumas«, vgl. Volkan 1999) machen. Vor diesem Hintergrund lassen sich Wirths Überlegungen zur Funktion der Rolle des US-amerikanischen Präsidenten und seiner beiden Nachfolgekandidaten als Beispiele für die politischen Aspekte kollektiver Bereitstellungsmechanismen der Gewalt (nach einem erlittenen kollektiven Trauma und einem erlebten verletzten kollektiven Selbstwertgefühl), als Beispiel für die Wiederholung und Perpetuierung des Traumas wie auch seiner möglichen Überwindung lesen. Wirth schlussfolgert, dass infolge der nicht nur zwei Repräsentanten unterschiedlicher Machtblöcke, konkurrierender Wirtschafts- und Politikkonzepte, sondern auch unschiedlicher psychologischer Konzepte, die Welt zu bestehen, miteinander konkurrierten.

Angesichts der polarisierten theoretischen Auffassungen zur Sexualität und deren Bedeutung (Entmystifizierung versus Verharmlosung) unternimmt MARIO ERDHEIM den Versuch, sich in einer ethnopsychoanalytischen Perspektive der Sexualität, insbesondere der Perversion, und ihrer gewandelten Beurteilung zu nähern. Er geht dabei von der Vermutung aus, dass eine Reihe von Verhaltensweisen, die im Zusammenhang mit emotional intensiven Erfahrungen stehen, eine Art Wandlung durchmacht. Diese emotional intensiven, nicht zuletzt sexuellen Erfahrungen könnten sowohl im Rahmen der Religion eingebettet sein als auch in psychopathologischen, kriminologischen oder ästhetischen Kontexten. Entscheidend dafür, welchem Bereich sie zugeordnet werden, sei letztlich die gesellschaftliche Beurteilung der Fantasien, die mit diesen Verhaltensweisen verknüpft werden. Erdheim zeigt am Beispiel der Tschuktschen, eines sibirischen Jägervolkes, auf, wie Transsexualität mithilfe des Schamanismus in die Kultur integriert werden konnte. Sobald sie hingegen als Krankheit definiert wird, entwickeln sich soziale Mechanismen, die das Individuum aus dem Gruppenzusammenhang ausschließen. In seinem ethnopsychoanalytischen Entwurf zum Zusammenhang von Kultur und Perversion geht es Erdheim insbesondere um die Frage, aufgrund welcher kulturellen Voraussetzungen es einerseits zur Integration, andererseits zur Ausschließung komme. Wesentliche Voraussetzungen seien die kulturelle Definition von Kindheit und Geschlechterverhältnis, die Verknüpfung von Emotionalität und Geschlecht, die jeweilige Einstellung gegenüber dem Wandel von Institutionen und nicht zuletzt die herrschenden Machtverhältnisse. Vor diesem Hintergrund unterschieden sich die Theorien zur Sexualität insbesondere auch im Hinblick auf ihre eher sozial integrativen bzw. sozial ausschließenden Tendenzen.

Erdheim unterstreicht, dass der Zweifel an der Geschlechtsrolle die in ihr eingefrorene Unbewusstheit freisetzen könne – als eine der Voraussetzungen für den Kulturwandel. Dabei biete insbesondere die Adoleszenz als »kreative Phase« die Chance, die Geschlechtsidentität zu revidieren und neue Erfahrungen zu sammeln. Im Hinblick auf ein zentrales Problem der psychotherapeutischen Arbeit, das Verhältnis zwischen Fantasie und Realität und deren Gewichtung durch den Patienten und den Therapeuten, macht Erdheim auf die »eigenartige Situation« aufmerksam, in der sich die Psychoanalyse, die mit der Differenz von Fantasie und Realität operiert, heute befinde: »[D]as, was einst die Schamanen *fantasierten*, die Zerstückelung und Wiederzusammensetzung des Leibes, [kann] dank der modernen Medizin real durchgeführt werden [...]. Fantasie und Realität vermischen sich in einer Hightech-Kultur auf einer neuen Stufe.«

Der Beitrag von Regula und Thomas Umbricht setzt sich mit der Funktionalisierung des Körpers auseinander und beschreibt die Psychodynamik schönheitschirurgischer Operationen. Mit Françoise Dolto wird unterschieden zwischen dem Körperschema und dem unbewussten Körperbild. Das Körperschema bezieht sich auf den unmittelbaren aktuellen Körper als Vermittler zwischen dem Subjekt und der Welt. Es ist unbewusst, unterbewusst und bewusst, und für alle Individuen der Gattung Mensch das gleiche. Demgegenüber handelt es sich beim Körperbild um eine unbewusste symbolische Verkörperung des begehrenden Subjekts, es ist Ausdruck der psychosexuellen Entwicklung des Subjekts. Es wird deutlich, dass dieselben schönheitschirurgischen Interventionen ganz unterschiedliche Beweggründe haben können. Dabei entfaltet sich eine breite Palette von psychischer Gesundheit bis zu schwerer Pathologie. Diese definiert sich dadurch, ob sich im Subjekt ein gesundes Körperbild entwickeln konnte, »also eine freundschaftliche Beziehung zum eigenen Körper besteht«, oder ob der Körper zur Lösung unbewusster Konflikte im Zusammenhang mit der psychosexuellen Entwicklung »benutzt« wird. Dementsprechend vielfältig sind die Motive zu plastisch-chirurgischen Operationen: Hoffnung auf Rettung vor der Angst, sich psychisch vom mütterlichen Körper ablösen zu müssen, Rettung vor ödipalen Schuldgefühlen, Rettung vor der Tatsache, in einen erwachsenen Körper hineinwachsen zu müssen, aber auch Erlösung von etwas Störendem, ohne dass davon das unbewusste Körperbild tangiert wäre.

Die entscheidende Frage sei, inwieweit der Körper in allen Entwicklungsstufen und Lebensabschnitten symbolisiert und somit auch in seiner Mangelhaftigkeit narzisstisch besetzt werden könne, was einen innerpsychischen Spiegelungsraum voraussetze, »der aufnimmt und erblickt und nicht nur abbildet«.

Der Beitrag von Regula und Thomas Umbricht – auch als Dialog zwischen einer Plastischen Chirurgin und einem Psychoanalytiker aufzufassen – ermöglicht einen verstehenden Umgang mit den vielfältigen Motivationen zu schönheitschirurgischen Interventionen als einem sehr weit verbreiteten Phänomen in der modernen Gesellschaft, der frei ist von jeglicher moralisierenden Bewertung.

Einen anderen Aspekt der modernen Gesellschaft, den der Ökonomisierung, greift LUDWIG HAESLER auf. Er setzt sich mit der zunehmenden Ökonomisierung aller Bereiche der Medizin und des gesamten Gesundheitswesens auseinander, die dazu tendiere, die allgemeine medizinische und mit ihr auch die psychoanalytisch-psychotherapeutische Praxis in einer fundamentalen Weise zu verändern und einzuengen. Haesler rückt die Begegnung mit dem Subjekt kranker Mensch in den Mittelpunkt seiner Betrachtungen und plädiert für eine grundsätzliche Rückbesinnung auf die ethischen Grundlagen und Grundwerte ärztlich-therapeutischen Handels und auf die Notwendigkeit, eine nicht ausschließlich von ökonomischen Zwängen bestimmte, »auf Freiheit, Solidarität und Subsidiarität gegründete Krankenversorgung zu entwickeln«. Er schlägt eine »binokuläre Sicht« vor, in der der leidende Andere in ganzheitlicher Sehweise betrachtet wird, die sich von dem Bemühen um Verständigung über das Betrachtete leiten lässt und auf dieser Grundlage das gemeinsam zu entwickelnde angemessene ärztlich-therapeutische Handeln ableitet. Gerade auch angesichts der von einzelnen Krankenkassen geplanten evidenzbasierten und qualitätsgemanagten Strukturierungsmaßnahmen der Kontrolle und Überwachung ärztlicher Tätigkeit und eines von der Krankenkasse zentral gesteuerten »Monitoring« des therapeutischen Prozesses unterstreicht Ludwig Haesler, dass das Subjektive sich nicht objektivieren oder gar in einer objektivierenden Weise »behandeln« lasse;

vielmehr lasse es sich nur im Rahmen eines deutenden Diskurses, einer deutenden Verständigung gemeinsam verstehend erschließen. Das medizinische Modell der »Störungsbeseitigung« und »Heilung« stoße sehr bald an Grenzen, nicht zuletzt bei schweren und chronisch verlaufenden Erkrankungen. Einige sehr instruktive Fallbeispiele unterstreichen die Bedeutung und Nachhaltigkeit einer auf einer relationalen Begegnung gründenden therapeutischen Haltung und Herangehensweise. Der angemessene hermeneutische Zugang zum kranken Menschen lasse sich nicht durch bloßes Auszählen, Wiegen, Messen und Kontrolle von außen erschließen, sondern lediglich in binokulärer Sicht, die beide Dimensionen, das konkret Körperliche wie auch das Seelische, angemessen im Auge behält. Unter Bezug auf Gadamer konstatiert Haesler, das Angemessene lasse sich nicht ausmessen, es erschließe sich nur deutend in einer gemeinsamen Verständigung. Haeslers Beitrag stellt ein engagiertes Plädoyer eines Psychoanalytikers für das »Subjekt in der Medizin« (im Sinne Viktor von Weizsäckers) dar.

Zu Beginn des dritten Teils des vorliegenden Bandes setzen sich die Psychoanalytikerin Dominique Bondy Borbély und ihr Bruder, der Theaterregisseur Luc Bondy, mit den Berührungspunkten und Divergenzen zwischen Theater und Psychoanalyse auseinander. Die psychoanalytische Interpretation von Kunst, Literatur und Theater hat eine lange Tradition und beschäftigt sich mit dem kreativen Prozess, mit der Arbeit des Künstlers, mit dem Werk selbst, den Theorien der Ästhetik und der Rezeption. Freud fand in der Literatur eine wichtige Quelle für seine psychoanalytischen Entdeckungen; dabei ging es ihm vor allem darum, herauszufinden, durch was und warum Menschen berührt werden. Bekanntlich verglich er die Arbeit des Künstlers mit der des spielenden Kindes und des tagträumenden Erwachsenen, der sich eine eigene Welt schafft.

Anhand des Theaterstückes *Die zweite Überraschung der Liebe* von Marivaux, das von Luc Bondy in Nanterre bei Paris mit großem Erfolg inszeniert wurde, stellen die Autoren formelle Gemeinsamkeiten zwischen Psychoanalyse und Theater fest: Den potenziellen Raum, die Figuren und das Hier und Jetzt. In einem potenziellen Raum (dem

Setting der Psychoanalyse und der Bühne) ist Platz für die Fantasiewelt. Realität und Fantasien können sich frei artikulieren und neue unbekannte Erfahrungen werden ermöglicht.

Während sich auf der Bühne Interaktionen und Konflikte zwischen verschiedenen Protagonisten abspielen und der Zuschauer Zeuge einer Vielfalt menschlichen Ausdrucks und menschlicher Erfahrungen wird, wird auch der Raum des Analytikers von vielen inneren Figuren bewohnt, die abwechslungsweise in Erscheinung treten. Im Unterschied zum Theater wird der Analytiker immer wieder die Kleider, die ihm der Patient übergestülpt hat, ausziehen, das heißt, er wird aus der Rolle, die ihm zugeschrieben wurde, aussteigen (mittels Übertragungsdeutungen), um Realität wiederherzustellen und um dem Patienten ein neues Szenario zu ermöglichen.

Die dritte Gemeinsamkeit besteht in den Erfahrungen im Hier und Jetzt, die die Präsenz von verschiedenen Wahrnehmungsmodalitäten einschließt. Im Hinblick auf das Theaterstück von Marivaux werden weitere psychoanalytische Gedanken entwickelt, die sich auf das zentrale Thema beziehen, nämlich das Bedürfnis, das verlorene gute Objekt wiederzufinden. Neue Erfahrungen ermöglichen auch in diesem Stück Entwicklungsprozesse, die eine echte Trauer einleiten, das gute Objekt in sich finden lassen und die Herrschaft des grausamen Über-Ich zu überwinden helfen. Im Spannungsfeld der Ästhetik geht es dabei auch um das Ringen um den wahrhaftigen Ausdruck des Gefühlten, wobei Form und Inhalt in einer einmaligen Weise zusammenkommen.

Peter Dettmering fasst ins Auge, dass aus der Verbindung von Psychoanalyse und Dichtung etwas hervorgegangen ist, das eigene Geltung beansprucht: die Literaturanalyse. Der an der Entzifferung künstlerischer, literarischer Phänomene interessierte Analytiker steht in einem Zwischenraum zwischen Metapher und wissenschaftlicher Strenge: Behalte der Psychoanalytiker, der sich einem Werk der Literatur nähert, diese Polarität von Bild und Wort im Auge, so werde er sich in der Regel vor konkretistischen Deutungen in Acht nehmen.

Freud formulierte vier Hinweise für ein vertieftes Verständnis von Literatur, indem er insbesondere auf die »Verdoppelungsmechanismen« hinwies: Die Aufspaltung der eigenen Person durch Ich-Spaltung in

»Partial-Ichs«, was zu männlichen oder weiblichen Gegensatzpaaren führt; die Funktionsteilung innerhalb eines Paares (z.B. Mann und Frau); die Verselbstständigung einer weiblichen Komponente durch »Materialisation« und die Verselbstständigung tief verdrängter, der Selbstwahrnehmung entzogener Wesensteile zum »Doppelgänger«.

Das Verhältnis von Literatur und Psychoanalyse ist aufseiten der Schriftsteller vielfach von tiefer Ambivalenz geprägt; genannt seien Karl Kraus, Heimito von Doderer und Rainer Maria Rilke. Peter Dettmering unterstreicht, dass sich bei manchen Künstlern das Bedürfnis nach Verborgenheit in Form einer eigentümlichen Ambivalenz äußere: In dem Wunsch, verstanden und kritisch gewürdigt zu werden, wie auch unbemerkt zu bleiben und nicht gefunden zu werden. Dabei beziehe sich der Wunsch nach Verborgenheit insbesondere auf die Gefahr, das kreative Potenzial könne durch ein Zuviel an Beobachtung ausgebeutet und »vernichtet werden«.

Der Beitrag von Peter Dettmering entzieht sich einer kurzen zusammenfassenden Darstellung, lässt er den Leser doch unmittelbar teilhaben am kreativen Strom literarisch-poetischer Ausdrucksformen. Das, was den Dichter, den Literaturwissenschaftler und den Analytiker gleichermaßen angeht, soll deshalb mit einem Text Maurice Maeterlincks, den Robert Musil seinen *Verwirrungen des Zöglings Törleß* vorangestellt hat, anklingen:

> »Sobald wir etwas aussprechen, entwerten wir es seltsam. Wir glauben in die Tiefe der Abgründe hinabgetaucht zu sein, und wenn wir wieder an die Oberfläche kommen, gleicht der Wassertropfen an unseren bleichen Fingerspitzen nicht mehr dem Meere, dem er entstammt. Wir wähnen eine Schatzgrube wunderbarer Schätze entdeckt zu haben, und wenn wir wieder ans Tageslicht kommen, haben wir nur falsche Steine und Glasscherben mitgebracht; und trotzdem schimmert der Schatz im Finstern unverändert.«

Dominique Bondy Borbély, Psychoanalytikerin in Zürich, schildert in einem weiteren Beitrag ihre Auseinandersetzung mit Franz Kafkas Text *Die Verwandlung*, einer in der Grenzzone zwischen Realität und Fantasiewelt angesiedelten Erzählung. Sie betrachtet diese Erzählung als Beschreibung einer psychischen Desintegration, als das Versagen einer wirklichen Verwandlung im Sinne einer Transformation und einer Integration. Auf der Grundlage von Melanie Kleins Konzept der Reparation untersucht sie insbesondere das Phänomen der Dissoziation, ferner die Voraussetzungen einer gelingenden Transformation und deren mögliches Scheitern. Zwei Kasuistiken untermauern, welche Bedingungen notwendig sind, damit eine Transformation im Sinne einer Umwandlung der deformierten Selbstanteile möglich wird. In der Begegnung mit »unerreichbaren Patienten« wird deutlich, dass der deformierte Teil in ihnen – Bondy spricht vom »Insektenteil« – einen fundamentalen Mangel repräsentiert. Die Begegnung mit diesem intrapsychischen »Insektenteil« löst Scham, Machtlosigkeit und Hass aus und führt zunächst eher zu schroffer Abwehr. Das eigene Denkvermögen in der Gegenübertragung werde oft beeinträchtigt, weil die Vorstellung einer Beziehung, eines Austausches zwischen Subjekten, sich nicht entwickeln konnte. Gelingt es dem Psychoanalytiker, in sich selbst einen potenziellen Raum zu konstituieren, so wird diese innere Kreation der Ausgangspunkt eines tieferen Verständnisses in einem Übergangsraum. Das Bedürfnis zu partizipieren, eine emotionelle Erfahrung zu teilen – obwohl diese Patienten vielfach alles unternehmen, um gerade dies zu vermeiden – sei wesentlicher Teil des »Containing« und der reparativen Funktion und gehe einher mit einem »revitalisierten Zuhören«.

Bondy betont die Gefahr, in einem konzeptuellen Panzer eingeschlossen zu bleiben, in dem Sprache und Gefühle abgespalten sind, wenn der Therapeut aus Selbstschutz vor dem Kontakt mit dem verzweifelten Teil, der sich hinter dem Panzer versteckt, »zu schnell konzeptualisiert«. Worte sind in diesem Prozess nicht nur Bedeutungsträger, sondern unmittelbar mit Emotion und Bindung verbunden. Im Sinne Henri Reys entsteht bei den Patienten eine innere Mutter, die auch antworten kann: Dieser therapeutische Prozess ist vergleichbar mit der Transformation, die der Leser von Kafkas *Die Verwandlung* erlebt, indem das Undenkbare Worte gefunden hat, die berühren.

Ioannis S. Zachariadis untersucht Gemeinsamkeiten, Berührungspunkte und Diskurse zwischen der Psychoanalyse und der Kinematografie (er benutzt diesen Begriff, da dieser sowohl die Aspekte von

Filmtheorie, -sprache und -technik beinhaltet, wie auch das Kinoerlebnis einschließt). Er zeigt, wie die Kinematografie (durch Schnitttechniken, Montage usw.) und die Psychoanalyse (durch das freie Assoziieren, die Bearbeitung des Traumerlebens) einerseits durch Zeitsprünge und andererseits durch Materialkonzentration eine Diskontinuität der zeitlichen Dimension erreichen. Trotz der Entchronifizierung stelle sich jedoch erstaunlicherweise kein unsicheres Gefühl ein, vielmehr entschlüsselten sich die unbewussten Motive und versteckten Botschaften, die eben »nicht auf den ersten Blick zu sehen sind«. Zachariadis betrachtet die Kinematografie und die Psychoanalyse als »ödipale Künste«: Der absichtliche Gang von Ödipus in die Dunkelheit erinnere an den Kinozuschauer, der die Welt der Lichter verlässt, um in der Dunkelheit des Kinos ein Refugium zu finden und einen besseren, genaueren – wenn auch indirekten – Blick auf das Leben zu erhaschen.

Zachariadis' Beitrag vermittelt einen Überblick über die historische Entwicklung der psychoanalytischen Filmtheorie. Diese beschreibt insbesondere auch die interaktive Beziehung zwischen Film und Betrachter und das sogenannte Phi-Phänomen, demnach insbesondere die Interpretation der Serie der Einzelbilder für den Zuschauer von Bedeutung ist. Lacans Postulat, dass die Formierung des Ichs durch einen imaginären Prozess stattfinde, stellt eine Analogie zwischen dem Spiegelstadium des Kindes und dem Zuschauer eines Films her. Anhand einiger Elemente des Meisterwerks von Orson Welles *Citizen Kane* wird die Parallelität mit der Psychoanalyse verdeutlicht. Die durch die subjektive Kameraführung erzielte narrative Originalität, die dadurch erzielte Multiplizität der Meinungen und die Desynthese der Zeit sind bedeutsame Aspekte dieses Films. Zachariadis schließt damit, die Geschichte – und die Analyse – könne beginnen, sobald es den Ariadne-Faden in Form einer fassbaren Erinnerungsspur gebe.

Im letzten Teil des Buches beschreibt Joachim Küchenhoff den therapeutischen Prozess der Selbstkonstitution, »die Wege, die sich durch die Psychoanalyse anbieten, zu sich selbst ein Verhältnis zu entwickeln und sich selbst auf die Spur zu kommen«. Anhand von sehr prägnanten Fallbeispielen wird der Beitrag der Psychoanalytischen Psychotherapie zur Selbstkonstitution schrittweise entfaltet: Es geht dabei um die Einsicht in die eigene Bedingtheit, die Differenzierung zwischen Selbst und anderen und die Rückgewinnung des Selbstverständnisses aus der Selbstentäußerung im Symptom.

Ziele der Selbstkonstitution sind zweierlei: Der eine Endpunkt ist die Frage nach der eigenen Identität, der andere Endpunkt bezieht sich – pragmatisch und handlungsorientiert – auf die Frage nach den praktischen Konsequenzen der Selbstkonstitution. Identität wird dabei verstanden als Fähigkeit, »im Wechsel der Erfahrungen und Selbstzuschreibungen den in der eigenen Person verankerten Ausgangs- und Endpunkt zu bewahren«. Dieses Wechselspiel von Identifizierung und Desidentifizierung ist unabschließbar und im psychoanalytischen Sinne nur als Prozess zu konzipieren.

Joachim Küchenhoff betont, dass die Selbstkonstitution ein emotionaler Prozess sei, der schließlich notgedrungen Handlungskonsequenzen mit sich bringe. Er kritisiert, dass in Psychoanalysen dieser Gesichtspunkt der Veränderung (»der Umsetzung der in der Kur gewonnenen Erkenntnisse in die eigene Lebenspraxis also«) oft vernachlässigt werde. Diese Anregung zu einem Dialog innerhalb der Psychoanalyse verbindet sich auch mit einem Dialog im Rahmen der Psychotherapieforschung und mit anderen psychotherapeutischen Ansätzen. Ein »verhängnisvoller Irrtum der gegenwärtig allerorts zu beobachtenden Effizienzsteigerung« bestehe darin, dass Beziehungserfahrungen gegenüber technischer instrumentalisierter Zielorientierung abgewertet werden. Ein deutlicher Unterschied bestehe eben gerade darin, ob ein Verhalten aus einer bewussten Überzeugung eingeübt werde bzw. ein schädigendes Verhalten aufgegeben werde, oder diese Änderung des Verhaltens geschehe, weil der Betreffende sich in einer Beziehung wieder als wertvoll erleben konnte. Diese Selbstfürsorge habe die Liebe des anderen als Ausgangspunkt.

Peter Hartwich setzt sich mit der zukünftigen Rolle der Psychoanalyse in der Psychiatrie auseinander. In einer historischen Rückschau wird zunächst der stetige Wechsel unterschiedlicher Betrachtungsweisen nachvollzogen – einerseits der »psychischen Dominanz« mit ihrer psychologischen Innenschau und der dazugehörigen Bedeutung der Erlebniswelt des Subjektes und andererseits der »somatischen Dominanz« mit morphologisch begründeten Erklärungsmodellen einschließlich naturwissenschaftlich geprägten empirischen Untersuchungsstrategien des Objektes.

Das derzeitige Verhältnis zwischen Psychiatrie und Psychoanalyse sei – mit einigen Ausnahmen – dadurch gekennzeichnet, dass »die einen die anderen nicht zur Kenntnis zu nehmen scheinen«. Hartwich warnt daher vor dem »flacher und enger werdenden Blickwinkel auf psychische Störungen« innerhalb der psychoanalytischen Institute, der mit einer »unreflektierte[n] Selbstüberschätzung vieler Psychoanalytiker« einhergehe, alle psychischen Krankheiten verstehen und behandeln zu können«, wobei somatische Teilaspekte als Grundlage in der Ätiologie der schizophrenen, schizoaffektiven und affektiven Psychosen nicht wahrgenommen werden. Die Psychiatrie kritisiert er dafür, dass sie die Dominanz der somatischen Perspektive nicht infrage stelle. Vielfach werden Korrelation und Kausalität verwischt und der Anspruch vertreten, psychische Funktionen und ihre krankhaften Aberrationen könnten durch die modernen diagnostischen Verfahren sichtbar gemacht werden. Dieser Mainstream bilde jedoch nicht die ganze Wirklichkeit der »großen Landschaft von Psychiatrie und Psychoanalyse« ab. Zukünftig, so Hartwich, werde sich die Psychiatrie wieder mehr auf die Bedeutung der in den letzten Jahren vernachlässigten subjektiven Erlebnisseite besinnen. Das Ineinandergreifen von neurowissenschaftlichen Untersuchungen, modifiziertem psychoanalytischem Vorgehen und gezieltem Einsatz von Psychopharmaka werde die Therapie der schweren Erkrankungen bestimmen. Er hofft darauf, dass eine wachsende Gruppe von Forschern zukünftig in der Lage sein werde, zu verstehen, dass es nicht mehr nur um das Subjekt oder Objekt geht, sondern um das Verhältnis zwischen beiden.

Michael Dümpelmann setzt sich mit der Bedeutung der Affektentwicklung für die Behandlung von Psychosen auseinander. Er geht dabei von der zentralen Rolle der Affekte als wesentliche Ausdrucks- und Verhaltensprogramme zur Selbststeuerung und Kommunikation mit anderen Menschen aus und betrachtet die Affektstörungen als einen Kernaspekt psychotischer Störungen. Zugleich beschreibt er die möglichen Gründe für die Vernachlässigung der Affekte im Bereich der Psychosenforschung und Psychosenpsychotherapie. Anhand einer Fallgeschichte demonstriert Dümpelmann typische Affektverarbeitungsmuster psychotischer Menschen und formuliert darauf abgestimmte adäquate therapeutische Antworten. Dazu zieht er Konzepte aus der Entwicklungspsychologie, der Bindungs- und der Traumaforschung zur Analyse einer Beziehungsepisode heran, insbesondere im Zusammenhang von Affektregulation, Kontingenzerfahrung und Selbstentwicklung. Leitbild und notwendige Voraussetzung für den Rahmen einer Psychodynamischen Psychosentherapie sei, eine flexible Anpassung und einen steuerbaren emotionalen Kontakt zu ermöglichen, um die Erfahrungen des psychotischen Patienten teilen, sowie handelnde, expressive und nonverbale Therapieformen integrieren zu können. Schwerpunkte der psychotherapeutischen Behandlung stellen Störungen der Affektwahrnehmung, der Affekttoleranz, Störungen des Erlebens der Wirkmächtigkeit der Affekte dar. Vor dem Hintergrund unterschiedlicher Modi der Affektregulierung bei psychotischen Krankheitsbildern plädiert Michael Dümpelmann für die Entwicklung differenzierter Arbeitsmodelle, die einen Zugang zu den typischen Entwicklungsstörungen bei Psychosen und einen individuellen Rahmen für die Zusammenarbeit aller an der Therapie Beteiligten ermöglichen.

Im Beitrag von Holger Himmighoffen und Michael Bertschinger entfaltet sich das Spannungsfeld von klinisch-psychiatrischer Weiterbildung zum Facharzt für Psychiatrie und Psychotherapie und psychoanalytischer Weiterbildung in der Perspektive der Ausbildungskandidaten. Die Autoren beschreiben die institutionellen Veränderungen in der Psychiatrie und stellen sie den relativ konstanten Rahmenbedingungen der psychoanalytischen Weiterbildung gegenüber. Sie beleuchten das Spannungsfeld zwischen Psychoanalyse und Psychiatrie auf drei Ebenen: auf der Ebene der konzeptuellen Diskrepanzen, der veränderten gesellschaftlichen und institutionellen Rahmenbedingungen und ferner der Schwierigkeiten hinsichtlich der Entwicklung einer beruflichen Identität in der Doppelrolle als klinischer Psychiater und Psychoanalytiker. Gerade angesichts der ausgeprägten regressiven Phänomene in psychiatrischen Institutionen und der Bedeutung eines professionellen Umgangs mit ihnen, der gerade auch durch eine psychoanalytische Weiterbildung gefördert wird, beklagen sie zum einen die fehlende Wertschätzung psychoanalytischer Kompetenz insbesondere im Rahmen der akademischen Psychiatrie, zum anderen die zunehmende Distanz der psychoanalytischen Ausbildungsinstitute (inklusive Ausbildungsanalytiker und Supervisoren) zu spezifischen Fragestellungen der Psychiatrie, nicht zuletzt auch zu den psychiatrischen Patienten. Der klinische Psychiater, der zugleich auch um eine psychoanalytische Identität ringe, lebe in zwei Welten, zwischen denen seitens der jeweiligen Institutionen keine Kommunikation stattfinde.

Dieser Beitrag ist als ein sehr dringender Appell nicht zuletzt auch an die psychoanalytischen Ausbildungsinstitute und deren Ausbildungsorgane anzusehen, sich mit dieser für die Ausbildungskandidaten zunehmend schwierigen Situation auseinanderzusetzen (u.a. durch Veränderung der Curricula und der Rahmenbedingungen der Ausbildung).

Aus der Perspektive des Lehranalytikers nimmt ALEXANDER MOSER Stellung zu den offenen Fragen der psychoanalytischen Ausbildung. Er geht dabei u.a. von der Kritik aus, die Kernberg bezüglich der strukturellen Aspekte der psychoanalytischen Ausbildungsinstitutionen formuliert hat. Kernberg stimmte für einen radikalen Wechsel der organisatorischen Strukturen von Ausbildungsinstituten und kritisierte das System der Ausbildungsanalyse einschließlich der Selektion und Funktion der Supervisoren. Er plädierte für Änderungen hinsichtlich des Curriculums, der Art und Weise, wie psychoanalytische Institute geführt werden, untersuchte die Rolle von Universitäten und diskutierte die Aufnahmebedingungen für Kandidaten und die Prozesse der Evaluation und Zertifikation. Einige dieser Aspekte werden von Moser aufgegriffen und akzentuiert, insbesondere auch im Hinblick auf die institutionellen Aspekte psychoanalytischer Weiterbildung. In diesem Zusammenhang spricht er von gelegentlich auftretenden »paranoiagenen Stimmungen in Ausbildungsinstitutionen, zu denen die schlecht definierbaren und nahe beim subjektiven Ermessen des Beurteilers liegenden Kriterien beitragen, die während der Ausbildung erfüllt werden müssen«. Unter Bezug auf Grunberger beschreibt er den »korrumpierenden Effekt der

Macht« auch in psychoanalytischen Institutionen und problematisiert die Identifikation mit hierarchischen Strukturen nach der Aufnahme der Kandidaten in die jeweiligen Institute bzw. psychoanalytischen Gesellschaften.

Wie bereits zuvor Fritz Morgenthaler, so empfiehlt auch Alexander Moser eine größere Bescheidenheit im Hinblick auf die Wirkung der Lehranalyse und warnt vor den destruktiven Auswirkungen nicht aufgelöster Idealisierungen innerhalb psychoanalytischer Institute. Moser beleuchtet insbesondere die Gefahr der Entwicklung bürokratischer Strukturen und einer fragwürdigen Hierarchisierung innerhalb der psychoanalytischen Vereinigungen. Die organisierte Psychoanalyse produziere mit der von ihr zu Recht grundsätzlich als unvermeidlich betrachteten Selektion von jeher einen »Halo von feindlich gesinnten ehemaligen Anhängern«. Moser fragt weiter, ob die psychoanalytischen Organisationen diesen Umständen ausreichend Rechnung tragen und ob und inwiefern die Mitglieder der psychoanalytischen Organisationen die vorhandenen demokratischen Mittel zur Verbesserung offensichtlich ungenügender Zustände voll ausgenutzt haben. Gerade auch angesichts seiner deutlichen Institutionskritik betont Moser schließlich die Spezifika der psychoanalytischen Ausbildung und unterstreicht insbesondere die notwendige Garantie der Stabilität und Sicherheit des Settings. Die grundlegende Voraussetzung dafür sei nicht zuletzt auch die menschliche und professionelle Stabilität, die nicht mit einer »hastigen Akquisition irgendeiner Technik erworben werden« könne, sondern eine umfassende, sorgfältige jahrelange theoretische Ausbildung mit Selbsterfahrung in eigener Analyse und Erfahrungen in mehrjährigen Supervisionen erfordere. Bereits Eitington (1926) hatte die Auffassung vertreten, dass die psychoanalytische Ausbildung nicht der persönlichen Initiative Einzelner überlassen werden könne, sondern eine adäquate Institutionalisierung notwendig sei. Dabei gelte es – so das Fazit Mosers im Sinne von Wallerstein –, den optimalen Weg zwischen Chaos und Petrifikation immer wieder neu zu finden.

I

Psychoanalyse und Wissenschaft

Neurobiologische Grundlagen des phänomenalen Selbstbewusstseins

Kortikale und subkortikale Prozesse

Georg Northoff

Die Frage nach dem Selbst hat Philosophen und Psychologen schon seit fast 2.000 Jahren beschäftigt. Seit Kurzem werden auch die empirischen Grundlagen des Selbst in den Neurowissenschaften untersucht. Die genaue Beziehung zwischen diesen verschiedenen Konzepten des Selbst und den diesen zugrunde liegenden neuronalen Mechanismen ist jedoch unklar. Im vorliegenden Beitrag wird (a) eine prozessuale Definition des Selbst in Form der Selbst-bezogenen Prozessierung vorgeschlagen, (b) das Selbst durch das phänomenale Erleben der Beziehung zwischen Umwelt und Organismus definiert, und (c) eine Metaanalyse von bisherigen Studien zum Selbst in der funktionellen Bildgebung dargestellt.

Zusammenfassend kommt der vorliegende Beitrag zu dem Schluss, dass die Selbst-bezogene Prozessierung mit der neuronalen Aktivität in den medialen Regionen unseres Gehirns, den sogenannten kortikalen Mittellinienstrukturen, zusammenhängen könnte. Dieses hat nicht nur profunde Implikationen für das Konzept des Selbst und eine zukünftige Neurowissenschaft der Selbst-bezogenen Prozessierung, sondern auch für psychiatrische Erkrankungen, z.B. die Depression und die Schizophrenie, bei denen Störungen des Selbst und der Organismus-Umwelt-Beziehung vom Patienten erlebt werden.

Einleitung

Die Frage nach dem Selbst ist eines der virulentesten Probleme in der Philosophie, der Psychologie und seit Kurzem auch in den Neurowissenschaften. Im europäischen Sprachraum postulierte Kant ein transzendentales Selbst, das er als abstraktes und in dieser Form nicht erlebbares Konzept charakterisierte, welches allen Erlebnissen von uns selbst, dem sogenannten empirischen Selbst, und der Umwelt zugrunde liegt. Das transzendentale Selbst ist somit eine notwendige Voraussetzung für das empirische Selbst und unsere Erkenntnis der Umwelt. Von amerikanischer Seite hat William James zwischen einem physikalischen Selbst, einem mentalen Selbst und einem spirituellen bzw. geistigen Selbst unterschieden. Diese Unterscheidungen scheinen in den gegenwärtigen Konzepten des Selbst, wie sie vor allem in den Neurowissenschaften diskutiert werden, wieder zu erscheinen. Damasio (1999) und Panksepp (1998, 2003) sprechen von einem »Proto-Selbst« in der sensorischen und motorischen Domäne – einer Domäne, welche James' Beschreibung des physikalischen Selbst sehr nahekommt. Weiterhin schlagen andere Autoren, wie z.B. Gallagher (2000), ein »minimales Selbst« bzw. ein »Kern-« oder ein »mentales Selbst« (Damasio 1999) vor, Konzepte, die mehr oder weniger mit James' Konzept des mentalen Selbst korrespondieren. Das von James postulierte Konzept des spirituellen oder geistigen Selbst scheint dem von Damasio vorgeschlagenen »autobiographischen Selbst« oder Gallaghers »narrativem Selbst« sehr ähnlich zu sein.

Diese verschiedenen Konzepte des Selbst differieren in Hinsicht auf die Inhalte und den ihnen zugrunde liegenden verschiedenen Domänen. Das »Proto-Selbst« setzt die Domänen des Körpers voraus, wohingegen das »autobiographische Selbst« die Domänen des Gedächtnisses und der Erinnerung impliziert. Andere Konzepte des Selbst, wie das emotionale Selbst, das räumliche Selbst, das faziale bzw. Gesichts-Selbst, das verbale oder interpretierende Selbst und das soziale Selbst setzen ebenfalls die entsprechenden Domänen voraus. Es bleibt allerdings unklar, was diesen verschiedenen Konzepten des Selbst gemeinsam ist, und was es uns erlaubt, in allen diesen Fällen von einem Selbst zu sprechen. Aus empirischer Sicht muss hier möglicherweise ein gemeinsamer basaler psychologischer Prozess angenommen werden, der den verschiedenen Konzepten des Selbst und dessen scheinbarer Manifestation in verschiedenen Domänen zugrunde liegt. An die Stelle eines inhaltlichen bzw. domänenbezogenen Konzepts des Selbst rückt ein *prozessuales* Konzept des Selbst, welches dann nicht mehr durch bestimmte Inhalte bzw. Domänen definiert wird, sondern durch einen spezifischen Prozess. Wie aber könnte ein solcher basaler Prozess des Selbst aussehen, wie kann er charakterisiert werden, und liegen hierfür empirische Evidenzen vor? Basierend auf eigenen und anderen Arbeiten schlage ich im Folgenden vor, dass ein solcher gemeinsamer zugrunde liegender Prozess die sogenannte *Selbst-Bezogene Prozessierung (SBP)* sein könnte. Das Ziel meines Beitrags ist, die SBP in konzeptueller und empirischer Hinsicht näher zu beleuchten. Daher erfolgt in einem ersten Schritt eine Definition des Konzepts der SBP durch die Herstellung einer Beziehung zwischen Organismus und Umweltstimuli, das heißt, die SBP wird durch eine Relation definiert. In einem zweiten Schritt werden empirische Evidenzen für die SBP angeführt. Empirisch liegen starke Evidenzen dafür vor, dass die SBP vor allem mit neuronaler Aktivität in den medialen Regionen des Kortex zusammenhängt, den *kortikalen Mittellinienstrukturen (KMS)*. Abschließend werden die Implikationen der SBP für das Konzept des Selbst und die Psychoanalyse diskutiert.

Das Konzept der Selbst-bezogenen Prozessierung

Es stellt sich die Frage, wodurch der Organismus in der Lage ist, sich einerseits auf die Umwelt zu beziehen und andererseits die Umwelt auf sich zu beziehen. Hierzu wählt der Organismus bestimmte Stimuli von der Umwelt aus und bezieht sie auf sich selbst. Wodurch kann der Organismus Stimuli der Umwelt, auf die er sich beziehen will, von solchen, auf die er sich nicht beziehen will, unterscheiden? Es kann hier von einer sogenannten Selbst-bezogenen Prozessierung ausgegangen werden (engl.: self-related processing, Northoff/Bermpohl 2004; Northoff et al. 2006). In der englischen Übersetzung kommt der Begriff »related« noch besser zum Ausdruck, denn er beschreibt die Relation zwischen Organismus und Umwelt, die durch diese Art der Prozessierung hergestellt wird. Die Selbst-bezogene Prozessierung zeichnet sich durch folgende Charakteristika aus:

1. Die SBP ist genuin relational, das heißt, es stellt eine Beziehung zwischen Organismus und Umwelt in Form von bestimmten Stimuli her, auf die sich der Organismus beziehen kann.
2. Die SBP spiegelt sich in der Erfahrung bzw. im Erleben des Selbstbezugs von Stimuli wider. Dieses Erleben muss auf einer phänomenalen Ebene angesiedelt werden, im Unterschied zu einer rein kognitiven Ebene. Es ist ein basales subjektives Erleben eines Bezugs zu bestimmten Gegebenheiten oder Nischen der Umwelt, welche hierdurch eine bestimmte Bedeutung für den jeweiligen Organismus gewinnen.
3. Die SBP kann als eine Manifestation einer selektiv-adaptiven Kopplung zwischen Organismus und Umwelt angesehen werden. Es stellt einen episodischen Kontakt mit der Umwelt her, wodurch sich Organismus und Umwelt in Hinsicht auf einen bestimmten Stimulus wechselseitig modulieren und determinieren. Die SBP ist selektiv, da es nur bestimmte Stimuli als selbst-bezogene auswählt und andere eher vernachlässigt, die nicht selbst-bezogen sind. Die SBP ist adaptiv, da es den Organismus an die Stimuli der Umwelt anpasst und andererseits die Umwelt bzw. die Stimuli an den Organismus anpasst.
4. Diese selektiv-adaptive Kopplung ersetzt durch die Verknüpfung von SBP und senso-motorischen Funktionen das Modell der Repräsentation der Umwelt im Organismus bzw. in seinem Gehirn. Das vor allem in der analytischen Philosophie des Geistes häufig diskutierte Modell der Repräsentation setzt lediglich eine indirekte Beziehung zwischen Organismus und Umwelt voraus, da letztere nur repräsentiert wird. Es besteht keine direkte Kopplung zwischen Organismus und Umwelt; stattdessen wird die Umwelt im Organismus in Form von Repräsentationen reproduziert. Der Organismus koppelt sich nicht mehr an die Umwelt, sondern repräsentiert die Umwelt in seinen Kognitionen. Da ein solches Konzept der Repräsentation nicht mit der hier vertretenen Form der SBP kompatibel ist (mit der SBP als rein kognitivem Prozess wäre es kompatibel, nicht aber, wie hier vertreten, mit der SBP als affektiv-präreflexivem Prozess), ist es auch nicht mit der Ver-

knüpfung von SBP und Umwelt mittels der senso-motorischen Funktionen vereinbar (Northoff 2004). Der direkte Kontakt zwischen Organismus und Umwelt mittels der SBP ersetzt somit den indirekten Kontakt zur Umwelt im Modell der Repräsentation.

Empirische Evidenz für die Selbst-bezogene Prozessierung

Oben habe ich die Bedeutung des Konzeptes der SBP als zentrales Moment für die Konstitution der Organismus-Umwelt-Relation herausgestellt. Wenn ein solch relationaler Ansatz empirisch plausibel und kompatibel sein soll, sollten empirische Evidenzen für die SBP vorliegen, das heißt, bestimmte physiologische und neuronale Prozesse im Organismus und seinem Gehirn sollten in Zusammenhang mit der SBP gebracht werden können. Im Folgenden möchte ich solche empirischen Evidenzen aus den Neurowissenschaften für die SBP darstellen. Welche empirisch prüfbaren Hypothesen ergeben sich aus der oben dargestellten Konzeptualisierung der SBP und inwieweit können diese durch empirische Daten untermauert werden?

1. Die SBP sollte sich über alle sensorischen Modalitäten und Domänen erstrecken und aufgrund dessen möglicherweise in einer eigenen funktionellen Einheit im Gehirn prozessiert werden. Dabei sollte diese eigene funktionelle Einheit einerseits einen engen Bezug zu den verschiedenen sensorischen Modalitäten und Domänen aufweisen und andererseits getrennt und eigenständig von ihnen sein, sodass eine Vermischung zwischen basaler Sensorik und Selbstbezug ausgeschlossen ist. Hierfür liegen in der Tat empirische Evidenzen vor. Die SBP kann möglicherweise mit der neuronalen Aktivität in einer bestimmten Funktionseinheit im Gehirn, den kortikalen Mittellinienstrukturen (KMS), die die medialen Regionen der Hirnrinde umfassen, in Zusammenhang gebracht werden. Wir haben in einer Metaanalyse alle bisherigen bildgebenden Studien zur SBP zusammengefasst. Dabei zeigte sich eine Konzentration der entsprechenden SBP-Aktivierungen

in verschiedenen sensorischen Domänen und Modalitäten in den Medialregionen des Gehirns (KMS). Interessanterweise zeigen diese Regionen auch eine enge bilaterale Verknüpfung mit allen sensorischen Sinnesorganen, sowohl den externen als auch den internen Sinnessystemen (Northoff/Bermpohl 2004; Northoff et al. 2006).

2. Die SBP müsste eine Modulierung von feinen Unterschieden im Grad des Selbstbezugs und somit des Bezuges zwischen Umwelt und Organismus erlauben. In empirischer Hinsicht würde man vermuten, dass eine lineare bzw. parametrische Abhängigkeit zwischen dem Grad des Selbstbezugs einerseits und der Intensität der neuronalen Aktivität andererseits besteht. Dies konnte in der Tat in einer Studie unserer Arbeitsgruppe gezeigt werden (Northoff et al. 2008). Gesunde Probanden mussten emotionale Bilder hinsichtlich ihres Selbstbezugs auf einer visuellen Analogskala zwischen 0 und 10 evaluieren. Diese Werte wurden mit der in der funktionellen Kernspintomografie gemessenen neuronalen Aktivität während der Präsentation derselben Bilder korreliert. Dabei zeigte sich eine lineare bzw. parametrische Abhängigkeit der neuronalen Aktivität vom Grad des Selbstbezugs in genau den oben beschriebenen Regionen, den medialen Regionen der Hirnrinde (KMS). Je stärker der Selbstbezug in den präsentierten emotionalen Bildern war, desto stärker und höher war auch die neuronale Aktivität, die in den KMS beobachtet werden konnte.
3. Es sollte eine Verknüpfung zwischen SBP und senso-motorischen Funktionen vorliegen, da ansonsten die SBP isoliert von der Umwelt bleiben würde. Wenn dies der Fall wäre, sollten auch motorische Regionen, die in der Konstitution des eigenen Körpers als solchem involviert sind, einen Selbstbezug aufweisen. Dieses zeigte sich in der Tat in der oben zitierten Untersuchung. Neben den medialen Regionen in unserer Hirnrinde, den KMS, zeigten auch der prämotorische Kortex und der bilaterale parietale Kortex eine parametrische bzw. lineare Abhängigkeit vom Grad des Selbstbezugs. Der prämotorische Kortex ist in die Generierung und Entwicklung von komplexen Handlungen involviert, der laterale

parietale Kortex stellt eine wichtige Region in der Konstitution der Körperschemata dar. Die Tatsache, dass die neuronale Aktivität in diesen beide Regionen ebenfalls eine parametrische Abhängigkeit vom Grad des Selbstbezugs zeigt, indiziert die enge Verknüpfung zwischen SBP einerseits und Sensomotorik andererseits.

4. Wenn die Relation des Organismus zur Umwelt in phänomenaler Art und Weise erlebt wird, sollten affektive bzw. emotionale Komponenten eine zentrale Rolle im Selbstbezug spielen. Die emotionale und affektive Komponente sollte umso stärker sein, je stärker der Selbstbezug ist. Der enge Zusammenhang zwischen Emotionen bzw. affektivem Erleben und Selbstbezug konnte in der Tat gezeigt werden. Emotionale Bilder wiesen einen stärkeren Selbstbezug auf als nicht emotionale Bilder. Interessanterweise zeigen die Regionen, die bei der SBP involviert sind, auch einen Anstieg der neuronalen Aktivität bei emotionalen Stimuli.

Implikationen der Selbst-bezogenen Prozessierung für das Konzept des Selbst

Ich postuliere, dass die SBP der Nukleus bzw. Kern unseres »Selbst« ist. Das SBP erlaubt es dem Organismus, eine Beziehung zu bestimmten Ereignissen bzw. Stimuli in der Umwelt zu etablieren. Dadurch wird nicht nur eine Relation zwischen Organismus und Umwelt hergestellt, sondern die Stimuli selbst verändern ihr Format in der Form, dass sie phänomenal erlebt werden können. Die SBP ist daher möglicherweise die Basis dessen, was als »mentales oder Kern-Selbst« (Damasio 1999), »Erfahrungsselbst«, »präreflektives Selbst« oder »minimales Selbst« bezeichnet wird. Das Selbst kann somit nicht mehr als isolierte Entität mit separaten Inhalten angesehen werden. Anstelle einer solchen inhaltlich bezogenen Definition muss das Selbst eher prozessual bzw. im Sinne eines Prozesses, der SBP, definiert werden. Die SBP liegt dem Selbst als notwendige empirische Bedingung zugrunde, wodurch das Selbst selbst als das phänomenale Erleben der Organismus-Umwelt-Relation definiert werden kann – phänomenales Erleben, Organismus-

Umwelt-Relation und Selbst sind dieser Definition zufolge untrennbar verknüpft (vgl. Fuchs 2007, Fuchs in diesem Band). Die SBP stellt somit die Basis für die Manifestation des Selbst in den verschiedenen Domänen dar, da die entsprechenden Inhalte ohne die SBP gar nicht auf den Organismus bezogen werden könnten. Die SBP ist z.B. mit der kognitiven Prozessierung verknüpft, wodurch sich das Selbst in der kognitiven Domäne mit den entsprechenden Inhalten manifestieren kann. So wird z.B. das von Damasio postulierte »erweiterte oder autobiographische Selbst« möglicherweise auf einer Verknüpfung von selbst-bezogenen Stimuli mit der Domäne des Gedächtnisses und der Erinnerung beruhen. Das »narrative Selbst« oder das »dialogische Selbst« wird möglicherweise eine Realisierung der SBP in der verbalen Domäne darstellen. Ähnlich werden das »emotionale Selbst« und das »räumliche Selbst« entsprechende Verknüpfungen der SBP mit der emotionalen bzw. räumlichen Domäne darstellen. Die SBP kann somit als notwendige Voraussetzung für die Manifestation des Selbst in verschiedenen Domänen angesehen werden. Analog zu Kant muss die SBP daher als transzendental bzw. als transzendentales Selbst betrachtet werden. Der Unterschied zu Kant besteht jedoch darin, dass die SBP empirisch fundiert ist und eine Beziehung zur Umwelt herstellt, wohingegen Kants transzendentales Selbst ausschließlich logisch fundiert ist und die Erkenntnis der Umwelt ermöglicht.

Die SBP ist nicht nur ein abstraktes Konzept, sondern kann durch empirische Evidenz untermauert werden. Dabei legen die Befunde nahe, dass die KMS, die kortikalen Mittellinienstrukturen, hierbei eine zentrale Rolle spielen. Sie scheinen in die Herstellung einer Beziehung zwischen Organismus und Umweltstimulus involviert sowie für die Verknüpfung dieser Beziehung mit dem Gefühl bzw. mit Emotionen zentral zu sein. Dies kann empirisch geprüft werden und ist gegenwärtig Gegenstand verschiedener Untersuchungen mit funktioneller Bildgebung.

Was bedeutet der Zusammenhang zwischen Selbst bzw. SBP und KMS für die Psychiatrie? Depressive Patienten leiden im Extremzustand darunter, dass sie ihr eigenes Selbst nicht mehr fühlen bzw. erleben und ihm keine Emotionen mehr zuordnen können, wodurch sie dann auch die Beziehung zur Umwelt nicht mehr erleben – sie fühlen sich isoliert und abgetrennt von ihrem Kontext. Interessanterweise zeigen depressive Patienten genau in den KMS starke Veränderungen bei emotionaler Stimulation (Northoff et al. 2006). Leider liegen gegenwärtig keine Studien zur funktionellen Bildgebung des Selbst bei diesen Patienten vor, durch welche die Hypothese eines abnormen Zusammenhangs zwischen KMS und Selbst untermauert werden könnte. Dieses Beispiel macht aber deutlich, dass wir durch eine bessere Kenntnis des Zusammenhanges zwischen Selbst und KMS auch die komplexen Veränderungen im Erleben des eigenen Selbst und korrespondierend auch der Umwelt bei psychiatrischen Patienten verstehen könnten und möglicherweise auch in der Lage sein werden, diese gezielt psycho- oder pharmakotherapeutisch zu beeinflussen.

Implikationen des Konzepts des Selbst für die Psychoanalyse

Das hier vorgetragene Konzept des Selbst und der SBP hat hinreichende Implikationen für die Psychoanalyse. Da Konzept des Selbst ist in der Psychoanalyse eher vernachlässigt worden zugunsten des Ichs. Während das Konzept des Ich eine objektiv erfassbare Struktur beschreibt, impliziert der Begriff des Selbst eher das subjektive Erleben dieser Struktur. Ich und Selbst können also nicht miteinander identifiziert werden, sondern müssen als komplementär betrachtet werden. Die hier erfolgende Betrachtung des Selbst lenkt also den Blick auf genau diese subjektiven Aspekte. Die Tatsache, dass diese subjektiven Aspekte bzw. das Selbst im Gehirn verankert sind, weist darauf hin, dass das Gehirn selber möglicherweise nicht so objektiv ist wie es häufig implizit und stillschweigend vorausgesetzt wird. Das wiederum unterstreicht, dass das Konzept des Selbst auch eine zentrale Stellung im psychodynamischen Kontext einnimmt, wie es zum Beispiel Kohut vertreten hat.

Selbst und Ich müssen als komplementäre Konzepte angesehen werden, die sich nicht widersprechen. Während das Konzept des Selbst ein subjektiv-phänomenales Konzept ist, ist das Ich-Konzept ein objektiv-psychologisches. Das Konzept des Selbst beschreibt eine bestimmte Dimension des Erlebens, die subjektive, wohingegen das Ich-Konzept eine bestimmte psychologische Struktur beschreibt. Gerade die Neurowissenschaftler könnten viel von einer solchen Komplementarität zwischen Ich und Selbst lernen. Die Neurowissenschaften sind stark auf Inhalte, mental und non-mental, fixiert. Die Komplementarität zwischen Selbst und Ich hingegen lenkt den Blick von den Inhalten auf die Organisation. Dabei ist das Ich die Struktur, die die Organisation unseres psychischen Apparates ausmacht, wohingegen das Selbst die Art und Weise unseres Zuganges zu dieser Organisation beschreibt.

Die Beschreibung von Selbst und Ich als Aspekte der Organisation unseres psychischen Apparates impliziert neurobiologisch, dass wir weder das eine noch das andere im Gehirn finden bzw. in einer bestimmten Hirnregion oder einem bestimmten Molekül lokalisieren können. Das heißt also, dass Selbst und Ich nicht bestimmten neuronalen Inhalten entsprechen, sei es auf der regionalen oder der molekularen Ebene. Stattdessen müssen wir auf die Organisationsstrukturen des neuronalen Apparates schauen. Genauso, wie schon Freud sich nicht auf bestimmte psychische Inhalte, sondern auf die psychischen Strukturen konzentriert hat, müssen wir unsere Aufmerksamkeit auf die neuronale Organisation lenken. Genau das wurde in diesem Beitrag in einem ersten Schritt, und sehr vorläufig, versucht. Die kortikalen Mittellinienstrukturen und das Selbst-bezogene Prozessierung wurden als Organisationsmerkmale aufgefasst, die alle Inhalte – kognitive, affektive oder sensorische – betreffen und sich als ein gemeinsamer Untergrund durch sie hindurch ziehen. Und genau das ist auch der Fall bei dem Verhältnis von Selbst und Ich.

Abkürzungen

MOFC: medialer orbitofrontaler Kortex
VMPFC: ventromedialer präfrontaler Kortex
DMPFC: dorsomedialer präfrontaler Kortex
PC/RS: posteriorer cingulärer Kortex/Retrosplenium
MB: Midbrain/Mittelhirn
BLPC: bilateraler parietaler Kortex
DMT: dorsomedialer Thalamus
LPMC: lateraler prämotorischer Kortex

Literatur

Chalmers, D. (1996): The Conscious Mind. New York (Oxford University Press).

Churchland, P. S. (2002): Self-representation in nervous systems. Science 296(5566), 308–310.

Damasio, A. R. (1999): The Feeling of What Happens: Body and Emotion in the Making of Consciousness. New York (Harcourt Brace).

Damasio, A. (2003a): Feelings of emotion and the self. Ann NY Acad Sci 1001, 253–261.

Damasio, A. (2003b): Mental self: The person within. Nature 423(6937), 227.

Frith, C. D. & Frith, U. (1999): Interacting minds – a biological basis. Science 286(5445), 1692–1695.

Fuchs, T. (2007): Das Gehirn – ein Beziehungsorgan. Eine phänomenologisch-ökologische Konzeption. Stuttgart (Kohlhammer).

Gallagher, H. L. & Frith, C. D. (2003): Functional imaging of ›theory of mind‹. Trends Cogn Sci 7(2), 77–83.

Gallagher, I. I. (2000): Philosophical conceptions of the self: Implications for cognitive science. Trends Cogn Sci 4(1), 14–21.

Gallagher, S. & Zahavi, D. (2005): Phenomenological Approaches to Self-Consciousness. In: Zalta, N. E. (Hg.): The Stanford Encyclopedia of Philosophy. URL: http://plato.stanford.edu/

Grimm, S; Schmidt, C.; Bermpohl, F.; Heinzel, A.; Dahlem, Y.; Wyss, M.; Hell, D.; Boesiger, P.; Boeker, H. & Northoff, G. (2006): Segregated neural representation of distinct emotion dimensions in the prefrontal cortex – An fMRI study. Neuroimage 30(1), 325–240.

Gusnard, D. A.; Akbudak, E.; Shulman, G. L. & Raichle, M. E. (2001): Medial prefrontal cortex and selfreferential mental activity: relation to a default mode of brain function. Proc Natl Acad Sci USA 98(7), 4259–4264.

Gusnard, D. A. & Raichle, M. E. (2001): Searching for a baseline: functional imaging and the resting human brain. Nat Rev Neurosci 2(10), 685–694.

Heinzel, A.; Bermpohl, F.; Niese, R.; Pfennig, A.; Pascual-Leone, A.; Schlaug, G. & Northoff, G. (2005): How do we modulate our emotions? Parametric fMRI reveals cortical midline structures as regions specifically involved in the processing of emotional valences. Brain Res Cogn Brain Research 25(1), 348–358.

James, W. (1892): Psychology. New York (Henry Holt and Company).

Kircher, T. & David, A. D. (Hg.) (2003): The self in neuroscience and psychaitry. Cambridge (University Press).

Lambie, J. A. & Marcel, A. J. (2002): Consciousness and the varieties of emotion experience: A theoretical framework. Psychol Rev 109(2), 219–259.

Metzinger, T. (2003): Being No One. Cambridge (MIT Press).

Northoff, G. (2004): Philosophy of the Brain. The Brain Problem. Amsterdam (John Benjamins Publishing).

Northoff, G. & Bermpohl, F. (2004): Cortical midline structures and the self. Trends Cog Sci 8(3), 102–107.

Northoff, G.; Heinzel, A.; Bermpohl, F.; Niese, R.; Pfennig, A.; Pascual-Leone, A. & Schlaug, G. (2004): Reciprocal modulation and attenuation in the prefrontal cortex: An fMRI study on emotional-cognitive interaction. Hum Brain Mapp 21(3), 202–212.

Northoff, G.; Schneider, F.; Rotte, M.; Matthiae, C.; Tempelmann, C.; Wiebking, C.; Bermpohl, F.; Heinzel, A.; Danos, P.; Heinze, H. J.; Bogerts, B.; Walter, M. & Panksepp, J. (2009): Differential parametric modulation of self-relatedness and emotions in different brain regions. Hum Brain Mapp 30(2), S. 369-382.

Ochsner, K. N. & Gross, J. J. (2005): The cognitive control of emotion. Trends Cog Sci 9(5), 242–249.

Ochsner, K. N.; Ray, R. D. et al. (2004): For better or for worse: Neural systems supporting the cognitive down- and up-regulation of negative emotion. Neuroimage 23(2), 483–499.

Panksepp, J. (1998a): Affective Neuroscience: The Foundations of Human and Animal Emotions. New York (Oxford University Press).

Panksepp, J. (1998b): The periconscious substrates of consciousness: Affective states and the evolutionary origins of the self. J Consci Studies 5(5/6), 566–582.

Panksepp, J. (2003): At the interface of the affective, behavioral, and cognitive neurosciences: Decoding the emotional feelings of the brain. Brain Cogn 52(1), 4–14.

Panksepp, J. (2005): Affective consciousness: Core emotional feelings in animals and humans. Consciousness and Cognition14(1), 30–80.

Vogeley, K.; Bussfeld, P.; Newen, A.; Herrmann, S.; Happe, F.; Falkai, P.; Maier, W.; Shah, N. J.; Fink, G. R. & Zilles, K. (2001): Mind reading: Neural mechanisms of theory of mind and self-perspective. Neuroimage 14, 170–181.

Vogeley, K. & Fink, G. R. (2003): Neural correlates of the first-person perspective. Trends Cog Sci 7(1), 38–42.

Vogeley, K. & May, M. (2004): Neural correlates of first-person perspective as one constituent of human self-consciousness. J Cogn Neurosci 16(5), 817–827.

Die Neurobiologie des Selbst und das psychoanalytische Unbewusste

Thomas Stark

Das objektive Kern-Selbst und das erzählende subjektive Selbst von Northoff und Panksepp

Georg Northoff unterscheidet in seinen Aufsätzen ein objektives Kern-Selbst und ein erzählendes subjektives Selbst. Das objektive Kern-Selbst wird in erster Linie am Säugetier erforscht und aus der Verknüpfung von neurobiologischen Messergebnissen und Verhaltensbeobachtungen erschlossen. Das erzählende subjektive Selbst ist das Selbst der Human- und Sozialwissenschaften. Northoffs Forschung ist in erster Linie neurobiologische Forschung zum erzählenden subjektiven Selbst. Dabei versteht er das Verhältnis zwischen dem mit biologischen Methoden erforschten neuro-ethologischen Kern-Selbst und dem erzählenden subjektiven Selbst nicht als eine Art Hervorgehen des letzteren aus dem ersteren im Sinne eines kontinuierlichen Wachstums, einer Entfaltung einer Anlage. Vielmehr lässt er aufgrund seiner neurobiologischen Erkenntnisse konzeptuellen Raum für neue Variablen, die die Entwicklung des erzählenden subjektiven Selbst auf der Basis oder im Rahmen der Möglichkeiten des mit biologischen Methoden erforschten neuro-ethologischen Kern-Selbst bestimmen. Dies impliziert die Möglichkeit eines großen Unterschieds zwischen den beiden und schafft Raum einerseits für die neurobiologische Erforschung des erzählenden subjektiven Selbst, die Northoffs Thema ist, und andererseits für einen Dialog mit der Psychoanalyse, den ich im Folgenden gerne aufnehmen möchte.

Das von Panksepp und Northoff mit biologischen Methoden erforschte neuro-ethologische Kern-Selbst kommt in archaischen Formen bei allen Säugetierarten und vielleicht auch bei anderen Wirbeltieren vor (Northoff/Panksepp 2008; Northoff et al. 2006; Panksepp 1998). Dieses Kern-Selbst macht es möglich, sich als aktiver Organismus kohärent, selektionierend und adaptiv in seiner Umwelt zu verhalten. Die anatomische Struktur sind die sogenannten subkortikalen und kortikalen Mittellinienstrukturen, die bis ins Zwischen- und Mittelhirn hinabreichen. Die neuronale Funktion ist das sogenannte Self-related Processing, das man vielleicht mit »zu einem Selbst verknüpfende neuronale Aktivität« übersetzen kann. Das Kern-Selbst hat eine Form primären Bewusstseins, es integriert Wahrnehmungen in allen Sinnesmodalitäten aus der Außenwelt und dem Körper, besteht aus Affekten und Antrieben und hat Verbindungen zu anderen Hirnzuständen, vor allem dem Gedächtnis. Das Self-related Processing koordiniert basale emotionale Vorgänge und Körperreize mit den zielgerichteten Aktivitäten des Organismus und verbindet so Reize aus der Außenwelt mit den basalen, das heißt nicht konditionierten Werten. Aus ethologischer Perspektive reguliert das Kern-Selbst Gruppenzugehörigkeit, Werbung und Paarung, mütterliche Fürsorge, Trennungsstress, Bindung, Wut und Angst sowie Durst, Hunger und die Körpertemperatur (Panksepp/Northoff 2008, S. 16). Diesen allen Säugetierarten gemeinsamen homologen Strukturen und Funktionen steht der Neokortex des Menschen gegenüber. Der Neokortex ist eine wesentliche neuronale Struktur für menschliches Lernen und das Gedächtnis. Panksepp und Northoff beschreiben ihn bei der Geburt als eine »tabula rasa« (ebd.). Er entwickelt sich postnatal in Struktur und Funktion mit der lehrenden und lernenden Vermittlung zwischen Umwelt und Organismus. Diese epigenetische Entwicklung der neokortikalen Struktur bringt das persönliche erzählende subjektive Selbst hervor. Über die Funktion des Self-related Processing ist das Kern-Selbst intensiv mit der Umwelt verbunden. Die Autoren beschreiben es als eine kontinuierliche Kodierung von neuronalen Kodes, die der Innen- und der Außenwelt entstammen, aus der gleichzeitig Selbst und Nicht-Selbst hervorgehen. Das Self-related Processing ist der neurobiologisch nachweisbare Vorgang, der der Konstruktion von Selbst und Nicht-Selbst zugrunde liegt.

Für die Psychoanalyse bedeutsam scheint mir diese Forschung insofern, als sie bei der konzeptuellen Klärung schwieriger Begriffe helfen kann. Das mit biologischen Methoden erforschte neuroethologische Kern-Selbst mit Bewusstsein, Affekten und Antrieben ist eine Errungenschaft, die in der Evolution viel früher entstanden ist als das psychoanalytische Unbewusste. In seiner ersten Triebtheorie schied Freud die Sexualtriebe von den Selbsterhaltungstrieben. Im Begriff »Selbsterhaltungstriebe« verwendet er wohl zum ersten und letzten Mal das Wort »selbst« in einem konzeptuellen Sinn. Das Kern-Selbst von Panksepp und Northoff – so scheint mir – gehört zu den Freud'schen Selbsterhaltungstrieben, die die Bausteine und den Rahmen des in der Psychoanalyse erforschten psychischen Lebens bilden. Wir finden darin also Bewusstsein, Affekte und Antriebe. Die Auslagerung der Wurzeln dieser Funktionen in die Säugetierbiologie entlastet die Psychoanalyse und gibt ihr Spielraum für die Erforschung der Veränderungen des Säugetierkernselbsts durch die Besonderheiten der menschlichen Entwicklung und ihrer Folgen, das heißt des psychoanalytischen Unbewussten.

Die Bedeutung des Anderen aus entwicklungspsychologischer Sicht

Die gewaltige postnatale Entwicklung macht es nötig, zwischen dem mit biologischen Methoden an Tier und Mensch erforschten neuroethologischen Kern-Selbst und dem erzählenden subjektiven menschlichen Selbst, so verführerisch nahe sie sich aufgrund der suggestiven Bezeichnungen auch sein mögen, einen großen qualitativen Unterschied festzuhalten. Northoff betont zwar die Unbestimmtheit des Neokortex bei der Geburt und die Bedeutung der postnatalen Entwicklung, geht aber auf die Vorgänge in dieser postnatalen Entwicklung nicht ein. Aus entwicklungspsychologischer und psychoanalytischer Sicht kommt hier dem Anderen eine unabdingbare Bedeutung für die Entwicklung des Subjekts zu, der in Northoffs Arbeiten nur implizit als Reiz aus der Außenwelt enthalten ist. In meinem Verständnis ist es die Begegnung mit dem Anderen, über die sich das erzählende subjektive Selbst entwickelt. Die Begegnung mit dem Anderen geht aber notwendigerweise mit der Bildung eines psychoanalytischen Unbewussten einher, das zum Kern des erzählenden subjektiven Selbst wird und damit für eine Neurobiologie dieses Selbst relevant ist.

Aus der Sicht eines sozialen Konstruktivismus, die Northoff implizit zu teilen scheint, kommt das Neugeborene ohne Selbst oder Subjekt zur Welt. Es bringt aber eine begrenzte Anzahl von angeborenen aus der Evolution hervorgegangenen Anlagen mit, die ihm unter bestimmten Bedingungen erlauben, ein erzählendes subjektives Selbst zu entwickeln. Dazu gehören wohl auch die von Northoff erforschten subkortikalen Mittellinienstrukturen. Wir gehen also beide weder von einem angeborenen Naturzustand des Selbst noch von einem angeborenen Trieb oder von angeborenen Urfantasien aus. Vielmehr handelt es sich um nicht funktionstüchtige Anlagen, die erst in der tausendfachen Interaktion mit Erwachsenen ein subjektives Selbst hervorbringen können. Gehirn und Subjektivität entwickeln sich in der außerordentlich intensiven Dyade mit den ersten Bezugspersonen des kleinen Kindes. Das Kind ist einer Flut von Einflüssen ausgesetzt, die gemäß Fonagy und Target über die Begegnung mit dem zugewandten Erwachsenen vermittelt werden (Fonagy/Target 2007; Fonagy et al. 2007). Es muss und kann sehr viel lernen. Dabei spielt die aus der Evolution hervorgegangene und von beiden – Kindern und Erwachsenen – mitgebrachte Tendenz zum Augenkontakt miteinander eine große Rolle (Farroni et al. 2002, 2003, 2004; Haley/Stansbury 2003). Im Augenkontakt kommt es zu einem Teilen eines gemeinsamen Zustandes, der eine gemeinsame Aufmerksamkeit gegenüber der Außenwelt entstehen lässt. Der Erwachsene kann dem Kind nun etwas Drittes zeigen, dem sich das Kind dann zuwendet. So lernt es. Wir kennen das alle aus unserer Erfahrung im Spiel mit Babys, wenn wir das Kind anschauen und dann das Mobile über dem Bettchen anblasen, dann wieder das Kind anschauen und uns mit ihm gemeinsam über die Bewegungen der Laubsägefische freuen. Wichtig ist, dass über solche Interaktionen eine gemeinsame intensiv erlebte allgemeine unpersönliche Subjektivität vor der Einschließung zum Subjekt entsteht. In ihr ist ein erstes Lernen über die Welt, die Erwachsenen und das Kind selbst möglich. Ich nehme an, dass dabei einfache bewusste Zustände mit primären Repräsentationen entstehen, in denen in der Funktion des Self-related Processing erste Verknüpfungen von Körper, Emotion, Begegnung mit dem Anderen und der Außenwelt stattfinden. Für diese Vorgänge spricht auch, dass deren Störung die normale postnatale Entwicklung des Gehirns beeinträchtigt und zu emotionalen und kognitiven Desorganisationen führt.

Die Bedeutung des Anderen aus psychoanalytischer Sicht

Nun begegnet dem Kind aber im Erwachsenen schon im Fötalstadium und erst recht ab der Geburt nicht nur ein zugewandter Pflegender und Lehrender, sondern auch ein postpubertärer sexueller Mensch mit einem psychoanalytischen Unbewussten und einer kulturellen Einbettung. Das psychoanalytische Unbewusste ist gerade in der Begegnung mit dem Kind häufig aktiviert und instantiiert. Das Kind ist diesen Aktivierungszuständen und Instantiierungen des erwachsenen Unbewussten in der Begegnung mit ihm ausgeliefert. Jean Laplanche nennt sie »rätselhafte Botschaften« (Laplanche 2004). Es kann da nichts lernen und verstehen. Denn der lehrende Erwachsene kann hier nicht auf die Mobilefische zeigen, vielmehr weiß er selbst von seinem Unbewussten nichts, kennt allenfalls einige ihn irritierende Abkömmlinge oder wendet sich von ihm ab. Das Kind ist allein. Es geht zwei Wege: Es entwickelt seine eigenen Vorstellungen, was da vor sich geht. Wir nennen sie »Fantasien« oder mit Freud und der modernen kognitiven Entwicklungspsychologie »Theorien«. Oder es verdrängt das, was ihm widerfahren ist. In diesem Schritt der Urverdrängung entsteht das psychoanalytische Unbewusste. Das psychoanalytische Unbewusste ist nach dieser auf der Allgemeinen Verführungstheorie von Laplanche basierenden Vorstellung eine interaktionelle kulturelle Errungenschaft. Darin ist es von anderen unbewussten Vorgängen zu unterscheiden. Bei der Frage, ob es bei der Konfrontation mit der rätselhaften Botschaft zur Übersetzung, das heißt Kognifizierung, oder zur Verdrängung kommt, spielt die Intensität der Affekte eine zentrale Rolle. Die mit den rätselhaften Botschaften einhergehenden Erregungen und Affekte sind allenfalls von großer Intensität. Diese erschwert die für die Kognifizierung erforderliche Desaffektualisierung und leistet der Verdrängung Vorschub. Das Unbewusste besteht in dieser Sichtweise aus Bruchstücken erregter, affektualisierter und impulshafter Szenen. Je heftiger die damit verbundenen Affekte und Impulse sind, desto fragmentarischer und starrer ist die kognitive Struktur. Das psychoanalytische Unbewusste bildet so eine von den anderen Anteilen verschiedene Gedächtnisstruktur. Es beeinflusst nun seinerseits das Erleben, Denken und Verhalten des Kindes. Dadurch unterscheidet sich das Kind von den Anderen und wird eigenständig. Über diese komplexe Entwicklung eines mit dem Erwachsenen nicht geteilten eigenen verdrängten Unbewussten aus einer gemeinsamen intersubjektiven oder relationalen Matrix heraus entsteht die Fähigkeit, in die allgemeine unpersönliche Subjektivität Grenzen einzuziehen, die das Kind nun zum Subjekt und das Gegenüber zum Anderen ein- und die Welt in ein Da-draußen ausschließen. Das Kind wird nun ein widerspenstiger Anderer, eine Person, die in die Kultur hineinwächst, sich ihr widersetzt und sie andererseits weiterbringen kann (Stark 2009). Für das Kind von großer Bedeutung ist die Frage, ob es in seiner Andersartigkeit von den Erwachsenen anerkannt wird oder ob die Erwachsenen es in seiner Andersartigkeit ignorieren oder hassen, weil sie in ihr nur das irritierende eigene Verdrängte zu ahnen vermögen (Stark-Bärtsch 2005).

Die Argumente aus Entwicklungspsychologie und Psychoanalyse begründen, wie der Andere eine notwendige Voraussetzung für die strukturale und inhaltliche Entwicklung eines Selbst in neuronaler wie auch psychoanalytischer Perspektive ist. Northoff nimmt auf die Arbeiten der Forschungsgruppe von Fonagy zustimmend Bezug. Doch Fonagy und Northoff diskutieren die Frage des psychoanalytischen Unbewussten nicht. Northoff denkt zwar in dem mir vorliegenden Manuskript über eine Verbindung der hohen neuronalen Aktivität im Zustand ohne äußere Reize in den Strukturen des Kern-Selbst – der sogenannten high resting state activity – mit dem Es nach, ohne aber auf die Frage der Bedeutung des Anderen und das psychoanalytische Unbewusste einzugehen. Das Es bei Freud ist aber zum Teil vererbt und angeboren. Das hat meines Erachtens zur Folge, dass durch den Bezug auf das Es die von Northoff zurückgewiesene Vorstellung eines angeborenen Selbst mit einem bestimmten Inhalt wieder in die Konzeptualisierung des Selbst hereinkommt. Ich meine, dass Northoff seine neurobiologische Konzeption eines inhaltlich nicht festgelegten und nicht angeborenen Selbst für den Einfluss des Anderen offenhält, ohne diesen dann aber eingehender auszuarbeiten. Dies würde eine neurobiologische Konzeption des psychoanalytischen Unbewussten nötig machen. In meinem Gedankengang gehe ich von einer notwendigen gegenseitigen Bedingtheit von Hirnentwicklung, psychoanalytischem Unbewusstem und Selbst unter dem Einfluss des Anderen aus.

Das psychoanalytische Unbewusste und die neurobiologische Erforschung des subjektiven Selbst

Das psychoanalytische Unbewusste ist aufgrund der oben dargelegten Gedanken der zentrale Teil des Selbst. Aus der psychischen Arbeit an ihm gehen Kreativität, Traum und Symptom hervor. Gibt es einen Weg, es neurobiologisch nachzuweisen und dann einen Bezug zur neurobiologischen Theorie des Selbst herzustellen? In Versuchen von Northoff wird das bewusste subjektive Erleben von Versuchspersonen mit den Messungen des Self-related Processing korreliert. Aus der Sicht des psychoanalytischen Unbewussten kann aber genau das Gegenteil der Fall sein, nämlich, dass eine intensive Aktivierung von unbewussten Selbstanteilen mit einer Reduzierung oder anderweitigen Veränderung des bewussten Erlebens – Stichwort Gegenbesetzung – einhergeht.

Northoff hat sich in einigen Aufsätzen mit epistemologischen Fragen im Zusammenhang mit seiner Forschung auseinandergesetzt. Er verknüpft in der von ihm so genannten Erste-Person-Neurowissenschaft die Erste-Person-Perspektive, das heißt das bewusste subjektive Erleben der Versuchsperson, systematisch mit der Dritte-Person-Perspektive, das heißt den Daten über die neuronalen Zustände des Gehirns (Northoff/Boeker/Bogerts 2006). Die Erste-Person-Perspektive wird aus der Introspektion gewonnen. Dabei stellt sich das Problem der reliablen und validen Erfassung subjektiven Erlebens. Die Versuchspersonen werden standardisiert nach ihrem Erleben der standardisierten Versuchssituation befragt und können eine subjektive Quantifizierung ihres Erlebens auf einer parametrischen Skala angeben. Die Dritte-Person-Perspektive stammt aus der neurobiologischen Messung des Self-related Processing. In der Auswertung werden die subjektiven Angaben der Versuchsperson mit den neurobiologischen Messergebnissen verknüpft. Dabei zeigt sich, dass bei Aktivierungen des Self-related Processing das subjektive Erleben und bei Deaktivierung des Self-related Processing Außenweltwahrnehmungen für die Versuchsperson im Vordergrund standen. Damit ermöglicht diese Methode eine neurobiologische Unterscheidung von Selbst und Nichtselbst.

Aus psychoanalytischer Sicht greift die Gegenüberstellung von Erste-Person-Perspektive und Dritte-Person-Perspektive zu kurz. Das Problem besteht darin, dass wesentliche zum erzählenden subjektiven Selbst gehörende Vorgänge aus der Erste-Person-Perspektive nicht wahrnehmbar sind. Das verdrängte Unbewusste durchdringt oder durchwirkt das Subjekt, entzieht sich aber der bewussten Selbstwahrnehmung des Subjekts und ist auch kein Teil der objektiven Außenwelt. Die Erste-Person-Perspektive erfasst nur das bewusste Selbsterleben der Versuchsperson. Northoff erwähnt selbst dieses Problem (Northoff/Heinzel 2006; Northoff/Boeker/Bogerts 2006). Vielmehr wird das Unbewusste durch den psychoanalytischen Prozess, an dem ein Dritter, der Analytiker, beteiligt ist und der zu gemeinsam erarbeiteten Deutungen und Konstruktionen führt, allmählich erschlossen und dadurch verändert.

In einem Versuch (Northoff/Heinzel 2006) werden der Versuchsperson Bilder dargeboten, die reliabel bestimmte Emotionen auslösen. Dabei werden die entsprechenden Hirnaktivierungen gemessen. In einem weiteren Schritt kann die Versuchsperson eine parametrische subjektive Bewertung zu der ausgelösten Emotion angeben. Die Hirnaktivierungen in den zwei Teilen des Versuchs zeigen Unterschiede im Self-related Processing. Für den Psychoanalytiker offen und wichtig ist aber die Frage, was mit den durch die Versuchssituation oder die Bilder ausgelösten dynamisch unbewussten, an verdrängte infantile Konflikte geknüpften Vorgängen ist. Wir müssen neuronale Aktivierungen postulieren. Howard Shevrin und Mitarbeiter sind in einer aufwendigen Studie diesen Fragen nachgegangen und haben ihre Ergebnisse 1996 in einem 300-seitigen Buch veröffentlicht (Shevrin et al. 1996). Es wäre vielleicht interessant, die Methode von Shevrin mit der von Northoff zu kombinieren. Das würde bedeuten, in einem ersten psychoanalytischen Schritt mit klinischen Versuchspersonen eine Hypothese über das individuelle verdrängte Unbewusste zu erarbeiten und dann als zweites in einem dem Verfahren von Shevrin analogen bildgebenden Verfahren zu überprüfen. Ob das angesichts der Unterschiede der neurowissenschaftlichen Methoden von Northoff und Shevrin, vor allem im Hinblick auf die unterschiedliche zeitliche Auflösung bildgebender und elektroencephalografischer Untersuchungsmethoden, möglich ist, kann ich natürlich nicht abschätzen. Es ließen sich dabei wohl distribuierte gleichzeitig aktivierte neuronale Netze nachweisen, die mit dem verdrängten Unbewussten korrelieren. Die interessante Frage lautet: wie verhält sich das Self-related Processing? Ich stelle mir zwei Möglichkeiten vor:

Entweder es kommt zu Aktivierungen des Self-related Processing, denen keine subjektive Selbsterfahrung entspricht. Dies wäre ein überzeugender neurobiologischer Nachweis eines unbewussten psychoanalytischen Selbst, das über die kortikalen Mittellinienstrukturen mit den diencephalen und mesencephalen Strukturen des Säugetierselbst verbunden ist. Widersprüchlich scheint mir diese Hypothese deshalb, weil das Säugetierselbst von Northoff Bewusstsein hat. Das für Bewusstsein unabdingbar notwendige mesencephale Periaquäduktale Höhlengrau ist ein alter wichtiger Teil der subkortikalen Mittellinienstrukturen, in denen das Self-related Processing stattfindet. Eine Aktivierung des Self-related Processing bei einer Stimulation des psychoanalytischen Unbewussten wäre also nur möglich, wenn die der Verdrängung entsprechenden neuronalen Vorgänge innerhalb der kortikalen und subkortikalen Mittellinienstrukturen stattfinden und Verbindungen zum Periaquäduktalen Höhlengrau hemmen würden. Dies wiederum würde die von Northoff in seinen Versuchen nachgewiesene anatomische und funktionale Kohärenz der kortikalen und subkortikalen Mittellinienstrukturen und des Self-related Processing infrage stellen.

Oder es kommt *nicht* zu Aktivierungen des Self-related Processing. Das würde bedeuten, dass das Self-related-Processing nur im Zusammenhang mit dem bewussten subjektiven Erleben aktiviert ist. Die anatomische und funktionale Kohärenz der kortikalen und subkortikalen Mittellinienstrukturen und des Self-related Processing bliebe gewahrt, aber die Bedeutung des Systems in Bezug auf eine Neurobiologie des Selbst würde geschmälert. Die Frage nach der Neurobiologie des psychoanalytischen Unbewussten und dessen Verbindung zu den tieferen Regionen bliebe offen.

Literatur

Farroni, T.; Gergely, G.; Simion, F. & Johnson, M. (2002): Eye contact detection in humans from birth. PNAS 99(14), 9602–9605.

Farroni, T.; Johnson, M. & Gergely Csibra, G. (2004): Mechanisms of Eye Gaze Perception during Infancy. Journal of Cognitive Neuroscience 16(8), 1320–1326.

Farroni, T.; Mansfield, E.; Lai, C. & Johnson, M. (2003): Infants perceiving and acting on the eyes: Tests of an evolutionary hypothesis. Journal of Experimental Child Psychology 85(3), 199–212.

Fonagy, P.; Gergely, G. & Target, M. (2007): The parent-infant dyad and the construction of the subjective self. Journal of Child Psychology and Psychiatry 48(3/4), 288–328.

Fonagy, P. & Target, M. (2007): Playing with reality: IV. A theory of external reality rooted in intersubjectivity. Int J Psychoanal 88(4), 917–937.

Haley, D. & Stansbury, K. (2003): Infant Stress and Parent Responsiveness: Regulation of Physiology and Behavior During Still-Face and Reunion. Child Development 74(5), 1534–1546.

Laplanche, J. (2004): Die rätselhaften Botschaften des Anderen und ihre Konsequenzen für den Begriff des »Unbewußten« im Rahmen der Allgemeinen Verführungstheorie. Psyche – Z Psychoanal 58(9/10), 898–913.

Northoff, G.; Boeker, H. & Bogerts, B. (2006): Subjektives Erleben und neuronale Integration im Gehirn: Benötigen wir eine Erste-Person-Neurowissenschaft? Fortschr Neurol Psychiat 74(11), 627–633.

Northoff, G. & Heinzel, A. (2006): First-Person-Neuroscience: a new methodological approach for linking mental and neuronal states. Philosophy, ethics, and humanities in medicine 1(1), 3.

Northoff, G.; Heinzel, A.; de Greck, M.; Bermpohl, F.; Dobrowolny, H. & Panksepp, J. (2006): Self-referential processing in our brain – A meta-analysis of imaging studies of the self. NeuroImage 31(1), 440–457.
Northoff, G. & Panksepp, J. (2008): The trans-species concept of self and the subcortical-cortical midline system. Trends in cognitive science 12(7), 259–264.
Panksepp, J. (1998): Affective neuroscience. The foundations of human and animal emotions. New York (Oxford University Press)
Panksepp, J. & Northoff, G. (2008): The trans-species core SELF: The emergence of active cultural and neuro-ecological agents through self-related processing within subcortical-cortical midline networks. Consciousness and Cognition 18(1), 193–215.
Shevrin, H.; Bond, J.; Brakel, L.; Hertel, R. & Williams, W. (1996): Conscious and unconscious processes. Psychodynamic, cognitive and neurophysiological convergences. New York (Guilford Press).
Stark, T. (2009): Die Widerspenstigkeit des Subjekts. Zur »quasi-natürlichen Kraft des Negativen« (A. Honneth). Psyche – Z Psychoanal 63(7), 683–703.
Stark-Bärtsch, A. (2005): Der äussere und der innere Rahmen – Gedanken einer Kinderanalytikerin. Raúl oder das Wagnis, über das Nichtdenkbare nachdenken zu dürfen. Bull Schweiz Ges Psychoanal 62, 43–48.

Die Untersuchung neuronaler Effekte Psychodynamischer Psychotherapie mittels Neuroimaging

Methodologische Voraussetzungen des Brückenschlags

Georg Northoff & Heinz Böker

Einführung

Der seit einigen Jahren aufgenommene Dialog zwischen der Psychoanalyse und den Neurowissenschaften (Beutel et al. 2003; Kandel 1999; Northoff 2007; Northoff et al. 2007; Solms et al. 1998) hat zur Entwicklung einer Anzahl empirischer Hypothesen und Untersuchungen psychodynamischer Konzepte beigetragen. Im Fokus dieser Studien stehen die Abwehrmechanismen (Northoff et al. 2007; Boeker et al. 2006), das Selbst (Milrod 2002), das Gedächtnis (Gabbard 2000; Mancia 2006; Peres et al. 2008), die Träume (Andrade 2007; Solms 1995, 2000) und die Empathie (Gallese et al. 2007). Während diese grundlegenden psychodynamischen Konzepte derzeit in einem neurowissenschaftlichen Kontext Beachtung finden und empirischen Untersuchungen zugänglich gemacht werden, wurde die neuronale Basis eines zentralen therapeutischen Elementes der Psychoanalyse, der Psychodynamischen Psychotherapie, bisher nicht aufgeklärt. Bisher liegen nur Einzelfallstudien vor, die über die neurobiologischen Veränderungen unter Psychodynamischer Psychotherapie berichten (Lai et al. 2007; Lehto et al. 2008; Overbeck et al. 2004; Saarinen et al. 2005; Viinamäki et al. 1998). Systematische, kontrollierte und replizierte Neuroimaging-Studien der neuronalen Effekte Psychodynamischer Psychotherapie stehen weiterhin aus.

Im Gegensatz zur Psychodynamischen Psychotherapie liegt bereits eine Anzahl Studien zu den neuronalen Wirkungen von anderen Formen psychotherapeutischer Interventionen wie der Kognitiv-Behavioralen Therapie (KBT) und der Interpersonellen Therapie (IPT) mittels bildgebender Verfahren vor (Übersicht in Beauregard 2007; Frewen et al. 2008; Linden 2006; Roffman et al. 2005). Diese Untersuchungen wiesen auf die neuronale Modulation in verschiedenen Hirnregionen – unter Einschluss subkortikaler sowie medialer und lateraler kortikaler Regionen – während der KBT oder IPT hin. Die Interpretation dieser Befunde wird jedoch eingeschränkt durch eine Vielzahl methodologischer Probleme, wie z.B.

- der Objektivierung und Quantifizierung der Wirksamkeit von Psychotherapie mittels behavioraler und subjektiver Parameter;
- der Auswahl der jeweiligen Aktivierungssaufgabe in der funktionellen Bildgebung;
- dem Vergleich mit geeigneten Kontrollgruppen, physiologischen, behavioralen und psychologischen Variablen, welche die spezifischen Effekte neuronaler Stimulation bei bestimmten Aktivierungsaufgaben unterstreichen;
- der Unterscheidung zwischen dem Zielsymptom und den diesem möglicherweise zugrunde liegenden psychodynamischen Prozessen (vgl. Frewen et al. 2008; Boeker/Richter 2008).

Während bereits die Untersuchungen der neuronalen Effekte von Kognitiv-Behavioraler Therapie und Interpersoneller Therapie mittels bildgebender Verfahren mit zahlreichen methodologischen Problemen konfrontiert sind, ist die Situation im Falle der Psychodynamischen Psychotherapie noch schwieriger. Auch unter Berücksichtigung der Erkenntnis, dass die therapeutische Beziehung allgemeiner Wirkfaktor jeglicher Psychotherapie ist, so kommt dieser in der Psychodynamischen Psychotherapie gerade auch im Hinblick auf die Entwicklung von Übertragung und Gegenübertragung doch eine besondere Bedeutung zu. Hieraus resultiert die Notwendigkeit, die therapeutische Beziehung als eine intervenierende Variable bei der Untersuchung der neuronalen Effekte einzubeziehen. Ein weiteres Problem stellt die Konzeptualisierung psychodynamischer Konzepte (Ich, Über-Ich, Abwehrmechanismen usw.) und ihre Übersetzung in psychologische

Variablen dar, die mittels funktionellem Neuroimaging überprüft werden können. Neuropsychoanalytiker, welche die neuronalen Effekte Psychodynamischer Psychotherapie untersuchen wollen, sind dementsprechend mit einer Vielzahl komplexer Input-Variablen konfrontiert, die in Betracht gezogen und kontrolliert werden müssen, um eine reliable und valide Untersuchung der Output-Variablen, nämlich der neuronalen Wirkungen, zu ermöglichen.

Auf welche Weise kann die Komplexität der Input-Variablen im Rahmen zukünftiger neurowissenschaftlicher Studien zur Psychodynamischen Psychotherapie berücksichtigt werden? Diese Frage soll im Folgenden beantwortet werden. Die Beantwortung der Frage setzt dabei insbesondere auch die Diskussion derjenigen Variablen voraus, die im Rahmen von Studien zu den neuronalen Effekten Psychodynamischer Psychotherapie kontrolliert und gemessen werden müssen. Die Vielzahl der Variablen und der methodologischen Probleme kann unter zwei Überschriften zusammengefasst werden, als »Design-Problem« und als »Übersetzungsproblem« (vgl. Northoff/Boeker 2009).

Das Design-Problem zielt auf die Frage, auf welche Weise funktionell verknüpfte Variablen in einer experimentellen Studie auf unabhängigem Wege erfasst werden können. Beispielsweise sollten die Aktivierungsaufgaben im Rahmen bildgebender Studien in gewisser Weise diejenigen funktionellen Prozesse abbilden und simulieren, von denen angenommen wird, dass sie die therapeutischen Effekte Psychodynamischer Psychotherapie vermitteln. Im Experiment besteht jedoch die Notwendigkeit, beide Variablen auf unabhängigem Wege zu messen und zu erklären, sodass eine Verwechslung zwischen beiden ausgeschlossen ist.

Das Übersetzungsproblem wirft die Frage auf, wie die verschiedenen konzeptuellen Ebenen überbrückt werden können, die bei solchen Untersuchungen vorausgesetzt werden: Die subjektiv-personale Ebene des Psychotherapeuten und seines Klienten auf der einen Seite und die neuronale Ebene des Gehirns auf der anderen Seite. Es klafft ferner eine Lücke zwischen den behavioralen Effekten Psychodynamischer Psychotherapie, die der Psychotherapeut beobachten kann, und der subjektiv erlebten Wirksamkeit bei den Patienten. Schließlich besteht die Notwendigkeit, die Lücke zwischen der psychodynamischen Ebene

Psychodynamischer Psychotherapie, der psychologischen Ebene der Aktivierungsaufgaben im Rahmen von Neuroimaging-Studien und der neuronalen Ebene der jeweils gemessenen Parameter zu überbrücken. Die geeignete Übersetzung und die Entwicklung von Brücken angesichts der unterschiedlichen Ebenen und erkenntnistheoretischen Zugänge ist eine grundsätzliche Voraussetzung für ein experimentell einwandfreies Design, das eine valide und reliable Messung und Interpretation der Daten ermöglicht.

Beide Probleme, das Design- und das Übersetzungsproblem, werden im Folgenden in ihren verschiedenen Facetten diskutiert und an einem spezifischen Beispiel, dem der Introjektion, illustriert.

Das Design-Problem

Das Design-Problem schließt – wie bereits erwähnt – die Frage ein, wie funktionell miteinander verknüpfte Variablen in einer experimentellen Studie auf unabhängige Weise erklärt werden können. Relevante Input-Variablen solcher Studien schließen die Person des Psychotherapeuten, des Patienten, die therapeutische Beziehung und den experimentell vorgehenden Forscher ein (vgl. Abbildung 1 und Tabelle 1). Die notwendige Diskussion der relevanten Input-Parameter ist dabei stets mit der Frage verknüpft, wie diese Variablen in einem experimentellen Design kontrolliert werden können. Dabei sind wir uns durchaus der Schwierigkeiten bewusst, die sich bei diesen aus methodologischen Gründen notwendigen Klärungen für einen psychoanalytischen Psychotherapeuten ergeben, nicht zuletzt auch in terminologischer Hinsicht (z.B. der Psychotherapeut als Input-Variable).

Der Psychotherapeut, die Psychotherapeutin als »Input«

Was bringt ein Psychotherapeut in die Psychodynamische Psychotherapie ein? Zunächst einmal vor allem ihre/seine eigene Persönlichkeit,

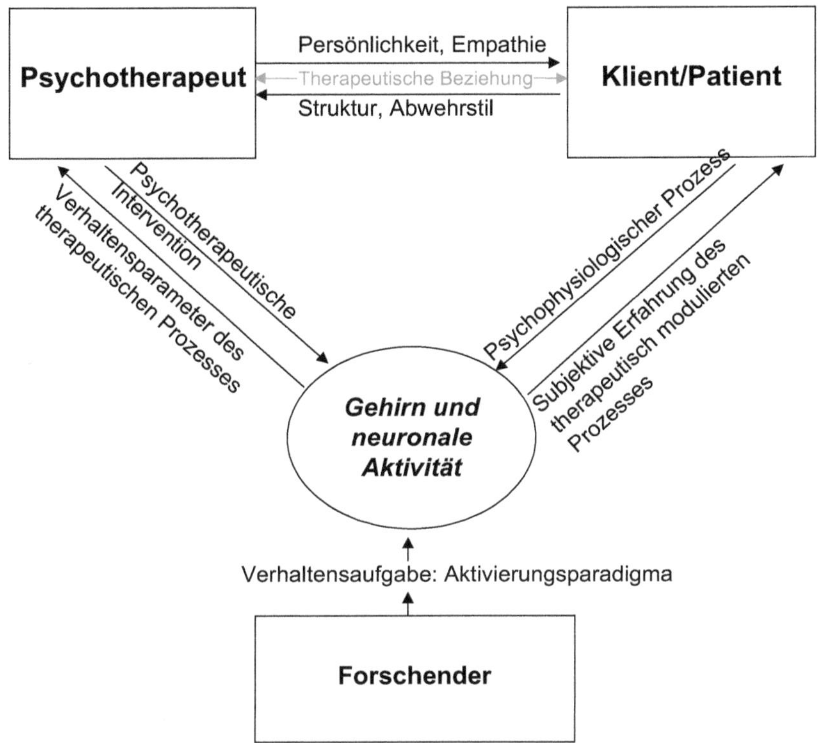

Abbildung 1: Input und das Design-Problem

Kognitionen, Affekte und schließlich die eigene Lebensgeschichte. Es ist die Perspektive der Psychotherapeutinnen und Psychotherapeuten auf die Gedanken, Gefühle und das Verhalten der Patienten, welche im weiteren Verlauf der Interaktion zwischen Patient und Psychotherapeut zur Entwicklung der therapeutischen Beziehung beiträgt. Die aktuelle Psychotherapieforschung hat gezeigt, dass der Psychotherapeut selbst, als Persönlichkeit und mit ihren oder seinen Affekten, in der Psychotherapie letztlich nicht abstinent bleiben kann, so wie es ursprünglich von Freud vorgeschlagen worden war. Kohut unterstrich, dass die Fähigkeit zu Empathie einen wesentlichen Faktor bei der Entwicklung der therapeutischen Beziehung darstellt, die wiederum ganz wesentlich die therapeutische Wirksamkeit mitbestimmt (vgl. Kohut 1959). Eine aktuelle Psychotherapiestudie untersuchte kognitive und emotionale Aspekte der Empathie bei Psychotherapeuten (Hassenstab et al. 2007). Psychotherapeuten zeigten – im Vergleich mit der Kontrollgruppe – höhere Empathie-Werte, wenn diese auf der Grundlage von sprachlich gespiegelten kognitiven Aspekten Schlussfolgerungen zogen. Hinsichtlich affektiver Aspekte der Empathie bestand zwischen beiden Gruppen kein Unterschied, obwohl die Psychotherapeuten durch eine bessere Affektregulation mit geringerem persönlichem Stress in der Reaktion auf belastende Umstände anderer gekennzeichnet waren. Obwohl die Ergebnisse aufgrund der geringen Stichprobengröße (n = 19) als vorläufig eingeschätzt werden müssen, unterstreicht diese psychologische Studie die zentrale Bedeutung der Empathie bei Psychotherapeuten. Neben affektiven und kognitiven Aspekten sind auch sensorische Komponenten der Empathie zu berücksichtigen. Vom sensorischen Niveau können unbewusste kommunikative Signale an andere Personen abhängig sein; dementsprechend ist das sensorische Niveau in der psychotherapeutischen Interaktion ebenfalls von großer Bedeutung (Zanocco et al. 2006). Gewiss sind weitere Studien notwendig, um die spezifische Bedeutung der Empathie in der psychotherapeutischen Interaktion zu erfassen. Einen Forschungsgegenstand stellen beispielsweise die neuronalen Netzwerke dar, die bei der Entwicklung von Empathie (Insula, anteriores Cingulum, Thalamus, temporo-parietale Verbindung, Amygdala; vgl. Frewen et al. 2008) eine Rolle spielen; diese weisen bei Psychotherapeuten eine höhere neuronale Reaktivität im Vergleich zu Nicht-Psychotherapeuten auf. Idealerweise können in solchen Studien auch neuronale und psychophysiologische Maße (z. B. Hautwiderstand, Herzrate, usw.) bei der Messung der Fähigkeit zu Empathie von Psychotherapeuten als konfundierende Variablen einbezogen werden, das heißt als Regressor oder Ko-Variate, wenn die neuronalen Veränderungen der Patienten während einer Psychodynamischen Psychotherapie gemessen und analysiert werden.

Was ist damit gemeint, wenn Persönlichkeit und Empathie des Psychotherapeuten als konfundierende Variable aufgefasst werden? Stellen wir uns beispielsweise einen Psychotherapeuten vor, der dazu neigt, sich intensiv mit dem Schicksal seiner Patienten zu identifizieren. Aus dieser konkordanten Gegenübertragung heraus wird ein tieferes Verständnis des Patienten ermöglicht, andererseits kann sich eventuell eine therapeutische Sackgasse entwickeln, wenn der Therapeut beispielsweise mit den hochgradig ambivalenten internalisierten Objektbeziehungen eines depressiven Patienten konfrontiert ist und die Übertragungsbeziehung durch diese ambivalenten Aspekte der internalisierten Beziehungen des Patienten bestimmt wird. In einem anderen Falle kann hingegen ein Patient, dessen Persönlichkeitsentwicklung durch einen basalen Mangel emotionaler Resonanz und die fehlende Möglichkeit, signifikante andere zu internalisieren, beeinträchtigt wurde, sehr von der Empathie des Psychotherapeuten und einem supportiven, Ich-stützenden Ansatz profitieren. Die klinische Erfahrung unterstreicht, dass die Wirksamkeit von Psychotherapie – abgesehen von therapiespezifischen Effekten – nicht nur von der Persönlichkeit und der psychischen Struktur des Psychotherapeuten selbst abhängt, sondern insbesondere auch von der spezifischen Konstellation zwischen dem Therapeuten und seinem Patienten. Im Hinblick auf die Entwicklung eines experimentellen Ansatzes wird umso deutlicher, dass bei der Anwendung von Persönlichkeitsskalen beide Partner der therapeutischen Interaktion, also nicht nur der Patient, sondern auch der Psychotherapeut, untersucht werden sollten. Zusätzlich zur Empathie und Persönlichkeit kann ferner die Bindungsfähigkeit einbezogen werden. Eine Studie von Schauenburg et al. (2006) ergab beispielsweise, dass etwa ein Drittel der untersuchten Psychotherapeuten ein »gemischt-unsicheres Bindungsmuster« aufwies, das im Hinblick auf die psychotherapeutische Interaktion mit dem Patienten von großer klinischer Bedeutung sein könnte.

Eine weitere Variable, die die Psychotherapeutinnen und Psychotherapeuten einbringen, besteht selbstverständlich in den jeweiligen psychotherapeutischen Interventionen, die eingesetzt werden, um psychotherapeutische Veränderungen auszulösen. Diese therapeutischen Maßnahmen sind gerade auch in der Psychodynamischen und Psychoanalytischen Psychotherapie auf einem breiten Spektrum deutender und Ich-fördernder Interventionen angesiedelt, verbunden mit einer abstinenten Haltung, einer »gleich schwebenden Aufmerksamkeit« (als Basis für die Deutung unbewusster Konflikte, der Übertragung oder der Träume). In der therapeutischen Arbeit mit traumatisierten

Patienten können imaginative Techniken herangezogen werden und therapeutische Foki gewählt werden, die eine sensorische Kodierung der traumatischen Inhalte unterstützen. Im Gegensatz zur Psychoanalytischen Langzeittherapie kann im Rahmen der Psychodynamischen Kurzzeitpsychotherapie das sogenannte Zentrale-Beziehungskonflikt-Thema (ZBKT) zur Bearbeitung von Konflikten in aktuellen Beziehungen des Patienten herangezogen werden (Luborsky/Crits-Christoph 1989). Diese unterschiedlichen therapeutischen Herangehensweisen müssen in quantifizierter und objektivierbarer Weise berücksichtigt werden. Eine Möglichkeit stellt der kürzlich entwickelte »Fragebogen zur Psychotherapeutischen Identität« (THID) dar, der die Ausbildung, die Erfahrung, den therapeutischen Stil und Werte von Psychotherapeuten erfasst (vgl. Sandell et al. 2002).

In methodischer Hinsicht wäre es ideal, wenn eine therapeutische Intervention in der Psychodynamischen Psychotherapie auf einen spezifischen psychodynamisch wirksamen Faktor (z.B. Abwehrmechanismus, Über-Ich) beschränkt und festgelegt werden könnte. Dies wäre z.B. im Rahmen einer Psychodynamischen Psychotherapie vorstellbar, die insbesondere auf die Bearbeitung der ambivalenten Beziehungsmuster depressiver Patienten zielt (im Sinne einer »introjektionsbasierten« Psychodynamischen Psychotherapie). Ein solches – hier aus methodischen Gründen skizziertes – Vorgehen würde es in experimenteller Hinsicht ermöglichen, die psychodynamischen Prozesse therapeutischer Veränderungen unabhängig von anderen Variablen zu spezifizieren, zu messen und zu quantifizieren.

Obwohl in experimenteller Hinsicht wünschenswert, sind die auf einen einzelnen psychodynamischen Fokus ausgerichteten psychotherapeutischen Interventionen in der psychotherapeutischen Realität nicht möglich. Wirksame Psychodynamische Psychotherapie wird mit unterschiedlichen therapeutischen Interventionen (psychotherapeutischem »Input«) durchgeführt, die auf eine Vielzahl psychodynamischer Prozesse zielen. Aufgrund dieser therapeutischen Realität ist es sehr schwierig, die psychotherapeutische Intervention selbst zu quantifizieren und zu objektivieren (Luborsky et al. 1985; Roth/Fonagy 1996) und den psychotherapeutischen Input von den jeweiligen psychodynamischen Prozessen zu unterscheiden. Hier wird ein zentrales methodologisches Problem deutlich, da im Hinblick auf ein experimentelles Design vermutet werden muss, dass mögliche neuronale Veränderungen eher diejenigen psychodynamischen Prozesse widerspiegeln, die der psychotherapeutischen Intervention zugrunde liegen, als die psychotherapeutische Intervention selbst (den »Input«). Dementsprechend besteht eine Diskrepanz zwischen klinischer Realität und den Notwendigkeiten eines experimentellen Designs; dieser Kluft zwischen klinischer Realität und experimentellen Notwendigkeiten sollte in einem experimentellen Design stets Rechnung getragen und sie möglichst auch verringert werden.

Zusätzlich zu dem psychotherapeutischen Input und den psychodynamischen Prozessen sollten ferner auch die Wirkungen der Psychotherapie (»Output«) berücksichtigt werden. Inzwischen liegen zahlreiche Studien vor, welche die therapeutische Wirksamkeit Psychodynamischer Psychotherapie belegen (Haase et al. 2008; Leichsenring/Leibling 2007; Leichsenring/Rabung 2008). Die in den vergangenen Jahren entwickelten diagnostischen Instrumente, u. a. die Operationalisierte Psychodynamische Diagnostik (Boeker/Richter 2008; Cierpka et al. 2007; OPD Task Force OPD II 2008; Boeker et al. 2008), ermöglichen eine operationalisierte Diagnostik beobachtungsnaher psychodynamischer Zusammenhänge auf der Grundlage eines multiaxialen Systems (bestehend aus vier psychodynamischen Achsen und einer deskriptiven Achse). Die OPD ermöglicht ferner die Definition relevanter therapeutischer Foki und die Messung therapeutischer Veränderungen (Rudolf et al. 2004). Das strukturierte Interview für die Persönlichkeitsorganisation (STIPO, Clarkin et al. 2004) basiert auf den psychodynamischen Konzepten Kernbergs zu den Persönlichkeitsstörungen (Kernberg 1996). Das STIPO ermöglicht die Evaluation der individuellen Persönlichkeitsorganisation im Hinblick auf folgende Dimensionen: Konsolidierung der Identität, Qualität der Objektbeziehungen, Vorhandensein primitiver Abwehr, Qualität der Aggression, adaptive Bewältigungsstrategien (im Gegensatz zur charakterlichen Rigidität) und moralische Werte. Die Wirksamkeit der Psychotherapie (Output) wird mit diesem Instrument ausschließlich auf der Ebene der erwähnten psychodynamischen Dimensionen erfasst.

Dies ist in methodologischer Hinsicht als problematisch anzusehen, weil das gewählte Maß sich von dem unterscheiden sollte, was gemessen wird (der psychotherapeutische Output), nämlich der unabhängigen Variable. Bei dem hier kritisierten Vorgehen bleibt die »unabhängige« Variable gleichzeitig abhängig von dem gewählten Maß (den psychodynamischen Dimensionen). Aus diesem Grund werden zusätzliche abhängige Vari-

Input	Empirische Variablen	Experimentelle Maße
Psychotherapeut	Persönlichkeit, Empathie	Sklalen für Persönlichkeit und Empathie
	Psychotherapeutische Intervention als Input	Psychotherapeutische Identität
	Psychotherapeutischer Output	Psychodynamische, subjektive und Verhaltensmaße
	Psychodynamischer Prozess vermittelt zwischen dem psychotherapeutischen Input und den Effekten	Messung des psychodynamischen Prozesses mittels STIPO, OPD etc.
Klient/Patient	Persönlichkeit und psychodynamische Struktur als Input	Messung der psychodynamischen Struktur durch STIPO, OPD etc.
	Verhaltens- und subjektiver Input (Symptomatik)	Likkert-Skalen, Reaktionszeiten und andere Verhaltensparameter
	Therapeutisch induzierte Veränderungen im subjektiven und Verhaltens- Output	Psychophysiologische Maße, z.B. Hautleitfähigkeit etc.
Patient-Psychotherapeut-Passung	Qualität der therapeutischen Beziehung	Skalen für die Messung der Passung zwischen Klienten und Therapeuten und somit der therapeutischen Beziehung mittels Helping Alliance Questionnaire, Vanderbilt Psychotherapy Process Scale oder Working Alliance Inventory
Forschender	Konzept und Hypothese der Hirnfunktion	Lokalisation versus Integration
	Verhaltensaufgabe als Aktivierungsparadigma und Input	Neurophysiologische, methodologische, psychodynamische, symptomatische und erlebnishafte Faktoren
	Veränderungen in neuronaler Aktivität als Output	Methode der Messung (fMRI, PET etc.)

Tabelle 1: Input, empirische Variablen und experimentelle Maße

ablen für die Veränderungsmessung im Verlauf psychotherapeutischer Behandlungen benötigt, die auf unterschiedlichen Ebenen – der subjektiven Ebene und der Verhaltensebene – angesiedelt sind.

Dies soll beispielhaft an der Introjektion erläutert werden. Introjektionen sind bei depressiv Erkrankten in psychodynamischer Hinsicht von zentraler Bedeutung (Taylor/Richardson 2005; Boeker/Northoff 2005; Boeker/Richter 2008). Diese introjektiven Prozesse können u.a. mit Veränderungen der Körperwahrnehmung (z.B. einem erhöhten Bewusstsein eigener körperlicher Prozesse) verbunden sein, wie wir kürzlich in einer Studie mit einem subjektiven Instrument, dem Body Perception Questionnaire (BPQ) gezeigt haben (Wiebking et al. 2009). Unter der Voraussetzung, dass eine Korrelation von Introjektion und Körperwahrnehmung besteht, kann dementsprechend die Messung der Körperwahrnehmung (z.B. mit dem BPQ) als eine subjektive Variable zur Erfassung der durch Introjektion gekennzeichneten Psychodynamik herangezogen werden. Die Reduktion der durch Introjektion und Abhängigkeit gekennzeichneten Beziehungsmuster im Verlauf einer Psychotherapie kann beispielsweise mittels der Operationalisierten Psychodynamischen Diagnostik (OPD) oder mittels STIPO gemessen werden; auf diesem Wege lässt sich die Hypothese überprüfen, dass die Abnahme introjektiver Beziehungsmuster mit einer Reduktion der Fokussierung der Wahrnehmung auf den eigenen Körper (gemessen mittels BPQ) einhergeht. Alternativ oder komplementär können auch Reaktionszeitmaße verwendet werden, die die Veränderung introjektiver Prozesse beweisen und als abhängige Variable auf der Verhaltensebene dienen können.

Man könnte argumentieren, dass die neuronalen Effekte selbst als abhängiges, wenn auch unterschiedliches Maß der Wirksamkeit von Psychotherapie dienen könnten. Ein solches Design würde jedoch zu einer Konfundierung unterschiedlicher Beweisstrategien führen. Es wäre zu vermuten, dass die neuronalen Wirkungen die Wirksamkeit von Psychotherapie auf der neuronalen Ebene beweisen, nicht jedoch einen Beweis der Wirksamkeit von Psychotherapie selbst darstellen. Die Wirksamkeit von Psychotherapie kann nicht durch neuronale Maße gemessen und bewiesen werden, wenn wir davon ausgehen, dass durch neuronale Aktivierungsmuster die Wirkungen von Psychotherapie vermittelt werden und Zirkelschlüsse vermieden werden sollen. Dementsprechend wird im Hinblick auf eine reliable Verknüpfung neuronaler Effekte unter dem Einfluss von Psychotherapie ein Maß für deren Wirkung benötigt, das weder auf psychodynamische Dimensionen zurückgreift (das heißt, die Überstimmung mit dem Output vermeidet), noch auf neuronale Aktivierungsmuster, um eine Überlappung mit dem Prozess zu vermeiden, der die Wirkung von Psychotherapie vermutlich vermittelt.

Der Patient als »Input«

Bei der Konzeption geeigneter empirischer Paradigmen muss von der spezifischen psychodynamischen Konstellation und Persönlichkeitsstruktur des Patienten ausgegangen werden, in experimenteller Hinsicht also dem »psychodynamischen und persönlichkeitsstrukturellen Input«. Beispielsweise kann ein bestimmter Abwehrmechanismus vorherrschen und einen wesentlichen Anteil an der Entwicklung der Symptomatik und des subjektiven Leidens haben (z.B. Introjektion bei dem »introjektiven Typus« der Depression, vgl. Blatt 1974; Taylor/Richardson 2005). Die entsprechende psychodynamische Konstellation muss im Experiment objektiviert und verifiziert werden; hierzu können inzwischen unterschiedliche Untersuchungsinstrumente (OPD, STIPO und KAPP, Weinryb et al. 1991a,b) herangezogen werden. KAPP basiert beispielsweise auf psychoanalytischen Annahmen und ermöglicht die Untersuchung zeitstabiler Modi psychischer Funktionen (z.B. Selbstwahrnehmung und interpersonelle Beziehungen). Das Instrument hat 18 Subskalen, die neben Beziehungsmustern auch persönlichkeitsstrukturell verankerte Funktionen (Frustrationstoleranz, Impulskontrolle, Persönlichkeitsorganisation und andere) einschließen. Ergänzend sollten weitere Persönlichkeitsdimensionen eingeschlossen werden, die z.B. mit dem Temperament Character Inventory (TCI) erfasst werden können. Mittels des TCI lassen sich unterschiedliche Dimensionen der Belohnung (»reward dependence«,

»novelty seeking« u. a.) und des Selbst (»self-directiveness«, »self-transcendence« u. a.) untersuchen.

Ferner ist zu berücksichtigen, dass Patienten nicht aufgrund spezifischer psychodynamischer Konstellationen zum Psychotherapeuten kommen, sondern wegen ihrer Probleme im subjektiven Erleben und auf der Verhaltensebene, die dann von dem außen stehenden Beobachter, dem Psychotherapeuten, als Symptome bezeichnet werden. Diese Symptome sind schließlich ein erstes Ziel psychotherapeutischer Interventionen. Dementsprechend sucht ein depressiver Patient nicht wegen seiner durch Introjektion ambivalenter Objekte charakterisierten Abhängigkeit Hilfe, sondern wegen seiner depressiven Beschwerden. Die Symptomatik ist mit geeigneten Messinstrumenten (z. B. Beck Depression Inventory/BDI und Beck Hopelessness Scale/BHS als Selbstwahrnehmungsinstrumente oder die Hamilton Depression Rating Scale/HDRS als Fremdbeurteilungsinstrument) zu erfassen. Um eine Konfusion zwischen psychotherapeutischer Intervention und Symptommessung zu verhindern, sollte die Fremdbeurteilung nicht vom Psychotherapeuten selbst durchgeführt werden, sondern von einem unabhängigen Dritten. Im Hinblick auf die zukünftige Forschung ist eine klare empirische Verknüpfung zwischen spezifischen psychodynamischen Prozessen und Symptomen zu fordern, wie sie beispielsweise von Blatt (1974) für die Verknüpfung von unterschiedlichen Ebenen der Objektrepräsentation in der anaklitischen und introjektiven Depression aufgezeigt wurde. Demgemäß sind Studien notwendig, die die Korrelation zwischen psychodynamischen Prozessen und Symptomatik untersuchen und der Frage nach einer psychodynamisch-symptomatischen Spezifität nachgehen. Um möglichen Missverständnissen vorzubeugen: Bei diesem Vorgehen geht es nicht um einen erneuten, unseres Erachtens zum Scheitern verurteilten Versuch, die Konfliktspezifität psychischer Symptome aufzuzeigen, sondern um das Verständnis der vielfältigen funktionellen Zusammenhänge zwischen Psychodynamik und Symptomatik auf der Grundlage einer mehrdimensionalen Diagnostik (unter Einbezug von Struktur, Konflikt und Abwehrmodus, vgl. Mentzos 2009).

Wie lassen sich schließlich die Veränderungen, die im Patienten durch die Psychotherapie induziert wurden, erfassen? Die Veränderungen können auf der Verhaltensebene und der Ebene psychodynamischer Dimensionen – wie oben gezeigt – untersucht werden, ferner auch auf der Ebene subjektiven Erlebens. So lässt sich beispielsweise hypothetisch annehmen, dass die Introjektion die sogenannte Selbstbezogene Prozessierung (»self-related processing«, Boeker/Richter 2008; Northoff 2008) zu erklären vermag. Dementsprechend ist bei depressiv Erkrankten eine vermehrte Selbstbezogenheit im Vergleich mit gesunden Probanden zu erwarten, wie dies in einer Studie kürzlich demonstriert wurde (Northoff 2007; Grimm et al. 2009). Ein wesentliches Ziel Psychodynamischer Psychotherapie besteht darin, den Selbstfokus (im Sinne einer übersteigerten, mit dysfunktionalen Denkmustern und Negativismus einhergehenden Binnenorientierung) zu vermindern, wobei idealerweise auch Trennungsprozesse ermöglicht werden, die eine Überwindung der auf Internalisierungen bzw. Introjektionen beruhenden Abhängigkeit von anderen ermöglichen. Auf diesem Wege kann die subjektive Erfahrung der Selbstbezogenheit als Marker subjektiver Veränderungen, die durch die Psychodynamische Psychotherapie induziert werden, herangezogen werden. Dies kann verknüpft werden mit der Untersuchung von Verhaltensparametern (z.B. Messung der Reaktionszeit) im Rahmen der Untersuchung der Selbstbezogenheit. Von großer Bedeutung ist, dass die subjektiven Maße und die Verhaltensmaße der Selbstbezogenheit sowohl für die psychodynamischen Prozesse (welche durch die psychotherapeutischen Interventionen induziert werden) als auch für die Symptome (das heißt den subjektiven und Verhaltensinput der Patienten) sensitiv sein sollten. Auf diesem Wege dient die Selbstbezogenheit als abhängige Variable sowohl der Introjektion wie auch der depressiven Symptomatik. Alle drei Dimensionen (Selbstbezogenheit, Introjektion und depressive Symptomatik) sollten in funktioneller Hinsicht eng miteinander verknüpft werden, während sie im experimentellen Design strikt voneinander getrennt werden müssen. Dementsprechend können diese drei Variablen auf symptomatischem Niveau voneinander abhängig sein, während sie auf experimenteller Ebene voneinander getrennt analysiert werden müssen.

Die therapeutische Beziehung als »Input«

In den vergangenen Jahrzehnten wurde die psychoanalytische Situation als ein dyadisches System rekonzeptualisiert, in dem der Psychoanalytiker/psychoanalytisch orientierte Psychotherapeut sowohl Teilnehmer wie Beobachter ist. Die erweiterte Definition der Gegenübertragung und der Einfluss der Objektbeziehungstheorie und verschiedener intersubjektiver Perspektiven hat zu einer Betonung relationaler Aspekte beigetragen. Verschiedenartige Facetten der »Two-personness« der Analyse werden mit den Begriffen »therapeutische Allianz« und »reale« Beziehung (vgl. Vaughan/Roose 2000) betont. Der am weitesten reichende Versuch, zwischen Übertragung/Gegenübertragung und »realen« Aspekten der Dyade zu unterscheiden, findet im Rahmen der Überlegungen zur »Passung« von Patient und Therapeut statt. Kantrowitz et al. (1989) definierten Passung als

> »weites Feld von Phänomenen, in welches die Gegenübertragung als eine von vielen Formen der Passung einbezogen ist. Die individuelle Geschichte, Persönlichkeit, Haltungen und Werte des jeweiligen Analytikers und Patienten prädisponieren zur Entwicklung bestimmter Gegenübertragungs-Übertragungs-Reaktionen. Passung kann sich jedoch auch beziehen auf beobachtbare Stile, Haltungen und persönliche Charakteristiken, die in residualen und unanalysierten Konflikten beruhen und wesentlichen Anteil haben an jeder Patient-Analytiker-Beziehung und diese maßgeblich prägen« (ebd., S. 895).

Es können förderliche und hinderliche Passungsmuster voneinander unterschieden werden. Diese durch Übereinstimmung oder Komplementarität charakterisierten Beziehungsmuster weisen eine große Ähnlichkeit mit der konkordanten bzw. komplementären Übertragungs-Gegenübertragungs-Beziehung auf, die Racker (1968) im Rahmen eines Objekt-Beziehungs-Modells skizziert hat. Darüber hinaus enthalten sie relativ konfliktfreie Merkmale wie Stil und Haltung. Die Bedeutung der interaktiven, nonverbalen affektiven Kommunikation innerhalb der therapeutischen Beziehung wird unterstrichen (Kantrowitz 1995). Vaughan und Roose (2000) sind überzeugt von der Bedeutung der Definition und Operationalisierung des Passungskonzeptes als wesentliche Grundlage empirischer Forschung. Inzwischen liegt eine Anzahl von Psychotherapiestudien vor, die Antworten auf die Frage liefern, welche Faktoren zu einer guten Passung beitragen. Luborsky et al. (1988) untersuchten zehn demografische Variablen vor Beginn der Behandlung, bei denen eine Passung zwischen Patient und Therapeut bestehen könnte (Alter, Beziehungsstatus, Kinder, Religion und religiöse Aktivität, Erziehung, kognitiver Stil und andere). Lediglich die Überstimmung im Beziehungsstatus erwies sich als signifikanter Prädiktor eines Therapieerfolgs. Metaanalysen (vgl. Garfield/Bergin 1978) konnten keinen konsistenten bedeutsamen Effekt der Passung (auf der Grundlage einer Vielzahl von Patient-Therapeut-Variablen) auf den Erfolg der Psychotherapie nachweisen.

Gruenbaum (1983) interviewte 23 Psychotherapeuten, um die Faktoren zu bestimmen, welche diese selbst als wichtig bei der Auswahl eigener Therapeuten eingeschätzt hatten. Psychotherapeuten wünschten sich Psychotherapeuten, die aktiv und »Erzähler« waren; es bestand eine deutliche Abneigung gegenüber dem Modell des inaktiven, als »Leinwand« fungierenden Therapeuten. In einer weiteren Studie (Hollander-Goldfein et al. 1989) wurden die Auswahlkriterien für einen Therapeuten bei Patienten näher untersucht. Die Patienten berichteten, dass sie denjenigen Therapeuten ausgesucht hatten, den sie als am meisten kompetent und verständnisvoll eingeschätzt hatten und der diejenigen Eigenschaften aufgewiesen hatte, denen sie nacheifern wollten. Weder demografische Variablen noch die Wahrnehmung von Persönlichkeitsmerkmalen, in denen Patient und Therapeut übereinstimmten, beeinflussten die Entscheidung wesentlich. Eine signifikante Korrelation bestand zwischen der Sympathie des Therapeuten gegenüber dem Patienten und der schließlich erfolgten Auswahl des Therapeuten durch den Patienten. Dieses Ergebnis unterstreicht, dass sich eine – überwiegend unbewusste – Passung zwischen Patient und Therapeut wahrscheinlich bereits in den Vorgesprächen entwickelt.

Abgesehen von der Studie von Hollander-Goldfein et al. gibt es nur wenige andere Untersuchungen, die die Passungsfrage sowohl aus der Perspektive der Patienten wie auch aus der der Therapeuten fokussieren. Dolinsky et al. (1998) untersuchten Patienten-Therapeuten-Dyaden im Rahmen einer zweistündigen psychodynamischen Psychotherapie. Positive Passung korrelierte mit positiver Einschätzung des therapeutischen Prozesses und der therapeutischen Wirksamkeit durch Patient und Therapeut, jedoch nicht mit wahrgenommener Übereinstimmung persönlicher Merkmale.

In den vergangenen Jahren wurden Untersuchungsinstrumente entwickelt, die die Operationalisierung und Messung der Passung auf operationalisiertem Wege ermöglichen. Der »Helping Alliance Questionnaire« (Luborsky 1984) ermöglicht die Untersuchung der subjektiven Einschätzung der therapeutischen Beziehung sowohl aus der Perspektive der Patienten wie auch der Therapeuten, sodass die Korrelation zwischen beiden Perspektiven als Ausdruck von »Passung« angesehen werden kann. Die »Vanderbilt Psychotherapy Process Scale« (O'Malley et al. 1983) ermöglicht die Untersuchung der therapeutischen Beziehung mittels eines externen Beobachters und dessen Einschätzung einer videoaufgezeichneten Therapiesitzung. Diese Skala umfasst Dimensionen wie die Beteiligung des Patienten, die vom Therapeuten angebotene Beziehung und den Explorationsprozess. Das »Working Alliance Inventory« (Horvath/Greenberg 1989) schließt 36 Items zu den Dimensionen »Ziel«, »Aufgabe« und »Bindung« ein, die vom Patienten, dem Therapeuten und einem externen Beobachter eingeschätzt werden.

Zusammenfassend besteht weiterhin ein Bedarf an Psychotherapieforschung, welche die Perspektiven von beiden Teilnehmenden an der dyadischen therapeutischen Interaktion erfasst. Nur wenige Studien versuchen bis jetzt, die unterschiedlichen Faktoren der therapeutischen Beziehung zu operationalisieren und geeignete Paradigmen mittels Neuroimaging zu entwickeln (vgl. Kaechele/Buchheim 2008).

Der Forscher als »Input«

Der Neurowissenschaftler ist bestrebt, die neuronalen Effekte Psychodynamischer Psychotherapie zu erfassen. Die Entwicklung von Hypothesen zu möglichen neuronalen Effekten setzt – implizit oder explizit – ein spezifisches Konzept und eine Theorie der Hirnfunktion voraus.

Im Rahmen eines strengen Lokalisationismus kann beispielsweise hypothetisch angenommen werden, dass die Hirnaktivität in einer spezifischen Region – wie die oftmals beobachtete funktionelle Störung im subgenualen anterioren cingulären Cortex (Mayberg 2003) – durch Psychodynamische Psychotherapie bei depressiv Erkrankten verändert und normalisiert werden kann. Diese Hypothese basiert auf vergleichbaren Beobachtungen mittels Kognitiv-Behavioraler Therapie und Pharmakotherapie (vgl. Goldapple et al. 2004; Kennedy et al. 2007). Im Gegensatz zu diesen Annahmen stehen die Untersuchungsergebnisse zahlreicher Neuroimaging-Studien, die eine große Vielfalt neuronaler Effekte von Psychotherapie in unterschiedlichen Hirnregionen zeigen. Aufgrund dieser Befunde ist die Annahme einer strikten Lokalisation infrage zu stellen und ein alternatives Konzept der Hirnfunktion zu entwickeln.

Im Gegensatz zur Lokalisationstheorie kann von einer neuronalen Integration ausgegangen werden. Die neuronale Integration beschreibt die Koordination und Anpassung neuronaler Aktivität über zahlreichen Hirnregionen. Die Interaktion zwischen entfernten Hirnregionen lässt sich als notwendige Voraussetzung einer komplexen Funktion annehmen, beispielsweise bei der Emotion und der Kognition (Friston 2003; Price/Friston 2002).

Neuronale Integration, die auf die Interaktion zwischen zwei oder mehreren Hirnregionen zielt, muss von neuronaler Segregation unterschieden werden (ebd.). Bei letzterer wird eine kognitive oder emotionale Funktion oder Prozessierung der neuronalen Aktivität einer einzigen Hirnregion zugeordnet, welche als notwendig und hinreichend angesehen wird. Dementsprechend lässt sich von neuronaler Spezialisierung und Lokalisierung sprechen. Es ist davon auszugehen, dass Abwehrmechanismen als komplexe emotional-kognitive Interaktionen nicht in spezialisierten oder segregierten Hirnregionen lokalisiert sind. Im Gegensatz dazu lässt sich eher annehmen, dass Abwehrmechanismen mit der Interaktion zwischen verschiedenen Hirnregionen – im Sinne der neuronalen Integration – einhergehen.

Die Verknüpfung entfernter Hirnregionen als Voraussetzung neuronaler Integration wird durch deren Konnektivität ermöglicht. Konnektivität beschreibt die Beziehung zwischen neuronaler Aktivität in unterschiedlichen Hirnregionen. Die anatomische Konnektivität ist dabei von der funktionellen Konnektivität zu unterscheiden. Friston und Price (2001) unterscheiden ferner zwischen funktioneller und effektiver Konnektivität: Funktionelle Konnektivität beschreibt die »Korrelation zwischen entfernten neurophysiologischen Ereignissen«, die entweder auf eine direkte Interaktion zwischen den Ereignissen oder auf andere Faktoren zurückgeführt werden könnten, die zwischen beiden Ereignissen vermitteln. Eine Korrelation kann entweder einen direkten Einfluss einer Hirnregion auf eine andere ausdrücken oder ihre indirekte Verknüpfung über weitere Faktoren. Im ersten Fall ist die Korrelation abhängig von der Interaktion selbst, während im zweiten Fall die Korrelation auf anderen indirekten Faktoren beruhen könnte, wie z.B. auf Stimuli infolge eines gewohnheitsmäßigen Inputs. Im Gegensatz dazu beschreibt die effektive Konnektivität die direkte Interaktion zwischen Hirnregionen, sie »bezieht sich explizit auf den direkten Einfluss des neuronalen Systems auf ein anderes, entweder auf der synaptischen oder der Populationsebene« (Friston/Price 2001). In dem hier dargestellten Forschungskontext wird von der effektiven Konnektivität auf der Populationsebene ausgegangen, weil dies am ehesten mit der Ebene unterschiedlicher Hirnregionen korrespondiert, die hier untersucht werden. Beispielsweise könnte der präfrontale Kortex durch die Modulation seiner effektiven Konnektivität mit subkortikalen Regionen spezifische Funktionen beeinflussen, wie z.B. die Prozessierung interozeptiver Reize.

Auf der Grundlage der Konnektivität muss die neuronale Aktivität zwischen verschiedenen und entfernt voneinander gelegenen Hirnregionen angepasst, koordiniert und harmonisiert werden. Koordination und Anpassung neuronaler Aktivität geschieht wahrscheinlich nicht unumschränkt, sondern im Einklang mit bestimmten Prinzipien neuronaler Integration (Northoff et al. 2004). Diese Prinzipien beschreiben funktionelle Mechanismen, mit denen die neuronale Aktivität zwischen entfernten Hirnregionen organisiert und koordiniert wird. Es lässt sich annehmen, dass zu diesen Prinzipien die reziproke Modulation, die Modulation durch funktionelle Einheit, die Top-down-Modulation und die Modulation durch Umkehr zuzuordnen sind (Boeker/Northoff 2005; Northoff 2008). Es ist außerdem anzunehmen, dass diese Prinzipien mit spezifischen Abwehrmechanismen assoziiert sind.

Ist die Diskussion um die vorausgesetzten Theorien und Konzepte der Hirnfunktion von bloßem theoretischem Interesse und ohne empirische Bedeutung? Die Bejahung dieser Frage würde vernachlässigen, dass die experimentelle Messung neuronaler Veränderungen sehr stark von den Konzepten abhängt, die der Forscher in das Design mit einbringt. Wird beispielsweise angenommen, dass eine einzige oder mehrere spezifische Regionen durch Psychodynamische Psychotherapie aktiviert werden, so werden Messungen und Analysen von einem solchen Lokalisationismus geleitet sein. Auf diese Weise bliebe das oben erwähnte Prinzip der neuronalen Integration bei der Messung und der Datenanalyse unberücksichtigt, da hierzu unterschiedliche Analysemethoden herangezogen werden müssen. Letzteres ist bei der Erforschung der Depression erforderlich, da die spezifische funktionelle Störung sich nicht auf die Aktivierung in einer einzigen Hirnregion beschränkt, sondern eine gestörte reziproke Modulation zwischen medialem und lateralem präfrontalem Kortex umfasst; beide Regionen weisen dabei eine auf gegensätzliche Weise gestörte Hirnaktivierung auf (Northoff et al. 2004; Grimm et al. 2006). Zentrieren sich die Analysen auf die veränderte Hirnaktivität in einzelnen Hirnregionen, so können neuronale Veränderungen übersehen werden, die durch psychotherapeutische Effekte induziert werden (z.B. die Normalisierung der reziproken Modulation). Dies unterstreicht, dass das vom jeweiligen Forscher oftmals implizit vorausgesetzte Modell des Gehirns in erheblichem Umfang beeinflusst, was und wie im Hinblick auf die Hirnfunktion gemessen wird und welche neuronalen Variablen mit psychotherapeutisch induzierten Veränderungen verknüpft werden.

Ein weiterer wesentlicher Input des Forschers besteht in der Verhaltensaufgabe, die herangezogen wird, um eine veränderte Hirnaktivität zu induzieren. Neuroimaging-Studien können im Ruhezustand und/oder während Aktivierungsaufgaben durchgeführt werden; letztere erfordern spezifische Verhaltensaufgaben. Deren Auswahl ist von zentraler Bedeutung. In funktioneller Hinsicht sollte die Verhaltensaufgabe mit den psychodynamischen Prozessen im Rahmen einer Psychodynamischen Psychotherapie verknüpft werden, und ferner auch mit den Symptomen der Patienten, ihren subjektiven Beschwerden und ihren Verhaltensstörungen. Es kann z.B. die Hypothese formuliert werden, dass psychotherapeutische Interventionen zu einer Normalisierung abnormaler reziproker Modulation bei depressiv Erkrankten beitragen. Dies setzt bei einem experimentellen Design voraus, dass die Verhaltensaufgabe diejenigen neuronalen Prozesse aktiviert, von denen angenommen wird, dass sie sowohl die psychodynamischen Interventionen wie auch die Symptome der Patienten modulieren. Ferner muss die Verhaltensaufgabe auch den experimentellen Anforderungen gerecht werden. Diese schließen sorgfältige Kontrollbedingungen, Verhaltens- und subjektive Maße für die Wirkung der Aufgabe selbst, die empirische Verknüpfung der neuronalen Prozesse und Mechanismen und andere mehr ein. Das wesentliche Problem besteht darin, die Anforderungen auf der Ebene psychodynamischer Prozesse und der Symptomebene mit den experimentellen Anforderungen in Einklang zu bringen. Gewöhnlich setzt dies eine Mischung unterschiedlicher psychologischer, subjektiver und Verhaltensvariablen voraus, die auf experimenteller Ebene sorgfältig kontrolliert und voneinander getrennt werden müssen. Da die Entwicklung der Verhaltensaufgabe, des Aktivierungsparadigmas, von entscheidender Bedeutung ist, wird diese im nächsten Abschnitt anhand von weiteren Einzelheiten diskutiert. Zuvor werden noch die Möglichkeiten der Messung des neuronalen Outputs beschrieben.

Betrachten wir den neuronalen Output und die neuronalen Masse genauer: Das, was im Hirn gemessen wird, hängt wesentlich vom jeweiligen Instrument und den damit durchgeführten Messungen ab. Logothetis (2008) wies beispielsweise auf die Unterschiede zwischen den an Affen und Menschen erhobenen Befunden im primären visuellen Kortex hin. Forschungen an Affen – im Gegensatz zu fMRI-Studien bei Menschen – nutzen Einzelzell- und Multi-unit-Recording und fanden keine starken Aktivitätsveränderungen im primären visuellen Kortex in V1 (bei Aufgaben zur räumlichen Wahrnehmung bzw. binokulären Rivalität). Es könnte die Schlussfolgerung gezogen werden, dass die an Menschen erhobenen Befunde die bei Affen gefundenen Befunde nicht bestätigen und im Gegensatz zu ihnen stehen. Dem gegenüber führt Logothetis aus, dass von den unterschiedlichen Maßen auszugehen sei, die in den jeweiligen Forschungsansätzen gewählt wurden. Einzelzell-Recording bildet die Aktivität der einzelnen Zelle unabhängig vom jeweiligen Kontext ab und zielt somit auf Feedforward-Effekte. Dem gegenüber zielen fMRI-Messungen auf neuromodulatorische Mechanismen in Zellverbänden, die Feedback-Effekte vermitteln. Dementsprechend beeinflussen die beiden dargestellten Methoden unterschiedliche Masse neuronaler Funktionen, die in unterschiedlicher Weise durch verschiedene Verhaltensaufgaben (z.B. zur binokulären räumlichen Wahrnehmung) beeinflusst werden.

Dieses Beispiel unterstreicht, dass die jeweilige spezifische neurophysiologische Variable (der neuronale Output) berücksichtigt werden muss, die mit einem speziellen Maß oder Instrument gemessen wird. Von besonderer Bedeutung ist dabei, dass die Verhaltensaufgabe im Rahmen der Neuroimaging-Untersuchungen und die Analysemethoden im Einklang mit der zu erfassenden neurophysiologischen Variable stehen müssen. Vor diesem Hintergrund stellt sich beispielsweise auch die Frage, ob Psychodynamische Psychotherapie insbesondere Feedforward- oder Feedback-Mechanismen moduliert. Wird insbesondere die Modulation von Feedback-Effekten auf neuronaler Ebene hypothetisch angenommen, so sollten diese Komponenten in den Verhaltensaufgaben, welche die Feedback-Effekte induzierten, besondere Berücksichtigung finden. Wird demgegenüber von dem Vorherrschen der Modulation von Feedforward-Effekten ausgegangen, so sollte das Aktivierungsparadigma unterschiedliche psychologische Funktionen erschließen, bei denen voraussichtlich in geringerem Umfang kognitive Elemente beteiligt sind als bei feedbackorientierten Aktivierungsparadigmen. Notwendigerweise müssen also unter Berücksichtigung sowohl der hypothetisch angenommenen neurophysiologischen Prozesse als auch der benutzten methodologischen Maße Verhaltensaufgaben entwickelt werden.

Verhaltensaufgaben als Aktivierungsparadigma am Beispiel der Introjektion

Wie oben ausgeführt, besteht eine wesentliche Voraussetzung für die experimentelle Untersuchung psychodynamischer Prozesse mittels funktioneller Neuroimaging-Methoden in der Wahl des methodologischen Vorgehens, mit dem der jeweilige psychodynamische Prozess untersucht werden soll. Buchheim et al. (2006) beschrieben beispielsweise die Operationalisierung und Messung von Bindungsrepräsentationen mittels funktionellem MRI. Wie kann ein psychodynamischer Prozess wie die Introjektion erforscht werden? Zunächst ist die Frage zu klären, ob dies auf direktem oder indirektem Wege geschehen soll. Bei der direkten Untersuchung wird davon ausgegangen, dass die erzielten neurophysiologischen Befunde direkt auf die Introjektion bezogen werden können, ohne weitere modulierende Funktionen. Zwei Strategien für eine solche direkte Untersuchung und Simulation, einen solchen direkten Vergleich zwischen hoher versus niedriger Ausprägung, werden im nächsten Abschnitt beschrieben. Demgegenüber wird bei einer indirekten Untersuchung davon ausgegangen, dass die erhobenen neurophysiologischen Daten die Introjektion nicht direkt abbilden, sondern eng verknüpft sind mit vermittelnden Funktionen oder Prozessen. Als indirekte Strategien werden affektiv-kognitive Funktionen und der Vergleich mit basalen Funktionen vorgeschlagen.

Die erste direkte Strategie ist die Simulation: Diese Strategie geht von der Annahme aus, dass introjektive Prozesse im Experiment simuliert werden können. Dabei hängt die Validität der Daten ganz wesentlich von der Spezifität der gewählten Aktivierungsaufgabe im Hinblick auf die Introjektion ab. Der Abwehrmechanismus der Introjektion kann dabei nicht isoliert von anderen Abwehrmechanismen (wie Projektion, Rationalisierung und andere) aufgefasst werden. Abwehrmechanismen setzen einen Umwelt- und persönlichen Kontext voraus. In experimenteller Hinsicht besteht deshalb die Limitation, Konstellationen oder Konfigurationen unterschiedlicher Abwehrmechanismen, die in unterschiedlicher Weise akzentuiert sind, zu erfassen. Die Beziehung der Introjektion zu anderen Abwehrmechanismen muss dementsprechend als experimentelles Maß eingeschlossen werden. Eine weitere Herausforderung besteht darin, auch den jeweiligen Kontext als eine experimentelle Variable einzuschließen. Für die Entwicklung eines solchen komplexen Designs sind folgende Schritte notwendig: Zunächst einmal muss eine Aktivierungsaufgabe entwickelt werden, die Internalisierungsprozesse (Introjektion) erfordert. Zweitens besteht die Notwendigkeit, den persönlichen und Umweltkontext zu definieren, das heißt die Situation, in der Internalisierungsprozesse bei der gewählten Aufgabe in bedeutendem Umfang involviert sind. Drittens besteht die Notwendigkeit, subjektiv-phänomenale und behaviorale (möglicherweise vegetative) Parameter zu definieren, die auf unabhängige Weise die angenommenen psychodynamischen Prozesse validieren. Falls diese Erfordernisse in vorhergehenden phänomenologischen und behavioralen Untersuchungen der Internalisierungsprozesse erfüllt sind, kann der Weg zu einer Untersuchung mittels funktionellem Neuroimaging beschritten werden, indem ein geeignetes Design entwickelt und das Aktivierungsparadigma z.B. im Rahmen funktioneller Magnetresonanztomografie installiert wird.

Eine weitere Strategie der direkten Erforschung von Internalisierungsprozessen besteht in dem Vergleich zwischen den verschiedenen Ausprägungen der Internalisierung (hochgradig/gering). Beispielsweise könnten Personen, bei denen eine ausgeprägte Abhängigkeit von internalisierten Objektbeziehungen besteht, mit anderen verglichen werden, die besser von den primären Objekten separiert sind. Diese Strategie wird bei Neuroimaging-Studien häufig für die Untersuchung von Persönlichkeitszügen herangezogen (Northoff et al. 2004). Ein wesentliches Problem besteht allerdings darin, valide und reliable Maße für Internalisierungsprozesse (Introjektion) zu entwickeln, die es ermöglichen, Personen in spezifischer Weise auf das Ausmaß der Internalisierung hin zu untersuchen, während andere Variablen unverändert bleiben. Besteht eine unzureichende Spezifität bei den experimentellen Maßen, so können andere Faktoren gemessen werden, die entweder auf abhängige oder unabhängige Weise zwischen einem hohen oder niedrigen Ausmaß an Internalisierung variieren. Dies impliziert, dass die experimentellen Daten nicht wirklich die Differenz zwischen dem hohen und niedrigen

»Ausmaß« des jeweiligen Abwehrmechanismus erfassen, sondern andere Variablen – mögen sie abhängig oder unabhängig von dem jeweiligen Mechanismus sein. Zusätzlich zu einem solchen intersubjektiven Design kann auch ein intrasubjektives Design angewandt werden, bei dem ein hoher und niedriger Ausprägungsgrad des jeweiligen Abwehrmechanismus im selben Subjekt durch eine spezifische Aktivierungsaufgabe in zwei verschiedenen Variationen induziert wird.

Eine indirekte Forschungsstrategie besteht in der Fokussierung auf die affektiven und kognitiven Funktionen, die mit Internalisierungsprozessen einhergehen. Dies setzt eine exakte Analyse der entsprechenden Funktion voraus. Beispielsweise kann angenommen werden, dass die emotionale Wahrnehmung und Beurteilung in großem Umfang beteiligt ist, während die emotionale Neubeurteilung (reappraisal) wenig beteiligt ist (im Gegensatz zum Abwehrmechanismus der Intellektualisierung und Rationalisierung). Arbeitsgedächtnis und insbesondere episodisches und autobiografisches Gedächtnis spielen bei Internalisierungsprozessen, bei der Konstituierung des Introjektes, voraussichtlich ebenfalls eine große Rolle. Räumliche Wahrnehmung, die die Repräsentation eines Objektes als Introjekt in einem mentalen Prozess ermöglicht, der visuoräumliche Aufmerksamkeit erfordert, ist wahrscheinlich ebenfalls beteiligt. Gelingt es nun, eine spezifische Konstellation dieser Funktionen in einer affektiv-kognitiven Aufgabe zu entwickeln, so kann die Internalisierung/Introjektion annähernd abgebildet werden. Dennoch bleibt die Frage offen, ob die psychodynamischen Prozesse der Introjektion und insbesondere auch ihre subjektiven – erlebnishaften – Aspekte mit einem solchen affektiv-kognitiven Design zufriedenstellend abgebildet werden können. Weiterhin ist offen, ob dieses Design eine basale Funktion auslässt, die bei Internalisierungsprozessen wahrscheinlich von besonderer Bedeutung ist, nämlich die Fähigkeit, sich auf andere zu beziehen und diese Objekte der Umwelt zu internalisieren. Panksepp (1998) spricht in diesem Zusammenhang von der neugierigen Suche (»seeking«) als einer spezifischen Funktion, die es ermöglicht, auf die Umwelt zu reagieren und sich mit ihr in Beziehung zu setzen. Aufgrund dieser Internalisierung von Beziehungen zur Umwelt kann das Suchverhalten (seeking) als wesentlicher Aspekt der Introjektion angesehen werden. Dieses Beispiel illustriert die Schwierigkeiten, die spezifischen affektiv-kognitiven Konstellationen für Introjektionen zu definieren und in einem experimentellen Design abzubilden – insbesondere auch unter Berücksichtigung des jeweils subjektiven Erlebens.

Eine weitere indirekte Strategie stellt der Vergleich der Introjektion mit einer basalen affektiv-kognitiven Funktion dar. Dabei handelt es sich um Prozesse, die mit der Internalisierung verbunden sind (wie reward, seeking und andere), besser definiert sind und bereits mit Erfolg empirisch untersucht wurden (z.B. Selbstbezogenheit, »self-relatedness«). Selbstbezogenheit ist ein schwieriges Konzept mit vielen offenen Fragen, insbesondere auch wegen des subjektiven Charakters. Trotz dieser Unklarheiten kann davon ausgegangen werden, dass Selbstbezogenheit Aspekte von Werthaftigkeit impliziert, das heißt bestimmte Inhalte sind für eine Person von besonderer Bedeutung. Werthaftigkeit ist in dem Konzept »Belohnung« (reward) impliziert und wurde sowohl bei Menschen wie im Tierversuch untersucht. De Greck et al. (2008) verglichen in einer fMRI-Studie Selbstbezogenheit mit Belohnung, indem sie dieselben Stimuli für beide Aufgaben benutzten. Es wurde für beide Dimensionen eine vermehrte neuronale Aktivität im Belohnungsnetzwerk während der Anwendung der Aktivierungsparadigma festgestellt, obwohl Selbstbezogenheit mit einer verlängerten neuronalen Aktivität im direkten Vergleich mit Belohnung einherging. Dies unterstreicht, dass das neurophysiologische Belohnungsnetzwerk und das psychologische Wertsystem in dem Konzept der »Selbstbezogenheit« impliziert sind; Selbstbezogenheit muss dabei von Belohnung in zeitlicher Hinsicht (Dauer der neuronalen Aktivität) unterschieden werden. Obwohl diese Ergebnisse vorläufig sind, kann die Studie von de Greck et al. als ein Beispiel dafür angesehen werden, wie unbekannte Prozesse höherer Ordnung (wie Selbstbezogenheit) untersucht werden können, nämlich indem sie mit besser bekannten Prozessen niedrigerer Ordnung (wie Belohnung) verglichen werden, die sowohl psychologische wie auch neurophysiologische Informationen über die erstgenannte Dimension ermöglichen. Diese Strategie könnte z.B. auch zur Erforschung der Internalisierungsprozesse herangezogen werden, die mit Belohnung und/oder Emotionsprozessierung verglichen werden.

Das Übersetzungsproblem

Die Beschreibung des Designproblems in seinen verschiedenen Facetten unterstreicht, dass unterschiedliche Ebenen der Forschung beteiligt sind. Vor diesem Hintergrund bezieht sich das Übersetzungsproblem auf die Methoden und Untersuchungsstrategien, mit denen die bestehende Kluft zwischen den verschiedenen Untersuchungsebenen überbrückt werden kann. Im Folgenden werden vier Beispiele diskutiert, die jeweils ein Gegensatzpaar unterschiedlicher Ebenen aufweisen. Unterschieden werden die persönlichen und die neuronalen Ebenen, die psychodynamischen und prozessuralen Ebenen und die Erste-Person- und Dritte-Person-Perspektiven (vgl. Abbildung 2).

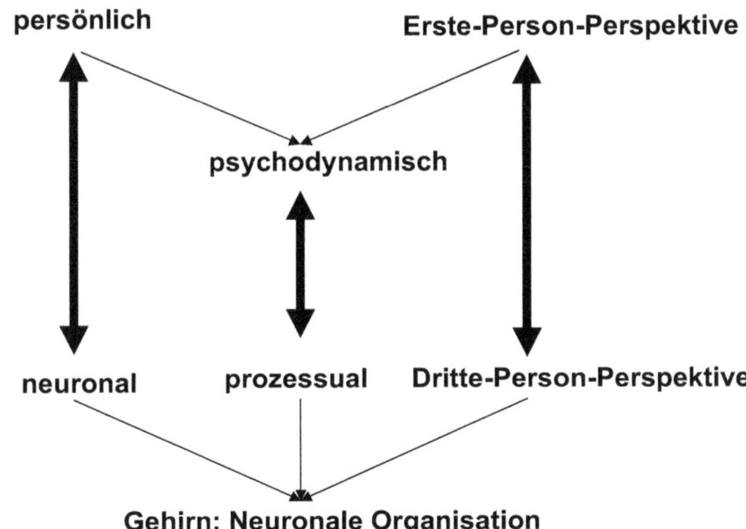

Abbildung 2: Die unterschiedlichen Ebenen und das Übersetzungsproblem

Persönliche Ebene versus neuronale Ebene

Psychotherapeut und Patient begegnen einander als individuelle Subjekte bzw. Personen. Demgegenüber ist das Gehirn ein Objekt. Obwohl dieser Unterschied offensichtlich ist, hat er wesentliche Implikationen sowohl in konzeptueller wie auch in empirischer Hinsicht. Zunächst zu den konzeptuellen Implikationen: Bennett und Hacker (2003) warnen davor, individuelle Subjekte nicht mit ihren jeweiligen Gehirnen zu verwechseln, da dies den grundsätzlichen Unterschied zwischen Personen und Objekten vernachlässigt. Sie sprechen die von ihnen so genannte »mereological fallacy« an, bei der das Ganze, das heißt die Person, mit einer ihrer Teile, dem Gehirn, verwechselt wird. Beispielsweise ist es falsch zu sagen, dass das Gehirn denkt, fühlt oder handelt, da diese Eigenschaften sich nur auf Personen beziehen. Nicht das Gehirn wird in einer Psychodynamischen Psychotherapie behandelt, sondern die Person. Auch wenn die Person in einer in neurophysiologischer Hinsicht folgerichtigen Weise unter Berücksichtigung neuronaler Prozesse und Mechanismen mittels psychotherapeutischer Interventionen behandelt wird, betrifft dieses Vorgehen lediglich die neuronalen Prozesse, die wahrscheinlich die therapeutische Wirkung vermitteln. Wird der Anspruch vertreten, man behandele das Gehirn des Patienten anstelle seiner selbst als Person, so wird nicht nur die Person und das Gehirn verwechselt, sondern auch der Unterschied zwischen neuronalen Prozessen und psychotherapeutischer Wirkung. Neuronale Prozesse und Mechanismen betreffen das Gehirn und können als notwendige, aber nicht hinreichende Bedingung der Wirksamkeit von Psychotherapie angesehen werden, da auch weitere Faktoren – wie die interpersonellen Konstellationen, die kulturelle Umwelt und andere – berücksichtigt werden müssen. Demgegenüber betrifft die Wirkung von Psychotherapie die personale Ebene, die in irgendeiner Weise einen Bezug zum Gehirn aufweist, aber nicht zuletzt auch in konzeptueller Hinsicht nicht mit ihm identifiziert werden sollte. Aus der Tatsache, dass Psychodynamische Psychotherapie auf die Person zielt und nicht auf das Gehirn, ergibt sich die Konsequenz, dass die psychodynamischen Konzepte nicht unmittelbar mittels der neuronalen Aktivität in bestimmten Hirnregionen oder Netzwerken abgebildet werden sollten. Anstatt aufgrund von neuronalen Korrelaten psychodynamische Konzepte zu suchen, sollte untersucht werden, wie psychotherapeutische Interventionen die neuronale Aktivität modulieren und umgekehrt.

Von besonderer Bedeutung ist es, weiteren möglichen Input (z.B. andere Personen, Umwelt usw.) in konzeptueller und experimenteller Hinsicht bei solchen neuropsychodynamischen Verknüpfungen einzubeziehen. Anstelle der Abbildung psychodynamischer Konzepte als personale Konzepte im Gehirn (mittels Korrelationen) müssen deren Verknüpfungen und aktuelle Abhängigkeit offenbart werden.

Eine bedeutsame empirische Implikation des konzeptuellen Unterschiedes zwischen Personen und Objekten ist der Unterschied zwischen individuellen und allgemeinen Ebenen. Personen sind als Individuen mit kennzeichnenden Ideosynkrasien sowohl in psychodynamischer wie auch in neuronaler Hinsicht anzusehen. Der Fokus Psychodynamischer Psychotherapie liegt stets auf den individuellen, subjektiven und persönlichen Inhalten als Niederschlag der Lebensgeschichte. Psychoanalyse ermöglicht einen konzeptuellen Rahmen, um diese individuellen Inhalte, so wie sie von der jeweiligen Person erlebt werden, mit allgemeinen Strukturen der Psyche zu verknüpfen, wie sie von außen beobachtet werden können. Die Neurowissenschaften zielen demgegenüber auf das Gehirn, so wie es von außen beobachtet werden kann; dabei gehen jedoch die spezifischen individuellen Eigenschaften der Person verloren, weil durch den experimentellen Zugang Mittelwerte unter Einbeziehung unterschiedlicher Individuen erzeugt werden. Der Unterschied zwischen Individualität und Allgemeinem unterscheidet Psychoanalyse und Neurowissenschaften ganz wesentlich voneinander, wie David Milrod unterstreicht:

> »Neurowissenschaftler sind bestrebt, fundamentale Phänomene wie Wahrnehmung, Bewusstsein, Emotion, Gedächtnis usw. – einschließlich der Besonderheiten ihrer Integration – zu erklären. Auf diese Weise tragen sie zu einem Verständnis grundlegender Funktionen des Organismus bei. In den vergangenen Jahren wurde auch die Untersuchung des Selbst einbezogen, insbesondere die Integration des Selbst mit Bewusstsein, Emotion und Wahrnehmung des Objekts. Es wird versucht, eine allgemeine Wahrheit zu entdecken, und oftmals werden dabei philogenetische Konzepte herangezogen zur Erklärung spezifischer Konzepte (z.B. das Selbst), womit es verknüpft ist, was es beeinflusst und wodurch es beeinflusst wird. Kurz zusammengefasst, beschäftigen sich die Neurowissenschaftler mit dem Universellen und Objektiven. Psychoanalyse,

> die in ihrer historischen Entwicklung auf das Individuelle fokussiert und mehr an Ontologie interessiert ist, zielt darauf, das intrapsychische, interpersonale und subjektive Funktionieren des Individuums zu verstehen. Zu diesem Zweck beschäftigen sich Psychoanalytiker mit dem Selbst und seiner Repräsentation. Psychoanalyse fokussiert auf die Inhalte des Selbst und seine Repräsentation, die Stabilität oder Brüchigkeit des Selbst und darauf, unter welchen Umständen diese Eigenschaften sich im Laufe der Behandlung rückwärts oder vorwärts entwickeln. In anderen Worten, Psychoanalytiker fokussieren auf diejenigen Elemente, die jedes Individuum vom anderen unterscheiden« (Milrod 2002, S. 22f.).

Wie können wir den prinzipiellen Unterschied der individuellen Ebene von Personen und der generellen Ebene von Gehirnen überbrücken? Ein erster Zugang besteht darin, lediglich Einzelfälle zu untersuchen (z.B. Hirnläsionen, vgl. Solms und Lechevalier 2002; oder mittels Einzelfallstudien zu Psychodynamischer Psychotherapie und Neuroimaging, vgl. Lai et al. 2007; Lehto et al. 2008; Overbeck et al. 2004; Rudolf et al. 2004). Dies schließt jedoch einen tieferen Einblick in neuronale Prozesse und Mechanismen aus, die möglicherweise die Wirkung der Psychotherapie vermitteln. Experimentelle Designs und Analysen sollten entwickelt werden, die es ermöglichen, die individualisierten Daten als Ausgangspunkt für Gruppenanalysen zu nutzen. Beispielsweise können die ROI (regions of interest im Rahmen von Neuroimaging-Studien) bei den individuellen Subjekten als Ausgangspunkt für den Vergleich und die Gruppenanalysen herangezogen werden. Die jeweiligen ROI könnten dabei nicht nur auf der Grundlage anatomischer Bedingungen bestimmt werden, sondern ebenfalls auf der Grundlage psychodynamischer Annahmen, z.B. dem Überwiegen bestimmter Abwehrmechanismen. Eine weitere Möglichkeit besteht darin, auf der Grundlage empirischer Untersuchungen zur subjektiven Erfahrung Stichproben gemäß den psychodynamischen Profilen der einzelnen Personen zusammenzustellen. So könnten Personen, bei denen die Introjektion von großer Bedeutung ist, mit anderen verglichen werden, bei denen die Introjektion von geringerer Bedeutung ist. Eine der größeren methodologischen Herausforderungen besteht in der Zukunft darin, experimentelle Designs und Analysemethoden zu entwickeln, die es ermöglichen, individuelle und allgemeine Merkmale auf neuronaler Ebene miteinander zu verknüpfen, so wie es Freud auf psychologischer Ebene in kongenialer Weise gelungen ist.

Ein weiterer bedeutender Aspekt besteht in dem Unterschied zwischen neuronalen Inhalten und neuronaler Organisation. Psychodynamische Konzepte können die allgemeine Organisation psychologischer Aktivität spiegeln, die in spezifischen psychologischen Inhalten des Einzelnen manifest wird und sich darin realisiert. Hier bestehen Parallelen zur neuronalen Ebene. Wie oben erwähnt, kann die Suche nach Prinzipien neuronaler Integration der Suche nach spezifischen Regionen und Netzwerken vorgezogen werden. Spezifische Regionen und Netzwerke spiegeln das, was als neuronale Inhalte bezeichnet werden kann; darauf zielt beispielsweise die Suche nach den neuronalen Korrelaten des Bewusstseins (NCC), indem bloße Korrelationen und Eins-zu-eins-Abbildungen angenommen werden. Demgegenüber beziehen sich die Prinzipien neuronaler Integration auf die Organisation neuronaler Aktivität und der – von uns so genannten – neuronalen Organisation. Wird nun nach psychodynamischen Konzepten in spezifischen neuronalen Regionen und Netzwerken gesucht, so kann der Versuch unternommen werden, Strukturen psychologischer Organisation mit neuronalen Inhalten zu verbinden. Dieser Versuch ist jedoch zum Scheitern verurteilt, da mit diesem Vorgehen die Ebene der Organisation – in diesem Fall die psychologische Ebene – mit der inhaltlichen Ebene – impliziert durch die neuronale Ebene – verwechselt wird; dementsprechend scheitert eine direkte Bezugssetzung beider Ebenen miteinander. Stattdessen könnten psychodynamische Konzepte besser mit der neuronalen Organisation verknüpft werden, indem in beiden Fällen analoge Strukturen angenommen werden. Dieses Vorgehen bleibt jedoch bis auf weiteres spekulativ, da insbesondere die Prinzipien und Strukturen neuronaler Organisation – im Unterschied zu den neuronalen Inhalten – weiter erforscht werden müssen.

Psychodynamische Ebene versus Prozessebene

Ein wesentlicher Gesichtspunkt besteht in der Übersetzung der psychodynamischen Konzepte in Prozesse, die psychologisch und neuronal erforscht werden können. Gehen wir z.B. wieder von dem Abwehrmechanismus der Introjektion aus: Dabei nehmen wir an, dass Abwehrmechanismen Konstrukte sind, die auf psychologischer und neuronaler Ebene empirisch erforscht werden können. Abwehrmechanismen können in einer psychoanalytischen Sichtweise nicht als gewöhnliche psychologische Funktionen (z.B. working memory, attentional shift usw.) aufgefasst werden, da sie im Unterschied zu diesen neuropsychologischen Funktionen von vornherein mit individuellen Inhalten, die subjektiv erfahren werden, assoziiert sind. Demgegenüber wird angenommen, dass Abwehrmechanismen allgemeine psychologische Strukturen und Prozesse widerspiegeln, in denen individuelle Inhalte subjektiver Erfahrung in einer allgemeinen, auch bei anderen Individuen anzutreffenden Weise organisiert sind. Aufgrund dieser Verbindung zwischen individuellen subjektiven Erfahrungen und allgemeiner psychologischer Organisation können Abwehrmechanismen weder mit der Erste-Person- noch mit der Dritte-Person-Perspektive assoziiert werden (ausgehend davon, dass sich subjektive Erfahrung in einer Erste-Person-Perspektive erschließt, während sich die Beobachtung psychologischer Zustände aus einer Dritte-Person-Perspektive ergibt). Stattdessen kann angenommen werden, dass Abwehrmechanismen basale psychologische Bedingungen darstellen, die insbesondere auch die Unterscheidung zwischen psychologischen Inhalten in einer Erste-Person-Perspektive und psychologischen Zuständen in einer Dritte-Person-Perspektive ermöglichen. In dieser Sichtweise können Abwehrmechanismen nicht in einer Dritte-Person-Beobachtung neuronaler Zustände lokalisiert werden. Die Abbildung psychologischer Organisation sollte demgegenüber mit spezifischen Merkmalen der neuronalen Organisation verknüpft werden. Zusammenfassend hat die Art und Weise, wie wir Abwehrmechanismen konzeptualisieren, wichtige Implikationen im Hinblick auf die Formulierung von Fragestellungen im Rahmen der neurowissenschaftlichen Forschung, ebenso wie auch experimentelles Design und Analysen davon abhängig sind.

Kehren wir noch einmal zum spezifischen Mechanismus der Introjektion zurück. Introjektion lässt sich als Abwehrmechanismus auffassen, mittels dessen in einer sehr persönlichen Weise zwischen Objekten und Subjekten im Rahmen einer Internalisierung eine Beziehung hergestellt wird (vgl. Mentzos 1995). Internalisierung schließt drei unterschiedliche Abwehrmechanismen ein: Die Identifizierung, die Introjektion und die Inkorporation. Die Internalisierungsvorgänge sind vom unterschiedlichen strukturellen Niveau der Ich-Funktionen und der Persönlichkeit abhängig. Die Inkorporation beschreibt eine globale Internalisierung des Objekts, sodass es Teil des Subjekts wird und von ihm nicht zu unterscheiden ist. Worin besteht nun der Unterschied zwischen der Inkorporation, der Introjektion und der Identifikation (vgl. Meissner 1978)? Bei der Introjektion wird das Objekt als getrennt vom Subjekt erlebt; dabei sind die Objektbeziehungen hochgradig ambivalent und schließen aggressive und narzisstische Konflikte und Gefühle von Angst ein, die durch projektive Mechanismen abgewehrt werden. Demgegenüber beruhen Identifikationen auf differenzierteren, kontinuierlichen Objektbeziehungen, die eine selektive Internalisierung partieller Aspekte des Objektes ermöglichen. Ambivalente Gefühle können toleriert und ertragen werden. Inkorporationen, Introjektionen und Identifikationen sind dementsprechend wichtige Schritte und Komponenten des Reifungsprozesses. Störungen des Reifungsprozesses tragen – in einer entwicklungspsychologischen und psychoanalytischen Perspektive – zur Entwicklung pathologischer Abwehrmechanismen und zur Reaktivierung früher bzw. »primitiver« Modi der Internalisierung und der Objektbeziehungen bei (z.B. Introjektion bei Depressionen und Borderline-Persönlichkeitsstörungen, vgl. Boeker et al. 2006).

Die Introjektion ermöglicht dem Subjekt die Unterscheidung zwischen Subjekt und Objekt; diese Wahrnehmung der Differenz geht einher mit Ambivalenz und damit verknüpften Affekten, insbesondere Ängsten. Metaphorisch gesprochen, erhält das Objekt eine starke affektive Färbung durch das Subjekt, während es zur gleichen Zeit separate Realität für das Subjekt bleibt. Im Hinblick auf die beteiligten Affekte wird das Objekt auf diesem Wege subjektiviert und es wird eine Beziehung zwischen Subjekt und Objekt hergestellt, ein »objektives Objekt« wird in ein »subjektives Objekt« transformiert (vgl. Mentzos 1995). Das Ergebnis dieses introjektiven Prozesses wird schließlich als Introjekt bezeichnet, die innere Repräsentation eines Objekts. Die Voraussetzung für die Introjektion besteht in der besonderen, persönlichen Bedeutung des Objektes für das Subjekt, die mit einer starken emotionalen Beteiligung einhergeht. Vor dem Hintergrund enger, jedoch ambivalenter Beziehungen zu wichtigen Bezugspersonen ist die Introjektion als ein Versuch der Bewältigung der Ambiguität in den Beziehungen aufzufassen. Im Gegensatz zu ambivalenten Beziehungen ermöglichen überwiegend positive emotionale Beziehungen hingegen eine selektive Identifikation mit dem vom Subjekt als getrennt erlebten Objekt.

Diese kurze Beschreibung der unterschiedlichen Ebenen der Internalisierung unterstreicht wesentliche Gesichtspunkte der Bezugssetzung zwischen Subjekt und Objekt, die als selbstreferenzielle Prozesse beschrieben wurden (Northoff et al. 2006). Damit verbunden ist das emotionale Prozessierung, die Empathie und die Selbstwahrnehmung. Diese psychologischen Prozesse können als Ausgangspunkt für die Entwicklung einer neuropsychodynamischen Hypothese der Introjektion aufgefasst werden. Dementsprechend ist die Übersetzung des psychodynamischen Konzeptes (z.B. Introjektion) auf die Prozessebene (das heißt die Selbst-bezogene und emotionale Prozessierung) notwendig, um eine neuropsychodynamische Hypothese zu entwickeln. Hierzu ist auch ein geeignetes experimentelles Design erforderlich. Die psychologischen Prozesse, die in den psychodynamischen Konzepten involviert sind, können als Wegweiser dienen, die den Blick in das Gehirn und auf die beteiligten Prinzipien neuronaler Organisation ermöglichen.

Erste-Person-Ebene versus Dritte-Person-Ebene

Die systematische Untersuchung subjektiver Erfahrungen muss einerseits ihre Reichhaltigkeit und Komplexität bewahren und andererseits anstreben, ihre wesentlichen Charakteristika in objektiver Weise zu quantifizieren. Objektivierung und Quantifizierung subjektiver Erste-Person-Daten ist ein wesentlicher Schritt auf dem Weg zu einer »Wissenschaft der Erfahrung« (vgl. Gabbard 2000). Darauf basierend besteht ein nächster Schritt in der Entwicklung einer »Wissenschaft psychodynamischer Prozesse«. Ein wesentlicher Schritt auf dem Weg der operationalisierenden Erfassung reliabler und quantifizierbarer subjektiver Erfahrungen und klinischer Beschreibung kann in der Anwendung von visuellen Analogskalen, die sich auf die personale Identität beziehen (Weinryb et al. 1991a, b) bestehen, oder z.B. im Einsatz der Repertory-Grid-Technik, die die Evaluation ideosynkratischer Erfahrungen und Sichtweisen mittels semiquantitativer Messung ermöglicht. Auf diese Weise können die betreffenden Individuen ihre Erfahrungen selbst evaluieren. Ferner können strukturierte Interviews mit validen und reliablen Instrumenten eingesetzt werden, die die Evaluation relevanter subjektiver psychodynamischer Merkmale durch einen erfahrenen Forschenden ermöglichen. Zu diesen Instrumenten zählen die Karolinska Scale, die unterschiedliche psychodynamisch-relevante Dimensionen der Persönlichkeitsstruktur erfasst (Weinryb et al. 1991a, b). Als weiteres Instrument kommt die Operationalisierte Psychodynamische Diagnostik (OPD) (OPD Task Force 2008) infrage; diese schließt vier psychodynamisch relevante Achsen (Krankheitserfahrung und Behandlungserwartungen, Beziehung, Konflikt, Struktur) und eine deskriptive Achse (psychische und psychosomatische Störungen gemäß ICD und DSM) ein.

Eine der wesentlichen methodologischen Herausforderungen bei der Erforschung der den Abwehrmechanismen zugrunde liegenden neuronalen Prozesse besteht darin, die Erste-Person-Daten im Hinblick auf psychodynamische Prozesse mit den Dritte-Person-Beobachtungen neuronaler Zustände zu verknüpfen. Die Quantifizierung und Objektivierung neuronaler Zustände als Dritte-Person-Daten durch die Neurowissenschaften geht einher mit der Vernachlässigung subjektiver Erfahrungen in der Erste-Person-Perspektive. Sollen nun die den Abwehrmechanismen zugrunde liegenden neuronalen Prozesse erforscht werden, so müssen subjektive Erfahrungen und neuronale Zustände (d.h. Erste- und Dritte-Person-Daten) in einer systematischen Weise miteinander verknüpft werden. Zu diesem Zweck haben wir eine geeignete methodologische Strategie, die »Erste-Person-Neurowissenschaft«, entwickelt, die das Ziel hat, in systematischer Weise Erste- und Dritte-

Person-Daten miteinander zu verknüpfen (vgl. Northoff et al. 2007; Northoff submitted).

Die »Erste-Person-Neurowissenschaft« wird als eine methodologische Strategie definiert, die die systematische Verknüpfung subjektiver Erfahrungen mit der Beobachtung neuronaler Zustände (in einer Dritte-Person-Perspektive) ermöglicht. Auf diese Weise unterscheidet sich die Erste-Person-Neurowissenschaft von den allgemeinen Neurowissenschaften, die auf einer Beobachtung neuronaler Zustände – die mehr oder weniger unabhängig von subjektiven Erfahrungen ist – basiert.

Auf welchem Weg können subjektive Erfahrungen und neuronale Zustände miteinander verbunden werden? Die Verknüpfung subjektiver Erfahrungen und neuronaler Zustände erfordert zwei Schritte: Der erste Schritt besteht darin, die subjektiven Erfahrungen systematisch zu evaluieren (einschließlich einer Objektivierung und Quantifizierung subjektiver Daten). Diese »Wissenschaft der Erfahrung« ist eine notwendige Voraussetzung für jegliche Verknüpfung subjektiver Erfahrungen und neuronaler Zustände. Der zweite Schritt besteht darin, die in systematischer Weise objektivierend und quantifizierend erfassten subjektiven Daten mit analogen Daten zu neuronalen Zuständen zu verknüpfen. Dazu müssen spezifische methodologische Strategien entwickelt werden, die ein wesentliches Element der »Erste-Person-Neurowissenschaften« darstellen (vgl. den in diesem Beitrag vorgestellten Versuch, das psychodynamische Konzept der Introjektion in eine Verhaltensaufgabe im Rahmen eines Aktivierungsparadigmas zu übersetzen). Die hier dargelegte Diskussion stellt ein Beispiel dar für die mögliche Verknüpfung der Erste-Person- und der Dritte-Person-Perspektiven als wesentlichen Gegenstand der »Erste-Person-Wissenschaft«.

Schlussfolgerungen

Die methodologischen Probleme bei der Entwicklung von Neuroimaging-Studien zur Messung der neuronalen Effekte Psychodynamischer Psychotherapie standen im Zentrum dieser Diskussion. Dabei wurden insbesondere zwei wesentliche Probleme, das Design-Problem und das Übersetzungsproblem, angesprochen. Das Design-Problem bezieht sich auf den vielfältigen Input, einschließlich des Therapeuten selbst, des Patienten und des Forschenden, wobei diese durch vielfältige Variablen charakterisiert werden können. Das Übersetzungsproblem bezieht sich auf die verschiedenen Ebenen, die bei solchermaßen geplanten Studien beteiligt sind: Die personale Ebene versus die neuronale Ebene, die psychodynamische versus die prozessorale Ebene und die Erste-Person-Ebene versus die Dritte-Person-Ebene. Dies unterstreicht, dass Neuroimaging-Studien zu den neuronalen Effekten Psychodynamischer Psychotherapie mit einem hohen Ausmaß an Komplexität und dementsprechend mit unterschiedlichsten konzeptuellen, empirischen und experimentellen Problemen konfrontiert sind. Die Diskussion dieser Probleme soll Forschende in Zukunft nicht entmutigen; stattdessen bestand das Anliegen dieses Beitrags darin, Ratschläge für den Weg durch diesen Dschungel der Komplexität zu vermitteln. Obwohl und weil solche Forschung multiprofessionelle Anstrengungen und emphatische Kooperation erfordert, sind wir davon überzeugt, dass sich der Aufwand lohnt. Die Komplexität der Erforschung der neuronalen Effekte Psychodynamischer Psychotherapie spiegelt in beinahe paradigmatischer Weise die Komplexität unseres Gehirns wider, sodass die Ergebnisse neuropsychodynamischer Forschung eine Einsicht und ein besseres Verständnis allgemeiner Prinzipien neuronaler Organisation und der »menschlichen Natur« unseres Gehirns ermöglichen werden.

Danksagung

Unser Dank gilt Herrn Dr. med. Holger Himmighoffen und Herrn Dr. med. Björn Enzi für ihre kritischen Kommentare und Beiträge zu diesem Beitrag.

Literatur

Andrade, V. M. (2007): Dreaming as a primordial state of the mind: the clinical relevance of structural faults in the body ego as revealed in dreaming. Int J Psychoanal 88(1), 55–74.

Beauregard, M. (2007): Mind Does Really Matter: Evidence from Neuroimaging Studies of Emotional Self-Regulation, Psychotherapy, and Placebo Effect. Prog Neurobiol 81(4), 218–236.

Bennett, M. R. & Hacker, P. M. S. (2003): Philosophical Foundations of Neuroscience. Oxford (Blackwell).

Beutel, M. E.; Stern, E. & Silbersweig, D. A. (2003): The Emerging Dialogue between Psychoanalysis and Neuroscience: Neuroimaging Perspectives. J Am Psychoanal Assoc 51(3), 773–801.

Blatt, S. J. (1974): Levels of object representation in anaclitic and introjective depression. Psychoanal Study Child 24, 107–157.

Böker, H. & Northoff, G. (2005): Desymbolisierung in der schweren Depression und das Problem der Hemmung: Ein neuropsychoanalytisches Modell der Störung des emotionalen Selbstbezuges Depressiver. Psyche – Z Psychoanal 59(9/10), 964–989.

Boeker, H. & Richter, A. (2008): Commentary on: »Functional Neuroimaging – Can It Contribute to Our Understanding of Processes of Change?« Neuropsychoanalysis and the process of change: Questions still to be answered. Neuro-Psychoanalysis 10(1), 23–25.

Boeker, H.; Himmighoffen, H.; Straub, M.; Schopper, C.; Endrass, J.; Kuechenhoff, B.; Weber, S. & Hell, D. (2008): Deliberate self-harm in female patients with affective disorders: Investigation of personality structure and affect regulation by means of Operationalized Psychodynamic Diagnostics. Journal of Nervous and Mental Disease 196(10), 743–751.

Boeker, H.; Kleiser, M.; Lehman, D.; Jaenke, L.; Bogerts, B. & Northoff, G. (2006): Executive Dysfunction, Self, and Ego Pathology in Schizophrenia: An Exploratory Study of Neuropsychology and Personality. Compr Psychiatry 47(1), 7–19.

Buchheim, A.; Erk, S.; George, C.; Kachele, H.; Ruchsow, M.; Spitzer, M.; Kircher, T. & Walter, H. (2006): Measuring Attachment Representation in an Fmri Environment: A Pilot Study. Psychopathology 39(3), 144–152.

Cierpka, M.; Grande, T.; Rudolf, G.; von der Tann, M.; Stasch, M. & OPD Task Force (2007): The Operationalized Psychodynamic Diagnostics System: Clinical relevance, reliability and validity. Psychopathology 40(4), 209–220.

Clarkin, J. F.; Caligor, E.; Stern, B. & Kernberg, O. F. (2004): Structured interview for personality organisation (STIPO). New York (Personality Disorders Institute, Weill Medical College of Cornell University).

Dolinsky, A.; Vaughan, S.; Luber, B.; Mellman, L. & Roose, S. (1998): A match made in heaven? A pilot study of patient-therapist match. Journal of Psychotherapy Practice and Research 7(2), 119–125.

Frewen, P. A.; Dozois, D. J. & Lanius, R. A. (2008): Neuroimaging Studies of Psychological Interventions for Mood and Anxiety Disorders: Empirical and Methodological Review. Clin Psychol Rev 28(2), 228–246.

Friston, K. (2003): Learning and Inference in the Brain. Neural Netw 16(9), 1325–1352.

Friston, K. J. & Price, C. J. (2001): Dynamic Representations and Generative Models of Brain Function. Brain Res Bull 54(3), 275–285.

Gabbard, G. O. (2000): A Neurobiologically Informed Perspective on Psychotherapy. Br J Psychiatry 177, 17–22.

Gallese, V.; Eagle, M. N. & Migone, P. (2007): Intentional attunement: mirror neurons and the neural underpinnings of interpersonal relations. J Am Psychoanal Assoc 55(1), 131–176.

Garfield, S. L. & Bergin, A. E. (Hg.) (1978): Handbook of Psychotherapy and Behavior Change: An Empirical Analysis. New York (Wiley).

Goldapple, K.; Segal, Z.; Garson, C.; Lau, M.; Bieling, P.; Kennedy, S. & Mayberg, H. (2004): Modulation of Cortical-Limbic Pathways in Major Depression: Treatment-Specific Effects of Cognitive Behavior Therapy. Arch Gen Psychiatry 61(1), 34–41.

Greck, M. de; Rotte, M.; Paus, R.; Moritz, D.; Thiemann, R.; Proesch, U.; Bruer, U.; Moerth, S.; Tempelmann, C.; Bogerts, B. & Northoff, G. (2008): Is Our Self Based on Reward? Self-Relatedness Recruits Neural Activity in the Reward System. Neuroimage 39(4), 2066–2075.

Grimm, S.; Schmidt, C. F.; Bermpohl, F.; Heinzel, A.; Dahlem, Y.; Wyss, M.; Hell, D.; Boesiger, P.; Boeker, H. & Northoff, G. (2006): Segregated Neural Representation of Distinct Emotion Dimensions in the Prefrontal Cortex-an fMRI Study. Neuroimage 30(1), 325–340.

Grimm, S.; Ernst, J.; Boesiger, P.; Schuepbach, D.; Hell, D.; Boeker, H. & Northoff, G. (2009 in press): Increased Self-Focus in Major Depressive Disorder Is Related to Neural Abnormalities in Subcortical-Cortical Midline Structures. Hum Brain Mapp.

Gruenbaum, H. (1983): A study of therapists' choice of a therapist. Am J Psychiatry 140, 1336–1339.

Haase, M.; Frommer, J.; Franke, G. H.; Hoffmann, T.; Schulze-Muetzel, J.; Jager, S.; Grabe, H. J.; Spitzer, C. & Schmitz, N. (2008): From Symptom Relief to Interpersonal Change: Treatment Outcome and Effectiveness in Inpatient Psychotherapy. Psychother Res 18(5), 615–624.

Hassenstab, J.; Dziobek, I.; Rogers, K.; Wolf, O. T. & Convit, A. (2007): Knowing What Others Know, Feeling What Others Feel: A Controlled Study of Empathy in Psychotherapists. J Nerv Ment Dis 195(4), 277–281.

Hollander-Goldfein, B.; Fosshage, J. L. & Bahr, J. M. (1989): Determinants of patients' choice of therapist. Psychotherapy 26(4), 448–461.

Horvath, A. & Greenberg, L. S. (1989): Development and Validation of the Working Alliance Inventory. Journal of Conselling Psychology 36(2), 225–233.

Kaechele, H. & Buchheim, A. (2008): Neuro-Psychoanalyse-Studie und einige Widerspiegelungen im Erleben der beteiligten Patienten und Psychoanalytiker. Workshop, DPV Herbsttagung, Bad Homburg, 19 – 22.11.2008.

Kandel, E. R. (1999): Biology and the future of psychoanalysis: A new intellectual framework for psychiatry revisited. Am J Psychiatry 156(4), 505–524.

Kantrowitz, J. L. (1995): The beneficial aspects of the patient-analysit match. Int J Psychoanal 76(2), 299–313.

Kantrowitz, J. L.; Katz, A. L.; Greenman, D. A.; Morris, H.; Paolitto, F.; Sashin, J. & Solomon, L. (1989): The patient-analyst match and the outcome of psychoanalysis: A pilot study. J Am Psychoanal Assoc 37(4), 893–919.

Kennedy, S. H.; Konarski, J. Z.; Segal, Z. V.; Lau, M. A.; Bieling, P. J.; McIntyre, R. S. & Mayberg, H. S. (2007): Differences in Brain Glucose Metabolism between Responders to Cbt and Venlafaxine in a 16-Week Randomized Controlled Trial. Am J Psychiatry 164(5), 778–788.

Kernberg, O. F. (1996): A psychoanalytic theory of personality disorders. In: Clarkin, J. F. & Lenzenweger, M. F (Hg.): Major theories of personality disorders. New York (Guilford Press).

Kohut, H. (1959): Introspection, Empathy, and Psychoanalysis; an Examination of the Relationship between Mode of Observation and Theory. J Am Psychoanal Assoc 7(3), 459–483.

Lai, C.; Daini, S.; Calcagni, M. L.; Bruno, I. & De Risio, S. (2007): Neural Correlates of Psychodynamic Psychotherapy in Borderline Disorders – a Pilot Investigation. Psychother Psychosom 76(6), 403–405.

Lehto, S. M.; Tolmunen, T.; Kuikka, J.; Valkonen-Korhonen, M.; Joensuu, M.; Saarinen, P. I.; Vanninen, R.; Ahola, P.; Tiihonen, J. & Lehtonen, J. (2008): Midbrain Serotonin and Striatum Dopamine Transporter Binding in Double Depression: A One-Year Follow-up Study. Neurosci Lett 441(3), 291–295.

Leichsenring, F. & Leibling, E. (2007): Psychodynamic psychotherapy: a systematic re view of techniques, indications and empirical evidence. Psychol Psychother 80(2), 217–228.

Leichsenring, F. & Rabung, S. (2008): Effectiveness of Long-Term Psychodynamic Psychotherapy: A Meta-Analysis. JAMA 300(13), 1551–1565.

Linden, D. E. (2006): How Psychotherapy Changes the Brain – the Contribution of Functional Neuroimaging. Mol Psychiatry 11(6), 528–538.

Logothetis, N. K. (2008): What We Can Do and What We Cannot Do with fMRI. Nature 453(7197), 869–878.

Luborsky, L. (1984): Principles of Psychoanalytic Psychotherapy. A Manual for Supportive Expressive Psychotherapy. New York (Basic Books).

Luborsky, L. & Crits-Christoph, P. (1989): A relationship pattern measure: the core conflictual relationship theme. Psychiatry 52(3), 250–259.

Luborsky, L.; Crits-Christoph, P.; Mintz, J. & Auerbach, A. (1988): Who will benefit from psychotherapy: Predicting therapeutic outcomes. New York (Basic Books).

Luborsky, L.; McLellan, T.; Woody, G. E.; O'Brien, C. P. & Auerbach, A. (1985): Therapist success and its determinants. Arch Gen Psychiatry 42(6), 602–610.

Mancia, M. (2006): Implicit memory and early unrepressed unconscious: their role in the therapeutic process (how the neurosciences can contribute to psychoanalysis). Int J Psychoanal 87(1), 83–103.

Mayberg, H. S. (2003): Modulating Dysfunctional Limbic-Cortical Circuits in Depression: Towards Development of Brain-Based Algorithms for Diagnosis and Optimised Treatment. Br Med Bull 65(1), 193–207.

Meissner, M. (1978): Internalization and Object Relations. J Am Psychoanal Assoc 27(2), 345–360.

Mentzos, S. (1995): Traumsequenzen. Psychodynamische Aspekte der Taum-Dramaturgie. Psyche – Z Psychoanal 49(7), 653–671.

Mentzos, S. (2009): Lehrbuch der Psychodynamik: Die Funktion der Dysfunktionalität psychischer Störungen. Göttingen (Vandenhoeck & Rupprecht).

Milrod, D. (2002): The Concept of the Self and the Self Representation. Neuro-psychoanalysis 4(1), 7–23.

Northoff, G. (2007): Psychopathology and Pathophysiology of the Self in Depression – Neuropsychiatric Hypothesis. J Affect Disord 104(1–3), 1–14.

Northoff, G. (2008): Neuropsychiatry. An Old Discipline in a New Gestalt Bridging Biological Psychiatry, Neuropsychology, and Cognitive Neurology. Eur Arch Psychiatry Clin Neurosci 258(4), 226–238.

Northoff, G. (submitted): The Concept of the Self – a Neuropsychodynamic Account.

Northoff, G. & Boeker, H. (2009): How can we investigate the neural effects of Psychodynamic Psychotherapy in Brain Imaging? A methodological guide for experimental designs. Psychother Psychosom (submitted).

Northoff, G.; Heinzel, A.; Bermpohl, F.; Niese, R.; Pfennig, A.; Pascual-Leone, A. & Schlaug, G. (2004): Reciprocal Modulation and Attenuation in the Prefrontal Cortex: An fMRI Study on Emotional-Cognitive Interaction. Hum Brain Mapp 21(3), 202–212.

Northoff, G.; Heinzel, A.; de Greck, M.; Bermpohl, F.; Dobrowolny, H. & Panksepp, J. (2006): Self-Referential Processing in Our Brain – A Meta-Analysis of Imaging Studies on the Self. Neuroimage 31(1), 440–457.

Northoff, G.; Bermpohl, F.; Schoeneich, F. & Boeker, H. (2007): How Does Our Brain Constitute Defense Mechanisms? First-Person Neuroscience and Psychoanalysis. Psychother Psychosom 76(3), 141–153.

O'Malley, S.; Suh, C. S. & Strupp, H. H. (1983): The Vanderbilt Psychotherapy Process Scale: A Report on the Scale Development and a Process-Outcome Study. Journal of Consulting and Clinical Psychology 51(4), 581–586.

OPD Task Force (Hg.) (2008): Operationalized Psychodynamic Diagnosis OPD–2. Manual of Diagnosis and Treatment Planning. Seattle, Toronto, Goettingen, Bern (Hogrefe & Huber).

Overbeck, G.; Michal, M.; Russ, M. O.; Lanfermann, H. & Roder, C. H. (2004): Convergence of Psychotherapeutic and Neurobiological Outcome Measure in a Patient with Ocd. Psychother Psychosom Med Psychol 54(2), 73–81.

Panksepp, J. (1998): Affective Neuroscience: The Foundations of Human and Animal Emotions. New York (Oxford University Press).

Peres, J. F.; McFarlane, A.; Nasello, A. G. & Moores, K. A. (2008): Traumatic Memories: Bridging the Gap between Functional Neuroimaging and Psychotherapy. Aust N Z J Psychiatry 42(6), 478–488.

Price, C. J. & Friston, K. J. (2002): Degeneracy and Cognitive Anatomy. Trends Cogn Sci 6(10), 416–421.

Racker, H. (1968): Transference and counter-transference. New York (International Universities Press).

Roffman, J. L.; Marci, C. D.; Glick, D. M.; Dougherty, D. D. & Rauch, S. L. (2005): Neuroimaging and the Functional Neuroanatomy of Psychotherapy. Psychol Med 35(10), 1385–1398.

Roth, A. & Fonagy, P. (1996): What works for whom? New York (Guilford).

Rudolf, G.; Grande, T. & Jakobson, T. (2004): Struktur und Konflikt. Gibt es strukturspezifische Konflikte? [Structure and conflict. Are there structural specific conflicts?]. In: Dahlbender, R. W.; Buchheim, P. & Schüssler, G. (Hg.): OPD – Lernen an der Praxis. Bern (Huber), S. 195–205.

Saarinen, P. I.; Lehtonen, J.; Joensuu, M.; Tolmunen, T.; Ahola, P.; Vanninen, R.; Kuikka, J. & Tiihonen, J. (2005): An Outcome of Psychodynamic Psychotherapy: A Case Study of the Change in Serotonin Transporter Binding and the Activation of the Dream Screen. Am J Psychother 59(1), 61–73.

Sandell, R.; Broberg, J.; Schubert, J.; Blomberg, J. & Lazar, A. (2002): Psychotherapeutische Identität (Thid). Ein Fragebogen zu Ausbildung, Erfahrung, Stil und Werten. Deutsche Fassung von Günther Klug, Dorothea Huber & Horst Kächele. Stockholm (Linköping).

Schauenburg, H.; Dinger, U. & Buchheim, A. (2006): Attachment Patterns in Psychotherapists. Z Psychosom Med Psychother 52(4), 358–372.

Solms, M. (1995): New findings on the neurological organization of dreaming: implications for psychoanalysis. Psychoanal Q 64(1), 43–67.

Solms, M. (2000): Dreaming and REM sleep are controlled by different brain mechanisms. Behav Brain Sci 23(6), 843–850; discussion 904–1121.

Solms, M.; Turnbull, O. H.; Kaplan-Solms, K. & Miller, P. (1998): Rotated Drawing: The Range of Performance and Anatomical Correlates in a Series of 16 Patients. Brain Cogn 38(3), 358–368.

Solms, M. & Lechevalier, B. (2002): Neurosciences and Psychoanalysis. Int J Psychoanal 83(1), 233–237.

Taylor, D. & Richardson, P. (2005): The psychoanalytic/psychodynamic approach to depressive disorders. In: Gabbard, G. O.; Beck, J. S. & Holmes, J. (Hg.): Oxford Textbook of Psychotherapy. Oxford (Oxford University Press).

Vaughan, S. C. & Roose, S. P. (2000): Patient-therapist match: revelation or resistance? J Am Psychoanal Assoc 48(3), 885–900.

Viinamäki, H.; Kuikka, J.; Tiihonen, J. & Lehtonen, J. (1998): Change in monoamine transporter density related to clinical recovery: A case-control study. Nordic J Psychiatry 52(1), 39–44.

Weinryb, R. M.; Rossel, R. J. & Asberg, M. (1991a): The Karolinska Psychodynamic Profile. I. Validity and Dimensionality. Acta Psychiatr Scand 83(1), 64–72.

Weinryb, R. M.; Rossel, R. J. & Asberg, M. (1991b): The Karolinska Psychodynamic Profile. Ii. Interdisciplinary and Cross-Cultural Reliability. Acta Psychiatr Scand 83(1), 73–76.

Wiebking, C.; deGreck, M.; Tempelmann, C. & Northoff, G. (2009 submitted): Abnormal Body Perception Correlates with Reduced Signal Changes in the Insula in Major Depression – an Fmri Study of Interoception.

Zanocco, G.; De Marchi, A. & Pozzi, F. (2006): Sensory Empathy and Enactment. Int J Psychoanal 87(1), 146–158.

Psychoanalyse und Psychotherapieforschung

Ein unauflösbares Spannungsfeld in Zeiten des wissenschaftlichen Pluralismus?

Marianne Leuzinger-Bohleber

1. Psychoanalytische Psychotherapieforschung – Ein schwieriger Seiltanz?

Als mich Heinz Böker anfragte, an diesem Band mitzuwirken, sagte ich spontan zu: Seit über 30 Jahren bin ich als Psychoanalytikerin in der Psychotherapieforschung tätig und erlebe, je nach momentaner Stimmung und institutionellem Kontext, das damit verbundene Spannungsfeld als immer wieder neue Entwicklungsmöglichkeit oder als Überforderung. So hatte ich die Chance, in der Forschergruppe aktiv mitzuwirken, die im Auftrag des Bundesministeriums für Gesundheit das Psychotherapeutengesetz nach zehn Jahren evaluieren und neue Vorschläge zur Psychotherapeutenausbildung in Deutschland erarbeiten sollte. Verhaltenstherapeuten, Psychoanalytiker und Psychiater suchten konstruktiv nach inhaltlich und politisch vertretbaren Kompromissen und präsentierten in diesem Frühjahr ihr gemeinsames Gutachten (vgl. www.psychotherapiegutachten.de; Website des Bundesministeriums für Gesundheit: www. bmg.bund.de, Suchbegriff: Forschungsgutachten Psychotherapie). Doch immer wieder stießen wir in unseren Diskussionen auf die unterschiedlichen wissenschaftshistorischen und -theoretischen Wurzeln der verschiedenen psychotherapeutischen Schulen und das jeweilige damit verbundene Wissenschaftsverständnis, auch in Bezug auf Wirksamkeitsstudien. Daher möchte ich einige Aspekte davon im Folgenden nochmals skizzieren, da mir diese – durch den vorherrschenden Zeitgeist der Evidenzbasierten Medizin – immer wieder in Vergessenheit zu geraten scheinen. Es geht dabei u.a. um eine kritische Reflexion des »Pluralismus der Wissenschaften«[1], der schon vor Jahren in der Philosophie diskutiert wurde und mir auch heute noch sowohl für den Diskurs innerhalb der Psychoanalyse als auch innerhalb der vergleichenden Psychotherapieforschung relevant erscheint (siehe u.a. Toulmin 1961, 1983, 1986; Feyerabend 1975; Goodman 1978; Hampe/Lotter 2000; Hampe 2004). Die Berücksichtigung der grundlegenden wissenschaftstheoretischen und -historischen Vorannahmen, z.B. in vergleichenden Psychotherapiestudien, scheint mir unverzichtbar, um solche Untersuchungen, wie etwa die LAC-Depressionsstudie[2], verantwortungsvoll und sorgfältig durchzuführen.

Das Spannungsfeld, in dem solche Studien stattfinden, habe ich schon vor einigen Jahren im Zusammenhang mit der DPV-Katamnesestudie beschrieben. Es scheint mir bis heute wenig an Schärfe verloren zu haben. Einerseits ist es für uns Psychoanalytiker problematisch, uns in solchen Therapievergleichsstudien unkritisch einem einheitswissenschaftlichen Forschungsparadigma der Messbarkeit und der »wissenschaftlichen Kontrolle« unter dem Deckmantel der Qualitätssicherung zu unterziehen, da sich der Forschungsgegenstand der Psychoanalyse – unbewusste Fantasien und Konflikte – bekanntlich der direkten Beobachtung entzieht und sich nur dank der spezifisch klinischen Forschungsmethode in der psychoanalytischen Situation der Wahrnehmung und Reflexion erschließt. Was sind z.B. die Kriterien einer »gelungenen Psychoanalyse«? Manifestieren sich diese wirklich vorwiegend an der Reduktion psychopathologischer Symptome? Wie können wir genuin psychoanalytische Zielvorstellungen, wie z.B. die Integration der eigenen unbewussten Traumageschichte in ein tragendes Selbst- und Identitätsgefühl oder

1 Die DGPT widmet diesem Thema die Jahrestagung 2009. Ein Teil des folgenden Textes ist dem Vortrag entnommen, den ich bei dieser Tagung gehalten habe (siehe meinen Beitrag in Münch/Munz/Springer 2010).

2 LAC ist die Abkürzung von Langzeitbehandlungen chronisch Depressiver. In dieser Therapiewirksamkeitsstudie, die 2007 begonnen wurde, werden die Kurz- und Langzeiteffekte von psychoanalytischen mit kognitiv-verhaltenstherapeutischen Langzeitbehandlungen verglichen. Wir danken der DGPT, der Heidehof-Stiftung, dem Research Advisory Board sowie einem unbekannten Stifter (für die OPD Interviews und deren Auswertungen) für die großzügige Unterstützung dieser Studie.

die Freud'sche Trias – die Fähigkeit zu lieben, zu arbeiten und das Leben zu genießen – wirklich »objektiv« messen? Eine Unterwerfung unter ein der Psychoanalyse inadäquates Wissenschaftsverständnis erscheint mir daher immer wieder wie eine Identifikation mit dem Aggressor. Verzichtet die Psychoanalyse auf ihre Eigenständigkeit als wissenschaftliche Disziplin und klinisch-therapeutische Methode, wird sie ihren »Stachel Freud« einbüßen und, wie Freud (1927) es befürchtete, langfristig zu einer von vielen medizinischen Teildisziplinen werden. Sie verliert dadurch gerade ihre Widerspenstigkeit und intellektuelle Kreativität, die sich für andere wissenschaftliche Disziplinen, für Literatur und Kunst, aber auch für die sogenannte Embodied Cognitive Science und die Neurowissenschaften, so interessant und unverzichtbar macht.

Andererseits kann sich die Psychoanalyse, will sie ihren Anspruch einer Heilmethode, die von öffentlichen Mitteln getragen wird, aufrechterhalten, dem Nachweis ihrer Wirksamkeit nicht entziehen, auch nicht mit dem Hinweis auf die Besonderheit ihrer Wissenschaft. Zudem ist ein Rückzug in den psychoanalytischen Elfenbeinturm, ihre Beschränkung auf einen ausschließlich psychoanalytischen Diskurs, für die Psychoanalyse als Wissenschaft selbst problematisch und könnte ihr kreatives, innovatives Potenzial langfristig zum Erlahmen bringen, da, wie etwa die Chaostheorie uns lehrt, jede chronische Abschottung eines Systems den Tod seiner Lebendigkeit, seiner Kreativität bedeutet. Daher erscheint psychoanalytische Forschung oft wie ein Seiltanz zwischen diesen beiden drohenden Gefahren – zwischen der Skylla der Überanpassung und des Identitätsverlustes einerseits und der Charybdis der Verweigerung des interdisziplinären wissenschaftlichen Diskurses, des Rückzugs in die Sterilität und einer »splendid isolation« im psychoanalytischen Elfenbeinturm, andererseits. Dieser Seiltanz ist, wie viele Arbeiten in diesem Band zeigen, für psychoanalytische Forscher unvermeidbar: Wir können die Spannungsfelder der psychoanalytischen Psychotherapieforschung nur immer wieder neu kritisch reflektieren und möglichst kreativ gestalten, wie ich im letzten Abschnitt dieser Arbeit anhand der LAC-Depressionsstudie exemplarisch skizzieren möchte. Doch zuerst kurz zum sogenannten Pluralismus in der heutigen psychoanalytischen Forschung.

2. »There is no such a thing like research« – Zum Pluralismus heutiger psychoanalytischer Forschung

> »There is no such a thing like research. It belongs to the richness of contemporary psychoanalysis that we have developed *different kinds of research*, depending on the research questions, the aims and the context of research, its methodologies, quality criteria etc. *All these forms of research are important tools to improve the present and future situation of psychoanalysis.*«

Dies schrieb ich in meiner Funktion als Chair des Research Subcommittee for Clinical, Conceptual, Epistemological and Historical Research an das Board der IPA im Sommer 2008 und versuchte damit unsere achtjährige Arbeit in diesem Committee auf einen Begriff zu bringen. Daniel Widlöcher hatte am IPA-Kongress in Nizza 2001 das zweite Subcommittee ins Leben gerufen, um ein Unbehagen vieler Psychoanalytiker aufzunehmen, die zwar einerseits die Notwendigkeit sahen, auf den weltweiten Zeitgeist zu reagieren und die Wirksamkeit psychoanalytischer Behandlungen auch mit nichtpsychoanalytischen, empirischen Methoden nachzuweisen. Doch richtete sich das Unbehagen gegen die *neopositivistische*, so könnte man sie vereinfachend nennen, Wissenschaftsauffassung, Wissenschaft sei mit »Science« – im Sinne einer Einheitswissenschaft – gleichzusetzen. Vor allem französische Psychoanalytiker fühlten sich dadurch grundlegend missverstanden.

Vor diesem Hintergrund organisierten wir 2002 eine große internationale Tagung: *Pluralität der Wissenschaften. Psychoanalytische Methode zwischen klinischer, konzeptueller und empirischer Forschung.* Einige der darin entwickelten Überlegungen zur Wissenschaftsgeschichte möchte ich hier, vor allem anlehnend an Arbeiten des Zürcher Wissenschaftsphilosophen und -historikers Michael Hampe, nochmals kurz zusammenfassen und daraus ableiten, wie sich die Psychoanalyse im Kanon heutiger Wissenschaften entsprechend dem von Philosophen längst beschriebenen Zustand der *Pluralität der Wissenschaften* verorten kann. – Doch auch innerhalb der internationalen Psychoanalyse selbst hat sich ein Pluralismus entwickelt, und zwar einerseits bezogen auf die Theorien, Konzepte und die sich daraus ableitenden unterschiedlichen Behandlungstechniken und andererseits auf verschiedene Formen psychoanalytischer Forschung, wie ich in einem 3. Abschnitt dieser Arbeit illustrieren möchte. Ich gehe kurz auf einen spannenden Dialog zu diesem Thema ein, den wir mit dem jetzigen Präsidenten der IPA, Charles Hanly, auf der Sandler Research Conference 2008 begonnen haben und der sich, meiner Wahrnehmung nach, auch in seinem Programm für seine Präsidentschaft, das heißt in den Weichenstellungen für die Entwicklung in der IPA während der nächsten vier Jahre, niedergeschlagen hat. Dies scheint mir auch für uns im deutschsprachigen Raum von Interesse zu sein. Um meine Überlegungen nicht nur auf einer hohen Abstraktionsebene zu entfalten, möchte ich anschließend meine Gedanken anhand der zurzeit laufenden LAC-Depressionsstudie erläutern (Abschnitt 5). Ich illustriere daran auch kurz einen weiteren Aspekt, der mich seit meiner Tätigkeit als verantwortliche Direktorin am SFI zunehmend beschäftigt und der eine weitere Dimension der Veränderung der heutigen medialisierten, ständig im internationalen und interdisziplinären Wettbewerb stehenden Wissenschaften aufnimmt: Es ist die existenzielle Notwendigkeit, transgenerationell zu forschen und die damit verbundenen existenziellen Abhängigkeiten kritisch zu reflektieren und produktiv zu gestalten (vgl. dazu Leuzinger-Bohleber 2009).

3. Wissenschaftshistorische Anmerkungen zur Pluralität der Wissenschaften

Hampe und Lotter (2000) fassten differenziert und in einer für philosophische Laien verständlichen Weise die Diskurse um die Pluralität der Wissenschaften zusammen. In einer für mich erhellenden Analyse zeigten sie auf, wie Bacon und Descartes im 17. Jahrhundert die *naturalistische Erfahrung* der *wissenschaftlichen Erkenntnis* kritisch gegenübergestellt haben. Sie setzten sich damit von der scholastischen

Wissenschaft ab, in der es nicht um die Erzeugung neuen Wissens ging, sondern vielmehr um die Begründung von längst bekannten Erfahrungen. Sie erklärten – im Gegensatz dazu – die Entdeckung unbekannter Wirklichkeitsbereiche zum eigentlichen Ziel der neuen Wissenschaften. Neues kann danach nur durch eine methodisch vorgehende und kontrollierte Erfahrung erworben werden, während die Alltagserfahrung eher verdumme als erhelle. Interessanterweise geriet der Stellenwert von methodisch kontrollierten Erfahrungen im 19. Jahrhundert mehr oder weniger in Vergessenheit und tauchte erst wieder in idealisierter Form auf, nämlich im Zusammenhang mit der Praxis wissenschaftlicher Experimente. Das physikalische Experiment, das quantitative Abhängigkeiten zwischen genau definierten Größen in künstlich erzeugten Systemen überprüft (vgl. kontrollierte »Doppel-blind-Versuche«), wurde nun lange Zeit zum Paradigma wissenschaftlicher Erfahrung überhaupt.[3] Die wissenschaftliche Erfahrung von Bacon bis Bachelard und Popper wurde daher ausdrücklich als eine Gegnerin der Alltagserfahrung begriffen. »Empirisch begründet« heißt danach »Ergebnis einer experimentellen Messung«, die nicht auf Alltagserfahrung beruht, sondern, falls sie wissenschaftlich interessant ist, neuartiges Wissen erzeugt, das im Gegensatz zu gewohnten Denkweisen steht und unabhängig vom einzelnen Forscher ist, der das Experiment durchführt. Karl Popper definierte Wissenschaft als eine Erzeugerin von Hypothesen, die umso besser sind, je unwahrscheinlicher sie im Lichte der Alltagserfahrungen (und vorherrschender Wissenschaftsannahmen) erscheinen. Durch wissenschaftliche Erfahrung solle die Wissenschaft auf rein negativem Wege der Wahrheit näher kommen, indem sie Hypothesen »falsifiziert«.

Die Wissenschaftsgeschichte hat inzwischen dieses Poppersche Bild von unvermittelt neu auftauchenden wissenschaftlichen Erkenntnissen

3 Dieser Gegensatz zwischen wissenschaftlicher und persönlicher Erfahrung war folgenreich: Alltags- und Lebenserfahrung ist nie wiederholbar und weder situationsunabhängig noch von praktischen Fragen abgekoppelt, wie das Experiment. Zudem lernen wir »durch Erfahrung«, das heißt, wir sprechen der Erfahrung einen wichtigen Stellenwert, eine eigene Aktivität und Kreativität zu – im Gegensatz zu den Empiristen, für die die subjektiven Erfahrungen eines Forschers während eines Experiments eher Störvariablen darstellen.

durch revolutionierende experimentelle Einzelarbeiten modifiziert und auf die Abhängigkeit wissenschaftlicher Erkenntnisse vom sozialen und gesellschaftlichen Kontext verwiesen (vgl. u.a. Fleck 1935; Feyerabend 1975; Kuhn 1977; Toulmin 1983, 1986). Erfahrung und Erkenntnis sind daher nicht »objektiv« bzw. »neutral«, sondern ein »denkstilgemäßes Sinn-sehen« (Fleck). Zudem wurde die Bedeutung der persönlichen und sozialen Erfahrungen des Forschers für seinen Forschungsprozess sukzessiv aus der Entwertung der »Empiristen« befreit. Ein bekanntes Beispiel aus der Psychoanalyse selbst elaboriert Steven Ellman in seinem Buch *When Theories Touch. A Historical and Theoretical Integration*, das noch dieses Jahr erscheinen wird. Er zeigt detailliert auf, dass es zu Freuds herausragenden Fähigkeiten als Wissenschaftler gehörte, dass er seine eigene persönliche Erfahrung immer wieder als Prüfstein seiner Theorien nutzte. So gab er bekanntlich die frühe Verführungstheorie auf, weil er weder seinem Vater noch seiner Mutter eine reale sexuelle Verführung zutraute, sondern die entsprechenden Fantasien schließlich als seine eigenen erkannte, ausgelöst durch ubiquitäre, infantile Triebwünsche.

Im wissenschaftstheoretischen Diskurs, wiederum nach Hampe und Lotter, wurde nun vermehrt diskutiert, dass der Erfahrungsgegenstand in den unterschiedlichen Erfahrungswissenschaften verschieden ist, was in den letzten 50 Jahren bei deutschen Wissenschaftstheoretikern zu einem pluralistischen Verständnis von wissenschaftlicher Erfahrung, Methode und »Wahrheit« führte.[4] Dies betraf auch die schematische Unterscheidung zwischen den Natur- und Geisteswissenschaften, die Dilthey Ende des 19. Jahrhunderts einführte. Danach betrachtet man in den Naturwissenschaften Einzelne als Fälle einer allgemeinen Regel,

4 Analog dazu stellt Bornstein (1989) fest: »However, the epistemiology of science has changed. Logical positivism no longer reflects the standard of scientific theory. Science has entered a postmodern era (Toumlin 1986) wherein relativity and subjectivity are recognized as intrinsic to scientific investigation« (S. 166). Allerdings wird im Folgenden ausgeführt, dass es bei der Charakterisierung der Pluralität der Wissenschaften zwar durchaus um die postmoderne Befreiung von Uniformitätsymythen (Kiesler 1966) geht, allerdings gleichzeitig um die Spezifität der unterschiedlichen Forschungsmethoden und Qualitätskriterien in unterschiedlichen wissenschaftlichen Disziplinen, die keinesfalls mit postmoderner Beliebigkeit gleichgesetzt werden kann.

während in den Geisteswissenschaften das Verstehen der »Erscheinung selber in ihrer einmaligen und geschichtlichen Konkretion« (Gadamer 1960, S. 2) im Zentrum des Interesses steht. Eine weitere Begründung für diesen kategorialen Unterschied wird in der Authentizität der historischen Erfahrung gesehen. Schließlich wird bei dieser Unterscheidung auf den vermeintlich artifiziellen Charakter naturwissenschaftlicher Erfahrung gegenüber der historischen Begebenheit geisteswissenschaftlicher Erfahrung, die sich auf Überlieferungen, vorgefundene Artefakte, Texte etc. stützt, verwiesen. Aufgrund der eben skizzierten Überlegungen kann an dieser scharfen Unterscheidung historisch nicht mehr festgehalten werden, da auch die naturwissenschaftlichen Experimente nicht vom sozialen Kontext, in dem sie stattfinden, losgelöst werden können und »theoriegeladen« und »erfahrungsabhängig« sind. Ein bekanntes Beispiel ist, wie dies schon Pauker et al. (1976) in empirischen Studien in den 1970er Jahren zeigten, dass erfahrene Experten wie Radiologen aufgrund ihrer Erfahrung blitzschnell auffällige Informationsstrukturen in Röntgenbilden erkennen können – im Gegensatz zu Berufsanfängern. In anderen Worten beeinflusste in naturwissenschaftlichen Kontexten die Erfahrung die Wahrnehmung und Interpretation von »objektiven Daten«. Auf der anderen Seite geht es auch bei geisteswissenschaftlichen Studien um den Versuch, Behauptungen durch intersubjektive Erfahrungen zu überprüfen. In anderen Worten müssen auch diese Behauptungen *allgemein* sein; sie können sich nicht in individuellen Sichtweisen erschöpfen. Aus diesem Grund haben wir z.B. schon in der DPV-Katamnesestudie, aber auch später in der von der EU geförderten EDIG-Studie und jetzt in der LAC-Studie die Methode der Expertenvalidierung entwickelt, eine der vielen inzwischen verfügbaren systematischen Methoden, mit dem subjektiven Faktor bei der Interpretation narrativer Daten »wissenschaftlich seriös« umzugehen. Daher verschwimmen beim genauen Hinsehen die Unterschiede zwischen Natur- und Geisteswissenschaften immer mehr: Die grobe Unterscheidung zwischen Natur- und Geisteswissenschaften kann die Vielfalt der verschiedenen wissenschaftlichen Disziplinen, mit denen wir es heute zu tun haben, nicht mehr adäquat abbilden (vgl. auch Follesdal 1999). So wurde immer offensichtlicher, dass es nicht mehr möglich ist, einen einheitlichen Theoriebegriff für all diese Wissenschaften zu formulieren. Es gibt nicht die Form einer wissenschaftlichen Theorie, die sich in Mathematik, Physik, Biologie, Psychologie, Soziologie, Altertumswissenschaft, Geschichte und Neuphilologie wiederholen würde, ganz zu schweigen von Medizin, Jurisprudenz und Theologie. Stattdessen befinden wir uns in einem Stadium der »Pluralität der Wissenschaften«:

> »Erstens ist die Vielfalt der Wissenschaften nicht allein eine Vielfalt wissenschaftlicher *Gegenstände*, sondern zweitens eine von wissenschaftlichen *Theorieformen*. Diese unterschiedlichen Theorieformen bringen drittens eine Vielfalt wissenschaftlicher *Erfahrungen* hervor. Die Vielfalt wissenschaftlicher Erfahrungen ist durch Disziplinierung unserer alltäglichen Erfahrung möglich. Dabei machen wir die Qualität der Erfahrung, ihren Wert hinsichtlich Genauigkeit, Vollständigkeit etc. zu einem Zweck an sich. In den verschiedenen Wissenschaften verwirklicht sich die Vielfalt dieser Erkenntniswerte auf unterschiedliche Weise, und sie haben unterschiedliche *Methoden* entwickelt, um zu garantieren, daß die für sie jeweils spezifische Genauigkeit, Vollständigkeit, Kontrastschärfe etc. auch Schritt für Schritt entwickelt werden kann. Der Pluralismus der Wissenschaften ist also erstens einer der *Theorien*, zweitens einer der *Erfahrungen*, drittens einer der *Erkenntniswerte* und viertens einer der *Methoden*« (Hampe 2000, S. 33).

4. Pluralität und Einheit in der heutigen Psychoanalyse

Aufgrund dieser wissenschaftshistorischen Überlegungen ergibt sich meiner Meinung nach, dass es weder das Anliegen der heutigen Psychoanalyse sein kann, sich an die Kriterien von »science« im Sinne einer naturwissenschaftlich geprägten Einheitswissenschaft anzugleichen, wie dies von einigen, vorwiegend angloamerikanischen Psychotherapieforschern gefordert wird, noch die Psychoanalyse weiterhin in einem Schwebezustand zwischen Kunst und Wissenschaft zu lokalisieren, wie dies manche deutsche Psychoanalytiker, u.a. in Anlehnung an die historisch wichtigen Arbeiten von Alfred Lorenzer in den 1980er Jahren, postulieren (vgl. u.a. Lorenzer 1985). Stattdessen mag die Psychoanalyse ihren charakteristischen psychoanalytischen Erfahrungsbegriff und die damit verbundene »Werthaltigkeit«, die Spezifität der psychoanalytischen Wissenschaft mit ihren charakteristischen Forschungsmethoden und ihren spezifischen Prüf- und Wahrheitskriterien, im Kanon anderer, ebenso spezifischer Wissenschaften offensiv vertreten. Angesichts des Pluralismus der Wissenschaften, der sich aus den unterschiedlichen Erfahrungsbegriffen ergibt, steht die Psychoanalyse bei dieser Positionierung keineswegs isoliert, sondern mitten im Strom der heutigen Wissenschaften und ihrem Versuch, untereinander die Spezifität ihrer Disziplin transparent zu machen, darüber in einen kritischen Austausch zu treten und im besten Falle aus den unterschiedlichen Zugangsweisen zum gleichen Forschungsgegenstand eine interdisziplinäre Zusammenarbeit zu begründen: Wie andere spezifische wissenschaftlichen Disziplinen auch, verfügt die Psychoanalyse über eine *spezifische* Untersuchungsmethode, die sich eignet, ihren *spezifischen* Untersuchungsgegenstand – unbewusste Fantasien und Konflikte – zu untersuchen, und hat ihre eigenen *spezifischen* Qualitätskriterien für diese Art der Forschung entwickelt (vgl. u.a. Leuzinger-Bohleber 1995, 2002, 2009). Die Idee der Einheit aller Wissenschaften, die – voll Euphorie und Überzeugungskraft – zuerst im deutschen Idealismus und später in anderer Form im logischen Empirismus verkündet wurde, hat sich inzwischen in der Welt heutiger Wissenschaften als nicht mehr haltbar erwiesen. »Wie alle Euphorien, so waren auch die der philosophischen Einheitswissenschaft ohne Bestand, sie vergingen wieder. Hier will ich nur feststellen, dass mir heute kein ernst zu nehmender Vertreter der Philosophie bekannt ist, der noch ein einheitswissenschaftliches Programm vertritt« (Hampe 2000, S. 28). Stattdessen haben sich, wie eben erwähnt, die Wissenschaften immer weiter ausdifferenziert.

Für die Psychoanalyse ist besonders wichtig, dass damit nicht nur von einem einheitlichen Theoriebegriff Abstand genommen werden musste, sondern auch von der Vorstellung der logischen Empiristen, Theorie und Erfahrung ließen sich fein säuberlich voneinander trennen (vgl. Abbildung 1). Der Erkenntnisprozess des Wissenschaftlers besteht nicht aus zwei völlig voneinander zu trennenden Schritten: seiner Erfahrung und ihrer nachträglichen theoretischen Verarbeitung. Wie z. B. die Verwendung eines Mikroskops illustriert, verarbeitet eine Theorie nicht nur stattgefundene Erfahrungen, sondern sie ermöglicht sie auch. In einem Elektronenmikroskop werden erst bestimmte Strukturen in einem Präparat sichtbar, die in einem »normalen« Mikroskop der Wahrnehmung verschlossen bleiben. Erkenntnis ist daher sowohl vom Wahrnehmungsinstrument als auch von der Erfahrung des Wahrnehmenden abhängig. Damit wird, wie schon erwähnt, die Grenze zwischen wissenschaftlicher und Alltagserfahrung aufgeweicht.

Wie kann dann aber Wissenschaft, als Einheit trotz aller Pluralität, etwa in Abgrenzung von der praktischen Anwendung von Wissen eines Bäckers oder Obstgärtners oder aber von Ideologien und religiösen Glaubenssystemen definiert werden? Nach Hampe (2004) ist ein Differenzierungsmerkmal dabei u. a. die »Disziplinierung von Erfahrung« bzw. der systematische Einsatz von Methoden. Ein Anglist wird ein Stück aus der englischen Literatur anders lesen, ein Musikwissenschaftler Bach anders hören als ein Laie. Ein Chemiker wird Gerüche und Geschmäcke anders wahrnehmen, ein Psychoanalytiker auf Träume seines Analysanden spezifischer reagieren als ein Ungeschulter. Daher ist die wissenschaftliche Erfahrung nicht einfach nur ein quantitatives Mehr als die alltägliche Erfahrung; sie ist genauer, vollständiger, repräsentativer und kontrastschärfer als diese und stets um eine selbstkritische Intersubjektivität eigener Aussagen bemüht. Zudem unterscheidet sich der Wissenschaftler von dem Praktiker, der Wissen anwendet, dadurch, dass er die eben erwähnten Kriterien wie Genauigkeit, Vollständigkeit etc. seines Wissens selbst als letzte Zwecke ansieht, während sich z. B. ein Bäcker oder Obstgärtner zwangsläufig um eine ökonomische Verwertung seines Wissens bemühen muss, da die möglichst zielstrebige Anwendung seines Wissens über seinen Lebensunterhalt entscheidet. In Abgrenzung zu anderen Lebensformen wie Glaubenssystemen, Ideologien, lebenspraktischen Fertigkeiten und Weisheiten etc. können daher Wissenschaften weniger durch gemeinsame Denkformen, Erfahrungen oder Methoden charakterisiert werden, als durch die Bereitschaft und Fähigkeit zur Intersubjektivität in der Vermittlung der jeweils unterschiedlichen Methoden, Denk- und Erfahrungsformen bei gleichzeitigem Verzicht auf charismatische Initiation, zur Bedingung dieser Intersubjektivität werden.[5]

So ist es doch letztlich »die Einheit der Vernunft« (Hampe), das Streben nach Erkenntnis als Zweck an sich, das die Wissenschaften verbindet. Die Bereitschaft und Fähigkeit zur Intersubjektivität ist eine Folge dieser Grundhaltung, einer forschenden Grundhaltung, die auch die psychoanalytische Forschung auszeichnet (vgl. Leuzinger-Bohleber 2009; Kurthen 1998; Holzhey 2001).

Die Sorge um die Einheit der Psychoanalyse trotz aller Pluralität betrifft übrigens auch ein Thema eines aktuellen Dialogs, den wir zurzeit mit dem jetzigen Präsidenten Charles Hanly führen, wie wenigstens noch kurz erwähnt werden soll.

Charles Hanly nutzte seinen Beitrag an der Sandler Conference 2008, um vor allem auch Schattenseiten der Pluralität der Psychoanalyse zu beleuchten. Er warnte vor der Gefahr einer Entwicklung innerhalb der IPA, den Pluralismus bezüglich ihrer Theorien ständig weiterzutreiben, was schließlich zu einer unüberschaubaren Theorienvielfalt und im extremen Fall zu einer Fragmentierung sowohl innerhalb der Konzeptbildungen der Psychoanalyse als auch innerhalb der psychoanalytischen Organisationen führen könnte. Auch sein enger Freund, Steven J. Ellman (2009), teilt diese Sorge und schreibt in der Einleitung zu dem bereits erwähnten neuen Buch *When Theories Touch. A Historical and Theoretical Integration:*

> »Although various analysts have written about an era of convergence (Wallerstein, 1988) to some extend one might consider that psychoanalysis has entered into a time that is best thought of as similar to the era of the tower of Babel. There is however a difference; in the Old Testament God created many languages and there was confusion. In the new testament of psychoanalysis, we use the same language and there is confusion. It is unclear for instance whether authors' from different theoretical perspectives when using the same theoretical terms are actually using the same

5 Betrachtet ein Beobachter aus einer großen Distanz die verschiedenen Lebensformen, wird die Wissenschaft als ein einheitliches Gebilde erkennbar sein. Es ist die große Distanz, die uns bei einem Vergleich verschiedener Lebensformen ermöglicht, die Wissenschaften als ein einheitliches Gebilde zu erkennen, so wie ein Wald von einem Flugzeug aus als ein einheitliches Gebilde neben Stadt und See erscheinen möge, auch wenn für den Fußgänger jeder Baum eine eigene Pflanze bleibt.

> concept. The tower of Babel however can be seen as having different effects; as a factor that makes it difficult or impossible for us to communicate, or as a precursor to developing new theoretical concepts and new ways of describing clinical experiences. In my mind new integrations have already begun, but the tower to some extend hinders our attempts to accomplish this task …« (S. 2).

Daher betrachtet es Charles Hanly als eine der wichtigsten Aufgaben seiner Präsidentschaft, Bestrebungen zu fördern, die sich um neue Integrationen bezüglich der klinischen Behandlungstechniken, der Theorienvielfalt und der unterschiedlichen Forschungsansätze in der heutigen Psychoanalyse bemühen, ohne dabei die gewachsene und fruchtbare Vielfalt – die Pluralität – zu zerstören.

Auch bezüglich der Forschung strebt er eine neue Stufe der Integration an. In einem Research Board (Chair: Peter Fonagy, Vicechairs: Marianne Leuzinger-Bohleber, Ricardo Bernardi) sollen die gemeinsamen großen Linien der Forschungsförderung in der IPA diskutiert und festgelegt werden. Dabei geht es einerseits um Prioritätensetzung, das heißt, um die Förderung von Studien, die für die gesamte IPA von Bedeutung sind (z.B. Wirksamkeitsstudien psychoanalytischer Behandlungen). Andererseits soll die Vielfalt psychoanalytischer Forschung, von der klinischen bis zu den verschiedensten Formen der extraklinischen, auch kulturell relevanten, Forschung ebenfalls gefördert und unterstützt werden.

Obschon ich einerseits die Sorge von Charley Hanly teile, eine extreme Zunahme von Pluralität bezüglich der Theoriebildungen innerhalb der modernen Psychoanalyse könnte zunehmend den »common ground« gefährden und im Extremfall zu einer Fragmentierung führen, befürchte ich gleichzeitig, dass ein naives Verständnis von »Unifizierung« die Vielfalt und Pluralität vor allem in einem besonders sensiblen Gebiet der Psychoanalyse zerstören könnte, nämlich in der psychoanalytischen Forschung. Daher erscheint es mir wichtig, zwischen verschiedenen Formen der Pluralität zu unterscheiden:

a) Psychoanalyse als spezifische Wissenschaft in Zeiten des Pluralismus der Wissenschaften (vgl. eben skizzierte Argumentationen in Abschnitt 3 und 4).
b) Pluralität der Theorien in der heutigen Psychoanalyse. Sie stellt

einerseits einen Reichtum dar, sich an die Komplexität klinischer Beobachtungen durch verschiedene theoretische Perspektiven anzunähern. Andererseits ist es ein wichtiges Anliegen, sich immer wieder um neue theoretische Integrationen zu bemühen.

c) »Plurale« klinische und extraklinische Forschungsstrategien in der heutigen Psychoanalyse, die einen Reichtum an Möglichkeiten darstellt, unbewusste Fantasien und Konflikte zu untersuchen. Sie sollten nicht einem veralteten Verständnis von »Einheitswissenschaft« (»science«) geopfert werden (vgl. Abschnitt 5). Alle Formen der psychoanalytischen Forschung zeigen, neben all ihrer Vielfalt und Spezifität, durchaus auch gewisse Gemeinsamkeiten, wie ich nun diskutieren möchte. Eine davon ist eine spezifische »forschende Grundhaltung«, eine Professionalität im Umgang mit dem »Nichtwissen«, der Annäherung an das Unbewusste.

5. Klinische und extraklinische Forschung in der heutigen Psychoanalyse und ihre Brücken zur vergleichenden Psychotherapieforschung

Um in diesem Rahmen knapp die Vielfalt – und Einheit – klinischer und extraklinischer Forschung in der Psychoanalyse, die durch eine solche »forschende Grundhaltung« und ihr Bemühen um Intersubjektivität von Beobachtungen, Hypothesen und Interpretationen psychoanalytischer Phänomene gekennzeichnet ist, sowie deren Brücken zur vergleichenden Psychotherapieforschung illustrieren zu können, muss ich auf eine Grafik zurückgreifen, mit der ich versucht habe, eine forschende Grundhaltung in all den verschiedenen Formen psychoanalytischer Forschung von einer professionellen Behandlungskunst abzugrenzen (vgl. Leuzinger-Bohleber 2007, S. 974).

Die *klinische Forschung* findet in der Intimität der psychoanalytischen Situation statt. Sie kann als zirkulärer Erkenntnisprozess beschrieben werden, in dem – zusammen mit dem Analysanden – idiosynkratische Beobachtungen unbewusster Fantasien und Konflikte sukzessiv auf verschiedenen Abstraktionsebenen theoretisch gefasst werden; ein

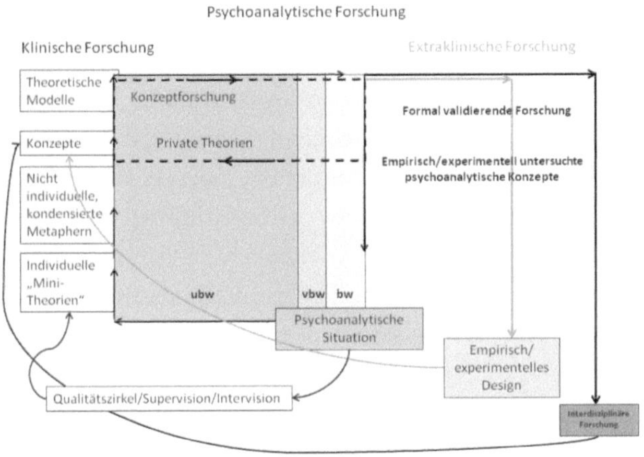

Abbildung 1: Psychoanalytische Forschung

Verstehen, dass daraufhin unsere Wahrnehmungsprozesse in folgenden klinischen Situationen unweigerlich prägt, auch wenn wir in jede neue Sitzung mit der genuin psychoanalytischen Grundhaltung des Bion'schen »no memory, no desire« eintreten. Die zirkulären Erkenntnisprozesse finden vor allem unbewusst und im Raum impliziter, privater Theorien statt. Die darin gewonnenen Erkenntnisse werden innerhalb und außerhalb der psychoanalytischen Community kritisch zur Diskussion gestellt.

Extraklinische Forschung wird außerhalb der psychoanalytischen Situation durchgeführt und verwendet oft Materialien aus Behandlungen (Tonbandaufzeichnungen, Notizen etc.). Dabei unterscheiden wir zwischen Konzeptforschung, interdisziplinärer und empirisch-experimenteller Forschung. Alle diese Formen extraklinischer Forschung weisen sich durch eigene Qualitätskriterien aus, wie wir in einer anderen Arbeit ausführlich diskutiert haben (Leuzinger-Bohleber/Fischmann 2006).

Klinisch-psychoanalytische Forschung

Die klinische Forschung der Psychoanalyse ist für mich nach wie vor das Kernstück psychoanalytischer Forschung überhaupt. Sie ist mit einem charakteristischen psychoanalytischen Erfahrungsbegriff und damit verknüpften »Erkenntniswerten« verbunden (vgl. u.a. Toulmin 1983; Hampe 2004, 2008). Sie wird als zirkulärer Erkenntnisprozess verstanden, der im psychoanalytischen Setting stattfindet. Dieses ermöglicht einen einmaligen, individuellen, sukzessiven Erkenntnisprozess zu Manifestationen von unbewussten Fantasien und Konflikten in der Übertragungssituation zum Analytiker. Er richtet sich auf das Verstehen persönlicher und biografischer Einmaligkeit, wie sie sich in einer aktuellen (auch gesellschaftlich determinierten) Situation entfaltet. Er ist immer mit einer Suche nach unbewussten Sinngehalten verbunden.

Die Professionalität des Analytikers ermöglicht ihm in einer Haltung der gleichschwebenden Aufmerksamkeit, eigene Gegenübertragungsreaktionen, szenische Beobachtungen des »embodied enactments« des Analysanden (siehe u.a. Leuzinger-Bohleber/Pfeifer 2002; Leuzinger-Bohleber, Henningsen/Pfeifer 2008), auftretende Fehlleistungen und Fehlhandlungen, Träume etc. zur Hypothesengenerierung über die aktualisierte unbewusste Psychodynamik des Analysanden zu gewinnen.

Bekanntlich finden zu den Spezifika der analytischen Behandlungstechnik in den letzten Jahren intensive Kontroversen statt, u.a. unter dem Stichwort der Suche nach dem common ground der Psychoanalyse, neueren Formen der psychoanalytischen Behandlungstechnik (dazu Dreyer/Schmidt 2008) und ihrer Konzeptualisierung bis hin zum »intersubjective turn« (vgl. u.a. Thomä/Altmeyer 2006; Leuzinger-Bohleber/Canestri/Target 2009; Hanly 2009).

Wie ich bereits in einer anderen Arbeit ausführlich diskutiert habe, scheint es mir durchaus einen »common ground« inmitten aller Pluralität und Diversivität der heutigen Psychoanalyse zu geben (vgl. Leuzinger-Bohleber 2007). Der common ground ist ein charakteristisches Moment der analytischen, forschenden Grundhaltung, die die meisten Psychoanalytiker bei aller Divergenz in den theoretischen Orientierungen teilen, nämlich das Wissen um das Nichtwissen, die Akzeptanz, dass unbewusste Prozesse grundsätzlich zuerst einmal »nicht verstanden werden« und nur gemeinsam mit dem Analysanden zu erforschen sind. Analytiker unterschiedlichster theoretischer Orientierung teilen die Auffassung eines Forschungs- und Erkenntnisprozesses, der immer wieder durch Widerstände sowohl beim Analysanden als auch beim Analytiker beeinträchtigt wird. Das Wissen um diese unvermeidbaren Barrieren der Verständigung über Unbewusstes formt eine tiefe Skepsis sich selbst und dem Anderen gegenüber. David Taylor (2007) charakterisierte die Psychoanalyse kürzlich durch drei Faktoren: »passion, biographical and empirical orientation«. Die Leidenschaft für den analytischen Erkenntnisprozess, die Suche nach der Vergangenheit in der Gegenwart eines Analysanden sowie eine empirische Orientierung, die der sorgfältigen und ständig kritisch zu überprüfenden Beobachtung in der klinischen Situation hohe Priorität einräumt, unterscheiden eine psychoanalytische Grundhaltung und Behandlungstechnik von jener der Verhaltenstherapeuten in einer viel krasseren Weise, als wir dies meist realisieren – was wir übrigens auch empirisch in der LAC-Depressionsstudie zeigen werden, auf die gleich noch näher eingegangen wird. Verhaltenstherapeuten, die bekanntlich heute ebenfalls über eine Vielfalt verschiedener Theorien und Behandlungstechniken verfügen, fühlen sich einem Top-down-Denken verpflichtet, einer logisch kausalen Anwendung ihres in ihren Augen »eindeutigen, wissenschaftlich basierten Wissens zu therapeutischen Veränderungen«, das sie – eben von oben nach unten – als Experten in einer möglichst »objektiven Weise« ihren Patienten zur Verfügung stellen. Zweifel, Skepsis und das Aushalten von Unsicherheiten werden von Verhaltenstherapeuten – eben im Gegensatz zu uns Psychoanalytikern – als mangelnde Professionalität oder Erfahrung ausgelegt (vgl. dazu Leuzinger-Bohleber et al., im Druck).

Der typisch tastende, psychoanalytische Suchprozess nach »unbewussten Wahrheiten« kann nur zusammen mit dem Analysanden durchlaufen werden und zeichnet, wie dies Jonathan Lear (1995) so eindrücklich ausführte, die Psychoanalyse als das demokratischste heutiger Therapieverfahren aus.

In diesem Prozess bilden sich »Minimodelle« heraus, das heißt Symbolisierungsversuche der beobachteten, vor allem affektiven und embodied Reaktionen, die einen Schlüssel zu der unbewussten Fantasiewelt, der spezifischen »Mikrowelt« des Analysanden bieten (vgl. dazu Moser/Zeppelin 1996; Leuzinger-Bohleber 1995, 2002; Hoff/Leuzinger-Bohleber

1997; Bohleber 2007; Buchholz 2006; Wurmser 1981). In einem weiteren Prozess der Abstraktion werden solche Metaphern vom Analytiker mit seinen psychoanalytischen Konzepten und schließlich mit Modellen und Theorien in Verbindung gebracht. Auf der höchsten Abstraktionsstufe befinden sich schließlich die Modelle des Klinikers, Modelle wie die psychoanalytische Abwehrlehre, psychoanalytische Gedächtnis- und Erinnerungstheorien, psychopathologische Modelle z.B. zur Depression, narzisstischen Persönlichkeitsstörung oder Psychose. Die einzelnen Abstraktionsschritte sind selbstverständlich nicht rigide voneinander abgetrennt: Der klinische Forschungs- und Erkenntnisprozess verläuft dynamisch und beinhaltet immer ein Pendeln zwischen regressiven und progressiven Prozessen im intermediären Raum (vgl. Winnicott 1971). Zudem verläuft er vorwiegend unbewusst.

Dass wir bei diesen zirkulären Prozessen auch zwischen privaten und öffentlichen, impliziten und expliziten Theorien zu unterscheiden haben, ist eine Fragestellung, die inzwischen – angestoßen von der EPF Working party for theoretical issues mit Werner Bohleber, Jorge Canestri, Peter Fonagy und Paul Denise – breit diskutiert wird. Eine ähnliche Zielsetzung verfolgen die Working parties for clinical issues der EPF, die David Tuckett ins Leben gerufen hat. Analytiker verschiedener europäischer Gesellschaften untersuchen seit sieben Jahren die unterschiedlichen psychoanalytischen Erkenntnisprozesse in der klinisch-psychoanalytischen Situation (vgl. u.a. Tuckett 2007). Beide Arbeitsgruppen haben meiner Einschätzung nach eine neue Form der klinischen Forschung in der Psychoanalyse initiiert und werden nun auch in den USA und Südamerika implementiert.

Damit keine Missverständnisse entstehen: Peter Fonagy hat wohl schon recht, wenn er darauf hinweist, dass nicht jeder Kliniker automatisch ein Forscher ist. Eine methodisch systematische Vorgehensweise, wie die eben geschilderten, die – durch genaue Beschreibungen und eine Transparenz darauf beruhender Überlegungen – klinische Beobachtungen auch dem Verständnis und der Kritik eines Dritten zugänglich machen, ist eine Voraussetzung dafür, dass diese Form des Erkenntnisgewinns nicht nur eine professionelle Kunst, sondern auch eine klinische Wissenschaft ist. Wir brauchen dringend gute klinische

Forschung, nicht nur um in der Welt der Psychotherapien zu bestehen, sondern auch um unsere professionelle Behandlungskunst ständig weiter zu entwickeln. Sonst geht auch in der klinischen Situation das verloren, was ich als »forschende Grundhaltung« bezeichnet habe – eine Bedrohung für den genuin psychoanalytischen Erkenntnisprozess.

In der LAC-Depressionsstudie nimmt die klinische Forschung einen zentralen Stellenwert ein und wird durch konzeptuelle, extraklinische und interdisziplinäre Forschung ergänzt. Wir nehmen darin die Tradition der Qualitätssicherung in psychoanalytischen Behandlungen in Intervisions- und Supervisionsgruppen auf, die uns einerseits helfen, unsere Behandlungskunst bei dieser spezifischen Patientengruppe zu verfeinern und sie mit einer systematischen klinischen Forschung zu verbinden, wie ich nun exemplarisch anhand eines kurzen Beispiels illustrieren möchte (vgl. auch Leuzinger-Bohleber 2009).

Klinisches Beispiel

Vor einigen Wochen wartete ich fast 15 Minuten auf Herrn W., den ich seit über einem Jahr im Rahmen der LAC-Depressionsstudie behandle. Er hat uns seine Einverständniserklärung dafür gegeben, dass ich hier von seiner Behandlung in verschlüsselter Form berichten kann.

Ich bemerke, wie sehr ich beunruhigt bin und befürchte, Herrn W. könnte etwas zugestoßen sein. Er leidet immer noch unter massiven Schlafstörungen. Zuweilen kann er trotz Medikamenten die ganze Nacht nicht schlafen. Er fährt etwa 40 Kilometer zur Analysestunde mit dem Auto – für mich immer wieder ein Grund zu Sorge, vor allem da Herr W., wie viele unserer chronisch depressiven Patienten, mit suizidalen Impulsen zu kämpfen hat.

Ich denke an die letzte Sitzung, die emotional sehr intensiv war und in der mir Herr W. berichtete, er habe nach einem innigen Abend mit seiner neuen Freundin sich erstmals vorstellen können, seine Frau und sein Vorschulkind zu verlassen. Zwar habe sein Körper immer noch mit heftigen Ganzkörperschmerzen und Panik auf diesen Gedanken reagiert, aber es sei ihm gelungen, dazu eine minimale innere Distanz zu gewinnen, indem er sich an unsere Sitzungen erinnert habe und an unsere Vermutung, »sein Körper spiele in Trennungssituationen verrückt«, vielleicht weil er sich an die traumatischen Erfahrungen während eines Heimaufenthaltes in seinem vierten Lebensjahr erinnere. Damals war er schwerst erkrankt und befand sich in einem lebensbedrohlichen »Ganzkörperzustand«, als ihn seine Tante fand, »die sich gegen Widerstand der Heimleitung Zugang zu seinem Isolationszimmer verschafft hatte …« – »Ich habe das erste Mal gemerkt, dass Sie vielleicht doch recht haben, dass auch Schuldgefühle eine Rolle spielen, obschon ich ja dazu, weiß Gott, keinen Grund habe (sein Frau betrügt ihn seit einem Jahr mit einem Freund, beschimpft, kränkt und demütigt ihn – er kann sich kaum wehren, weil er panische Angst hat, sie zu verlieren). Als ich nach Hause kam und meine Frau so friedlich neben meinem Sohn schlafen sah, hatte ich plötzlich ein schlechtes Gewissen …«

Diese Schilderungen schienen mir eine innere Veränderung anzuzeigen. Doch erinnere ich mich nun an eine Warnung meines Supervisors, Fritz Meerwein, dass positive Veränderungen bei schwer depressiven Patienten in suizidale Handlungen münden können. Daher bin ich erleichtert, als das Telefon klingelt und Herr W. mir mitteilt, er stehe im Stau und käme leider erst in zehn Minuten.

Er sieht sehr mitgenommen aus. Seine Neurodermitis scheint stärker geworden zu sein. Auf der Couch schweigt er etwa fünf Minuten. »In den letzten beiden Tagen ist es mir wieder so schlecht gegangen wie lange nicht mehr. Mein ganzer Körper tat mir weh, ich konnte gar nichts mehr tun, hatte Panik, auch bei der Arbeit. Schlafen konnte ich überhaupt nicht – ich bin völlig verzweifelt, am Ende … Ich weiß überhaupt nicht, was mit mir los ist …«

»Und nun sind Sie auch noch im Stau gestanden, sodass uns nur wenig Zeit bleibt, gemeinsam vielleicht rauszufinden, was der Auslöser für Ihre Verzweiflung sein könnte. Sollen wir es dennoch versuchen?«

»Es bleibt mir wohl nicht viel anderes übrig …«, sagt Herr W. resigniert, doch nehme ich einen aggressiv- trotzigen Unterton wahr.

»Wann fingen die Ganzkörperschmerzen denn an …?«

»Im Laufe des Montags, sie wurden immer schlimmer …«

»Nach unserer Sitzung?«

»Kann schon sein.«

»Und in dieser Sitzung erzählten Sie mir, dass Sie am Sonntagabend erstmals den Gedanken hatten, sich von Ihrer Frau trennen zu können ... Sie haben mir erzählt, dass Sie erstaunt feststellten, dass sich Schuldgefühle meldeten, obschon Sie ja wissen, dass Sie – von außen gesehen – keinen Grund dazu haben ...«

»Ja, an all dies habe ich gar nicht mehr gedacht – ich war nur noch mit meinem körperlichen Zustand beschäftigt ...«

»Dies ist vielleicht nicht zufällig. Wir haben ja schon oft vermutet, dass sich Ihre Depression aus vielen Gründen, die wir sicher noch nicht alle kennen, gegen jede Veränderung sträubt. Und heute sind Sie auch noch so viel zu spät gekommen ...«

»Ja, ich habe noch gedacht, ich sollte früher wegfahren...« Nach einer längeren Pause: »Wenn Sie so verzweifelt sind, verlieren Sie vermutlich auch die Hoffnung, die Psychoanalyse könnte Ihnen helfen – und dies nehmen Sie mir wahrscheinlich auch übel ...« Ebenfalls nach einer Pause: »Sie haben recht, ich dachte im Auto – dies hat ja alles doch keinen Sinn, die versteht auch nichts und kann sich nicht vorstellen, wie unerträglich meine Zustände sind...« Nach einer Pause: »Könnte es sein, dass Ihnen Ihr Körper mitzuteilen versucht, dass Sie Trennungen nicht überleben können, nachdem Sie in der Montagsstunde einen Funken Hoffnung zuließen?« Herr W. schweigt wiederum etwa fünf Minuten. »Komisch, nun ist mir die Geburt unseres Kindes eingefallen ... Es gab einen Moment, als ich schon den Kopf des Kleinen sah, aber meine Frau am Ende ihrer Kräfte war und das Kind wie feststeckte. Es war sehr dramatisch – die Ärzte mussten ihn mit der Saugglocke holen ...«

»Dies ist auch eine Trennungssituation, in der es buchstäblich um Leben und Tod ging – und um eine existenzielle Abhängigkeit ...«

Herr W. schweigt, Tränen laufen ihm übers Gesicht.

»Könnte es sein, dass ihr Körper die unbewusste Wahrheit ausdrückt, Trennungen könne man nicht überleben – ihr kleiner Sohn hätte die Geburt nicht überlebt, wenn Ihre Frau aufgegeben und keine Hilfe von den Ärzten erhalten hätte ...«

Herr W. weint still vor sich hin, sein Körper scheint sich etwas zu entspannen.

»Habe ich Ihnen übrigens erzählt, dass es auch bei meiner Geburt drastisch zugegangen ist? Ich hatte einen Herzstillstand, weil die Nabelschnur um meinen Hals gewickelt war – auch mich mussten sie mit der Saugglocke holen …«

Mir fällt ein, dass auch ich beim Warten auf Herrn W. über Tod und Leben fantasiert und befürchtet hatte, Herr W. könnte sich suizidieren, um damit sich, aber auch die analytische Beziehung zu zerstören. So bin ich einmal mehr erschreckt von der abgrundtiefen Destruktivität, Hoffnungslosigkeit, Verzweiflung und Angst in der unbewussten Fantasiewelt des Analysanden. Gleichzeitig ist es für mich überraschend, dass wir vielleicht wirklich auf einen frühesten Vorläufer der traumatischen Heimerfahrung gestoßen sind: Nehmen wir neuere psychoanalytische Arbeiten zu frühtraumatisierten Patienten, sowie die Ergebnisse der neurobiologischen und empirischen Säuglingsforschung oder das Konzept des »embodied memory« wirklich ernst, ist es durchaus möglich, dass sich auch früheste traumatische Erfahrungen im Köper erhalten haben – und solch unerträgliche Ganzkörperschmerzen, wie sie Herr W. in Trennungssituationen erlebt, mit determinieren. Die traumatischen Körpererfahrungen könnten durch analoge unerträgliche Trennungserfahrungen immer wieder neu überschrieben und sich unbewusst in die Seele eingegraben haben.

Der 52-jährige Herr W. leidet seit 25 Jahren an schweren Depressionen und kam zu uns, weil er nach dem letzten depressiven Zusammenbruch einen Rentenantrag gestell hatte. Er hat schon viele erfolglose Therapieversuche hinter sich, eine Verhaltenstherapie, eine Gestalttherapie, eine Körpertherapie sowie mehrere stationäre Aufenthalte in psychiatrischen und psychosomatischen Kliniken. – Er gehört zu der Gruppe von Patienten, die auf Kurztherapien und die meisten Psychopharmaka nicht zu reagieren scheinen und deren Rückfälle sich in immer kürzeren Abständen wiederholen und an Intensität zunehmen. In der Psychoanalyse stellt sich heraus, dass es immer Trennungssituationen von seinen Liebesobjekten waren, die die Depressionen auslösten. Wie kurz erwähnt, vermuteten wir schließlich, dass diese Trennungen die unbewussten Erinnerungen an den traumatischen Heimaufenthalt reaktivierten – die Mutter erzählte ihm auf Nachfrage, dass er nach dieser wochenlangen Trennung völlig verändert gewesen sei: »Du warst nicht mehr der kleine, fröhliche Junge, sondern sehr still und brav …« Eine weitere monatelange Trennung folgte, da die Mutter wieder hospitalisiert werden musste. Er wurde – trotz seines Protestes – zu Verwandten gebracht und sah seine Eltern nur am Wochenende. Der Patient erinnert sich an sein verzweifeltes Heimweh und wie sehr er versuchte, »ein tapferer Junge« zu sein, wie dies sein Vater von ihm gefordert hatte. Die fehlende Empathie beider Eltern für seine Trennungsreaktionen spielt in der Psychoanalyse eine zentrale Rolle.

Patientengruppen wie die chronisch depressiven Patienten der LAC-Studie stellen eine große Herausforderung an die heutige klinische Psychoanalyse als Behandlungstechnik und Forschung dar. Wie ich mit diesem kurzen Beispiel zu illustrieren versuchte, gewinnen wir in der intensiven klinischen Arbeit mit diesen Patienten Erkenntnisse zu den komplexen unbewussten Determinanten von Depressionen, die wir durch keine andere Forschungsmethode gewinnen können.

Daher entwickeln wir – ähnlich wie die erwähnten working parties der EPF – eine eigene Form der klinischen Forschung in der LAC-Studie: In wöchentlichen »klinischen Konferenzen« besprechen wir Behandlungen wie jene von Herrn W. und dokumentieren unsere Diskussionen systematisch. Um hier wiederum nur ein kurzes Beispiel zu erwähnen: In einer dieser Fallkonferenzen ging es u.a. um die Frage, wie die psychosomatischen Symptome in Zusammenhang mit den frühen Traumatisierungen von Herrn W. stehen könnten, aber auch, welche Übertragungskonstellationen sich im Moment erkennen lassen. Der folgende Traum schien uns in diesem Zusammenhang als aufschlussreich:

> Herr W. hatte geträumt, dass ein schwer verletzter Mann, dem die Gedärme zum Leib heraushängen, am Straßenrand liegt. Einige sogenannte Helfer stellen fest, dass er schon tot ist. Herr W. schaut zu, glaubt aber nicht, dass der Mann wirklich tot ist. Und wirklich – siehe da – der Mann bewegt sich und sagt verzweifelt: »Warum hilft mir denn keiner …?« – Eine Frau nimmt einen

> Kochdeckel und deckt damit die offene Wunde zu. … Herr W. wacht in Panik auf …

Wir fragen uns, ob das Bild der »hilflos unempathischen Analytikerin-Helferin« wohl durch die Projektionen seiner unbewussten Hass- und destruktiven Impulse mitdeterminiert wird, ob es einen Teil der aktuellen Übertragungsdynamik prägt und möglicherweise mit der Reaktivierung von Erinnerungen an ein unempathisches Primärobjekt in Beziehung steht (vgl. die oben erwähnten Überlegungen zur Empathiestörung beider Eltern).

Ich muss es bei diesen wenigen Andeutungen zum klinischen Material belassen und kann hier lediglich festhalten, dass solche minutiösen »Feldbeobachtungen« Inhalt der professionellen klinischen Forschung der Psychoanalyse sind und, wie erwähnt, durch keine andere Forschungsmethode zu ersetzen sind. Zwar sind die Beobachtungen an sich noch keine Forschung: Sie müssen systematisch z.B. in Expertengruppen wie der Klinischen Konferenz gemeinsam reflektiert werden, damit Skotomisierungen in der Wahrnehmung, eigene Gegenübertragungsreaktionen und Projektionen erkannt und in ihrem Einfluss auf das klinische Verstehen erkannt werden können. Kontrastierende klinische Hypothesen können, wieder »systematisch«, verfolgt werden, z.B. indem auf die detaillierte Dokumentation der Behandlungen (in der LAC-Studie in der Regel durch Tonbandaufnahmen oder minutiöse Aufzeichnungen) zurückgegriffen wird. Schließlich besteht durch die »Expertenvalidierung« die Möglichkeit, die narrativen Zusammenfassungen der klinischen Beobachtungen und Behandlungen gemeinsam, »intersubjektiv« auf ihren Wahrheitsgehalt zu überprüfen. Daher kann ich hier nur festhalten, dass die klinische Psychoanalyse und die darauf beruhende klinische Forschung der Psychoanalyse für mich als untrennbares Paar das Herzstück der Psychoanalyse sind. Der psychoanalytische Erkenntnisprozess findet in der emotional dichten, oft existenziellen psychoanalytischen Arbeit mit einzelnen Analysanden statt und hat zu dem breiten Wissenskorpus geführt, der sich – kommuniziert als klinische Forschung – durchaus in der wissenschaftlichen und nichtwissenschaftlichen Öffentlichkeit sehen lassen kann. Gelingt es uns, wie in der Depressionsstudie, durch systematische klinische Einzelfallstudien einen differenzierten Einblick in die typisch psychoanalytische Art des »Forschens und Heilens« zu vermitteln und damit innovative, fundierte Erkenntnisse zu solchen Patientengruppen und ihrer psychotherapeutischen Behandlung zu vermitteln, müssen wir kaum befürchten, dass unser Wissen kopiert und inkorporiert wird. In diesem Sinne sind wir eine »normale«, hoch spezialisierte klinische Disziplin geworden.[6]

Psychoanalytische Konzeptforschung

Diese eben skizzierten neuen Formen der klinischen Forschung sind immer auch Teil einer kreativen und originellen Konzeptforschung – ein Forschungsfeld, das Anna Ursula Dreher und Joseph Sandler initiiert und wir im Research Subcommittee for Conceptual Research weiter voranzutreiben versuchen (vgl. Abbildung 1).

Im Rahmen der LAC-Studie beziehen wir uns in der konzeptuellen Forschungsarbeit u.a. auf die Weiterentwicklung des Behandlungsmanuals, das uns David Taylor aus der Tavistock Clinic freundlicherweise zur Verfügung gestellt hat und das von Heike Westenberger-Breuer übersetzt wurde. In einer Art Lehrbuch hat Taylor darin seine jahrzehntelange Arbeit mit depressiven Patienten beschrieben und charakteristische Schwierigkeiten und Probleme in Behandlungen mit diesen Patientengruppen herausgearbeitet. Für uns Kliniker ist es ein Fundus an Erkenntnissen genuin psychoanalytischer, klinischer und konzeptueller Forschung – und alles andere als ein Rezeptbuch (siehe Taylor, im Druck).

6 Ich bin daher sehr froh, dass sich in unserer LAC Forschergruppe in Frankfurt erfahrene klinische Kolleginnen und Kollegen dazu bereit erklärt haben, zu ihren Behandlungsfällen auch psychoanalytische Fallberichte zu schreiben. Diese Fallberichte nehmen die traditionelle Kommunikationsform psychoanalytischer Erkenntnisse in der psychoanalytischen Community auf, weisen aber durch die regelmäßigen klinischen Konferenzen und die exzellente Dokumentation der klinischen Beobachtungen im Rahmen der Studie eine hohe Qualität auf, gemessen an den spezifischen Kriterien klinischer Forschung (siehe dazu Leuzinger-Bohleber/Fischmann 2007). Erste Fallberichte der LAC-Studie wurden in Leuzinger-Bohleber, Röckerath und Strauss (2010) veröffentlicht.

Ein Ziel der LAC-Studie ist es, das konzeptuelle Verständnis sowohl der spezifischen Psychodynamik chronisch depressiver Patienten als auch unserer spezifischen psychoanalytischen Behandlungstechnik bei dieser Behandlungsgruppe voranzutreiben. Dies ist ein spannendes und lohnenswertes Unterfangen. Es bedeutet aber auch immer wieder eine große Anstrengung, in wirklich neue Gebiete vorzudringen und unsere Konzepte und Theorien kreativ, innovativ und plastisch zu halten.

Extraklinische Forschung

Die Ergebnisse sowohl der klinisch-psychoanalytischen als auch der konzeptuellen Forschung können dann in einem zweiten Schritt zum Gegenstand extraklinischer Untersuchungen werden (vgl. Abbildung 1), wie wir dies auch in der LAC-Studie realisieren. Diese Art der Forschung ist, wie einleitend erwähnt, unverzichtbar, um die Wirksamkeit psychoanalytischer Behandlungen auch nach den Kriterien der Evidenz-basierten Medizin nachzuweisen – eine Anforderung, die, wie erwähnt, vom Wissenschaftlichen Beirat Psychotherapie, den Krankenkassen und der nichtpsychoanalytischen wissenschaftlichen Community an die Psychoanalyse herangetragen wird. Daher berücksichtigten wir bei der Entwicklung unseres Designs die Kriterien, die heute an solche Studien der vergleichenden Psychotherapieforschung gestellt werden, verbinden sie aber immer mit genuin psychoanalytischen Forschungsmethoden (vgl. unten). Sorgfältige extraklinische Forschung bedeutet immer einen großen Aufwand, dem nur in einem entsprechend ausgestatteten Forschernetzwerk nachzukommen ist. Die LAC-Studie ist multizentrisch aufgebaut. Folgende Forscher sind daran beteiligt:

Zentrum Mitteldeutschland:

Sigmund-Freud-Institut Frankfurt am Main
Prof. Dr. M. Leuzinger-Bohleber
Dr. med. habil. H. Deserno
Dr. med. U. Bahrke

Dipl.-Psych. N. Pfenning
Dipl.-Psych. H. Prestele
Dipl.-Psych. A. Negele
Dr. phil. H. Westenberger-Breuer
Dipl.-Psych. A. Ramshorn-Privitera
Dipl.-Psych. R. Maccarone-Erhardt
Dipl.-Psych. C. Sturmfels
Dipl.-Psych. I. Göbel-Ahnert
3 stud. Hilfskräfte

Universität Mainz
Prof. Dr. M. E. Beutel
J. Edinger, Arzt
Dr. rer. nat. A. Haselbacher
Prof. Dr. W. Hiller

Universität Tübingen
Prof. Dr. Martin Hautzinger u. a.

Zentrum Norddeutschland:
Universitätsklinik Eppendorf Hamburg
Prof. Dr. U. Stuhr
Dipl.-Psych. G. Fiedler
PD Dr. R. Lindner u. a.

Universitätsklinik Benjamin Franklin und Kliniken im Theodor-Wentzel-Werk, Berlin
Dr. med. Wolfram Keller
Dr. S. Staehle
Dipl.-Psych. R. Dilg u. a.

Unabhängiges Methodenzentrum:
Universität München
Prof. Dr. Bernhard Rüger
Dipl.-Psych. A. Will u. a.

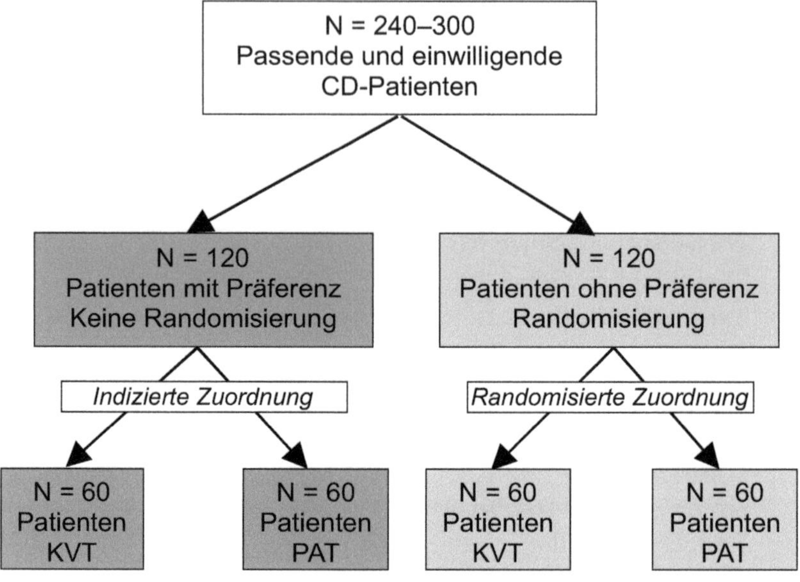

Abbildung 2: Erhebungsdesign der LAC-Studie

Zudem war uns aufgrund der oben erwähnten wissenschaftstheoretischen Überlegungen wichtig, sowohl schulunabhängige als auch schulenspezifische Messinstrumente zu verwenden. Diese Kombination erzwingt eine methoden- und wissenschaftskritische Reflexion, da mit Konvergenzen, aber auch Divergenzen in den Resultaten, die durch die unterschiedlichen Instrumente gewonnen wurden, zu rechnen ist, die gemeinsam kritisch zu diskutieren sind.

Interviewverfahren

Psychoanalytische Interviewverfahren:

- Psychoanalytisches Erstinterview
- OPD-II (Interviews mit AAI-Fragen, Self Reflective Scales, Heidelberger Umstrukturierungsskalen SRS/HSCS)

Psychiatrische/verhaltenstherapeutische Interviewverfahren:

- SKID I/II

➢ LIFE

International anerkannte Fragebögen, die sowohl von Verhaltenstherapeuten als auch von Psychoanalytikern entwickelt wurden:

1. BDI-II (Beck Depression Inventory)
2. DEQ (Depressive Experience Questionnaire)
3. SOFAS (Social Functioning Assessment Scale)
4. DAS (Dysfunctional Attitudes)
5. CTQ (Childhood Trauma Questionnaire)
6. QIDS/C/S (Quick Inventory of Depressive Symptoms)
7. IIP (Inventory Interpersonal Problems)
8. SCL–90-R (Symptom Check List)
9. HAQ (Helping Alliance Questionnaire)
10. Weekly protocols by therapists

Erhebung der Gesundheitskosten (Arbeitsfehltage, Krankenhaustage):
Teilstudie: fMRI und EEG Untersuchung FRED durch die Frankfurter Forschergruppe

Ich kann in diesem Rahmen nicht weiter auf die Durchführung der Studie eingehen, sondern nur erwähnen, dass wir inzwischen üner 300 Patienten rekrutiert haben und uns mitten in der Durchführung der Studie befinden. Wir werden an anderer Stelle ausführlich darüber berichten.

Im Kontext dieses Artikels möchte ich lediglich noch kurz erwähnen, dass wir nun, anschließend an die Neuropsychoanalysestudie der Bremer Gruppe um Buchheim, Kächele, Cierpka, Münte, Kessler, Wiswede, Taubner, Bruns und Roth eine zusätzliche experimentelle Teilstudie (FRED) realisieren können. In Zusammenarbeit mit der Forschungsgruppe von Wolf Singer am Max-Planck-Institut für Hirnforschung und Aglaia Stirn an der Psychiatrischen Unversitätsklinik der Goethe-Universität Frankfurt versuchen wir (d.h. Tamara Fischmann, Michael Russ, Tobias Bähr, Ulrich Bahrke und ich), Veränderungen in

Psychoanalysen, vor allem von Träumen, auch neurobiologisch mithilfe von EEG- und Scanner-Untersuchungen zu belegen.

Auf diese Formen extraklinischer Forschung kann ich hier nicht detaillierter eingehen, sondern lediglich auf den 2006 erschienenen dritten Band des »Ulmer Lehrbuchs« zu Forschung von Thomä und Kächele verweisen, der einen exzellenten Überblick über den derzeitigen Stand der psychoanalytischen Psychotherapieforschung vermittelt. In diesem Rahmen kann ich nur erwähnen, dass diese Art der Forschung – wie in der LAC-Studie – im Sinne einer Triangulierung die klinische Erfahrung und Forschung ergänzen und bereichern kann, indem sie einen »fremden Blick auf das Eigene« ermöglicht und dadurch kreative, innovative Prozesse fördern kann, falls wir, wie anfangs erwähnt, das damit verbundene Spannungsfeld kritisch reflektieren und ins Positive wenden. Zudem öffnet sie uns Türen zu der wissenschaftlichen und politischen Öffentlichkeit, wie dies die kürzliche Arbeit von Falk Leichsenring (2008) zur Wirksamkeit von psychoanalytischen Langzeitbehandlungen exemplarisch gezeigt hat. Sie öffnet aber vor allem auch die Türen zu den Universitäten und erinnert uns an den Generationenvertrag in der heutigen Wissensgesellschaft. Viele junge Nachwuchswissenschaftler arbeiten in der LAC-Studie mit und verbinden z. B. die diagnostische Arbeit und die Auswertungen von Fragebögen und Interviews mit ihren Diplomarbeiten oder Promotionen. – Dass sie gleichzeitig durch den Besuch der klinischen Konferenzen in Austausch mit erfahrenen Klinikern kommen und einen einzigartigen Einblick in psychoanalytisches Verstehen und den konkreten Umgang mit unseren Analysandinnen und Analysanden erhalten, ist für viele, wie sie mir berichten, eine wertvolle Erfahrung, die manche von ihnen motivierte, sich für eine psychoanalytische Ausbildung zu bewerben. Daher ist für mich die LAC-Studie ein Beispiel für die anspruchsvolle heutige Forschung in interdisziplinären, internationalen aber eben auch intergenerationellen Netzwerken.[7]

---

7 Daher bedanke ich mich bei allen Kolleginnen und Kollegen der LAC-Depressionsstudie sehr herzlich für die produktive, intergenerationelle Zusammenarbeit. Auch die verschiedenen zurzeit am SFI laufenden Projekte im Bereich der Frühprävention wären ohne die enge Zusammenarbeit mit Kolleginnen und Kollegen des Instituts für Analytische Kinder- und Jugendlichenpsychotherapie (vor allem unter der Federführung von Angelika Wolff) in ähnlichen intergenerationellen Netzwerken

6. Zusammenfassung

Die Psychoanalyse steht heute in wissenschaftshistorisch bedingten neuen Paradoxien und Spannungsfeldern. Einmal droht durch die Medialisierung, Popularisierung aber auch die oft unkritische Übernahme psychoanalytischer Konzepte durch andere, »modernere« Formen der Psychotherapie eine Banalisierung, Verflachung, Inkorporation und Marginalisierung psychoanalytischer Erkenntnisse und daher ein fast unmerkliches Verschwinden der Psychoanalyse als spezifische wissenschaftliche und klinische Disziplin. Dieser Gefahr können wir Psychoanalytiker nur kreativ begegnen, wenn wir unsere genuin psychoanalytische, klinische Behandlungskunst und Forschung intensiv weiterentwickeln und neue, innovative Ergebnisse und Konzepte vorlegen, die die Psychoanalyse als spezifische Wissenschaft und psychotherapeutische Profession – sichtbar nach innen und außen – ausweist. Dies erfordert immer wieder eine Konzentration auf einen hoch spezialisierten Austausch unter psychoanalytischen Experten in der psychoanalytischen Community, eine Intensivierung der klinisch-psychoanalytischen Forschung.

Paradoxerweise führt gleichzeitig ein hermetisches Abschließen einer Disziplin erst recht ins gesellschaftliche Abseits: Die klinische Psychoanalyse kann sich nur produktiv weiterentwickeln, wenn sie eine große Offenheit für neue Patientengruppen, aktuelle gesellschaftliche Themen und Anforderungen sowie die verschiedensten Formen klinischer und extraklinischer, empirischer und interdisziplinärer Forschung – und vor allem auch für ihren wissenschaftlichen Nachwuchs – an den Tag legt. Daher brauchen wir, wie ich zu illustrieren versuchte, alle verschiedenen Formen der heutigen psychoanalytischen Forschung.

nicht denkbar. Eine besondere Chance ist, dass wir dank der Vorarbeiten in der Frankfurter Präventionsstudie und dem STARTHILFE-Projekt angefragt wurden, uns – zusammen mit dem Deutschen Institut für Internationale Pädagogik und der JWG-Universität – am Forschungszentrum IDeA (Centre for Research on Individual Development and Adaptive Education of Children at Risk) der Landes-Offensive zur Entwicklung Wissenschaftlich-ökonomischer Exzellenz (LOEWE) der hessischen Landesregierung zu beteiligen. Auch all den »transgenerativen« Forscherinnen und Forschern dieses Netzwerkes gilt mein herzlichster Dank!

Ein weiteres Spannungsfeld existiert für die psychoanalytische Psychotherapieforschung. Obschon, wie ich ausgehend von den Arbeiten von Hampe und Lotter zu skizzieren versuchte, ein einheitswissenschaftliches Verständnis von »Wissenschaft« historisch längst überholt ist und wir uns in einem Stadium der Pluralität der Wissenschaften befinden, gelten im Bereich der vergleichenden Psychotherapieforschung und der Evidenzbasierten Medizin nach wie vor die Kriterien der »randomized controlled trials« (RCT) als die »golden standards«, obschon sie aus einem hochspezifischen angewandten Forschungsfeld, den »Doppel-Blind-Versuchen« beim Testen neuer Medikamente in der pharmazeutischen Forschung, entnommen sind. Randomisierte, kontrollierte Studien werden nun vom Wissenschaftlichen Beirat Psychotherapie sogar für die Überprüfung der Wirksamkeit von Langzeitbehandlungen gefordert. Falls wir daran festhalten wollen, dass in Deutschland die Krankenkassen für die Kosten dieser Behandlungen aufkommen, werden wir uns kaum den Forderungen nach solchen Wirksamkeitsstudien entziehen können.

Daher haben wir in der LAC-Depressionsstudie diesen Ball aufgenommen und versuchten den Kriterien des Wissenschaftlichen Beirats bei der Entwicklung des Designs, der Wahl der Instrumente, der Dokumentation der Behandlungen (in der Regel durch Tonbandaufnahmen), der Überprüfung der Adhärenz sowie der statistischen Prüfverfahren (durchgeführt durch ein schulenunabhängiges Methodenzentrum) zu entsprechen. Allerdings wird durch die Kombination psychoanalytischer und nichtpsychoanalytischer, klinischer und extraklinischer, quantitativer und qualitativer Methoden eine sorgfältige und gründliche Reflexion der methodischen und wissenschaftstheoretischen Fragen möglich sein, die unweigerlich mit solchen Studien verbunden sind und zu ihrer verantwortungsvollen Durchführung existenziell dazu gehören. Wir hoffen, diesen hohen Ansprüchen wenigstens ansatzweise genügen zu können, denn wie Jürgen Habermas in seiner Rede anlässlich seiner Würdigung als Preisträger des Deutschen Buchhandels am 14. Oktober 2001 es ausdrückte: »Der szentistische Glaube an eine Wissenschaft, die eines Tages das personale Selbstverständnis durch eine objektivierende Selbstbeschreibung nicht nur ergänzt, sondern ablöst, ist nicht Wissenschaft, sondern schlechte Philosophie.«

Literatur

Bohleber, W. (2007): Editorial: Psychoanalytiker bei der Arbeit – ihre Praxis, ihre Theorien. Psyche – Z Psychoanal 61(9/10), 831–836.

Bornstein, M. (Hg.) (1989): Prologue. Psychoanalytic Inquiry 9(2; Special issue: Methodology in psychoanalytic research), 165–168.

Buchholz, M. (2006): Profession und empirische Forschung in der Psychoanalyse – ihre Souveränität und Integration. Psyche – Z Psychoanal 60(5), 426–454.

Dreyer, K.-A. & Schmidt, M. G. (Hg.) (2008): Niederfrequente psychoanalytische Psychotherapie. Theorie, Technik, Therapie. Stuttgart (Klett-Cotta).

Ellman, S. J. (2009): When theories touch: A historical and theoretical integration. London (Karnac Books).

Feyerabend, P. (1975): Wider den Methodenzwang. Frankfurt/M. (Suhrkamp), 2003.

Fleck, L. (1935): Entstehung und Entwicklung einer wissenschaftlichen Tatsache? Einführung in die Lehre vom Denkstil und Denkkollektiv. Basel (Schwabe & Co., Verlagsbuchhandlung), 1935.

Follesdal, D. (1999): Mind and meaning. Philosophical Studies 94(1/2), 139–149.

Freud, S. (1927): Nachwort zur Frage der Laienanalyse. GW XIV, 287–296.

Gadamer, H.-G. (1960): Wahrheit und Methode. Gesammelte Werke I. Tübingen (Mohr Siebeck).

Goodman, N. (1978): Weisen der Welterzeugung. Frankfurt/M. (Suhrkamp), 2005.

Hampe, M. (2000): Pluralismus der Erfahrung und Einheit der Vernunft. In: Hampe, M. & Lotter, M.-S. (Hg.): »Die Erfahrungen, die wir machen, sprechen gegen die Erfahrungen, die wir haben«. Über Erfahrung in den Wissenschaften. Berlin (Duncker & Humblot), S. 27–39.

Hampe, M. (2004): Pluralität der Wissenschaften und Einheit der Vernunft – Einige philosophische Anmerkungen zur Psychoanalyse. In: Leuzinger-Bohleber, M.; Deserno, H. & Hau, S. (Hg.): Psychoanalyse als Profession und Wissenschaft. Stuttgart (Kohlhammer), S. 17–32.

Hampe, M. (2008): Eine kleine Geschichte des Naturgesetzbegriffs. Frankfurt/M. (Suhrkamp).

Hampe, M. & Lotter, M.-S. (Hg.) (2000): »Die Erfahrungen, die wir machen, sprechen gegen die Erfahrungen, die wir haben«. Über Formen der Erfahrung in den Wissenschaften. Berlin (Duncker & Humblot).

Hanly, C. (2009): Über Einheitlichkeit und Verifizierung in der psychoanalytischen Theorie. In: Leuzinger-Bohleber, M.; Canestri, J. & Target, M. (Hg.): Frühe Entwicklung und ihre Störungen. Frankfurt/M. (Brandes & Apsel), S. 160–168.

Hoff, D. von & Leuzinger-Bohleber, M. (1997): Versuch einer Begegnung. Psychoanalytische und textanalytische Verständigungen zur Elfriede Jelineks Buch »Lust«. Psyche – Z Psychoanal 51(8), 763–804.

Holzhey, H. (2001): Flug und Fall der Seele – Philosophische Reflexionen in anthropologischer Absicht. In: Stuhr, U.; Leuzinger-Bohleber, M. & Beutel, M. (Hg.): Langzeit-Psychotherapie. Perspektiven für Therapeuten und Wissenschaftler. Stuttgart (Kohlhammer), S. 17–37.

Kiesler, D. J. (1966): Some myths of psychotherapy research and the search for a paradigm. Psychological Bulletin 65(2), 110–136.

Kuhn, Th. S. (1977): Die Struktur wissenschaftlicher Revolutionen. Frankfurt/M. (Suhrkamp).

Kurthen, M. (1998): Intentionalität und Sprachlichkeit in Psychoanalyse und Kognitionswissenschaft. Psyche – Z Psychoanal 52(9/10), 850–884.

Lear, J. (1995): The shrink is in. In: Leuzinger-Bohleber, M. & Stuhr, U. (Hg.): Psychoanalysen im Rückblick. Gießen (Psychosozial Verlag), 1997, S. 92–106.

Leichsenring, F. (2008): Effectiveness of long-term psychodynamic psychotherapy: A meta-analysis. Journal of the American Medical Association 300(13), 1551–1565.

Leuzinger-Bohleber, M. (1995): Die Einzelfallstudie als psychoanalytisches Forschungsinstrument. Psyche – Z Psychoanal 49(5), 434–481.

Leuzinger-Bohleber, M. (2002): Quelques remarques critiques illustrées par un suivi représentatif de psychanalyses et thérapies psychanalytiques de longues durée. Bulletin de la Societé Psychanalytiques de Paris 62, 157–175.

Leuzinger-Bohleber, M. (2007): Forschende Grundhaltung als abgewehrter »common ground« von psychoanalytischen Praktikern und Forschern? Psyche – Z Psychoanal 61(9/10), 966–994.

Leuzinger-Bohleber, M. (2009): Wo steht die klinische Psychoanalyse heute? In: Schneider, G. et al. (Hg.): Klinische Psychoanalyse heute – Forschungsfelder und Perspektiven. Herbsttagung, Deutsche Psychoanalytische Vereinigung, Bad Homburg, 19. bis 22. November 2008. Frankfurt/M. (Geber + Reusch), S. 15–38.

Leuzinger-Bohleber, M. & Pfeifer, R. (2002): Remembering a depressive primary object? Memory in the dialogue between psychoanalysis and cognitive science. Int J Psychoanal 83(2), 3–33.

Leuzinger-Bohleber, M. & Fischmann, T. in cooperation with the Research Subcommittee for Conceptual Research of the IPA (2006): What is conceptual research in psychoanalysis? Int J Psychoanal 87(5), 1355–1386.

Leuzinger-Bohleber, M.; Canestri, J. & Target, M. (2009): Frühe Entwicklung und ihre Störungen. Frankfurt/M. (Brandes & Apsel).

Leuzinger-Bohleber, M.; Henningsen, P. & Pfeifer, R. (2008): Die psychoanalytische Konzeptforschung zum Trauma und die Gedächtnisforschung der Embodied Cognitive Science. In: Leuzinger-Bohleber, M.; Roth, G. & Buchheim, A. (Hg.): Psychoanalyse, Neurobiologie, Trauma. Stuttgart (Schattauer), S. 157–171.

Leuzinger-Bohleber, M.; Röckerath, K. & Strauss, V. (Hg.) (2010): Depression und Neuroplastizität. Psychoanalytische Klinik und Forschung. Frankfurt/M. (Brandes & Apsel).

Leuzinger-Bohleber, M. et al.: Psychoanalytische und kognitiv-verhaltenstherapeutische Langzeittherapien bei chronischer Depression: Die LAC Depressionsstudie. Erscheint im Doppelheft der Psyche, September/Oktober 2010.

Lorenzer, A. (1985): Das Verhältnis der Psychoanalyse zu ihren Nachbardisziplinen. Fragmente 14/15, 8–22.

Moser, U. & Zeppelin, I. v. (Hg.) (1996): Cognitive-affective processes: New ways of psychoanalytic modeling. Berlin (Springer).

Münch, K.; Munz, D. & Springer, A. (2010): Die Psychoanalyse im Pluralismus der Wissenschaften. Gießen (Psychosozial-Verlag).

Pauker, S. G. et al. (1976): Towards a simulation of clinical cognition. American Journal of Medicine 60(7), 981–996.

Taylor, D. (2007): Mündliche Mitteilung während einer Schulung im Treatment Manual am Sigmund-Freud-Institut, Januar 2007.

Thomä, H. & Altmeyer, M. (2006): Die vernetzte Seele. Die intersubjektive Wende in der Psychoanalyse. Stuttgart (Klett-Cotta).

Thomä, H. & Kächele, H. (2008): Psychoanalytische Therapie, Bd. 3: Forschung. Heidelberg (Springer).

Toulmin, S. (1961): Voraussicht und Verstehen. Frankfurt/M. (Suhrkamp), 1981.

Toulmin, S. (1983): Kritik der kollektiven Vernunft. Frankfurt/M. (Suhrkamp).
Toumlin, S. (1986): Self psychology as a »postmodern« science. Psychoanalytic Inquiry 6, 459–477.
Tuckett, D. (2007): Wie können Fälle in der Psychoanalyse verglichen und diskutiert werden? Implikationen für künftige Standards der klinischen Arbeit. Psyche – Z Psychoanal 61(9/10), 1042–1071.
Winnicott, D. W. (1971): Vom Spiel zur Kreativität. Stuttgart (Klett), 1973.
Wurmser, L. (1981): Die Maske der Scham. Die Psychoanalyse von Schamaffekten und Schamkonflikten. Berlin (Springer), 1990.

Zur empirischen Evidenz Psychodynamischer Psychotherapie bei depressiv Erkrankten

Oder: Warum Eulen nach Athen tragen?

Heinz Böker, Holger Himmighoffen & Jeannette Zahner

Die Annahme, psychoanalytische Therapieverfahren seien wissenschaftlich nicht fundiert, ist nach wie vor weit verbreitet. Obwohl deren Wirksamkeit bei vielen psychischen Erkrankungen mittlerweile mit zahlreichen experimentellen und naturalistischen Studien belegt wurde (vgl. Überblick von Gibbons/Crits-Christoph/Hearon 2007), hält sich dieses Vorurteil hartnäckig. So wird die Psychodynamische Psychotherapie – trotz ihres hohen Stellenwertes in der Krankenversorgung – beispielsweise in einem aktuellen schulenübergreifenden Lehrbuch zur Psychotherapie (Martin/Rief/Exner 2006) gar nicht erst vorgestellt, da ihr – so die Autoren – die wissenschaftliche Fundierung fehle. Immerhin wird der Hoffnung Ausdruck gegeben, dass die Bedeutung psychodynamischer Psychotherapien, die mittlerweile vermehrt einer Evaluation unterzogen würden, unter Umständen schon in absehbarer Zeit auch wissenschaftlich adäquat eingeschätzt werden könne (ebd.). Als wissenschaftlich adäquat wird hierbei nach wie vor entsprechend der methodologischen Logik der Medikamentenforschung das randomisiert-kontrollierte Untersuchungsdesign (randomized clinical trial, RCT) als »Goldstandard« postuliert.

In jüngster Zeit wird dessen exklusive Position in der Psychotherapieforschung jedoch hinsichtlich der Repräsentativität für die klinische Praxis zunehmend infrage gestellt (Beutler 1998; Fonagy 1999; Wampold 2001; Leichsenring 2004; Westen/Novotny/Thomson-Brenner 2004; Rothwell 2005; Taylor 2008). Die Evaluation von Psychotherapien konzentrierte sich in den letzten zwei Jahrzehnten unter den Vorgaben dieses Paradigmas mehrheitlich auf den quantitativen Ergebnisvergleich verschiedener therapeutischer Verfahren bei bestimmten psychischen Erkrankungen. Auch in der Depressionsforschung dominierte – im Zusammenhang mit der Frage nach der Wirksamkeit von Psychotherapie – der Ergebnisvergleich von Psychopharmakotherapie mit Psychotherapie sowie der Wirksamkeitsvergleich verschiedener psychotherapeutischer Methoden. Der folgende Beitrag setzt sich vor diesem Hintergrund mit der Frage auseinander, welchen Stellenwert die Psychodynamische Psychotherapie im Rahmen der Depressionsbehandlung einnimmt. Die Ergebnisse der vorliegenden Wirksamkeitsstudien zur psychodynamisch orientierten Kurzzeittherapie und zur psychoanalytischen Langzeittherapie bei depressiv Erkrankten werden im Folgenden vorgestellt und anschließend im Hinblick auf methodologische Fragen diskutiert.

Epidemiologische Aspekte der Depression

Depressionen zählen zu den häufigsten, aber hinsichtlich ihrer individuellen und gesellschaftlichen Bedeutung meist unterschätzten Erkrankungen (Murray/Lopez 1997). Die WHO-Schätzungen gehen davon aus, dass schwere depressive Erkrankungen (major depression) bis zum Jahre 2020 nach der ischämischen Herzerkrankung den zweiten Rang in der Reihenfolge derjenigen Erkrankungen einnehmen werden, die Hauptursache für verlorene Lebensjahre durch schwerwiegende Behinderung oder Tod (disability adjusted life years, DALY) sind. Das Risiko, im Laufe des Lebens an einer Depression (aller Formen) zu erkranken (Lebenszeitprävalenz), liegt national wie international bei 16–20% (Donaghey/Steele 2006; Jacobi et al. 2004). Das Lebenszeitrisiko, an einer Dysthymie (anhaltende, länger als zwei Jahre bestehende depressive Störung) zu erkranken, beträgt etwa 4% (Jacobi et al. 2004).

Depressionen treten in jedem Lebensalter auf; der Zeitpunkt der Ersterkrankung wie auch der Verlauf der Depression sind individuell sehr verschieden. Früher wurde angenommen, dass das durchschnittliche Alter bei depressiver Ersterkrankung zwischen dem 35. und 45.

Lebensjahr liegt (Weissmann et al. 1996). Inzwischen finden sich jedoch Hinweise, dass die Hälfte aller Patienten bereits vor dem 31. Lebensjahr erstmalig an einer Depression erkrankt (Jacobi et al. 2004; Fava/Kendler 2000). Es besteht die Tendenz, dass die Erkrankungsraten in jüngeren Altersgruppen zunehmen (Essau/Conradt/Petermann 2002). Ergebnisse nationaler und internationaler Studien berichten von Prävalenzen zwischen 15–20% bis zur Vollendung des 18. Lebensjahres mit einem starken Anstieg der Prävalenz in der Pubertät (Wittchen/Nelson/Lachner 1998). In höherem Lebensalter sind Depressionen die häufigste psychische Störung, wobei eine hohe Komorbidität mit körperlichen Erkrankungen und Funktionseinschränkungen besteht (Härter et al. 2007). Insbesondere ist auch zu berücksichtigen, dass die Suizidrate (vollendete Suizide) kontinuierlich mit dem Lebensalter ansteigt und bei Hochbetagten am höchsten ist.

Die große Häufigkeit depressiver Erkrankungen bildet sich ab in einer entsprechend hohen Inanspruchnahme medizinischer Institutionen. 5–10% der ambulanten Patienten von Primärärzten, nach einigen Studien bis zu 20% der Praxispatienten von Allgemeinmedizinern und Internisten (Dilling 2001), leiden an einer Depression (Mulrow et al. 1995). Ein erhebliches »diagnostisches Defizit« besteht darin, dass depressiv Erkrankte nur in etwa der Hälfte der Fälle (54%) von den Primärärzten erkannt werden (Üstün/Sartorius 1995). Vor diesem Hintergrund hat die systematische Erforschung der Versorgungssituation bei depressiv Erkrankten einen besonders hohen Stellenwert.

Verlauf von depressiven Erkrankungen

Grundsätzlich ist davon auszugehen, dass aus der Vielfalt und Komplexität depressiver Krankheitsbilder die Notwendigkeit einer mehrdimensionalen fachspezifischen Behandlung resultiert. Zwar gibt es mittlerweile eine Vielzahl von Therapieangeboten zur Depressionsbehandlung, doch die Behandlungserfolge erweisen sich häufig als nicht dauerhaft stabil.

Sowohl die Chronifizierungsgefahr (Frank et al. 2002; Segal et al.

2003) als auch die Rückfallwahrscheinlichkeit ist sehr groß. Das Risiko, nach einer ersten depressiven Episode mindestens eine weitere zu erleben, wird auf 80–90% geschätzt (APA 1993; Kupfer/Frank 2001). Lange Zeit wurde dieser Befund in der Therapieforschung vernachlässigt: Die Wirksamkeit von Psychopharmaka und Psychotherapien wurde meist nur kurzfristig untersucht. Erst in jüngerer Zeit rückte zunehmend auch die Frage nach der Nachhaltigkeit von Wirksamkeitsergebnissen in den Vordergrund. Aus einer aktuellen Arbeit von Mulder et al. (2009) zur Wirksamkeit von Antidepressiva geht hervor, dass nach einer anfänglichen Remissionsrate von 84% nach acht Wochen, im längeren Verlauf nach 18 Monaten nur 37% der untersuchten 123 Patienten gesund waren. Dieser Befund ist konsistent mit früheren Arbeiten. Keller et al. (1992) berichten eine Rückfallrate von 39% nach einer anfänglichen Remissionsrate von 75%. Hoencamp et al. (2001) untersuchten 94 Patienten während 3,5 Jahren: 25% der Patienten erlitten während dieser Zeit mindestens eine weitere depressive Episode und 36% hatten einen chronischen Verlauf. Frühe Ersterkrankung, die allgemeine psychopathologische Symptomatik sowie der Schweregrad der Ersterkrankung wurden dabei als signifikante Prädiktoren für eine Chronifizierung gefunden. Die noch laufende multizentrische, prospektive Studie des National Institute of Mental Health (NIMH) zur Wirksamkeit und Verträglichkeit von Psychopharmaka bei unipolarer Depression ergab eine kumulative Remissionsrate von 67% und eine Rückfallrate von 50–70% nach einem Jahr (Rush et al. 2006). 20–40% der Erkrankten sprechen im Kurzzeitverlauf nicht oder nur in geringem Umfang auf eine psychopharmakologische Therapie an (Kocsis et al. 2000).

Die hohe Rezidivrate und der große Anteil chronischer Verläufe erweisen sich als große Herausforderung an alle an der Depressionsbehandlung Beteiligten. Die Ergebnisse der in den beiden vergangenen Jahrzehnten durchgeführten Outcome-Studien bei depressiv Erkrankten unterstreichen den Stellenwert psychotherapeutischer Interventionen. Die Wirksamkeit der kognitiven Therapie und der Verhaltenstherapie ist bei Depressionen im Kurzzeitverlauf als empirisch gut gesichert anzusehen (Hautzinger 1998; Hautzinger et al. 1996; Gloaguen et al. 1998). Vor allem für nichtpsychotische, unipolare depressive Patienten erwies sich auch die Interpersonelle Therapie als besonders wirksam (APA 1993; Frank et al. 1991; Weissmann 1997; Schramm/van Calker/Berger 2004; Schramm et al. 2008). Allerdings ergaben katamnestische Untersuchungen, die im Rahmen der Multicenter-Studie des NIMH durchgeführt wurden, dass bei den meisten Patienten keine der Behandlungsmethoden genügte, um eine Remission herbeizuführen und diese länger als 18 Monate aufrecht zu erhalten (Elkin 1994; Elkin et al. 1989; Shea et al. 1992). Neuere Studien haben gezeigt, dass depressiv Erkrankte, die im Anschluss an eine erfolgreiche Pharmakomonotherapie mittels CBT behandelt wurden, im Sechsjahresverlauf eine signifikant geringere Rezidivrate (CBT: 40%; Treatment-as-usual: 90%) aufwiesen (Fava et al. 2004). Doch bleibt offen, inwieweit eine größere therapeutische Nachhaltigkeit auch bei depressiv Erkrankten mit höherem Schweregrad der Depression, komplexen, komorbiden Störungen und chronischem Verlauf mittels einer Kurzzeittherapie zu erzielen ist.

Psychodynamische Psychotherapie bei depressiv Erkrankten

Die Psychodynamische Psychotherapie stellt eine Therapiemethode dar, welche sich an der psychoanalytischen Theorie und Technik orientiert und durch Setting, Modifikationen und deren Auswirkungen auf den therapeutischen Prozess von der Psychoanalyse unterscheidet.

Das therapeutische Vorgehen ist auf mehreren Ebenen angesiedelt und berücksichtigt in einem schrittweisen Vorgehen zunächst den Kernkomplex depressiver Symptome (Selbstvorwürfe, Suizidalität, Antriebshemmung, Rückzugsverhalten und Körpersymptome; vgl. Schauenburg et al. 1999). Die Behandlung der schweren Depression ist zunächst vor allem »Umweltfürsorge« (im Sinne Winnicotts) und empathische Begleitung auf der Grundlage einer die Patienten akzeptierenden und stets die eigene Gegenübertragung berücksichtigenden psychotherapeutischen Haltung. Ein psychodynamisches Verständnis der sich entwickelnden »Handlungsdialoge« zwischen Patient und Therapeut kann dabei schon frühzeitig zu einer konstruktiven Gestaltung des Übertragungs-Gegenübertragungsgeschehens herangezogen werden. Auf diesem Wege werden neue Beziehungserfahrungen ermöglicht, die zu einer Überwindung der intrapsychischen und interpersonellen Circuli vitiosi depressiv Erkrankter beitragen können (vgl. Mentzos 1995; Will et al. 2008; Böker 2000, 2005, 2008). Der Schwerpunkt in der psychodynamisch orientierten Psychotherapie mit zumeist einer Wochenstunde liegt auf der Auseinandersetzung mit dem gegenwärtigen Leben, den auslösenden Faktoren, den aktuellen beruflichen und sozialen Problemen und den Konflikten in Partnerschaft und Familie. Auf dieser Grundlage werden die depressiogenen Konstellationen und habituellen, dysfunktionalen Bewältigungsmuster der depressiv Erkrankten bearbeitet.

In der psychoanalytischen Psychotherapie (mit in der Regel zwei bis vier Wochenstunden) wird dieses Material ebenfalls verwendet. Sie hat darüber hinaus zwei weitere Schwerpunkte: die Erfahrungen der Patienten mit ihren primären Bezugspersonen von der frühen Kindheit an und die aktuelle therapeutische Beziehung. Dieses Setting ermöglicht einen regressiven Prozess, innerhalb dessen sich die typischen Beziehungsmuster und Persönlichkeitsstrukturen durch die Übertragung auf den Therapeuten entfalten, durch die Arbeit an Übertragung und Widerstand (mittels Deutungen) erfahrbar gemacht und infolge der erlebten affektiven und kognitiven Einstimmung und des veränderten inneren Beziehungswissens schließlich modifiziert und überwunden werden können.

Im weiteren Verlauf zielt die psychoanalytische Psychotherapie darauf, unter verstärktem Einbezug des biografischen Hintergrundes, der verinnerlichten Beziehungen zu wichtigen anderen Personen und unbewusster Konflikte, überhöhte Selbstansprüche (hohes Ich-Ideal), Selbstwertzweifel (Wendung gegen das eigene Selbst), Schuldgefühle (strenges, rigides Über-Ich), die Tendenz zu Abhängigkeit (Idealisierung, Trennungsängste) bzw. zu forcierter Autonomie (regressive Aktualisierung des grandiosen Selbst) zu bearbeiten. Neben den Deutungen der überwiegend unbewussten Dynamik und der Übertragung tragen insbesondere die neuen Erfahrungen im »Hier und Jetzt« der therapeutischen Beziehung zu einem Abbau defensiver Abwehr- und Bewältigungsstrategien und habitueller Bindungsmuster bei.

Im Hinblick auf die Indikationsstellung zu einer psychoanalytischen Psychotherapie sind insbesondere auch persönlichkeitsstrukturelle Gesichtspunkte zu berücksichtigen (vgl. Jacobson 1971; Kernberg 1975; Mundt 1996; Rudolf 2003; Huber/Will 2007). Depressiv Erkrankte leiden oft nicht nur während der akuten Krankheitsphase, sondern auch nach Abklingen der manifesten Symptome unter erheblichen psychischen Belastungen, insbesondere auch Selbstwertzweifeln (vgl. Böker 1999). Die Behandlung der Dysthymie, der »neurotischen Depression« in der früheren Terminologie, ist als Domäne der psychoanalytischen Psychotherapie anzusehen. Zu ihrem erweiterten Indikationsbereich zählen jedoch auch Patienten mit Major Depression, bei denen gleichzeitig charakterologische Konflikte (Kahn 1993) und zur Depression disponierende Persönlichkeitszüge (»endo-neurotische« Depression, Hole 1992) vorliegen.

Die Psychodynamische Psychotherapie zielt zusammenfassend auf konflikthafte Formen der Beziehungserwartung und Beziehungsproblematik und damit zusammenhängende Selbstwertprobleme; sie ist dementsprechend als störungsspezifisches Verfahren aufzufassen (vgl. Rudolf 2003). Aufgrund klinischer Erfahrungen lässt sich davon ausgehen, dass die Prognose dieser Patienten durch eine frühzeitig – vor dem Eintreten der oftmals erheblichen psychosozialen Einbußen – eingeleitete Psychotherapie entscheidend verbessert werden kann. Eine niederfrequente psychodynamische Kurzzeittherapie ist bei depressiven Reaktionen indiziert.

Im Folgenden werden die Ergebnisse der vorliegenden Wirksamkeitsstudien zur psychodynamischen Kurzzeittherapie und zur psychoanalytischen Langzeittherapie dargestellt.

Wirksamkeitsnachweise für Psychodynamische Kurzzeittherapie

Wirksamkeitsnachweise für psychodynamische Psychotherapien liegen – wie bei den anderen Psychotherapieverfahren auch – insbesondere für kurz angelegte Therapien vor. Gerson et al. (1999) führten eine Metaanalyse sämtlicher Untersuchungen zwischen 1974 und 1998 durch, welche pharmakologische und psychotherapeutische Behandlungen an über 55-jährigen depressiven Patienten miteinander verglichen. Psychodynamische Psychotherapie und kognitive Verhaltenstherapie schnitten dabei – im Gegensatz zu den Metaanalysen von Svartberg/Stiles (1992) und Grawe/Donati/Bernauer (1994) – gleichermaßen besser ab als eine Placebo-Behandlung (zur methodischen Kritik an den von Grawe et al. benutzten Güteprofilen vgl. Tschuschke/Heckrath/Bess 1997). Weitere Metaanalysen, die ebenso strenge Kriterien an die methodische Qualität der Untersuchungen legten, ergaben, dass psychodynamische Kurztherapie und kognitiv-behaviorale Therapie gleichermaßen wirksam waren (Crits-Christoph 1992; Leichsenring 1996).

In einer Metaanalyse der Arbeitsgruppe von Leichsenring (2001) wurde die Wirksamkeit von psychodynamischer Kurzzeittherapie (STPP) und kognitiver Verhaltenstherapie (CBT) bzw. Verhaltenstherapie bei der majoren Depression verglichen. Psychodynamische Kurzzeitpsychotherapie und kognitive Therapie/Verhaltenstherapie unterschieden sich hinsichtlich der Besserungsraten nicht. Dieses Ergebnis ist konsistent mit den Metaanalysen von Goldfried et al. (1998), Nietzel et al. (1987), Robinson et al. (1990), Steinbrueck et al. (1983) sowie Zeiss und Steinmetz-Breckenridge (1997). Das Ergebnis korrespondiert ferner mit der diagnosespezifischen Metaanalyse psychodynamischer Kurzzeitpsychotherapie von Crits-Christoph (1992). Bei der Interpretation dieser Befunde ist zu berücksichtigen, dass sich die Metaanalyse von Leichsenring (2001) auf psychodynamische Kurzzeitpsychotherapien bezieht, die relativ strukturiert bzw. auf der Grundlage von Behandlungsmanualen durchgeführt wurden (Horowitz/Kaltreider 1979; Mann,1973; Rose/DelMaestro 1990; Shapiro/Firth, 1985; Interpersonelle Psychotherapie gemäß Klerman et al. 1984).

In einer Meta-(Re)analyse von Wampold et al. (2002) – auf der Grundlage der Metaanalyse von Gloaguen et al. (1998) – zur Wirksamkeit kognitiver Therapie bei Depressionen im Vergleich mit zehn sonstigen nichtkognitiven Psychotherapien (davon vier psychodynamische Kurzzeittherapien) fanden sich keine Unterschiede.

In der Metaanalyse von Leichsenring, Rabung und Leibing (2004) sowie im Cochrane Review von Abbass et al. (2006) zur Wirksamkeit psychodynamischer Kurztherapien (STPP) bei verschiedenen psychiatrischen Störungen wurden nach strengen Einschlusskriterien (randomisiert-kontrollierte Studien, Anwendung von Behandlungsmanualen, gut oder speziell ausgebildete Therapeuten, reliable und valide Erfassung von Diagnosen sowie zur Berechnung von Effektstärken nötige Daten) 17 bzw. 23 Studien eingeschlossen. Es fanden sich bis zum Jahr 2006 insgesamt sieben randomisiert-kontrollierte Studien zur STPP bei depressiven Erkrankungen (vgl. Hersen et al. 1984; Thompson et al. 1987; Gallagher-Thompson/Steffen 1994; Shapiro et al. 1994, 1995; Barkham et al. 1996; Cooper et al. 2003; de Jonghe et al. 2004).

Die Metaanalyse von Leichsenring et al. (2004) erfasste neben Studien von Patienten mit schweren und postpartalen Depressionen solche von Patienten mit sozialer Phobie, PTBS, Essstörungen, Persönlichkeitsstörungen, somatoformen Schmerzstörungen, chronisch funktioneller Dyspepsie, sowie Opiat- und Kokainabhängigkeit. In den Studien zur Depressionsbehandlung wurden depressive Patienten verglichen, die entweder mit psychodynamischer Kurzzeittherapie, CBT oder Verhaltenstherapie behandelt wurden. Es erfolgte zudem ein Vergleich mit Patienten einer Wartekontrollgruppe und mit »Treatment as usual« (TAU). Die Wirksamkeit von psychodynamischer Psychotherapie konnte belegt werden: Es fanden sich signifikante und große Effektstärken hinsichtlich der allgemeinen psychopathologischen Symptome (d = 0.90), der Zielprobleme (d = 1.39) und des sozialen Funktionsniveaus (d = 0.80) beim Prä-Post-Vergleich. Die Effekte erwiesen sich als stabil und nahmen im Verlauf (durchschnittliche Dauer des Follow-up etwas über ein Jahr) weiter zu.

Abbass et al. (2006) ermittelten in den erfassten Studien (Diagnosen: Depressive Störungen, Angststörungen, Persönlichkeitsstörungen, somatoforme Störungen und kombinierte Störungen) bezüglich Symptomreduktion und sozialem Funktionsniveau eine signifikante Überlegenheit der psychodynamischen Kurzzeittherapie gegenüber Wartekontrollgruppen oder »Treatment as usual« (TAU), unmittelbar nach Therapieende (bis drei Monate danach) sowie nach mittlerer (bis neun Monate) und längerer (mehr als neun Monate) Katamnesedauer.

Die aktuelle Metaanalyse von Cujipers et al. (2008) zum Wirksamkeitsvergleich von sieben Kurzzeitpsychotherapieverfahren bei depressiven Störungen (53 RCT mit insgesamt 2757 Patienten) schloss zehn Studien zur STPP (mit 6–23 Sitzungen) ein. Die anderen Psychotherapieverfahren waren CBT, non-direktive supportive Therapie, Verhaltenstherapie, lösungsorientierte Therapie, IPT und Social Skills Training. Beim Vergleich der Veränderung der depressiven Symptomatik unterschieden sich die verschiedenen Therapieverfahren in ihrer Wirksamkeit während und nach Ende der Behandlung im Follow-up nicht voneinander, lediglich die IPT war statistisch signifikant effektiver und die non-direktive supportive Therapie weniger effektiv als die anderen Verfahren.

In einer kürzlich publizierten randomisiert-kontrollierten Studie der Helsinki Psychotherapy Study Group (Marttunen et al. 2008) wurden 163 ambulante Patienten mit depressiven und Angststörungen entweder mit einer psychodynamischen Kurzzeittherapie (STPP) mit 20 Sitzungen über fünf bis sechs Monate oder einer lösungsorientierten Therapie (solution-focused therapy, SFT) mit zwölf Sitzungen über acht Monate behandelt. Bei der Untersuchung des Behandlungserfolges und möglicher Prädiktoren im Einjahres-follow-up zeigte sich, dass die Art der Therapiemethode kein Prädiktor für die Remission war: In der Gruppe mit STPP remittierten 59% der Patienten, in der Gruppe mit SFT 54%. Negative Prädiktoren hinsichtlich einer Remission waren eine schwere Symptomatik bei Behandlungsbeginn, die zusätzliche Diagnose einer Persönlichkeitsstörung, geringere Schulbildung und ein geringeres Kohärenzgefühl (SOC; nach Antonovsky 1993). In weiteren Publikationen zu der randomisiert-kontrollierten Studie mit einer erweiterten Patientenpopulation (N = 326) der Helsinki Psychotherapy Study Group (Knekt et al. 2008a, 2008b) wurden die Effekte von psychodynamischer Kurzzeittherapie (STPP), lösungsorientierter Kurzzeittherapie (SFT) und zusätzlich psychodynamischer Langzeittherapie (LTPP) mit zwei bis drei Sitzungen pro Woche auf die Symptomatik, die Arbeitsfähigkeit und die soziale Leistungsfähigkeit und im Verlauf eines Dreijahresfollow-up beschrieben. In den primären Erfolgsmaßen, das heißt der Symptomatik und Symptombelastung (Werte in BDI, HAMD, Ängstlichkeit im SCL-90, HAMA) und im Bereich der Arbeitsfähigkeit und Arbeitskapazität zeigten alle drei Therapiebedingungen (STPP, SFT und LTPP) signifikante Verbesserungen mit großen Effektstärken (≥ 0.8 bis 1.52). Die beiden Kurzzeittherapien erbrachten jedoch im ersten Jahr des Follow-up signifikant schnellere und größere Verbesserungen als die LTPP. Im zweiten Jahr des Follow-up fanden sich zwischen den Kurzzeittherapien (STPP, SFT) und der psychodynamischen Langzeittherapie keine signifikanten Unterschiede mehr. Im dritten Jahr des Follow-up war die LTPP signifikant effektiver als STPP und SFT bezüglich der primären Erfolgsmaße. Am Ende des Follow-up reduzierte sich zudem die Anzahl der Krankheitstage in der Gruppe der LTPP stärker als in den beiden anderen Gruppen.

Wirksamkeitsnachweise für psychodynamische Langzeittherapie

Gerade wegen des bisherigen Mangels an Langzeittherapiestudien sind die folgenden Katamnese-Studien zur Langzeitwirkung von Psychoanalysen und analytischen Psychotherapien bemerkenswert. Die von Leuzinger-Bohleber et al. (2001) durchgeführte Katamnese-Studie basierte auf einer repräsentativen Stichprobe aller ehemaligen Patienten, die bei Analytikern der Deutschen Psychoanalytischen Vereinigung zwischen 1990 und 1993 ihre Behandlung beendet hatten. Es handelt sich um eine methodenkritische Studie, die psychoanalytische, qualitative Beobachtungen aus den Katamnese-Interviews mit quantitativen Verfahren kombiniert. Die Gesamtstichprobe bestand aus 401 ehemaligen Patienten, die katamnestisch untersucht wurden. Nach den dabei eingestuften Hauptdiagnosen litten die 129 ehemaligen Patienten vor der Behandlung unter gravierenden psychischen und psychosomatischen Störungen (88% wiesen einen »extremen« oder »starken« Beeinträchtigungs-Schwere-Score nach Schepank 1995 auf). 51,2% litten an Persönlichkeitsstörungen, 27,1% an affektiven Störungen, 10,9% an neurotischen Störungen und 6,2% an einer Schizophrenie (nach ICD-10). 80% der ehemaligen Patienten berichteten positive Veränderungen durch die Langzeitbehandlungen in Bezug auf Befinden, inneres Wachstum und Beziehungen. Zwischen 70% und 80% stellten positive Veränderungen in Bezug auf die Lebensbewältigung, das Selbstwertgefühl, die Stimmung sowie von Lebenszufriedenheit und Leistungsfähigkeit fest. Beim Vergleich der einzelnen Diagnosegruppen zeigte sich, dass sich die Ergebnisse der Subgruppe Depressiver nicht von denjenigen der anderen Diagnosegruppen unterschieden (Leuzinger-Bohleber et al. 2002).

In der prospektiv-naturalistischen Langzeitpsychotherapiestudie (Stockholm Outcome of Psychotherapy and Psychoanalysis Project, STOPPP) von Sandell et al. (1999, 2001) wurde eine Gesamtstichprobe von über 700 Patienten in Psychoanalysen (vier bis fünf Sitzungen pro Woche) oder Langzeitpsychotherapien (ein bis zwei Sitzungen pro Woche) in den drei Jahren während der Behandlung und drei weitere Jahre nach Abschluss der Behandlung – also insgesamt über sechs Jahre – untersucht. Von den untersuchten Patienten hatten 50% eine Achse-I-Störung nach DSM-III-R (zumeist depressive Störungen und Angststörungen), 27% eine Achse-II-Störung nach DSM-III-R (also eine Persönlichkeitsstörung), 13% litten unter Zuständen, die nach strengen Kriterien nicht einer psychiatrischen Störung entsprachen, aber behandlungsbedürftig waren, und 11% hatten keine sichere Diagnose (Sandell 2001; Sandell et al. 2004).

In der Frankfurt-Hamburg-Langzeittherapiestudie von Brockmann/Schlüter/Eckert (2001, 2003, 2006) wurden in einem prospektiv-naturalistischen Design 31 Patienten mit Langzeitverhaltenstherapie (im Mittel 63 Sitzungen) und 31 Patienten mit psychoanalytisch orientierter Langzeitpsychotherapie (im Mittel 185 Sitzungen) verglichen. In die Studie wurden ausschließlich Patienten aufgenommen, welche die DSM-III-R-Kriterien für das Vorliegen einer depressiven Störung oder einer Angststörung erfüllten. Die beiden Gruppen unterschieden sich im statistischen Vergleich bezüglich der Schulbildung, des Zugangsmodus zur Psychotherapie der Symptombelastung und des Gebrauchs psychotroper Medikamente. Die Psychoanalysepatienten hatten eine höhere Bildung, eine geringere Symptombelastung, wurden weniger ärztlich überwiesen und nahmen weniger Medikamente ein. Im Behandlungsverlauf zeigten sich bei beiden Gruppen signifikante Verbesserungen bezüglich der Symptombelastung und der interpersonellen Problematik, wobei die Veränderungen auf der interpersonellen Ebene der Verbesserung in der Symptombelastung nachfolgten. Die Veränderungen auf der interpersonellen Ebene traten bei den Patienten in der Verhaltenstherapiegruppe später ein als bei der Psychoanalysegruppe. Die Veränderungen in den Bereichen Erleben und Verhalten sowie in der Zielerreichung waren über die Zeit gemessen für beide Gruppen signifikant. Bezüglich des Therapieverlaufs und in den katamnestischen Nachuntersuchungen zeigten beide Gruppen deutliche Veränderungen, unterschieden sich jedoch nicht signifikant voneinander. Auch in einem weiteren 7-Jahres-follow-up waren die signifikanten Veränderungen in beiden Behandlungsgruppen bezüglich der Symptomatik und der interpersonalen Problematik stabil. Erfreulich war, dass in beiden Therapiegruppen nach sieben Jahren die Rückfallquote nur bei 19% lag.

In der Heidelberg-Berlin-Praxisstudie (Jakobsen et al. 2008; Grande et al. 2006) wurden ebenfalls in naturalistischem Design hochfrequente analytische Langzeitbehandlungen (mindestens 120 Stunden) und niederfrequente psychodynamische Langzeittherapien (mindestens 25 und maximal 100 Stunden) an einer Stichprobe von 58 Patienten mit Depressionen, Angst- und Zwangsstörungen sowie Anpassungs- oder Persönlichkeitsstörungen auf ihre Wirksamkeit hin untersucht und verglichen. Dabei bezog sich der Vergleich zwischen der Wirksamkeit der beiden Verfahren nicht auf das eigentliche Zielkriterium analytischer Psychotherapie (die strukturelle Veränderung), sondern auf die allgemeine Symptomatik sowie interpersonelle Probleme der Patienten. Aus den Ergebnissen geht hervor, dass sowohl die hochfrequente psychoanalytische Therapie als auch die psychodynamische Therapie bei Patienten mit depressiver Symptomatik sowie Angst- und Zwangsstörungen gleichermaßen wirksam ist. In der Patientengruppe mit Persönlichkeitsstörungen zeigte sich eine statische Überlegenheit der hochfrequenten analytischen Therapie. Die Effekte blieben zur Katamnese hin stabil. Auch die Göttinger Psychotherapiestudie (Leichsenring et al. 2008) konnte Verbesserungen in der Symptomatik und den interpersonellen Problemen durch analytische Langzeittherapie sowohl bei Therapieende als auch in der 1-Jahres-Katamnese aufzeigen.

Leichsenring und Rabung (2008) untersuchten in einer anspruchsvollen Metaanalyse 23 hochwertige prospektive psychodynamische Langzeittherapiestudien (zwölf randomisiert-kontrollierte und elf naturalistische Arbeiten), welche insgesamt 1053 Patienten mit chronifizierten und komplexen psychischen Störungen erfassten. Alle in die Analyse aufgenommenen Langzeittherapien dauerten mindestens ein Jahr oder 50 Sitzungen lang. Es wurde in dieser Metaanalyse die Wirksamkeit der Psychodynamischen Langzeittherapie sowohl mit jener der Psychodynamischen Kurzzeittherapie als auch mit jener von anderen kurzfristig angelegten Therapieformen wie KVT, dialektisch-behaviorale Therapie, kognitiv-analytische Therapie, Familientherapie sowie der supportiven Therapie verglichen. Die Analyse aller Studien hat ergeben, dass die psychodynamische Langzeittherapie allen kürzeren Formen der Psychotherapie im direkten Vergleich bezüglich ihrer generellen Wirksamkeit sowie hinsichtlich persönlichkeitsstruktureller Veränderungen und formulierten Therapiezielen signifikant überlegen ist. Eine separate Auswertung für verschiedene Störungsbilder ergab zudem große, signifikante und dauerhafte Effekte für komplexe depressive Störungen (in Bezug auf die generelle Wirksamkeit, die psychiatrische Symptomatik und das psychosoziale Funktionsniveau mit Effektstärken von ≥ 0.99 bis 1.3), welche nach Therapieende zum Follow-up hin sogar weiter signifikant zunahmen. Leichsenring und Rabung kommen mit dieser Metaanalyse zu dem zentralen Ergebnis, dass es Patienten mit schweren psychischen Erkrankungen nach einer psychodynamischen Langzeitbehandlung im Durchschnitt besser geht als 96% der Patienten der Vergleichsgruppe.

Der im gesundheitspolitischen Kontext relevante Gesichtspunkt der Kosteneffektivität von psychoanalytischer Langzeitpsychotherapie im Hinblick auf die Beanspruchung des Gesundheitssystems und die Arbeitsbeeinträchtigung wurde von de Maat et al. (2007) untersucht (Review für den Zeitraum 1970–2005 unter Einschluss von sieben Studien, n = 861). Die Daten deuten darauf hin, dass Langzeittherapien substanziell zu weniger Inanspruchnahme des Gesundheitssystems führen und auch die Anzahl der Krankheitstage reduzieren helfen. Diese Ergebnisse sind kohärent mit den Befunden der Studie von Leuzinger-Bohleber et al. (2001) sowie einer aktuellen Untersuchung von Knekt et al. (2008a, 2008b).

Wirksamkeitsnachweise im Rahmen von Vergleichsstudien mit medikamentöser Therapie

Empirische Wirksamkeitsstudien, bei denen medikamentöse und psychotherapeutische Therapieansätze verglichen wurden, belegen für die psychodynamische Psychotherapie, die kognitive Verhaltenstherapie und die interpersonelle Psychotherapie eine Gleichwertigkeit in der Behandlung leichter bis mittelgradiger depressiver Störungen (Shea et al. 1992; de Maat et al. 2006; Salminen et al. 2008). Zu berücksichtigen ist dabei auch die geringere Abbruchrate bei psychotherapeutisch behandelten depressiv Erkrankten. Bei leichtem bis mittlerem Schweregrad der Depression bringen Kombinationsbehandlungen im kurzfristigen Therapieverlauf mit Psychopharmaka keinen zusätzlichen therapeutischen Gewinn (CBT + AD: Hollon et al. 1992; Hautzinger/de Jong-Meyer 1996; Gloaguen et al. 1998; Lewinsohn/Clarke 1999; Dimidjian et al. 2006; STPP + AD: Salminen et al. 2008; Dekker et al. 2008; IPT + AD: Reynolds et al. 1999; de Mello 2005). Die Datenlage im Hinblick auf die Frage, ob die Kombinationstherapie (Psychotherapie + Antidepressivum) der jeweiligen Psychotherapie als Monotherapie überlegen ist, ist weiterhin als inkonsistent anzusehen. Die aktuellen Vergleichsstudien bestätigen allerdings die Tendenz einer Überlegenheit der Kombinationstherapie gegenüber der Pharmakamonotherapie (CBT + AD: Thase et al. 1997; Keller et al. 2000; STPP + AD: Burnand et al. 2002; de Jonghe et al. 2004; de Maat et al. 2008; Maina et al. 2009; Molenaar et al. 2007; IPT + AD: Frank et al. 1996; Schramm et al. 2008). Insbesondere bei höherem Schweregrad rezidivierender Depressionen (Thase et al. 1997; Keller et al. 2000) sowie bei komorbid vorhandener Persönlichkeitsstörung (Kool et al. 2005), ergab sich eine statistische Überlegenheit der Kombinationsbehandlungen. In aktuellen Studien zur psychoanalytischen Langzeittherapie wurde ein starker und auch noch nach Behandlungsende vorhandener Therapieerfolg (Carry-over-Effekt) auf depressionsassoziierte Symptome beschrieben (Sandell et al. 1999, 2000; Leuzinger-Bohleber et al. 2001; Rudolf et al. 2004; Leichsenring et al. 2005; Grande et al. 2006; Jakobsen et al. 2007).

Diese Übersicht zeigt, dass psychodynamische Kurzzeittherapien ebenso wirksam wie andere Psychotherapieverfahren sind. Allerdings wird bei einem großen Anteil depressiver Patienten nur eine partielle Besserung erzielt; die Wirkung ist vielfach nicht nachhaltig, das heißt, es besteht ein großes Rückfallrisiko. Der Schweregrad der Depression sowie das Vorhandensein einer komorbiden Persönlichkeitsstörung haben einen erheblichen Einfluss auf die Gesundung. Eine besondere Herausforderung an die zukünftige Psychotherapieforschung besteht daher in der Fragestellung, bei welchen depressiv Erkrankten eine Kurzzeittherapie ausreicht und bei welchen eine weitere therapeutische Intervention, z.B. eine Langzeittherapie oder eine zusätzliche medikamentöse Therapie, indiziert ist.

Der Stellenwert von Wirksamkeitsnachweisen mit randomisiert-kontrollierten Studien

Die hier vorgestellten Ergebnisse aus randomisiert-kontrollierten und naturalistischen vergleichenden Outcome-Studien zur Evaluation psychodynamischer Psychotherapien sind im aktuellen gesundheitspolitischen Kontext unverzichtbar. Das gegenwärtig vorherrschende Paradigma verlangt den Wirksamkeitsnachweis einer Psychotherapiemethode mittels randomisiert-kontrollierter Studien. Wird dieser nicht erbracht, wird eine psychotherapeutische Methode nicht als wissenschaftlich fundiert anerkannt mit der Konsequenz, dass Behandlungskosten für die entsprechenden Psychotherapien von den Krankenversicherungen nicht finanziert werden.

Im Zuge der Evidenzbasierten Medizin (EbM, »evidence based medicine«) hat sich seit Beginn der 1990er Jahre machtvoll die Idee durchgesetzt, die psychotherapeutische Versorgung vor allem am »Goldstandard« randomisiert-kontrollierter Studien auszurichten. Die Evidenz aus der klinischen Praxis hat bei dieser Entwicklung an Wert verloren und es ist zunehmend zu einer Einengung auf eine Linie der verschärften Beweisführung im Sinne einer strikten Ergebnisorientierung nach einseitig naturwissenschaftlich orientierten Standards und ökonomischen Prinzipien der Wirtschaftlichkeit gekommen. Bei der Beurteilung unterschiedlicher Psychotherapiemethoden werden im Rahmen von hierarchisch definierten Evidenzklassen naturalistische Studien nach wie vor als weniger valide und ohne Berücksichtigung der Repräsentativität für die klinische Praxis als »weniger wissenschaftlich« bewertet.

Randomisiert-konrollierte Studien haben das Auffinden von Ursache-Wirkungs-Zusammenhängen zum Ziel und sollen in diesem kausalen Sinn möglichst »reine« Therapieeffekte (efficacy) erfassen. Es werden dazu unabhängige Variabeln (die Psychotherapiemethode) und abhängige Variabeln (der psychische Zustand eines Patienten) unter experimentellen Bedingungen an einer Gruppe von Patienten mit dem gleichen psychischen Leiden untersucht. Durch die zufällige Zuteilung (Randomisierung) der Patienten auf die verschiedenen experimentellen Bedingungen (unterschiedliche Behandlungsansätze) soll der Einfluss patientenspezifischer Variabeln (höheres Reflexionsvermögen, bessere soziale Verhältnisse usw.) auf die verschiedenen Behandlungsbedingungen gleichverteilt werden. Dieser Operationalisierungsschritt soll gewährleisten, dass der Behandlungseffekt auf die Behandlung (die abhängige Variable) und nicht auf andere Einflussvariabeln zurückgeführt werden kann. Um diese kausale Schlussfolgerung ziehen zu können, muss genau beschrieben und kontrolliert werden, worin die Behandlung besteht. In der Psychotherapieforschung werden dazu Therapiemanuale erstellt und es wird die entsprechende »Behandlungstreue« (»adherence«) des Therapeuten überprüft. Die Anwendung dieses laborexperimentellen Untersuchungsdesigns bei der Bewertung und beim Vergleich der Wirksamkeit unterschiedlicher Psychotherapiemethoden basiert auf zwei zentralen empirisch nicht validierten(!) Annahmen: 1. homogene Patientenstichproben identifizieren und 2. eine Behandlungsmethode unabhängig vom Einfluss des Therapeuten untersuchen zu können. Im Folgenden soll das RCT-Design unter besonderer Berücksichtigung dieser beiden Annahmen diskutiert werden.

Probleme der Randomisierung und die Illusion homogener Stichproben

Im Zusammenhang mit dem Forschungsbedarf zu Langzeittherapien sowie zum Langzeitverlauf depressiver Erkrankungen stellt sich die Frage nach den Grenzen des RCT-Paradigmas zunächst hinsichtlich der Realisierbarkeit: Die in der Kurzzeittherapieforschung üblichen Kontrollgruppen verbieten sich in Langzeituntersuchungen einerseits aus ethischen Gründen, andererseits ist die Aufrechterhaltung von konstanten Vergleichsbedingungen über mehrere Jahre hinweg schwer realisierbar. Zur Untersuchung der Langzeit-Depressionstherapie bieten sich daher naturalistische Untersuchungsbedingungen an, welche zwar die Selektion von homogenen symptombezogenen Stichproben erschweren, dafür aber eine genauere Abbildung der Praxisbedingungen erlauben.

Die Untersuchung der Depression als Einfachdiagnose nach DSM-IV oder ICD-10 ist generell fraglich. Mehrere renommierte Depressionsforscher kritisieren die gegenwärtig gültigen, atheoretisch definierten, rein deskriptiven Klassifikationssysteme, weil diese die für die Behandlung wichtigen Informationen zu Krankheitsursachen und der damit verbundenen Entwicklung einer depressiven Symptomatik nicht zur Verfügung stellen (Taylor 2008; Luyten/Blatt 2007; Parker 2008). Die klinische Erfahrung zeigt, dass die Behandlung von Patienten mit komorbiden oder chronifizierten Störungsbildern eher die Regel als die Ausnahme ist und dass sich das Leiden vieler depressiver Patienten mit einer einzelnen Diagnose meist nur unzureichend beschreiben lässt. Es besteht eine häufige Komorbidität von depressiven Erkrankungen und weiteren psychiatrischen und somatischen Erkrankungen. Patienten, die die Kriterien für eine schwere despressive Erkrankung erfüllen, weisen eine neunfach höhere Wahrscheinlichkeit auf, gleichzeitig die Kritierien für eine andere Diagnose zu erfüllen (Angst/Dobler-Mikola 1984). Westen et al. (2004) fassen die Ergebnisse aus diversen Studien dahin gehend zusammen, dass 50–90% aller Patienten mit einer Achse-I-Diagnose zugleich entweder eine andere Achse-I-Diagnose haben oder aber eine zusätzliche Achse-II-Diagnose aufweisen. Es ist bekannt, dass persistierende strukturelle Störungen bei Patienten mit einer schweren Depression häufig mit einer schlechteren Prognose einhergehen (vgl. Gunderson et al. 2004).

Randomisiert-kontrollierte Untersuchungen verlangen die störungsspezifische Homogenität einer Stichprobe. Theoretisch wäre es denkbar, bei der Stichprobenwahl auch multimorbide Erkrankungen zu kontrollieren, doch wegen der Vielzahl möglicher Kombinationen scheint dies kaum realisierbar. Viele RCT-Wirksamkeitsstudien versuchen mit zahlreichen Ausschlusskriterien die Homogenität einer depressiven Stichprobe zu erreichen. Es werden dabei Patienten mit einer depressiven Erkrankung, welche beispielsweise gleichzeitig die diagnostischen Kriterien für Persönlichkeitsstörungen, Angststörungen oder Abhängigkeitserkrankungen nach DSM-IV oder ICD-10 erfüllen, von der Untersuchung ausgeschlossen. Die Wahrscheinlichkeit für eine störungsspezifisch homogene Stichprobe wird dadurch sicherlich erhöht, doch solange die Homogenität einzig auf deskriptiven Kriterien nach DSM-IV oder ICD-10 basiert, bleibt eine wirkliche Homogenität ohne Berücksichtigung pathogenetischer Faktoren für die angestrebte Differentialindikation weiterhin fraglich.

Im naturalistischen Untersuchungsdesign wird der Vielfalt des depressiven Erscheinungsbildes der klinischen Praxis Rechnung getragen. Komorbide Erkrankungen und andere mögliche Faktoren (z.B. kritische Lebensereignisse, soziale Verhältnisse) werden in naturalistischen Studien mit erhoben und untersucht. Ein Vorteil dabei ist, dass sich so auch bisher noch unbekannte Korrelationsmuster und Variabeln, welche im Zusammenhang mit dem Therapieerfolg stehen, auffinden lassen. Die Interpretation der Ergebnisse ist dann zwar schwieriger, weil der gefundene Effekt weniger eindeutig auf die Behandlung rückschließen lässt. Dafür läuft eine naturalistische Studie weniger Gefahr, Forschungsartefakte zu erhalten und Therapieergebnisse zu berichten, welche für die Praxis wenig Relevanz haben. Das Uneindeutige und noch nicht Erklärte bleibt zudem für die weitere Forschung emergent.

In jüngster Zeit treten die Grenzen von RCT-Studien in der Depressionsforschung vor allem im Zusammenhang mit dem vermehrten Forschungsbedarf zu Langzeitverläufen hervor. De Maat et al. (2007) weisen auf den großen Widerspruch von Beweiskraft und Durchführbarkeit der RCT im Hinblick auf den Evidenznachweis für Langzeitpsychotherapien hin und betonen, dass aus dem Fehlen von RCT-Nachweisen für Langzeittherapien keineswegs gefolgert werden könne, dass diese deshalb nicht wissenschaftlich fundiert seien. Die Autoren fordern deshalb für die Untersuchung von Langzeittherapien, das naturalistische Untersuchungsdesign als Methode ersten Evidenzgrades anzuerkennen.

Psychotherapie ist mehr als die Anwendung einer Technik

Im RCT-Setting wird analog zum naturwissenschaftlich-experimentellen Forschungsparadigma eine Trennung zwischen Erkenntnissubjekt und Erkenntnisobjekt vorausgesetzt. Diese Logik lässt sich schlecht auf die psychotherapeutische Situation übertragen, die unabhängig vom motivierten Handeln der beteiligten Personen – Therapeut und Patient – gar nicht denkbar ist. Psychotherapeutische Wirkung lässt sich nicht verabreichen im Sinne eines Dosis-Wirkungs-Prinzips, sondern entfaltet sich in einem dynamischen Beziehungssystem, das von den Beteiligten gestaltet wird.

RCT-Wirksamkeitsstudien basieren auf der Annahme, dass der Zusammenhang von Behandlungsmethode und -ergebnis unabhängig vom Einfluss der Person des Therapeuten und des Patienten untersucht werden kann. Durch Manualisierung der Behandlungsmethoden wird versucht, diese zu objektivieren. Das psychotherapeutische Geschehen wird hierbei als eine Sammlung von Methoden und Techniken verstanden, welche sich entsprechend dem jeweiligen Manual realisieren lassen.

Nach diesem Prinzip gilt dann die Logik: Je enger das Therapiemanual definiert ist – also je genauer die Handlungsanleitungen sind – desto geringer ist die Gefahr, dass der Einfluss des jeweiligen Psychotherapeuten als »Störfaktor« mit in die Untersuchung hineinspielt.

Lambert et al. (2004) weisen darauf hin, dass Manuale in der Praxis selten eingesetzt werden. Psychotherapeutisches Handeln orientiere sich in der Realität vielmehr entlang wahrgenommener Behandlungsanforderungen, welche entsprechend der jeweiligen Ressourcen, Kompetenzen und Erwartungen sowie entsprechend dem Leidensdruck und den Einschränkungen des Patienten beurteilt werde. Patienten reagieren unterschiedlich auf die gleiche Therapiemethode (Sandell 2008). Die Unterschiede lassen sich hierbei nur zu einem Teil aus den jeweiligen Pathologien heraus verstehen: Sympathien, Werte und Lebenserfahrung sind nur einige Faktoren, die ebenso zu unterschiedlichen Reaktionen von Patienten auf ein bestimmtes Psychotherapieangebot beitragen. Psychotherapie ist als Praxis in eine Pluralität von Weltzugängen eingebunden (Kriz 2008). Hinsichtlich des Therapieerfolgs spielt vor allem auch die Frage der Passung von Therapeut und Patient eine entscheidende Rolle: ein noch kaum untersuchtes Feld. Auch der Einfluss der Therapeutenvariable ist bislang noch dunkler Kontinent in der Psychotherapieforschung (vgl. Klug et al. 2008). Nach Orlinsky und Howard (1987) ist der Erfolg einer Psychotherapie von mindestens vier Passungen abhängig: der Persönlichkeit des Patienten, der Therapeutenpersönlichkeit, dem Behandlungsmodell des Therapeuten (therapeutische Technik und Menschenbild) sowie der Störung des Patienten inklusive seiner dazugehörigen subjektiven Krankheitstheorie. RCT-Studien berücksichtigen solche Zusammenhänge nicht.

Vergleichstudien zur Wirksamkeit unterschiedlicher Psychotherapiemethoden gelangen hinsichtlich der Symptomreduktion – wie auch bei den hier dargestellten Depressionstherapiestudien sichtbar wurde – zu dem paradoxen Befund einer vergleichbaren Wirksamkeit trotz der Anwendung unterschiedlicher therapeutischer Theorien und Techniken. Dies lässt sich entweder als Wirksamkeitsäquivalenz interpretieren – eine tatsächlich gleiche Wirksamkeit unterschiedlicher Techniken – oder aber als Resultat unzureichend sensitiver Forschungsmethoden oder unzureichender Messkriterien.

Wampold (2001) lieferte mit seiner weltweit umfassendsten Analyse einen empirischen Beleg dafür, dass alle Psychotherapieverfahren gleichermaßen wirksam seien und postulierte aufgrund der verfügbaren Datenlage die Hypothese, dass allgemeine vielmehr als methodenspezifische Faktoren zum Therapieerfolg beitragen. Er forderte im Anschluss daran, die einseitig am medizinischen Modell orientierte Forschung zugunsten einer vermehrt prozessorientierten Forschung zu erweitern.

Ergebnisse aus der Psychotherapieprozessforschung sind nach wie vor nicht Bestandteil der Beurteilungsgrundlage, auf welcher die Anerkennung einer Psychotherapiemethode als empirisch belegt erfolgt. Empirische Evidenz wird dann zugestanden, wenn diese mittels genügend großen Effektstärken unter Verwendung geeigneter statistischer Berechnungsverfahren aus RCT-Studien hervorgehen. Eine Effektgröße ist ein statistischer Durchschnitt und vermag damit auch nur eine durchschnittliche Veränderung abzubilden. Diese Tatsache wird im aktuellen Forschungsparadigma ausgeblendet. Sandell (2008) weist mit seinen Analysen auf die große Heterogenität von Behandlungsverläufen und -ergebnissen hin, die sich hinter mittelwertbasierten Effektgrößen verbergen. Er fordert daher, die Varianz als Ausgangspunkt zu nehmen und die Ursachen dafür ins Visier zu nehmen, um auf diesem Wege Faktoren zu finden, welche die große Variationsbreite der Behandlungsergebnisse erklären können.

Zusammenfassung: Warum es sich lohnt, diese Eulen nach Athen zu tragen

Eine grundsätzliche Paradoxie in der aktuellen Depressionstherapie- und Psychotherapieforschung besteht darin, dass die Notwendigkeit der Durchführung randomisiert-kontrollierter Studien auf der Grundlage der Evidenzbasierten Medizin mit großer Vehemenz vertreten wird. Gleichzeitig findet die Diskussion über die Widersprüche und erkenntnistheoretischen Probleme, die sich daraus ergeben, bislang kaum Eingang in die Forschungspraxis und – so muss ergänzt werden – in die Forschungspolitik (inkl. Vergabe von Drittmitteln) und in den gesundheitspolitischen Diskurs (z.B. mit den Krankenkassen). Vor diesem Hintergrund steht eine valide Datenbasis für die klinisch-psychotherapeutische Praxis nur in sehr begrenzter Weise zur Verfügung.

Angesichts dieser Ausgangslage, der teilweise inkonsistenten Studienergebnisse und der schwierigen Vergleichbarkeit der Studien zur Wirksamkeit der unterschiedlichen Therapiemethoden ist eine zusammenfassende Beurteilung weiterhin nur mit einem gewissen Vorbehalt möglich. Aufgrund der empirischen Verlaufs- und Therapieforschung in den vergangenen Jahren besteht eine empirische Evidenz dahingehend, dass sämtliche angewandten Formen der psychodynamischen Kurzzeitpsychotherapie, der Kognitiven Therapie/Verhaltenstherapie und der Interpersonellen Psychotherapie in der Behandlung der Depression (bei sämtlichen einbezogenen Gruppen depressiver Patienten) wirksam sind und eine zentrale Bedeutung in der Depressionsbehandlung haben (vgl. Ankarberg/Falkenström 2008; Imel et al. 2008).

Empirische Wirksamkeitsstudien aus Vergleichstudien von Psychotherapien mit medikamentöser Behandlung belegen für die psychodynamische Psychotherapie, die kognitive Verhaltenstherapie und die interpersonelle Psychotherapie eine Gleichwertigkeit in der Behandlung leichter bis mittelgradiger depressiver Störungen. So eignet sich auch die psychodynamische Kurzzeitpsychotherapie als therapeutisches Verfahren der ersten Wahl in der Behandlung der leichten bis mittelgradigen Depression, ferner als komplementäres Verfahren in der Behandlung der mittelschweren und schweren Depression.

Durch die psychodynamische Kurzzeittherapie lassen sich oftmals höhere Remissionsraten erzielen als durch medikamentöse Monotherapie. Carry-over-Effekte tragen maßgeblich zu größerer Nachhaltigkeit psychotherapeutischer Interventionen bei. Gleichwohl unterstreichen die mittel- und langfristigen Katamnesen, dass auch die durch Kurzzeitpsychotherapie erzielten Effekte sich häufig im längeren Verlauf nicht als ausreichend nachhaltig erweisen. So bleibt insbesondere für schwer und chronisch Erkrankte eine erhebliche Rückfallgefahr bestehen, wie bereits die Untersuchungen von Shea et al. (1992) gezeigt haben. Die Propagierung kurzer Therapien entspricht gerade bei der Depression weder der klinischen Alltagserfahrung noch der vorhandenen empirischen Datenlage (vgl. Schauenburg et al. 1999).

Die Indikation zu einer zusätzlichen Psychotherapie besteht bei einer initialen medikamentösen Monotherapie, wenn ein hohes Rezidivrisiko nach Absetzen der Antidepressiva besteht, erhebliche Compliance-Probleme bezüglich der Einnahme von Medikamenten vorhanden sind oder trotz adäquat durchgeführter Medikation eine bedeutsame depressive Residualsymptomatik fortbesteht (vgl. Böker/Gramigna/Leuzinger-Bohleber 2002). Ferner legen maladaptive und geringe Problemlösungsstrategien, widrige Lebensumstände oder mangelhafte Unterstützungsressourcen und die Komorbidität von Depression und Persönlichkeitsstörung ein psychotherapeutisches Vorgehen nahe. Im einzelnen Behandlungsfall sind stets auch persönliche und psychosoziale Umstände, sowie die Auswirkungen der Erkrankung im Alltag zu berücksichtigen.

All diese Umstände und Sachverhalte erfordern Modifikationen in der Psychotherapieforschung bei depressiv Erkrankten. Ergebnisforschung, die mittels RCT-Studien einseitig auf eine Relation zwischen dem Behandlungsmodell des Therapeuten und der Störung des Patienten fokussiert, blendet einen erheblichen Teil des psychotherapeutischen Geschehens aus. Viele renommierte Psychotherapieforscher sehen in der einseitigen Forschungsstrategie der vergangenen Jahre die Gefahr der Zerstörung von gut funktionierenden Versorgungsstrukturen (vgl. Buchholz 2008). Die auch in unserem Beitrag geführte methodenkritische Diskussion unterstreicht den Stellenwert und die Notwendigkeit von naturalistischen Studien (vgl. Leichsenring 2001, 2004; Leichsenring/Rabung 2008; Rudolf et al. 2004; Leuzinger-Bohleber et al. 2001, 2002; de Maat 2007). Im Fokus der zukünftigen Psychotherapieforschung bei depressiv Erkrankten sollten Fragen der Passungsproblematik, der Differentialindikation für eine Kurz- oder Langzeittherapie und der prognostischen Parameter (Prädiktorvariablen) stehen. Dabei sollen auch die Limitationen der aktuellen Klassifizierungssysteme ICD-10 und DSM-IV weiterhin berücksichtigt und die Klassifizierungssysteme entsprechend der empirischen Befunde weiterentwickelt werden.

Zusammenfassend hat die Psychotherapieforschung die Wirksamkeit der am häufigsten untersuchten Psychotherapieverfahren (KVT, IPT und psychodynamische Psychotherapie/psychoanalytische Psychotherapie) bei Depressionen untermauert. Die Schwere depressiver Erkrankungen, die Rezidivierung und die Chronifizierungsrate machen deutlich, dass Depressionsbehandlungen jenseits der notwendigen intensiven Interventionen nach Erstmanifestation insbesondere auch den Langzeitverlauf depressiver Erkrankungen berücksichtigen müssen. Die psychodynamische Psychotherapie und die psychoanalytische Psychotherapie tragen als wirksame Psychotherapieverfahren zu einer adäquaten Behandlung einer großen Gruppe depressiv Erkrankter bei, bei denen eine persönlichkeitsstrukturell verankerte Dynamik, intrapsychische und/oder interpersonelle Konflikte zur Auslösung depressiver Episoden und zur Chronifizierung des Krankheitsgeschehens führen können. Es ist zu wünschen, dass dieser vorhandenen empirischen Evidenz in der aktuellen und zukünftigen gesundheits- und wissenschaftspolitischen Diskussion Rechnung getragen wird.

Literatur

Abbass, A. A.; Hancock, J. T.; Henderson, J. & Kisely, S. (2006): Short-term psychodynamic psychotherapies for common mental disorders. Cochrane Database of Systematic Reviews 18(4), CD004687.

Ankarberg, P. & Falkenström, F. (2008): Treatment of depression with antidepressants is primarily a psychological treatment. Psychother Theor Res Pract Train 45(3), 329–339.

Angst, J. & Dobler-Mikola, A. (1984): The Zuerich Study II. The continuum from normal to pathological depressive mood swings. Eur Arch Psychiat Neurol Sci 234(1), 21–29.

Antonovsky, A. (1993): The structure and properties of the sense of coherence scale. Social Science and Medicine 36(6), 725–733.

APA (American Psychiatric Association) (1993): Practice guideline for major depression disorder in adults. American Journal of Psychiatry 150(4), 1–26.

Barkham, M.; Rees A.; Shapiro D. A.; Stiles W. B.; Agnew R. M.; Halstead J. et al. (1996): Outcomes of time-limited psychotherapy in applied settings: Replicating the second Sheffield Psychotherapy Project. Journal of Consulting and Clinical Psychology 64(5),1079–1085.

Beutler, L. (1998): Identifying empirically supported treatments: What if we didn't? Journal of Consulting and Clinical Psychology 66(1), 113–120.

Böker, H. (1999): Selbstbild und Objektbeziehungen bei Depressionen: Untersuchungen mit der Repertory Grid-Technik und dem Giessen-Test an 139 PatientInnen mit depressiven Erkrankungen. Monographien aus dem Gesamtgebiete der Psychiatrie. Darmstadt (Steinkopff-Springer).

Böker, H. (2000): Psychodynamisch orientierte Psychotherapie bei Patientinnen mit affektiven und schizoaffektiven Psychosen. In: Böker, H. (Hg.): Depression, Manie und schizoaffektive Psychosen: Psychodynamische Theorien, einzelfallorientierte Forschung und Psychotherapie. Gießen (Psychosozial-Verlag), 313–334.

Böker, H. (2005): Psychoanalyse und Psychiatrie. Krankheitsmodelle und Therapiepraxis. Berlin, Heidelberg, New York (Springer).

Böker, H. (2008): Tiefenpsychologische Verfahren bei therapieresistenter Depression. In: Bschor, T. (Hg.): Behandlungsmanual therapieresistente Depression. Stuttgart (Kohlhammer), S. 316–329.

Böker, H.; Gramigna R. & Leuzinger-Bohleber, M. (2002): Ist Psychotherapie bei Depressionen wirksam? Jahrbuch für Kritische Medizin 36, 54–75.

Brockmann, J.; Schlüter, T. & Eckert, J. (2001): Die Frankfurt-Hamburg Langzeit- Psychotherapiestudie – Ergebnisse der Untersuchung psychoanalytisch orientierter und verhaltenstherapeutischer Langzeitpsychotherapien in der Praxis niedergelassener Psychotherapeuten. In: Stuhr, U; Leuzinger-Bohleber, M. & Beutel, M. E. (Hg.): Langzeitpsychotherapie. Stuttgart (Kohlhammer).

Brockmann, J.; Schlüter, T. & Eckert, J. (2003): Frankfurt-Hamburg Langzeit-Psychotherapiestudie: Eine naturalistische Studie – Verlauf und Ergebnisse psychoanalytischer und verhaltenstherapeutischer Langzeitpsychotherapie in der Praxis niedergelassener Psychotherapeuten. Psychotherapeutenjournal 3, 184–193.

Brockmann, J.; Schüter, T. & Eckert, J. (2006): Langzeitwirkungen psychoanalytischer und verhaltenstherapeutischer Langzeitpsychotherapien: Eine vergleichende Studie aus der Praxis niedergelassener Psychotherapeuten. Psychotherapeut 51, 15–25.

Buchholz, M. B. (2008): Was ist eine methodisch adäquate Wirksamkeitsstudie? – Zum Stand einer Kontroverse. PTT – Persönlichkeitsstörungen: Theorie und Therapie 12(1), 12–22.

Burnand, Y.; Andreoli, A.; Kolatte, E.; Venturini, A. & Rosset, N. (2002): Psychodynamic psychotherapy and clomipramine in the treatment of major depression. Psychiatric Services 53(5), 585–590.

Cooper, P. J.; Murray, L.; Wilson, A. & Romaniuk, H. (2003): Controlled trial of the short-and long-term effect of psychological treatment of post-partum depression. 1: Impact on maternal mood. British Journal of Psychiatry 182, 412–419.

Crits-Christoph, P. (1992): The efficacy of brief dynamic psychotherapy: a meta analysis. American Journal of Psychiatry 149(2), 151–158.

Cuijpers, P.; van Straaten, A.; Andersson, G. & van Oppen, P. (2008): Psychotherapy for Depression in Adults: A Meta-Analysis of Comparative Outcome Studies. Journal of Consulting and Clinical Psychology 76(6), 909–922.

Dekker, J. J. M, Koelen, J. A.; Van H. L.; Schoevers, R. A. Peen, J.; Hendriksen, M.; Kool, S.; Van Aalst, G. & de Jonghe, F. (2008): Speed of action: The relative efficacy of short psychodynamic supportive psychotherapy and pharmacotherapy in the first 8 weeks of a treatment algorithm for depression. Journal of Affective Disorders 109(1–2), 183–188.

Dilling, H. (2001): Psychische Störungen in der primären Gesundheitsversorgung. Bern (Huber).

Dimidjian, S.; Hollon, S. D.; Dobson, K. et al. (2006): Randomized Trial of Behavioral Activation, Cognitive Therapy, and Antidepressant Medication in the Acute

Treatment of Adults With Major Depression. Journal of Consulting and Clinical Psychology 74(4), 658–670.

Ebmeier, K. P.; Donaghey, C. & Steele, J. D. (2006): Recent developments and current controversies in depression. Lancet 367(9505), 153–167.

Elkin, I. (1994): The NIMH treatment of Depression Collaborative Research Program: Where we began and where we are. In: Bergin, A. E. & Garfield, S. L. (Hg.): Handbook of psychotherapy and behavior change. New York (Wiley), S. 114–139.

Elkin, I.; Shea, M. T.; Watkins, J. T.; Imber, S. D.; Sotsky, S. M.; Collins, J. F.; Glass, D. R.; Pilkonis, P. A.; Leber, W. R. & Docherty, J. P. (1989): National Institute of Mental Health Treatment of Depression Collaborative Research Program. General effectiveness of treatments. Archives of General Psychiatry 46(11), 971–982.

Essau, C. A.; Conradt, J. & Petermann, F. (2002): Course and outcome of anxiety disorders in adolescents. Journal of Anxiety Disorders 16(1), 67-81.

Fava, G. A.; Ruini, C.; Rafanelli, C. et al. (2004): Six-year out come of cognitive behaviour therapy for prevention of recurrent depression. American Journal of Psychiatry 161(10), 1872–1876.

Fonagy, P. (1999): Process and outcome in mental health care delivery: A model approach to treatment evaluation. Bull Menninger Clin 63(3), 288–304.

Frank, E.; Kupfer, D. J.; Wagner, E. F.; McEachran, A. B. & Cornes, C. (1991): Efficacy of interpersonal psychotherapy as a maintenance treatment of recurrent depression: Contributing factors. Archives of General Psychiatry 48(12), 1053–1059.

Frank, E.; Rush, E. A.; Bleharc, M. et al. (2002): Skating to where the puck is going to be. A plan for clinical trials and translations research in mood disorders. Biological Psychiatry 52(6), 631–654.

Gallagher-Thompson, D. E. & Steffen, A. M. (1994): Comparative effects of cognitive-behavioral and brief psychodynamic psychotherapies for depressed family caregivers. Journal of Consulting and Clinical Psychology 62(3), 543–549.

Gerson, S.; Belin, T. R.; Kaufman, A.; Mintz, J. & Jarvik, L. (1999): Pharmacological and psychological treatments for depressed older patients: a meta-analysis and overview of recent findings. Harvard Review of Psychiatry 7(1), 1–28.

Gibbons, M. B. C; Crits-Christoph, P. & Hearon, B. (2008): The Empirical Status of Psychodynamic Therapies. Annual Review of Clinical Psychology 4, 93–108.

Gloaguen, V.; Cottraux, J.; Cucherat, M. & Blackburn, I. M. (1998): A meta-analysis of the effects of cognitive therapy in depressed patients. Journal of Affective Disorders 49(1), 59–72.

Goldfried, R. M.; Rauer, P. J. & Castonguay, L. G. (1998): The therapeutic focus in significant sessions of master therapists: a comparison of cognitive-behavioral and psychodynamic-interpersonal interventions. Journal of Consulting and Clinical Psychology 66(5), 803–810.

Grande, T.; Dilg, R.; Jakobsen, T.; Keller, W.; Krawietz, B.; Langer, M.; Oberbracht, C.; Stehle, S.; Stennes, M. & Rudolf, G. (2006): Differential effects of two forms of psychoanalytic therapy: Results of the Heidelberg-Berlin study. Psychotherapy Research 16(4), 470–485.

Grawe, K.; Donati, R. & Bernauer, F. (1994): Psychotherapie im Wandel. Von der Konfession zur Profession. Göttingen (Hogrefe).

Gunderson, J. G.; Morey, L. C.; Stout, R. L. et al. (2004): Major depressive disorder and borderline personality disorder revisited: longitudinal interactions. Journal of Clinical Psychiatry 65(8), 49–56.

Härter, M.; Baumeister, H. & Bengel, J. (2007): Psychische Störungen bei Patienten mit einer somatischen Erkrankung aus der medizinischen Rehabilitation. In: Härter M.; Baumeister H.; Bengel J. (Hg.): Psychische Störungen bei körperlichen Erkrankungen. Berlin (Springer), 55–70.

Hautzinger, M. (1998): Zur Wirksamkeit von Psychotherapie bei Depressionen. Psychotherapie 3, 65-75.

Hautzinger, M.; de Jong-Meyer, R.; Treiber, R.; Rudolf, G. A. & Thien, U. (1996): Wirksamkeit kognitiver Verhaltenstherapie, Pharmakotherapie und deren Kombination bei nicht-endogenen, unipolaren Depressionen. Zeitschrift für Klinische Psychologie 25(2), 130–145.

Hersen, M.; Himmelhoch, J. M. & Thase, M. E. (1984): Effects of social skill training, Amitriptyline and psychotherapy in unipolar depressed women. Behavior Therapy 15(1), 21–40.

Hoencamp, E.; Haffmans, P. M.; Griens, A. M et al. (2001): A 3.5-year naturalistic follow-up study of depressed out-patients. Journal of Affective Disorders 66(2–3), 267–271.

Hole, G. (1992): Die endo-neurotische Depression. Notwendigkeit und Ärgernis einer begrifflichen Aussage. Fortschritte Neurologie und Psychiatrie 60(11), 420–436.

Hollon, S. D.; DeRubeis, R. J.; Evans, M. D. et al. (1992): Cognitive therapy and pharmacotherapy for depression. Singly and in Combination. Archives of General Psychiatry 49(10), 774–781.

Horowitz, M. & Kaltreider, N. (1979): Brief therapy of the stress response syndrome. Psychiatric Clinics of North America 2, 365–377.

Huber, D. & Will, H. (2007): Psychoanalyse [Kapitel 5]. In: Hofmann, B. & Schauenburg, H. (Hg.): Psychotherapie der Depression. 2. Auflage. Stuttgart (Thieme), S. 65–76.

Imel, Z. E.; Malterer, M. B.; McKay, K. M. & Wampold, B. E. (2008): A meta-analysis of psychotherapy and medication in unipolar depression and dysthymia. Journal of Affective Disorders 110(3),197–206.

Jacobi, F.; Wittchen, H. U.; Holting, C.; Höfler, M.; Pfister, H.; Müller, N. & Lieb, R. (2004): Prevalence, comorbidity and correlates of mental disorders in the general population: results from the German Health Interview and Examination Survey (GHS). Psychological Medicine 34(4), 597–611.

Jacobson, E. (1971): Depression. New York (International Universities Press Inc.). Deutsch (1977): Depression. Frankfurt/M. (Suhrkamp).

Jakobsen, Th.; Rudolf, G.; Brockmann, J.; Eckert, J.; Huber, D.; Klug, G.; Grande, T.; Keller, W.; Staats, H. & Leichsenring, F. (2007): Ergebnisse analytischer Langzeitpsychotherapien bei spezifischen psychischen Störungen: Verbesserungen in der Symptomatik und in interpersonellen Beziehungen. Zeitschrift für Psychosomatische Medizin und Psychotherapie 53(2), 87–110.

Jakobsen, Th.; Rudolf, G.; Oberbracht, C.; Langer M.; Keller, W.; Dilg, R.; Stehle, S.; Leichsenring, F. & Grande, T. (2008): Depression, Angst und Persönlichkeitsstörungen in der PAL-Studie. Verbesserungen in der Symptomatik und in interpersonellen Beziehungen. Forum der Psychoanalyse 24, 47–62.

de Jonghe, F.; Hendriksen, M.; van Aalst, G.; Kool, S.; Peen, J.; Van, R.; van den Eijden, E. & Dekker, J. (2004): Psychotherapy alone and combined with pharmacotherapy in the treatment of depression. British Journal of Psychiatry 185, 37–45.

Kahn, D. A. (1993): The use of psychodynamic psychotherapy in manic-depressive illness. Journal of the American Academy of Psychoanalysis 21(3), 441–455.

Keller, M. B.; Lavori, P. W.; Mueller, T. I. et al. (1992): Time recovery, chronicity, and levels of psychopathology in major depression: a 5-year prospective follow-up of 431 subjects. Archives of General Psychiatry 49(10), 809–816.

Keller, M. B.; McCullogh, J. P.; Klein, D. N. et al. (2000): A comparison of nefazodone, the cognitive behavioral-analysis system of psychtherapy, and their combination for the treatment of chronic depression. New England Journal of Medicine 342(20), 1462–1470.

Kernberg, O. F. (1975): Borderlinestörung und pathologischer Narzißmus. Frankfurt/M. (Suhrkamp).

Klerman, G. L.; Weissman, M. M.; Rounsaville, B. & Chevron, B. (1984): Interpersonal psychotherapy of depression. New York (Basic Books).

Klug, G.; Henrich, G.; Kächele, H. et al. (2008): Die Therapeutenvariable: Immer noch ein dunkler Kontinent? Psychotherapeut 53(2), 83–91.

Knekt, P.; Lindfors, O.; Härkänen, T.; Välikoski, M.; Virtala, E.; Laaksonen, M. A.; Marttunen, M.; Kaipainen, M. & Renlund, C. (2008a): Randomized trial on the effectiveness of long- and short-term psychodynamic psychotherapy and solution-focused therapy on psychiatric symptoms during a 3-year follow-up. Psychological Medicine 38(5), 689–703.

Knekt, P.; Lindfors, O.; Laaksonen, M. A.; Raitasalo, R.; Haaramo, P. & Järvikoski, A. (2008b): Effectiveness of short-term and long-term psychotherapy on work ability and functional capacity - A randomized clinical trial on depressive and anxiety disorders. Journal of Affective Disorders 107(1–3), 95–106.

Kocsis, J. H. (2000): New strategies for treating chronic depression. Journal of Clinical Psychiatry 61 (Suppl 11), 42–45.

Kool, S.; Schoevers, R.; de Maat, S.; Van, R.; Molenaar, P.; Vink, A. & Dekker, J. (2005): Efficacy of pharmacotherapy in depressed patients with and without personality disorders: A systematic review and meta-analysis. Journal of Affective disorderes 88(3), 269–278.

Kriz, J. (2008): Welches sind adäquate wissenschaftstheoretische Grundlagen der Psychotherapieforschung? PTT – Persönlichkeitsstörungen: Theorie und Therapie 12(1), 3–11.

Kupfer, D. J. & Frank, E. (2001): The interaction of drug- and psychotherapy in the long-term treatment of depression. Journal of Affective Disorders 62(1/2), 133–137.

Lambert, M. J.; Bergin, A. E. & Garfield, S. L. (2004): Introduction and historical overview. In: Lambert M. J. (Hg.): Bergins and Garfields handbook of psychotherapy and behaviour change. 5. Aufl. New York (John Wileys & Sons), S. 3–15.

Leichsenring, F. (1996): Zur Meta-Analyse von Grawe. Gruppenpsychotherapie und Gruppendynamik 32, 205–234.

Leichsenring, F. (2001): Comparative effects of short-term psychodynamic psychotherapy and cognitive-behavioral therapy in depression: a meta-analytic approach. Clinical Psychology Review 21(3), 401–419.

Leichsenring, F. (2004): Randomized controlled vs. naturalistic studies: A new research agenda. Bull Menninger Clin 68(2), 115–129.

Leichsenring, F.; Biskup, J.; Kreische, R. & Staats, H. (2005): The Göttingen study of psychoanalytic therapy: First results. International Journal of Psychoanalysis 86(2), 433–455.

Leichsenring, F.; Rabung, S. & Leibing, E. (2004): The efficacy of short-term psychodynamic psychotherapy in specific psychiatric disorders: a meta-analysis. Archives of General Psychiatry 61(12), 1208–1216.

Leichsenring, F.; Hoyer, J.; Beutel, M.; Herpertz, S. et al. (2008): The Social Phobia

Psychotherapy Research Network. The first multicenter randomized controlled trial of psychotherapy for social phobia: rationale, methods and patient characteristics. Psychotherapy and Psychosomatics 78(1), 35–41.

Leichsenring, F. & Rabung, S. (2008): Effectiveness of Long-term Psychodynamic Psychotherapy: A Meta-analysis. JAMA 300(13), 1551–1565.

Leuzinger-Bohleber, M.; Stuhr, O.; Rüger, B. & Beutel, E. (2001): Langzeitwirkungen von Psychoanalysen und Psychotherapien: Eine multiperspektivische, repräsentative Katamnesestudie. Psyche – Z Psychoanal 55(3), 193–276.

Leuzinger-Bohleber, M.; Fischmann T. & Rüger, B (2002): Langzeitwirkungen von Psychoanalysen und Therapien – Ergebnisse im Überblick. In: M. Leuzinger-Bohleber; Rüger, B.; Stuhr, U. & Beutel, M. (Hg.): »Forschen und Heilen« in der Psychoanalyse. Stuttgart (Kohlhammer), S. 75–109.

Lewinsohn, P. M. & Clarke, G. N. (1999): Psychosocial treatments for adolescent depression. Clinical Psychology Review 19(3), 329–342.

Luyten, P. & Blatt, S. (2007): Looking back towards the future: Is it time to change the DSM approach to psychiatric disorders? The case of depression. Psychiatry 70(2), 85–99.

de Maat, S.; Dekker, J.; Schoevers, R. & de Jonghe, F. (2007): The effectiveness of long-term psychotherapy: Methodological research issues. Psychotherapy Research 17(1), 59–66.

de Maat, S, Dekker, J.; Schoevers, R. & de Jonghe, F. (2006): Relative efficacy of psychotherapy and pharmacotherapy in the treatment of depression: A meta-analysis. Psychotherapy Research 16(5), 566–578.

Maina, G.; Rosso, G. & Bogetto, F. (2009): Brief dynamic therapy combined with pharmacotherapy in the treatment of major depressive disorder: Long-term results. Journal of Affective Disorders 114(1–3), 200–207.

Mann, J. (1973): Time-limited psychotherapy. Cambridge, MA (Harvard University Press).

Martin, A.; Rief, W. & Exner, C. (Hg.) (2006): Psychotherapie – Ein Lehrbuch. Stuttgart (Kohlhammer).

Marttunen, M.; Likoski, M.; Lindfors, O.; Laaksonen, M. A. & Knekt, P. (2008): Pretreatment clinical and psycho-social predictors of remission from depression after short-term psychodynamic psychotherapy and solution-focuses therapy: A 1-year follow-up study. Psychotherapy Research 18(2), 191–199.

de Mello, F.; de Jesus Mari, J.; Bacaltchuk, J.; Verdeli, H. & Neugebauer, R. (2005): A systematic review of research findings on the efficacy of interpersonal therapy for depressive disorders. European Archives of Psychiatry and Clinical Neurosciences 255(2), 75–82.

Mentzos, S. (1995): Depression und Manie. Psychodynamik und Therapie affektiver Störungen. Göttingen (Vandenhoeck & Ruprecht).

Molenaar, P. J.; Dekker, J.; Van, R. Hendriksen, M.; Vink, A. & Schoevers, R. (2007): Does adding psychotherapy to pharmacotherapy improve social functioning in the treatment of outpatient depression? Depression and Anxiety 24(8), 553–562.

Mulder, R. T.; Frampton, C. M.; Luty, S. E. & Joyce, P. R. (2009): Eighteen months of drug treatment for depression: Predicting relapse and recovery. Journal of Affective Disorders 114(1–3), 263–270.

Mulrow, C. D.; Williams, J. W.; Gerety, M. B.; Ramirez, G.; Montiel, O. M. & Kerber, C. (1995): Case-finding instruments for depression in primary care settings. Annuals of Internal Medicine 122(12), 913–921.

Mundt, C. (1996): Die Psychotherapie depressiver Erkrankungen: Zum theoretischen Hintergrund und seiner Praxisrelevanz. Nervenarzt 67, 183–197.

Murray, C. J. & Lopez, A. D. (1997): Alternative projections of mortality and disability by cause 1990–2020: Global burden of disease study. Lancet 349(9064), 1498–1504.

Nietzel, M. T.; Russel, R. L.; Hemmings, K. A. & Gretter, M. L. (1987): Clinical significance of psychotherapy for unipolar depression: a meta-analytic approach to social comparison. Journal of Consulting and Clinical Psychology 55(2), 156–161.

Orlinsky, D. & Howard, K. (1987): A generic model of psychotherapy. Journal of Integrative and Eclectic. Psychotherapy 6(1), 6–27.

Parker, G. (2008): How should mood disorders be modelled? The Australian and New Zealand Journal of Psychiatry 43(2), 179–180.

Reynolds, C. F.; Frank, E.; Perel, J. M.; Imber, S. D. et al. (1999): Nortriptyline and Interpersonal Psychotherapy as Maintenance Therapies for Recurrent Major Depression. A Randomized Controlled Trial in Patients Older Than 59 Years. JAMA 281(1), 39–45.

Robinson, L. A.; Berman, J. S. & Neimeyer, R. A. (1990): Psychotherapy for the treatment of depression: a comprehensive review of controlled outcome research. Psychology Bulletin 108(1), 30–49.

Rose, J. & DelMaestro, S. (1990): Separation-individuation conflict as a model for understanding distressed care-givers. Psychodynamic and cognitive case studies. Gerontologist 30(5), 693–697.

Rothwell, P. (2005): External validity of randomized controlled trials: To whom do the results of this trial apply? Lancet 365(9453), 82–92.

Rudolf, G. (2003): Strukturbezogene Psychotherapie. Stuttgart (Schattauer).

Rudolf, G.; Jakobsen, T.; Micka, R. & Schumann, E. (2004): Störungsbezogene Ergebnisse psychodynamisch-stationärer Psychotherapie. Zeitschrift für Psychosomatische Medizin und Psychotherapy 50, 37–52.

Rush A. J.; Trivedi, M. H.; Wisniewski, S. R. et al. (2006): Acute and Longer-Term Outcomes in Depressed Outpatients Requiring One or Several Treatment Steps: A STAR*D Report. American Journal of Psychiatry 163(11), 1905–1917.

Salminen, J. K.; Karlsson, H.; Hietala, J.; Kajander, J.; Allto, S.; Markkula, J.; Rasi-Hakala, H. & Toika, T. (2008): Short-Term Psychodynamic Psychotherapy and Fluoxetine in Major Depressive Disorder: A Randomized Comparative Study. Psychotherapy and Psychosomatics 77(6), 351–357.

Sandell, R. (2001): Langzeitwirkung von Psychotherapie und Psychoanalyse. In: Leuzinger-Bohleber, M. & Stuhr, U. (Hg.): Psychoanalysen im Rückblick. 2. Auflage. New York (Thieme), S. 348–365.

Sandell, R. (2008): Die Menschen sind verschieden – auch als Patienten und Therapeuten. Aus der Psychoanalytischen Forschung. In: Springer, A.; Münch, K. & Munz, D. (Hg.): Psychoanalyse Heute? Gießen (Psychosozial-Verlag), 461–483.

Sandell, R.; Blomberg, J. & Lazar, A. (1999): Wiederholte Langzeitkatamnesen von Langzeit-Psychotherapien und Psychoanalysen. Zeitschrift für Psychosomatische Medizin und Psychotherapie 45, 43–56.

Sandell, R.; Blomberg, J.; Lazar, A.; Carlsson, J.; Broberg, J. & Rand, H. (2000): Varieties of long-term outcome among patients in psychoanalysis and long-term psychotherapy: a review of findings in the Stockholm outcome of psychoanalysis and psychotherapy project (STOPP). International Journal of Psychoanalysis 81(5), 921–943.

Sandell, R.; Blomberg, J.; Lazar, A.; Carlsson, J.; Broberg, J. & Schubert, J. (2001): Unterschiedliche Langzeitergebnisse von Psychoanalysen und Langzeitpsychotherapien. Aus der Forschung des Stockholmer Psychoanalyse- und Psychotherapieprojekts. Psyche – Z Psychoanal 55(3), 277–310.

Sandell, R.; Lazar, A.; Grant, J. Carlsson, J.; Schubert, J. & Falkenström, F. (2004): Stockholm Outcome of Psychotherapy and Psychoanalysis Project (STOPPP). IPA Research Database [On-line], 28 Seiten. URL: http://www.ipa.org.uk/research/pdf/sandell.pdf (Stand: 1. April 2009).

Schauenburg, H.; Beutel. M.; Bronisch, T.; Hautzinger, M.; Leichsenring, F.; Reimer, C.; Rüger, U.; Sammet, I. & Wolfersdorf, M. (1999): Zur Psychotherapie der Depression. Psychotherapeut 44, 127-136.

Schepank, H. (1995): Beeinträchtigungs-Schwere-Score (BSS) – Ein Instrument zur Bestimmung der Schwere einer psychogenen Erkrankung. Göttingen (Hogrefe).

Schramm, E.; van Calker, D. & Berger, M. (2004): Wirksamkeit und Wirkfaktoren der interpersonellen Psychotherapie in der stationären Depressionsbehandlung – Ergebnisse einer Pilotstudie. Psychother Psych Med 54, 65–72.

Schramm, E.; Schneider, D.; Zobel, I.; van Calker, D.; Dykierek, P.; Kech, S.; Härter, M. & Berger, M. (2008): Efficacy of Interpersonal Psychotherapy plus pharmacotherapy in chronically depressed inpatients. Journal of Affective Disorders 109(1–2), 65–73.

Segal, Z. V.; Pearson, J. L. & Thase, M. E. (2003): Challenges in preventing relapse in Major Depression. Report of a National Institute of Mental Health Workshop on state of the science of relapse prevention in Major Depression. Journal of Affective Disorders 77(2), 97–108.

Shapiro, D. A. & Firth, J. A. (1985): Exploratory therapy manual for the Sheffield Psychotherapy Project (SAPU Memo 733). England (University of Sheffield).

Shapiro, D. A.; Barkham, M.; Rees, A.; Hardy, G. E.; Reynolds, S. & Startup, M. (1994): Effects of treatment duration and severity of depression on the effectiveness of cognitive-beha-vioral and psychodynamic-interpersonal psychotherapy. Journal of Consulting and Clinical Psychology 62(3), 522–534.

Shapiro, D. A.; Rees, A.; Barkham, M. & Hardy, G. E. (1995): Effects of treatment duration and severity of depression on the maintenance of gains after cognitive-behavioral and psychodynamic-interpersonal psychotherapy. Journal of Consulting and Clinical Psychology 63(3), 378–387.

Shea, M. T.; Elkin, I.; Imber, S. D.; Sotsky, S. M.; Watkins, J. T.; Collins, J.; Pilkonis, P. A.; Beckham, E.; Glass, D. R.; Dolan, R. T. & Parloff, M. B. (1992): Course of depressive symptoms over follow-up. Findings from the NIMH treatment of depression collaborative research program. Archives of General Psychiatry 49(10), 782–787.

Steinbrueck, S. M.; Maxwell, S. E. & Howard, G. S. (1983): A meta-analysis of psychotherapy and drug therapy in the treatment of unipolar depression with adults. Journal of Consulting and Clinical Psychology 51(6), 856–863.

Svartberg, M. & Stiles, T. C. (1991): Comparative effects of short-term psychodynamic psychotherapy: A meta-analysis. Journal of Consulting and Clinical Psychology 59(5), 704–714.

Taylor, D. (2008): Psychoanalytic and psychodynamic therapies for depression: the evidence base. Advances in Psychiatric Treatment 14(6), 401–413.

Thase, M. E.; Greenhouse, J. B.; Frank, E.; Reynolds, C. F.; Pilkonis, P. A.; Hurley, K.; Grochocinski, V. & Kupfer, D. (1997): Treatment of major depression with psychotherapy or psychotherapy-pharmacotherapy combinations. Archives of General Psychiatry 54(11), 1009–1015.

Thompson, L. W.; Gallagher, D. & Breckenridge, J. S. (1987): Comparative effectiveness of psychotherapies for depressed elders. Journal of Consulting and Clinical Psychology 55(3), 385–390.

Tschuschke, V.; Heckrath, C. & Bess, W. (1997): Zwischen Konfusion und Makulatur: Zum Wert der Berner Psychotherapie-Studie von Grawe, Donati und Bernauer. Göttingen (Vandenhoeck & Ruprecht).

Üstün, T. B. & Sartorius, N. (1995): Mental Illness in General Health Care: An International Study. Chichester (Wiley).

Wampold, B. E. (2001): The great psychotherapy debate: models, methods, and findings. Mahwah, N.J. (Erlbaum Associates).

Wampold, B. E.; Minami, T.; Baskin, T. W. & Tierney, S. C. (2002): A meta-(re)analysis of the effects of cognitive therapy versus »other therapies« for depression. Journal of Affective Disorders 68(2–3), 159–165.

Weissman, M. (1997): Interpersonal therapy: current status. Keio Journal of Medicine 46(3), 105–110.

Weissman, M. M.; Bland, R. C.; Canino, G. J.; Faravelli, C. et al. (1996): Cross-national epidemiology of major depression and bipolar disorder. JAMA 276(4), 293–299.

Westen, D.; Novotny, C. M. & Thomson-Brenner, H. (2004): The empirical status of empirically supported psychotherapies: assumptions, findings, and reporting in controlled clinical trials. Psychological Bulletin 130(4), 631–663.

Will, H.; Grabenstedt, Y.; Völkl, G. & Banck, G. (2008): Depression. Psychodynamik und Therapie. 3. Auflage. Stuttgart (Kohlhammer).

Wittchen, H. U.; Nelson, C. B. & Lachner, G. (1998): Prevalence of mental disorders and psychosocial impairments in adolescents and young adults. Psychological Medicine 28(1), 109–126.

Zeiss, A. M. & Steinmetz-Breckenridge, J. (1997): Treatment of late life depression: a response to the NIH Consensus Conference. Behavior Therapy 28(1), 3–21.

Psychoanalyse und narrative Forschung

Brigitte Boothe

Der narrative Charakter psychoanalytischer Konzepte

Viele psychoanalytische Konzepte sind narrativ modelliert. Der Wunsch kommt als wunscherfüllende Episode, die Angst als Bedrohungsepisode zur Darstellung, Abwehr ereignet sich in spezifischen Szenen, in denen eine Person konfrontiert ist mit aversiven Vorstellungen und unannehmbaren Handlungsimpulsen. Konflikte werden als narrative Modelle formuliert. Szene und Inszenierung, Übertragung und Gegenübertragung sind, nach Thomä (1999), Bühnenmetaphern, gelten als Dramaturgien, die man erzählend veranschaulicht (Bergmann 2000; Streeck 2000). Schafer (1979, 1980) und Spence (1982, 1982a, 1983, 1986, 1994) sind die prominentesten Vertreter der hermeneutischen oder erzählenden Wende in der Psychoanalyse. Sie zeigen, in welchem Umfang sich neben der Theorie auch die Praxis der Psychoanalyse in narrativen Prozessen entfaltet. In der Psychoanalyse ist neben der Psychodynamik die Erzähldynamik anzusiedeln. Der Traum wurde für die Psychoanalyse eine der ersten narrativen Fundstellen. Traumarbeit geschieht als Verwandlung von Eindrücken des Wachlebens in einer »Welt-für-mich« (Boothe 2001). Träumen steht im Dienst der Erregungs- und Befindlichkeitsregulierung. Erinnerungseindrücke werden umgestaltet zu Bildern, Szenen und Abläufen, die regressive Entspannung und Rekreation nicht gefährden wollen. Am Anfang waren aber auch Geschichten von Kindesmissbrauch, und am Anfang waren Erinnerungen an und Fantasien über die Kindheit. Freud sah, dass die Patienten im Prozess des Erinnerns und der erzählenden Darstellung des Erinnerten imaginatives Selbstbewusstsein zeigten: Sie sprachen als Autoren und wurden als Autoren gehört; seit damals gilt die Aufmerksamkeit des Psychoanalytikers der erzählenden und imaginativen Gestaltungs- und Konstruktionsarbeit. Narrative Erinnerung ist ein Schöpfungsprozess (Brooks 1998; Welzer 2003). Narrative Darstellungen bringen historische Tatsachen des eigenen Lebens in einen Prozess der Aneignung und Anverwandlung. Dem erinnernden Erzähler ist gewöhnlich nicht bewusst, dass er schöpferisch ist, und es ist ihm gewöhnlich nicht gegenwärtig, dass er erzählend ein Engagement in eigener Sache – ein egozentrisches Programm – verfolgt. Diesem Engagement in eigener Sache, das sich Motiven verdankt, die latent bleiben, ist die Psychoanalyse auf der Spur.

Auf dem Weg zur klinischen Narratologie

Die Narrative Psychologie betrachtet Narrationen als grundlegend für die menschliche Erfahrungsorganisation: Man geht von der alltagspraktischen Erkenntnis aus, dass Menschen einen großen Teil ihrer Erfahrungen in Geschichten verwandeln und in Form von Alltagserzählungen kommunizieren. Über die narrative Konstruktion von Erzählungen vermittelt die erzählende Person im Spiegel des erzählten Ereignisses ihre Relevanzen und Präferenzen. Die mit den Narrationen verbundenen Prozesse des »meaning making« (Boesch 2000; Bruner 1990, 2003; Schapp 1953) führen zur Ausbildung der narrativen Identität.

In der Tradition der narrativen Therapie (z. B. Lucius-Hoene 2002; Polkinghorne 2004) geht man davon aus, dass zahlreiche psychische Probleme, die einen Patienten zum Psychotherapeuten führen, mit narrativen Selbstentwürfen zusammenhängen, die für das Selbstkonzept der Person imperativ werden und der Differenzierung und Freiheit des Darstellens und Bewertens abträglich sind. Klienten werden darin unterstützt, einschränkende und schematisierende Formen der narrativen Aneignung eigener Erfahrung zu überwinden.

Psychoanalyseforschung im Sinne psychoanalytischer Therapieforschung begann mit Outcome-Analysen, erweiterte den Forschungshorizont um Prozessanalysen und um kombinierte Prozess- und Ergebnisstudien und findet in jüngerer Zeit auch einen Schwerpunkt in der Exploration der Mikrodynamik des Prozessgeschehens. Die Erforschung des therapeutischen Prozesses, der sich als Beziehungsgeschehen realisiert, setzt bei den Phänomenen an, die sich in der klinischen Praxis selbst ergeben. In systematischen Einzelfallstudien werden audio- und videodokumentierte Daten realer therapeutischer Praxis mithilfe qualitativer Forschungsmethoden analysiert und interpretiert. So ermöglicht unter anderem das systematisierte Erschließungsverfahren der Erzählanalyse JAKOB narrative Einzelfallanalysen, die, ausgehend von der Perspektive des Patienten, einen Forschungsbeitrag zur psychodynamischen Konflikt-, Beziehungs- und Prozessdiagnostik leisten (Boothe et al. 1999; Boothe et al. 2002; Boothe/von Wyl 2004; von Wyl 2000).

Wie Weilnböck (2005) in einem umfassenden Rezensionsessay darlegt, gehen entscheidende Anregungen und Impulse von der qualitativen Sozial- und Interaktionsforschung aus. Polkinghorne (1988) und Ricoeur (1989, 1991) bringen Individuation und Erzählen in systematische Verbindung. Das narrative Interview gilt in der Sozialwissenschaft und auch in der klinisch-biografischen Forschung als privilegierter Zugang zur Erschließung des Selbst, des Selbstverhältnisses und der Selbstpositionierung (Lucius-Hoene/Deppermann 2002, 2004; Lucius-Hoene 2009; Rosenthal 1995, 2002; Schütze 1977, 1983). Weilnböck (2006) verweist auf die Bedeutung narrativer Forschung im Zusammenhang mit der Erinnerungsarbeit an erlittene Traumata. Exemplarisch ist in diesem Zusammenhang das *Psyche*-Sonderheft *Vergangenheit in der Gegenwart. Zeit – Narration – Geschichte* (2003/9–10) zu nennen. Die Zeitschrift *Psychotherapie und Sozialwissenschaft* (2005/1) stellt erzähl- und gesprächsanalytische Studien zur Darstellung von Ereignissen mit Katastrophencharakter vor. Hier stehen Ereignisdarstellungen traumatisierter Personen und Menschen im Mittelpunkt, die von Gewalt- und Destruktionsereignissen erzählen. Gesprächs- und Erzählanalyse kommen dabei zur Anwendung (Deppermann/Lucius-Hoene 2005; Thoma

2005). Neukom (2005) führt die narrative Analyse eines Ausschnitts der fingierten Auschwitz-Kindheitsbiografie von Wilkomirski durch.

Qualitative Psychotherapieforscher (Luif et al. 2006) analysieren Selbstdarstellungsformen, insbesondere narrative Selbstpräsentationen des Leidens, der Katastrophe, der Meisterung; und sie untersuchen Beziehungsfiguren und interpersonelle Wechselwirkungen. Qualitative Psychotherapieforschung als Wissenschaft von der »Comédie humaine« macht sich zur Aufgabe, die Ausdrucks- und Darstellungsformen des Leidens, die therapeutische Zusammenarbeit, das Handeln und Gestalten, das Produktive und das Destruktive mikroanalytisch zu beschreiben, zu erschließen und zu erläutern. Der Themenkreis Erzählen und Narrativität wird relevant als Aneignung der eigenen Geschichte, als Ringen um biografische Kontur und als Umgang mit Erwartungen und Wünschen. Erzählend wird ein Individuum zur Person, die den Bedingungen und Bedingtheiten ihres Alltags begegnet.

Narrative Modellierungsleistungen

Die narrative Inszenierung von Ereignissen hat für den Erzähler die Funktion einer emotionalen Verarbeitung. Wir sprechen von vier Modellierungsleistungen: Die Wunscherfüllung oder Optimierung, die Bewältigung oder Stabilisierung, die soziale Integration und die Vergegenwärtigungsleistung oder Aktualisierung.

- Die Erzählung modelliert Situationen im Licht einer spezifischen, meist konfliktären Wunscherfüllungstendenz. Das ist die dem Lustprinzip verpflichtete Optimierung.
- Die Erzählung hat eine Bewältigungsfunktion, das heißt, sie repariert Desintegration und Destabilisierung in Richtung auf ein organisiertes, verfügbares Ganzes (Stabilisierung durch Verwandlung von Passivität in Aktivität).
- Die Erzählung wirbt um Akzeptanz beim sozialen Gegenüber (soziale Integration).
- Die Erzählung aktualisiert Vergangenes und stellt damit Verbindung zur gegenwärtigen Situation her (Vergegenwärtigung und Erinnerung).

1. *Erzählen im Dienste der Optimierung oder psychischer Restitution:* Die Erzählung modelliert Situationen im Licht von Wünschbarem; Erzählungen sind geradezu prototypische Darstellungsformen für Wunschthemen; das Erzählen ist ein prototypischer Regulierungsvorgang für Wunschregungen. Erzähler korrigieren das Gewesene im Licht des Wünschbaren. In diesem Sinne steht die Erzählung im Dienst eines hedonischen Interesses. Dem Anliegen, die Erzählung im Sinne einer Wunscherfüllung offen zu modellieren, stehen nicht nur Ansprüche an Faktentreue und mögliche Abwehrmaßnahmen entgegen, sondern zusätzlich geht es darum, soziale Ablehnung zu vermeiden und daher für eine publikumsgerechte Präsentation zu sorgen.
2. *Erzählen im Dienste der psychischen Stabilisierung oder der psychischen Reorganisation:* Diese Modellierungsleistung ist eine Bewältigungsstrategie psychischer Destabilisierung, z.B. von erlittener Bedrohung oder negativer wie positiver Überraschung, mit der versucht wird, erlittene Erschütterung und psychische Destabilisierung in negativer, traumatisierender oder in positiver, euphorisierender Richtung im Nachhinein durch wiederholtes Erzählen zu integrieren. Der aktive Prozess des Gestaltens modelliert erregend-spannungsvolle und emotional-bewegende Situationen zu einem organisierten und kontrollierbaren Ganzen und führt zum Gewinn narrativer Regieführung und der Kontrollillusion.
3. *Erzählen im Dienste der sozialen Integration:* Die Erzählung wendet sich an ein Gegenüber im Dienst der Herstellung sozialer Verbundenheit und konturierter Identität. Das Bedürfnis nach Aufgehobensein in der sozialen Gemeinschaft veranlasst die erzählende Person, die Story zu einem effektvollen Ganzen zu gestalten. Die Darbietung zielt auf ein bestätigendes Echo vom bedeutsamen sozialen Gegenüber hin.
4. *Erzählen im Dienste der Aktualisierung:* In der Erzählung wird die Vergangenheit wiederbelebt und in der aktuellen Situation neu belebt. Die Erzählung evoziert Vergangenes und stellt damit historische Kontinuität bezüglich der aktuellen Situation her. Die Trennung vom historisch Vergangenen wird durch die Herstellung von Präsenz in einer Beziehungsgegenwart aufgehoben.

Erzählungen sind Verlaufsgestalten. Etwas beginnt, gerät in Bewegung, endet. Was da beginnt, in Bewegung gerät und endet, hat Ereignischarakter. Das heißt, was jemand narrativ als Ereignis formuliert, hat erstens stattgefunden und somit dokumentarischen Bezug; das Narrativ orientiert sich zweitens am Relevanzsystem des Erzählers, bringt seine persönliche Verfassung und seine Involviertheit zum Ausdruck; und das Narrativ ist drittens eine Botschaft von Interesse für den Hörer, präsentiert sich als Offerte, das Dargestellte mit- und nachzuvollziehen. Das Narrativ lässt sich dreifach bestimmen: erstens als Dokument (die Erzählung als Ereignis gestaltet), zweitens als Engagement (die Erzählung als Artikulation und Evokation persönlicher Involviertheit), drittens als Offerte (die Erzählung als kommunikative Darbietung erlebter Wirklichkeit an ein Gegenüber). Das Narrativ ist wissenschaftlich erschließbar bezüglich seines dokumentarischen Potenzials, der Artikulation und Evokation persönlicher Relevanz sowie als kommunikatives Regelwerk. Narrative Intelligenz lässt sich demgemäß nach drei Kriterien qualifizieren: der referenziellen fokussierenden Prägnanz, der Artikulation persönlicher Relevanz und der kommunikativen Fertigkeiten. Oder anders formuliert: Wer über narrative Intelligenz verfügt, verbindet Weltwissen mit Individuierung, kreativer Konstruktion und Beziehungskompetenz. Geschichten sind so gebaut, dass hier die Welt in ein Befindensregulativ mit Zuwendungs- und Abwendungsqualitäten transformiert wird. Im Geschichtenprozess wird das Individuum personalisiert, und es nutzt selbst Geschichten, um andere für sein Lebensmodell zu gewinnen. Diese anderen sollen ja als Agenten der Einflussnahme auf die Welt gewonnen werden.

Narrative Artikulation psychischen Leidens

Psychisches Leiden wird häufig narrativ dargestellt. Die Darstellung vermittelt dem aufmerksamen Hörer eine individuelle Antwort auf spezifische Belastungen und Herausforderungen. Für eine Orientierung über die psychodynamische Situation des Patienten und die psychotherapeutische oder beratende Kooperation braucht es die Verständigung über die persönliche Perspektive des Patienten. Es sind narrative Selbstmitteilungen des Patienten, die sich als Zugang zur persönlichen Weltordnung des Betroffenen empfehlen. Gesetze des Erzählens aber sind andere als Gesetze der Praxis. Erzählungen werden dem Erzähler, nicht aber den Menschen und Dingen gerecht, auf die sie verweisen. Zu unterscheiden ist die narrative Häuslichkeit mit der Wie-geht-es-mir-Orientierung von der explorativen Suchhaltung mit der Wie-ist-das-Ding-beschaffen-Orientierung? Ratsuchende greifen in der psychotherapeutischen Situation zum Medium des Erzählens. Sie tun das spontan oder aufgefordert. Therapeuten fordern Patienten dann charakteristischerweise auf, eine Begebenheit zu erzählen, wenn sie Symptome, Beschwerden oder zwischenmenschliche Konflikte auf der Ebene eines Beispiels und damit auf der Ebene erlebter Szenen konkretisieren wollen. Auch erfragen sie oft aktiv eine frühe – oder die früheste – Erinnerung aus der Kindheit. Solche Aufforderungen seitens des Therapeuten finden vor allem in der Abklärungsphase statt; später nur noch dann, wenn die spezifische Situation es nahelegt, etwa wenn Patienten ein abstrahierendes, summarisches, unanschauliches Sprechen pflegen. Man darf zwar erwarten, dass sowohl in Abklärungen wie auch in Psychotherapien und Psychoanalysen Spontanerzählungen vorkommen, und zwar in der Mehrzahl der Sitzungen, doch unterscheiden Patienten sich deutlich, was die Anzahl der Erzählungen, die Intensität des Erzählens und die Bevorzugung bestimmter Erzählmuster angeht. Erzählen bedeutet Involviertsein in eine individuelle Form des Dramatischen, bedeutet Selbstdarstellung, aber auch Selbstpreisgabe vor Publikum und mögliche Konfrontation mit Schmerz. Individuen unterscheiden sich, was die Neigung und Bereitschaft angeht, diese individuelle Form des Dramatischen in die psychotherapeutische Kommunikation zu bringen.

Es gibt psychisches Leiden, das sich nicht artikuliert, das sich jenseits aller Worte, allen Erzählens ereignet. Kinder zum Beispiel verfügen nicht über eine Leidensartikulation, sie werden heutzutage für andere – aufmerksame Eltern, Betreuer, Lehrer – zu psychisch Leidenden, wenn sie, die Erwachsenen, das kindliche Benehmen – gleichsam als Fürsprecher der unmündigen Betroffenen – als Geschichte einer Bedrückung und Belastung erzählen können. Aus dieser parentalen Anwaltschaft, die etwa das schüchterne und ernste Kind als gehemmtes diagnostiziert, das impulsiv-aggressive als untersteuert und kompensatorisch auftrumpfend, ergeben sich dann therapeutische Interventionen. Allgemeiner formuliert: Psychisches Leiden wird zum sozialen Ereignis durch die Selbstartikulation des Betroffenen oder durch die Anwaltschaft jener, die es für den Betroffenen zur Anschauung bringen.

Die Erzählung als gemeinsames Drittes in der psychoanalytischen Behandlung

Der Verweis auf Erzählungen und das Arbeiten mit Erzählungen standen am Anfang psychoanalytischer Erkundung psychischen Lebens: Narrative der Weltliteratur, Fallnarrative der Psychoanalyse, Traumnarrative von Patienten, Narrative biografischer Erinnerung, körperliches Handeln, als Darstellung erkennbar und als narrativer Zusammenhang formulierbar.

Für das Verständnis der hilfreichen psychotherapeutischen Beziehung und ihrer variantenreichen Entwicklung im Verlauf einer individuellen psychoanalytischen Behandlung ist das Denken in triadischen Konfigurationen besonders nützlich und aufschlussreich. Die produktive psychoanalytische Triade ist so zu charakterisieren: Der Patient erlebt und artikuliert einen spezifischen Konflikt, der Therapeut unterstützt diesen Prozess der Exploration, Klärung und Bewusstmachung und vermittelt den Bezug auf das Dritte. Durch die Erzählung entsteht zwischen den beiden Beteiligten in der Beziehung ein gemeinsames Drittes, das thematisiert und kommentiert werden kann. Erzählungen werden nicht absichtslos mitgeteilt. Im therapeutischen Prozess ist daher die Frage immer sinnvoll, warum die Geschichte gerade jetzt erzählt wird. Die mit der Erzählung realisierten Absichten können sich sowohl auf den Sprecher selbst zurückrichten als auch auf den Hörer hin orientiert sein.

Wunsch, Angst, narrative Intelligenz

Biografische Existenz dokumentiert sich in Erzählungen. Erzählungen wecken und fordern narrative Intelligenz. Wer narrative Intelligenz einsetzt, konstruiert dynamische Verknüpfungen. Wer erzählt, schafft Bedingungen, die nach den Gesetzen narrativer Logik Erwartungen wecken und auf Erfüllung zielen (Boothe 2004; Ricoeur 1991). Narrative Logik wird im Erwerb der Erzählkompetenz als implizites Wissen angeeignet (Billmann-Macheda 2000; Nelson 1995). Man erwirbt sie zunächst hörend, das Kind wird eingehüllt in den elterlichen Erzählsound, es wird in seiner frühen Sozialisation eingebettet in eine Welt elterlichen Erzählens; man übt sie sodann mit zunehmender Sprachfähigkeit aktiv und produktiv – in den Alltagsritualen gemeinsamen Erzählens.

Erzählungen folgen einem Spielmuster von Wunsch- und Angstfiguren im Regelwerk von Beziehungen (Boothe 2004). Die eigenen Wünsche und Neigungen werden im Erzählen wirksam und im handelnden Austausch erschließbar (Streeck 1997).

Erzählende stellen zu ihren Hörern eine Beziehung her, in der sie narrative Intelligenz einsetzen. Narrative Intelligenz hat drei Aspekte:

- *Konstruktive Kompetenz:* Wirklichkeit wird zum Ereignis und im Rahmen einer Dramaturgie mit Worten dargestellt. Narrative Muster gestalten biografische Wirklichkeit zwischen Glück und Scheitern.
- *Referenzielle Kompetenz:* Narrative sind wahr oder erfunden. Sie sollen einem dokumentarischen Wahrheitsanspruch auf qualifizierte Weise genügen.
- *Urteilskompetenz:* Erzählungen stellen Ereignisse als bedeutsam dar. Erzählungen lassen sich daraufhin beurteilen, wie sie Erfahrungswirklichkeit evident und exemplarisch werden lassen.

Das Narrativ ist ein Agent des Gefühlslebens. Geschichten lenken den Blick auf die Erscheinungen des Lebens, im Hinblick auf die einzelne Person und im Hinblick auf das soziale Kollektiv. Sie tun das als szenisches Geschehen, sprachlich verfertigt, und im engagierten Dabeisein und Mitkonstruieren des Hörers oder Lesers.

Erzählungen strukturieren die Imagination

Erzählungen sind einflussreich, sie strukturieren die Imagination. Der narrative Kosmos verweist auf seinen Schöpfer, den Erzähler, der in eigener Sache spricht. In eigener Sache heißt oft zugleich in kollektiver Sache. Das Narrativ von Ödipus wurde zur Kollektiverzählung moderner Liebeskrankheit. Das Narrativ von Narkissos wurde zur Kollektiverzählung moderner Selbstsuche. Modelliert das Narrativ von Ödipus Konflikte um Intimität, Rivalität, Etablierung, Auszeichnung, Generativität und Autorität, so modelliert das Narrativ von Narkissos Konflikte um Anerkennung, Konkurrenz, Abgrenzung und Profilierung. Ein Mädchen-Drama, ein Loyalitätsdilemma zwischen Mutter und Tochter, gestaltet das Demeter-Persephone-Narrativ: Eine Mutter, innig mit der Tochter verbunden, leidenschaftlich die Männer hassend, kann sie nicht gehen lassen, schon gar nicht zu einem Mann.

Man bemerkte in der Pionierzeit der Psychoanalyse bei psychisch erkrankten, seinerzeit als hysterisch diagnostizierten Personen ein Auftreten und Gebaren, das enthüllt und verbirgt (Freud 1900, S. 575f.), sowohl in der körperlich-szenischen Darbietung als auch im Erzählprozess. Die Patientinnen und Patienten befinden sich beispielsweise in Episoden agitierter Bewusstseinstrübung und im konvulsivischen Anfall. Sie stellen sich im Symptomgeschehen so dar, als erlebten sie eine erregende Szene. Deren Bedeutung aber scheint ihnen fremd zu sein. Dieser Eindruck vermittelt sich, wenn der Untersucher das, was er sieht und versteht, als Mitteilung auffasst und dazu eine Geschichte rekonstruiert. In dieser Perspektive nimmt er teil an einer enthüllenden Inszenierung besonderer Art: Er ist emotional engagierter Zuschauer bei einer Szene, die dem Betrachter etwas Bedeutungsvolles mitteilt, für den Produzenten aber nur Ausdruck von Störung und Leiden ist. Was sich szenisch ereignet, hat für Patient und Therapeut nicht die gleiche Bedeutung. Das Spiel funktioniert nach dem Muster: *Ich sehe was, das du nicht siehst.* Und: *Ich zeige dir und seh' es nicht.* Das heißt, der Arzt sieht, was der Patient nicht sieht. Und doch ist der Patient darstellender Akteur. Der Arzt rechnet ihm die Darstellung zu. Der Patient führt etwas vor, will aber nichts davon wissen. Die Patienten verbergen vor sich selbst, was sie szenisch zur Darstellung bringen, und deklarieren das Geschehen als rätselhaftes Widerfahrnis, das als Symptom oder Krankheitserscheinung aufzufassen sei. Freud (1895) schildert das anschaulich und ausführlich am Fall der Emmy von N. in den *Studien über Hysterie* (Freud 1895). Von dort aus entwickelt sich das »szenische Verstehen« (Argelander 1970, S. 60) und unterstreicht damit die Bedeutung des »Erlebnis[ses] mit der Patientin in der Gesprächssituation selbst« (ebd., S. 60). Szenisches Verstehen muss also die Haltung des Registrierens, Kategorisierens und Normierens stets hinterfragen, um dies als eigenes Phänomen, als Beziehungsfigur beleuchten zu können. Dann kann sich szenisches Verstehen in einer Haltung unvoreingenommenen Wahrnehmens ereignen (Lorenzer 1983).

Das Spiel nach dem Muster *Ich zeige dir was und seh' es nicht* findet sich auch in Erzählungen von Patienten. Und sehr wohl ereignet sich dort auch heute von Zeit zu Zeit jenes einst als hysterisch diagnostizierte Auftreten und Gebaren, das enthüllt und verbirgt. Ihr therapeutisches Gegenüber hört zu und sieht, was die Patienten zwar erzählen, aber – noch – nicht ins reflektierende Bewusstsein nehmen (Boothe 1996). Dazu die Erzählung einer jungen erfolgreichen Wissenschaftlerin, deren grundloses Weinen ihr selbst rätselhaft ist. Sie teilt die Begebenheit in der ersten psychotherapeutischen Abklärungssitzung mit. Sie sucht psychotherapeutische Hilfe, weil sie in geselligen Situationen ihres Berufsalltags, im Kreis von Personen geringer oder mittlerer Vertrautheit plötzlich und grundlos in Erregung gerät und Tränen vergießt. Die Situation ist ihr peinlich, die Umstehenden sind verwundert und können nicht helfen. Frau J kann sich das Weinen – ein Jahr lang geht das schon – nicht erklären, es sei aber sehr deutlich aufgetreten, als sie auf Reisen einen Besuch bei ihrer in Wien lebenden Freundin machen wollte. So erzählt sie das Ereignis[1]:

Frau J (1. Erzählung, 1. Therapiesitzung)
Besuch der Freundin, doch nur der Freund ist anzutreffen
ich habe eine Freundin gehabt
die habe ich, ähm, auf einer Reise kennengelernt

1 Es wird als Folge von Subjekt-Prädikat-Verbindungen wiedergegeben. Redeteile, die sich nicht als Subjekt-Prädikat-Verbindungen darstellen lassen, erhalten eine eigene Zeile. TI heißt Therapeutenintervention. Der Wiedergabe liegen die Transkriptionsregeln der Ulmer Textbank nach Mergenthaler (1992, 1993) zugrunde.

und die wohnt in Wien
und die hat mit ihrem damaligen Freund zusammengelebt in einem Haus
und dann bin ich auch einmal in Wien gewesen, bei meinem Freund
der ist eben auch
den habe ich über sie kennengelernt, (TI: mhm) meinen jetzigen Freund
und dann bin ich einmal bei ihm zu Besuch gewesen
und da hab ich gedacht
(TI: der hat in Wien gewohnt?)
jawohl
und dann bin ich dort vorbei, einfach bei ihr
weil ich sie wieder einmal habe besuchen wollen
und dann ist sie nicht dort gewesen, sondern nur ihr Freund
und er ist eben so jemand
mit dem
ich weiß nicht
er bringt mich einfach völlig
ich weiß nicht
woran das liegt
und auf jeden Fall, dann haben wir
dann sind wir
(TI: was sind denn das für Gefühle, die da …)
ich fühle mich völlig unsicher ihm gegenüber
(TI: mhm) und ich weiß gar nicht
was ich überhaupt sagen soll
und mir kommt alles so blöd vor
also ich fühle mich einfach überhaupt nicht wohl
(TI: haben Sie denn das Gefühl, Sie müssten wie etwas unter Druck, Sie müssten etwas …)
ja
ich weiß nicht
es ist irgendwie das Gefühl
wenn er mich nur schon anschaut
ich habe das Gefühl

der
ich komme mir schon so richtig nackt vor
also (TI: mhm)
und dann bin ich eben dort gewesen
und dann sind wir im Garten gesessen
und irgendetwas Belangloses geschwatzt und so
und dann irgendwann, ähm, ist es um eben um die Daniela gegangen
und ich habe mit ihr eben auch ein wenig Krach gehabt dort
weil sie ist sehr eifersüchtig gewesen
und ja
und auf jeden Fall, dann haben wir über sie geredet
und dann habe ich nur so gesagt
ähm oder er hat gesagt
ja
wir hätten ja glaub' auch nicht mehr so viel Kontakt
und dann habe ich nur so irgendetwas Zynisches gesagt
ja, irgendwas irgendwas
es sei halt nicht mehr wie früher oder irgendwie so etwas
und dann auf einmal ist es losgegangen
dass ich auch wieder einfach hätte losheulen können
und dann hat er nur so gesagt
ja also, was ist denn mit dir los und so

Die Erzählung setzt ein mit einer längeren Orientierung über Ort und Zeit und Figuren und deren Beziehungen, um sodann mit der Kundgabe einer Absicht zu starten: *und da hab ich gedacht*, die in die Tat umgesetzt wird: *und dann bin ich dort vorbei, einfach bei ihr.* Es folgt eine zusätzliche Begründung*: weil ich sie wieder einmal habe besuchen wollen.* Unerwartet jedoch findet die Besucherin sich allein mit dem Freund der Freundin in deren privatem Bereich. *und dann ist sie nicht dort gewesen, sondern nur ihr Freund.* Nun unterbricht die Erzählerin die weitere Ereignisdarstellung, um nach Worten zu suchen, mit denen sie den Mann beschreiben könnte: *und er ist eben so jemand/mit dem/ ich weiß nicht/er bringt mich einfach völlig/ich weiß nicht/woran das liegt.* Sie kapituliert vor der Aufgabe, den Mann und seine Wirkung zu charakterisieren, will mit der Geschichte fortfahren. Das gelingt nur zaghaft: *und auf jeden Fall, dann haben wir/dann sind wir.* So fordert der Therapeut sie zur Fortsetzung des Explorierens und Nachdenkens auf: *(TI: was sind denn das für Gefühle, die da ...)/ich fühle mich völlig unsicher ihm gegenüber [...] wenn er mich nur schon anschaut [...] ich komme mir schon so richtig nackt vor.* Das Ringen um Worte hält an, Ansätze, Abbrüche, Korrekturen, Reformulierungen häufen sich. Der Mann erscheint – mindestens dem Zuhörer der Erzählung – als erotischer Provokateur in souveränem Status, der eine Frau verunsichern, in Aufregung versetzen und schwach machen kann. Doch geht es weiter zwischen den beiden im privaten Raum der Freundin. Schließlich kommt es zur Thematisierung der Beziehung, die Frau J mit Daniela gegenwärtig unterhält: *und dann habe ich nur so gesagt/ähm oder er hat gesagt/ja/wir hätten ja glaub' auch nicht mehr so viel Kontakt/und dann habe ich nur so irgendetwas Zynisches gesagt/ja, irgendwas irgendwas/es sei halt nicht mehr wie früher/oder irgendwie so etwas/und dann auf einmal ist es losgegangen/dass ich auch wieder einfach hätte losheulen können/und dann hat er nur so gesagt/ja also, was ist denn mit dir los/und so.*

Hat er gesagt: *wir hätten ja glaub' auch nicht mehr so viel Kontakt,* oder hat sie das gesagt? Erst heißt es, sie habe das gesagt, dann soll er es gesagt haben. Sagt sie es selbst, so bekundet sie damit, dass die Beziehung zu Daniela in Distanz geraten ist. Die freundschaftliche Bindung hat sich gelockert, gelockert haben sich damit auch Pflichten freundschaftlicher Loyalität. Sagt er es, dann legt er der Besucherin nahe, dass Pflichten freundschaftlicher Loyalität eher locker genommen werden könnten. Die Erzählerin bevorzugt in ihrer Darstellung, dass er es gesagt hat und überlässt damit ihm die Initiative zur Marginalisierung der Bedeutung von Freundschaftspflichten der abwesenden Frau gegenüber. Dann jedoch *habe ich nur so irgendetwas Zynisches gesagt/ja, irgendwas irgendwas/es sei halt nicht mehr wie früher/oder irgendwie so etwas.* Damit bezieht Frau J unwiderruflich selbst Position: Was früher war, gilt jetzt nicht mehr, auch wenn sie es mit *irgendwas* und *irgendwie so etwas* ins Diffuse bringen will. Nun tritt das Symptom auf: *dass ich auch wieder einfach hätte losheulen können.* Und der Mann reagiert mit Erstaunen: *und dann hat er nur so gesagt/ja also, was ist denn mit dir los.*

Auf die indirekte Kundgabe, es sei nicht nötig, auf die abwesende Daniela Rücksicht zu nehmen, folgt nicht die Annäherung an den anwesenden Mann, sondern ein gleichsam weinender Zusammenbruch. Damit kann die Erzählerin sich selbst versichern, dass sie nicht aktiv Handelnde, sondern passiv Leidende ist, mit dem verdeckten Nebeneffekt, sich dem erregenden männlichen Gegenüber gleichwohl preisgeben zu dürfen. Eine im Symptom sich inszenierende psychodynamische Kompromissbildung nach dem Muster: Die erotische Versuchungssituation der Intimisierungschance mit dem verbotenen Mann wird zwar im narrativen Prozess arrangiert, aber nicht bewusst zur Kenntnis genommen, sondern verdrängt. Es kommt nicht zur erotischen Avance, sondern zu Konfusion, die sich auch auf der Ebene des Sprachlichen – durch Stammeln und Rupturen – eindrucksvoll zur Darstellung bringt; sodann bildet sich das ausdrucksvolle Symptom: eine vom Weinen ergriffene Frau in Selbstauflösung dem Manne dargeboten. Ob er sie wohl in die Arme genommen hat? Die Erzählung verrät das nicht, sie endet mit *und so.* Es verwundert nicht, dass der Therapeut in der folgenden Gesprächssequenz Frau J fragt, ob der Mann ihr Eindruck mache und gefalle, und es verwundert nicht, dass er eine vieldeutige Antwort erhält.

Frau J arrangiert in der Erzählung eine Beziehungskonstellation zwischen vier Figuren: Die Ich-Figur, die ihren Freund besucht und von ihm weggeht, um ihre Freundin zu besuchen, dort deren Liebespartner trifft und mit ihm eine Weile allein bleibt. Zwischen den beiden könnte erotische Nähe entstehen. Das wäre Verrat an der Freundin. Frau J macht Schritte hin zum Verrat und zeigt dann das Symptom. Auch am Ende der Erzählung kommt es vor den Augen des jungen, attraktiven Therapeuten zum Weinen. Die Patientin ist nach der Scheidung der Eltern zusammen mit der etwas jüngeren Schwester bei der Mutter aufgewachsen. Die Trennung der Eltern war für alle Beteiligten ein außerordentlich schmerzlicher und kummervoller Prozess.

Der Loyalitätskonflikt, die Versuchung zum Bruch mit weiblicher Solidarität, wie das Narrativ sie präsentieren, lässt sich auch auf biografische

Mitteilungen beziehen, die Frau J macht. So schildert sie den Vater als Person mit künstlerischen Ambitionen bei geringen Erfolgsaussichten; er trug kaum etwas zum Erhalt der Familie bei. Die Tochter vermisste den Vater nach der Trennung der Eltern, er aber suchte den Kontakt nicht, und die einsame Mutter, die Frau J stark an sich band, sah sich den neuen Herausforderungen kaum gewachsen. Bis zur Gegenwart hofft die Patientin auf die Zuneigung und Anerkennung des Vaters. Er lebt allein, finanziell beengt, neigt zum spontanen Chaos, ist als väterliche Bezugsperson nicht verfügbar, und wenn er sich meldet, bleibt er sehr mit sich und seinen Plänen beschäftigt. Frau J thematisiert ihre Biografie in der Perspektive von Bindung und Treue, Loyalität und Versuchung, erotischer Sehnsucht und Zweifel am eigenen Genügen.

Die Psychoanalyse und ihr narratives Potenzial

In psychoanalytischer Arbeit ist narrative Intelligenz gefragt. Beide Gesprächspartner schaffen eine Beziehung, die vertrauenswürdig, verlässlich, in ihren Regeln und Normen transparent und produktiv ist und die im Dienst von Übertragung und Gegenübertragung der Imagination und der szenischen Aufführung Raum gibt (Boothe/Grimmer 2004). Psychoanalyse als klinischer Dialog ist narrativ und szenisch darstellende, explorative und reflexive Arbeit, aber auch eine der Stärkung und Entwicklung des Ich dienende Kooperationsform. Sie funktioniert umso aussichtsreicher, je eindeutiger der Analysand – aber auch der Analytiker – in der Lage ist, eine positiv-engagierte Bindung ans Gegenüber herzustellen, und je stärker seine Motivation ist, das Vermiedene, Verleugnete und Verdrängte mit dem Ziel einer Zunahme an Produktivität und Beziehungsmut aufzulösen.

Patienten suchen Hilfe, erzählen von sich selbst und oft so, dass sie dabei im Licht negativer Fremdeinwirkungen erscheinen. Das therapeutische Gegenüber stellt sich darauf ein, emotional beteiligter Mitgestalter der Geschichte zu sein, der Analytiker lässt sich im imaginativen Mitvollzug in den Sog narrativer Kollaboration ziehen; das so entstehende Übertragungs-Gegenübertragungs-Geschehen kommt zur szenischen

Gestaltung und Ausgestaltung und lässt sich dann der nachträglichen Inspektion, Exploration und Reflexion beider Beteiligter unterziehen. Psychoanalytische Therapeuten stellen eine Probebühne für szenisches Geschehen im Hier und Jetzt bereit; und sie ermöglichen den explorativen und reflexiven Dialog als Selbstverständigung zu zweit (Mertens 1997, S. 44–61). Dabei spielt die Bezugnahme auf szenisches Geschehen in der therapeutischen Situation sowie auf erzähltes Geschehen, auf das beide zurückkommen können, eine bedeutende Rolle.

Das Denken in dynamischen Konfigurationen, die Orientierung an und in Beziehungen, das Erschließen und Mitgestalten von narrativen Inszenierungen sind Markenzeichen psychoanalytischer Praxis. Den narrativen Produktionen der Patienten schenkt man Interesse. Narrative Inszenierungen bringen Wunschvorstellungen, Angstvorstellungen, Abwehrmassnahmen zur Darstellung, sie sind Kundgaben aus dem persönlichen Kosmos einer Person. Luborsky (1998) legte ein systematisiertes Verfahren zur Analyse des »Zentralen Beziehungskonflikts« (CCRT = Core Conflictual Relationship Theme, deutsch: ZBKT; Luborsky/Kächele 1988) vor. Mithilfe dieses Verfahrens lassen sich aus transkribierten Protokollen von Behandlungsstunden *Beziehungsepisoden* – episodische Narrative und Situationsschilderungen – extrahieren, wobei sich ein Beziehungsdreischritt darstellen lässt: Der zentrale Beziehungskonflikt eines Patienten erscheint 1. als Beziehungswunsch, den er selbst an einen anderen richtet, 2. als dessen Beziehungsantwort und 3. als die eigene Antwort auf diese Partnerreaktion. Das systematisierte, auch für quantitative Berechnungen nutzbare Verfahren findet in der psychoanalytischen Beziehungs- und Übertragungsforschung ausgedehnte Verwendung. Bei der diagnostischen Beurteilung werden die vom Patienten geschilderten Interaktionen mit bedeutsamen Anderen berücksichtigt, aus denen auf das persönliche subjektive Beziehungserleben geschlossen werden kann. Auf diese lassen sich hypothetisch habituelle interpersonelle Erwartungen und Befürchtungen formulieren. Staats (2004) hat beispielweise eine große Studie zum »zentralen Thema der Stunde«, »zur Bestimmung von Beziehungserwartungen und Übertragungsmustern in Einzel- und Gruppentherapien« vorgelegt. Die manualisierte psychodynamische Diagnostik (Arbeitskreis OPD

2006) verwendet die Bestimmung des ZBKT zur Erschließung prototypischer Beziehungsmuster, die ein Patient unterhält, und führt das im OPD entwickelte diagnostische Interview, das auf die Gewinnung von narrativen Beziehungsepisoden zugeschnitten ist.

Modellnarrative dienen dazu, Veränderungen im Zuge der untersuchten Therapieverläufe zu zeigen und unter anderem narrative Kriterien für Veränderung zu entwickeln. Neue Beziehungserfahrungen und veränderte narrative Darstellungsmuster hängen zusammen. Der Behandlungsprozess hat im Spiegel der Narrative eine eigene Geschichte.

Psychoanalyse gilt nicht mehr als Entdeckungs-, sondern als Konstruktionsverfahren. Man erschließt nicht, heißt es, das Gewesene und was in der Person ist, sondern es vermitteln sich neue Perspektiven im Dialog. Assoziationen, Übertragungen, Erinnerungen, Affekte ereignen sich nicht naturwüchsig, sondern sind Elemente einer sozialen Situation, die sich regelhaft organisiert und als geregelte Kommunikation abläuft. Bedeutsame Emotionalität artikuliert sich im narrativen Modus und mit metaphorischer Kompetenz. Erzählen und Metaphernwissen sind im psychoanalytischen Verständigungszusammenhang von weit größerer Bedeutung, als dies vor der narrativen Wende der Psychologie und der Aufmerksamkeit für die Metaphernanalyse schien.

Wer in der Frühzeit seines Lebens die Chance hatte, eine Person zu werden, die Geschichte und Zugehörigkeit hat, sich in ihrer Umgebung positioniert, über Aussichten und Grenzen verfügt, der hat Herkunft und Zukunft, hat eine Geschichte des Erzählens und des Erzählerwerbs (Nelson 1995). Die Vertrauten der Kindheit gaben ihm zu sagen, was ihn freut und was er leidet. Und wenn er erzählend ausdrückt, was ihn freut und was er leidet, gewinnt er andere dafür, sich seiner Leiden und Freuden anzunehmen. Erzählen schafft Beteiligung. Erzählen schafft auch eine Bühne der Verständigung über den persönlichen Selbst- und Weltbezug, den ein Erzähler hat. Erzählen ist Weltverwandlung im Zeichen von Erfüllung und Misere. In der Psychotherapie geht es darum, die Dramaturgien von Glück und Verzweiflung in der Analyse der individuellen Erzählorganisation auszuloten und in therapeutischer Beziehungsarbeit für die Lebenspraxis zugänglich zu machen. Wer über die Möglichkeit der narrativen Kommunikation nicht oder nur in eingeschränktem Mass verfügt, hat es schwer, andere dafür zu gewinnen, sich seiner anzunehmen. Sprache ist ihm kaum ein Medium der Befindlichkeitsregulierung, der Selbstmitteilung, die das Gegenüber erreicht und eine Gemeinschaft produktiven Imaginierens schafft. Hier ist es therapeutische Aufgabe, dem psychischen Leben des anderen Kontur zu geben, Angebote des Erzählens und der Narrativierung des Erlebens zu machen.

Literatur

Arbeitskreis OPD (2006): Operationalisierte Psychodynamische Diagnostik. Grundlagen und Manual. Bern (Huber).

Argelander, H. (1970): Das Erstinterview in der Psychotherapie. Darmstadt (Wiss. Buchgesellschaft), 6. unveränderte Aufl. 1999.

Bergmann, J. (2000): Reinszenierungen in der Alltagsinteraktion. In: Streeck, U. (Hg): Erinnern, Agieren und Inszenieren. Enactments und szenische Darstellungen im therapeutischen Prozess. Göttingen (Vandenhoeck & Ruprecht), S. 203–221.

Billmann-Mahecha, E. (2000): Narrative Psychologie. In: Wenninger, G. (Hg.): Lexikon der Psychologie. Band III. Heidelberg (Spektrum Akademischer Verlag GmbH).

Boesch, E. E. (2000): Homo narrator. Handlung, Kultur, Interpretation. Zeitschrift für Sozial- und Kulturwissenschaften 9, 205–230.

Boothe, B. (1996): Appell und Kontrolle. Beziehungsmuster in der männlichen Hysterie. In: Seidler, G. H. (Hg.): Hysterie heute – Metamorphosen eines Paradiesvogels. Stuttgart (Ferdinand Enke Verlag), S. 166–193.

Boothe, B. (2001): The rhetorical organisation of dream-telling. Counselling and Psychotherapy Research 1(2), 101–113.

Boothe, B. (2004): Der Patient als Erzähler in der Psychotherapie. Gießen (Psychosozial-Verlag), Vandenhoeck & Ruprecht 1994.

Boothe, B. & Grimmer, B. (2004): Die therapeutische Beziehung aus psychoanalytischer Sicht. In: Rössler, W. (Hg.): Die therapeutische Beziehung. Berlin (Springer), S. 37–58.

Boothe, B.; Grimmer, B.; Luder, M.; Luif, V.; Neukom, M. & Spiegel, U. (2002): Manual der Erzählanalyse Jakob. Version 10/02. Berichte aus der Abteilung Klinische Psychologie, Nr. 51. Zürich (Psychologisches Institut der Universität Zürich).

Boothe, B.; Wyl, A. v. & Wepfer, R. (1999): Narrative Dynamics and Psychodynamics. Psychotherapy Research 9(3), 258–273.

Boothe, B. & Wyl, A. v. (2004): Story dramaturgy and personal conflict: JAKOB – a tool for narrative understanding and psychotherapeutic practice. In: Angus, L. E. & McLeod, J. (Hg.): The handbook of narrative and psychotherapy. Practice, theory, and research. London (Sage), S. 283–296.

Brooks, P. (1998): Fictions of the wolf man: Freud and narrative understanding. In: Brooks, P. (Hg.): Reading for the plot. Design and intention in narrative. Oxford (Clarendon Press), S. 264–285.

Bruner, J. (1990): Acts of meaning. Cambridge (Harvard University Press).

Bruner, J. (2003): Making Stories: Law, Literature, Life. Cambridge (Harvard University Press).

Deppermann, A. & Lucius-Hoene, G. (2005): Trauma erzählen – kommunikative, sprachliche und stimmliche Verfahren der Darstellung traumatischer Erlebnisse. Psychotherapie & Sozialwissenschaft 7(1), 35–73.

Freud, S. (1895): Studien über Hysterie. Mit Josef Breuer. GW I.

Freud, S. (1900): Die Traumdeutung. GW II/III.

Lorenzer, A. (1983): Sprache, Lebenspraxis und szenisches Verstehen in der Psychoanalyse. Psyche – Z Psychoanal 37(2), 97–115.

Luborsky, L. & Kächele, H. (1988): Der zentrale Beziehungskonflikt ZBK. Ulm (PSZ-Verlag).

Luborsky, L. (1998): A guide to the CCRT-method. In: Luborsky, L. & Crits-Christoph, P. (Hg.): Understanding transference. The CCRT-method. New York (Wiley).

Lucius-Hoene, G. (2002): Narrative Bewältigung von Krankheit und Coping-Forschung. Psychotherapie & Sozialwissenschaft 4(3), 166–203.

Lucius-Hoene, G. (2009): Erzählen als Bewältigung. Psychoanalyse. Texte zur Sozialforschung 13(2), 139–147.

Lucius-Hoene, G. & Deppermann, A. (2002): Rekonstruktion narrativer Identität. Ein Arbeitsbuch zur Analyse narrativer Interviews. Opladen (Leske & Budrich).

Lucius-Hoene, G. & Deppermann, A. (2004): Narrative Identität und Positionierung. Gesprächsforschung – Online-Zeitschrift zur verbalen Interaktion 5, 166–183.

Luif, V.; Thoma, G. & Boothe, B. (Hg.) (2006): Beschreiben – Erschließen – Erläutern. Psychotherapieforschung als qualitative Wissenschaft. Lengerich (Pabst).

Mergenthaler, E. (1992): Die Transkription von Gesprächen. Ulm (PSZ).

Mergenthaler, E. (1993): Die Ulmer Textbank. Sprache und Datenverarbeitung 17, 73–80.

Mertens, W. (1997): Psychoanalyse. Geschichte und Methoden. München (Beck).

Nelson, K. (1995): Erinnern und Erzählen: Eine Entwicklungsgeschichte. In: Petzold, Hilarion (Hg.): Die Kraft liebevoller Blicke. Psychotherapie und Babyforschung. Band 2. Paderborn (Junfermann), S. 167–191.

Neukom, M. (2005): Die Rhetorik des Traumas in Erzählungen. Mit der exemplarischen Analyse einer literarischen Eröffnungssituation. Psychotherapie & Sozialwissenschaft 7(1), 75–109.

Polkinghorne, D. E. (1988): Narrative knowing and the human. New York (State University of New York).

Polkinghorne, D. E. (2004): Narrative therapy and postmodernism. In: Angus, L. E. & McLeod, J. (Hg.): The handbook of narrative and psychotherapy. Practice, theory, and research. London (Sage), S. 53–67.

Ricoeur, P. (1989): Zeit und Erzählung. Band II: Zeit und literarische Erzählung. München (Fink).

Ricoeur, P. (1991): Zeit und Erzählung. Band III: Die erzählte Zeit. München (Fink).

Rosenthal, G. (1995): Erlebte und erzählte Lebensgeschichte. Gestalt und Struktur biografischer Selbstbeschreibungen. Frankfurt/M. (Campus).

Rosenthal, G. (2002): Biographisch-narrative Gesprächsführung: Zu den Bedingungen heilsamen Erzählens im Forschungs- und Beratungskontext. Psychotherapie & Sozialwissenschaft 4(1), 204–227.

Schafer, R. (1979): The appreciative analytic attitude and the construction of multiple histories. Psychoanalysis and Contemporary Thought 2, 3–24.

Schafer, R. (1980): Action and narration in psychoanalysis. New Literary History 12(1), 61–85.

Schapp, W. (1953): In Geschichten verstrickt. Zum Sein von Mensch und Ding. Hamburg (Meiner).
Schütze, F. (1977): Die Technik des narrativen Interviews in Interaktionsfeldstudien: dargestellt an einem Projekt zur Erforschung von kommunalen Machtstrukturen. Arbeitsberichte und Forschungsmaterialien 1 der Universität Bielefeld: Fakultät für Soziologie [vervielf. Manuskript].
Schütze, F. (1983): Biographieforschung und narratives Interview. Neue Praxis 13(3), 283–293.
Spence, D. P. (1982): Narrative truth and theoretical truth. The Psychoanalytic Quarterly 51(1), 43–69.
Spence, D. P. (1982a): Narrative truth and historical truth. Meaning and interpretation in psychoanalysis. New York (Norton).
Spence, D. P. (1983): Narrative persuasion. Psychoanalysis and Contemporary Thought 6(3), 457–481.
Spence, D. P. (1986): Narrative smoothing and clinical wisdom. In: Sarbin, Th. R. (Hg.): Narrative psychology. The storied nature of human conduct. New York (Praeger), S. 211–232.
Spence, D. P. (1994): The rhetorical voice of psychoanalysis. Cambridge (Harvard University Press).
Staats, H. (2004): Das zentrale Thema der Stunde. Die Bestimmung von Beziehungserwartungen und Übertragungsmustern in Einzel- und Gruppentherapien. Göttingen (Vandenhoeck & Ruprecht).
Streeck, U. (1997): Verhüllte Wunscherfüllungen im sozialen Raum. Vortrag im Rahmen des Symposiums »Über das Wünschen« an der Universität Zürich, März 1997.
Streeck, U. (2000): Szenische Darstellungen, nichtsprachliche Interaktion und Enactments im therapeutischen Prozess. In: Streeck, U. (Hg): Erinnern, Agieren und Inszenieren. Enactments und szenische Darstellungen im therapeutischen Prozess. Göttingen (Vandenhoeck & Ruprecht), S. 13–55.
Thoma, G. (2005): Die Gestaltung traumatischer Erfahrungen im narrativen Prozess. Psychotherapie & Sozialwissenschaft 7(1), 7–33.
Thomä, H. (1999): Zur Theorie und Praxis von Übertragung und Gegenübertragung im psychoanalytischen Pluralismus. Psyche – Z Psychoanal 53(9/10), 820–872.
Weilnböck, H. (2005): Man will es kaum wahrhaben: die Psychoanalyse hatte doch recht! Empirische Psychotherapie- und Psychoanalyse-Forschung als Provokation von Geistes- und Sozialwissenschaften. Besprechungsessay zu Poscheschnik, G. (Hg.): Empirische Forschung in der Psychoanalyse. Grundlagen – Anwendungen – Ergebnisse. Gießen (Psychosozial-Verlag). URL: http://www.literaturkritik.de/public/rezension.php?rez_id=9473&ausgabe=20060 (Stand: 02.06.2010).
Weilnböck, H. (2006): Auf dem steinigen Weg zur Einlösung eines literaturwissenschaftlichen Desiderats: Empirisch-klinisch gestützte Forschung über Literatur und Psychotrauma. Review Essay: Fricke, H. (2004). Das hört nicht auf. Trauma, Literatur und Empathie [88 Absätze]. Forum Qualitative Sozialforschung 7(2), Art. 25. URL: http://nbn-resolving.de/urn:nbn:de:0114-fqs0602256 (Stand: 02.06.2010).
Welzer, H. (2003): Was ist autobiographische Wahrheit? Anmerkungen aus Sicht der Erinnerungsforschung. In: Bruder, K.-J. (Hg.): Die biographische Wahrheit ist nicht zu haben. Gießen (Psychosozial-Verlag), 183–204.
Wyl, A. v. (2000): Magersüchtige und bulimische Patientinnen erzählen. Eine narrative Studie der Psychodynamik bei Essstörungen. Psychoanalyse im Dialog, Band 9. Bern (Peter Lang).

»Überschätzung des Wortzaubers«

Lässt sich Freuds Misstrauen gegen die Philosophie philosophisch begründen?

Alice Holzhey-Kunz

Einleitung

Freuds Kritik an der Philosophie richtet sich gegen die spekulative Philosophie als Lieferantin von Weltbildern. Dabei kümmert ihn weniger der Inhalt als der philosophische Anspruch, mit den Mitteln des Denkens ein umfassendes und in sich geschlossenes Bild der Welt entwerfen zu können. Ihn ärgert der anmaßende Charakter philosophischer Weltbilder, die, weil sie sich nicht an das halten, was man wirklich weiß und wissen kann, illusionären Charakter haben, nicht anders als Kunst und Religion. Seine Argumente sind teils allgemein wissenschaftlicher, teils spezifisch psychoanalytischer Natur. Nun stellt es kein Problem dar, Freuds empirisch-wissenschaftliche Kritik der philosophischen Spekulation auch philosophisch zu begründen, kann man dafür doch den philosophischen Empirismus oder Skeptizismus heranziehen. Anders verhält es sich mit seiner psychoanalytischen Kritik an der spekulativen Philosophie. Lässt auch sie sich philosophisch begründen? Ich stelle diese Frage, weil ich von der Antwort auch einen Hinweis auf das Verhältnis von Psychoanalyse und Philosophie erwarte. Fällt sie negativ aus, dann sind und bleiben Philosophie und Psychoanalyse zwei voneinander unabhängige Disziplinen, die (nicht anders als andere Disziplinen auch) einen mehr oder weniger intensiven und auch mehr oder weniger fruchtbaren Dialog miteinander führen können. Fällt sie hingegen positiv aus, dann rücken Philosophie und Psychoanalyse näher zusammen. Denn eine gelingende philosophische Begründung von Freuds psychoanalytischer Kritik an der Philosophie muss sich einem gemeinsamen Bezugspunkt verdanken, den ich abschließend herausstellen will.

Philosophie als Wortzauber

Freud wirft der spekulativen Philosophie »Überschätzung des Wortzaubers« vor. Das ist bekanntlich ein Vorwurf, den man nicht selten auch der Psychoanalyse macht. Auch sie setzt ja ausschließlich aufs Wort, auf die Heilkraft des bloßen Redens, statt gezielte Psychotechniken anzubieten: »In der analytischen Behandlung geht nichts anderes vor als ein Austausch von Worten zwischen dem Analysierten und dem Arzt« (1916–17, S. 9). Doch die Worte haben hier und dort eine ganz andere Funktion. Freud bezichtigt die Philosophie nicht deshalb der Wortzauberei, weil sie sich aufs Wort beschränkt, sondern weil sie mit Worten etwas hervorzaubert, was in Wahrheit gar nicht existiert. In der Psychoanalyse hingegen dienen die Worte, wie schon der Name sagt, der »Analyse« und nicht der »Synthese«, mit ihnen wird nichts kreiert, sondern im Gegenteil das, was der Patient präsentiert (sei dies ein Traum oder ein Symptom), in seine »elementaren Bestandteile zerlegt« und dadurch ein falscher Schein aufgelöst (1918, S. 185).

Philosophische Weltbilder als Trugbilder

Freud macht aus seiner Abneigung gegen die spekulative Philosophie keinen Hehl. Liest man seine Kritik, ist man zunächst erstaunt, dass er kaum als Psychoanalytiker, sondern hauptsächlich als Vertreter der empirischen Wissenschaften argumentiert. Es scheint ihm vor allem um den Nachweis zu gehen, dass nur empirische Forschung das Wissen über die Realität wirklich zu erweitern vermag. Indirekt will er damit klarstellen, dass die Psychoanalyse selbst ganz den empirischen Wissenschaften zugehört, nichts mit Philosophie zu tun hat. Das ist ihm wohl deshalb ein so großes Anliegen, weil er sehr wohl um den zweideutigen – wissenschaftlichen *und* philosophischen – Charakter seines eigenen Werkes weiß, dieser Zweideutigkeit gegenüber aber ambivalent ist.

Jede Disziplin hat ihren Gegenstand und ihre Methode, und so wie jede Methode ihrem Gegenstand adäquat sein muss, so kann auch nur die richtige Methode wahre Erkenntnis über den Gegenstand bringen. Mit beidem ist es Freud zufolge in der Weltanschauungsphilosophie schlecht bestellt, denn ihr Gegenstand ist die *Welt im Ganzen*, ihre Methode das *reine*, von der Beobachtung der Realität abgekoppelte *Denken*. Damit will sie zu viel, und will es auch noch auf eine unmögliche Art und Weise. Sie will mittels »logischer Denkoperationen« ein »lückenloses und zusammenhängendes Weltbild« (1932, S. 173) herstellen, weshalb es sich um eine rein »intellektuelle Konstruktion« handelt (ebd., S. 170). Einen äußerst populären Begriff seiner Zeit benutzend, bezeichnet Freud eine umfassende und in sich logische Weltdeutung als »Weltanschauung«.

Freud kann den Unterschied zwischen Weltanschauungsphilosophie und Wissenschaften nicht genug betonen. Das hat damit zu tun, dass auch die Wissenschaften Aussagen über die Welt machen, nur greifen sie nicht aufs Ganze aus, sondern ihre Forschung vollzieht sich in den vielen Teilgebieten. Hinzu kommt, dass die Wissenschaften allesamt noch jung sind, weshalb auch in diesen Teilgebieten erst Bruchstücke von Wissen vorliegen, das sich, wenn überhaupt jemals, erst in ferner Zukunft zu einem Ganzen runden wird. Deshalb scheint die Philosophie mit ihrer umfassenden Weltkenntnis den Wissenschaften weit voraus zu sein. Nur: Das Wissen der Wissenschaften erwächst aus der empirischen Forschung und vermag darum die Kenntnis der realen Außenwelt wirklich zu erweitern; das Wissen der Philosophie hingegen ist »weltabgewandt«, weil es, statt sich auf Beobachtungen zu gründen, dem bloßen Denken entspringt. Das Denken hat zwar auch in den Wissenschaften eine große Bedeutung, aber es steht doch grundsätzlich im Dienste der »intellektuellen Bearbeitung sorgfältig überprüfter Beobachtungen« (ebd., S. 171). Weil die Wissenschaften, anders als die Philosophie, der Beobachtung verpflichtet sind, ist ihr Fortschritt »langsam, tastend, mühselig« (ebd., S. 188).

Freud spielt die scheinbare Schwäche der Wissenschaften inklusive der

Psychoanalyse absichtlich gegen die scheinbare Stärke der Philosophie aus, weil sie für ihn Ausdruck der »Bescheidung zur Wahrheit« (ebd., S. 197) ist. Im Unterschied zur Philosophie weiß die Wissenschaft um ihre Grenzen und gerade darin liegt ihre Tugend: »Wir wissen genau, wie wenig Licht die Wissenschaft bisher über die Rätsel dieser Welt verbreiten konnte; alles Poltern der Philosophie kann daran nichts ändern« (1926, S. 123).

Um zu verstehen, warum die philosophische Unbescheidenheit für Freud ein solches Ärgernis darstellt, muss man die Philosophie mit der Religion vergleichen, die seit alters für ihre Gläubigen ein lückenloses Bild der Welt bereithält. Aber während die jüdisch-christliche Religion, die Freud im Blick hat, ihr Wissen aus Offenbarungen bezieht, gewinnt es die Philosophie durch das Denken. Die Philosophie steht also den Wissenschaften viel näher, und deshalb ist ihr viel schwerer beizukommen als der Religion. Gegen Letztere kämpft ja Freud ebenfalls mit der Waffe des Denkens, und spricht sogar von »unserem Gott Logos«, der an die Stelle des allmächtigen Gottes der Offenbarung zu treten habe (vgl. 1927, S. 378). Eben diesem »Gott Logos« huldigt nun aber auch die Philosophie, und wenn sie seine Macht auch überschätzt, so kann sie doch darauf pochen, eine rationale statt religiös-irrationale Weltsicht anzubieten.

Im Vergleich zur obsolet gewordenen Religion ist also die Weltanschauungsphilosophie zeitgemäß, eben weil sie auf die »Stimme des Intellekts« setzt und nicht auf göttliche Offenbarung. Das macht philosophische Weltanschauungen für moderne, aufgeklärte Menschen attraktiv, die sich zwar aus der Abhängigkeit von der Religion emanzipiert haben, auf die Vorteile einer umfassenden Weltdeutung aber nicht verzichten wollen. Der philosophische Schein ist, eben weil er rationaler Natur ist, schwieriger nachzuweisen als der religiöse, und deshalb ist die Philosophie gegen Kritik vonseiten der Wissenschaften relativ immun. Freud unterstellt ihr deshalb eine überhebliche Haltung, auf die er mit bissigem Spott reagiert: »Nehmen wir demütig die Verachtung auf uns, mit der die Philosophen vom Standpunkt ihrer höheren Bedürftigkeit auf uns [der Wissenschaft verpflichtete Psychoanalytiker] herabschauen« (1926, S. 123). Doch er lässt die (vermeintliche) Verachtung nicht auf sich sitzen, sondern quittiert sie mit dem Nachweis der (wenig rühmlichen) Herkunft philosophischen Denkens.

Der heimliche Animismus der spekulativen Philosophie

Freud begnügt sich nicht damit, den illusionären Charakter philosophischer Weltbilder nachzuweisen, welche diese ihrer Rationalität zum Trotz in eine Reihe mit Kunst und Religion stellt. Gemäß seiner Überzeugung, dass man etwas nur versteht, wenn man es auf seine historischen Anfänge zurückführen kann, fragt er nach dem Ursprung des philosophischen Denkens und findet es im Animismus. »Sie werden das Urteil kaum abweisen können, daß unsere Philosophie wesentliche Züge der animistischen Denkweise bewahrt, die Überschätzung des Wortzaubers, den Glauben, daß die realen Vorgänge in der Welt die Wege gehen, die unser Denken ihnen anweisen will« (1932, S. 178). Der Hinweis auf den animistischen Kern der Philosophie dient zweifellos nicht nur der sachlich-historischen Aufklärung, sondern hat auch den Nebeneffekt einer narzisstischen Genugtuung. Statt sich auf ihre Modernität und damit auf ihre Überlegenheit gegenüber Religion *und* Wissenschaft etwas einbilden zu können, muss sich die Philosophie nun von Freud sagen lassen, dass sie jenes archaische Denken beerbt, welches einer noch infantileren Phase der Menschheitsentwicklung angehört als alle Religionen.

Einschub: Die Psychoanalyse zwischen Wissenschaft und Weltanschauung

Nun hat auch die Psychoanalyse Merkmale einer Weltanschauung an sich – und zwar nicht erst heute, sondern bereits zu Freuds Zeiten. Freud weist selber mehrmals auf diesen Umstand hin und man darf vermuten, dass seine Abneigung gegen die spekulative Philosophie auch damit zu tun hat, dass es ihm schwer fällt, dies eingestehen zu müssen. Im späten Aufsatz »Die endliche und die unendliche Analyse« bezeichnet er die Metapsychologie sogar als »Hexe«, die doch immer wieder »dran muß«, wenn neue Fragen auftauchen: »Ohne metapsychologisches Spekulieren und Theoretisieren – beinahe hätte ich gesagt: Phantasieren – kommt man hier keinen Schritt weiter« (1937, S. 69). Analog beschließt Freud bereits 1911 seine Darstellung von Schrebers Paranoia mit der »Erwähnung einer Ähnlichkeit«, die »vielleicht unsere Libidotheorie im Urteile vieler Leser schädigen wird«. Und zwar geht es um die gar »auffällige Übereinstimmung« seiner Libidotheorie mit Schrebers Wahn. Mit selbstironischem Unterton fügt Freud an: »Es bleibt der Zukunft überlassen, zu entscheiden, ob in der Theorie mehr Wahn enthalten ist, als ich möchte, oder in dem Wahn mehr Wahrheit, als andere heute glaublich finden« (1911, S. 315).

Doch nicht erst der zunehmende Ausbau der Psychoanalyse zu einem geschlossenen metapsychologischen System bringt diese in eine Nähe zu philosophischen Gesamtansichten der Welt, sondern sie besteht von Anfang an. Freuds Psychoanalyse beginnt mit der Entdeckung des Unbewussten, und diese Entdeckung beinhaltet als solche das Versprechen, die bisherigen großen Wissenslücken der Bewusstseinspsychologie dank dem Rekurs aufs Unbewusste füllen zu können. Hinzu kommt, dass Freud schon früh die psychoanalytische Methode nicht nur aufs einzelne Individuum, sondern auch auf soziale und kulturelle Phänomene anwendet und damit die Psychoanalyse als eine neue Universalperspektive auf die Welt anbietet.

Wie ambivalent Freud der Doppelrolle der Psychoanalyse als Wissenschaft und als Weltanschauung gegenübersteht, zeigt seine 1926 erhobene Klage gegen nicht namentlich genannte Schüler, welche neuerdings seine (vor nur drei Jahren gemachten!) Aussagen zur »Schwäche des Ich« als »Grundpfeiler einer psychoanalytischen ›Weltanschauung‹« missbrauchen würden (vgl. 1926, S. 123). Ihn ärgert hier, dass andere seine Aussagen als definitive Erkenntnisresultate festschreiben wollen; er profiliert sich dagegen als empirischer Wissenschaftler, der immer neu bereit ist, einmal gemachte Erkenntnisse wieder umzustoßen, weil er um deren grundsätzlich vorläufigen und revisionsbedürftigen Charakter weiß. Seine neue Einsicht, dass das Ich keineswegs nur »schwach« ist, wie er vor Kurzem noch meinte, sondern auch Leistungen zu erbringen vermag, die seine »Mächtigkeit« bezeugen, ist ihm dafür ein willkommener Anlass.[1]

Philosophische Weltbilder als Baedeker?

Wer mit Freuds hermeneutischem Ansatz vertraut ist, weiß, dass der Sinn eines Symptoms erst dann verstanden ist, wenn nicht nur sein »Woher«, sondern auch sein »Wohin oder Wozu« aufgeklärt ist (vgl. 1916–17, S. 294). Das gilt ebenso für den auszulegenden Sinn philosophischer Weltbilder. Darum genügt es ihm nicht, die Herkunft aus dem Animismus nachzuweisen, sondern er will auch zeigen, welcher unbewussten Absicht sie dienen. Nun ist eine unbewusste Absicht psychoanalytisch immer eine ›unmögliche‹, besteht in der scheinbaren Erfüllung eines unerfüllbaren Wunsches. Freud macht nacheinander zwei unbewusste Absichten geltend, ohne allerdings beide voneinander abzuheben. Zum einen unterstellt er den Weltanschauungen, den Wunsch nach einem Baedeker erfüllen zu wollen: »Ich bin überhaupt nicht für die Fabrikation von Weltanschauungen. Die überlasse man den Philosophen, die eingestandenermaßen die Lebensreise ohne einen solchen Baedeker, der über alles Auskunft gibt, nicht ausführbar finden« (1926, S. 123).

Für das Leben einen Baedeker zu haben, der (wenn auch nur vermeintliche) Orientierung und damit Sicherheit gibt, ist eines der Grundbedürfnisse des Menschen. Die Wissenschaften kommen dafür nicht

1 Diese ›Abrechnung‹ Freuds mit gewissen Schülern, die sich herausnehmen, aus ›seiner‹ Psychoanalyse etwas zu machen, was nicht in seinem Sinn ist, hinterlässt deshalb einen etwas zwiespältigen Eindruck, weil nicht diese Schüler, sondern er selber mit seinen Äußerungen in den *Vorlesungen zur Einführung in die Psychoanalyse* von 1916–17 bereits den Grundstein für eine um die Schwäche des Ich zentrierte psychoanalytische Weltanschauung gelegt hat. Denn dort deutet er die psychoanalytische Entdeckung, dass »das Ich nicht einmal Herr ist im eigenen Hause«, als einen epochalen Erkenntnisfortschritt, welche ihm Anlass ist, sich in eine Reihe mit Kopernikus und Darwin zu stellen (vgl. 1916–17, S. 295). Und rückblickend kann man feststellen, dass wohl kein Satz von Freud so oft zitiert worden ist und weiterhin zitiert wird wie eben dieser über die randständige Situierung des Ich im eigenen Hause.

infrage. Ihre Erkenntnisse haben zwar sehr wohl großen Einfluss auf das Leben, aber er besteht nicht darin, den Menschen den »richtigen« Weg finden zu helfen, sondern darin, vermittels des technischen Fortschritts die realen Lebensbedingungen zu verändern. Nur: Kommen die Weltanschauungsphilosophien, wie Freud meint, als Baedeker infrage? Vermögen sie nachreligiösen Menschen sogar einen Ersatz für »den alten, so bequemen und so vollständigen Katechismus« zu bieten (ebd.)? Das ist mehr als zweifelhaft. Auch wenn sich aus ihnen moralische Wertmaßstäbe für ein gutes Leben herleiten lassen, so liegt es doch nicht in ihrer Absicht, den Einzelnen durch konkrete und erst noch detaillierte Vorschriften am Gängelband zu halten. Als ob Freud selber von seiner Deutung nicht überzeugt wäre, fügt er unvermittelt ein Bild an, das ein anderes Licht auf die geheime Absicht von Weltanschauungsphilosophien wirft.

Der Philosoph als Sänger in der Dunkelheit

»Wenn der Wanderer in der Dunkelheit singt, verleugnet er seine Ängstlichkeit, aber er sieht darum um nichts heller« (1926, S. 123). Der Kontext lässt keinen Zweifel, dass mit dem Wanderer der Philosoph gemeint ist. Die Metapher macht natürlich nur Sinn, wenn man die Anhänger von Weltanschauungen hinzunimmt: Auch sie sind Wanderer in der Dunkelheit, welche ihre Ängstlichkeit dadurch verleugnen, dass sie dem philosophischen Weltanschauungsgesang zuhören bzw. ihn mit- oder nachsingen.[2]

Freud fügt diesem Bild keinen weiteren Kommentar bei und suggeriert damit, es veranschauliche nur seine Baedeker-Auffassung der Philosophie. Lässt man das Bild aber selber sprechen, dann ist darin

2 Freud kommt verschiedentlich auf die Angst in der Dunkelheit zu sprechen. Seinem genetischen Denkansatz entsprechend kann es sich dabei nur um eine Kinderangst handeln. Das Kind hat in der Dunkelheit Angst, weil es dann die Pflegeperson, von der es abhängt, nicht mehr sieht (vgl. 1916–17, S. 422). Es reagiert also in der Dunkelheit mit Angst »auf die Gefahr des Objektverlusts« (1926, S. 201). Den Kinderängsten vor »Einsamkeit, Stille und Dunkelheit« gesteht Freud immerhin zu, »bei den meisten Menschen nie ganz [zu] erlöschen« (1919, S. 268).

eine andere Funktion von philosophischen Weltbildern versinnbildlicht. Denn während ein Baedeker eine konkrete Wegbeschreibung gibt und also dem Wanderer wie eine Fackel zu leuchten vermag, ändert das bloße Singen nichts an der faktischen Dunkelheit. Es bleibt dunkel, ob man singt oder nicht, aber das Singen bewirkt, dass sich die Situation nicht mehr als dunkel anfühlt und man selber keine Angst mehr verspüren muss. Es geht hier also um aktive Selbsttäuschung und ihre wohltuende Wirkung.

Es gibt bekanntlich zwei Möglichkeiten, um von Angst frei zu werden: man kann entweder an der realen Situation etwas verändern und also die Ursache der Angst bekämpfen, oder man kann versuchen, das Gefühl der Angst zum Verschwinden zu bringen. Wenn Freuds Bild des Wanderers, der in der Dunkelheit singt, auf die Philosophie zutrifft, dann geht es hier um den zweiten Modus von Angstbekämpfung. Dann wirken Weltanschauungen wie eine Droge, die bewirkt, dass man sich angstfrei fühlt. Damit sind wir zurück beim »Wortzauber« der Philosophie. Weltanschauungen wären also für nachreligiöse Menschen deshalb attraktiv, weil sie mit Worten die Angst wegzuzaubern und damit den Menschen in einem Zustand angenehmer Selbsttäuschung zu halten vermögen. Wenn diese Deutung Freuds zutrifft, dann bleibt doch die Frage, welche Art der Angst sich mit Worten wegzaubern lässt.

Ich bringe im Folgenden die existenzphilosophische Theorie der Angst ins Spiel, weil sie mir geeignet scheint, Freuds Deutung philosophisch zu begründen. Damit ist die Auffassung verbunden, dass Freuds eigene Angsttheorie dafür zu kurz greift. Schon sein Bild vom singenden Wanderer macht deutlich, dass es sich um eine Angst handelt, die man indirekt erschließen muss. Denn was für ein Lied der Wanderer auch singt, es darf nicht von der Angst handeln, in der man sich befindet. Ganz analog der Philosoph: Was für eine Welt er auch in Gedanken konstruieren mag, die Angst, die er damit abwehren will, darf in ihr nicht vorkommen. Freud betont zu Recht die Wichtigkeit der Geschlossenheit und also Lückenlosigkeit philosophischer Weltbilder. Diese dürfen keine Lücken haben, weil es sich offenbar um eine Angst handelt, die immer schon »da« ist und darum durch jede Lücke einbrechen kann.

Die Angst der Existenz

In der 1844 erschienenen Schrift *Der Begriff Angst* von Sören Kierkegaard wird die Angst erstmals philosophisch untersucht und gewürdigt. Zwar finden sich seit der Antike explizite philosophische Anweisungen zur Überwindung von Angst. Diese gehen aber immer davon aus, dass es sich dabei um eine menschliche Schwäche handelt. Kierkegaard hingegen erklärt: »Je tiefer die Angst, umso größer der Mensch« (1844, S. 181), und: »In der Geistlosigkeit gibt es keine Angst, dafür ist sie zu glücklich und zufrieden und zu geistlos« (ebd. S. 112).

Um der vorschnellen Meinung, es handle sich bei der von ihm beschriebenen Angst um ein allgemein bekanntes Phänomen, entgegenzutreten, erklärt Kierkegaard, sie sei »gänzlich verschieden von Furcht und ähnlichen Begriffen« und werde »kaum jemals in der Psychologie behandelt« (ebd., S. 50). Kierkegaard macht das andere der Angst daran fest, dass ihr Gegenstand »ein Nichts« sei. Der damit eingeführte Begriff des Nichts ist allerdings wiederum erklärungsbedürftig, weil er das Missverständnis nahe legt, Kierkegaard gehe es lediglich um die in der Psychiatrie seit Langem übliche Unterscheidung von objektbezogener Furcht und objektloser (frei flottierender) Angst, welche auch von Freud erwähnt wird.[3] Kierkegaards »Angst« ist aber gerade nicht objektlos, sondern hat als ihren Gegenstand »ein Nichts«. Was damit gemeint ist, ist noch ein Rätsel. Klar ist hingegen, dass für Kierkegaard alle anderen Angstphänomene, unabhängig davon, ob sie sich auf konkrete und benennbare Gefahren richten oder nicht, und auch unabhängig davon, ob sie real begründet oder irreal sind, unter die »Furcht« fallen.

Kierkegaards Entdeckung der »Angst vor einem Nichts« lässt sich mit Freuds Entdeckung des »Unbewussten« vergleichen. Beide haben, was bisher entweder überhaupt ignoriert oder aber in seiner Bedeutung verkannt und falsch interpretiert wurde, als ein grundlegendes und

3 Freud schreibt, dass dem Angstgefühl zuerst »ein Charakter von Unbestimmtheit und Objektlosigkeit« anhafte, weil es die »traumatische Situation der Hilflosigkeit« reproduziere, um dann, »wenn sie ein Objekt gefunden« habe, gemäß »korrektem Sprachgebrauch« als »Furcht« bezeichnet zu werden (vgl. 1926, S. 197f., 199).

zugleich eigenständiges Phänomen ans Licht gebracht und beschrieben. Genauso wie Freuds Unbewusstes war auch Kierkegaards Angst immer schon »da«, weil sie zum Menschen gehört. Solange man aber nur die Furcht kennt, hat man keine andere Wahl, als ihre Manifestationen den pathologischen Formen der Furcht zuzuordnen und also in der Psychiatrie zu verorten.

Bevor man aber fragen kann, wie sich die Angst manifestiert, müssen jene beiden Merkmale hervorgehoben werden, welche das Besondere der Angst anzeigen. Erstens hat die Angst *keine Funktion im Dienste des Lebens*. Das heißt, dass jene Gefahr, auf welche sich die Angst bezieht, jenseits all jener Gefahren liegt, vor denen wir uns deshalb »fürchten«, weil sie unser eigenes oder das Leben anderer bedrohen (Krankheit, Gewalt, Hunger, Verlassenheit usw.) oder das Lebensglück mindern (Beziehungsverluste, eigenes Scheitern, aufgezwungener Triebverzicht usw.). Zweitens kann die Angst *nicht täuschen*, sie enthüllt immer nur eine Wahrheit, während die Furcht uns oft Gefahren vorgaukelt, die realiter nicht bestehen oder doch harmloser sind, als sie uns in der Furcht erscheinen.

Beide Charakterisierungen der Angst irritieren und scheinen überdies schlecht miteinander vereinbar, denn wie soll ausgerechnet eine funktionslose Emotion eine Wahrheit aufschließen? Für Kierkegaard zeigt aber beides an, dass die Angst eine den Menschen auszeichnende Emotion ist. Das Tier kann keine Angst erfahren, es kennt nur die Furcht, weil es nicht in einem Verhältnis zu sich selber steht. In der Angst verhält sich der Mensch zu sich selbst, zwar nicht zu sich als dieser individuellen Person X, aber zu sich als Menschen. In ihr erfährt er, was es heißt, ein Mensch zu sein.

Daraus folgt, dass die Angst für Kierkegaard eine *philosophische Emotion* ist. Mit dieser Bestimmung widerspricht er zwei eingefleischten Vorurteilen. Zum einen dem Vorurteil, dass alles Philosophieren gedanklicher Natur sei; zum anderen dem Vorurteil, dass Gefühle lediglich reaktiven Charakter haben. Kierkegaards Entdeckung der Angst verlangt von uns – nicht anders als Freuds Entdeckung des Unbewussten – ein Umdenken. Denn wenn die Angst den Menschen erfahren lässt, was es heißt, ein Mensch zu sein, dann sind virtuell alle

Menschen Philosophen, weil nicht zuerst eine philosophische Erkenntnis gewonnen wird, die sekundär Angst auslöst, sondern die Angst, welche prinzipiell alle Menschen heimsuchen kann, als solche eine philosophische Wahrheit aufschließt.

Kehren wir nun nochmals zurück zur rätselhaft gebliebenen Aussage, der Gegenstand der Angst sei »ein Nichts«. Was Kierkegaard damit meint, ergibt sich aus dem folgenden Zitat: »Daß der erkennende Geist ein existierender und jeder Mensch ein solcher für sich existierender ist, kann ich nicht oft genug wiederholen« (1846, S. 329). Kierkegaard ist mit dieser zunächst banal tönenden Erkenntnis, dass jeder Mensch ein »für sich existierender« ist, zum Vater der Existenzphilosophie geworden. Zwar hat die Subjektphilosophie lange vor Kierkegaard gewusst, dass das menschliche Subjekt »für sich« ist. Aber erst Kierkegaard fasst das Für-sich-Sein nicht mehr als ein abstraktes Vermögen, sondern als existenziellen Vollzug. Wenn aber die Angst dem Menschen enthüllt, dass er »für sich existiert«, dann erschließt sie ihm seine Vereinzelung. Mit der Charakterisierung des Menschen als »Einzelner« ist ein anthropologischer Sachverhalt gemeint, der nicht mit Erfahrungen von seelischer Einsamkeit oder von sozialer Isoliertheit verwechselt werden darf. Mit ihr hat hingegen jenes »Nichts« zu tun, das Kierkegaard zufolge der Gegenstand der Angst ist. Denn ein Einzelner zu sein, heißt, »ständig von vorn« anfangen zu müssen: »Indem nun die Geschichte der Gattung vorwärtsschreitet, beginnt das Individuum ständig von vorn« (1844, S. 35). In dieser Situation, ständig von vorn beginnen zu müssen, befindet sich jeder Mensch einfach darum, weil er »für sich existiert« und deshalb nicht wie das einzelne Tier lediglich Teil seiner Gattung ist. Dieser jedem Menschen aufgetragene Neubeginn gilt unabhängig davon, wie eng im jeweiligen Falle das soziale Netz oder wie tragfähig die persönlichen Beziehungen sind. In der Angst erfährt der Mensch, dass er in *nichts* gehalten ist. Heidegger, der Kierkegaards Entdeckung der Angst aufnimmt, spricht in *Was ist Metaphysik* von der »Hineingehaltenheit des Daseins in das Nichts auf dem Grunde der verborgenen Angst«, und bezeichnet den Menschen deshalb als »Platzhalter des Nichts« (1929, S. 41).

Existenzphilosophisches versus psychoanalytisches Angstverständnis

Vergleicht man sowohl die frühere wie die spätere Angsttheorie von Freud mit Kierkegaards Angstverständnis, so wird schnell klar, dass beide von der Furcht und nicht von der Angst handeln. Freud kann das von Kierkegaard als »Angst« bezeichnete Phänomen gar nicht kennen und damit entsprechende Manifestationen auch nicht als solche wahrnehmen, weil für ihn der Angstaffekt grundsätzlich ein *reaktives* Phänomen ist, bezogen auf eine bereits eingetretene oder drohende »Situation der Unbefriedigung« von Triebbedürfnissen (vgl. 1926, S. 168). In seiner ersten Angsttheorie ist die Angst ein (funktionsloses) Umwandlungsprodukt unbefriedigter Libido, in der zweiten wird sie zum zweckmäßigen »Signal«, welches die Gefahr der Nichtbefriedigung eines Triebwunsches früh genug anzeigt, um diese wenn möglich abwenden zu können.

Weil also für Freud nicht die »Angst«, sondern der (Trieb-)Wunsch das unhintergehbar Erste oder Letzte ist, kann er auch die Angst, nicht anders als alle übrigen Emotionen, nur vom Triebwunsch her definieren.[4] Das macht es ihm unmöglich, jene Angst, die er selber an der Wurzel aller Weltanschauungsphilosophie entdeckt, psychoanalytisch zu fassen, was wiederum die Voraussetzung dafür wäre, um sein (berechtigtes) Misstrauen gegen die spekulative Philosophie mit psychoanalytischen Mitteln zu rechtfertigen. Die Existenzphilosophie bietet meines Erachtens dank ihrem Angstverständnis diese Voraussetzung, weshalb ich nun im Folgenden eine (existenz-)philosophische Begründung versuche.

Sinnhaftigkeit versus Faktizität des eigenen Seins

Kierkegaard hat zwar entdeckt, dass die Angst dem Menschen die Wahrheit über ihn selbst als Menschen enthüllt, aber erst Heidegger

4 Es wäre eine Aufgabe für sich, in der Nachfolge Kierkegaards und Heideggers die Freud'sche Triebtheorie existenziell zu interpretieren und zu zeigen, inwiefern jeder Mensch auch mit seinen Triebbedürfnissen »von vorn« beginnen muss, weshalb die Angst (nicht die Furcht) auch schon seine elementarsten Triebregungen durchsetzt.

begründet, warum das nur eine Emotion (und nicht Freuds »Gott Logos«) zu leisten vermag. Diese Begründung ist zentral, weil sich anders nicht verstehen lässt, inwiefern Weltanschauungsphilosophien, welchen Inhaltes auch immer, ein Bollwerk gegen die Angst bilden können.

Ausgehend von Kierkegaards Entdeckung, dass die Angst als emotionale Erfahrung dem Menschen etwas eröffnet, was er anders nicht wissen kann, setzt Heidegger die Emotionen (er spricht von »Befindlichkeit« bzw. von »Stimmungen«) erstmals gleichrangig neben das »Verstehen«[5], indem er auch ihnen die Fähigkeit zuschreibt, dem Menschen das eigene Sein zu erschließen: »In der Befindlichkeit ist das Dasein immer schon vor es selbst gebracht, es hat sich immer schon gefunden, nicht als wahrnehmendes Sich-vorfinden, sondern als gestimmtes Sichbefinden« (1927, S. 135). Diese Aufwertung der Stimmungen ist bereits ein Novum, doch Heidegger geht noch weiter, indem er in einem zweiten Schritt feststellt, dass »die Erschließungsmöglichkeiten des Erkennens viel zu kurz tragen gegenüber dem ursprünglichen Erschließen der Stimmungen, in denen das Dasein vor sein Sein als Da gebracht ist« (ebd., S. 134). Damit ist den Stimmungen sogar ein Vorrang vor dem diskursiven Erkennen zuerkannt, der darin besteht, das eigene Sein »ursprünglich« zu erschließen.

Nun ist mit der pathetischen Rede vom »Ursprünglichen« schon viel Unfug getrieben worden, weshalb es wichtig ist zu klären, was Heidegger damit meint. Aus dem Kontext, der hier nicht in extenso vorgetragen werden kann, wird klar, dass das, was nur in den Stimmungen, nicht aber im Verstehen zugänglich werden kann, das Sein als pure *Faktizität* ist. Heidegger benutzt dafür die Formel vom »Daß es [das Dasein] ist und zu sein hat« (1927, S. 134f.). Das »Daß« des eigenen Seins wird hier von dessen »Sinnhaftigkeit« unterschieden und deshalb als »nackt« bezeichnet. Während alles Verstehen, ob in ganz elementarer oder philosophisch elaborierter Form, immer schon nach dem »Was«,

5 »Verstehen« meint bei Heidegger nicht erst das zur hermeneutischen Methode ausgebildete Verstehen der Geisteswissenschaften, sondern ein viel elementareres Verstehen, das jedem menschlichen Lebensvollzug immanent ist und in dem alles sinnliche Wahrnehmen und logische Denken gründet. Deshalb kann er sagen: »Dasein ist Verstehen.«

»Warum« und »Wozu« und damit nach dem »Sinn«[6] des Menschseins fragt, machen die Stimmungen das »nackte«, sinnbare »Daß« der eigenen Existenz erfahrbar. Für Heidegger hat die stimmungsmäßige Erfahrung deshalb Vorrang, weil sie allem Verstehen zugrunde liegt und es ermöglicht, dann aber durch das Verstehen zwangsläufig verhüllt, weil in Sinn eingehüllt wird.

Ob alle Stimmungen die Sinndimension transzendieren oder ob das nur die Angst vermag, braucht uns hier nicht zu kümmern. Die Angst hat für Heidegger eine Sonderstellung (1927, S. 186ff.), weil man nur in ihr die Erfahrung des *Unheimlichen* macht: »In der Angst ist einem unheimlich« (ebd., S. 188). Das Wort »unheimlich« spricht von der Abwesenheit jenes Heimes, in dem man sich heimisch, vertraut, zu Hause fühlen kann. Unheimlich ist es also dem, der ohne Heim ist. Nun kann man sich auf verschiedenen Ebenen und aus den verschiedensten Gründen unheimisch bzw. heimatlos fühlen. Heidegger geht es um die Unheimlichkeit als Erfahrung eines grundlegenden, zum Menschen als solchen gehörigen »Un-zu-Hause-Seins«, die nichts mit individueller seelischer Einsamkeit oder sozialer Entwurzelung zu tun hat. Denn in der Angst ist einem deshalb »unheimlich«, weil in ihr die »Welt«, in der man lebt und in der man sich also auch auskennt, unversehens »den Charakter völliger Unbedeutsamkeit« annimmt (ebd., S. 186). Das heißt, dass sich in der Angst jeglicher Sinn entzieht, alles bedeutungslos und damit auch belanglos wird, inklusive man selbst. Hier wird der Unterschied zur Furcht nochmals ganz deutlich, denn in der Furcht wird die Welt gerade nicht belanglos, sondern bleibt als bedrohliche hoch bedeutsam. Während man sich in der Furcht innerhalb der Welt, in der man wohnt, bedroht fühlt, fällt man in der Angst aus ihr heraus ins Nichts, sodass nichts mehr da ist, woran man sich verstehend halten könnte. Erst dank diesem radikalen Sinnentzug wird der Mensch mit

6 Der Sinnbegriff wird in der Umgangssprache zweideutig verwendet. Deutlich wird der Unterschied an den beiden Adjektiven »sinnhaft« und »sinnvoll«. Der hier und auch bei Freud verwendete hermeneutische Sinnbegriff ist sehr weit gefasst und meint das Sinnhafte. Was sinnhaft ist, ist deshalb noch lange nicht sinnvoll. Dem Sinnhaften steht das Sinnbare als das »nackte Daß« entgegen, dem Sinnvollen das Sinnlose. Die Differenz von sinnvoll und sinnlos (sinnvolle versus sinnlose Arbeit oder sogar sinnvolles versus sinnloses Leben) bewegt sich also auf dem Boden des Sinnhaften.

der ansonsten verborgenen, nackten Wahrheit seiner Vereinzelung und der damit verbundenen Last, selbst »von vorn beginnen« zu müssen, konfrontiert.

Kein Zweifel, dass Heidegger hier eine traumatische Erfahrung par excellence schildert, die selber nicht verstehbar, nicht sagbar und also auch nicht mitteilbar ist. Zugleich ist es jene Erfahrung, welche jeden Menschen jederzeit heimsuchen kann, auch ohne äußeren Anlass: »Die Angst kann in den harmlosesten Situationen aufsteigen« (ebd., S. 189).[7] Damit sind wir einigermaßen gerüstet, um Freuds intuitive Erkenntnis, dass Weltanschauungen der Angstabwehr dienen, philosophisch zu begründen.

Warum Weltanschauungen vor der Angst schützen

Aus den bisherigen Ausführungen folgt, dass alles Verstehen, auch das ganz alltägliche, vor dem Einbruch der Angst schützt, weil es allem, worauf es sich bezieht, schon irgendeinen Sinn unterstellt. In Weltanschauungen wird diese Schutzfunktion genutzt und zu einem Bollwerk gegen die Angst ausgebaut, indem die Welt im Ganzen als ein geschlossener und damit lückenloser Sinnzusammenhang vorgestellt wird. Freud hat also ihre Funktion hellsichtig durchschaut, auch wenn er nicht zwischen Furcht und Angst zu unterscheiden weiß. Weltanschauungen sind kein Mittel gegen die Furcht, sie können je nach Inhalt sogar die Furcht (zum Beispiel vor dem »Untergang des Abendlandes« oder Ähnlichem) fördern. Sie sind aber ein Mittel gegen die Angst, weil ihre gemeinsame Botschaft lautet, dass alle einzelnen Vorkomm-

---

7 Für diese Art von traumatischer Erfahrung ist innerhalb von Freuds Lust-Unlust-Prinzip kein Platz. Man darf also Heideggers ontologisches Verständnis des Unheimlichen nicht mit jenem »Unheimlichen«, dem Freud eine eigene Abhandlung gewidmet hat, gleichsetzen oder gar vermuten, Freud liefere eine psychoanalytische Deutung von Heideggers »Unheimlichkeit«. Freud hat ein anderes Phänomen im Blick, nämlich »etwas dem Seelenleben von alters her Vertrautes«, das ihm lediglich »durch den Prozess der Verdrängung entfremdet worden ist« und deshalb als ein Gefühl von Unheimlichkeit auftaucht (1919, S. 254).

nisse, mögen sie für sich noch so sinnlos erscheinen, sinnhafte Teil der »Welt« sind und sich deshalb aus der angebotenen weltanschaulichen Perspektive auch verstehen lassen. Damit wird jene Dunkelheit, welche der sinn-baren Faktizität aufgrund ihrer Unfassbarkeit eigen ist, nicht aufgehellt, aber verleugnet. Wer sich eine Weltanschauung zueigen macht, kann das Gefühl, ins »Nichts der Welt« hinausgesetzt zu sein, wenn es auftaucht, als »unsinnig« verwerfen und sich davon distanzieren.[8] Das entlastet zwar nicht von der Aufgabe, das Leben selber zu führen, aber es lässt diese Aufgabe als tragbar, im besten Falle sogar als eine positive Herausforderung erscheinen, weil man sich selbst als Teil eines umfassenden Sinnganzen weiß, in dem man »geborgen« ist.

Weil Freud mit den mannigfachen Variationen der Furcht wohlvertraut ist, hat er keine Mühe, die Angst abwehrende Funktion der Religion auf der Basis seines triebtheoretisch fundierten Angstverständnisses zu deuten. Denn in religiösen Weltbildern wird die Angst nicht direkt abgewehrt, sondern sie wird zuerst *in Furcht umgedeutet* (Furcht vor bösen Geistern, vor der eigenen Sünde, vor der Strafe Gottes, vor dem Teufel oder der Hölle usw.). In den Formen religiöser Furcht vermag Freud mühelos alte Kinderängste und Kinderwünsche wiederzufinden. – Könnte es nicht sein, dass Freuds affektive Abneigung gegen die Philosophie auch damit zu tun hat, dass er sich ihr gegenüber mit seinen psychoanalytischen Mitteln der Deutung in einer ohnmächtigen, der Religion gegenüber hingegen in einer starken Position befindet?

Ein gemeinsamer Bezugspunkt von Psychoanalyse und Existenzphilosophie?

Abschließend gilt es nun jenen gemeinsamen Bezugspunkt von Psychoanalyse und Philosophie auszumachen, den ich einleitend vermutet habe. Damit ist natürlich nicht behauptet, dies sei der einzige überhaupt. Gesucht ist hier nur jener Bezugspunkt, der die Psycho-

8 Auch die psychiatrische Diagnostik dient der Verleugnung der Angst, weil sie all jene Ängste, die nicht »real« auf eine konkret existierende Gefahr bezogen sind, als »Störungen« qualifiziert.

analyse mit einer besonderen Richtung der Philosophie, nämlich der Existenzphilosophie, verbindet und dank dem sich auch Freuds Misstrauen gegen die Philosophie existenzphilosophisch begründen lässt. Ich finde diesen Bezugspunkt im übereinstimmenden Nachweis der zumeist geleugneten Differenz von Sein und Sinn. Diese Übereinstimmung ist umso erstaunlicher, weil Freud mit seiner Entdeckung, dass sogar die manifest unsinnigen psychopathologischen Phänomene einen verborgenen Sinn haben, die Grenzen möglichen Verstehens enorm ausgeweitet hat. Doch Freud ist gerade aufgrund seiner Entdeckung von »unbewusstem Sinn« und seinem daraus resultierenden Bemühen, auch dort noch verstehen zu wollen, wo nach traditionell geisteswissenschaftlicher Auffassung nur noch Sinnentstellungen auszumachen sind, an eine Grenze gekommen, welche die geisteswissenschaftliche Hermeneutik nicht kennt. Er stößt nämlich sowohl in der Analyse von Symptomen wie in der Analyse von Träumen zu jenem Punkt vor, an dem Verstehensbemühungen notwendig scheitern. Bezüglich der Symptome benutzt er dafür das Bild des »gewachsenen Felsen«, bezüglich des Traums spricht er vom »Nabel des Traums«. Bei den Frauen ist der »Peniswunsch«, beim Mann die »Kastrationsangst« jener gewachsene Fels, der aller weiteren Deutung widersteht. In beiden manifestiert sich für Freud »das große Rätsel der Geschlechtlichkeit«. Dieses Rätsel lässt sich zwar mit psychoanalytischen Mitteln ins Bewusstsein heben, aber nicht weiter lüften (1937, S. 99). Dieselbe Erfahrung macht Freud am Traum: »Jeder Traum hat mindestens eine Stelle, an welcher er unergründlich ist, gleichsam einen Nabel, durch den er mit dem Unerkannten zusammenhängt« (1900, S. 116 Anm.; vgl. auch S. 530).[9]

Freud identifiziert zwar das Unerkannte und Unerkennbare einseitig mit dem Biologischen, was zu einer verkürzten Sicht auf die conditio humana führt. Doch wichtiger als diese Differenz scheint mir die übereinstimmende Destruierung der scheinbaren Identität von Sein und Sinn. Deshalb stehen sich psychoanalytische und existenzphilosophische Hermeneutik erstaunlich nahe und heben sich gemeinsam

9 Deshalb lässt sich die psychoanalytische Hermeneutik mit einem Ausdruck Heideggers als »Hermeneutik der Faktizität« bezeichnen (vgl. dazu Holzhey-Kunz 2002, Kap. 17, S. 241ff.).

vom geisteswissenschaftlichen Verstehen ab. Beiden geht es darum, den manifesten Sinn zu transzendieren und das in aller Sinngebung und aller Sinnfindung liegende Täuschungsmoment offenzulegen. Dabei stoßen beide zuletzt auf das, was aller Sinnproduktion zugrunde liegt, aber selbst wie ein Fels jeder Deutungsbemühung widersteht: die Faktizität der conditio humana.

Literatur

Freud, S. (1900): Die Traumdeutung. GW II/III.
Freud, S. (1911): Psychoanalytische Bemerkungen über einen autobiographisch beschriebenen Fall von Paranoia. GW VIII, 239–357.
Freud, S. (1916–17): Vorlesungen zur Einführung in die Psychoanalyse. GW XI.
Freud, S. (1918): Wege der psychoanalytischen Therapie. GW XII, 181–194.
Freud, S. (1919): Das Unheimliche. GW XII, 27–268.
Freud, S. (1926): Hemmung, Symptom und Angst. GW XIV, 111–205.
Freud, S. (1927): Die Zukunft einer Illusion. GW XIV, 323–389.
Freud, S. (1932): Neue Folge der Vorlesungen zur Einführung in die Psychoanalyse. GW XV.
Freud, S. (1937): Die endliche und die unendliche Analyse. GW XVI, 59–99.
Heidegger, M. (1927): Sein und Zeit. Tübingen (Niemeyer), 18. Aufl. 2001.
Heidegger, M. (1929): Was ist Metaphysik. Frankfurt/M. (Klostermann), 15. Aufl. 1998.
Holzhey-Kunz, A. (2002): Das Subjekt in der Kur. Über die Bedingungen psychoanalytischer Psychotherapie. Wien (Passagen).
Kierkegaard, S. (1844): Der Begriff Angst. Stuttgart (Reclam), 2003.
Kierkegaard, S. (1846): Abschließende unwissenschaftliche Nachschrift zu den philosophischen Brosamen. München (DTV), 1976.

Umkämpfte Aufmerksamkeit

AD(H)S: Symptom einer soziokulturellen Krise

Rolf Haubl

Seit Jahren stellt die Aufmerksamkeitsdefizit- und/oder Hyperaktivitäts-Störung (AD[H]S) samt ihren komorbiden Varianten epidemiologisch die größte psychosoziale Belastung von Kindern und Jugendlichen dar. Für Deutschland hat die jüngste repräsentative Erhebung eine Prävalenz von 4,8% ergeben (Schlack et al. 2007). Oft ist es der Übergang vom Kindergarten in die Grundschule mit ihren Anforderungen an soziale Integration und Leistungsbereitschaft, der dazu führt, dass die Betroffenen auffällig werden. Da sich eine AD(H)S nicht mit zunehmendem Alter »auswächst«, beeinträchtigt sie in einer großen Anzahl von Fällen auch das Erwachsenenleben (Faraone et al. 2000).

Vielen Experten und Laien gilt die AD(H)S als eine chronische hirnorganische Krankheit, die mit gutem Erfolg psychopharmakologisch zu behandeln ist (Pelz et al. 2008). Dennoch verstummen die Stimmen nicht, die kritisieren, dass die biomedizinisch-psychiatrische Definitionshoheit über die Störung weitgehend unhinterfragt bleibt (exemplarisch: Timimi 2002, 2005). Aus guten Gründen: Bislang gibt es keinen hinreichend sensiblen und spezifischen neurobiologischen Marker, der eine Kausaldiagnose erlauben würde.

Die organpathologische Interpretation der AD(H)S geht von einer Erblichkeit zwischen 60 und 80% aus (Faraone/Doyle 2001). Dabei wird wie selbstverständlich angenommen, dass es sich um eine genetische und nicht um eine frühkindliche, vielleicht sogar vorgeburtliche soziale Vererbung handelt (Schimmelmann et al. 2006). In dieser Perspektive erscheinen die gesellschaftlichen Rahmenbedingungen von Kindheit und Jugend samt der in sie eingebetteten Beziehungsdynamik zwischen den Generationen sekundär, bestenfalls geeignet, die Intensität der Symptome zu erklären.

Diagnostik und Therapieindikation unter Druck

Für die AD(H)S bei Kindern und Jugendlichen haben Bemühungen von Konsensuskonferenzen dazu geführt, einen aufwendigen Diagnoseprozess zu verlangen, der die gesamte Lebenswelt der Betroffenen in die Beobachtung einbezieht und Vorsicht walten lässt, um Unaufmerksamkeit, Impulsivität und Hyperaktivität nicht vorschnell zu pathologisieren (Remschmidt 2005). Eines solchen Aufwandes bedarf es, weil die Zuschreibung einer AD(H)S über eine Symptomdiagnose erfolgt, mithin auf Urteilen sozialer Wahrnehmung beruht, die immer strittige Normalitätsvorstellungen enthalten.

Was die Therapie der AD(H)S betrifft, so gilt es inzwischen als Behandlungsstandard, sie nicht auf die Einnahme von Medikamenten zu beschränken, weil eine solche Beschränkung unterschiedliche Ätiologien der Kernsymptome ignoriert. Wenn nach sorgfältiger Prüfung eine psychopharmakologische Behandlung indiziert erscheint, sollte sie deshalb je nach Bedarf durch psychotherapeutische, psychoedukative, ergotherapeutische, logopädische, pädagogische oder andere geeignete nichtmedikamentöse Unterstützungen flankiert werden.

Die Empfehlungen der Konsensuskonferenzen versuchen zu verhindern, dass Kinder und Jugendliche therapiert werden, deren AD(H)S-Diagnose nicht sicher ist, und dass Kinder und Jugendliche mit einer sicheren Diagnose lediglich Medikamente und keine multimodale Therapie erhalten. Wie weit diese Standards in der Praxis tatsächlich erfüllt werden, ist bisher nicht systematisch untersucht. Gelegenheitsbeobachtungen lassen allerdings vermuten, dass Diagnose und Therapieindikation in unbekannt vielen Fällen laxer als empfohlen ausfallen. Dafür gibt es verschiedene Gründe.

So kommt es immer wieder vor, dass Eltern mit vergleichsweise unauffälligen Kindern von sich aus nach Psychopharmaka fragen, weil sie deren Leistung steigernde Wirkung für den schulischen Erfolg ihres Nachwuchses nutzen möchten. Darüber, wie Ärzte mit solchen Anliegen umgehen, ist wenig bekannt. Die Diskussion um eine »Wunsch erfüllende Medizin« (Buyx 2008) legt allerdings nahe, sie – abhängig von ihrem medizinischen Fachgebiet (Salmon/Kemp 2002) – in der Versuchung zu sehen, zu schnell von den Diagnose- und Therapiestandards abzurücken.

Neben einer solchen Entgrenzung von Therapie und Enhancement (Haubl/Liebsch 2008b) ist generell zu beobachten, dass auch Eltern von sicher diagnostizierten Kindern und Jugendlichen dazu verleitet werden, die Behandlung auf Psychopharmaka zu beschränken, weil eine solche Behandlung von Schuldgefühlen zu entlasten vermag. Die Dauermedikation bestätigt ihnen, dass die AD(H)S eine genetisch bedingte chronische Krankheit ist, für deren Entstehung sie keine Verantwortung tragen. Dagegen haben Eltern nichtmedikamentöse, vor allem psychotherapeutische Maßnahmen und unter denen wiederum vor allem Sinn verstehende Maßnahmen (Streeck-Fischer/Fricke 2007) in Verdacht, sie dafür verantwortlich zu machen, dass ihre Kinder sozial auffällig geworden sind (Pozzi 2002).

Psychische Entlastung durch genetische Erklärungen

Die Erklärung der AD(H)S als Gendefekt suggeriert, dass es auf den Sinn der Symptome nicht ankommt. Ein eindrückliches Beispiel dafür bietet die folgende – programmatisch zu nennende – Aussage über die betroffenen Kinder: »Gesellschaftliche Normen und Werte werden übergangen und gebrochen. Nicht aber aus einem willentlichen Bewusstsein, wie es ›normalen‹ Menschen zur Verfügung steht, sondern aus einem Defizit heraus. Kinder mit ADHS sind der ›normalen‹ Wahrnehmung genetisch beraubt« (Dieplinger 2003, S. 16).

Der beschwörende Ton dieser Aussage muss stutzig machen. Wenn Regelbrüche der betroffenen Kinder durch deren Gene erzwungen werden, sind sie keine Sozialrebellen. Könnten sie anders, würden sie die Regeln einhalten, weshalb sie auch problemlos allen Behandlungen zustimmen, die ihnen dazu verhelfen. Damit wird den Kindern eine Zustimmung zu den Regeln unterstellt und ignoriert, dass sie ihrerseits gute Gründe haben könnten, die Regeln zu brechen. Indem die Erwachsenen ein berechtigtes Aufbegehren als undenkbar darstellen, wehren sie eine Legitimationsprüfung der geltenden Regeln ab. Dementsprechend tritt etwa die bildungspolitische Forderung nach einer kindgemäßen Schule, die dazu beitragen könnte, AD(H)S-Symptome zu verringern, hinter die Forderung nach schulkonformen Kindern zurück (Haubl 2007, S. 169–180).

Die Erklärung der AD(H)S als Gendefekt gehört dann auch in das Argumentationsrepertoire der meisten Elterninitiativen, von denen es eine große Zahl gibt. Wie es das Beispiel des AdS e. V. (http://www.s-line.de/homepage/ads) veranschaulicht, binden sie die Mitgliedschaft an das Bekenntnis, »dass ADS/ADHS hauptsächlich biologisch begründet ist (z. B. angeboren), kaum dagegen durch Umweltfaktoren, durch interaktionelle oder frühkindliche Entwicklungsprobleme«.

Pointiert lässt sich die Vermutung äußern, dass eine solche Argumentation darauf hinausläuft, psychosoziale Belastungen, die als »Kosten« eines ungesunden Lebensstils entstehen, zu de-thematisieren; anders formuliert: diesen Lebensstil gegen eine kritische Reflexion und den sich gegebenenfalls daraus ergebenden Veränderungsdruck zu immunisieren.

Freilich ist die Erklärung der AD(H)S als Gendefekt letztlich ein schwaches Argument. Denn erwiesenermaßen wird das Erleben und Handeln von Menschen zwar durch Gene gesteuert, aber nicht determiniert. Gene erzeugen Bereitschaften des Erlebens und Handelns, deren Aktivierung und Deaktivierung durch die jeweilige Interaktionsdynamik zwischen Organismus und Umwelt erfolgen (Faller 2003). Folglich nehmen die Erwachsenen, Eltern und andere signifikante Bezugspersonen, großen Einfluss darauf, wie sich die genetische Ausstattung von Kindern auswirkt. Und sie tun dies zwangsläufig als soziale Akteure: als Frauen und Männer, die bestimmte gesellschaftliche Werte und Normen mehr oder weniger bewusst repräsentieren. So gesehen, entlastet eine Erklärung der AD(H)S als Gendefekt keineswegs von Verantwortung für die Entstehung der Symptome – oder nur dann, wenn auf eine vorwissenschaftliche Genetik rekurriert wird. In den Verlautbarungen von Elternvereinen finden sich dann auch Vorstellungen propagiert, die wissenschaftlich zwar längst obsolet geworden sind, sich aber eignen, von Schuldgefühlen zu entlasten.

Reizüberflutete Kindheit

In einer kritischen sozialwissenschaftlichen Perspektive gelten Krankheiten bzw. Störungen, insbesondere dann, wenn sie epidemisch auftreten – genau genommen: diagnostiziert werden – immer auch als Indikatoren für die »Kosten« von Lebensstilen. Lebensstile sind prinzipiell »gewählte« und mehr oder weniger kollektiv anerkannte Formen, wie Gesellschaftsmitglieder ihr Leben führen. Als solche sind sie kontingent, das heißt, es gibt prinzipiell alternative Lebensstile, die »gewählt« werden können. Um darüber zu befinden, einen bestimmten Lebensstil beizubehalten, ihn zu intensivieren oder aber zu verändern, ist es erforderlich, seine Vor- und Nachteile gegeneinander abzuwägen, was freilich nur nach Maßgabe von Leitwerten gelingen kann. Gesundheit gehört zu den Leitwerten einer solchen Evaluation.

Sozialwissenschaftlich betrachtet, sollte es eine Aufgabe des Medizinsystems sein, Krankheiten bzw. Störungen als Lebensstilindikatoren zu thematisieren. Dies geschieht in der Regel aber nicht, zumindest zu wenig, weil die Erfüllung dieser Aufgabe einer latenten Funktion des Medizinsystems zuwiderläuft. Zum einen transformiert das Medizinsystem alles Leid, einschließlich des Leidens an gesellschaftlichen Zumutungen, in Diagnosen, wodurch es innerhalb des Systems nur medizinisch verhandelt werden kann, weil es auch die Leidenden dazu nötigt, sich systemkonform darzustellen. Zum anderen betreibt es eine Individualisierung, wodurch es leicht aus dem Blick verliert, dass individuelles Leid vielfach soziokulturell geteiltes Leid ist. Das sozialwissenschaftliche Konzept einer »Medikalisierung sozialer Probleme« (Conrad 1981, 1992, 2005) bringt auf den Punkt, was das Medizinsystem gesellschaftlich zu leisten hat, weshalb es eine Kritik von Gesundheit gefährdenden (kollektiven) Lebensstilen nur sehr eingeschränkt zu formulieren vermag.

Versucht man auf diesem – holzschnittartig entfalteten – Hintergrund dem AD(H)S-Diskurs eine sozialwissenschaftliche Facette hinzuzufügen, so lässt sich die These formulieren, dass die »Ritalin-Gesellschaft« (de Grandpre 2002) eine Folge der »Erregten Gesellschaft« (Türcke 2002) ist, mithin einer Gesellschaft, die eine multisensorische Reizflut produziert, die schnell zu einer Reizüberflutung wird. Wie gut es den Gesellschaftsmitgliedern gelingt, diese Reizflut zu bewältigen, bleibt ihnen nicht äußerlich. Denn ihr Gehirn ist ein Organ, das einer soziokulturellen »Programmierung« bedarf (Fuchs 2005). Diese erfolgt über leibhaftige Erfahrungen gelungener und misslungener Erregungsregulationen und wirkt sich umso nachhaltiger aus, je früher die entsprechenden neuronalen »Einschreibungen« im Leben eines Individuums stattgefunden haben.

Die bislang überzeugendsten entwicklungspsychologischen Befunde verweisen darauf, dass die betroffenen Kinder und Jugendlichen einen ängstlich-vermeidenden oder desorganisierten Bindungsstil verkörpern, mithin über keine sichere Bindung verfügen (Brisch 2004). So ergiebig das bindungstheoretische Paradigma auch ist, es tendiert dazu, den Aufbau von Bindungssicherheit auf die Feinfühligkeit von Müttern zu reduzieren, die Bedürfnisse ihrer Kleinkinder zutreffend wahrzunehmen und angemessen zu befriedigen, wobei die Erfahrung anregender, aber nicht übererregender Situationen zu den elementaren Bedürfnissen gehört. Sozialwissenschaftlich relevanter wäre das Paradigma dann, wenn es die Ausprägung der mütterlichen Feinfühligkeit mit Lebensstilfaktoren in Verbindung bringen würde (Beck-Gernsheim 1995). So lässt sich etwa ein Lebensstil vorstellen, bei dem die Aufmerksamkeit von Eltern derart durch berufliche Leistungsanforderungen absorbiert ist, dass sie sich nicht auf die Bedürfnisse ihrer Kinder einstellen können.

Im elektronischen Kinderzimmer

Heutige Kinder leben von früh an in einer Mit- und Umwelt, die reich an Reizen ist. Wenn es ihnen nicht – zunächst mit, später ohne Hilfe ihrer Eltern – gelingt, einen Reizschutz zu entwickeln, der die Reize so dosiert, dass sie von ihnen bewältigt werden können, resultiert eine Übererregung, die in eine psychophysische Erschöpfung überzugehen droht. Die Symptome, die Kinder und Jugendliche mit einer AD(H)S zeigen, ähneln denen traumatisierter Menschen (Zappitelli et al. 2001), was die Vermutung stützt, dass die Betroffenen unter Entwicklungsbedingungen eines mangelhaften Reizschutzes bzw. einer mangelhaften Erregungsregulation aufgewachsen sind. Im Verlauf einer solchen Entwicklung werden sie derart »dünnhäutig«, dass es zunehmend geringerer Reizmengen und Reizintensitäten bedarf, um sie zu überfordern. Im Fluchtpunkt dieses Entwicklungsverlaufs liegt eine depressive Verweigerung einer jeglichen Anregung. Insofern ist es – in Anbetracht der hohen Komorbidität mit Depressionen (Blackman et al. 2005) – nicht unplausibel, die AD(H)S-Symptome als Versuche einer Depressionsabwehr zu verstehen.

Unter den soziokulturellen Veränderungen, die ab der zweiten Hälfte des 20. Jahrhunderts die stärksten Auswirkungen auf Reizmenge und Reizintensität in Kindheit und Jugend gehabt haben, gehört zweifellos ein forcierter Medienkonsum. Stark erregende Bildmedien wie Fernsehen und Computerspiele tragen, werden sie von früher Kindheit an konsumiert, dazu bei, dass die Selbstkontrolle der Kinder und Jugendlichen schwach bleibt, weil eine Überflutung mit medialen Reizen die Entwicklung eines strukturell gut integrierten Frontalhirns neurobiologisch verhindert.

Vor allem das Fernsehen versucht, den Ort der Eltern zu besetzen. Es zersetzt deren Vorbildfunktion, indem es bestreitet, dass sie ihrem Kind genug Anregung bieten. Damit wird das Identifizierungsbedürfnis des Kindes von früh an auf mediale Vorbilder umgelenkt. Und bedenkt man, dass TV-Programme immer mehr zum Begleitprogramm von Werbesendungen werden oder mehr oder weniger versteckt selbst der Werbung dienen, heißt das: Kinder durch das Marketing erziehen zu lassen. Dessen kaum mehr heimlich zu nennender Lehrplan aber zielt darauf ab, die Anregung und die mit ihr verbundene körperliche Erregung von den Inhalten zu lösen. Ist das generalisierte Kommunikationsmedium der kapitalistischen Ökonomie das Geld, das den Warentausch regeln kann, weil es indifferent gegen alle Güter ist, die sich kaufen lassen, so ist das generalisierte Kommunikationsmedium der kapitalistischen Libidoökonomie die inhaltsleere körperliche Erregung (Balzer 2004).

Um nur ein Beispiel für die Kolonisierung der Lebenswelt durch das Fernsehen zu nennen: Der US-amerikanische Fernsehsender »Babyfirst« richtet sich an Kleinkinder zwischen sechs Monaten und drei Jahren. Für deren Eltern hält er ein Bildungsversprechen bereit, bei dem der Sender aber von vornherein mit Schuldgefühlen der Eltern rechnet – oder mit deren Bedarf an Rationalisierungen dafür, dass sie ihre Fürsorgepflicht nicht vernachlässigen, wenn sie sich aus der Erziehung ihrer Kinder zurückziehen:

> »Von den ersten Lebensstunden an besitzt das Baby bereits einige Milliarden Neuronen. Diese nützen ihm allerdings nur wenig, weil sie zumeist nicht miteinander verbunden sind. Tatsächlich muss das Gehirn des kleinen Menschen stimuliert werden, um dessen Verbindungen zu vervollständigen. Stimulierung durch Töne und Farben. Weil die tägliche Umgebung des Babys nicht immer ausreichend vielfältig ist, um es anzuregen und auf natürliche Weise seine Entwicklung zu fördern, kann das Fernsehen für das Baby eine wunderbare Quelle positiver Aktivitäten sein. Der Kinderarzt Lyonel Roussant betont dementsprechend, dass das Baby auf dem kleinen Bildschirm Informationen in einem zeitlichen Nacheinander erhält: Ein Begriff folgt dem anderen, was seine Logik entwickelt und seinen Cortex stärkt. Über den Bildschirm begreift das Baby zum Beispiel, dass es besondere Beziehungen zwischen den Bildern gibt, und beginnt allmählich zwischen dem Vorher und dem Nachher zu unterscheiden. Diese Form der Stimulation ermöglicht es ihm, sich geistig besser zu strukturieren, die Zeit besser zu begreifen und seine ›Erinnerung zu stärken‹. Belebt durch die bewegten Bilder [...] und die Farben, die sie erzeugen, besitzt das Fernsehen alles, um das Kind zu faszinieren. Die Kinderärztin Edwige Antier bemerkt dazu, ›dass das Baby, sobald es kann, sich der Fernbedienung bemächtigt. Sie wir bald zu seinem Lieblingsspielzeug. Es begreift sofort, dass die Berührungen dazu dienen, Töne und Personen erscheinen zu lassen, und das ist wirklich magisch! Weil der Mensch vor allem ein kommunikatives Wesen ist. Alles, was die Kommunikation begünstigt, entzückt ihn‹« (zit. n. Stiegler 2008, S. 140f.).

Nach Maßgabe einer repräsentativen Stichprobe von Kleinkindern schauen 40% im Alter von drei Monaten bereits regelmäßig Fernsehen, DVDs oder Videos. Im Alter von 24 Monaten steigt die Zahl auf

90%. Unter denen, die schauen, nimmt die tägliche Dauer von einer Stunde pro Tag bei Kindern unter zwölf Monaten auf mehr als 1,5 Stunden pro Tag bei Kindern von 24 Monaten zu. Als Gründe für den Fernsehkonsum ihrer Kinder geben die Eltern vor allem Bildung, Unterhaltung und Babysitting an. Die Hälfte der Zeit schauen die Kleinen alleine, also ohne die Möglichkeit, den einen oder anderen Elternteil als Erregung regulierendes Hilfs-Ich zu nutzen (Zimmerman et al. 2007). Auch wenn diese Untersuchung aus den USA stammt und die US-amerikanische Fernsehkultur extremer sein dürfte als die Fernsehkultur in Deutschland, liefert sie ein Szenario, das international bedenkenswert ist.

Mediennutzung und Aufmerksamkeit

Vermutlich bestimmt der dominante Mediengebrauch die Art der Aufmerksamkeit. Bis weit in das 20. Jahrhundert hinein ist das Buch das soziokulturelle Leitmedium, dem zugetraut wird, einen wesentlichen Beitrag zur Zivilisierung des Menschen zu leisten:

> »Das stärkere Verlangen nach Büchern innerhalb einer Gesellschaft ist an sich bereits ein sicheres Zeichen für einen starken Zivilisationsschub; denn die Triebverwandlung und -regulierung, die es sowohl erfordert, Bücher zu schreiben, wie sie zu lesen, ist in jedem Fall beträchtlich« (Elias 1977, S. 376).

Das gilt zum einen für das verinnerlichte alleine Lesen, das kulturgeschichtlich aus dem lauten Lesen in der Gruppe hervorgegangen ist (Manguel 1999), zum anderen für das dazu komplementäre Schreiben, die beide Insignien des logozentrischen Weltbildes sind.

Zwar droht nicht gleich die Barbarei, wenn das Buch an soziokultureller Bedeutung verliert, ein Umbau von Gehirn und Geist, einschließlich der Aufmerksamkeit, ist aber nicht von der Hand zu weisen. So zeigt sich bei Kindern, die im Alter bis zu drei Jahren gehäuft Unterhaltungssendungen im Fernsehen konsumiert haben, im Alter von sieben Jahren eine – am Idealtypus der Konzentration gemessene – gestörte

Aufmerksamkeit, und zwar unabhängig von den Sendungsinhalten (Zimmerman/Christakis 2007). Bei Kindern mit einem starken Verdacht auf eine AD(H)S (Conner-Skala: Punktwert größer 15) findet sich dann auch im Vergleich mit einer Kontrollgruppe unauffälliger Kinder ein signifikant anderes Freizeitverhalten: Sie sehen doppelt so viel fern, spielen doppelt so oft Computerspiele und haben häufiger keine anderen Beschäftigungen in ihrer Freizeit als diesen Medienkonsum. In Übereinstimmung damit lesen sie seltener (Großkurth 2005).

Der bislang gewichtigste Befund besagt, dass der Anstieg des Fernsehkonsums um zwei Stunden im Alter von einem Jahr das Risiko, im Alter von sieben Jahren eine AD(H)S entwickelt zu haben, um 28% erhöht (Christakis et al. 2004). Ob sich der Fernsehkonsum auf alle Symptome gleichermaßen auswirkt, ist fraglich. So gibt es eine Untersuchung, die zeigt, dass ein exzessiver Fernsehkonsum im Kindesalter zwar mit Aufmerksamkeitsstörungen in der Adoleszenz korreliert, nicht aber mit Impulsivität und Hyperaktivität (Landhuis et al. 2007). Allerdings lassen sich auch Untersuchungen anführen, in denen es zu keinen Auswirkungen auf die Konzentrationsfähigkeit kommt (Obel et al. 2004; Stevens/Muslow 2006), wobei es an der Verwendung unterschiedlicher Aufmerksamkeitsmaße liegen dürfte, wenn die Befunde unterschiedlich ausfallen.

»Ich bin so gerne ein Kampfjunge.«

Gleich wie strittig auch die empirischen Befunde sind, unstrittig ist, dass der Reizschutz von Kindern zu den zentralen familiären Erziehungsaufgaben gehört, was in Mediengesellschaften nicht zuletzt den Schutz vor einem exzessiven Medienkonsum einschließt. Wie Medien genutzt werden, gehört heute zu den Entscheidungen, die den Lebensstil einer Familie mitbestimmen. Selbst Eltern, die sich AD(H)S als einen Gendefekt erklären, sollten einsehen, dass die Medienerziehung und damit die Regulierung medial vermittelter Erregungen in ihrer Verantwortung liegt. Um diese Verantwortung zu übernehmen, bedarf es eines konsequenten erzieherischen Handelns, das gerade Eltern von

Kindern und Jugendlichen mit einer AD(H)S aber nicht leicht gelingt. Zumindest ist das ein Eindruck, den wir in einem Forschungsprojekt gewonnen haben, in dem betroffene Jungen im Alter von 7 bis 13 Jahren in qualitativen Interviews befragt worden sind (Haubl/Liebsch 2008a, 2008b, 2009).

Eine markante Beobachtung aus diesem Projekt verweist auf einen geschlechtsspezifischen Umgang der Eltern mit der Störung, auf den auch in anderen Untersuchungen bereits hingewiesen worden ist (Singh 2003, 2004): Während die Mütter die Symptome ihrer Söhne für behandlungsbedürftig halten und dementsprechend etwa das gesamte Medikamentenmonitoring übernehmen, sind die Väter nicht völlig überzeugt. Mehr oder weniger bewusst erleben sie die Therapie ihrer Söhne als Angriff auf ein Männlichkeitsbild, das sie klammheimlich verteidigen. Durch diese – meist unausgesprochene – Differenz zwischen den Eltern erhalten die Söhne widersprüchliche Botschaften, die eine aufrichtige Überprüfung des familiären Lebensstils verhindern, wie das in der Familie des siebenjährigen *Silvester* geschieht.

Silvester ist ein aggressiver Junge. Wenn er sagt, er sei »manchmal so ein bisschen böse«, dann verharmlost er seinen Ärger und seine Wut. Vor allem mit seiner Mutter liegt er in einem Machtkampf: »Ja, ich ärgere – hier, manchmal schimpfe ich mit meiner Mama, schimpfe und schimpfe manchmal. Manchmal streite ich mich mit meiner Mama, manchmal streiten wir uns.« Worum gestritten wird bleibt unklar, vermutlich will sie, dass er weniger aggressiv ist. Diesem Zweck dienen ihr die Medikamente. Und sie verabreicht sie ihrem Sohn auf eine Weise, die der als Gewaltanwendung darstellt. Wenn sie ihm die Wahl ließe, dann würde er die Tabletten nicht nehmen. Aber sie lässt ihm keine Wahl: »Mama nimmt die Tablette, macht die aus der Schale, dann schüttet die die auf einen Löffel, die hält meine Nase zu, auf den Löffel kommt dann Wasser und dann in das Glas noch Wasser und dann nimmt Mama den Löffel und steckt mir den Löffel in den Mund und dann trinke ich dazu, aber nicht mit Löffel im Mund trinken.«

Da er die Absicht seiner Mutter kennt, nennt er das Medikament – spöttisch – »Liebtabletten«. Es sind in seiner Wahrnehmung keine Tabletten, die er aus Liebe erhält, sondern die ihn lieb machen sollen, weil seine Mutter ihn nur »gut findet«, wenn er lieb ist. Nur um den Ärger mit seiner Mutter zu vermeiden, nimmt er die Tabletten ein: »Ja, wenn die [Tablette] mich lieb macht, finde ich es gut.« Es sind die Tabletten und deren Wirkung auf seinen Körper, die seine Verwandlung bewirken: »Der Körper reagiert dann ein bisschen und dann, irgendwann, wenn der richtig reagiert, werde ich richtig lieb.« Hinter seiner Zustimmung kommt aber auch Angst zum Vorschein. So erzählt er, dass die Eltern ihm drohen, wenn er böse ist: »Dann sagen die manchmal, ›ich schicke dich jetzt ins Kinderheim!‹« Silvester mag zwar die Scherzhaftigkeit der Drohung erkennen, in seiner Wahrnehmung könnte sie aber genau so gut ernst gemeint sein.

Gegen den der Mutter zugeschriebenen Zwang, dass er lieb sein muss, verteidigt er fast trotzig ein Selbstbild, in dem seine Aggression nicht nur legitimiert, sondern libidinös besetzt ist. Da er andeutet, in »Bandenkämpfe« verwickelt zu sein, lässt sich vorstellen, dass eine medikamentöse Dämpfung seiner Aggression ihn in diesem Zusammenhang auch entscheidend schwächt. Wenn er andeutet, dass ihn manchmal seine eigenen Freunde »verprügeln«, dann stützt das diese Vermutung, gleich, ob es sich um eine Schwächung in seiner gruppeninternen Statuskonkurrenz oder eine Schwächung seiner Kampfkraft gegen andere Banden handelt. Silvester bringt sein Selbstbild auf den Punkt, wenn er sich stolz als »Kampfjunge« und als »Ballerjunge« bezeichnet.

Diese Bezeichnung ist eine Brücke zwischen seinen Kämpfen im realen Leben und den Kämpfen, die er austrägt, wenn er mit seiner Playstation »Kampfspiele« und »Kampfspiele sind Kriegsspiele« austrägt. Solche Spiele spielt er mit seinem Vater, die sich beide in einer Hochschätzung kampfbereiter Männlichkeit nahe sind. Es ist eine Gegenwelt zu der Welt der Mutter, die will, dass er lieb ist. Statt lieb aber will er stark sein, um sich selbst wehren und sogar den Vater gegebenenfalls verteidigen zu können: »Hier, wenn mein Papa mit einer Eisenstange verprügelt wird, ich gehe erst mal hin, bumm.« Woher die vorgestellte brutale Szene eines Verprügelns mit einer Eisenstange resultiert, bleibt unklar. Es könnte eine Symbolisierung eines (eisen)harten ökonomischen Schicksalsschlages sein, denn die Familie ist seit geraumer Zeit »pleite«, und gleichzeitig eine Aggression gegen den Vater, dem es an Stärke fehlt, sich durchzusetzen – noch nicht einmal gegen die Mutter.

Beide Welten prallen unvermittelt aufeinander, wenn Silvester dem Interviewer freudig erzählt: »Heute, wenn ich lieb bin, darf ich an die Playstation.« In dieser Äußerung manifestiert sich die unbewusste Perpetuierung des Problems, das bewusst gelöst werden soll: Silvester bekommt von seiner Mutter Tabletten verabreicht, um seine Aggressionen zu beherrschen, und wenn er sie dadurch beherrscht, darf er zur Belohnung mit seinem Vater Computerspiele spielen, bei denen gewinnt, wer die meisten »Dörfer ausgelöscht«, also auch Menschen »getötet« hat, was eher zu einer weiteren Steigerung der Aggression als zu deren Bewältigung beiträgt.

Helfen da nicht strikte Verbote weiter? Sicher nicht. Denn kein Kind lernt einen kompetenten Gebrauch der Medien, wenn es sie nicht gebraucht. Deshalb ist eine rigide Medienabstinenz keine geeignete erzieherische Maßnahme. Sie erschwert nur die Entwicklung einer Medienkompetenz, die heutzutage zu den Schlüsselqualifikationen der Gesellschaftsmitglieder gehört. Eine solche Kompetenz entsteht nur, wenn Eltern und andere signifikante erwachsene Bezugspersonen sich die Zeit nehmen, empathisch zu begleiten und gemeinsam zu reflektieren, was ihre Kinder und sie selbst erleben, wenn sie in den medial vermittelten virtuellen Welten unterwegs sind.

Kinder und Jugendliche unter Beobachtung

Mediengebrauch ist nur einer der relevanten Lebensstilindikatoren, die es mit dem Ziel einer psychosozialen AD(H)S-Prophylaxe zu bedenken gilt. Ernährungs- und Bewegungsverhalten sind andere, die sich zu einem generellen Gesundheitsverhalten summieren. Der biomedizinisch-psychiatrische AD(H)S-Diskurs tendiert allerdings dazu, die einzelnen Risikofaktoren (wie auch die Schutzfaktoren) zu isolieren und dadurch eine ganzheitliche Betrachtung zu erschweren. So gibt es zum Beispiel Untersuchungen, die eine Korrelation zwischen mütterlichem Rauchverhalten während der Schwangerschaft und den Kernsymptomen der AD(H)S bei ihren Kleinkindern belegen (Rodriguez/Bohlin 2005; Carter et al. 2008), sich aber nicht dafür interessieren, warum Mütter in dieser Zeit rauchen, oder bestenfalls mit »Stress« argumentieren, wodurch aber die subjektive Bedeutung der Belastung unverstanden bleibt.

Der Lebensstilfaktor, der vielleicht am stärksten gegen Veränderungen immunisiert wird, sind die Leistungsanforderungen, die an Kinder und Jugendliche gestellt werden. Auch wenn die bürgerliche Erfindung der Kindheit als einer Schutz- und Schonzeit, in der Kinder in Eigenzeit ihren Eigensinn entwickeln dürfen, schon immer eine illusionäre Paradiesvorstellung gewesen ist, so schwinden doch zunehmend die Grenzen, die einst zwischen den Anforderungen an Erwachsene und den Anforderungen an Kinder gezogen wurden (Sager 2008). Zwar sind Korrelationen keine Kausalitäten, dennoch muss es zu denken geben, dass die rasante Zunahme an AD(H)S-Diagnosen und Ritalin-Verordnungen in Deutschland am Übergang vom 20. ins 21. Jahrhundert in einen Zeitraum fällt, in dem auch ein rasanter Gesellschaftswandel vonstattengeht, der sich als neoliberale Transformation beschreiben lässt.

Für die Gesellschaftsmitglieder hat diese Transformation eine Verringerung an sozialer Sicherheit zur Folge (Burzan 2008). Der neoliberalen Ideologie zufolge steigen zwar die Chancen aller, ihr Glück zu machen, andererseits wird Scheitern immer weniger sozialstaatlich abgefedert, sodass das Risiko steigt, keinen befriedigenden sozialen Status zu erreichen, einen solchen Status nicht halten zu können oder sogar einen Statusverlust hinnehmen zu müssen. Zwar sind die sozialen Sicherungssysteme in Deutschland nach wie vor vergleichsweise intakt, da deren faktischer Abbau aber die Wahrnehmung bestimmt, steigt das gesellschaftliche Angstniveau. Gesellschaftsmitglieder, die mit dem Versprechen identifiziert sind, dass sich Leistung lohnt, verstärken ihre Leistungsbereitschaft und damit einhergehend auch ihre Bereitschaft, mit anderen Gesellschaftsmitgliedern in eine Konkurrenz einzutreten, die an den physischen und mehr noch: an den psychischen Kräften zehrt. Wird die Konkurrenz ruinöser, greifen die Konkurrenten zu riskanteren Mitteln. So wundert es nicht, wenn psychopharmakologisches Enhancement am Arbeitsplatz alltäglich zu werden droht (DAK 2009).

Die nachfolgende Generation unterliegt ähnlichen Tendenzen. Zumindest lassen sich die Ergebnisse einer US-amerikanischen Untersuchung in dieser Richtung interpretieren (McCabe et al. 2005). Sie stellt einen bemerkenswerten Zusammenhang zwischen dem Gebrauch von AD(H)S-Medikamenten als psychopharmakologischen Enhancern und der Wettbewerbsorientierung des Herkunftsmilieus fest: Studierende aus konkurrenten Milieus greifen sehr viel wahrscheinlicher auf solche Enhancer zurück als andere Studierende. Es dürfte – und das nicht nur für die USA – plausibel sein, dass Ähnliches auch für Schüler und Kindergartenkinder gilt, nur dass es in diesen »unmündigen« Lebensabschnitten die Eltern sind, die darauf hoffen, mithilfe von Medikamenten die Wettbewerbsfähigkeit ihrer Kinder zu verbessern.

Werden Kinder in eine konkurrente Welt hineingeboren, stehen sie von Anbeginn ihres Lebens unter Beobachtung. Auch wenn systematische Untersuchungen fehlen, gibt die scherzhafte Frage an eine Schwangere, ob sie sich denn bereits einen Kindergartenplatz gesichert habe und ob der betreffende Kindergarten denn auch auf die Frühförderung von Mehrsprachigkeit eingestellt sei, eine verbreitete Stimmung wieder. Viele Eltern sind tief verunsichert, weil sie sich vor einer fast unlösbaren Aufgabe erleben: Sie möchten die Entwicklung ihrer Kinder optimieren, damit die in ihrem späteren Leben in der Gesellschaft eine Chance haben, wissen aber nicht, was optimal ist, weil es keine unstrittigen Kriterien gibt. So entsteht die paradoxe Situation, sich für Normabweichungen zu sensibilisieren und für Abweichungskorrekturen bereitzuhalten, ohne sich der geltenden Norm sicher zu sein. Folge davon ist eine dauerhafte Alarmiertheit, die mit einem dauerhaften schlechten Gewissen einhergeht, nichts richtig zu machen. In dieser Situation sind Eltern für jeden Rat empfänglich. Gleichzeitig haben sie aber Grund, skeptisch zu sein. So stehen in den Regalen von Buchhandlungen weit über 100 Bücher, die Laien über AD(H)S informieren, die meisten davon mit einem apodiktischen Anspruch.

AD(H)S-Experten bleiben trotz ihrer fachlichen Autorität und des Rollenvertrauens, das ihnen entgegengebracht wird, von dieser Dynamik nicht unberührt. Abgesehen davon, dass auch sie sich nicht einig sind, arbeiten sie in einem emotionalisierten Feld divergierender Erwartungen, in dem sich eine schnelle Diagnose und Therapieindikation verbietet. Eine verantwortungsvolle Aufklärung aller braucht Zeit, vor allem dann, wenn die Kinder und Jugendlichen selbst zu Wort kommen sollen, wie es ihr Recht ist (Rothärmel 2004). So gesehen, stehen die Experten vor der Aufgabe, einen konfliktträchtigen Verständigungsprozess zu moderieren, der allen eine Konfrontation mit ihrem praktizierten oder anvisierten Lebensstil zumutet.

Literatur

Balzer, W. (2004): Lust am Nichtdenken? Zum Verhältnis von Erregung und Beschleunigung in beschleunigten und entgrenzten Lebenswelten. Zeitschrift für psychoanalytische Theorie und Praxis 19(4), 399–416.

Beck-Gernsheim, E. (1995): Für eine soziale Öffnung der Bindungstheorie. Familiendynamik 2, 195–200.

Blackman, G. L.; Ostrander, R. & Herman, K. C. (2005): Children with ADHD and depression: A multisource, multimethod assessment of clinical, social, and academic functioning. Journal of Attentional Disorders 8(4), 195–207.

Brisch, K. H. (2004): Hyperaktivität und Aufmerksamkeitsstörung aus der Sicht der Bindungstheorie. In: Bovensiepen, G.; Hopf, H. & Molitor, G. (Hg.): Unruhige und unaufmerksame Kinder. Psychoanalyse des hyperkinetischen Syndroms. Frankfurt/M. (Brandes & Apsel), S. 45–69.

Burzan, N. (2008): Die Absteiger: Angst und Verunsicherung in der Mitte der Gesellschaft. Aus Politik und Zeitgeschehen 33/34, 6–12.

Buyx, A. (2007): Be careful what you wish for? Theoretical and ethical aspects of wishfulfilling medicine. Medical Health Care and Philosophy 11(2), 133–143.

Carter, S.; Paterson, J.; Gao, W. & Iustini, L. (2008): Maternal smoking during pregnancy and behaviour problems in a birth cohort of 2-year-old Pacific children in New Zealand. Early Human Development 84(1), 59–66.

Christakis, D. A.; Zimmerman, F. J.; DiGuiseppe, D. L. & McCarty, C. A. (2004): Early television exposure and subsequent attention problems in children. Pediatrics 113(4), 708–714.

Conrad, P. (1981): The discovery of hyperkinesis: notes on the medicalization of deviant behavior. In: Ingleby, D. (Hg.): Critical Psychiatry: the Politics of Mental Illness. Hammondworth (Penguin), S. 102–119.

Conrad, P. (1992): Medicalization and social control. Annual Review of Sociology 18, 209–232.

Conrad, P. (2005): The shifting engines of medicalization. Journal of Health and Social Behavior 46(1), 3–14.

DAK (2009): Gesundheitsreport 2009. Köln (DAK).

De Grandpre, R. (2002): Die Ritalin-Gesellschaft. Eine Generation wird krankgeschrieben. Weinheim, Basel (Beltz).

Dieplinger, A. M. (2003): Das Erziehungsverhalten von Eltern als Determinante von ADHD. Linz (Universitätsverlag Trauner).

Elias, N. (1977): Über den Prozess der Zivilisation. Soziogenetische und psychogenetische Untersuchungen. 2. Band. Frankfurt/M. (Suhrkamp).

Faller, H. (2003): Verhaltensgenetik. Psychotherapeut 48(2), 80–92.

Faraone, S. V. & Doyle, A. E. (2001): The nature and heritability of attention-deficit/ hyperactivity disorder. Child and Adolescent Psychiatric Clinics of North America 10(2), 299–316.

Faraone, S. V.; Biederman, J.; Spencer, T.; Wilens, T.; Seidmann, L. J.; Mick, E. & Doyle, A. (2000): Attention-deficit/hyperactivity disorder in adults: an overview. Biological Psychiatry 48(1), 9–20.

Fuchs, T. (2005): Ökologie des Gehirns. Der Nervenarzt 76(1), 1–10.

Großkurth, H. (2005): Häufigkeit von Kindern mit vermuteter ADHS im Patientengut von Allgemein- und Kinderärzten im Raum Aachen, sowie Faktoren, die mit einer ADHS assoziiert sind. Unveröffentlichte medizinische Dissertation an der Universität Aachen.

Haubl, R. (2007): Krankheiten, die Karriere machen: Medizinalisierung und Medikalisierung sozialer Probleme. In: Warrlich, Ch. & Reinke, E. (Hg.): Auf der Suche. Psychoanalytische Betrachtungen zum AD(H)S. Gießen (Psychosozial-Verlag), S. 159–187.

Haubl, R. & Liebsch, K. (2008a): Mit Ritalin leben. Zur Bedeutung der ADHS-Medikation für die betroffenen Kinder. Psyche – Z Psychoanal 62(7), 673–693.

Haubl, R. & Liebsch, K. (2008b): Psychopharmakologisches Enhancement: Der Gebrauch von Ritalin in der Leistungsgesellschaft. sozialer sinn 9(2), 173–195.

Haubl, R. & Liebsch, K. (2009): »Wenn man teufelig und wild ist.« Funktion und Bedeutung von Ritalin aus der Sicht von Kindern. In: Haubl, R.; Dammasch, F. & Krebs, H. (Hg.): Riskante Kindheit. Psychoanalyse und Bildungsprozesse. Göttingen (Vandenhoeck & Ruprecht), S. 129–163.

Landhuis, C. A.; Poulton, R.; Weich, D. & Hancox, R. J. (2007): Does childhood television viewing lead to attention problems in adolescence? Results from a prospective longitudinal study. Pediatrics 120(3), 532–537.

Manguel, A. (1999): Eine Geschichte des Lesens. Reinbek bei Hamburg (Rowohlt).

McCabe, S. E.; Knight, J. R.; Teter, C. J. & Wechsler, H. (2005): Non-medical use of prescription stimulants among US college students: prevalence and correlates from a national survey. Addiction 100(1), 96–106.

Obel, C.; Henriksen, T. B. & Dalsgaard, S. (2004): Does children's watching of television cause attention problems? Retesting the hypothesis in a Danish cohort. Pediatrics 114(5), 1372–1373.

Pelz, R.; Banaschewski, T. & Becker, K. (2008): Pharmakotherapie bei Kindern und Jugendlichen mit ADHD. Eine Übersicht. Monatsschrift Kinderheilkunde 156(8), 768–775.

Pozzi, M. (2002): Wie können wir das Bedürfnis nach Ritalin in der psychodynamischen Beratung von Familien verstehen? AKJP 112, 519–541.

Remschmidt, H. (2005): Global consensus on ADHD/HKD. European Child and Adolescent Psychiatry 14(3), 127–137.

Rodriguez, A. & Bohlin, G. (2005): Are maternal smoking and stress during pregnancy related to ADHD symptoms in children? Journal of Child Psychology and Psychiatry 46(3), 246–254.

Rothärmel, S. (2004): Einwilligung, Veto, Mitbestimmung. Die Geltung der Patientenrechte für Minderjährige. Baden-Baden (Nomos).

Sager, Ch. (2008): »Kindheit« als Erfindung der Moderne oder als anthropologische Konstante. Ein Forschungsstreit. In: Hering, S. & Schröer, W. (Hg.): Sorge um die Kinder. Beiträge zur Geschichte von Kindheit, Kindergarten und Kinderfürsorge. Opladen (Juventa), S. 11–25.

Salmon, G. & Kemp, A. (2002): ADHD: A survey of psychiatric and paediatric practice. Child and Adolescent Mental Health 7(2), 73–78.

Schlack, R.; Holling, H.; Kurth, M. M. & Huss, M. (2007): The prevalence of attention-deficit/hyperactivity disorder (ADHD) among children and adolescents in Germany. Initial results from the German Health Interview and Examination Review for Children and Adolescents (KiGGS). Bundesgesundheitsblatt – Gesundheitsforschung – Gesundheitsschutz 5/6, 827–835.

Schimmelmann, B. G.; Friedel, S.; Christiansen, H.; Dempfle, A.; Hinney, A. & Hebebrand, J. (2006): Genetische Befunde bei der Aufmerksamkeitsdefizit- und Hyperaktivitätsstörung (ADHS). Zeitschrift für Kinder- und Jugendpsychiatrie und Psychotherapie 34(6), 425–433.

Singh, I. (2003): Boys will be boys: Father's perspectives on ADHD symptoms, diagnosis and drug treatment. Harvard Review of Psychiatry 11(6), 308–316.

Singh, I. (2004): Doing their jobs: Mothering with Ritalin in a culture of mother-blame. Social Science and Social Medicine 59(6), 1193–1205.

Stevens, T. & Muslow, A. (2006): There is no meaningful relationship between television exposure and symptoms of attention-deficit/hyperactivity disorder. Pediatrics 117, 665–672.

Stiegler, B. (2008): Die Logik der Sorge. Verlust der Aufklärung durch Technik und Medien. Frankfurt/M. (Suhrkamp).

Streeck-Fischer, A. & Fricke, B. (2007): »Lieber unruhig sein als in einem tiefen Loch eingesperrt.« Zum Verständnis und zur Therapie der Aufmerksamkeitsdefizit- und Hyperaktivitätsstörung aus psychodynamischer Sicht. Praxis der Kinderpsychologie und Kinderpsychiatrie 56(4), 277–302.

Timimi, S. (2002): Pathologiocal Child Psychiatry and the Medicalization of Childhood. Hove (Brunner-Routledge).

Timimi, S. (2005): Naughty Boys: Anti-social Behavior, ADHD, and the role of Culture. Basingstoke (Palgrave Macmillan).

Türcke, Ch. (2002): Erregte Gesellschaft. München (Beck).

Zappitelli, M.; Pinto, T. & Grizenko, N. (2001): Pre-, peri-, and postnatal trauma in subjects with attention-deficit hyperactivity disorder. Canadian Journal of Psychiatry 46(6), 542–548.

Zimmerman, F. J. & Christakis, D. A. (2007): Associations between content types of early media exposure and subsequent attentional problems. Pediatrics 120(5), 986–992.

Zimmerman, F. J.; Christakis, D. A. & Meltzoff, A. (2007): Television and DVD/video viewing in children younger than 2 years. Archiv of Pediatrics and Adolescent Medicine 161(5), 473–479.

II
Psychoanalyse und Gesellschaft

Narzissmus und Macht

Zur Psychoanalyse destruktiver Prozesse in der Politik

Hans-Jürgen Wirth

Narzissmus, Macht und Paranoia

»Keine Macht für niemand« lautete einer der Slogans der 68er-Bewegung. Und Jacob Burckhardt schrieb schon exakt 100 Jahre früher in seinen *Weltgeschichtliche[n] Betrachtungen*: »Und nun ist die Macht an sich böse, gleichviel wer sie ausübe« (Burckhardt 1868).

Aber die Studenten des Pariser Mai '68 forderten nicht nur die Abschaffung der Macht, sondern formulierten auch: »Die Fantasie an die Macht!« und: »Alle Macht dem Volke!«

Macht ist offenbar ein schillerndes Phänomen, das höchst ambivalente Gefühle, Fantasien und Wertungen auslöst. Macht wird einerseits entwertet, verdammt, gar verteufelt und andererseits gilt ihr unsere Faszination. Wir bewundern und beneiden diejenigen, die sie ausüben. Wir träumen heimlich davon, selbst über unendlich viel Macht zu verfügen, und beschwichtigen die Schuldgefühle, die dieser Wunsch auslöst, mit der Vorstellung, diese unendliche Macht natürlich zum Wohle der Menschheit einzusetzen. Alle würden von unserer Macht und Großzügigkeit profitieren – vielleicht ausgenommen diejenigen, die es wirklich nicht besser verdient haben.

Interessanterweise ergeht es dem Begriff des Narzissmus ähnlich wie dem der Macht: Auch ihm haftet eine höchst ambivalente Tönung an. Sigmund Freud stellt dem Narzissmus die Objektliebe diametral gegenüber. Je mehr man seine begrenzte libidinöse Energie an andere Menschen als Liebe und Zuneigung verschenke, umso weniger bleibe sozusagen dafür übrig, sich selbst zu lieben. Wer umgekehrt in erster Linie an sich selbst denke, dem stünden für den Mitmenschen keine Liebesreserven mehr zur Verfügung.

Der Narzissmus erscheint mit dem Egoismus assoziiert und demnach als eine antisoziale Eigenschaft. Wenn wir einen Menschen als narzisstisch bezeichnen, werten wir ihn ab und charakterisieren ihn als egoistisch, ichbezogen und in seinen sozialen Beziehungen beeinträchtigt. Narzisstisch gestörte Persönlichkeiten gelten als psychotherapeutisch schwer behandelbar, und die von manchen Autoren postulierte Zunahme narzisstischer Störungen im Zeitalter des Narzissmus (Lasch 1979) wird als Zeichen eines tief greifenden sozialen Verfalls gedeutet.

Freud (1914) versteht unter Narzissmus den Umstand, dass man das eigene Ich, das eigene Selbst, die eigene Person, den eigenen Körper genauso zum Objekt libidinöser (und aggressiver) Wünsche und Impulse machen kann wie eine andere Person, wie ein äußeres Objekt. Auch kann sich die narzisstische Besetzung auf bestimmte Aspekte der eigenen Person oder des eigenen Körpers beschränken. Man ist dann beispielsweise besonders stolz auf seine musikalischen Fähigkeiten, seinen scharfen Verstand oder seinen durchtrainierten Körper. Man kann sich selbst, den eigenen Körper, die eigenen Merkmale genauso lieben, idealisieren, umsorgen, aber auch hassen, verachten und beschädigen, wie man dies alles einer anderen Person antun kann.

Die moderne Säuglingsforschung hat dem »klassischen« psychoanalytischen Bild vom Säugling als einem autistischen, symbiotischen, ambivalenten, passiven und »primärnarzisstischen« Wesen das Bild vom – wie Martin Dornes (1993) es formuliert hat – »kompetenten Säugling« entgegengesetzt, der von Anfang an in einem aktiven Austausch mit seiner Umwelt steht. Wie die Beobachtung der frühen Mutter-Kind-Interaktion gezeigt hat, suchen bereits Babys direkt nach ihrer Geburt aktiv den Kontakt mit der Mutter. Schon das Lächeln ist ein »Akt der Verführung«, mit dem das Kind die liebevolle Aufmerksamkeit seiner Mutter auf sich lenkt. Der von Freud postulierte »primäre Narzissmus« beschreibt also nicht den normalen und gesunden seelischen Zustand des Neugeborenen, sondern nur die pathologische Fehlentwicklung. Damit ist auch Freuds diametraler Gegenüberstellung von Narzissmus und Objektliebe die Grundlage entzogen. Dies entspricht im Übrigen auch allen klinischen Erfahrungen, die zeigen, dass Patienten, deren Selbstwertgefühl im Laufe der Therapie zunimmt, auch zunehmend fähiger werden, stabile und befriedigende (Liebes-)Beziehungen zu anderen Menschen einzugehen. Man muss geradezu umgekehrt annehmen, dass ein (gesunder) Narzissmus, eine (gesunde) Selbstliebe – wie auch immer »gesund« im Einzelnen zu definieren wäre – einen elementaren Aspekt des menschlichen Seelenlebens darstellt. Nur wenn der Mensch im Laufe seiner Entwicklung ein relativ autonom reguliertes narzisstisches Gleichgewicht findet, das nicht ständig auf narzisstische Bestätigung durch äußere Objekte angewiesen ist, bestehen die inneren Voraussetzungen zur Aufnahme reifer Objektbeziehungen.

Die amerikanische Psychoanalytikerin Jessica Benjamin (1988) hat in ihrem Buch *Die Fesseln der Liebe* den Versuch unternommen, das Problem der Macht mit der existenziellen Abhängigkeit des Menschen einerseits und seinem ebenso existenziellen Bedürfnis nach Souveränität andererseits in Verbindung zu bringen. Der Mensch bleibt sein ganzes Leben lang auf die Anerkennung durch andere Menschen angewiesen. Schon der Säugling hat ein primäres Interesse am Kontakt mit anderen Menschen, vor allem mit der Mutter. Damit sich ein Gefühl der Identität entwickeln kann, bedarf es eines Gegenübers, das durch Liebe und Anerkennung das Selbst-Gefühl bestätigt – oder genauer: überhaupt erst konstituiert. Die Erfahrung, auf den anderen und sein Wohlwollen in fundamentaler Weise angewiesen zu sein, gehört zu den schmerzlichsten Erfahrungen, denen jeder Mensch vom Beginn seines Lebens an immer wieder ausgesetzt ist.

Die Verleugnung der eigenen Ohnmacht und Hilflosigkeit in der Fantasie von der eigenen Allmacht stellt den ersten Versuch des Säuglings dar, mit der kränkenden und schmerzlichen Realität seiner Hilflosigkeit, Ohnmacht und seines totalen Ausgeliefertseins fertig zu werden. Doch muss jedes Kind »mit der Tatsache umgehen lernen, daß es die Mutter nicht magisch kontrollieren kann« (ebd., S. 54). So wie das Kind von der Mutter anerkannt werden will, muss es umgekehrt auch die Mutter als eigenständiges Wesen anerkennen. Das Kind muss also lernen, mit seiner eigenen Abhängigkeit von der unabhängig existierenden Mutter umzugehen.

In dieser Situation können zahlreiche Komplikationen entstehen: Wenn die Abhängigkeit von der Mutter als zu schmerzhaft erlebt wird, kann das Kind in die Versuchung geraten, an seinen omnipotenten Illusionen festzuhalten. Es entwickelt Techniken der Macht und Manipulation, um seinen Willen der Mutter aufzuzwingen. Macht beginnt also schon früh mit dem Versuch, Abhängigkeit zu verleugnen. Das Kind bildet ein grandioses Selbst, das den Glauben bestärkt, die eigene Unabhängigkeit sei erreichbar, ohne den anderen in seiner Unabhängigkeit anzuerkennen.

Eine andere infantile Strategie besteht darin, an der Vorstellung festzuhalten, die Mutter sei nicht getrennt. Das Motto könnte lauten: »Ich bin zwar völlig abhängig von der Mutter, da ich aber eins bin mit ihr, kontrolliere und besitze ich sie genauso, wie sie mich kontrolliert und besitzt.« In der symbiotischen Verschmelzung scheinen auch die Gegensätze von Ohnmacht und Macht aufgehoben zu sein.

Eine weitere Form des Umgangs mit der eigenen Abhängigkeit besteht darin, die eigene Ohnmacht resignativ zu akzeptieren und sich der Macht des anderen zu unterwerfen. Ein solches Kind kann nicht glauben, dass es in seinem unabhängigen wahren Selbst anerkannt wird, und beschließt deshalb, im Gehorsam und der Entwicklung eines falschen Selbst sein Heil zu suchen. Die masochistische Unterwerfung bleibt aber ambivalent und ist mit der heimlichen Fantasie verbunden, durch die Überidentifikation mit der als übermächtig erlebten Autorität an deren Macht zu partizipieren.

Wieder andere Kinder flüchten sich als Folge der erlebten elterlichen Unzulänglichkeit, Vernachlässigung oder des Missbrauchs vorzeitig in eine Trennung von den primären Objekten. Sie spalten die bösen und die guten Anteile ihres Selbst- und Objekterlebens in zwei strikt getrennte Erlebnisbereiche. Während die guten Anteile zur defensiven Selbstidealisierung führen, werden die bösen Anteile nach außen projiziert und die Welt erscheint als von bösen Verfolgern besiedelt. Als eine Spezialform der narzisstischen Persönlichkeitsstörung entwickelt sich die paranoide Persönlichkeitsstörung.

Die Ausübung von Macht, der pathologische Narzissmus und paranoide Projektionen stellen Strategien dar, um die Abhängigkeit zu verleugnen. Indem man andere mithilfe der Macht unterjocht, versklavt oder sich in anderer Form gefügig macht, kann man sich die Illusion verschaffen, unabhängig zu sein. Der andere soll gezwungen werden, seine Anerkennung auszudrücken, ohne selbst Anerkennung zu ernten. Die Anhäufung von noch so viel Macht kann das menschliche »Urbedürfnis« nach Liebe und Anerkennung jedoch nicht ersetzen, sondern nur umformen. Wer Macht hat, kann sich Liebe und Anerkennung zwar erzwingen und erkaufen. Er verschleiert damit jedoch nur seine fundamentale Abhängigkeit, ohne sie wirklich aufheben zu können. »Damit beginnt ein Circulus vitiosus: Je mehr der andere versklavt wird, desto weniger wird er als menschliches Subjekt erfahren und desto mehr Distanz oder Gewalt muß das Selbst gegen ihn einsetzen« (ebd., S. 213). Das daraus folgende Fehlen von Anerkennung führt beim Mächtigen zu einer narzisstischen Mangelerfahrung, narzisstischer Wut und paranoiden Fantasien von bösen Verfolgern, die er mit einer weiteren Steigerung seiner Macht beantwortet. Aus dieser Dynamik leitet sich der suchtartige Charakter von Machtprozessen ab.

Das dynamische Wechselspiel zwischen Narzissmus und Macht wird auf der einen Seite durch die Machtgelüste des Herrschers geprägt, die auf der anderen Seite durch die Unterwerfungs- und Schutzbedürfnisse der Beherrschten ergänzt werden und dessen Macht überhaupt erst ermöglichen. Gesellschaftliche Macht wird gesucht, um innere Gefühle von Ohnmacht, Hilflosigkeit und Minderwertigkeit zu kompensieren und paranoide Ängste in Schach zu halten. Im fanatischen Glauben an eine übermenschliche Macht versucht das Subjekt, die eigene Omnipotenz zu sichern durch eine Unterwerfung, die mit der heimlichen Fantasie verbunden ist, durch die Überidentifikation mit der als übermächtig erlebten Autorität an deren Macht zu partizipieren. Macht übt deshalb gerade auf solche Personen eine unwiderstehliche Anziehungskraft aus, die an einer Persönlichkeitsstörung mit narzisstischen und paranoiden Zügen leiden. Ungezügelte Selbstbezogenheit, Siegermentalität, Karrierebesessenheit und Größenfantasien sind Eigenschaften, die der narzisstisch gestörten Persönlichkeit den Weg in die Schaltzentralen der Macht ebnen. Indem sich der narzisstisch gestörte Führer vorzugsweise mit Jasagern, Bewunderern und gewitzten Manipulatoren (vgl. Kernberg

1998, S. 104) umgibt, verschafft er sich eine Bestätigung seines Selbstbildes, untergräbt jedoch zugleich seine realistische Selbstwahrnehmung und verfestigt seinen illusionären und von Feindbildern und paranoiden Ängsten geprägten Weltbezug. Fremdenhass und Gewalt gegen Sündenböcke zu schüren, gehört zu den bevorzugten Herrschaftstechniken paranoider Führerpersönlichkeiten. Geblendet von seinen eigenen Größen- und Allmachtsfantasien und von der Bewunderung, die ihm seine Anhänger entgegenbringen, verliert der Narzisst den Kontakt zur gesellschaftlichen Realität und muss letztlich scheitern, auch wenn er zeitweise noch so grandiose Erfolge feiern kann. Häufig folgt nach glänzenden Siegen ein jäher und unerwarteter Absturz, weil der narzisstische Herrscher einerseits im Vollgefühl seiner Omnipotenz den Bogen überspannt und andererseits seine paranoide Weltsicht stets neue Feinde sucht und hervorbringt, an denen er schließlich scheitert.

Wenn die paranoiden Verarbeitungsmechanismen dominieren, bringt sich der Herrscher zwangsläufig in die Position des Opfers und weist anderen Personen projektiv die Rolle der Verfolger zu (vgl. Kapfhammer 2000, S. 533). Mit geradezu stoischer Hartnäckigkeit hält er den aggressivsten Angriffen stand und findet darin zumindest eine Bestätigung seiner moralischen Überlegenheit und seiner historischen Auserwähltheit. Nach dem Motto »Viel Feind, viel Ehr'« sucht der paranoide Herrscher die Konfrontation auch mit übermächtigen Gegnern, die schließlich seine Niederlage besiegeln. Slobodan Milošević und Saddam Hussein sind Beispiele für diesen Typus des Paranoikers, der seinen eigenen Untergang selbst herbeiführt, indem er sich mit überlegenen Gegnern anlegt.

Die Bedeutung psychologischer Faktoren in der Politik

Im Folgenden soll versucht werden, diese allgemeinen Überlegungen zum Verhältnis von Narzissmus, Macht und Paranoia an einem praktischen Beispiel zu illustrieren. Die These ist, dass in dem Krieg der USA gegen den Irak die Dynamik von Narzissmus, Macht und Paranoia eine herausragende Rolle spielt. Zweifellos haben die USA ein ökonomisches Interesse an den größten Erdölvorräten der Welt. Offensichtlich wollen sie die Machtverhältnisse im Nahen Osten nach ihren Interessen neu ordnen. Und verständlicherweise unternehmen die US-Amerikaner ungeheure Anstrengungen, um sich vor erneuten terroristischen Angriffen zu schützen. Doch greifen die ökonomischen, die machtpolitischen und auch die sicherheitspolitischen Erklärungen des Krieges zu kurz. In diesem Krieg kommt den psychologischen Hintergründen eine sehr viel größere Bedeutung zu, als die Öffentlichkeit wahrzunehmen bereit ist.

Wie enorm der Einfluss psychologischer Faktoren auf weltweite Ereignisse und internationale Beziehungen tatsächlich sein kann, sticht besonders beim »Karikaturenstreit« ins Auge, der im Februar 2006 die Gemüter sowohl in den islamischen Ländern als auch in den Ländern des Westens erhitzte. Einige Karikaturen des Propheten Mohammed in einer dänischen Zeitung führten zu weltweiten Protesten und Demonstrationen, die mehrere Menschen das Leben kosteten und zu einer erheblichen Belastung der internationalen Beziehungen führten.

Beziehungsdynamisch betrachtet, handelt es sich um eine narzisstische Kollusion, bei der auf beiden Seiten ein gekränktes kollektives Selbstbild darum wetteifert, sich selbst auf Kosten des anderen zu bestätigen und zu überhöhen. Der andere soll erniedrigt und gedemütigt werden, um das eigene grandiose Selbstbild zu festigen. Das tun beide Akteure auf ihre Weise: Der Westen fühlt sich überlegen, indem er auf seine demokratischen Errungenschaften der Meinungs- und Pressefreiheit stolz ist, und verachtet die islamischen Länder für ihre vermeintliche Rückständigkeit, ihre vermeintliche religiöse Verbohrtheit und ihren Fanatismus. Die islamische Seite fühlt sich dem Westen überlegen, weil dieser vermeintlich gottlos, dekadent und arrogant ist. Der Zusammenhalt in der eigenen Gruppe wird hochgehalten, indem man alles Schlechte, Böse und Minderwertige auf das Feindbild projiziert. Der messianische Eifer, mit dem beide Seiten ihre Anhänger um sich scharen und zum Kulturkampf aufrufen, verlangt blinde Ergebenheit für die eigene Sache – mag sie nun in Meinungsfreiheit und Demokratie oder der Ehre des Propheten bestehen.

Um diese Konflikte angemessen zu verstehen, bedarf es nicht nur der Kommentare von Militärstrategen, Politologen und Wirtschaftsfachleuten, sondern auch Psychoanalytiker, Gruppentherapeuten und psychologische Konfliktforscher müssen ihre Analysen vorlegen. Die folgenden Ausführungen stellen dazu einen Beitrag dar.

Zur Psychoanalyse des Terrorismus

Terroristen, speziell Selbstmordattentäter, sind Fanatiker. Günter Hole (2004) hebt in seinem Buch *Fanatismus. Der Drang zum Extrem und seine psychischen Wurzeln* die »Leidenschaftlichkeit« und den »blinden Eifer« des Fanatikers hervor, mit dessen Hilfe jener »kompromisslos« und »starr« seine »überwertige Idee« (ebd., S. 42) vertritt. Der Fanatiker habe alle Gefühle für andere Menschen in sich abgetötet und diese auf die Partei oder die Gruppe, deren Ideologie ihm nahesteht, projiziert. Er vergöttert das Kollektiv und die gemeinsame Ideologie, denen er sich selbst als Sklave ausgeliefert hat. Die völlige Unterwerfung unter diese Götzen lässt in ihm eine Leidenschaft entstehen, deren emotionale Qualität Erich Fromm (1961, S. 61) als »kaltes Feuer«, als »Leidenschaftlichkeit, die ohne Wärme ist« charakterisiert.

Beispielsweise bekennt der Palästinenser Nizzar Iyan in einem *Zeit*-Interview (Schirra 2001), er sehe die höchste Erfüllung darin, dass seine Söhne sich als Selbstmordattentäter im Kampf gegen die Israelis opferten. Als sein 17-jähriger Sohn Ibrahim tatsächlich bei einem Selbstmordattentat ums Leben kommt, sagt der Vater: »Mein Sohn Ibrahim ist tot. Nie war ich glücklicher als in dem Moment, als sie kamen und mir sagten: ›Die Juden haben deinen Sohn getötet.‹« Und auf die Frage des Interviewers: »Aber Sie sind doch sein Vater, es muss Ihnen doch wehtun?«, antwortet der Vater scheinbar ungerührt: »Ich bin ganz ehrlich, ich sage das aus Überzeugung, ich empfinde keine Trauer, ich empfinde Freude, wirkliche Freude, dass das, was wir geglaubt haben, mein Sohn ein Stück weit realisiert hat. Das Leben hat keinen Geschmack, wenn man seine Träume, seine Ziele nicht realisieren kann.«

Als ich dieses Interview las, fühlte ich mich eigenartig berührt: Einerseits meinte ich, die tiefe Verzweiflung und Trauer zu spüren, die dieser Vater angesichts des Todes seines Sohnes empfinden musste und die er nur hinter der Schutzbehauptung versteckte, er »empfinde keine Trauer«, sondern »wirkliche Freude«. Andererseits bekam ich Wut auf diesen Vater, der seinen Sohn für die eigenen fanatischen Überzeugungen ans Messer geliefert hat. Er schien haargenau dem Typus des Fanatikers zu entsprechen, den Hole beschreibt, wenn er sagt: Typische Fanatiker »lieben Ideen mehr als Menschen, die Hingabe an Ideen ist abnorm stark, die Hingabe an Menschen jedoch eigenartig blockiert oder gebrochen« (2004, S. 93). Dem Fanatiker fehle »die Fähigkeit zur Empathie«, zur »Einfühlung«, zur »Sympathie«, die »prinzipielle Liebesfähigkeit, Offenheit, ein An-sich-Heranlassen anderer Menschen« (ebd., S. 94) voraussetze. Theoretisch gesprochen – so Fromm – ist der Fanatiker eine »stark narzisstische Persönlichkeit« (1961, S. 61).

Schließlich fiel mir noch ein Freud-Zitat ein, das sich mit unserem »Verhältnis zum Tode« beschäftigt und in seiner Diktion ganz den Äußerungen des palästinensischen Vaters entspricht. Ich zitiere nochmals den Vater: »Das Leben hat keinen Geschmack, wenn man seine Träume, seine Ziele nicht realisieren kann.« Und bei Freud heißt es:

> »Das Leben verarmt, es verliert an Interesse, wenn der höchste Einsatz in den Lebensspielen, eben das Leben selbst, nicht gewagt werden darf. Es wird so schal, gehaltlos wie etwa ein amerikanischer Flirt, bei dem es von vornherein feststeht, daß nichts vorfallen darf, zum Unterschied von einer kontinentalen Liebesbeziehung, bei welcher beide Partner stets der ernsten Konsequenzen eingedenk bleiben müssen« (1915, S. 343).

Und nachdem Freud in epischer Breite die seelischen Vorzüge der Angstlust und des Todesmutes dargestellt hat, verweist er noch auf den Wahlspruch der Hanse, der da lautet: »Seefahren muß man, leben muß man nicht« (ebd.).

Die zunächst so fremd und uneinfühlbar erscheinende Psyche der palästinensischen Selbstmordattentäter und ihrer Familien erweist sich bei näherer Betrachtung als durchaus verstehbar und erinnert an vergleichbare Haltungen und Phänomene in unserer eigenen Kultur.

Aber ist das wirklich die ganze Geschichte? Ich stelle mir vor, dass der palästinensische Vater als Individuum die gleiche Verzweiflung, den gleichen Schmerz, die gleiche Trauer empfindet wie jeder andere Vater, der vom Tod seines Sohnes erfährt. Aber die Gefühle dieses Vaters sind auch durch die Tatsache bestimmt, dass er sich als Palästinenser fühlt. Er besitzt nicht nur eine individuelle Identität, sondern auch eine kollektive. Und diese kollektive Identität sagt ihm, dass es eine große Ehre ist, dass sich sein Sohn im Heiligen Krieg gegen die Israelis geopfert hat. Speziell in Zeiten, die durch Krieg, Traumatisierungen und Angst geprägt sind, gewinnt die kollektive Identität einen enormen Einfluss auf das Denken und Fühlen des Individuums.

Der »soldatische Mann« als Kugel

Am Tag der Anschläge auf das World Trade Center wurde am Bostoner Flughafen das nicht rechtzeitig umgeladene Gepäck des Terrorpiloten Muhamed Atta gefunden (vgl. *Der Spiegel* 40/2001, S. 32f.). Es enthielt u.a. das Testament des Selbstmordattentäters, ein psychologisch aufschlussreiches Dokument, das Attas innere Welt offenbart. Von den 18 Punkten seines Testaments beschäftigen sich allein drei mit seiner Angst vor der Unreinheit der Frauen:

> »Weder schwangere Frauen noch unreine Personen sollen von mir Abschied nehmen – das lehne ich ab./Frauen sollen nicht für meinen Tod Abbitte leisten. [...]/Frauen sollen weder bei der Beerdigung zugegen sein noch irgendwann später sich an meinem Grab einfinden« (ebd.).

Die Angst vor der Frau – speziell der emanzipierten, der selbstbewussten, der sexuell aktiven Frau – ist nicht nur ein individuelles Merkmal Attas, sondern ein in der islamischen Welt weit verbreitetes Phänomen. Der Narzissmus der islamischen Männer erfuhr in der traditionell patriarchalisch orientierten Kultur des Islam eine enorme Aufblähung durch die Überhöhung der Männer und die Abwertung der Frauen. Unter dem Einfluss des Westens und seiner egalitären Orientierung fühlen sich viele männliche Muslime in ihrem Selbstwertgefühl gekränkt und suchen Halt im islamistischen Fundamentalismus, der ihnen Selbstbestätigung durch die Erhebung über die Frau und deren Erniedrigung verspricht.

Die Angst vor der Verschmelzung mit der Frau und die »Entstehung des Panzers gegen die Frau« hat Klaus Theweleit (1977, 1978) eingehend für den Typus des »soldatischen Mannes« beschrieben. In seiner psychoanalytisch-psychohistorischen Analyse zeigt er auf, welche psychische und psychosomatische Funktion der militärische Kampf für das Ich und für das Körperbild des »soldatischen Mannes« hat: Einerseits führt der militärische Drill zur Erzeugung eines »stählernen Leibes«, einer »Körpermaschine«, einer Ernst Jünger'schen »Stahlgestalt« (Theweleit 1978, S. 185), andererseits wird – so Theweleit – »der Moment der Sprengung des Körperpanzers, des Verschwindens des starren Körper-Ichs [...] ersehnt« (ebd., S. 208). »Am intensivsten ist die Erwartung der Sensation, wenn [die Soldaten] schließlich selbst die Bewegung der Kugel übernehmen und als Geschosse aus der Militärmaschine auf die gesuchten Leiber zurasen. [...] (Ich töte, also bin ich. Ich sterbe, also war ich.)« (ebd., S. 209–223).

Theweleits Ausführungen lassen sich auch als mögliche Interpretation der psychischen Vorgänge lesen, die sich bei den Terrorpiloten abgespielt haben könnten. Die Analogie zu Theweleits soldatischen Männern ist jedenfalls frappierend. Wie Hole (2004) schreibt, zeichnet sich der Fanatiker durch eine »Erstarrung und Rigidität im affektiven Bereich« (ebd., S. 93) aus, die durch »eine gestörte Beziehung zum eigenen Körper«, ja eine »ausgeprägte Körperfeindlichkeit« (ebd.) ergänzt wird. Körperfeindlichkeit, Reinheitsideale, das Streben nach vollständiger Vergeistigung, die Entwertung der realen Existenz, die überwertige Idee vom Jenseits, der Wunsch, das eigene Leben vollständig einer illusionären Idee zu weihen und schließlich sogar zu opfern, bilden ein Syndrom, das Fanatismen jeder Couleur eigen ist.

Dies gilt auch für den Fanatismus der RAF. Andreas Baader schrieb an die RAF-Gruppe: »Das Projektil sind wir!« (zit. n. Dellwo 2007, S. 13) Er benutzte damit die gleiche Metapher von der Verschmelzung des Kämpfers mit seiner tödlichen Waffe, in der zum einen die totale Funktionalisierung des Individuums, seine vollständige Verdinglichung und zum anderen die Erlösungsfantasie, die sich mit dem Tod verwirklichen soll, zum Ausdruck kommt.

Narzissmus der Reinheit

Auch im Hinblick auf Reinheitsvorstellungen und körperbezogene Ängste weist Attas Testament Übereinstimmungen mit dem von Theweleit beschriebenen Typus des soldatischen Mannes auf. Atta schreibt unter Punkt neun seines Testaments: »Derjenige, der meinen Körper rund um meine Genitalien wäscht, sollte Handschuhe tragen, damit ich dort nicht berührt werde« (*Der Spiegel* 40/2001, S. 32). Und in dem Leitfaden für das Verhalten von Selbstmordattentätern »am Abend, bevor du deine Tat verübst« (ebd., S. 38), der ebenfalls in Attas Gepäck gefunden wurde, heißt es: »Du sollst rezitieren, dass du für Gott stirbst. Rasiere das gesamte überflüssige Haar von deinem Körper, parfümiere deinen Körper und wasche deinen Körper. [...] Reinige dein Herz von allen schlechten Gefühlen, die du hast, und vergiss alles über dein weltliches Leben« (ebd.).

Die Angst vor dem Tod, die Angst vor der Ungeheuerlichkeit des geplanten Verbrechens wird auf die Angst vor dem eigenen Körper verschoben und dort durch Reinlichkeitsrituale gebannt. Mithilfe der rituellen Handlungen wird nicht nur die gesamte Sphäre der Körperlichkeit, sondern auch das gesamte »weltliche Leben« entwirklicht. Mit der peniblen Reinigung des Körpers soll auch das »Herz von allen schlechten Gefühlen«, das heißt von Liebesgefühlen, Mitleid, mitmenschlicher Sympathie, Schuldgefühlen usw. gereinigt und die Monstrosität des geplanten Massenmordes de-realisiert werden.

Grunberger (1984) hat die Reinheit als ein narzisstisches Ideal beschrieben, das durch die Verleugnung von Triebhaftigkeit, ja die Aufhebung von Körperlichkeit schlechthin den Zustand narzisstischer Vollkommenheit zu erlangen sucht. Grunberger definiert Reinheit als ein »narzißtisches Ideal von Allmacht und absoluter Souveränität [...], aus dem die Triebdimension völlig ausgeschlossen wird« (ebd., S. 114). Indem der Fanatiker die Reinheit zum Ideal erhebt, entfernt er sich von der realen Welt, zu der immer auch der Schmutz, das Unreine, die Exkremente als Teil des Lebens gehören, und weiht sein Dasein einer illusionären reinen Heiligkeit. Um sein Reinheitsideal zu verwirklichen, findet eine Projektion der »nicht in das Selbst integrierten Analität« (Grunberger/Dessuant 1997, S. 272) auf die als unrein fantasierten Außenfeinde statt. In Kriegen, speziell denen, die als »heilige Kriege« bezeichnet werden, sollen das absolut Schmutzige, das Böse, die Ungläubigen vernichtet und im Namen eines »Narzissmus der Reinheit« (ebd.) aus der Welt verbannt werden.

Terroristen als unbewusste Delegierte transgenerationaler Konflikte

Über die Selbstmordattentäter unter den Palästinensern ist einiges bekannt. Vor allem die Jugendlichen, die sich für die Selbstmordattentate zur Verfügung stellen, sind von Kindesbeinen an einer permanenten Traumatisierung ausgesetzt. Wie Vamik Volkan (2005) berichtet hat, erscheinen diesen palästinensischen Jugendlichen die Gruppenidentität und der Fanatismus als letzter Rettungsanker. Wie armselig, elend und aussichtslos das eigene Leben auch immer sein mag, die unbedingte Identifikation mit den Idealen der Gruppe entschädigt den Einzelnen für seine Schmach. Der »Gruppennarzißmus« (Fromm 1964, S. 199–223) stellt eine wichtige Stütze für das Selbstwertgefühl des Individuums dar. Diese Dynamik gilt besonders für die Menschen, die bereits seit mehreren Generationen unter erbärmlichen Umständen in Flüchtlingslagern leben und durch die tagtägliche Präsenz von Gewalt traumatisiert sind. Doch die Attentäter von New York und Washington waren keine Flüchtlinge, sondern gut ausgebildete Studenten.

Wie Otto Kernberg (2002) ausdrücklich betont, wirkt nicht nur die Gewalt traumatisierend, die man am eigenen Leibe erlebt, sondern auch die Gewalt, deren Zeuge man wird. Die Araber und die Muslime in den arabischen Ländern fühlen sich in ihrer kollektiven Identität vom Westen gedemütigt und in ihrem kollektiven Selbstwertgefühl narzisstisch verletzt. Einzelne Individuen können gerade aufgrund ihrer privilegierten

Stellung eine besonders intensive Verpflichtung empfinden, alle Kräfte in ihrem Kampf gegen Israel und seinen großen Beschützer Amerika und gegen den Westen insgesamt zu unterstützen.

Auch die deutschen Terroristen der RAF waren moralisch hochmotivierte Menschen, die sich vor ihren gewalttätigen Aktionen in verschiedenen Projekten sozial engagierten. Wie ich an anderer Stelle ausgeführt habe, waren die RAF-Terroristen als »unbewußte Delegierte« (Stierlin 1978) der Elterngeneration eingebunden in einen transgenerationalen Konflikt. Sie holten den Widerstand gegen ein Terror-Regime nach, den die Elterngeneration in der Zeit des Nationalsozialismus versäumt hatte (vgl. Wirth 2002b).

Die islamistischen Terroristen, die in den »Heiligen Krieg« ziehen, sind häufig in einen ähnlichen Generationszusammenhang eingebunden: In beiden Fällen setzt die zweite Generation einen ungelebten Impuls der ersten in die Tat um. Privilegierte und wohlhabende arabische Familien leben einerseits in einem kaum vorstellbaren Öl-Reichtum und genießen den Luxus der westlichen Industriegesellschaft, andererseits predigen sie ideologisch den Hass auf den Westen. Diese Doppelmoral stellt einen schwerwiegenden Konflikt in der Auseinandersetzung zwischen den Generationen dar, der so aufgelöst wird, dass die Söhne aus wirtschaftlich privilegierten Familien teils im bewussten, teils im unbewussten Auftrag der Väter in den »Heiligen Krieg« ziehen, von dem die Väter nur reden und träumen. Tatsächlich sind nach dem 11. September viele Hinweise bekannt geworden, dass die Terrorgruppen von zahlreichen islamischen Geschäftsleuten finanziell unterstützt werden, die in Europa und in Amerika erfolgreich ihren Geschäften nachgehen und die sich durch diese Spenden ein reines islamisches Gewissen verschaffen.

Der 11. September 2001 als kollektives Trauma

Der monströse Anschlag vom 11. September 2001 auf das World Trade Center und das Pentagon hat die Amerikaner einer kollektiven Traumatisierung ausgesetzt (vgl. Wirth et al. 2003). Ihre nationale Identität erfuhr durch diese demütigende Erfahrung eine schwere narzisstische Kränkung. Das reichste und mächtigste Land der Welt musste hilflos zusehen, wie ihm eine Handvoll Terroristen, bewaffnet mit Teppichmessern, auf seinem eigenen Territorium ein in dieser Art einzigartiges Inferno bescherte.

Ein Trauma ist ein Erlebnis, das von solcher Intensität ist, dass es die seelischen Verarbeitungsmöglichkeiten überschreitet. Mit dem Trauma gehen Gefühle von extremer Angst – häufig Todesangst –, Schrecken, Ohnmacht und totaler Hilflosigkeit einher. Dies führt zu einem Zusammenbruch zentraler Ich-Funktionen und zu einer basalen Erschütterung der gesamten Persönlichkeit. Wenn dies gleichzeitig einer großen Gruppe von Menschen widerfährt, spricht man von einem »kollektiven Trauma«. Die Zerstörung des World Trade Center in New York stellt eine kollektive Traumatisierung der amerikanischen Nation dar, die das kollektive Identitätsgefühl der Amerikaner und ihren Gruppennarzissmus zutiefst erschüttert hat.

Exkurs zum Begriff des kollektiven Traumas

Der Begriff des kollektiven Traumas oder der kollektiven Identität stößt allenthalben auf Skepsis: Stellt die Übertragung von Begriffen aus der Individualpsychologie auf kollektive Phänomene nicht eine unzulässige Verallgemeinerung, eine Aufweichung psychoanalytischer Begrifflichkeiten dar? Ich will in diesem Exkurs erläutern, warum ich den Begriff der kollektiven Identität und des kollektiven Traumas für ein hilfreiches theoretisches Konzept halte.

Unter »kollektiver Identität« verstehe ich den Teilaspekt unserer Identität, der sich auf die verschiedenen Kollektive bezieht, denen wir uns zugehörig fühlen und die für unsere Werte, Überzeugungen und Emotionen von zentraler Bedeutung sind. Ich beziehe mich dabei auf Erik H. Eriksons (1950, 1959) Begriff der »Gruppen-Identität« und den Begriff der »Familien-Identität«, den Manfred Cierpka (1999) als Familientherapeut formuliert hat. Erikson (1959, S. 18) betont ausdrücklich, dass sich die »persönliche Identität« nur in einem fortwährenden psychosozialen Austausch mit den anderen konstituiert und festigt. Die unmittelbare Selbstwahrnehmung »der eigenen Gleichheit und Kontinuität in der Zeit« ist verbunden mit der Wahrnehmung, »daß auch andere diese Gleichheit und Kontinuität erkennen«. »Der Begriff ›Identität‹ drückt also insofern eine wechselseitige Beziehung aus, als er sowohl ein dauerndes inneres Sich-selbst-Gleichsein wie ein dauerndes Teilhaben an bestimmten gruppenspezifischen Charakterzügen umfaßt« (ebd., S. 124). Die individuelle Identität stellt eine Variante der »Gruppen-Identität« dar, wobei Erikson dabei sowohl den sozialen Nahbereich als auch Großgruppen und »historische Leitbilder« (ebd., S. 11) im Auge hat.

Folgt man der psychoanalytischen Entwicklungspsychologie, so bilden Kinder ihre Identität, indem sie sich mit ihren primären Bezugspersonen und der Beziehung zu diesen identifizieren. Die psychoanalytische Familientherapie geht jedoch noch einen Schritt weiter und sieht in der Identifikation des Kindes mit den Eltern als Paar und auch mit der Familie als Ganzem einen wesentlichen Baustein der Identität. Durch die Identifikation mit dem Elternpaar und dem Gesamt der Familiengruppe bildet sich im Kind eine »Familien-Identität« (Cierpka 1999, S. 91), ein bewusst und unbewusst strukturiertes Bild der »inneren Familie« (ebd.), das die eigene individuelle Identität prägt und insbesondere die »psychosexuellen Fähigkeiten zur Intimität« und die »psychosoziale Bereitschaft zur Elternschaft«, wie Erikson (ebd., S. 137) es beschrieben hat, formt.

Da »Identität« ein Sich-gleich-Bleiben über die Zeit meint, kommt der Erinnerung und dem Gedächtnis eine besondere Bedeutung zu. Es kann daher nicht verwundern, dass die Kulturwissenschaften, in denen es auch immer um die Frage geht, wie Gesellschaften die Kontinuität kultureller Riten, Sitten, Normen, Werte usw. über die Generationenfolge hinweg gewährleisten, ganz ähnliche Konzepte herausgebildet haben, die sich um die von Maurice Halbwachs (1925, 1939), Aleida Assmann (1999) und Jan Assmann (1992, 2000) formulierten Begriffe des »kommunikativen« und des »kulturellen Gedächtnisses« ranken.

Das menschliche Gedächtnis stellt man sich zunächst als ein Phänomen vor, das sich im Gehirn des Individuums abspielt – ein Thema für die Neurowissenschaften, aber nicht für die historischen Kulturwissenschaften. »Was dieses Gedächtnis aber inhaltlich aufnimmt, wie es diese Inhalte organisiert, wie lange es was zu behalten vermag, ist weitestgehend eine Frage nicht innerer Kapazität und Steuerung, sondern äußerer, das heißt gesellschaftlicher und kultureller Rahmenbedingungen« (J. Assmann 1992, S. 19f.). Das individuelle Gedächtnis konstituiert und erhält sich nur, indem das Individuum an sozialer Interaktion teilnimmt.

Auch wenn das individuelle Gedächtnis immer schon ein soziales Phänomen ist, muss man individuelles und kollektives Gedächtnis unterscheiden. Das individuelle Gedächtnis ist im Gehirn verankert, auch wenn es inhaltlich durch die Kultur bestimmt ist und sich durch das auszeichnet, was das Subjekt aus den vielfältigen Gruppengedächtnissen, an denen es teilhat, macht. Das kollektive Gedächtnis hat hingegen keine neuronale Basis. »An deren Stelle tritt die Kultur: ein Komplex identitätssichernden Wissens, der in Gestalt symbolischer Formen wie Mythen, Liedern, Tänzen, Sprichwörtern, Gesetzen, heiligen Texten [...] objektiviert ist« (ebd., S. 89). Dieses Wissen wird durch Wiederholung und kulturelle Zirkulation erinnert und so an die nächste Generation weitergegeben.

Diese kulturwissenschaftliche Konzeption des »kommunikativen Gedächtnisses« wird durchaus auch von den neuen Erkenntnissen der Neurowissenschaften über die Funktionsweise der Erinnerungsprozesse gestützt (Welzer, 2002). Nur durch fortlaufende Wiederholung im Kommunikationsprozess werden die neuronalen Verschaltungen im Gehirn, die eine bestimmte Erinnerung repräsentieren, dauerhaft im Gedächtnis verankert. Dabei kann eine bestimmte Erinnerung auch einem Wandlungsprozess unterliegen, sofern sich die Erzählungen über das zugrunde liegende Ereignis verändern. Unser Gedächtnis ist also keineswegs »objektiv«, sondern auch kommunikativ in dem Sinne, dass es durch Kommunikation beeinflusst, verändert – und durchaus auch verzerrt werden kann.

Auf der Grundlage der Begriffe »kollektive Identität« und »kulturelles Gedächtnis« möchte ich nun versuchen, den Begriff des kollektiven Traumas näher einzugrenzen.

1. Wir sprechen von einem individuellen Trauma, wenn einem Menschen die Erfahrung widerfährt, ohnmächtig einer äußeren Gewalt ausgesetzt zu sein – ein Zustand, der mit starker Angst, Panik, Entsetzen, Schrecken, Ohnmacht und dem Gefühl der Sinnlosigkeit einhergeht –, und dies die psychischen Verarbeitungsmöglichkeiten des Subjekts übersteigt. Wie ich unter Hinweis auf Kernberg (2002) schon ausgeführt habe, wirkt nicht nur die Gewalt, die man am eigenen Leibe erlebt, traumatisierend, sondern auch und gerade die Gewalt, deren Zeuge man wird. Ein Kind, das zusehen muss, wie Soldaten seine Mutter vergewaltigen und seinen Vater ermorden, wird durch dieses Erlebnis traumatisiert, auch wenn ihm selbst nichts passiert. Wir sehen an diesem Beispiel, dass individuelle Traumen das Potenzial in sich tragen, nicht nur das unmittelbare Opfer zu traumatisieren, sondern zugleich auch nahestehende Menschen mit in den Traumatisierungsprozess einzubeziehen. Als These sei formuliert: Jedes individuelle Trauma ist potenziell ein kollektives Trauma, und zwar in dem Sinne, dass es auch andere Menschen trifft. Das hängt zum einen damit zusammen, dass die Menschen nicht als voneinander isolierte zu denken sind, und zum anderen damit, dass das Trauma per definitionem ein durchschlagender Prozess ist, dessen Wucht nicht nur das Individuum aus der Bahn wirft, sondern eben auch die soziale Umwelt, das Kollektiv nicht unberührt lässt.

2. Wenn nun die Gewalt nicht nur einem einzelnen Individuum (und seiner Familie) angetan wird, sondern die gleiche Gewalt zur gleichen Zeit vielen Angehörigen einer Gruppe, einer Ethnie oder einer Religionsgemeinschaft widerfährt, liegt beim einzelnen traumatisierten Individuum sowohl eine individuelle als auch eine kollektive Traumatisierung vor. Unter »kollektiver Traumatisierung« verstehe ich in diesem Zusammenhang das Bewusstsein des Opfers, vor allem oder ausschließlich deshalb verfolgt worden zu sein, weil man Angehöriger einer bestimmten Gruppe ist. Dieses Wissen beeinflusst die intrapsychische Verarbeitung des Traumas. Das Bewusstsein, wegen der Zugehörigkeit zu einer Gruppe die Traumatisierung erleiden zu müssen, kann helfen, das Trauma heroisch zu ertragen (»Ich bin stolz darauf, zur Gruppe X zu gehören und leide für eine gute Sache«), kann aber andererseits auch das Gefühl der Ohnmacht und Sinnlosigkeit hervorrufen (»Ich muss

für meine Zugehörigkeit zur Gruppe leiden, mit der mich innerlich eigentlich gar nichts verbindet«).

3. Die kollektive Identität kann verletzt und traumatisiert werden, auch wenn das Individuum weder körperlich noch unmittelbar psychisch verletzt wurde, das heißt in seiner persönlichen Identität nicht traumatisiert wurde. Ich will das an einem Beispiel beleuchten: Ein Individuum wird Zeuge davon, wie zahllose Angehörige seiner ethnischen Großgruppe systematisch ermordet werden. Das Individuum selbst und seine Familie befinden sich aber in Sicherheit. Man könnte hier sagen: Eine individuelle Traumatisierung liegt nicht vor, wohl aber eine Traumatisierung der kollektiven Identität, eben jenes Teils der individuellen Identität, die sich auf das Zugehörigkeitsgefühl zur Gruppe stützt. Je nachdem, wie stark sich das Individuum mit dem Kollektiv verbunden fühlt, variiert das Ausmaß, in dem es sich von der gegen das Kollektiv gerichteten Gewalt betroffen, beeinträchtigt, traumatisiert fühlt. Das sind die Folgen der Gewalt aus der Sicht des Individuums. Man könnte aber auch das traumatisierte Kollektiv betrachten und sagen: Ein Gewaltakt von monströsem Ausmaß hat eine solche traumatisierende Durchschlagskraft, dass sich ein Individuum, welches zu diesem Kollektiv gehört, seiner Wirkung nicht entziehen kann. Der Holocaust wäre das Beispiel für ein solches Trauma, das nicht nur unzählige Einzelne und ihre Familien traumatisiert hat, sondern auch diejenigen, die überlebt haben, diejenigen, die rechtzeitig emigrieren konnten, diejenigen, die immer in Sicherheit lebten, ja, selbst die nächsten Generationen, die noch nicht geboren waren, als der Holocaust stattfand. Das »Schuldgefühl des Überlebenden« (Niederland, 1980) gehört in diesen Zusammenhang.

Aber was heißt hier »Durchschlagen des kollektiven Traumas auf das Individuelle«? Wenn an der Unterscheidung zwischen individueller und kollektiver Identität – zwei Bereichen oder Aspekten des Bewusstseins des Subjekts – festgehalten werden soll, dann lassen sich zwei Fälle unterscheiden: Im einen Fall schlägt die Traumatisierung des Kollektivs (beispielsweise der Holocaust) auf die Ebene der individuellen Identität durch und führt dort zu einer individuellen Traumatisierung und Symptombildung. Beispielhaft wäre das jüdische Mädchen, das in der Identifikation mit den Großeltern, die im KZ verhungert sind, eine Magersucht entwickelt. Im anderen Fall führt das kollektive Trauma »nur« zu einer Störung der im Individuum verankerten kollektiven Identität. Das Individuum bleibt psychisch gesund, die kollektive Identität erfährt aber eine gravierende Störung. Liest man die Bücher von Lilly Brett, Tochter von Holocaust-Überlebenden, so bekommt man den Eindruck, dass in ihrem Leben kein Tag vergeht, an dem sie nicht an den Holocaust denkt. Als Frau, als Ehefrau, als Mutter, als Autorin erscheint sie nicht außergewöhnlich belastet zu sein. Doch mit ihrer kollektiven Identität, jüdisch und Tochter von »Überlebenden« zu sein, ist der Holocaust immer präsent oder kann doch jederzeit aktualisiert werden. Das kollektive Bewusstsein, Jüdin zu sein, ist mit einer Hypothek belegt. Der kollektive Teil der Identität ist traumatisiert.

4. Ich will das Phänomen kollektiver Traumata noch aus einer vierten Perspektive beleuchten: Wenn man die Abstraktionsstufen der kollektiven Identität weiter hinaufsteigt, kommt man von der persönlichen Identität über die Familienidentität, die Gruppenidentität, die nationale Identität, die ethnische Identität schließlich bei der Identität als Gattungswesen Mensch an. Der Entwicklungspsychologe Rolf Oerter stellt die These auf, jeder Mensch verfüge über ein »Bild des Menschen«, das auch die persönliche Identität präge. Dieses »Verständnis über Menschsein im allgemeinen« (Oerter/Noam 1999, S. 56) sei neben dem Selbstkonzept von zentraler Bedeutung für die Entwicklung der Identität. »Um sich im Wechselverhältnis zu anderen zu verstehen, bedarf es stets einer Interpretation dessen, was der Mensch ist. Nicht die Herauslösung von Einzelkomponenten wie Moral, Empathie, Theory of Mind etc. sind das Entscheidende, sondern deren Herleitung aus einem globalen, wenn auch oft diffusen Menschenbild. Letztlich gibt es für jedes Individuum ein Grundverständnis dessen, was der Mensch ist und wie er sich zur Welt verhält« (ebd., S. 58). »Menschenbild, Selbstbild und Selbst hängen zusammen, müssen aber als getrennte Konzepte mit unterschiedlicher Bedeutung verstanden werden. Das Selbstbild leitet sich vom Menschenbild her, befruchtet dieses aber auch, sodass beide Entwürfe in Wechselwirkung stehen« (ebd., S. 60).

Man könnte diese Identität als Gattungsidentität bezeichnen. Die Identität als Gattungswesen Mensch hat die Ähnlichkeiten und Unterschiede zu den Tieren und den Pflanzen zum Thema, die Ähnlichkeiten und Unterschiede zu Gott, sie behandelt unser Verhältnis zum Tod, aber auch unser Verhältnis zur Menschheit an sich, zu den Menschen, die vor uns gelebt haben, und zu denen, die nach uns kommen werden. Die Gattungsidentität hat eine philosophische Dimension, und sie ist auch bereits für Kinder relevant: Wenn ein geliebtes Haustier stirbt, sprechen Eltern mit ihren Kindern darüber, dass das zwar traurig sei, dass es aber doch einen Unterschied zwischen Menschen und Tieren gebe und dass deshalb die Trauer um ein verstorbenes Tier weniger intensiv sein sollte als die um einen verstorbenen Menschen. Die Gattungsidentität kommt auch dann ins Spiel, wenn darüber nachgedacht wird, ob der Verbrauch der fossilen, nicht erneuerbaren Energievorräte auf der Welt durch die jetzt lebenden Menschen den nachfolgenden Generationen die Existenz- und Zukunftschancen beschneidet. Eine solche Überlegung versteht sich ja keineswegs von selbst, sondern ist nur möglich, wenn so etwas wie eine Identifikation mit der Menschheit schlechthin existiert.

Ich will die Nützlichkeit der Kategorie Gattungsidentität an einem Beispiel erläutern: Als ich während des Irakkrieges die Nachricht über die Zerstörung und Plünderung der Bibliothek in Bagdad erfuhr, war ich tief erschüttert. Ich verspürte ohnmächtige Wut, Verzweiflung, depressive Gefühle, Trauer, Gefühle der Sinnlosigkeit. Wie ist dieses Phänomen zu verstehen? Die Zerstörung der Bibliothek von Bagdad lässt mich als Deutschen in meiner nationalen Identität völlig unberührt. Auch meine persönliche Identität wird nicht beeinträchtigt, insofern mir die dort vernichteten Bücher und Kultgegenstände als konkrete ziemlich gleichgültig sind. Ich habe sie nie gesehen, ich werde sie nie sehen und ich hätte sie wahrscheinlich auch nie gesehen, wenn sie nicht vernichtet worden wären. Und trotzdem stimmt es mich traurig, macht mich wütend und verzweifelt, dass die Menschheit etwas so Wertvolles für immer verloren hat. Was als schmerzhaft erlebt wird, ist die Beschädigung von Bestandteilen, Behältern und Symbolen der menschlichen Zivilisation. Nur in der Identifikation mit der Menschheit an sich wird dieser Verlust als solcher erfahrbar.

Hondrich (2006, S. 8) betont, dass eine solche »globale Identität« nicht so sehr das Ergebnis rational gesteuerter Prozesse ist, sondern sich spontan über »geteilte Gefühle« herstellt. Diese geteilten Gefühle sind »der Stoff, aus dem das Zusammenleben gemacht ist«, sie »sind das Herzstück unseres Lebens in Gesellschaft«, das von der Familie bis zur »Weltgefühlsgemeinschaft« reicht. Auch in Zeiten der Globalisierung bleibt das Nationalgefühl unentbehrlich, da die globalisierte Welt eine »verlässliche Binnengliederung, eine stabile Architektur der Komplexität« benötigt.

Robert Jay Lifton und Eric Markusen (1990) sprechen von »Gattungsmentalität«, »Gattungsselbst« und »Gattungsbewußtsein« und meinen damit »das Bewußtsein, ein Exemplar der Gattung Mensch zu sein, die heute von der Ausrottung bedroht ist« (ebd., S. 272). Die Identifizierung mit der Menschheit als Ganzer erlaubt auch eine gewisse Aussöhnung mit dem eigenen individuellen Tod. Man kann die Begrenztheit des eigenen Lebens akzeptieren, indem man die Vorstellung hat, in der Menschheit fortzuleben. Die Gefährdung des Fortbestandes der Menschheit, beispielsweise durch einen Atomkrieg, stellt hingegen eine fundamentale Infragestellung der Gattungsidentität dar. Inwieweit die Bedrohung oder Verletzung der Gattungsidentität traumatischen Charakter annehmen kann und wie sich eine solche Traumatisierung auf die individuelle Identität auswirkt, ist eine offene Frage.

Der 11. September 2001 als »gewähltes Trauma« (Volkan)

Ich komme zurück zum 11. September und der Frage, wie dieses Ereignis auf die kollektive Identität der Amerikaner gewirkt hat. Die Weltmacht Amerika wurde durch den terroristischen Angriff auf ihre Metropole und auf das Symbol ihrer wirtschaftlichen und technischen Überlegenheit mit der Erfahrung der Verwundbarkeit konfrontiert. Was so gar nicht ins Weltbild und ins Selbstverständnis Amerikas passt, wurde zur erschreckenden, aber unabweisbaren Realität: Auch die Supermacht Amerika ist verletzbar.

Meine These ist, dass George W. Bushs Entscheidung, den Irakkrieg zu führen, nicht aus militärischen, sicherheits- oder machtpolitischen Überlegungen erfolgte, sondern in allererster Linie die kollektivpsychologische Funktion der Traumaabwehr hatte. Trotzdem – oder auch genau deshalb – hatte Bush große Teile der Bevölkerung und der Medien hinter sich.

Die Katastrophe löste eine Welle der Hilfsbereitschaft, der Trauer, der Anteilnahme aus. Doch bleibt die Frage, ob den Amerikanern eine kollektive psychische Verarbeitung des erlittenen Traumas gelingen wird. Leider haben sich bislang die Befürchtungen bestätigt, die ich im Dezember 2001 als Schlusskapitel meines Buches *Narzissmus und Macht* wie folgt formuliert habe:

> »Sollte den Amerikanern eine kollektive psychische Verarbeitung des erlittenen Traumas nicht gelingen, besteht die Gefahr, dass sich ein posttraumatisches Belastungs-Syndrom entwickelt, das sich als ständiges Wiedererleben des traumatischen Ereignisses, als gedankliche Fixierung auf das Trauma, als unkontrollierte Panikattacken und als ebenso heftige und abrupte Aggressions-Ausbrüche gegen andere ausdrücken könnte. Die amerikanische Gesellschaft könnte in die Versuchung geraten, das erlittene kollektive Trauma dadurch abzuwehren, dass sie sich auf das Trauma fixiert und es zum zentralen Bezugspunkt der nationalen Identität macht. Als ›gewähltes Trauma‹ – im Sinne Vamik Volkans (1999) – wäre es laufend präsent und würde eine ständige Rechtfertigung für die eigenen paranoid-aggressiven Haltungen liefern. Amerika wäre genötigt, unablässig den Beweis seiner militärischen Überlegenheit anzutreten, indem es – mehr oder weniger wahllos – Feinde definiert, aufspürt, verfolgt und vernichtet. Schließlich käme es zur Ausbildung einer nationalistischen Ideologie, die Verfolgungs-, Rache- und Größenfantasien zum Inhalt hat. Diese haben die Funktion, die erlittenen narzisstischen Verletzungen des Selbstwertgefühls wiedergutzumachen und die Demütigungen durch Rache auszugleichen. Beauftragt die Gesellschaft einen Führer damit, einen Rachefeldzug zu organisieren, so genießt derjenige Politiker das größte Ansehen, der am fanatischsten die paranoide Ideologie vertritt und am heftigsten verspricht, dass er Rache als ausgleichende Gerechtigkeit üben werde, um das erschütterte grandiose Selbstbild wieder zu festigen« (Wirth 2002a, S. 381f.).

George W. Bush auf der Couch

Eben diese Funktion hat George W. Bush im kollektiven seelischen Haushalt der Amerikaner übernommen. Wenn ich mich im Folgenden mit der Psychologie von George W. Bush beschäftige, geschieht dies nicht mit der Vorstellung, die Weltpolitik ließe sich aus den persönlichen Konflikten eines US-Präsidenten erklären. Diese sind vielmehr nur insofern relevant, als sich in ihnen die religiösen Überzeugungen und gesellschaftlichen Ideologien spiegeln, denen große Teile der amerikanischen Bevölkerung anhängen. Bush repräsentiert als Führerfigur im Sinne von Freuds Massenpsychologie das Ich-Ideal der Masse.

Vor dem 11. September galt Bush als ein schwacher Präsident. Seine demokratische Legitimation stand auf tönernen Füßen, war er doch eher gezählt als gewählt worden. Infrage stand auch, ob er aus dem Schatten seines Vaters würde heraustreten können. Man konnte täglich in amerikanischen Zeitungen Witze über seine Unfähigkeit zur freien Rede, seine Tollpatschigkeit, seine mangelnde Weltläufigkeit lesen. Dies alles hat sich nach dem 11. September drastisch geändert. Der 11. September hat seiner bis dahin glanzlosen Präsidentschaft einen höheren Sinn verliehen. Seit Bush der zum Letzten entschlossene Kriegsherr ist, wird er in seinem Amt ernst genommen. Bush erhob sein persönliches Bedürfnis, endlich ernst genommen zu werden, zur Maxime seiner Politik: Die Welt sollte Amerika wieder ernst nehmen. In den Augen von Bush war Clinton ein »Weichei«, das dafür verantwortlich war, dass man Amerika in der Welt als Papiertiger verlachte. Die schwache Reaktion Amerikas auf terroristische Anschläge gegen amerikanische Einrichtungen habe die Terroristen geradezu zu weiteren Aktionen provoziert. In einem Interview mit dem amerikanischen Journalisten Bob Woodward (2002, S. 54) sagte Bush:

> »Die antiseptische Vorstellung, einen Marschflugkörper in das, hm, Zelt von so einem Kerl zu schicken, ist wirklich ein Witz. Ich meine, die Leute fassten das als das impotente Amerika auf [...] ein schlappes, wissen Sie, technologisch tüchtiges, aber nicht besonders starkes Land. [...] Da draußen herrscht die Vorstellung von Amerika, [...] dass wir keine Werte haben und dass wir uns, wenn wir angegriffen werden, nicht wehren.«

Dem narzisstisch kränkenden Bild vom »impotenten Amerika« wollte Bush ein starkes, militärisch potentes Amerika entgegensetzen. Immer entschlossener übernahm er die Rolle des Retters der amerikanischen Ehre und sah darin die Chance seines Lebens, als bedeutender Präsident in die Geschichte einzugehen. Der 11. September wird zum »gewählten Trauma« (Volkan 1999), das nicht mehr losgelassen werden kann, dem alles geopfert wird. Es gibt keinen anderen Gedanken mehr als Rache und Vergeltung für die erlittene Demütigung. Die Bewusstwerdung des Traumas, das durch passiv erlittene Gewalt entstand, soll durch die aktive Traumatisierung anderer abgewehrt werden. Wenn diese Dynamik die politischen und militärischen Entscheidungen Amerikas bestimmt, gewinnt es nur scheinbar seine souveräne Handlungsfähigkeit zurück, vielmehr bleibt es in einer narzisstischen Kollusion mit dem Feind verstrickt. Bushs Entscheidung, den Irakkrieg zu führen, ist unbewusst mitgesteuert von seinem kollusiven Interaktionspartner Osama bin Laden. Die unbewusste Beziehungsdynamik zwischen George W. Bush und Osama bin Laden folgt dem Muster einer narzisstischen Kollusion, wie sie aus der Paartherapie bekannt ist (Willi, 1975). Es ist die Absicht der Terroristen, die Amerikaner mit Terroranschlägen und Drohungen zu einer militärischen Überreaktion zu verleiten. Sie legen es, wo irgend möglich, darauf an, Amerika in einen Krieg hineinzuziehen. Indem die Amerikaner gegen den erklärten Willen nahezu aller Regierungen und der Weltöffentlichkeit in einen Krieg gegen den Irak zogen, ihre Verbündeten und Freunde vor den Kopf stießen, die UNO desavouierten und sich nur ihrem narzisstisch begründeten Rachebedürfnis hingaben, tappten sie genau in die von den Terroristen aufgestellte Beziehungsfalle. Inzwischen bewahrheiten sich die Vorhersagen auf erschreckende Weise: Der Krieg der Amerikaner gegen den Irak hat dem Terrorismus erst richtig Auftrieb verliehen.

Mit dem Krieg in Afghanistan wurden das Taliban-Regime beseitigt und die al-Qaida-Kämpfer aus ihren Trainingscamps verjagt. Der Triumph über diesen Sieg war zwar Balsam für die gekränkte amerikanische Volksseele, wurde aber geschmälert durch die Ungreifbarkeit der Terroristen – vor allem durch die Tatsache, dass Osama bin Laden entkommen konnte. Die narzisstische Wunde war durch diese militärische Aktion also noch keineswegs geheilt. Bush suchte einen anderen greifbaren Feind und erinnerte sich sogleich an Saddam Hussein. Bin Laden war nicht zu haben, weder »dead« noch »alive«, also musste Saddam Hussein herhalten. Der schien wenigstens geografisch lokalisierbar zu sein und bot sich auch von seinen Charaktereigenschaften vortrefflich für die Rolle des Schurken an. Die Verschiebung von Osama bin Laden auf Saddam Hussein lag auch deshalb nahe, weil Bush hier noch eine familiäre Rechnung zu begleichen hatte – war es doch Saddam Hussein, der einen fehlgeschlagenen Anschlag auf seinen »Dad« geplant hatte.

In seinem Buch *Bush auf der Couch. Wie denkt und fühlt George W. Bush?* hat der amerikanische Psychoanalytiker Justin Frank (2004) zahlreiche Beispiele zusammengetragen, die die narzisstische Störung des amerikanischen Präsidenten, sein paranoides Schwarz-Weiß-Denken und seinen Sadismus belegen. Als Beispiel für seinen Sadismus nennt Frank die demonstrativ zu Schau gestellte Genugtuung Bushs, als er in seiner Funktion als Gouverneur von Texas Todesurteile bestätigte und Gnadengesuche ablehnte.

Das narzisstisch übersteigerte Selbstbild der USA

Bush ist davon überzeugt, dass seine Präsidentschaft Teil eines göttlichen Plans sei. Der Glaube an die göttliche Vorsehung verleiht ihm Handlungsgewissheit und Schicksalsergebenheit. »Wir kennen die Wege der Vorsehung nicht, und doch können wir ihr vertrauen«, verkündete Bush in einer Rede zur Lage der Nation, die er nach den Anschlägen vom 11. September hielt. Der eiserne Frühaufsteher Bush liest allmorgendlich in einem evangelikalen Gebetbuch, bevor er sich als erste Amtshandlung die »Bedrohungsanalyse« der Geheimdienste vorlegen lässt. Der liebe Gott und der böse Terrorismus sind die Quellen seiner Inspiration. Seine biedere Frömmigkeit ist nicht nur eine private Marotte, sondern bestimmt auch seine Politik. Es gehört zu den Ritualen im Weißen Haus, Kabinettssitzungen mit einem Gebet zu eröffnen. Je näher der Irakkrieg rückte, desto eindringlicher wurde die Gottesrhetorik in Bushs öffentlichen Reden. Bush handelt »in göttlicher Mission«, wie *Der Spiegel* (8/2003) formulierte. Sein Schwarz-Weiß-Denken ist das eines fanatischen Abstinenzlers. Bush lebt die Charaktereigenschaften aus, die vielen trockenen Alkoholikern eigen sind: Selbstdisziplin (strenge Diät, Sport), ein unerschütterlicher

Glaube an den lieben Gott und die strikte Einteilung der Welt in Gut und Böse – eine Spaltung, die ihm Stärke und Kontur verleiht. Bush spricht offen über seine frühere, nun glücklich überwundene Neigung zum Alkohol und zu exzessiven Partys: »Sie wissen ja, dass ich ein Alkoholproblem hatte. Wenn alles so weitergelaufen wäre, säße ich jetzt in einer Bar in Texas anstatt im Oval Office. Es gibt nur einen einzigen Grund, weshalb ich hier im Oval Office bin und nicht in einer Bar: Ich habe zum Glauben gefunden. Ich habe Gott gefunden« (G.W. Bush, zit.n. *Der Spiegel* 8/2003, S. 92). Zu seinem 40. Geburtstag habe er seine erste Wiedergeburt erlebt und dem Alkohol und der Partyszene abgeschworen. Der Abwehrmechanismus der Spaltung in die absoluten Gegensätze von Gut und Böse, von süchtigem Verfallensein und Selbstdisziplin, von liebem Gott und teuflischem Terrorismus, von der »Koalition der Willigen« und der »Achse des Bösen« kennzeichnen seine Weltsicht.

Nicht nur die Terroristen, sondern auch die amerikanische Führung ist einem Fanatismus verfallen, der sich durch ein narzisstisch übersteigertes Selbstbild auszeichnet, so als wollte Bush sagen: Amerika ist etwas ganz Besonderes, Ungewöhnliches, Einzigartiges. Es ist God's own country. Amerika ist mit einer unermesslichen Machtfülle ausgestattet. Das ist das einzige, was wirklich zählt. Die Welt soll uns nicht lieben, sondern bewundern oder, noch besser, fürchten. Amerika gibt sich keine Blöße mehr, zeigt keinerlei Gefühl noch Schwäche. Es vertraut nur auf seine eigene Stärke. Amerika ist misstrauisch und begegnet selbst seinen Freunden und treuesten Verbündeten mit Herablassung, gar Verachtung. Wer nicht mit uns ist, ist gegen uns. Wer nicht für uns ist, den kaufen wir, wer sich nicht kaufen lässt, den schieben wir als irrelevant zur Seite. Amerika ist jedenfalls auf niemanden angewiesen.

Das Ende der Ära Bush

Momentan sind es allen voran die Amerikaner, die lernen müssen zu begreifen, wie verwundbar sie sind – auch und gerade als Weltmacht. Amerika erliegt einer kollektiven narzisstischen Grandiositätsfantasie, wenn es annimmt, es sei unsterblich, unverwundbar und nicht auf andere Nationen angewiesen. So wie das Individuum seine eigene Sterblichkeit akzeptieren muss, stellt sich auch dem Kollektiv die Aufgabe, seine Endlichkeit und Verletzlichkeit anzuerkennen, um eine realistische Weltsicht zu erlangen. Amerika könnte aus den schrecklichen Ereignissen vom 11. September die Einsicht gewinnen, dass es auf seine Selbstvergottung verzichten muss.

Wir leben in der historischen Phase der Globalisierung, in der sich alle Teile der Welt miteinander verknüpfen. Überall auf der Welt regt sich Widerstand von den Teilen der Weltbevölkerung, die sich benachteiligt und unterdrückt fühlen. Die Mächtigen und Privilegierten der Welt hätten die Solidarität und das Mitgefühl, das Amerika nach den Terroranschlägen aus allen Teilen der Welt entgegengebracht wurde, als Chance nutzen sollen, um zu zeigen, dass sie wirklich an einer gerechteren Welt interessiert sind.

Als Bushs Präsidentschaft dem Ende entgegenging, mehrten sich auch bei US-amerikanischen Publizisten die Stimmen, die Bushs politische Bilanz als Desaster ansehen. Zahlreiche neokonservative, republikanische und demokratische Kommentatoren waren sich in der Diagnose einig: Die USA hätten unter Georg W. Bush ihre Autorität und ihr Prestige eingebüßt, Georg W. Bush sei ein außenpolitischer Dilettant, der seiner Aufgabe nicht gewachsen war. Zu dieser Einsicht hätte man allerdings auch schon früher kommen können. Speziell der Irakkrieg war ja gerade nicht von der Logik des Militärs, der Sicherheits- und Machtpolitik bestimmt, sondern hatte in allererster Linie die kollektivpsychologische Funktion der Traumaabwehr. Trotzdem – oder auch genau deshalb – hatte Bush mit dieser Politik große Teile der Bevölkerung und der Medien hinter sich.

Bush konnte mit seiner Politik der kollektiven Traumaabwehr, des agierenden Umgangs mit dem erlittenen Trauma vom 11. September den kollektiven Narzissmus der Amerikaner illusionär stärken. Dass dies aber auf Kosten rationaler politischer Entscheidungen und damit auch auf Kosten amerikanischer Interessen ging, wurde vielen erst deutlich, als die politischen, ökonomischen und psychologischen Kosten des Irakkrieges deutlich wurden.

Was kommt nach Bush?

Ein US-Präsident muss nicht nur die realen innen- und außenpolitischen, der wirtschaftlichen und der militärischen Probleme angehen, sondern er muss auch eine Identifikationsfigur abgeben für die bedeutsamen psychologischen Konflikte der amerikanischen Nation. Eine zentrale Dimension ist nach wie vor die Frage, wie mit dem Trauma vom 11. September umzugehen sei. Welche Konfliktlösungs- und Identifikationsmuster boten die neuen Kandidaten für das Amt des US-Präsidenten an?

John McCain nahm als Marineflieger am Vietnamkrieg teil. Mehrfach geriet er in katastrophale militärische Situationen, bei denen viele seiner Kameraden den Tod fanden. 1967 wurde er während eines Angriffs auf ein Wasserkraftwerk bei Hanoi abgeschossen und geriet in nordvietnamesische Gefangenschaft. Bei seinem Abschuss wurde McCain schwer verwundet, er brach sich beide Arme und erlitt weitere Verletzungen, als er aus dem Flugzeug geschleudert wurde. Im berüchtigten Lager Hanoi Hilton wurde McCain Opfer von Folter, die bei ihm permanente körperliche Behinderungen verursachte. Der Vietcong wollte den Admiralssohn McCain vorzeitig freilassen, aber McCain weigerte sich, weil er befürchtete, der Feind könne dies propagandistisch ausschlachten. In seinem Wahlkampf spielte sein Heldentum in Vietnam eine zentrale Rolle.

McCain ist also ein schwer traumatisierter Mann. Bekanntlich leiden viele ehemalige Vietnamkriegssoldaten an ihren traumatischen Erfahrungen, sind seelisch krank, arbeitsunfähig, nicht in die Gesellschaft integriert. Viele der Vietnamkriegsveteranen konnten allerdings jahrzehntelang symptomfrei und gut angepasst leben und erst eine akute Lebenskrise reaktivierte das fast vergessene und gut unter Verschluss gehaltene Trauma. McCain verkörpert genau dieses Modell der Traumabewältigung: Man muss nur hart im Nehmen sein, dann wird man auch durch solche Erlebnisse nicht aus der Bahn geworfen. Einem richtigen Mann können auch fünf Jahre Haft und Folter nichts anhaben. Diese simple Weltsicht, dieses typisch männliche Heldenmuster der Konfliktverarbeitung entspricht ganz dem Denken von George W. Bush. McCain versprach – psychologisch gesehen – eine ungebrochene Fortsetzung der alten Politik. Er kündigte ja auch vollmundig an, den Krieg gegen den Terror mit allen Mitteln fortsetzen zu wollen und Bushs persönlicher Feind, Osama bin Laden, sei auch sein erklärtes Hassobjekt. Auch wenn McCain sich während des Wahlkampfes alle Mühe gab, sich rhetorisch von Bush zu distanzieren, war von ihm keine neue Politik, sondern eine Fortsetzung des Bush-Kurses zu erwarten. In ihren psychologischen Grundeinstellungen waren sich beide Politiker sehr ähnlich. Insbesondere die Tatsache, dass McCain im Rahmen einer politisch-kriegerischen Auseinandersetzung, nämlich dem Vietnam-Krieg, persönlich schwer traumatisiert wurde, und auch keine Anzeichen dafür existierten, dass er dieses Trauma seelisch kreativ verarbeiten konnte, ließen nicht viel Gutes erwarten. Wären die USA im Falle seiner Wahl in eine mit dem 11. September vergleichbare Krisensituation geraten, hätte unter dem Druck der Ereignisse das verdrängte Kriegstrauma von McCain reaktiviert und sein Handeln mehr von aufwallenden Affekten als von politischer Besonnenheit bestimmt werden können.

Barack Obama steht für ein Gegenmodell: Als Sohn eines African American und einer weißen Amerikanerin verkörpert er den Schmelztiegel Amerika. Er repräsentiert das andere Amerika, das schon während der Bush-Ära existierte, das sich aber in den Medien und der Öffentlichkeit kaum Gehör verschaffen konnte. Als Sohn eines Schwarzen und einer Weißen personifiziert Obama mit seiner familiären Biografie den Traum von einem besseren Amerika, Martin Luther Kings Traum von einer Aussöhnung zwischen Schwarz und Weiß und damit auch von einer Überwindung des alten Traumas der Sklaverei. So gesehen hat Obama psychologisch gute Voraussetzungen, um eine trauernde Bearbeitung des aktuellen Traumas vom 11. September zu ermöglichen. Weil Obama diese weichen, emotionalen und nachdenklichen Seiten leben und zeigen kann, flogen ihm die Herzen der Menschen zu. Man erhoffte sich von ihm einen Abschied und eine Erlösung von der Bush-Ära. Während des Wahlkampfes und nach seinem Wahlsieg hatte die Begeisterung für Obama, der fast wie ein Messias angehimmelt wurde, religiös-illusionäre Züge.

Dass Obama in Europa, speziell in Berlin, ein geradezu triumphaler

Empfang bereitet wurde, wirkte sich interessanterweise nicht positiv, sondern sogar leicht negativ auf die Wählergunst in seiner Heimat aus: Dass »old Europe« einem Kandidaten so huldigte, machte ihn in den Augen konservativer Amerikaner eher verdächtig. Aus deren Sicht sind die Europäer unsichere Kontonisten, hatten sie doch schon von Anfang an den Irakkrieg kritisiert. Wer bei den Europäern – und speziell »den pazifistischen Deutschen« – mit so viel Begeisterung aufgenommen werde, auf dessen Patriotismus sei ja wohl kaum Verlass und vielleicht habe er sogar ganz unamerikanische, gar revolutionäre Absichten im Sinn, wie dies eine böswillige Karikatur auf dem amerikanischen Magazin *The New Yorker* suggerierte, die ihn zusammen mit seiner als schwer bewaffnete Guerilla-Kämpferin verkleideten Ehefrau darstellte.

Obama stellt den Typus eines Politikers dar, den man mit Max Weber (1980) als charismatisch bezeichnen kann. Die charismatische Persönlichkeit ist von einer besonderen Aura umgeben, die auf andere motivierend und faszinierend wirkt. Sie besitzt die Vision einer besseren Zukunft, verströmt Selbstvertrauen, Entschlossenheit und Ausdauer. Der Charismatiker verfügt über eine außergewöhnliche Bereitschaft zum persönlichen Risiko und scheut sich nicht, seine ganze Persönlichkeit in die Waagschale zu werfen. Er propagiert nicht nur gute Argumente, sondern vermag es auch, seine Ideen auf emotionale Weise vorzubringen. Er ist selbst emotional und will Emotionen bei seinem Publikum wecken – nicht nur sachbezogenes Interesse. Alles was er tut, unternimmt er mit dem gesamten Einsatz seiner ganzen Persönlichkeit – man kann sagen: seiner Existenz.

Der Charismatiker setzt sich mit Leidenschaft für seine Sache ein. Seine Überzeugungen gehen über das rationale Maß hinaus und nehmen einen transzendenten, einen quasireligiösen Charakter an. Er ist nicht nur ein begnadeter Redner, sondern im Besitz einer Erleuchtung (Charisma = Gnadengabe), das heißt, er steht gewissermaßen mit einer höheren Instanz in Verbindung und strahlt die empfangene Erleuchtung aus. Obama glaubt an eine bessere Zukunft und er verkörpert diese Hoffnung. Er glaubt an den guten Willen, an die Menschlichkeit. Das religiöse, utopische Moment des Charismatikers ist seine Stärke, markiert aber auch eine mögliche Bruchstelle: Man ist leicht enttäuscht, wenn der Charismatiker in der rauen politischen Wirklichkeit die geweckten Hoffnungen und Sehnsüchte nicht erfüllen kann.

Obama scheint sich dieser Schwierigkeit bewusst zu sein, denn er spielt mit seinem Charisma. Er setzt es gezielt ein, kann sich jedoch auch davon distanzieren. Er betont die rationale und realistische Betrachtung der politischen Wirklichkeit. Er schraubt Erwartungen wieder herunter und verweist auf die Realitäten.

Obama hat gleichwohl mit dem Problem zu kämpfen, dass er an den großen Emotionen gemessen wird, die er geweckt hat. Er wird geliebt, weil er die Überdrüssigkeit an der Bush-Ära und die Utopie eines besseren Amerika glaubhaft verkörpert. Diese Eigenschaften sind jedoch auch seine Achillesferse, denn viele trauen ihm nicht zu, die Kaltschnäuzigkeit, Durchsetzungskraft und den Kampfeswillen zu besitzen, Amerikas Interessen in der Welt erfolgreich zu vertreten. Vielen weißen Amerikanern fehlt die Vorstellungskraft, dass der Sohn eines Kenianers, der vor ein paar Generationen noch ein Sklave gewesen wäre, die innere Kraft besitzt, als ihr Präsident die Interessen Amerikas wirkungsvoll zu vertreten.

Offenbar ringen in der amerikanischen Gesellschaft nicht nur zwei Repräsentanten unterschiedlicher Machtblöcke, konkurrierender Wirtschafts- und Politikkonzepte, sondern auch zwei psychologische Konzepte, die Welt zu bestehen, miteinander. Sowohl die Innenpolitik als auch die Politik zwischen Staaten wird ganz wesentlich von solchen psychologischen Faktoren bestimmt. Die politisch interessierte Psychoanalyse wird also auch in Zukunft ein weites Betätigungsfeld haben.

Literatur

Assmann, A. (1999): Erinnerungsräume. Formen und Wandlungen des kulturellen Gedächtnisses. München (Beck).

Assmann, J. (1992): Das kulturelle Gedächtnis. Schrift, Erinnerung und politische Identität in frühen Hochkulturen. München (Beck).

Assmann, J. (2000): Religion und kulturelles Gedächtnis. Zehn Studien. München (Beck).

Benjamin, J. (1988): Die Fesseln der Liebe. Frankfurt/M. (Stroemfeld/Roter Stern) 1993.

Burckhardt, J. (1868): Weltgeschichtliche Betrachtungen. In: Burckhardt, J.: Das Geschichtswerk. Frankfurt/M. (Zweitausendeins), 2007, S. 763–972.

Cierpka, M. (1999): Das geschiedene Familiengefühl in Scheidungsfamilien. In: Schlösser, A. & Höhfeld, K. (Hg.): Trennungen. Gießen (Psychosozial-Verlag), S. 85–100.
Dellwo, K.-H. (2007): Kein Ankommen, kein Zurück. In: Nach dem bewaffneten Kampf. Ehemalige Mitglieder der RAF und Bewegung 2. Juni sprechen mit Therapeuten über ihre Vergangenheit. Mit Beiträgen von: David Becker, Angelika Holderberg, Volker Friedrich, Lothar Verstappen, Karl-Heinz Dellwo, Monika Berberich, Knut Folkerts, Ella Rollnik, Roland Mayer, Irene Rosenkötter. Gießen (Psychosozial-Verlag), S. 97–129.
Dornes, M. (1993): Der kompetente Säugling. Frankfurt/M. (Fischer Taschenbuch Verlag).
Erikson, E. H. (1950): Kindheit und Gesellschaft. Stuttgart (Klett-Cotta), 4. Aufl. 1971.
Erikson, E. H. (1959): Identität und Lebenszyklus. Drei Aufsätze. Frankfurt/M. (Suhrkamp), 1966.
Frank, J. A. (2004): Bush auf der Couch. Wie denkt und fühlt George W. Bush? Gießen (Psychosozial-Verlag).
Freud, S. (1914): Zur Einführung des Narzißmus. GW X, 135–170.
Freud, S. (1915): Zeitgemäßes über Krieg und Tod. GW X, 323–355.
Fromm, E. (1961): Den Vorrang hat der Mensch! Ein sozialistisches Manifest und Programm. Gesamtausgabe, Bd. V. Stuttgart (DVA) 1980, S. 19–197.
Fromm, E. (1964): Die Seele des Menschen. Ihre Fähigkeit zum Guten und zum Bösen. Gesamtausgabe, Bd. II. Stuttgart (DVA) 1980, S. 159–268.
Grunberger, B. (1984): Von der Reinheit. In: Grunbergr, B. (1988): Narziß und Anubis. Die Psychoanalyse jenseits der Triebpsychologie. Bd. 2. Stuttgart (Verlag Int. Psychoanalyse), 1988, S. 111–131.
Grunberger, B. & Dessuant, P. (1997): Narzißmus, Christentum, Antisemitismus. Eine psychoanalytische Untersuchung. Stuttgart (Klett-Cotta), 2000.
Halbwachs, M. (1925): Das Gedächtnis und seine sozialen Bedingungen. Frankfurt/M. (Suhrkamp), 1985.
Halbwachs, M. ([1939] 1950): Das kollektive Gedächtnis. Frankfurt/M. (Fischer Taschenbuch-Verlag), 1985.
Hole, G. (2004): Fanatismus. Der Drang zum Extrem und seine psychischen Wurzeln. Überarb. und erw. Neufassung der Ausgabe von 1995. Gießen (Psychosozial-Verlag).
Hondrich, K. O. (2006): Geteilte Gefühle. Frankfurter Allgemeine Zeitung vom 29.07.2006, S. 8.
Kapfhammer, H.-P. (2000): Paranoia: In: Mertens, W. & Waldvogel, B. (Hg.): Handbuch psychoanalytischer Grundbegriffe. Stuttgart (Kohlhammer), S. 531–533.
Kernberg, O. F. (1998): Ideologie, Konflikt und Führung: Psychoanalyse von Gruppenprozessen und Persönlichkeitsstruktur. Stuttgart (Klett-Cotta), 2000.
Kernberg, O. F. (2002): Affekt, Objekt und Übertragung. Aktuelle Entwicklungen der psychoanalytischen Theorie und Technik. Gießen (Psychosozial-Verlag).
Lasch, C. (1979): Das Zeitalter des Narzißmus. München (Steinhausen), 1980.
Lifton, R. J. & Markusen, E. (1990): Die Psychologie des Völkermords. Atomkrieg und Holocaust. Stuttgart (Klett-Cotta), 1992.
Niederland, W. G. (1980): Folgen der Verfolgung: Das Überlebenden-Syndrom, Seelenmord. Frankfurt/M. (Suhrkamp).
Oerter, R. & Noam, G. (1999): Der konstruktivistische Ansatz. In: Oerter, R.; von Hagen, C.; Röper, G. & Noam, G. (Hg.) (1999): Klinische Entwicklungspsychologie. Ein Lehrbuch. Weinheim (Psychologie Verlags Union), S. 45–78.

Schirra, B. (2001): Die Schüler des Terrors. Die Zeit Nr. 51 vom 13.12.2001, 15–18.
Stierlin, H. (1978): Delegation und Familie. Beiträge zum Heidelberger familiendynamischen Konzept. Frankfurt/M. (Suhrkamp).
Theweleit, K. (1977): Männerphantasien. Bd. 1: Frauen, Fluten, Körper, Geschichte. Frankfurt/M. (Roter Stern).
Theweleit, K. (1978): Männerphantasien. Bd. 2: Männerkörper. Zur Psychoanalyse des weißen Terrors. Frankfurt/M. (Roter Stern).
Volkan, V. D. (1999): Das Versagen der Diplomatie. Zur Psychoanalyse nationaler, ethnischer und religiöser Konflikte. Gießen (Psychosozial-Verlag).
Volkan, V. D. (2005): Blindes Vertrauen. Großgruppen und ihre Führer in Krisenzeiten. Gießen (Psychosozial-Verlag).
Weber, M. (1980): Wirtschaft und Gesellschaft. Grundriß der verstehenden Soziologie. 5. Aufl. Tübingen (Mohr).
Welzer, H. (2002): Das kommunikative Gedächtnis. Eine Theorie der Erinnerung. München (Beck).
Willi, J. (1975): Die Zweierbeziehung. Reinbek bei Hamburg (Rowohlt).
Wirth, H.-J. (2002a): Narzissmus und Macht: Zur Psychoanalyse seelischer Störungen in der Politik. Gießen (Psychosozial-Verlag).
Wirth, H.-J. (2002b): Die 68er-Generation und das Problem der Gewalt. In: Schlösser, A. & Gerlach, A. (Hg.): Gewalt und Zivilisation. Gießen (Psychosozial-Verlag), S. 355–382.
Wirth, H.-J.; Büttner, C.; Auchter, T. & Schultz-Venrath, U. (Hg.) (2003): Der 11. September: Psychoanalytische Studien zu Ursachen und Folgen des Terrors. Gießen (Psychosozial-Verlag).
Woodward, B. (2002): Bush at war. Amerika im Krieg. München (DVA) 2003.

Perversion und Kultur

Ethnopsychoanalytische Perspektiven

Mario Erdheim

Schwierigkeiten mit dem Dialog

Wer heute über die Bedeutung der Sexualität für den Menschen nachdenkt und sich Orientierung aus theoretischen Angeboten erhofft, kommt nicht umhin, sich bei verschiedenen Wissenschaften umzusehen: bei der Biologie, der Sexualwissenschaft, der Soziologie, der Ethnologie, der Geschichte etc. Es ist an sich klar, dass jede Wissenschaft auf die anderen angewiesen ist, um ihren Gegenstand so zu konstruieren, dass sie ihre eigenen Forschungen weiter fruchtbar vorantreiben kann. Dabei bestehen aber auch Hindernisse; der Dialog stellt sich nicht von selbst her. Man kann sagen, dass die Konzepte, die man wählt, auch die Möglichkeiten bestimmen, welche Dialoge man mit den anderen Wissenschaften führen kann oder eben nicht. Am Beispiel zweier Konzepte von Sexualität – dem der entmystifizierten und dem der romantisierten Sexualität – möchte ich einige dieser Hindernisse besprechen.

In den 80er und 90er Jahren habe eine Entmystifizierung der Sexualität stattgefunden, postuliert der Sexualwissenschaftler Gunther Schmidt. Die alte, mystifizierte Form der Sexualität sei heute vor allem im Kino zu sehen. Ein Prototyp solcher Filme sei z.B. *Titanic.* Die dort zelebrierte Auffassung von Sexualität sei vor allem auch durch die Psychoanalyse verbreitet worden. Mithilfe des Triebbegriffs werde die Sexualität mystifiziert[1], nämlich als Kraft, Energie, Motivation, als das

1 Mystifikation bedeutet, dass etwas dunkel, unheimlich, verworren, subjektiv, antira-

Wilde, Ungezügelte, als Chaos. Aber dieser Begriff der Sexualität sei ebenso untergegangen, wie einst die Titanic. Schmidt erklärt:

> »Nicht mehr ›Trieb‹ ist eine Metapher für Sex, sondern die Suche nach Reizen, Vergnügungen, thrills; nicht die Befriedigung im Sinne von Ruhe oder Bedürfnislosigkeit ist das Ziel, sondern das Spiel mit Erregungen und das Sammeln von Empfindungen. [...] Das bürgerliche Drama der Sexualität, das die Psychoanalyse noch unverdrossen aufführt, wird zunehmend zu einer nostalgischen Reminiszenz. [...] ›Just fun, no drama‹ heißt es in Kontaktanzeigen [...]. Oberflächlich und entsetzlich banal, könnte man nörgeln. Aber es ist eine Sexualität frei von falschem Tiefsinn, entmystifizierter, entdramatisierter Sex. Und so scheint es, als sei die Sexualität zu Beginn des Jahrhunderts gründlich entrümpelt: vom Katholizismus, vom Patriarchat (fast) und von der Psychoanalyse. Das ist nicht wenig für fünfzig Jahre, fast schon eine Erfolgsgeschichte« (Schmidt 2000, S. 14).

Aus dieser entmystifizierenden Sicht ist Sexualität also lediglich ein Wellnessfaktor. Sie gehört in die Freizeit und ist somit weitgehend kulturell determiniert. Damit scheint auch die alte Kontroverse, ob Sexualität »Natur« oder »Kultur« sei, ad acta gelegt werden zu können. Allerdings reduziert sich die historische Dimension, die ja immer zur Kultur gehört, bei Schmidt auf die bloße Gegenwart. Aus dem Hier und Jetzt der Sexualität will er erkennen, was sie sei. Das Unbefriedigende an diesem Konzept der entmystifizierten Sexualität ist aber die Unfähigkeit, das zu verstehen, was Ethnologen und Historiker als Faktum so imponiert, nämlich der Zusammenhang zwischen Religion und Sexualität, in dem eben all das sichtbar wird, was durch die Entmystifizierung der Sexualität sauber entfernt worden ist, nämlich ihre Intensität, Radikalität, Unheimlichkeit und Antirationalität. Wer also diese Seite der Sexualität untersuchen will, wird sich anderen Sexualitätskonzepten zuwenden, zum Beispiel dem romantisierenden.

Die französische Psychoanalytikerin Jacqueline Schaefer meint, dass die Bedeutung der Sexualität heute unterschätzt und verharmlost werde. Es sei deshalb auch kein Wunder, dass Freuds *Drei Abhandlungen zur Sexualtheorie* immer noch nicht in ihrer Relevanz erkannt worden seien.

---

tional, geheimnisvoll, versponnen, krankhaft, degeneriert, täuschend gemacht wird, heißt es im *Historischen Wörterbuch der Philosophie*.

In ihrem anlässlich einer Jahrestagung der DPG gehaltenen Vortrag mit dem Titel »Hundert Jahre nach den ›Drei Abhandlungen‹ – was bleibt von den drei Skandalen?« zählte Schaefer die Skandale auf: Der erste Skandal sei die These von der kindlichen Sexualität und der zweite die These von der perversen Disposition der Sexualität Erwachsener. Der dritte Skandal betreffe die weibliche Sexualität. Dazu erklärte sie:

> »Was skandalös bleibt, ist die Tatsache, dass der Sexualtrieb nie voll befriedigt werden kann. Was skandalös bleibt, ist, dass der anhaltende Druck des sexuellen Triebes in den Körper der Frau eindringen kann. Es ist die intensive Lust nach einem hohen Maß an libidinöser Erregung, nach der die weibliche Begierde verlangt. Und dass gerade dies durch das Maskuline (das Männliche) des Mannes herausgerissen und geschaffen werden muss, der keine Angst oder keine Angst mehr hat, weder vor der Frau noch vor ihrer Weiblichkeit noch vor ihrer Begierde, oder anders gesagt, keine Angst vor dem Gegensätzlichen des Phallischen hat. […] Was skandalös bleibt, ist der erotische Masochismus der Frau, derjenigen, die zu ihrem nichtperversen Geliebten sagt: ›Mach mit mir, was du willst.‹« (Schaeffer 2005)

Wenn sich eine Sexualtheorie wie die entmystifizierende Theorie von Schmidt allzu sehr auf das Gegenwärtige konzentriert und das eben in Mode Gekommene zum Wesentlichen deklariert, dann wird sie ahistorisch. Dasselbe passiert aber auch mit Schaefers Theorie, deren Konzepte des Männlichen und Weiblichen, des Begehrens und des Phallischen ebenfalls jenseits der Geschichte angesiedelt sind. Verschwindet aber die historische Dimension, das heißt die Zeitlichkeit und die Einsicht in den Wandel, so wird das Dialogische verhindert: Die Bereitschaft zum Dialog bedeutet ja immer auch die Bereitschaft zum Wandel, zur Veränderung der eigenen Konzepte zum Beispiel. Wo das Geschichtsbewusstsein schwindet, gibt es deshalb nur noch das Monologische.

Um die historische Dimension wiederherzustellen, scheint es mir sinnvoll, Freuds Konzept der Psychosexualität (Freud 1910, S. 121) wieder aufzunehmen. Freud verknüpfte darin das Physiologische mit dem Psychischen und versuchte auf diese Weise, den vielfältigen Verbindungen zwischen dem, was im Körper geschieht, und dem, was sich im

Bereich der Fantasien abspielt, nachzugehen. Somit eröffnete er einen neuen Weg, um das Kulturelle und damit auch das Geschichtliche der Sexualität zu erfassen. Dadurch wurde auch eine neue Form der Sexualtheorie möglich, wie sie zum Beispiel Volkmar Sigusch fordert:

> »Von einer Sexualwissenschaft im ungeschmälerten Sinn kann erst gesprochen werden, wenn das Theoretisieren eines als Einheit Gedachten dazu führt, dass dieses Gedachte nicht nur als Mittel der Fortpflanzung, als Laster, Verbrechen oder Krankheit, nicht nur als männlich oder männlich-homosexuell erscheint, und wenn die Vertreter der neuen Disziplin begriffen haben, dass der Gegenstand ihres Interesses vom Gesellschaftlich-Kulturellen nicht nur ›überlagert‹, sondern durchdrungen wird bis zur letzten Krypte« (Sigusch 2007, S. 17).

Überall, wo es darum geht, die kulturelle Beschaffenheit eines Phänomens, in unserem Falle hier also der Perversion, zu erfassen, kann die Ethnopsychoanalyse – die dem (schwierigen) Dialog zwischen Ethnologie und Psychoanalyse entsprang (Erdheim 1982) – gute Dienste leisten, und zwar deshalb, weil kulturelle Differenzen ein wesentlicher Antrieb ihres Denkens sind. Dabei geht es der Ethnopsychoanalyse nicht um das Fremde oder Exotische an sich, sondern darum, es in ein Verhältnis zum Eigenen zu bringen. Die Geschichten, die ich im Folgenden von Schamanen und Geschlechtswechsel erzähle, sollen uns ermöglichen, Verhaltensweisen, die wir bei uns unter dem Stichwort »Perversion« abhandeln, in einem anderen Licht zu sehen, um sie auch neu verstehen zu können.

Die erwähnten Schwierigkeiten, die mit den verschiedenen Konzepten von Sexualität verbunden sind, tauchen natürlich auch im Zusammenhang mit dem Begriff der Perversion auf. Ein bezeichnender Hinweis ist die immer wiederkehrende Frage, ob der Perversionsbegriff überhaupt noch eine Berechtigung habe. Joyce McDougall schlug zum Beispiel vor, als Perversionen nur jene Art von sexuellen Beziehungen zu bezeichnen, die einem anderen Individuum ohne dessen Zustimmung aufgenötigt werden, oder die ohne die Eigenverantwortung eines der daran Beteiligten zustande kommen (McDougall 1995, S. 251). Davon unterscheiden möchte McDougall die Neosexualitäten, die sie als erotische Inventionen bezeichnet, bei denen es darum gehe, »die menschliche Sexualität in ihren genitalen und heterosexuellen Aspekten neu« zu erfinden (McDougall 1982, S. 270). Auch Sexualwissenschaftler wie Sigusch beschreiben eindrücklich all die Umwertungen, die seit den 70er Jahren in der Beurteilung der Perversionen stattgefunden haben (Sigusch 1998).

Nähern wir uns den Perversionen vonseiten der Ethnopsychoanalyse, so können wir uns zuerst einmal erlauben, eigene Wertungen, Beurteilungen oder Heilungswünsche außer Acht zu lassen, und Perversionen schlicht als Verhaltensweisen zu studieren. Dabei stößt man auf einen merkwürdigen Sachverhalt: Vieles von dem, was heute oder vor gar nicht so langer Zeit als sexuell perverse Handlung aufgefasst wird oder wurde, also zum Beispiel Geschlechtswechsel, Homosexualität, Masochismus, Sadismus, Koprophilie, Voyeurismus, Exhibitionismus, war einst in religiöse Zusammenhänge eingebettet. Liest man zum Beispiel Berichte von Menschenopfern, so fällt die sadistische Grausamkeit auf, mit der die Opfer exekutiert wurden. Die Lust an der Qual des Opfers wurde nur notdürftig bedeckt, etwa mit Vorstellungen, sein Schmerz werde die Fruchtbarkeit der Felder steigern (Frazer 1928, S. 632ff.: Text über die Ernteopfer der Meriah in Indien).

Andere Beispiele für die religiöse Einbettung von Handlungen, die wir heute als pervers bezeichnen würden, sind im Werk von John Gregory Bourke zu finden. Der amerikanische Offizier, der 1870 am Harntanz teilnahm, an einer religiösen Zeremonie der Zuni, war so erschüttert vom Anblick Urin trinkender Indianer, dass er die nächsten zehn Jahre seines Lebens »nur der Erforschung der Skatologie zur Erklärung jenes Tanzfestes weihte«. Auf 522 Seiten beschreibt er ausführlich die vielfältigsten Fantasien und Umgangsformen mit körperlichen Ausscheidungen in verschiedenen Religionen (Bourke 1913).

Was einst als heilige Handlungen galt, verwandelte sich im Lauf der Geschichte in verrückte Handlungen, die dem Bereich der Psychopathologie zugeordnet wurden. Ähnliche Prozesse, die aus dem Religiösen ins Kriminelle führten, kennen wir aus der Geschichte des Christentums. Es bildeten sich einerseits zahlreiche erotische Sekten, wie die Adamiten, Wiedertäufer oder Skopzen, in denen all das, was im offiziellen Christentum sexuell verpönt war, nicht nur erlaubt, sondern sogar religiös gefordert wurde, und zwar damit Christus wiederkehre. Andererseits setzte sich allmählich eine Tendenz durch, diese Verhaltensweisen aus dem religiösen Bereich auszuscheiden und sie nicht einmal mehr als Ketzerei, sondern als kriminell zu beurteilen. Schließlich wurde es aber auch möglich, sie im Bereich der Ästhetik (z.B. in Kunst, Mode, Showbusiness) anzusiedeln.

Ich möchte mich im Folgenden mit dieser Entwicklung beschäftigen, und zwar am Beispiel des Geschlechtswechsels. Dabei interessiert mich vor allem die Frage, wie sich diese Entwicklung auf die davon betroffenen Verhaltensweisen und auf die diesbezügliche Theoriebildung auswirkt.

Der religiöse Kontext des Geschlechtswechsels bei den Tschuktschen

Reisenden im 19. Jahrhundert fiel die Homosexualität bei den Tschuktschen, einem sibirischen Jägervolk, auf. Sie wunderten sich deshalb darüber, weil sie Homosexualität als eine Degenerationserscheinung interpretierten, die es bei einem »Naturvolk«, wie man damals sagte, gar nicht geben dürfte. Zudem war die Homosexualität in einem weiteren religiösen Kontext eingebunden, dem des Geschlechtswechsels im Rahmen des Schamanismus. Die Fantasie, man könne das Geschlecht, das man bei der Geburt hatte, wechseln, und dass aus einem Mann eine Frau, sowie aus einer Frau ein Mann werden könne, taucht allerdings in vielen Kulturen auf (Hoffmann-Krayer 1930–1931, Stichwort: Geschlechtswechsel). Manche assoziierten diesen Wechsel mit »Krankheit«. So sollen zum Beispiel die Skythen an einer Krankheit gelitten haben, die aus Männern Frauen machte, und bei den Germanen hielt man es ebenfalls für möglich, dass sich Männer in Frauen verwandeln und Kinder bekommen könnten, aber es galt als Unnatur. Kirchenväter und Inquisitoren haben über die Möglichkeit nachgedacht, dass der Teufel solchen Geschlechtswechsel bewirken könnte. Nach einem in Serbien und auch in Frankreich verbreiteten Glauben, soll alles Männliche, das unter einem Regenbogen hindurchgeht, in Weibliches verwandelt werden und umgekehrt. Hermann Baumann (1955) bringt diese Vorstellung auch mit dem Geschlechterantagonismus in Verbindung: Dort, wo sich dieser Antagonismus zuspitze, tauchten solche Geschlechtswechselfantasien eher auf. Welche Erklärungen jeweils auch als plausibel betrachtet wurden, das Vorhandensein dieser Fantasien scheint – ähnlich wie zum Beispiel dasjenige von Flugfantasien – ein anthropologisches Faktum zu sein, das von den verschiedenen Kulturen – also auch von der unsrigen – verschieden gehandhabt wird.

Der russische Ethnologe Bogoras berichtete, »wie ein 16-jähriger Junge unter dem ›übernatürlichen‹ Einfluß sein Geschlecht verlassen wolle und sich einbilde, ein Weib zu sein. [...] Solche abnorme Geschlechtsänderungen hätten die verworfenste Unsittlichkeit der Gemeinschaft zur Voraussetzung und schienen von den Schamanen kräftig unterstützt zu werden, indem sie derartige Fälle auf einen Befehl ihrer Gottheit zurückführten. So könne es sich ereignen, daß in einer Yurte der Ehemann ein Weib, die Ehefrau aber ein Mann sei.«

Bogoras Begleiter verweilte mehrere Tage in einer Jurte, »in der das ›Er-Weib‹ ein großer wohlaussehender Mann mit starkem Schnurrbart war, der ›Sie-Hausherr‹ dagegen ein kleines Weib in mittleren Jahren. Ersterer, mit langem Haar, trug Weiberkleidung und saß, Rentierfelle flickend, schüchtern in einer Ecke des Zeltes.« Bogoras gibt an, dieser Geschlechtswechsel führe gewöhnlich zur Priesterschaft, fast alle Schamanen seien früher »Verleugner ihres Geschlechts gewesen und von ihren Stammesgenossen mit heiliger Scheu angesehen worden« (zit. nach Karsch-Haack 1911, S. 254–266).

Der Geschlechtswechsel war in eine schamanistische Struktur eingebettet. Der Schamane ist ein Mittler; seine Funktion besteht darin, eine Verbindung von der (Stammes-)Gemeinschaft zur übernatürlichen Welt und deren Mächten (Geister, Gottheiten) herzustellen (Paulson 1962, S. 126). Paulson schreibt über den Werdegang des Schamanen: »Dem allgemeinen Urteil nach ist die Berufung zum Schamanen – durch Geister und andere übernatürliche Wesen – dem Anfänger zuerst unangenehm, zuweilen sogar eine schwere Bürde, die verschiedene krankhafte Zustände psychoneurotischer Art auslöst« (ebd.).

> »Ein junger Mann, der vorher keinerlei Anzeichen von Absonderlichkeit darbot, wird ›plötzlich‹ tiefsinnig. Tag und Nacht bringt er im Freien fern vom Hause zu oder aber er hält sich beständig im Schlafraume auf, ohne ihn je zu verlassen. Er verweigert Nahrungsaufnahme und Verkehr mit Männern und läßt alle an ihn gerichteten Fragen unbeantwortet. Für diesen nicht unbedenklichen Zustand macht der Tschuktsche die Geister verantwortlich [...]. Und der Zustand endet oftmals mit Erkrankung oder gar mit dem Tode des jungen Mannes, der verurteilt schien, Schamane zu werden. Die einzigen Mittel, die ihn wieder zur Genesung führen können, sind ununterbrochenes Trommelschlagen einige Wochen hindurch, von dem ›Neubegeisterten‹ selbst ausgeführt, und damit verbundenem Singen und Versuchen im Bauchreden. So vorbereitet empfängt der zur Geschlechtsänderung verurteilte, junge Tschuktsche eine zweckdienliche Botschaft von seinen Geistern und muß ›sogleich‹ Weiberkleidung anlegen, Weiberstimme sich aneignen, weibliche Arbeiten zu verrichten lernen und seine ganze frühere männliche Vergangenheit vergessen. [...] Solche vollkommene Geschlechtsänderung ist jedoch keineswegs häufig. Bei einem Tschuktschen-Stamme von 2000 Männern hörte Bogoras von nur fünf Fällen. Zahlreicher sind schon Fälle von nur teilweiser Geschlechtsänderung, wobei der verweibte Mann zwar Weiberkleidung und Weiberstimme annimmt, dennoch aber ein Weib besitzen und mit ihm Kinder zeugen kann« (zit. nach Karsch-Haack 1911, S. 254–266).

Die Krise, durch die ein gewöhnlicher Mensch zum Schamanen wird, ist schwer oder gar lebensgefährlich. In der mythologischen Beschreibung der Zerstückelung findet diese Metamorphose eine eindrückliche Symbolisierung. Der Schamane gilt bei den sibirischen Tungusen als ein durch die Ahnengeister zum Unglück und Zerstückeltwerden berufenes Wesen (Findeisen 1957, S. 50–60). Entsprechende Mythen erzählen detailliert von der grauenerregenden Operation:

> »Tungusische Mitteilungen sagen deutlich aus, daß das Zerstückeltwerden von den schamanischen Ahnengeistern vorgenommen wird, die auch selbst das Fleisch des so Getöteten in rohem Zustande essen. Dieses Schicksal müssen sämtliche tungusische Schamanen erleben, und auch sie können erst im Anschluß an die vollzogene Operation schamanisieren. [...] Wie wird nun dieses Zerstückeln im einzelnen vorgenommen? Zuerst wird im allgemeinen der Kopf abgeschnitten, der dann die folgenden Vorgänge mit eigenen Augen verfolgt, wobei er auf einem Wandbrett oder auf dem obersten Balken der Yurte liegt. Fürchterlich sind solche Vorstellungen, wonach ein Eisenhaken zwischen die Gelenke eingeführt wird, um

> sie damit auseinander zu reißen. Das Fleisch wird von den Knochen abgekratzt, beide Augen werden aus den Augenhöhlen genommen und gesondert hingelegt usw. Nach weiteren Mitteilungen wird der Kopf auf eine lange Stange gesetzt, damit er nur ja alles genau mit ansehen kann, was mit dem Körper geschieht … […] Meist werden Fleisch und Blut roh gegessen und getrunken. Das Blut wird mit dem Trommelschlägel geschöpft und in Richtung aller Wurzeln und Quellen von Tod und Krankheit versprengt. […] Als letzte Phase dieses schauerlichen Traumrituals kommt es dann zu der Wiederbelebung des Schamanen durch die Geister. Alle Knochen werden wieder an Ort und Stelle gebracht, wobei Gelenk an Gelenk am richtigen Platz eingesetzt wird; der Kopf kommt wieder an seine ursprüngliche Stelle, und die Knochen werden wieder mit neuem Fleisch bekleidet, ja sogar mit Eisenfäden zusammengenäht. […] Manche Schamanen bleiben während des Vollzugs des Zerstückeltwerdens in ihrem Hause, wo ein besonderer Vorhang aufgezogen wird; sie werden bewacht, enthalten sich der Nahrung, und niemand darf zwischen ihnen und dem Herd vorbeigehen. […] Früher dagegen sollen sich die Schamanen in öde, menschenleere Gegenden und in ein besonderes für die Zeremonie errichtetes Zelt begeben haben. Oder es heißt: der zukünftige Schamane liegt bei sich zu Hause, ein Schwerkranker, nicht tot und nicht lebendig … Was sagen die Berichte nun über den Zustand des Schamanen während des Vollzuges jenes eigenartigen Todes- und Wiederauferstehungsritus? Der Schamane befindet sich wie schlafend; er schläft für die Dauer von drei Tagen und drei Nächten ein und liegt da wie ein Toter. Oder: er liegt vier oder fünf Tage ohne Empfindung da, aus seinem Mund tritt weißer Schaum, aus allen Gelenken rieselt Blut, sein ganzer Körper bedeckt sich mit blauen Blutergüssen […].
>
> Ein anderer Schamane […] war drei Jahre lang krank. Im Traum sah er, wie die Geister, Männer und Frauen, ihm den Leib aufschnitten, ihm die Eingeweide herausnahmen und sie wieder zurücklegten. Ständig sprachen sie: ›Schamanisiere, bleib nicht länger liegen!‹ Als er im Liegen zu schamanisieren begann, wurde ihm sofort besser und die Geister ließen ihn in Ruhe.«

Hans Findeisen, der Ethnologe, der diese Berichte zusammenstellte, schließt mit den Worten: »Die schreckliche Realität, die uns in diesen rituellen Phantasien entgegentritt, ist die Realität der menschlichen Seele selbst.«

Wenden wir uns nun jener besonderen Art von Schamanen zu, die ihre Metamorphose noch mit dem Geschlechtswechsel verbinden.

»Die Tschuktschen nannten verschiedene Anzeichen, die dem Individuum ankündigten, daß es sein biologisches Geschlecht werde ändern müssen. Manchmal genügten äußere Änderungen, und es reichte, wenn sich das Individuum entschloß, weibliche Kleidung zu tragen. Es gab aber auch vollständigere Wandlungen. Ein junger Mann, der diesen Weg zu gehen hatte gibt alles Gehaben seines Geschlechts auf und nimmt das der Frauen an. Er legt Gewehr und Lanze zur Seite, auch das Lasso des Rentierhirten und die Harpune der Robbenjäger, und nimmt Nadel und Fellkratzer. Er erlernt rasch deren Gebrauch, da die Geister ihm allezeit helfen. Sogar seine Aussprache wandelt sich vom Männlichen ins Weibliche. Zu gleicher Zeit verändert sich sein Körper, wenngleich auch nicht in seinem Äußeren, so doch in seinen Fähigkeiten und er verliert die männliche Stärke, die Schnelligkeit des Fußes im Wettlauf, die Ausdauer im Ringen und wird hilflos wie ein Weib. Sogar seine Psyche ändert sich. Die verwandelte Person verliert ihren rauhen Mut und kämpferischen Geist und wird fremdenscheu, schätzt Klatsch und Kindererziehen. [...] Der ›weiche Mann‹ beginnt wie eine Frau zu fühlen. Er sucht die Gunst der Männer zu gewinnen, und es gelingt ihm auch mit Hilfe der Geister. So kann er alle jungen Männer, die er haben will, erringen. Aus ihnen erwählt er einen Geliebten, und nach einiger Zeit nimmt er sich einen Gatten. Die Hochzeit wird mit den gewöhnlichen Riten durchgeführt, und ich muß sagen: es ist eine ganz feste Vereinigung, die oft bis zu Ende des einen Partners dauert. Das Paar lebt in der gleichen Art, wie es die anderen Leute tun. Der Mann hütet die Herden, geht jagen und fischen, während das ›Weib‹ das Haus besorgt, alle häuslichen Verrichtungen ausführt. Sie kohabitieren in einer perversen Art, modo Socratis, in welcher das gewandelte Weib immer die passive Rolle spielt. Dabei sollen einige der ›weichen Männer‹ ihre männlichen Begierden ganz und gar einbüßen und sogar die Organe einer Frau erwerben, während einige andere Geliebte haben und Kinder mit ihnen zeugen. [...] Der Status eines umgewandelten Mannes ist so seltsam, daß er viel Klatsch und Späße Seitens der Nachbarn hervorruft. Solche Scherze werden natürlich nur geflüstert, weil man die Gewandelten außerordentlich fürchtet, viel mehr noch als gewöhnliche Schamanen. Jeder ›weiche Mann‹ hat einen besonderen Beschützer unter den Geistern, der in den meisten Fällen die Rolle eines übernatürlichen Gatten, der Kele Gatte des Umgewandelten spielt. Dieser Geistergatte soll das wirkliche Haupt der Familie sein; er verkündet seine Befehle durch sein (umgewandeltes) Weib. Der menschliche Gatte muß diese Befehle genau ausführen, unter Androhung schwerer Bestrafung, falls er sich weigert. So ist in einem solchen Haushalt die Stimme der ›Frau‹ entscheidend.«

Es gab bei den Tschuktschen aber auch Frauen, die sich in Männer verwandelten. Bogoras berichtet von einer Witwe mittleren Alters mit drei halb erwachsenen, eigenen Kindern:

> »Sie empfing zuerst eine Inspiration von nicht mehr als gewöhnlicher Art, aber später wollten sie die Geister in einen Mann verwandeln. Dann schnitt sie ihr Haar, nahm die Kleidung eines Mannes und dessen Art zu sprechen und lernte sogar in kurzer Zeit, den Speer zu benützen und mit einem Gewehr zu schießen. Schließlich wollte sie heiraten, fand leicht ein ganz junges Mädchen, das zustimmte, ihre Frau zu werden. Die Umgewandelte versorgte sich mit dem Gastroknemius (getrockneter Wadenmuskel eines Rentiers), befestigte diesen am breiten Gürtelband und benutzte ihn in der Art männlicher Geschlechtsteile.«

Später hatte sie auch den Wunsch nach Kindern und schloss ein Bündnis gegenseitiger Ehe mit einem jungen Nachbarn, und in drei Jahren wurden wirklich zwei Söhne in ihrer Familie geboren, sie galten nach Ansicht der Tschuktschen als eigene, ungeschlechtliche Kinder. So konnte diese Frau Kinder in ihrer Jugendzeit von sich selbst gehabt haben und später andere Kinder von einer ihrer zugeheirateten Frauen (Baumann 1955, S. 17–19).

Machen wir jetzt einen großen Sprung in unsere Zeit und unsere Gesellschaft. Es ist auch der Sprung, durch den der Wunsch, das biologische Geschlecht zu wechseln, vom schamanistisch-religiösen Bereich in den der Psychopathologie gelangt ist.

Das Problem des Geschlechtswechsels in der gegenwärtigen Gesellschaft.

Volkmar Sigusch und Reimut Reiche stellten Ende der 70er Jahre die Symptome zusammen, aufgrund derer Transsexualität diagnostiziert werden kann[2]:

2 Volkmar Sigusch hat in seinem Aufsatz »Transsexueller Wunsch und zissexuelle Abwehr« (1995, S. 811–837) den nosomorphen Blick, den er einst selbst auf den Transexualismus geworfen hatte, selbstkritisch betrachtet.

»Transsexuelle haben die innere Gewißheit, dem Geschlecht anzugehören, das ihnen körperlich nicht gegeben ist. Sie sind davon überzeugt, im falschen Körper gefangen zu sein [...]. Trotz oft erheblicher Realitätsverfälschung zeigen Transsexuelle normalerweise, d.h. außerhalb von Krisensituationen, keine wirklich psychotischen Symptome oder Reaktionen. [...] Transsexuelle sind von einem Verlangen nach Geschlechtswechsel besessen. Dieses Verlangen läßt sich oft bis in die frühe Kindheit zurückverfolgen, ist durchgehend vorhanden, [...] nimmt dranghaften und suchtartigen Charakter an, zehrt jedes andere auf und ist möglicherweise endlos, nie ganz zu stillen. Spätestens wenn sie erwachsen sind, verfolgen Transsexuelle mit Beharrlichkeit das Ziel, durch Hormonbehandlungen, chirurgische Eingriffe, Vornamens- und Personenstandsänderungen sowie weitere Maßnahmen auch körperlich, rechtlich und sozial dem erlebten Geschlecht angeglichen, zugeordnet und gleichgestellt zu werden. [...] Bereits in der Kindheit zeigen viele Transsexuelle Verhaltensweisen und Empfindungen, die gemeinhin dem anderen Geschlecht zugeordnet werden. Besonders auffällig ist bei Jungen ein mädchenhaftes, bei Mädchen ein jungenhaftes Verhalten. [...] Cross-Dressing, das Tragen der Kleider des anderen Geschlechts, kommt ebenfalls oft schon in der Kindheit vor und entwickelt sich progredient. [...] Über das Cross-Dressing hinaus streben Transsexuelle die perfekte Imitation aller Reaktionen, Ausdrucks- und Verhaltensweisen des begehrten Geschlechts an, von der Miktion bis zum Berufsleben. Niemand verficht Geschlechtsspezifisches leidenschaftlicher und kompromißloser als sie. [...] Diese Transformation imponiert oft besonders durch die starre und klischeehafte Übernahme und Überzeichnung kulturell herrschender oder bereits überlebter Ideale von Männlichkeit oder Weiblichkeit. [...] Im ärztlichen Gespräch wirken Transsexuelle kühl-distanziert und affektlos, starr, untangierbar und kompromißlos, egozentrisch, demonstrativ und nötigend, dranghaft besessen und eingeengt, merkwürdig uniform, normiert, durchtypisiert. [...] Psychotherapie lehnen Transsexuelle ab. Kastration ist für sie eine natürliche Maßnahme, Psychotherapie eine widernatürliche. Sie geben dem Untersucher von Anfang an zu verstehen, daß er sich um nichts als ihre ›Geschlechtsumwandlung‹ zu kümmern habe. Krankheitseinsicht fehlt völlig. [...] Die zwischenmenschlichen Beziehungen Transsexueller sind stark gestört, weil ihnen Einfühlungsvermögen und Bindungsfähigkeit weitgehend fehlen. Transsexuelle neigen dazu, andere Menschen entweder stark zu idealisieren oder stark abzuwerten. [...] Wenn Transsexuelle den Eindruck haben, in ihrem Wunsch nach Geschlechtswechsel nicht unterstützt oder behindert zu werden, reagieren sie oft gereizt-aggressiv bis hin zu schweren Verstimmungen. Alle Transsexuellen weisen eine Tendenz zum psychotischen Zusammenbruch unter Streß, in Krisensituationen auf. Ernst zu nehmende Selbstmord- und Selbstverstümmelungsversuche kommen dann vor« (Sigusch/Reiche 1980, S. 294–296).

Aus dieser Sicht sind Transsexuelle schwierige Patienten. Aber sind es nicht eher die Probleme, mit denen sie zu kämpfen haben, die schwierig sind? Ist die Psychopathologisierung dieser Individuen nicht eine professionelle Form der Abwehr durch die Therapeuten? Die schwierigen Probleme – die zudem nicht abstrakt, sondern in Personen verkörpert erscheinen – sind es, die den Therapeuten in die ohnmächtige Lage versetzen, in der er dann zur professionellen Abwehr greift.

Welche Schwierigkeiten tauchen auf, wenn man sich seiner sexuellen Identität nicht sicher ist? Bei den Tschuktschen konnten wir sehen, wie eine ganze Weltanschauung mit ihren Mythen und Ritualen aktiviert werden musste, um die Turbulenzen zu bewältigen, die diese sexuellen Unsicherheiten in der Gesellschaft auslösten. In unserer Kultur ist es ähnlich; nur sind es oft andere Mythen und Rituale, nämlich medizinische, die aktiviert werden. Die Frage wäre jedoch, ob diese ebenso wirksam sind, wie die der Schamanen. Ist eine Reduktion auf das rein Hormonelle und Chirurgische sinnvoll oder nicht? Die »Betroffenen«, die sich erhoffen, alle ihre Probleme hormonell oder chirurgisch lösen zu können, glauben jedenfalls an diese Mythen und Rituale, die lediglich auf eine Veränderung der Realität zielen und die weite Welt der Fantasien ausblenden.

Es sind in der Regel die Transsexuellen selbst, die diese Reduktion auf das rein Körperliche fordern, und die Therapeuten sind es, die vor allem die psychische Komplexität des Problems betonen. Die Ohnmacht des Therapeuten ergibt sich auch aus der fehlenden Einsicht des Patienten bzw. der Patientin. Aber diese fehlende Einsicht ist kein Zufall, sie speist sich vielmehr aus zentralen materialistischen Glaubensinhalten unserer Kultur, in denen sowohl das Psychische als auch die Fantasie keine relevante Rolle spielen.

Metamorphosen beunruhigender Erfahrungen

Das Charakteristische am Beispiel der Tschuktschen ist die Art und Weise, wie sie den Wunsch nach dem Geschlechtswechsel in ihre Kultur integriert haben, und zwar indem sie diesen Wunsch ins Sakrale eingebettet haben. Mithilfe religiöser Prämissen, wie zum Beispiel des Geisterglaubens und des Schamanismus, gelang es den Tschuktschen, Individuen, die mit ihrer biologischen Geschlechtseinordnung nicht zurechtkamen, einen Platz in der Gesellschaft zuzuweisen. Dabei ist es aber offensichtlich, dass auch in dieser Kultur der Geschlechtswechsel keineswegs als etwas Selbstverständliches, sondern als etwas ganz und gar beunruhigendes betrachtet wurde. Gerade deshalb musste es ja religiös interpretiert werden.

Die religiöse Erklärung definiert Abweichungen von der Norm als Anzeichen dafür, dass religiöse Kräfte im Spiel sind. In unserem Fall: Wer den Geschlechtswechsel durchgemacht hat, verbindet männliche und weibliche Potenzen in sich, und gilt deshalb als besonders mächtig, also als besonders geeignet, Einfluss auf die Geisterwelt zu nehmen. Man könnte sagen, das sei eine »theologische« Erklärung, so wie sie etwa ein Schamane selbst entwickeln würde.

Fragt man jedoch weiter, weshalb der Geschlechtswechsel bei den Tschuktschen nichts Selbstverständliches war, dann muss man von der Bedeutung der Geschlechtsidentität in traditionellen Kulturen ausgehen. »Männlichkeit« und »Weiblichkeit« sind in diesen Kulturen zentrale Kategorien für die gesamte Gesellschaftsordnung. Nur wer seine Geschlechtsidentität kennt, kennt auch seinen Platz in der Gesellschaft. Viele Tätigkeiten – wir hörten von der Jagd als männlicher, vom Kochen und Kinderaufziehen als weiblicher Tätigkeit – sind geschlechtsspezifisch definiert, ebenso die körperlichen Leistungen, die erwartet werden. Auf diese Weise wird auch die ganze Sicht auf die Welt festgelegt. Mann und Frau erfahren verschiedene Welten. Wechselt ein aufgrund von biologischen Merkmalen als Mann oder als Frau definiertes Wesen seine Geschlechtsidentität, fühlen sich die anderen bedroht und verunsichert. Sie fragen sich dann ebenfalls: »Bin ich tatsächlich ein Mann bzw. eine Frau? Oder gibt es Anzeichen, dass sich auch in mir etwas Entsprechendes tut?« Und indem sie sich das fragen, werden auch die Normen, die ihr geschlechtsspezifisches Verhalten regeln, fragwürdig. Wenn ich kein Mann, keine Frau mehr wäre, wie sähe die Welt dann aus? Es wird also vorstellbar, es könnte auch anders sein, als es ist, und diese Vorstellung ist eine Voraussetzung für den Kulturwandel. Der Zweifel an der eigenen

Rolle kann zu ihrem Zerfall führen, nicht zuletzt dadurch, dass die in der Rolle eingefrorene Unbewusstheit freigesetzt wird. Ein klassisches mythologisches Beispiel ist der Seher Teiresias, der ja auch in Sophokles' Ödipus-Drama auftritt. Weil Teiresias einst eine Frau gewesen war, wurde er aufgefordert, im Streit der Götter darüber, wer mehr Lust beim Geschlechtsverkehr verspüre, der Mann oder die Frau, Auskunft zu geben. Als er aufgrund seiner eigenen Erfahrung erklärte, es sei die Frau, und damit ein gut gehütetes Geheimnis ausplauderte, schlug die Gattin des Zeus, Hera, ihn mit Blindheit. Wer beide Geschlechterrollen kennt, vermag beide zu relativieren, und weicht damit erstarrte Positionen auf. Die Adoleszenz ist nicht zuletzt deshalb eine kreative Phase im Leben des Individuums, weil sie die Chance bietet, die Geschlechtsidentität in Zusammenhang mit dem zweiten Triebschub zu revidieren und so auch neue Erfahrungen zu machen. Der Geschlechtswechsel, der Übergang von der einen Geschlechterrolle zur anderen, birgt ähnliche kreative Möglichkeiten wie andere Übergänge, etwa die Adoleszenz als Übergang von der Kindheit zum Erwachsenenalter (vgl. Lommel 1980)[3].

Kulturwandel ist jedoch nicht immer erwünscht. Claude Lévi-Strauss (1972, S. 34ff.) prägte den Begriff der »kalten Kulturen«, um traditionelle Kulturen zu bezeichnen, die den Kulturwandel außer Kraft setzen, indem sie ihn einfrieren. Auch dabei spielt die Religion eine wesentliche Rolle. Die Einbindung des Geschlechtswechsels ins Religiöse dämpft dessen verunsichernde Wirkungen ab und neutralisiert ihn zu einem bloßen Geschlechts*tausch*, bei dem letztlich alles beim Alten bleibt.

Sogenannte Hochreligionen, insbesondere patriarchale, sind nicht mehr so gewährend gegenüber dem Geschlechtstausch. Besonders die Verwandlung von Frauen in Männer wird verworfen. Der Geschlechtstausch wirkt so bedrohlich, dass er abgelehnt werden muss. In »kalten« Kulturen gibt es genügend soziokulturelle Mechanismen, um –trotz des Geschlechtstauschs – alles beim Alten zu belassen. In »heißen« Kulturen fallen diese Mechanismen weg. In dem Maße wird auch die Geschlechtsidentität starrer. Wo diese ins Fließen gerät, meint

3 Lommel beschreibt sehr eindrücklich die kulturellen Leistungen der Schamanen: »So ist die Tätigkeit des Schamanen zu einem ganz wesentlichen Teil eine künstlerische: Darstellen, Theaterspielen, Singen, Tanzen oder Malen« (Lommel 1980, S. 214).

man das Wirken des Bösen zu erkennen, und später gilt die ungefestigte Geschlechtsidentität als psychische Störung. Geschlechtswechsel ist nicht mehr Teil eines religiösen Prozesses, sondern wird zur Krankheit. Mit dieser Abdrängung des Geschlechtswechsels aus dem Bereich der Religion kommt es auch zu einer Entgesellschaftung der betroffenen Individuen. Sie werden aus der Öffentlichkeit verbannt und auf sich selbst zurückgeworfen (Sigusch 2007, S. 44f.). Im besten Fall gelingt es ihnen, sich zu einer Subkultur zu verbinden; sie werden dann aber oft kriminalisiert oder pathologisiert. Neue Perspektiven eröffnen sich erst wieder, wenn es den Individuen gelingt, die für ihre Erfahrungsmöglichkeiten so wichtige bisexuelle oder homosexuelle Verhaltensstruktur in den Bereich der Ästhetik einzubringen, zum Beispiel in die Kunst, ins Theater oder in die Mode.

Wir dürfen annehmen, dass solche Bewegungen von der Religion über die Pathologisierung und Kriminalisierung zur Ästhetik nicht nur für den Geschlechtswechsel gelten, sondern auch für eine Reihe anderer Verhaltensweisen, die heute unter dem (diffusen) Begriff der Perversion zusammengefasst werden. Setzen wir nun unsere Überlegungen mit der Frage fort, aufgrund welcher Eigenschaften diese Verhaltensweisen zunächst in der Religion einen Platz finden, dann aber gleichsam aus ihr exkommuniziert werden mussten.

Intensive Erfahrungen

Liest man Berichte, in denen sogenannt perverse Verhaltensweisen im Rahmen der Religion beschrieben werden, so fällt auf, dass hier intensive Erfahrungen beschrieben werden: sich peitschen, sich verwunden, Urin, Fäkalien und sonstige Körperausscheidungen einnehmen, Kastration, Kannibalismus, Töten, Hungern, sich einsperren, sich Schlaflosigkeit bereiten etc. Max Weber sprach vom intimen Verhältnis zwischen Religion und Sexualität (Weber 1916, S. 556f.), und die Lektüre von Texten über Initiationsfeiern und Fruchtbarkeitsrituale belegt eindrücklich dieses »intime Verhältnis«. Diese Texte wecken oft starke Emotionen. Wie musste es erst sein, wenn das Beschriebene unmittelbar, das heißt als reales Geschehen erlebt wurde! Es geht in diesen Texten um etwas Überwältigendes, nicht Kontrollierbares. Der französische Soziologe Emile Durkheim beschrieb die emotionale Bewegung archaischer Feste folgendermaßen:

> »Nun wirkt aber die Ansammlung allein schon wie ein besonders mächtiges Reizmittel. Sind die Individuen einmal versammelt, so entlädt sich auf Grund dieses Tatbestands eine Art Elektrizität, die sie rasch in einen Zustand außerordentlicher Erregung versetzt. Jedes ausgedrückte Gefühl hallt ohne Widerstand in dem Bewußtsein eines jeden wider, das den äußeren Eindrücken weit geöffnet ist. Jedes Bewußtsein findet sein Echo in den anderen. Der erste Anstoß vergrößert sich auf solche Weise immer mehr, wie eine Lawine anwächst, je weiter sie läuft. Und da diese starken und entfesselten Leidenschaften nach außen drängen, ergeben sich allenthalben nur heftige Gesten, Schreie, wahrhaftes Heulen, ohrenbetäubendes Lärmen jeder Art, was wiederum dazu beiträgt, den Zustand zu verstärken, den sie ausdrücken. [...] Die Erregung wird manchmal derart stark, daß sie zu unerhörten Akten verführt. Die entfesselten Leidenschaften sind so heftig, daß sie durch nichts mehr aufgehalten werden können. Man ist derart außerhalb der gewöhnlichen Lebensbedingungen und man ist sich dessen derart bewußt, daß man sich notwendigerweise außerhalb und über der gewöhnlichen Moral erhebt. Die Geschlechter begatten sich entgegen den Regeln, die sonst den Sexualverkehr regeln. Die Männer wechseln ihre Frauen. Selbst Inzestverbindungen, die normalerweise als verwerflich gelten und schwer bestraft werden, werden bisweilen offenkundig und straflos eingegangen« (Durkheim 1912, S. 297f.).

Es ist also die emotionale Bewegung der Religion, in der sich das Sexuelle jener Verhaltensweisen aufheben kann[4]. Das Sexuelle kann im religiösen Bereich konserviert, intensiviert, sublimiert oder neutralisiert werden. Man kann sicher auch sagen, dass religiöse Gefühle verstärkt

4 Auch Freud hat diese Zusammenhänge geahnt. An Wilhelm Fließ schrieb er: »Ich bin einer Idee nahe, als hätte man in den Perversionen, deren Negativ die Hysterie ist, einen Rest eines uralten Sexualkultus vor sich, der einmal vielleicht noch im semitischen Orient (Moloch, Astarte) Religion war. [...] Ich träume also von einer urältesten Teufelsreligion, deren Ritus sich im Geheimen fortsetzt und begreife die strenge Therapie der Hexenrichter. Die Beziehungen wimmeln. Ein weiterer Zufluß in das Strombett leitet sich aus der Erwägung her, daß es eine Klasse von Leuten gibt, die noch heute ähnliche Geschichten wie die Hexen und wie (meine Patienten) erzählen, ohne Glauben zu finden, obwohl ihr Glaube daran nicht zu erschüttern ist« (Freud 1986, S. 239–241).

werden, wenn sie aus sexuellen Quellen gespeist werden. Je »vernünftiger«, das heißt über-ich-hafter, die Religionen jedoch wurden, desto mehr tendierten sie dazu, diese emotionalen Quellen trockenzulegen. William James schreibt am Anfang seines Buches über religiöse Erfahrungen (James 1901/02): »Wir werden sehen, wie unendlich leidenschaftlich eine Religion in ihren höchsten Flügen sein kann. Wie Liebe, wie Wut, wie Hoffnung, Ehrgeiz, Eifersucht, wie jeder andere instinktive Antrieb und Eifer, so bringt auch sie ein zusätzliches Entzücken ins Leben, das nicht rational oder logisch von etwas anderem herzuleiten ist« (ebd., S. 57). Und am Schluss, das heißt 400 Seiten später, betont James, er erschrecke selbst über das Ausmaß von Emotionalität, das er in seinem Buch finde, und er wendet sich unmittelbar an seine Leser: »[S]o haben Sie wahrscheinlich das Gefühl gehabt, daß meine Auswahl fast pervers[5] gewesen ist, und gewünscht, daß ich mich an nüchternere Beispiele gehalten hätte« (ebd., S. 449). Aber für William James ist Gefühl das innerste Geheimnis des Religiösen.

> »Wenn wir das ganze Feld der Religion überblicken, finden wir eine große Vielfalt in den Gedanken, die dort vorgeherrscht haben; aber die Gefühle auf der einen Seite und das Verhalten auf der anderen Seite sind fast immer dieselben, denn stoische, christliche, und buddhistische Heilige sind in ihrer Lebensführung praktisch ununterscheidbar. Die Theorien, die die Religion erzeugt, sind, weil sie so variabel sind, sekundär; und wenn man ihr Wesen zu erfassen versucht, muß man mehr auf die Gefühle und das Verhalten als auf die anderen Elemente blicken« (ebd.).

Bekanntlich verlor aber die Religion ihre beherrschende Rolle in der Kultur. Es war zusehends die Entwicklung der Ökonomie, die über den Zusammenhalt der Gesellschaft bestimmte. Was war nun das Schicksal der intensiven Erfahrungen? Sie verschwanden, wie erwähnt, aus der Religion und mussten in der Kriminalität, der Geisteskrankheit oder zuweilen auch in der Kunst ihren Platz finden. Diese Entwicklung hatte ihre Gründe in der zunehmenden Komplexität und Arbeitsteilung der Gesellschaft, ebenso in der damit zusammenhängenden Ver-

5 Es ist kein Zufall, dass James diesen Ausdruck verwendet: Wer sich um 1900 mit der emotionalen Seite der Religion beschäftigte, wurde gleichsam angesteckt und kam sich pervers vor.

wissenschaftlichung und Entzauberung der Welt, die mit den Rationalisierungsprozessen einherging, wie sie Max Weber beschrieben hat. Man kann sagen, dass es sich bei dieser Verlagerung der »intensiven Erfahrungen« um eine gewaltige, alle Individuen umfassende Disziplinierung handelte. Aber die Menschen konnten auf diese »intensiven Erfahrungen« nicht wirklich verzichten und sie versuchten, sie immer wieder von Neuem in ihr Leben zurückzuholen. Es würde hier zu weit führen, auf diese Versuche näher einzugehen, aber ich vermute, dass in der kulturellen Anstrengung, diese »intensiven Erfahrungen« abzuschwächen, ein von Freud und der Psychoanalyse zu wenig gewichteter Grund für das Unbehagen in unserer Kultur zu suchen wäre. Jede Generation nimmt die Suche nach intensiven Erfahrungen von Neuem auf. Man hat zu Recht die Faszination, die der Nationalsozialismus auf die Individuen ausübte, mit den intensiven Massenerfahrungen (Parteitage, Aufmärsche, Fackelzüge, Eroberungen) zu erklären versucht. Die Nachkriegszeit wollte von solchen intensiven Erfahrungen, die in Kriegskatastrophe und Völkermord mündeten, nichts mehr wissen. Als die »neuen« Jugendlichen ihre eigenen »intensiven Erfahrungen« machen wollten, wurden sie als Halbstarke kriminalisiert: »Denn sie wissen nicht, was sie tun.« Die sie begeisternde Musik, die ja immer schon den Weg zu intensiven Erfahrungen markierte, wurde als primitiv und negerhaft entwertet. Der Begriff »skeptische Generation« (Helmut Schelsky) bezeichnete die Generation, die bereit war, auf intensive Erfahrungen zu verzichten. Aber von da an wurde die Suche nach intensiven Erfahrungen verstärkt: Musik, Drogen (verbotene und erlaubte), Sport, verstärktes Interesse an Religiösem (Sekten, Esoterik), Gewaltbereitschaft und eine immer umfassendere Freizeitgestaltung, die immer intensivere Erfahrungen verspricht, zeigen, dass die Tabuisierung intensiver Erfahrungen nicht aufrechterhalten werden konnte.

Vor dem Hintergrund dieser Überlegungen muss man sich als Therapeut die Frage stellen, ob man sich bewusst oder unbewusst in Disziplinierungsprozesse einspannen lässt und welchen Folgen das für die therapeutische Beziehung hat.

Mit dem Verlust der Religion als ein die Gesellschaft bindendes Element ging auch der allgemeine Konsens hinsichtlich des Mythos und der Rituale verloren. An ihre Stelle traten Wissenschaft und Technik, die eine völlige Umgestaltung des Lebens zur Folge hatten. Davon betroffen war auch das Verhältnis zwischen Fantasie und Realität. Wir leben in einer Kultur, in der die Umsetzung der Fantasie in Realität eine wichtige Rolle spielt und die Beschleunigung des Kulturwandels vorantreibt. Bei dieser Übersetzung kommt es aber immer zu einem Riss: Was man sich fantasiert hat, ist in der Realität immer anders, weil hier andere Gesetze als im Reich der Fantasie herrschen.

Am Beispiel der Tschuktschen konnten wir sehen, welche Rolle, die Fantasie im Prozess des Geschlechtswandels spielen kann. Mythos und Ritual konnten den Fantasien des Geschlechtswandels eine ganz andere Bedeutung geben, als wir dies in unserer Gesellschaft vermögen. Was die Tschuktschen ihren transsexuellen Individuen an Integration ihrer von der kulturellen Norm abweichenden Fantasien und Wünsche anbot, könnten wir heute nicht mehr leisten. Die schamanistische Religion brachte etwas zustande, was uns heute nicht möglich ist. Der Psychoanalytiker Gerd Burzig beschrieb das Problem, vor das ein transsexueller Patient seinen Analytiker stellt: »Wenn du meinen Wunsch [nach der Operation; M. E.] nicht erfüllst, bin ich erledigt, nicht lebensfähig, wertlos. Du bist alles und kannst mir alles geben. Wenn du das nicht tust, bist du für mich auch nichts wert« (Burzig 1982, S. 855). Im Schamanismus wurde das Problem auf die Geister, das heißt in den Bereich des Imaginären verschoben: Die Geister mussten etwas erfüllen, und wenn sie dies nicht taten, musste man andere Geister suchen. Aber das setzte den Glauben voraus; und das Zentrale war, dass der ganze Stamm diesen Glauben teilte. Die Religion vermittelte dem Imaginären, das der Fantasie entsprang, den Schein von Realität. Indem die Religion Fantasie und Realität vermischte, verfügte sie über andere Mechanismen, auf das Individuum einzuwirken, als die Psychoanalyse, die mit der Differenz zwischen Fantasie und Realität operiert. Heute befinden wir uns jedoch in der eigenartigen Situation, dass das, was die Schamanen einst *fantasierten*, die Zerstückelung und Wiederzusammensetzung des Leibes, dank der modernen Medizin *real* durchgeführt werden kann. Fantasie und Realität vermischen sich in einer Hightech-Kultur auf einer neuen Stufe. »Die ärztlichen Behandlungsmaßnahmen bestehen darin, die Vorstellungen, die der Patient von seiner Heilung hat, auszuführen« (ebd.). Wenn aber ein Arzt eine operative Geschlechtsumwandlung nicht befürwortet, gerät er mit seinem Patienten in Konflikt. Man kann sich auf nichts Drittes einigen. Die Religion, die den Schamanen und den Patienten einigte, konnte ein solches Drittes sein. Aber in der Psychotherapie muss dieses Dritte oft erst einmal hergestellt werden. »Vielleicht wird es […] eines Tages, wenn Eingriffe an den Geschlechtsmerkmalen wieder allein dem Phantasieleben zuzuordnen sind, zwischen Psychoanalytikern und transsexuellen Patienten zu einer hilfreichen direkten Auseinandersetzung kommen« (ebd., S. 856). So endet der Aufsatz von Burzig. Er benennt ein zentrales Problem der psychotherapeutischen Arbeit, nämlich das Verhältnis zwischen Fantasie und Realität und deren Gewichtung durch den Patienten und den Therapeuten. Aber dieses Verhältnis ist letztlich ein kulturelles, gesellschaftliches Problem und keines, das der Therapeut (oder der Patient) allein lösen kann. Was beide können, ist aber, sich dieses Problems bewusst zu werden, um so neue Lösungsmöglichkeiten zu suchen.

Ich habe am Anfang meines Aufsatzes die Vermutung ausgesprochen, dass eine ganze Reihe von Verhaltensweisen, die mit intensiven emotionalen Erfahrungen in Zusammenhang stehen, eine Art Wanderung machten. Ursprünglich in der Religion beheimatet, wanderten sie ins Kriminelle, Psychopathologische oder Ästhetische. Entscheidend dafür, welchem Bereich sie zugeordnet werden, ist die gesellschaftliche Beurteilung der Fantasien, die mit diesen Verhaltensweisen verknüpft werden. Am Beispiel der Tschuktschen haben wir gesehen, wie Transsexualität mithilfe des Schamanismus in die Kultur integriert werden konnte. Wird Transsexualität hingegen als Krankheit definiert, so wirken sich ausschließende Mechanismen aus, die das Individuum in eine Art Paria-Position bringen. Man kann sich nun fragen, aufgrund welcher kulturellen Voraussetzungen es einmal zur Integration, das andere Mal zur Ausschließung kommt. Wesentliche Voraussetzungen sind zum Beispiel, wie in einer Kultur die Kindheit und das Geschlechterverhältnis definiert werden, welche Emotionen mit welchem Geschlecht verbunden werden, welche Einstellung gegenüber dem Wandel von Institutionen herrscht und wie die Machtverhältnisse aussehen. Diese Voraussetzungen fließen auch in die Theorien ein, die sich mit der Sexualität beschäftigen, und man kann sich dabei jeweils fragen, welche sozial integrativen bzw. sozial ausschließenden Tendenzen sie selbst verfolgen.

Literatur

Baumann, H. (1955): Das doppelte Geschlecht. Ethnologische Studien zur Bisexualität in Ritus und Mythos. Berlin (Dieter Reimer Verlag), 1980.
Bourke, J. G (1913): Der Unrat in Sitte, Brauch, Glauben, und Gewohnheitsrecht der Völker. Verdeutscht und neu bearbeitet von F. S. Krauss und H. Ihm. Leipzig. (Ethnologischer Verlag).
Burzig, G. (1982): Der Psychoanalytiker und der transsexuelle Patient. Psyche – Z Psychoanal 36(9), 848–856.
Durkheim, E. (1912): Die elementaren Formen des religiösen Lebens. Frankfurt/M. (Suhrkamp), 1981.
Erdheim, M. (1982): Die gesellschaftliche Produktion von Unbewußtheit. Eine Einführung in den ethnopsychoanalytischen Prozeß. Frankfurt/M. (Suhrkamp).
Findeisen, H. (1957): Schamanentum dargestellt am Beispiel der Besessenheitspriester nordeurasiatischer Völker. Stuttgart (Kohlhammer).
Frazer, J. G. (1928): Der Goldene Zweig. Das Geheimnis von Glauben und Sitten der Völker. Leipzig (Hirschfeld Verlag).
Freud, S. (1910): Über »wilde« Psychoanalyse. GW VIII, 118–125.
Freud, S. (1986): Briefe an Wilhelm Fließ. Frankfurt/M. (Fischer Verlag).
Hoffmann-Krayer, E. (Hg.) (1930–1931): Handwörterbuch der deutschen Aberglaubens. Bd. 3. Berlin, Leipzig (Gruyter).
James, W. (1901/02): Die Vielfalt religiöser Erfahrung. Eine Studie über die menschliche Natur. Zürich (Buchklub Ex Libris), 1982.
Karsch-Haack, F. (1911): Das gleichgeschlechtliche Leben der Naturvölker. München (Ernst Reinhardt).
Lévi-Strauss, C. (1972): »Primitive« und »Zivilisierte«. Zürich (Arche Verlag).
Lommel, A. (1980): Schamanen und Medizinmänner. Magie und Mystik früher Kulturen. München (Callwey).
McDougall, J. (1982): Theater der Seele. Illusion und Wahrheit auf der Bühne der Psychoanalyse. Stuttgart (Verlag Internationale Psychoanalyse), 1988.
McDougall, J. (1995): Die Couch ist kein Prokrustesbett. Zur Psychoanalyse der menschlichen Sexualität. Stuttgart (Verlag Internationale Psychoanalyse), 1997.
Paulson, I. (1962): Die Religionen der nordasiatischen (sibirischen) Völker. In: Paulson, I. et al.: Die Religionen Nordeurasiens und der amerikanischen Arktis. Stuttgart (Kohlhammer), S. 126.
Schaeffer, J. (2005): Hundert Jahre nach den »Drei Abhandlungen« – was bleibt von den drei Skandalen? (Unveröffentlichtes Manuskript).
Sigusch, V. (1995): Transsexueller Wunsch und zissexuelle Abwehr. Psyche – Z Psychoanal 49(9–10), 811–837.
Sigusch, V. (1998): Die neosexuelle Revolution. Psyche – Z Psychoanal 52(12), 1192–1234.
Sigusch, V. (2007): Geschichte der Sexualwissenschaft. Berlin, New York (Campus).

Sigusch, V. & Reiche, R. (1980): Die Untersuchung und Behandlung transsexueller Patienten. In: Sigusch, V. (Hg.): Therapie sexueller Störungen. Stuttgart (Thieme), S. 294–296.

Schmidt, G. (Hg.) (2000): Kinder der sexuellen Revolution. Kontinuität und Wandel studentischer Sexualität 1966–1996. Gießen (Psychosozial-Verlag).

Weber, M. (1916): Zwischenbetrachtung. Theorie der Stufen und Richtungen religiöser Weltablehnung. In: Weber, M. (1922): Gesammelte Aufsätze zur Religionssoziologie. Bd. 1. Tübingen (J. C. B. Mohr), S. 536–573.

Psychoanalyse und Plastische Chirurgie: Der Körper als Verwandlungsobjekt

Zur Psychodynamik schönheitschirurgischer Operationen

Regula Umbricht & Thomas Umbricht

Einleitung

Plastische Chirurgie hat ihre Ursprünge im Versuch der Wiederherstellung von Defekten am menschlichen Körper. Die erste Aufzeichnung einer plastisch-chirurgischen Operation geht auf das 12. Jahrhundert zurück und beschreibt die Rekonstruktion einer Nase bei einem leprakranken indischen Patienten. Im 16. Jahrhundert wurden in Italien ähnliche Operationen durchgeführt, bis die Kirche dies verbot. Der menschliche Körper als Gottes Werk durfte keiner Veränderung unterzogen werden (Zeiss 1863). Die wissenschaftlich befreiende Wirkung der Aufklärung und später die Einführung der Vollnarkose ebneten den Weg zur Weiterentwicklung operativer Techniken. Fehl- oder Missbildungen, Defekte als Folge von Erkrankungen oder Unfällen, aber auch störende körperliche Eigenheiten mussten nicht mehr als gottgewollt und demzufolge als unabänderlich hingenommen werden. Aus den Techniken der rekonstruktiven (wiederherstellenden) Chirurgie entwickelte sich im Verlaufe des 20. Jahrhunderts die eigentliche ästhetische (Schönheits-)Chirurgie. Sowohl die rekonstruktive als auch die ästhetische Chirurgie sind Teil der Plastischen Chirurgie. Erstere hat die Wiederherstellung der körperlichen Integrität zum Ziel, im Rahmen letzterer – der eigentlichen Schönheitschirurgie – werden Eingriffe an physisch gesunden Menschen zur Veränderung der Körperoberfläche vorgenommen. Es handelt sich also um Eingriffe, die aus medizinischer Sicht nicht notwendig sind, was zur Folge hat, dass bei der Entscheidung zur Operation andere Aspekte aufgeworfen werden. Es stellen sich Fragen des eigenen Körperbildes und des individuellen Schönheitsempfindens (Wallace 1982).

In diesem Beitrag, welcher ein vertieftes Verständnis der unbewussten Motivation zum schönheitschirurgischen Eingriff verfolgt, werden wir auf den uns wichtig erscheinenden Unterschied zwischen Körperschema und Körperbild eingehen, um uns danach der Frage von Spiegelungsprozessen, denen beim Aufbau des Körperbildes eine gewichtige Rolle zukommt, zuzuwenden. Schließlich werden wir versuchen, das Schönheitserlebnis zu ergründen.

Evolution und Kultur

Das Streben nach und die Wertschätzung von Schönheit – auch körperlicher Schönheit – ist der menschlichen Spezies immanent. Das Schönheitsempfinden ermöglichte Vorteile für das Überleben. So haben ästhetisch visuelle Bevorzugungen einen evolutionären Ursprung. Wir empfinden zum Beispiel Landschaften als schön, die einen Überblick erlauben und den Blick in die Ferne eröffnen, war die Präferenz solcher Landschaften in freier Wildbahn doch lebenswichtig (Balling 1982; Chamberlain 2000). Ebenso hinterlassen symmetrische Erscheinungsformen und glatte Oberflächen den Eindruck von Schönheit. Sie beeinflussen die sexuelle Selektion, sie signalisieren Gesundheit und Jugend und bilden damit optimale Voraussetzungen für die Erhaltung der Art (Buss 1989; Enquist 1994; Thornhill/Gangestad 1999; Grammar et al. 2003).

Ein Gesicht wird zudem als schön empfunden, wenn es Züge aufweist, die in der jeweiligen Population als typisch weiblich resp. typisch männlich gelten. Bei den Männern ist dies ein prominentes Kinn, was für einen hohen Testosteronspiegel spricht, bei den Frauen eine runde Gesichtsform, große Augen, eine kleine Nase und große Lippen – das sogenannte Kindchenschema (Perrett et al. 1994; Jones 1996; Fink/Penton-Voak 2002).

Unbewusst empfinden wir als schön, was sich im Rahmen einer gewissen Normalität bewegt (Chamberlain 2000). Abweichungen scheinen zu befremden und zu gefährden. Forschungsergebnisse belegen, dass Frauen aus einer Reihe Männerbilder jene Gesichter als attraktivste herauslesen, welche ihrem eigenen Gesicht am ähnlichsten sehen (Baugh/Parry 1991).

Die Untersuchungen, welche die Bevorzugung »schöner« Menschen belegen, sind Legion. Sei es, dass schon drei Monate alte Kinder länger auf ein attraktives Gesicht schauen (Slater et al. 1998), dass schöne Kinder für das gleiche Vergehen weniger streng bestraft werden (Baugh/Parry 1991), oder dass bei beruflichen Bewerbungen die äußere Erscheinung über die fachliche Qualifikation den Sieg davontragen kann (Collins/Zebrowitz 1995). Wir verweisen auf entsprechende Literatur (Dion 1972; Etcoff 1999).

Neben diesen evolutionär bedingten Präferenzen prägen kulturell bedingte Normen in hohem Maße das Schönheitsempfinden (Gilman 1999; Eco 2004).

Schönheitsideale variierten in den verschiedenen geschichtlichen Zeitepochen stark und widerspiegeln auch den jeweiligen Bezug zum Körper, zum Trieb und zur Frau. Letztere kann sich aufgrund ihrer körperlichen Gegebenheiten (Menstruation, Schwangerschaft, Geburt, Stillvorgang) in weit weniger ausgeprägtem Maße als der Mann vom eigenen Körper freisprechen und wird demzufolge, mehr als der Mann, mit dem Körper – und damit auch mit dem triebhaften Körper – identifiziert.

So war in der bekanntlich triebfeindlichen viktorianischen Zeit das Korsett im Vormarsch und die Wespentaille das Schönheitsideal. Bis zu 30 Zentimeter Bauchumfang wurden erzwungen, was eine massive Beeinträchtigung der Zwerchfellatmung verursachte und als eigentliche Attacke auf den weiblichen Körper verstanden werden kann. Auch sei an die gebundenen Füße chinesischer Frauen erinnert, die das normale Gehen unmöglich machten und folglich den Bewegungsradius massiv einschränkten. Es wird diesbezüglich der Verlust an weiblicher Potenz, die Kastration der Frau reklamiert (Chiland 1991).

Sozialwissenschaftler und Philosophen (Butler 1990; Wolf 1992; Foucault 1994) eruieren zudem die herrschenden gesellschaftlich-kulturellen

Machtverhältnisse als gewichtigen Faktor für das Entstehen schönheitsidealtypischer Vorstellungen. Die Dominanz westlich kultureller Vorstellungswerte manifestiert sich heutzutage als Vorgabe, welche in der barbiepuppenähnlichen Hollywood-Schönheit gipfelt (Sullivan 2000). So lassen sich Tausende von japanischen Frauen ihre asiatisch geformten Augenlider operieren oder die Brust vergrößern, um dem vorgegebenen Ideal vermehrt Genüge leisten zu können. Auch Nasenkorrekturen oder das Bleichen der Haut sind oftmals Ausdruck dieser Anpassung.

Die Entwicklung von Fotografie und Film ist diesbezüglich ein nicht zu unterschätzender Faktor in der Verbreitung von Bildern der dominanten Kultur über den ganzen Erdball. Mehrfach tägliche visuelle Wahrnehmung eines kulturell idealisierten Menschentypus erhöht den Druck zur Anpassung. Die mediale Bilderflut führt zu einer kollektiven Vorstellung, wie eine Frau oder ein Mann auszusehen hat. In Wirklichkeit aber entsprechen die wenigsten von uns den medial transportierten Bildern (Sullivan 2000).

Folgendes Beispiel soll dies verdeutlichen: Von einem Model wird heutzutage ein BMI von 15 gefordert, was vom medizinischen Standpunkt aus als Untergewicht mit Krankheitswert zu beurteilen ist. Da bei einem solchem Gewicht auch das Brustvolumen beträchtlich abnimmt, lässt sich ein großer Teil dieser Frauen – man spricht von einem Drittel – Brustprothesen implantieren (Kluge/Sonnenmoser, 2000). Somit wird der Mensch der westlichen Welt mindestens zwölf Mal täglich mit dem Anblick einer untergewichtigen und oftmals kosmetisch operierten, gleichzeitig aber idealtypisch dargestellten Frau konfrontiert, was einen Sog bewirkt, dem sich niemand ganz entziehen kann. Gemäß einer Untersuchung an 14-jährigen Schülerinnen in der Schweiz fühlen sich 75% der normalgewichtigen jungen Frauen zu dick (Diehl 1999).

Aus diesen wenigen Angaben wird ersichtlich, dass das evolutionäre Programm durch kulturell-gesellschaftlich bedingte Vorgaben überlagert bis gar ausgelöscht werden kann (Rohde 2006).

Gleichzeitig bergen solche Erklärungsversuche des Umgangs mit dem eigenen Körper als kulturell und gesellschaftlich-diskursiv begründet die Gefahr plakativer Anklage, und sie übergehen die Tatsache, dass das einzelne Subjekt den vorherrschenden Schönheitsidealen trotz allem sehr verschieden begegnet und sich in unterschiedlich starkem Maße den gängigen Bildern anzupassen sucht. Einen möglichen Grund hierfür erkennen wir im Umstand, dass sich kulturelle Erklärungsversuche stets mit dem Körperschema befassen, das Verhältnis des Einzelnen zu seinem Körper aber fundamental von dessen unbewusstem Körperbild geprägt ist. Darauf möchten wir im Folgenden eingehen

Körperschema und unbewusstes Körperbild

Die hilfreiche Unterscheidung von Körperschema und unbewusstem Körperbild wurde unter anderem von Françoise Dolto eingeführt. Dolto definiert das Körperschema als den unmittelbaren aktuellen Körper, Vermittler zwischen dem Subjekt und der Welt, eine Tatsache, »irgendwie unser fleischliches Leben, das in Kontakt mit der physischen Welt ist«. Es stellt »die Abstraktion eines Erlebens des Körpers in den drei Dimensionen der Realität« dar und strukturiert sich durch Lernen und Erfahrung. Es ist entwicklungsfähig in Zeit und Raum. Das Körperschema ist unbewusst, vorbewusst und bewusst, und für alle Individuen der Gattung Mensch das gleiche (vgl. Dolto 1984).

Beim Körperbild jedoch handelt es sich um eine unbewusste, symbolische Verkörperung des begehrenden Subjekts, welches durch die Kommunikation zwischen den Subjekten und »durch die Tag für Tag erinnerte Spur der frustrierten, unterdrückten oder verbotenen Lust« strukturiert wird – Dolto nennt dies die (orale, anale oder genitale) Kastration des Begehrens in der Realität (vgl. ebd.).

Das Körperbild ist somit Ausdruck der psychosexuellen Entwicklung des Subjekts. Und jedes Subjekt ist im Laufe seiner psychosexuellen Entwicklung vor die Aufgabe gestellt, sein Körperbild mehrmals modifizieren und neu integrieren, was bedeutet narzisstisch besetzen zu müssen. So stellt sich das Körperbild eines präödipalen Kindes anders dar als dasjenige eines ödipalen, und das Körperbild des ödipalen Kindes ist verschieden von demjenigen eines Adoleszenten. Am Ende der Entwicklung steht die Integration eines erwachsenen weiblichen oder männlichen sexuellen Körpers, eines reifen und damit funktionsfähigen

Genitalapparates (Laufer/Laufer, 1989). Das Körperbild ist somit eine symbolische Dimension und wirkt als Stütze des Narzissmus. Es handelt sich um eine Repräsentation des Körpers.

Einige Beispiele sollen die Unterscheidung von Körperschema und Körperbild veranschaulichen. Wir kommen damit auf Fälle aus der plastisch-chirurgischen Praxis zu sprechen:

> Eine unauffällige Patientin mittleren Alters leidet an einer zu großen Brust (Mammahyperplasie), welche Beschwerden wie therapieresistente Rückenschmerzen, Einschneiden der Brassièreträger, Hautentzündungen der Brustunterfalte und Einschränkung der Bewegungsfreiheit bei Sport und Arbeit zur Folge hat. Eine Brustverkleinerung ist unumgehbar und wird operativ durchgeführt. Die Patientin fühlt sich nach dem Eingriff psychisch und physisch nachhaltig entlastet. Die Operation ermöglicht ihr, sich in ihrem Körper wieder wohlfühlen zu können. Das Körperschema der Patientin war zwar beeinträchtigt, das unbewusste Körperbild eines erwachsenen, weiblich-differenzierten Körpers jedoch intakt.

Es gibt aber auch körperliche Veränderungen, welche keinen physischen Krankheitswert aufweisen (wie im obigen Beispiel) und dennoch die körperliche Integrität und somit das Körperschema stören. Hier seien Patientinnen und Patienten mit einer ausgeprägten Elastose (Gesichtsfalten) oder hängenden Augenlidern erwähnt, oder Patientinnen mit ausbleibender oder fehlerhafter Entwicklung der Brustdrüse. Es gäbe viele andere Beispiele. Der Entscheidung zur Operation liegt eine Entscheidung für den Körper, für das Gefühl körperlicher Integrität zugrunde. Es kann von Beeinträchtigungen des Körperschemas bei im Allgemeinen gesundem Körperbild ausgegangen werden, was sich auch daran zeigt, dass solche Patientinnen und Patienten den plastischen Chirurgen in der Regel lediglich für diesen einen Eingriff aufsuchen. Ein weiteres Beispiel:

> Eine junge Frau im Teenageralter meldet sich wegen ihrer wachsenden Brust, welche sie operativ verkleinert haben möchte. Die Brust ist zwar groß, jedoch in keiner Weise übergroß, somit auch nicht von irgendwelchen körperlichen Beschwerden begleitet. Was

im Gespräch aber deutlich wird, ist ein Gefühl der Patientin, mit ihrem heranwachsenden Körper nicht zurande zu kommen, über dessen erotische Ausstrahlung zu erschrecken. Es ist anzunehmen, dass ödipale Schuldgefühle diese junge Frau zum plastischen Chirurgen führten, eine Angst vor Rache der ödipalen Objekte über das Erwachen eigener sexueller Potenz, war doch schon ein Jahr später mit fortschreitender Adoleszenz ein operativer Eingriff kein Thema mehr. Die Patientin lebte anlässlich der ersten Konsultation zwar schon im Körperschema einer praktisch ausgewachsenen Frau, ihr Körperbild war aber noch demjenigen eines Kindes in der Latenzphase verhaftet, was sich mit Fortschreiten der Entwicklung ergab.

Ganz anders verhält es sich bei folgendem Fall:

Eine transsexuelle Patientin mittleren Alters meldet sich notfallmäßig in der chirurgischen Praxis. Sie leidet unter einem Protheseninfekt der linken Brust nach einer beidseitigen Brustvergrößerung und möchte den zuvor behandelnden Chirurgen nicht mehr aufsuchen. Die Brustprothesen sind von beträchtlicher Größe. Der lang anhaltende Infekt verursachte eine Begleitentzündung der Gelenke, was das Gehen beinahe verunmöglicht. Es erfolgt die Entfernung der infizierten Prothese und eine Behandlung des Infekts. Später werden normal große Prothesen implantiert.

Die Exploration ergibt eine Anamnese von mehr als 20 zurückliegenden ästhetisch-chirurgischen Eingriffen. Die Serie nahm ihren Anfang mit der Geschlechtsumwandlung von Mann zu Frau. Sie war von Komplikationen begleitet. Weitere Operationen folgten: Facelifting, Augen- und Nasenkorrektur, Hüftimplantate, Gesäßkorrektur, Lippenaufspritzung, Kinnkorrektur, Bauchdeckenstraffung. Einige verliefen problemlos, andere hatten erneute Komplikationen zur Folge.

Hier geschah eine Attacke auf das Körperschema bei unbewusst gestörtem Körperbild. Die Patientin – wie sich später ergab, in einem weiblich imaginären Körperentwurf seitens der Mutter verfangen – zeigte das geschlechtlich noch wenig differenzierte

Körperbild eines nicht begehrten und damit auch nicht gespiegelten männlichen Wesens, in welches sowohl das phallisch-narzisstische Körperbild eines ödipalen Jungen als auch der zur Reife gelangte männliche Genitalapparat nicht integriert werden konnten, und das über einen erotisierten weiblichen Körper das primäre Objekt zu verführen und zu beherrschen hoffte.

Wie aus den Beispielen ersichtlich wird, zeigen plastisch-chirurgische Patienten das ganze Spektrum vom gesunden bis zum schwer gestörten Körperbild. Letzteres muss in seiner Entwicklung und Modifikation als Produkt der Ablösung vom Körper des Primärobjektes und der damit einhergehenden narzisstischen Besetzungsvorgänge verstanden werden. Laufer und Laufer beschreiben den Vorgang wie folgt:

> »Die Entwicklung des Kindes vom Zeitpunkt seiner Geburt bis zum Ende der ödipalen Periode stellt die fortlaufende Loslösung seines Körpers von dem der Mutter dar. Das beginnt mit der Internalisierung der voneinander differenzierten Selbst- und Objektrepräsentationen, auf die dann die Loslösung von den Bemühungen der Mutter um die Versorgung des kindlichen Körpers folgt. Jede Phase dieser Loslösung geht mit einem Verlust an direkter libidinöser Befriedigung vonseiten der Mutter einher, und parallel zu dieser Loslösung wird ein Körperbild zusammengefügt und internalisiert, das am Ende den Genitalapparat des Kindes einschließt. Erst später, im Gefolge der Pubertät, d.h. der nochmaligen Veränderung des Körperbildes, erfolgt dann die Identifizierung des Körpers mit dem des ödipalen Elternteils und mit dessen Fähigkeit zur Fortpflanzung. [...] Die puberalen Veränderungen des Körpers sind der Beginn einer neuen und entscheidenden Phase der Loslösung vom mütterlichen Körper und von der körperlichen Versorgung durch die Mutter« (Laufer/Laufer 1984, S. 95).

Dieses unbewusste, vom Begehren geprägte Körperbild ist stets auch vom Mangel geprägt. Ein Bild, welches nicht genügt, »um für die anderen aus seinem ihnen bekannten Sein zu antworten« (Dolto 1984, S. 135). Es ist somit nie vollständig und nie genügend, um ganz erkannt werden zu können – oder vielleicht könnte man auch sagen, um das Begehren des anderen ganz zu wecken.

Den kindlichen »Schock« über diese Erkenntnis eigener körperlicher

Mangelhaftigkeit setzt Dolto im Spiegelstadium an, dem Stadium, in dem sich das kindliche Körperschema vom mütterlichen abzulösen beginnt und das Kind – sich im Spiegel erkennend – zur eigenen Person und damit auch zum Subjekt wird. Gleichzeitig ist es aber auch der Verweis auf den Spiegel – wörtlich und metaphorisch gemeint –, gerade seitens der Eltern, welcher dem Kind bzw. Jugendlichen bei der Aufgabe behilflich ist, sein modifiziertes, wenn auch nie »ganzes« Körberbild in jeder Entwicklungsphase von Neuem narzisstisch besetzen zu können. Und es sind Spiegelungsprozesse, welche bei der Herstellung und Stärkung eigener Identität lebenslang von großer Bedeutung sind und welche gerade die Patientinnen und Patienten, die den ästhetischen Chirurgen aufsuchen, oft stark beschäftigen. Deren Leidensdruck spielt sich vor dem Spiegel ab und deren große Frage lautet: Was sehe ich im Spiegel? Und wie sieht der Spiegel mich?

Der Spiegel

Als »Medium« der Widerspiegelung eigener Unzulänglichkeit wie auch der Versicherung der eigenen Person, der Selbstrepräsentation des Subjekts, nimmt der Spiegel eine zentrale Rolle in der Wahrnehmung des eigenen Körpers ein. Und als prototypische Situation aller Spiegelungsprozesse kann die Spiegelsituation nach Lacan, welche von Winnicott erweitert wurde, betrachtet werden.

Lacan beschreibt in seiner Arbeit »Das Spiegelstadium als Bildner der Ichfunktion« bekanntlich als erste das eigene Ich konstituierende Identifikation den Vorgang, der das kleine Kind sein Bild im Spiegel oder einer spiegelnden Oberfläche als die Widerspiegelung seiner eigenen Person, seines eigenen Körpers erkennen lässt (Lacan 1949). Die Folge dieses Erkennens ist die Identifikation mit dem Spiegelbild und damit die Antizipation der dem Kind zu diesem Zeitpunkt noch fehlenden motorischen und mentalen Einheit – eine in die Zukunft weisende Verheißung narzisstischer Ganzheit, vom Kind erblickt und nunmehr als Vergleichsgröße genommen. Ein Ideal-Ich, in Anbetracht dessen das Kind aber angesichts seiner noch real vorhandenen Ohnmacht auch wieder zusammenbricht.

Was heißt – und lebenslang heißen wird: Im Spiegel erscheint stets die Diskrepanz von Ideal-Ich und vermeintlich realem Bild. Was aber ebenfalls heißt: Im Spiegel hat eine Gestalt Form gewonnen, die zum Kind selbst gehört und neben dem Erfahrungsfeld des mütterlichen Körpers zu existieren anfängt. Eine Gestalt, zu der die Mutter jedoch den Zugang vermittelt, indem sie – vorzugsweise mit dem Namen des Kindes – deren Eigenheiten benennt. Die Wahrnehmung des Spiegelbildes als Abbildung seiner selbst findet somit unter Anerkennung des anderen, im Allgemeinen der Mutter, statt, und die Identifikation mit diesem Bild verhilft dem Kind, sich erstmals in seiner eigenen körperlichen Integrität wahrzunehmen – es ist nicht nur Körper, es beginnt auch einen Körper zu haben. Der Körper erscheint als Objekt. Ein entscheidendes Moment der Subjektwerdung, der Begründung des Ichs als eines körperlichen (Freud 1923) wird damit vollzogen.

Damit ist eine Differenz gesetzt. Mit dem Sich-selbst-zur-Kenntnis-Nehmen eröffnet sich eine erste Grenzerfahrung. Das eigene, über den Spiegel vermittelte Körperbild tritt an die Stelle der Mutter und dient als Anfang der psychischen Trennung vom mütterlichen Körper, als Anfang der Trennung von Innen- und Außenraum, von Ich und Nicht-Ich. Somit ist es die Basis für die sekundäre Identifizierung mit den Objekten, und letztendlich für das Sich-auf-den-Weg-Machen in die ödipale Situation. Die Identifikation mit sich selbst bildet die Grundlage für die weitere Strukturierung und Stärkung des Ichs (Freud 1923).

Winnicott erweitert das Konzept des Spiegelstadiums, indem er als Vorläufer des Spiegels das Gesicht der Mutter in dessen Affekt spiegelnden Funktion beschreibt – ein durch die Bindungsforschung mittels des Begriffs der markierten Spiegelung (Fonagy/Target 2002) bestätigter Sachverhalt. Er schildert in der bekannten Arbeit »Die Spiegelfunktion von Mutter und Familie in der kindlichen Entwicklung« (in Winnicott 1971) anhand der – wohl depressiven – Mutter, deren Gesicht allzu stark von eigenen Stimmungen beherrscht und erstarrt ist, ein In-den-Spiegel-Schauen des Kindes, welches davon geprägt ist, dass es sich (im mütterlichen Gesicht) selbst nicht wiedersieht. Winnicott unterscheidet zwischen dem Hineinschauen in einen Spiegel und dem Anschauen eines Spiegels: »Bleibt das Antlitz der Mutter ohne Antwort, so wird das Kind zwar lernen, dass man Spiegel anschauen kann, es wird aber nicht begreifen, dass man in Spiegel hineinschauen kann« (Winnicott 1958, 1971).

Hineinschauen – ein Spiegel, der aufnimmt und zurückgibt und somit als symbolische Potenzialität genutzt werden kann. Anschauen – ein Spiegel, der Oberfläche bleibt, vielleicht auch Oberfläche bleiben muss, der den Betrachter selbst anschaut und vor dem man bestehen muss. »Wenn ich sehe und gesehen werde, so bin ich. Jetzt kann ich mir erlauben, um mich herumzublicken und zu sehen. Ich sehe jetzt kreativ: Was ich betrachte, nehme ich auch wahr« (Winnicott 1971, S. 131f.). Und man könnte hinzufügen: Wenn ich nicht sehe und vor allem wenn ich nicht gesehen werde, so bin ich nicht – sei dies aufgrund einer depressiven oder durch welches Begehren auch immer vereinnahmten Mutter. Ich nehme das Betrachtete nicht wahr und es entwickelt sich in mir ein tiefes Gefühl der Nichtexistenz und der Scham. Und ich tue alles, um mich nicht schämen zu müssen. Schamgefühle als Ausdruck des fehlenden liebevollen Blicks einer verinnerlichten Idealität, als Gegenteil des liebenden Erkennens und Erkanntwerdens (Krause 2001). Schamgefühle darüber, nur mangelhaft narzisstisch besetzt und damit in der eigenen Körperlichkeit nicht begehrenswert zu sein.

Damit schließt sich der Kreis: Der Spiegel – der reale wie auch der spiegelnde Blick der Eltern – als letztendlich auf das eigene Selbst verweisende Instanz und als Konfrontation mit dem eigenen Ideal-Ich, und das unbewusste Körperbild als ein Bild des eigenen Körpers, welches sich in seinem Begehren und Begehrtwerden symbolisch entwirft, beeinflusst auch durch die Art und Weise der Spiegelung durch die Eltern; und welches mit dem operativ veränderten Körperschema unter Umständen in Beziehung zu setzen versucht wird. Hierbei versteht sich von selbst – und dies in Ergänzung zu Winnicott –, dass in der Art, wie das Kind gespiegelt wird, das sexuelle Unbewusste der Eltern, deren eigenes Begehren, von entscheidender Bedeutung ist.

Ob sich im Subjekt das Gefühl entwickeln konnte, einen Spiegelungsraum zur Verfügung gestellt zu haben, in den es hineinschauen kann, ohne aber hineinzufallen – ein von Libido unterlegtes Spannungsfeld, welches schließlich einen inneren Raum entstehen lässt, in dem es sich selbst betrachten und letztlich über sich nachdenken kann – scheint für die Symbolisierungsfähigkeit und damit für die Entwicklung des Körperbildes und dessen narzisstischer Besetzung von großer Bedeutung zu sein. Das Dilemma narzisstisch schwerer beeinträchtigter und oftmals in der ästhetischen Chirurgie anzutreffender Patientinnen und Patienten besteht in der Verinnerlichung eines mütterlichen Spiegels, der keinen solchen Raum entstehen lässt. Es folgt ein Ringen darum, angeschaut und gesehen zu werden, bei gleichzeitiger Panik und Scham, in seinem als zutiefst mangelhaft wahrgenommenen Körperbild erkannt – hineingeschaut – zu werden. Damit bleibt das Subjekt am konkreten, letztendlich mütterlichen, Spiegel kleben – in der steten Hoffnung, erkannt und gleichzeitig nicht erkannt zu werden, in der steten Hoffnung vielleicht auch, das mütterliche Begehren entziffern zu können. Dies führt dazu, beständig den Spiegel anschauen zu müssen, was die Integration der narzisstischen Spiegelerfahrung, im Sinne einer letztendlichen Erfahrung von Differenz, und damit ein psychisches Weiterschreiten erschwert. Dazu ein Beispiel:

> Eine Patientin mittleren Alters – schon in jungen Jahren in suchtartiger Weise mit ihrem Aussehen beschäftigt und, um sich stets anschauen zu können, in der eigenen Wohnung von diversen Spiegelwänden umgeben – beginnt, sich ästhetisch-chirurgischen Eingriffen zu unterziehen. Von Fettabsaugen über Lippenaufspritzung bis zu diversen Faceliftings wird alles durchgeführt. Ihr zunehmend mädchenhaft entstelltes Äußeres nimmt sie nicht war, jedoch leidet sie unter Depressionen, weshalb sie sich in psychotherapeutische Behandlung begibt.
>
> Die Anamnese ergibt die Geschichte eines narzisstisch missbrauchten Kindes, Tochter einer »schönen« Sängerin, welche als Mutter emotional kalt agierte und in ihrer spiegelnden Funktion mehr mit sich selbst, als mit dem Kind beschäftigt zu sein schien. Auch der väterliche Blick auf die ödipale und adoleszentäre Tochter war kühl und gestreng. Letztere hat kaum einen warmen Spiegel erlebt. Es blieb beim Anschauen und Bewundern der Mutter und damit am mütterlichen Blick hängen.

Die Patientin strebte einen zeitlos jugendlich-kindlichen Körper an, der für immer bei der Mutter bleiben konnte, in der unbewussten Hoffnung, von ihr ernährt, was auch heißt, von ihr gespiegelt und damit wirklich gesehen und in dem Sinne auch begehrt zu werden, was weiter heißt, von der Mutter entsprechend besetzt und für die ödipale Triade ausgestattet zu werden.

Unsere bisherigen Ausführungen setzen die Existenz eines Spiegels und damit die Existenz einigermaßen gefestigter Selbst- und Objektrepräsentanzen voraus. Nun gibt es auch Fälle, in denen ein (psychischer) Spiegel im eigentlichen Sinne gar nicht zu existieren scheint, was beträchtliche Auswirkungen auf das Körperbild hat. Dies soll durch folgendes Beispiel illustriert werden:

Eine 50-jährige Patientin wird vom Chirurgen mit der Diagnose einer Dysmorphophobie zur psychotherapeutischen Behandlung überwiesen. Sie hatte ihn mit dem Wunsch nach Lippenkorrektur aufgesucht, jedoch stellten sich diese Lippen als absolut unauffällig dar. Die Patientin hatte sich schon mehreren ästhetisch-chirurgischen Eingriffen, welche hauptsächlich das Gesicht betrafen, unterzogen. Die Behandlungen hatten der Frau zu einer babyhaft glatten Haut verholfen.

Was in der Exploration auffiel, war die symbiotische Beziehung der alleinstehenden und sozial völlig isolierten, beruflich aber kompetenten Frau zu ihrer eigenen Mutter, mit der praktisch alle Freizeitaktivitäten gemeinsam unternommen wurden und die sie als ihr sehr ähnlich aussehend beschrieb – man hielt sie gelegentlich für Schwestern. Einen Vater gab es nicht. Erst im Laufe der Monate wurde deutlich, dass die Patientin unter latent paranoid-psychotischen Zuständen litt. Eine eigentliche psychotherapeutische Arbeit war kaum möglich. Die Bedeutung der geplanten Mundoperation – offensichtlich ein orales Geschehen – konnte nicht verstanden werden. Jedoch ließ sich allmählich erahnen, welch babyhaften Zustand diese Frau anstrebte – vollkommen schutzlos und in absolutem Einssein mit der Mutter –, wie sie aber gleichzeitig mittels der Eingriffe und dem Kampf um eine perfekte

Gesichtsoberfläche verzweifelt um eine Grenze und damit auch um einen Spiegel rang.

Diese Patientin war nie in der Lage, ein eigentliches Spiegelstadium und damit das Gefühl abgegrenzter Körperlichkeit zu durchlaufen. Sie lebte nach wie vor in einem vom Unbewussten ihrer Mutter entworfenen Körperentwurf, Dolto nennt dies den imaginären Körper (Dolto 1984). Der Entwurf lautete im Falle der Patientin auf Beibehaltung eines gemeinsamen Haut-Ichs (Anzieu 1996), eines kindlichen Körpers, der zur Mutter hin offen bleiben soll. Ein getrenntes Körperdasein – eine Hülle, die etwas Inneres umschließt und Subjektivität ermöglicht hätte – war nicht möglich. Hier war ein psychotisches System am Werk, das eine eigentliche Spiegelung als erste Grenzziehung und Erfahrung von Differenz verbat. Die schönheitschirurgischen Eingriffe waren demzufolge auch als Rettungsversuche zu verstehen. Mittels wiederholter Veränderungen am Gesicht – dem Herstellen einer glatten und makellosen Oberfläche – wurde versucht, eine erste Grenze zu schaffen und damit drohende Fragmentierungs- und Vernichtungsängste abzuwenden.

Bei solchen Patientinnen wie den beiden letztgenannten, wo der Spiegel als kalte respektive als psychisch nicht eigentlich existente Größe auftritt, wird körperliche Sinnlichkeit mit den schönheitschirurgischen Eingriffen oftmals geradezu vernichtet, der Körper in gewissem Sinne seiner Sexualität beraubt, was eine Maskerade entstehen lässt. In Korrespondenz mit einem unbewussten Körperbild, das vornehmlich präödipale Wünsche zu befriedigen sucht, strebt das Subjekt einen makellos idealisierten Körper an, der letztendlich anderem als einer befriedigenden sexuellen Erfahrung dienen soll, nämlich der unbewussten Fantasie eines »glückseligen von Allmacht gekennzeichneten Einssein mit der Mutter« (Laufer/Laufer 1994 S. 96). Man gewinnt in der klinischen Arbeit den Eindruck, dass diese Patientinnen – falls sie überhaupt eine intime Beziehung unterhalten – oftmals unter schweren sexuellen Hemmungen leiden. Die häufig gehörte Meinung, mittels der Schönheitsoperation werde vermehrte erotische Attraktivität im Sinne eines Wunsches nach erhöhter Chance befriedigender sexueller Erlebnisse angestrebt, trifft dabei nicht zu. Wie ersichtlich, geht es vielfach nicht um Sexualität im Sinne der genital sexuellen Begegnung zwischen zwei erwachsenen Menschen.

Das Schönheitserlebnis

Eines ist allen geschilderten Fällen gemeinsam, welche unbewussten Motive auch immer hinter dem Wunsch nach einem chirurgischen Eingriff stehen, welches unbewusste Körperbild auch immer im Subjekt aktiv ist: Diese Patientinnen und Patienten wollen schöner werden und sich äußerlich verändern.

Nachdem wir zu Beginn unserer Arbeit die evolutionär und kulturell bedingten Schönheitsideale kurz darlegten, möchten wir zum Schluss darauf eingehen, worin sich das Erlebnis von Schönheit überhaupt auszeichnet und welche emotionale Erfahrung die Menschen machen, die sich einer Schönheitsoperation unterziehen. Dies umso mehr, als fast einhellig von einem Glücksgefühl, dem Gefühl einer Erlösung, nach gelungener Schönheitsoperation berichtet wird.

Für Freud gründete Schönheit auf dem Boden sublimierter Sexualerregung, dem sexuell Reizenden. Er betonte, dass wir die Genitalorgane, deren Anblick die stärkste sexuelle Erregung hervorruft, in der Regel nicht als schön empfinden. Die visuelle Wahrnehmung richte sich auf die sekundären Geschlechtsmerkmale und ihre Verhüllung. Freud spricht vom sexuell betonten Schauen, von einer Sublimation, die durch den Genuss an der Schönheit bestimmt sei und einen besonderen, milde berauschenden Empfindungscharakter besitze (Freud 1930).

Spätere Psychoanalytiker sahen das Schönheitsempfinden, das ästhetische Moment, ausschließlich begründet in der Beziehung zum Primärobjekt. Die Sehnsucht nach der Begegnung mit einem Objekt, das alle Eigenschaften des Idealen und Erhabenen besitzt, als Grundlage des Gefühls der Schönheit. So beschrieben Otto Rank (1932), Hans Sachs (1942) und Hanna Segal (1952, 1957) ästhetisches Empfinden als in unbewussten Fantasien gründend, in denen Ängste und Spaltungen der inneren Welt transzendiert werden, um einen Zustand von Kohäsion, Harmonie und Wohlbefinden zu ermöglichen.

Auch Bollas (1978) sieht die ästhetische Erfahrung als Neuinszenierung einer präverbalen Erinnerung aus einer Zeit, in der der Säugling die Mutter als ein Objekt der Verwandlung erlebte; sei es beim Gestilltwerden, dem Übergang vom quälenden Hungerzustand in den wohligen Zustand des Gesättigtseins, sei es bei der Beruhigung des verzweifelten Säuglings in den Armen der Mutter. Das Flehen nach Erlösung wird erhört. Die Mutter dient als Verwandlungsobjekt und damit als Grundlage späterer ästhetischer Erfahrungen des Erwachsenen – Erfahrungen, während derer das Individuum vorübergehend eine tiefe subjektive Beziehung zum Objekt verspürt und eine Verwandlung in sich wahrnimmt. Es handelt sich – so Bollas – um einen Ich-Zustand, der im frühesten Seelenleben des Menschen gründet, um eine existenzielle Erfahrung des Seins. Die Mutter lässt das Kind die Erfahrung der Kontinuität des Seins machen, behandelt es kraft der mütterlichen Ästhetik dergestalt, dass das Denken, um zu überleben, irrelevant wird. Der Mensch sucht später immer wieder nach dem Objekt, das das Selbst zu verwandeln verspricht, und jede ästhetische Erfahrung ist verwandelnd.

Im Bezug auf ästhetisch-chirurgische Operationen könnte das Folgendes heißen: Das Subjekt nimmt seinen Körper oder einen Teil seines Körpers als nicht ins eigene Körperschema integriert, als entwertet oder gar verstoßen war. Die Gründe hierfür sind mannigfaltig und unterlegt vom unbewussten Körperbild. Körperliches kann dem Körper nicht zugesprochen, im Bezug auf die psychische Problematik – so denn eine vorliegt – keine Symbolisierungsarbeit geleistet werden. Mit der Schönheitsoperation wird der Versuch unternommen, einen Weg im Konkreten zu finden, um auf diesem Weg ein Gefühl von Ganzheit und Integration zu erlangen. Eine Verwandlung wird angestrebt. Als Verwandlungsobjekt dient hierbei nicht nur der Chirurge sondern auch der operierte Körper selbst. Durch die Hingabe an dessen Schönheit findet – zumindest vorübergehend – Erlösung statt, wird das Flehen erhört. Es geschieht eine Teilnahme an der Perfektion des idealen Objekts. Nicht nur der operative Eingriff, sondern auch die Hingabe an dessen Objekt – den schönen Körper – führt zur Erfahrung von Verwandlung. Das desintegrierte Selbst erlebt sich vorübergehend erlöst und wiederhergestellt. Der operierte Körper hat das Subjekt gerettet. Die Operation, falls gelungen, erzeugt ein temporäres Gefühl der Ganzheit, der Unversehrtheit. Es kann mit einem Gefühl der Zufriedenheit, ja in gewissen Fällen des Jubilierens (Lacan 1949) vor den Spiegel getreten werden, das unbewusste Körperbild bleibt aber unverändert.

Schluss

Wie stark der Drang ist, sich schönheitsmäßig verwandeln zu wollen, an der Perfektion des vermeintlich idealen Objekts teilzuhaben, und wie suchtartig dieser Drang daherkommt, hängt in entscheidendem Maße davon ab, wovor das Subjekt durch den operativen Eingriff gerettet werden möchte, wovon es erlöst werden will.

Hier zeigt sich die ganze Palette von psychischer Gesundheit bis zu schwerer Pathologie. Sie definiert sich dadurch, ob im Subjekt ein gesundes Körperbild sich hat aufbauen können – bzw. bei jugendlichen Patienten aufbauen kann –, also eine freundschaftliche Beziehung zum eigenen Körper besteht, oder ob der Körper zur Lösung unbewusster Konflikte im Zusammenhang mit der psychosexuellen Entwicklung zu benutzen versucht wird, was bis zu Attacken gegen ihn führen kann. Sie definiert sich also dadurch, ob es dem Subjekt letztendlich gelungen ist bzw. gelingt, den erwachsenen weiblichen oder männlichen Körper ins unbewusste Körperbild zu integrieren. Daraus ergibt sich, dass die Beweggründe für den Entschluss zur Schönheitsoperation sehr verschiedene sein können.

Es ist – um ein abschließendes Beispiel zu geben – ein entscheidender Unterschied, ob die erlösende Wirkung des schönheitschirurgischen Eingriffs darin besteht, dass sich eine Frau die Brust aufbauen lässt, weil diese nach dem Abstillen des letzten Kindes wie weggeschmolzen war, die narzisstische Besetzung ihres erwachsenen weiblichen Körpers aber grundsätzlich gut ist, oder ob sich eine junge Frau die zwar kleine, aber durchaus wohlgeformte Brust vergrößern lassen will, um damit eine von ihr verachtete und als schwach erlebte Mutter wegzustoßen –

die Patientin also mit der erwünschten Operation nicht nur versucht, die Mutter auszustechen, sondern auch eigene Weiblichkeit künstlich zu konstruieren; eine junge Frau, die noch darum ringt, den sexuellen Körper als ihr gehörig und abgelöst von den ödipalen Objekten ins eigene Körperbild zu integrieren. Zweimal dieselbe Operation – ganz verschiedene Beweggründe.

Gerettet und erlöst werden kann man mittels plastisch-chirurgischer Operation vermeintlich von Vielem: Die Rettung vor der Angst, sich psychisch vom mütterlichen Körper überhaupt ablösen zu müssen, die Rettung vor ödipalen Schuldgefühlen und Kastrationsängsten, die Rettung vor der Tatsache, in einen erwachsenen Körper hineinwachsen zu müssen, aber auch ganz einfach die Erlösung von etwas Störendem, was man schon lange bereinigen wollte, ohne dass davon das unbewusste Körperbild tangiert wäre. Und in allen Fällen kann postoperativ ein Gefühl der Befreiung vorhanden sein.

Hinzu kommt, dass das chirurgische Szenarium an sich im Sinne einer – zuwendenden oder gar sexuell verstandenen – Manipulation am Körper als erlösende, ja befriedigende und erfüllende Erfahrung erlebt werden kann. Ein Gesichtspunkt, auf den wir im Rahmen dieser Arbeit nicht weiter eingehen konnten (Umbricht 2006).

Was wir sagen wollen ist Folgendes: Das Jubilieren beim Blick in den Spiegel nach einer gelungenen Schönheitsoperation heißt noch gar nichts – trotz des Gefühls der Verwandlung. Es sagt nichts aus über die wirkliche Motivation zur Operation und die unbewusste Wirkung des durchgeführten Eingriffs, nichts darüber, dass ein solcher – in Kommunikation mit einem gestörten Körperbild – auch verstümmelnder Qualität sein kann und als solcher dann wohl irgendwo auch wahrgenommen, auch wenn dessen Resultat auf bewusster Ebene begrüßt und gutgeheißen, ja zuweilen gefeiert wird.

Die entscheidende Frage ist, wieweit der Körper, der vom mütterlichen abgegrenzt wahrgenommene und damit in gewissem Sinne zur eigenen Mutter gewordene Körper, der sexuelle und letztendlich weiblich oder männlich sexuell differenzierte Körper, in allen Entwicklungsstufen und Lebensabschnitten repräsentiert und gespiegelt, also symbolisiert und somit auch in seiner Mangelhaftigkeit narzisstisch besetzt werden kann, was einen (innerpsychischen) Spiegelungsraum voraussetzt, der aufnimmt und erblickt und Subjektivität generiert – dass auch zum alternden Körper eine Verbundenheit zu bewahren möglich ist, der Verlust von Jugendlichkeit und Schönheit betrauert werden kann. Die symbolisierende Distanz (Plassmann 1993), nicht nur des Patienten sondern auch des Chirurgen selbst, ermöglicht dem Einzelnen, sich nicht allzu schnell unters Messer zu legen, ermöglicht es ihm aber auch, die Fortschritte der plastischen Chirurgie in Anspruch zu nehmen, wird dem Körper als einem mir alten Bekannten etwas Gutes getan.

Literatur

Anzieu, D. (1996): Das Haut-Ich. Frankfurt/M. (Suhrkamp).

Balling, J. D. & Falk, J. H. (1982): Development of visual preference for natural environments. Environment and Behavior 14(1), 5–28.

Baugh, S. G. & Parry, L. E. (1991): The relationship between physical attractiveness and grade point average among college women. J Soc Behav Pers 6, 219–228.

Bollas, C. (1978): The aesthetic moment and the search for transformation. Ann Psychoanal 197(6), 385–394.

Buss, D. M. (1989): Sex differences in human mate preferences – evolutionary hypotheses tested in 37 cultures. Behav Brain Sci 14(3), 519.

Butler, J. (1990): Gender Trouble: Feminism and the Subversion of Identity. New York (Routledge).

Chamberlain, A. (2000): On the Evolution of Human Aesthetic Preferences. An earlier version of this paper was presented at a conference on the Evolution of Mind, organised by the Hang Seng Centre for Cognitive Studies, University of Sheffield, in June 1998. Research Article Internet.

Chiland, C. (1991): Castration et féminité in Angoisse et complexe de castration. Monographies de la REP. Paris (Presses Universitaire de France).

Collins, M. & Zebrowitz, L. (1995): The contribution of appearance to occupational outcomes on civilian and military settings. J Comp Psychol 25(2), 129–163.

Diehl J. M. (1999): Einstellungen zu Essen und Gewicht bei 11–16-jährigen Adoleszenten. Schweizer Medizinische Wochenschrift 1291, 62–75.

Dolto, F. (1984): L'image inconsciente du corps. Paris (Edition du Seuil).

Eco, U. (2004): Die Geschichte der Schönheit. München, Wien (Hanser).

Enquist, M. & Arak, A. (1994): Symmetry, beauty and evolution. Nature 372(6502), 169–172.

Etcoff, N. (1999): Survival of the Prettiest. New York (Anchor Books).

Fink, B. & Penton-Voak, I. (2002): Evolutionary psychology of facial attractiveness. Curr Dir Psychol Sci 11(5), 154–158.

Fonagy, P. & Target, M. (2002): Neubewertung der Entwicklung der Affektregulation vor dem Hintergrund von Winnicotts Konzept des »falschen Selbst«. Psyche-Z Psychoanal 56(9/10), 839–862.

Freud, S. (1923): Das Ich und das Es. GW XIII.
Freud, S. (1930): Das Unbehagen in der Kultur. GW XIV.
Foucault, M. (1994): Das Subjekt und die Macht. In: Dreyfus, H. & Rabinow, P: Michel Foucault. Jenseits von Strukuralismus und Hermeneutik. 2. Auflage, Weinheim (Beltz), S. 234–261.
Grammar K.; Fink, B.; Möller, A. P. & Thornhill, R. (2003): Darwinian Aesthetics: Sexual Selection and the Biology of Beauty. Biol Rev 78(3), 385–407.
Gilman, Sander L. (1999): Making the Body Beautiful: A Cultural History of Aesthetic Surgery. Princeton (Princeton UP).
Jones, D. (1996): Physical Attractiveness and the Theory of Sexual Selection. Ann Arbor (University of Michigan Museum of Anthropology).
Kluge, N. & Sonnenmoser, M. (2000): Schön und superschlank sein zu wollen hat seinen Preis. Internetpublikation der FSS, Dezember 2000, Universität Landau.
Krause, R. (2001): Affektpsychologische Überlegungen zur menschlichen Destruktivität. Psyche – Z Psychoanal 55(9–10), 934–960.
Lacan, J. (1949): Das Spiegelstadium als Bildner der Ichfunktion. In: Lacan, J. (1986): Schriften I. Berlin (Quadriga).
Langlois, J. H.; Roggman, L. A.; Casey, R. J.; Ritter, J. M.; Rieser-Danner, L. A. & Jenkins, V. Y. (1987): Infant preferences for attractive faces: rudiments of a stereotype? Developmental Psychology 23(3), 363–369.
Laufer, M. & Eglé Laufer, M. (1984): Adolescence and Developmental Breakdown. New Haven and London (Yale University Press).
Perrett, D. I.; May, K. A. & Yoshikawa, S. (1994): Facial Shape and Judgements of Female Attractiveness. Nature 368(6468), 239–242.
Plassmann, R. (1993): Grundrisse einer analytischen Körperpsychologie. Psyche – Z Psychoanal 47(3), 261–282.
Rank, O. (1932): Kunst und Künstler. Studien zur Genese und Entwicklung des Schaffensdranges. Gießen (Psychosozial-Verlag), 2000.
Rohde, P. (2006): Promiscuity, attractiveness, fondness for children, and the postponement of parenthood: An evolutionary (mal) functional analysis. Kassel (University Press).
Rhode-Dachser, Ch. (2007): Im Dienste der Schönheit. Zur Psychodynaik schönheitschirurgischer Körperinszenierungen. Psyche – Z Psychoanal 61(2), 97–124.
Sachs, H. (1942): The Creative Unconscious. Cambridge (Sci-Art Publishers), MA
Segal, H. (1952): Eine psychoanalytische Betrachtung der Ästhetik. In: Segal, H. Wahnvorstellung und künstlerische Kreativität. Stuttgart (Klett-Cotta), 1992, S. 233–259.
Segal, H. (1957): Bemerkungen zur Symbolbildung. In: Spillius, B. E. (Hg) (1988): Melanie Klein heute. Entwicklungen in Theorie und Praxis. Bd. 1. Stuttgart (Verl. Intern. Psychoanalyse), S. 202–224.
Slater, A. M.; Von der Schulenburg, Ch.; Brown, E.; Bradenoch, M.; Butterworth, G.; Parsons, S. & Samuals C. (1998): Newborn infants prefer attractive faces. Infant Behav Dev 21(2), 345–354.
Sullivan, D. (2000): Cosmetic surgery: the cutting edge of commercial medicine in America. New Burnswick, New Jersey (Rutgers University Press).
Thornhill, R. & Gangestad, S. W. (1999): The scent of symmetry: A human sex pheromone that signals fitness? Evolution and Human Behavior 20(3), 175–201.
Umbricht, R. E. (2006): »Psychoanalysis and Surgery«, Dissertation MSc Theoretical Psychoanalytic Studies. London (UCL).

Wallace, F. (1982): The Progress of Plastic Surgery: An Introductory History. Oxford (Willem A. Meeuws).
Winnicott, D. W. (1958): Primary Maternal Preoccupation. Collected Papers: Trough Paediatrics to Psycho-Analysis. New York (Basic).
Winnicott, D. W. (1971): Playing and Reality. London (Tavistock Publications).
Wolf, N. (1992): The Beauty Myth. How Images of Beauty are used against Women. New York (Random House).
Zeiss, E. (1863): Die Literatur und Geschichte der Plastischen Chirurgie. Leipzig (Wilhelm Engelman).

Der kranke Mensch im Spannungsfeld von Ökonomie und Ethik

Psychoanalytische Überlegungen zur gegenwärtigen Medizinpraxis und Gesundheitsplanung

Ludwig Haesler

Wo fehlt's nicht irgendwo auf dieser Welt?
Dem dies, dem das, hier aber fehlt das Geld.
Vom Estrich zwar ist es nicht aufzuraffen;
Doch Weisheit weiß das Tiefste herzuschaffen.
[...]
Was ihr nicht rechnet, glaubt ihr, sei nicht wahr
Goethe, Faust II, 4889–4892, 4920.

Das System unseres Gesundheitswesens ist in den letzten Jahren, wie in vielen anderen Industrieländern auch, zunehmend in eine Krise geraten. Die Schere zwischen Leistungsmöglichkeiten, Leistungsangeboten und Leistungsansprüchen einerseits und deren Bezahlbarkeit in den jeweiligen Systemen sozialer Sicherung andererseits klafft immer weiter auseinander und erzwingt von daher grundsätzliche Korrekturen und Reformanstrengungen der Systeme. Die gegenwärtige spezifische Art der politisch gewollten Konzeptualisierung und Umsetzung dieser Reformen mit dem Resultat einer zunehmenden allgemeinen Ökonomisierung aller Bereiche der Medizin und des gesamten Gesundheitswesens tendiert dazu, die allgemeine medizinische und mit ihr auch die psychoanalytisch-psychotherapeutische Praxis zunehmend in einer fundamentalen Weise zu verändern und einzuengen. Dies hat eine Entwicklung gebahnt, die an die Essenz der ethischen Grundlagen des ärztlich-therapeutischen Umgangs mit dem Patienten als *krankem Menschen* rührt und das ärztliche Handeln einer in vielerlei Hinsicht geradezu lebensfremden, administrativ überregulierten, in erster Linie von ökonomischen Bedingungen und Interessen diktierten Ordnung der »Gesundheitswirtschaft« ausliefert. Eine solche unheilvolle Entwicklung in Richtung auf eine zunehmende Verschiebung der Gewichte von der Dimension des ärztlich Ethischen hin zu jener des Ökonomischen zwingt zu einer grundsätzlichen Rückbesinnung auf die ethischen Grundlagen und Grundwerte ärztlich-therapeutischen Handelns und von daher auf die Notwendigkeit, eine nicht von ökonomischen Zwängen bestimmte, sondern eine auf *Freiheit*, *Solidarität* und *Subsidiarität* gegründete Krankenversorgung zu entwickeln.

Der kranke Mensch, das ärztliche Gespräch und das leidende Subjekt

Im Zentrum aller unserer Überlegungen zur gegenwärtigen medizinischen Praxis und Gesundheitsplanung hat der *kranke Mensch* zu stehen, der zum Arzt kommt, weil er in der Situation seines Erkranktseins Hilfe sucht in der Vorstellung, dass ihm der Arzt mit seiner medizinischen Kompetenz physische, und nicht zuletzt auch im Sinne der Verständnishilfe, psychische Hilfe in seiner Situation zu leisten vermöge. Denn der Arzt ist ja mit seinem Tun niemals bloß ein »Reparaturmediziner«, ein »Gesundmacher« (vgl. von Weizsäcker 2008), was vielleicht noch etwa für die chirurgische Beseitigung eines Leistenbruchs oder bei der Einsetzung eines prothetischen Gelenkersatzes gelten mag, sondern er ist immer auch und ganz besonders im Falle einer chronischen oder gar am Ende tödlichen Krankheit ein Mensch, der als Arzt mit seiner ärztlichen Kompetenz dem Hilfe suchenden Patienten gegenübertritt, und mit diesem kranken Menschen nicht zuletzt auch das Gespräch über die Wirklichkeit seiner Erkrankung und ihrer möglichen Folgen und Wirkungen suchen muss. Diese beiden Aspekte des ärztlichen Handelns – jener Aspekt des *Besserns und Heilens* mithilfe der ärztlichen und medizinisch technischen Kompetenz im Sinne einer »Reparaturmedizin«, die nach den Erwartungen des Patienten die Wiedergewinnung von Gesundheit und Beschwerdefreiheit bringen soll, und jener Aspekt, der das *ärztliche Gespräch mit dem kranken Menschen* in den Mittelpunkt des ärztlichen Handelns rückt und den kranken Menschen in seinem Leiden begleitet, wie auch immer dieses Leiden medizinisch zu beeinflussen und zu bessern ist – sind, wie uns die allgemeine ärztliche Erfahrung lehrt, nicht wirklich voneinander zu trennen. So begründen die ärztlich-medizinische und medizinisch-technische Kompetenz zusammen mit der Kompetenz und Bereitschaft zum ärztlichen Gespräch das, was wir gemeinhin mit dem Begriff der »Heilkunst« (Platon, *Politeia,* 341ff.) umreißen.

Bei dem ärztlich-therapeutischen Gespräch handelt es sich um eine Begegnung zweier, sich durch die Andersheit ihrer jeweiligen Person wie auch durch die Verschiedenheit der Voraussetzungen ihrer Begegnung unterscheidende Menschen. Es handelt sich somit um eine Begegnung zweier *Subjekte*, die als Verschiedene unter recht spezifischen Bedingungen mit spezifischem Zweck zusammenkommen und sich auf eine gemeinsame Zielsetzung ihrer Begegnung und deren Realisierungsmöglichkeiten hin einig werden müssen. Beide Beteiligten an dieser Begegnung sind schon von ihren Voraussetzungen her unaufhebbar Verschiedene, die miteinander *Verständigung* suchen müssen: Über das erlebte Leiden und dessen Entstehen, über die Lebenssituation des kranken Menschen, innerhalb derer der Prozess der Erkrankung aufgetreten ist, über persönliche und lebensgeschichtliche Hintergründe des leidenden, kranken Menschen, über die Chancen, Möglichkeiten und auch die Grenzen einer Besserung und Heilung des zur Begegnung führenden Leidens etc. Bei aller Verschiedenheit der beiden Beteiligten gelingt ein solches ärztliches Gespräch vor allem dann, wenn zwischen beiden Beteiligten ein Verhältnis von »Gleich zu Gleich als Verschiedene« im Felde einer *intersubjektiven Begegnung* entwickelt und aufrechterhalten werden kann. Diese grundlegenden Bedingungen gelten zweifellos für alle ärztlich-therapeutischen Begegnungen, ob es sich nun um die Begegnung eines Patienten mit dem eher auf operative Eingriffe spezialisierten Chirurgen handelt, oder um die Begegnung eines Patienten mit dem Internisten oder mit dem psychologischen oder medizinischen Psychoanalytiker, für den die Verständigung, die Konsenssuche mit dem Ziel des gemeinsamen Verstehens im Zentrum seiner psychoanalytischen Kompetenz und seines psychoanalytischen

»Handelns« steht. Weil Letzteres so ist, kann die Psychoanalyse zur Erhellung dieser Fragen nach den Grundlagen, Zielen und Zwecken des ärztlichen Gespräches mit dem kranken Menschen, mit dem leidenden Subjekt in besonderer Weise beitragen.

Wenn wir hier die Begriffe *Subjekt* und *intersubjektive Begegnung* zwischen dem Subjekt kranker Mensch und dem Subjekt Arzt verwenden, so bedarf es zunächst einer Klärung dessen, was mit dem Begriff Subjekt im Sinne des gegenüber dem Anderen abgegrenzten, für sich selbst zuständigen Individuums gemeint ist. Denn der Begriff Subjekt ist für sich genommen völlig bedeutungslos, wenn er nicht zugleich auch im Kontext des Ziels aller Erwartungen, des Wünschens und Hoffens des Subjekts auf den Anderen, vor allem der Erwartung auf ein Antworten dieses anderen Beteiligten in einer menschlichen Begegnung gedacht werden kann. In diesem Sinne wird der Andere als ein Subjekt sui generis gegenüber dem erwartenden Subjekt zum Objekt von dessen Erwartungen, wie dies auch umgekehrt der Fall ist. Intersubjektive Begegnung, Intersubjektivität meint somit nicht etwa eine Aufhebung der Differenz, das heißt der Andersheit, meint nicht eine Art »Brei« zweier Subjekte, wie uns dies manche neueren Entwicklungen der Psychoanalyse zu suggerieren suchen, sondern diese Begriffe beziehen sich auf die spezifische Situation der Begegnung zweier Menschen, die aus ihrer Ausgangsposition, aus der Nichtaufhebbarkeit ihrer Verschiedenheit heraus etwas Gemeinsames zwischen sich entwickeln (vgl. Haesler 2008).

Bei den Begriffen *Subjekt* und *Objekt* handelt es sich ja ursprünglich um erkenntnistheoretische Begriffe, die die unterschiedlichen Positionen der Beteiligten in einem Erkenntnisprozess zu fassen suchen. Beide Begriffe sind unbedingt aufeinander bezogen und wären jeder für sich genommen letztlich sinnlos. Die spezifische Bedeutung des Begriffs Subjekt im Sinne des für sich selbst zuständigen, aus eigenständiger, unabhängiger Erkenntnis erlebenden, erkennenden, urteilenden und handelnden Individuums hat sich letztlich in den philosophischen Debatten der Aufklärung des 18. Jahrhunderts entwickelt. Von diesem ist die Rede, wenn gesagt wird, Viktor von Weizsäcker habe das Subjekt als Begriff für den leidenden, kranken Menschen in die Medizin eingeführt – ein Subjekt, das vom Arzt nicht mehr bloß als Objekt seiner diagnostischen Untersuchungen und Beurteilungen und seiner therapeutischen Entscheidungen erscheine, sondern als ein Anderer, der gleichwertiger und gleichberechtigter Beteiligter an einem gemeinsamen ärztlich-diagnostischen und therapeutischen Prozess sei.

Mit der Entdeckung des Subjekts in seiner Einmaligkeit als menschliches Individuum mit eigenen Rechten, als ein für sich kritisch unabhängig und frei denkendes und urteilsfähiges Subjekt, das quasi in Umkehrung der Descartes'schen Formel des *cogito ergo sum* in ein »sum ergo cogito« zunehmend die Frage nach seiner geistigen und materiellen Stellung in der Welt, dann aber zunehmend auch nach seiner Stellung in der gegebenen gesellschaftlichen Ordnung und nach den Begründungen dieser Ordnung stellen ließ, war seinerzeit zugleich die Axt an die Wurzel des absolutistischen Herrschaftsverständnisses und der absolutistischen Ordnung insgesamt gelegt. Damit rückten aber auch Fragen nach der Gerechtigkeit, der gerechten Ordnung und der gerechten Verteilung materieller Güter in einer Gesellschaft in den Mittelpunkt, und mit diesen zugleich auch die Frage nach dem gerechten, vernünftigen Handeln eines Menschen, der mit dem Willen eines unbedingten *sapere aude* den Mut aufzubringen vermöge, sich seines eigenen Verstandes zu bedienen, das Wagnis, wissen zu wollen, einzugehen und bereit zu sein, »von der Vernunft in allen Stücken öffentlich Gebrauch zu machen« (Kant 1983, Bd. 9, S. 55), was am Ende in Kants *absolut* wie auch *absolut normativ* zu verstehenden kategorischem Imperativ Ausdruck finden sollte: »Handle so, daß die Maxime deines Willens jederzeit zugleich als Prinzip einer allgemeinen Gesetzgebung gelten könne«. Gleichzeitig postuliert Kant, und dies bis heute und gerade auch für unsere Frage nach der Position des kranken Menschen im Spannungsfeld zwischen Ethik und Ökonomie von brennender Aktualität: »Handle so, daß du die Menschheit sowohl in deiner Person als in der Person eines jeden anderen jederzeit zugleich als Zweck, niemals bloß als Mittel brauchst« (Kant 1785, 103ff.). Gerade dieser bedeutsame erläuternde Nebensatz des kategorischen Imperativs Kants, der als absolut normative Referenzposition aller kritischen Reflexion auf die menschliche Praxis hin zu gelten hat, ist vielen Kritikern des Kant'schen Vernunftbegriffs nachfolgender Generationen immer wieder aus dem Blick geraten, wobei nicht selten vergessen wird, dass dessen

Relativierung oder gar Aufhebung, etwa im Gefolge von überspitzten, scheinbar »wissenschaftlich begründeten« Reduktionismen, überwiegend schrecklichste Konsequenzen nach sich gezogen hat. Ich werde auf diesen Punkt im Kontext der Diskussion der Ökonomisierung aller Medizinbereiche zulasten des kranken Subjekts und der Folgen aus einer solchen Entwicklung später noch einmal zurückkommen müssen.

Zurück zum kranken Subjekt, zum *kranken Menschen*: Wenn wir uns diesen Begriff des kranken Menschen, wie er nicht zuletzt von Viktor von Weizsäcker ausformuliert worden ist, genauer betrachten, dann stoßen wir auf die Frage, inwieweit dieser kranke Mensch als ein Subjekt zu verstehen ist, das von einer gleichsam von außen kommenden Krankheit »befallen« worden ist, oder als ein unter pathologischen Erscheinungen leidender Mensch, ein kranker Mensch, dessen Erkranken in die allgemeinen Sinnzusammenhänge seines bisherigen und aktuellen Lebens eingebunden ist. Im ersten Fall ist der kranke Mensch bloß ein Träger von Krankheitserscheinungen, von Krankheit, von »pathologischen« Phänomenen oder »Störungen«, die möglichst bald und vollständig wieder auszutreiben, das heißt zu eliminieren und zu beseitigen, im Mittelpunkt des Anliegens des Arztes steht. Im zweiten Fall wird Besserung oder auch Heilung nur unter Berücksichtigung auch der relevanten lebenssituativen Umstände seines Erkrankens möglich. Hier stoßen wir auf einen fundamentalen Gegensatz im allgemeinen Verständnis vom Erkranken und von der Krankheit: Einerseits kann Krankheit im Sinne eines *normativen Verständnisses* als *Störung* aufgefasst werden, als ein zu beseitigendes *Abweichen von Gesundheit*, sodass Symptombeseitigung (etwa eines Leistenbruchs, von Magenbeschwerden, von Angststörungen oder Essstörungen) im Mittelpunkt ärztlich-therapeutischen Interesses steht, und damit auch das bloße Verschwinden solcher als hinreichend erachtet und die »Kostenplanung« für die dafür angemessene Therapie allein darauf ausgerichtet wird. Andererseits kann Krankheit als *Symptom* verstanden werden, das heißt als ein *Zeichen für*, dessen Bedeutung und Sinn erst unter Berücksichtigung der allgemeinen Lebenssituation des kranken Menschen und seiner Lebensentwicklung und Lebenssituation insgesamt angemessen zu erfassen sei, sodass sich eine angemessene Behandlung des kranken Menschen nicht auf die bloße Symptombeseitigung beschränken darf.

Kurz zusammengefasst bedeutet dies, zu unterscheiden zwischen einem Verständnis des Begriffs des Pathologischen als einer *Normabweichung* gegenüber einem Verständnis des Begriffs vom Ursprungssinn des Wortes »pathologisch« – griechisch passiomei, lateinisch patieri, – her, das ja nicht so sehr die Abweichung von einer immer fiktiven und letztlich immer von einer Allgemeinheit gesetzten Norm und Normalität meint, sondern das *Leiden* des leidenden Menschen, der sich in seinen Lebensmöglichkeiten durch das wie auch immer entstandene subjektive Gefühl, krank zu sein, in seinem Lebensgefühl und in seinen Entfaltungsmöglichkeiten beeinflusst und eingeschränkt erlebt. Aber Krankheit und Leiden muss nicht immer bloß »Störung« bedeuten und Einschränkungen bringen, wenn man etwa an Thomas Manns Definition des Genies denkt, die er im *Doktor Faustus* im 34. Kapitel formuliert hat (Mann 1967, S. 355): »Genie ist eine in der Krankheit tief erfahrene, aus ihr schöpfende und durch sie schöpferische Form der Lebenskraft.« Alterungsbeschwerden und alterungsbedingte Veränderungen, Einschränkungen und Erkrankungen und vor allem auch der Tod sind Teil des Lebens, sie gehören zum Leben und man sie nicht unter dem Begriff der Störung subsumieren.

Will der Arzt dieses leidende Subjekt in seinem Leiden angemessen erfassen und sich mit diesem leidenden Subjekt über das, was Leiden macht, verständigen, das heißt in dessen nicht verallgemeinerbarem Erleben und dessen spezifischen, von seiner körperlichen Konstitution wie auch von seinen lebensweltlichen Verhältnissen her bestimmten höchst subjektiven Bedingungen begreifen, dann wird er dieses leidende Subjekt in seiner Gesamtheit betrachten wollen – eben als einen leidenden, *kranken Menschen*. Dies begründet eine Art ganzheitlicher Sicht des anderen in der ärztlich-therapeutischen Begegnung, die die klassische hippokratische Trias von 1. dem Arzt, 2. dem Patienten und 3. seiner Krankheit überwindet und aufhebt. Denn der Arzt behandelt nicht eigentlich die *Krankheit*, sondern er begegnet dem und behandelt den *kranken Menschen* – und dies gilt unbedingt und unverzichtbar im gleichen Sinne für die psychoanalytische Betrachtung des leidenden Subjekts in der intersubjektiven Begegnung zwischen Patienten und Analytiker. Und er wird das leidende, Hilfe, Verständnis und Verständigung suchende

Subjekt als ein lebensgeschichtlich *gewordenes* in seiner Auseinandersetzung im Hier und Jetzt des *Heute* und in seiner hoffnungsvoll oder (wie im Falle schwerer, chronischer oder gar unheilbarer Krankheit) angstvoll erwarteten *Zukunft* seines Lebens und Leidens in einem ganzheitlichen Sinne begreifen wollen. Dies setzt allerdings eine Sicht auf den leidenden Anderen voraus, die dessen Leiden weder allein als Ausdruck bloß pathoanatomischer oder pathophysiologischer Prozesse im Körperlichen, noch bloß als ein allein aus psychischen Bedingungen erwachsenes Geschehen sieht. Vielmehr wird von solchen Überlegungen her das leidende Subjekt in einer Art binokulären Sicht zu betrachten sein, eine Sehweise des leidenden Anderen, die sich von dem Bemühen um Verständigung über das Betrachtete leiten lässt und von daher das gemeinsam zu entwickelnde angemessene ärztlich-therapeutische Handeln ableitet. Versteht man den Patienten allerdings bloß als einen Träger von Symptomen, die bloß als Zeichen einer Normabweichung gedeutet werden und schnellstens zu beseitigen seien, dann wird man eine solche ganzheitliche Betrachtungsweise vom kranken Menschen letztlich als zu aufwendig und dies dann auch als zu kostenträchtig betrachten, und jene ärztlich-therapeutischen Alternativen bevorzugen und administrativ fördern, die eine schnelle Symptombeseitigung und Rückkehr zu den normativ gesetzten Verhältnissen von Gesundheit versprechen. Der Arzt wird in diesem Sinne dann zum bloßen *Gesundmacher* (von Weizsäcker 2008, S. 249), der den Patienten in seinen pathogenen, das heißt Leiden machenden Verhältnissen belässt und eine auf Verständigung und Reflexion fußende Entwicklung von Möglichkeiten der Alternative und damit nicht selten die Verhinderung von Rezidiven verspielt.

Das ärztliche Gespräch und Therapie: Normative »Symptomerschließung« oder Verständigung über das Subjekt und seine Krankheit?

Um im ärztlichen Gespräch die subjektiven Bedingungen des Erkrankens aufzuschließen, bedarf es gewisslich mehr, als sich als Arzt und/oder Psychotherapeut oder als Psychoanalytiker bloß auf die Symptome des kranken Menschen einzustellen. Die allgemeine ärztliche und psychotherapeutisch/psychoanalytische Praxis, wie diese auch von einer auf Ökonomisierung abzielenden Gesundheitswirtschaft erwünscht zu sein scheint, hat allerdings heutzutage und schon seit längerer Zeit vielfach etwas anderes im Sinn. Ich will dies an einem eindrücklichen Beispiel erläutern: Als ich vor 14 Jahren als Psychoanalytiker bei einem internationalen Kongress zum Thema *Kurzzeitbehandlung und Krisenintervention in der Psychotherapie und Psychosomatik* teilnahm, einem Kongress, bei dem sehr viele Einzelvorträge zu möglichen, bereits praktizierten Formen von sogenannter »Kurzzeittherapie« vorgestellt wurden, sprangen mir viele der angebotenen psychotherapeutischen Vortragsthemen von der Formulierung ihrer Thematik her in besonderer Weise ins Auge. Sie taten es mir deshalb in besonderer Weise an, weil sie mir nicht nur dabei helfen konnten, die originär psychoanalytische Position, die ich auf diesem Kongress zu vertreten hatte, deutlicher zu kontrastieren und herauszuarbeiten, sondern sehr viel grundsätzlicher, weil sie mir die grundsätzlichen Fragen nach dem Wesen und den Bedingungen des ärztlich-therapeutischen Gesprächs deutlicher zu bestimmen erlaubten. Manche dieser Vortragsthemen wirkten auf mich im Reduktionismus ihrer Formulierung geradezu grotesk. Den Vogel abgeschossen hatte in dieser Hinsicht jener Vortragstitel mit der bemerkenswerten Formulierung »Idiolektik: Der Zugang zur Psychosomatik der Wirbelsäule«. In dieser Formulierung findet sich wohl das traditionelle, bloß am Symptom orientierte Denken explizit wieder: Sie spiegelt ein traditionelles medizinisches Denken vom Feinsten. So ähnlich lautet es, wenn sich manche Ärzte, Krankenschwestern und Pfleger in salopper Weise über Patienten verständigen, etwa wenn sie von dem »Gallenstein auf Zimmer 9« oder von der »psychisch alterierten Struma auf Station 13« oder von der »Colitis mit der anklammernden Tochter«, oder von diesem »Borderline mit den intensiven Verschmelzungswünschen« sprechen. Solcherart rein symptomorientiertem diagnostischen Adressieren entsprechen dann auf der therapeutischen Seite konsequenterweise, wie mich der Abstraktband des Kongresses belehrte, Formulierungen wie, um nur einige zu nennen: »Effektive therapeutische Techniken«, »Effektive Kurzzeittherapie«, »zielorientiert, unter störungsspezifischem Aspekt«, »formalisierte Technik des Programmierens«, »Patiententherapiepläne«, »therapeutische Interventionsmöglichkeiten zur Steigerung des hedonischen Erlebens«, »mit begrenztem Regressions- und das heißt Sitzungsaufwand«, »Psychotherapie und Psychotherapiedosis« und schließlich »Behandlungsverkürzung und Effizienzsteigerung durch Synergie«. Hier handelt es sich um Formulierungen, die einem medizinisch-therapeutischen Denken entsprungen sind, das letztlich einen funktionalisierten, mit standardisierten Verfahren diagnostizierenden und therapierenden, um »Aufwandsökonomie« und technische »Effizienzsteigerung« bemühten Arzt im Sinne eines medizinischen *Anwendungstechnikers* zur Referenz hat, – ein Bild vom Arzt, das auf das Haar genau dem entspricht, was die heutige, der absoluten Ökonomisierung der Medizin verpflichtete Gesundheitswirtschaft im Auge hat. Das heißt, es handelt sich bei diesen Formulierungen vom »Zugang zur Psychosomatik der Wirbelsäule«, von der »Psychotherapiedosis« oder von der »Behandlungsverkürzung« – in der Buchhaltung würde man etwa unter *Verkürzung* wohl am ehesten *Unterschlagung* verstehen – nicht so sehr nur um fragwürdige Formulierungsblüten. Es sind auch aus einer ökonomisierten Einengung des Blicks hervorgehende *Denk*-Blüten, die ein spezifisches kartesianisch medizinisch-therapeutisches, auf syllogistisches Schlussfolgern sich stützendes Denken zum Ausdruck bringen, von dem her am Ende gar auch eine empiristische Objektivierung der Dimension des Subjektiven und der Intersubjektivität möglich erscheint – hier handelt es sich um eine absolute *logische Aporie*, wie schon die Sophisten der Antike kritisch angemerkt haben: *Wie viele Schwäne muss ich gesehen haben, um sicher sagen zu können, dass der nächste der kommt kein weißer ist*, oder: *Sokrates ist sterblich, Esel sind sterblich, folglich ist Sokrates ein Esel.* Wir wissen ja im Prozess eines solchen syllogistischen Schließens von den seelischen Sachverhalten des Einzelfalls auf die Vielen und umgekehrt oft überhaupt nicht, bei welchem Teil unseres syllogistischen Schließens es sich um den *Major-Anteil,* bei welchen es sich um den *Minor-Anteil* handelt! Es ist ein Denken, dem das originäre ganzheitliche Denken Viktor von Weizsäckers über den kranken Menschen, und nicht zuletzt auch das

Denken der von Sigmund Freud explizit ausformulierten *psychoanalytischen Methode* des deutenden Diskurses, der *deutenden Verständigung* absolut konträr gegenübersteht.

Der Versuch der Vermessung des Subjekts und die Dimension des Subjektiven

Von solchem medizinisch-therapeutischen Denken her bestimmt sich dann auch die Vermessung und verallgemeinernde Verrechnung der Subjekte und deren »Störungen«, die Verrechnung ihres absolut singulären Erlebens, ihrer situativen Äußerungen und der absolut singulären Diskurse, die sich etwa in einer ärztlich-therapeutischen oder psychoanalytischen Begegnung entfalten. Aus einer solchen Art der Pseudoobjektivierung wird dann, traditionellem medizinischem Denken folgend, im syllogistischen Schluss vom wiederholt beobachteten »Einzelfall« Regelhaftes konstruiert, das schließlich, in die Dimension des Ökonomischen übertragen und in deren Dienst gestellt und dann unter der Maxime der Kostenersparnis, der Effizienzsteigerung und der ökonomischen Aufwandsminimierung gleichsam als scheinbar »wissenschaftlich begründete ökonomische Vorgabe« zur *Regel für alle* geltend gemacht werden kann. So gerät der kranke Mensch und das ärztlich-therapeutische Gespräch unrettbar in ein Spannungsfeld zwischen der Position der Ethik der menschlichen Verständigung und jener der Ökonomie, ein Spannungsfeld, innerhalb dessen das *Subjekt*, das Viktor von Weizsäcker in die Medizin eingeführt hatte, im Zuge der Philosophie einer solchen objektivistischen Medizintheorie, Medizinpraxis und Gesundheitsplanung qua Methode und am Ende im Dienste der Ökonomie gründlich wieder ausgetrieben wird.

Von solchen Tendenzen zur wissenschaftlichen Vermessung und Verrechnung in der Medizin sind letztlich auch die Entwicklung entsprechender Instrumente zur kontrollierten, objektivierenden *Erfassung* und *Messung*, etwa zur Beurteilung der Beeinträchtigungsschwere von Symptomen oder der Schwere eines traumatischen Erlebens und etwa auch die von einem solchen pseudoobjektivierenden Denken her konstruierte Beeinträchtigungsschwere-Skala psychogener Erkrankungen zu verstehen, wie auch die um Objektivierung der subjektiven und intersubjektiven Realität der ärztlich-therapeutischen Begegnung bemühten wissenschaftlichen Forschungsansätze – jene im öffentlichen Raum derzeit bereits breit diskutierten Bemühungen, einen therapeutischen Prozess aus ökonomischen Gründen in engen zeitlichen Abständen regelhaft mit wiederholten, kontrollierenden Fragebogenaktionen zur Befindlichkeit und mithilfe von Aufzeichnungen durch offene oder versteckte Kameras und Tonträger zu überwachen, mit dem Ziel einer *Objektivierung* dessen, was nicht objektivierbar ist: *Die singuläre subjektive und intersubjektive Dimension.*

Von einem solchen wissenschaftlich-objektivierenden Denken her hat der Arzt ein Wissen im Sinne eines *Herrschaftswissens*, das er am Anderen, am kranken Menschen, zur regelhaften Anwendung bringt und mithilfe eines solchen Wissens und der daraus abgeleiteten wissenschaftlich abgesicherten Handlungskompetenz an diesem kranken Anderen seinem Verständnis von Gesundheit, Regelhaftigkeit und Richtigkeit entsprechende »Veränderungen« zu bewirken sucht, mit dem »wissenschaftlich abgesicherten« Ziel, das kranke Subjekt, den kranken Menschen, von A nach B zu bringen. Dieser klassische medizinisch-methodische Ansatz ist seinem Gegenstand dort absolut angemessen, wo wir es etwa mit einem angeborenen Enzymdefekt, z. B. der Laktoseintoleranz, oder mit einer auf Penicillin ansprechenden bakteriellen Infektion zu tun haben, auf die man, empirisch-wissenschaftlich gesichert, mit einer Anweisung zur Vermeidung bestimmter Substanzen in der Ernährung oder aber mit der Gabe von Penicillin therapeutisch zu reagieren hat. Aber schon bei einer nur begrenzt oder aber so gut wie überhaupt nicht beeinflussbaren chronischen Erkrankung, wie etwa bei der Multiplen Sklerose oder gar einer tödlichen Krebserkrankung, verliert dieses Medizinmodell von der »Störungs-Beseitigung« und »Heilung« seine absolute Geltung. Dies gilt nicht zuletzt auch für alle der Gerontologie zuzuordnenden, letztlich schicksalhaften Beschwerden und »Störungen« im Rahmen der physiologischen, am Ende auf den unausweichlichen Tod des Subjekts hinführenden Alterungsprozesse.

Der spezifische ontologische Status des subjektiven Leidens und der ärztliche Zugang zu diesem Leiden

Denn hier hat es der Arzt nicht einfach nur mit einem konkret fassbaren Ursache-Wirkungs-Mechanismus zu tun, der etwa mit jenem der Laktoseintoleranz oder des bakteriellen Infekts vergleichbar ist. Die seelischen Prozesse des subjektiven Erlebens von Leiden und deren spezifische lebenssituative und lebensgeschichtliche Einbettung haben nicht denselben ontologischen Status wie etwa die von einem Enzymdefekt ausgelösten Prozesse oder die Prozesse einer bakteriellen Infektion. Nehmen wir z.B. den sogenannten *chronischen Schmerzpatienten*, eine in der Medizin wohl eingeführte Bezeichnung für Menschen, die unter chronischen Schmerzen leiden. Allein schon der problemträchtige und fragwürdige, das heißt des Fragens würdige Begriff chronischer Schmerzpatient macht unsere hier diskutierte Problematik deutlich: Wer oder was ist hier eigentlich chronisch? Ist es der Schmerz, der chronisch ist? Dann müssten wir an sich treffender vom *Patienten mit chronischen Schmerzen* sprechen, von einem Menschen, der wie bei einer bakteriellen Infektion von einem chronisch gewordenen Symptom befallen ist, das ihn leiden macht, worauf sich der Arzt dann mit entsprechenden medizinischen Strategien der Diagnostik und Therapie einzustellen hätte, um diese chronische »Schmerz-Störung« zu beseitigen.

Oder ist es etwa der Patient, der »chronisch« ist? Dann würde der problematische Mixtum-Begriff *chronischer Schmerzpatient* nicht so sehr das Vorhandensein einer zirkumskripten, chronisch gewordenen »medizinischen Störung«, das Vorhandensein eines chronifizierten Symptoms ansprechen, sondern einen völlig anderen Sachverhalt, nämlich die Realität der Dynamik einer bestimmten zwischenmenschlichen Beziehungsform, in die ein solcher chronischer Schmerzpatient seine Mitmenschen und vor allem seine Behandler in einer »chronischen Weise«, das heißt unablässig und mitunter recht quälend, involviert. Diese für jeden chronischen Schmerzpatienten und dessen Behandler höchst subjektiv erlebte und in spezifischer Weise verhandelte Realität der zwischenmenschlichen Begegnung und Beziehung würde dann im Zentrum des diagnostischen und therapeutischen Interesses stehen müssen und nicht in erster Linie die zirkumskripte Störung. Das heißt, die Handlungsmotive und Zwecke dieser spezifischen, vom jeweiligen chronischen Schmerzpatienten bewusst, vorbewusst und unbewusst organisierte Form der Strukturierung zwischenmenschlicher Beziehung, deren subjektive und intersubjektive Dynamik, umfassender gesagt, deren »relationale Struktur« bzw. »Gestalt« (vgl. Haesler 1995c) hätte dann im Mittelpunkt des Interesses und naturgemäß auch des ärztlich-therapeutischen Gespräches mit diesen kranken Menschen zu stehen. Dann wären wir aber bei einem völlig anderen Gegenstand des Betrachtens und Erkennens und auf einer völlig anderen Erkenntnisebene gelandet, als der des objektivierenden medizinisch-diagnostischen Erfassens und Beseitigens einer »Störung«.

Die Relevanz der psychoanalytischen Methode zur Erschließung der subjektiven Dimension des Leidens

Diese Dimension der Subjektivität (und die der Intersubjektivität) lässt sich ja überhaupt nicht objektivieren, sondern nur mithilfe zwischenmenschlicher Verständigung, das heißt im Gespräch, deutend erschließen. Hierzu bedarf es der konsequenten Anwendung einer Methode, die ihrem Gegenstand auch wirklich angemessen ist. Und es ist zweifelsohne die von Freud entwickelte psychoanalytische Methode des »deutenden Diskurses«, die gemeinsam mit dem Patienten den *subjektiven Sinn* seines schmerzhaften Erlebens und seines Verhandelns dieses schmerzhaften Erlebens mit dem Anderen erschließen kann. Von daher scheint mir die Forderung dringlich, in der allgemeinen Medizin wie auch in der psychotherapeutischen Medizin und ganz besonders, wie ich meine, auch in der Psychoanalyse, unser Methodenverständnis immer von Neuem kritisch zu bedenken und zu klären, und von daher immer wieder unsere gängige Praxis des Umgangs mit dem leidenden Menschen methodisch gründlich zu durchleuchten –

eines Umgangs, in den sich inzwischen, oft genug aus schlichten ökonomischen Gründen der Krankenkassenspychotherapie, schon eine gewisse Tendenz zur Medizinalisierung des psychoanalytischen Denkens eingeschlichen hat, am Ende zum Schaden des i.e.S. psychoanalytischen Denkens und der in der Praxis geübten psychoanalytischen Methode und dessen überragender Effektivität gerade bei chronischen und schweren »Störungen« (vgl. Haesler 1989, 1995b, 1995d). Und dies hat nicht zuletzt auch eminente ökonomische Konsequenzen für die Versichertengemeinschaft, im Hinblick auf die angemessene medizinische Versorgung solcher Patientengruppen insgesamt!

Von dieser psychoanalytischen Methode und ihren vielfältigen Anwendungsformen aus, nicht zuletzt auch mit Blick auf die Strukturierung eines konstruktiven ärztlichen Gesprächs mit dem kranken Menschen auf einer Ebene von Gleich zu Gleich, behaupte ich nun, dass diese psychoanalytische Methode für die ärztlich-therapeutische Verständigung mit dem kranken Menschen die fruchtbarsten Möglichkeiten zur Verfügung stellen kann, um diesem innerhalb des ärztlich-therapeutischen Gespräches hinreichende Perspektiven und den Raum zu eröffnen, sich in der singulären Subjektivität seines Erlebens während der intersubjektiven Begegnung mit dem Anderen, dem Arzt, konstruktiv zu entfalten und mitzuteilen. Diese psychoanalytische Methode und das diese begründende Denken wie auch die daraus hervorgehende Praxis ist, wie ich hier gewisslich nicht zum ersten und zum letzten Mal behaupte, eine kategorial andere als jene der traditionellen Medizin und aller von diesem medizinischen Denken her bestimmten methodischen Ansätze, etwa auch der allgemeinen ärztlichen Psychotherapie. Das heißt, die *Logik der Psychoanalyse* als einer autonomen wissenschaftlichen Disziplin *sui generis* ist, ganz in dem Sinne, wie es der »Jahrhundert-Biologe« Ernst Mayr für die Biologie als eine autonome wissenschaftliche Disziplin eingefordert hat (vgl. Mayr 2004), eine kategorial andere als jene *Logik der allgemeinen ärztlichen Psychotherapie* (vgl. dazu Fischer 2008), und das Einmalige dieser methodischen Perspektive und Praxis wird verloren gehen, wenn diese mit Prinzipien der Methodik klassischer medizinischer Diagnostik und Therapeutik durchtränkt und/oder am Ende aus bloß ökonomischen Gründen eklektizistisch zu vermischen gesucht wird (vgl. Haesler 1989, 1994a, Kap. 11 und 1995b).

Die aus der psychoanalytischen Methode abgeleitete Methode des Zugangs zum ärztlichen Gespräch mit dem kranken Menschen, wie diese von Sigmund Freud entwickelt und in dessen Tradition nicht zuletzt auch von Viktor von Weizsäcker und vielen anderen nach ihm fortentwickelt worden ist – ich spreche von *Methode* und nicht von *Technik* im Sinne von Anwendungstechniken der Methode –, hat nicht primär zum Ziel, den kranken Menschen bloß objektivierend zu betrachten und dann mit dem Ziel einer Beseitigung von Störung zu *behandeln,* etwa im Sinne einer Struktur des »Subjekt denkt, behandelt und verändert den Zustand des Objekts«. Sie richtet sich vielmehr innerhalb der unmittelbaren Begegnung an das Subjekt selbst, an die Dimension der Subjektivität des Anderen und daran, wie diese sich im Hier und Jetzt der Begegnung mit einem anderen Subjekt, dem Arzt, im Sinne intersubjektiver Strukturen in wechselseitiger Subjekt-Objekt-Relation entfaltet. Ihrer immanenten Logik folgend, hat sie in erster Linie die Verständigung über diese Subjektivität und die intersubjektiven Bedingungen dieser Begegnung zum Ziel – eine Verständigung, in der nicht die objektive diagnostische Beurteilung und Zuordnung des »Einzelfalls« im Sinne der klassischen medizinischen Diagnostik im Mittelpunkt steht, sondern die Erkundung von *Bedeutung*, des noch nicht so Gedachten und Gewussten, die Verständigungsarbeit mit dem Ziel der Konsens-Suche und Konsens-Findung. Letzteres bezeichnen wir ja gemeinhin als *Verstehen.*

Bedingungen des Verstehens der Einmaligkeit der Begegnung mit dem Subjekt – Das Prinzip Herrschaftsfreiheit als zentrale Referenz der Verständigung

Um ein solches gemeinsames Verstehen möglich werden zu lassen, bedarf es allerdings einer sehr spezifischen Referenz, von der her eine solche Verständigung über das subjektive Erleben, Fühlen und Fantasieren des leidenden Subjekts innerhalb dieser Begegnung gleichsam von einer dritten Position der *Bewusstheit vom gemeinsamen Bedenken und sich Verständigen* her bedacht und kritisch auf das Ziel eines freien und offenen Diskurses von Gleich zu Gleich reflektiert werden kann. Und es ist, denke ich, klar, worauf allein sich eine solche Referenz zwischen zwei gleichwertigen sich verständigenden Subjekten beziehen kann: die *Freiheit* der beiden Beteiligten als, wie es Kant formuliert hat, gleichermaßen vernunftbegabte Wesen, die jegliches Herrschaftsverhältnis, auch das noch so gut und fürsorglich gemeinte, etwa das des Arztes oder des Psychotherapeuten als »Gesundmacher« mit therapeutischer Intention, ausschließt; eine Referenz gleichsam außerhalb, die überhaupt erst erlaubt, jegliches sich aus bewussten, vorbewussten und unbewussten Intentionen und Gründen unweigerlich einstellendes Herrschaftsverhältnis, jede »Unmündigkeit« zwischen beiden, wie Kant (1783) uns diese beschrieben hat, auf deren Sinn und deren subjektive und intersubjektive Bedeutung hin kritisch reflektieren zu können. Ohne diese Referenzposition außerhalb könnten wir die Tatsache, dass wir »nicht Herr im eigenen Hause sind«, in der Tat weder überhaupt wahrnehmen, noch reflektieren und auf diese Weise der leise sprechenden »Stimme des Intellekts« (Freud 1927c, S. 377), der Stimme der Vernunft, allmählich Geltung verschaffen!

Es ist diese grundlegende Referenz der Freiheit und Unabhängigkeit der Subjekte, die die nicht selten selbst von Psychoanalytikern aus einem Missverständnis der Freud'schen Grundpositionen heraus attackierte *Tendenzlosigkeit der Psychoanalyse* begründet. Von dem Verständnis einer solchen Tendenzlosigkeit her, wie es Freud verstanden hat, ist es ja nicht primär das Ziel, »die krankhaften Reaktionen [...] unmöglich zu machen«, das heißt, den Patienten in einer Art benignem Herrschaftsverhältnis therapeutisch zu beeinflussen, sondern vielmehr das Ziel, »dem Ich des Kranken die *Freiheit*« zu verschaffen, »sich so oder anders zu entscheiden« (Freud 1923b, S. 28). Diese Tendenz der Freiheit, die die sogenannte Tendenzlosigkeit der Psychoanalyse und letztlich die Freiheit eines jeden vernunftgeleiteten Gesprächs zwischen Menschen begründet, ist implizit in der psychoanalytischen Methode enthalten und muss nicht erst explizit benannt werden. Das heißt, die Freiheit, oder noch besser gesagt, die Freiheit zur Wahrheit ist die »Tendenz« der tendenzlosen psychoanalytischen Methode, und sie bestimmt vom Begriff der Freiheit (der Subjekte) her letztlich die Begründung der ein- und mitfühlenden, die Autonomie des Anderen respektierenden menschlichen Haltung im Bemühen um den Zugang zur Verständigung mit dem Verständnishilfe suchenden Anderen. Von daher schließt eine solche Haltung Suggestion, Überredung wie auch ein Überredenwollen des leidenden Subjekts zur Besserung und zum Besseren mithilfe von unter Umständen ausgeklügelten, angeblich kostensparenden und »Behandlungsverkürzung« versprechenden Techniken um der Wahrheit willen aus. Viktor von Weizsäcker hat für die ärztliche Haltung und für das ärztliche Gespräch nichts anderes gesagt, wenn er von dem den Kranken tröstenden, ermutigenden und in dessen Erwartungen bestärkenden Arzt, dass ein gegebenes Mittel schon helfen werde, als einem »Gesundmacher« spricht, »der glaubt, dem Kranken manche fromme Lüge schuldig zu sein«, und der diese fromme Lüge mit dem Wort »Suggestion« verherrliche und den Patienten auf diese Weise im Sinne eines »Verdummungsbundes« in eine Art von »Verdummung zu zweien« führe (von Weizsäcker 2008, S. 249ff.). Die Wahrheit kann schwer oder überhaupt nicht erträglich sein, und es ist um der Wahrheit willen die Aufgabe eines ärztlichen Gespräches, dem Hilfe suchenden leidenden Subjekt zur Wahrheit zu verhelfen und diese Wahrheit annehmen und aushalten zu lernen, handele es sich nun um die Tatsache, dass bei gegebenen funktionellen Beschwerden alle ärztliche Kunst der Diagnostik einen krankhaften körperlichen Befund nicht hat auffinden können, sodass eine körperlich begründbare Therapiemöglichkeit nicht gegeben sei, (»Naturmedizin. Wo sie hilft, wenn Ärzte nichts finden«, las ich dagegen vor Kurzem auf der »Hohlspiegel«-Seite des Magazins *Der Spiegel*, 13/2009), oder aber um eine schicksalhafte Erkrankung mit aus ärztlicher Erfahrung zu vermutendem sicheren tödlichen Ausgang.

In Anbetracht der Grundposition der Freiheit und Unabhängigkeit der Subjekte und der daraus erwachsenden Begründungen für die ärztliche Haltung und das ärztliche Handeln kann das ärztliche Gespräch mit dem kranken Menschen sich letztlich vordringlich nur an dem Bemühen um die Anerkennung der Wirklichkeit des Gegebenen orientieren, im

Rahmen einer von Mitgefühl und Solidarität getragenen, vom Prinzip bzw. der Referenz der *Herrschaftsfreiheit* bestimmten menschlichen Verständigung, die, ganz im Sinne Kants und in dessen Folge auch im Sinne Freuds, Ziel und Zweck allen vernünftigen menschlichen Handelns ist, oder, um einen Begriff der Moralphilosophie zu gebrauchen, die Grundbedingung »vernünftigen Lebens«. Im Falle einer das eigenständige Handeln beeinträchtigenden oder mehr oder weniger stark einschränkenden chronischen Krankheit bedeutet dies, die verbliebenen Möglichkeiten autonomen Handelns und Entscheidens gemeinsam zu überdenken und auszuloten, und dem erkrankten Menschen dazu zu verhelfen, diese Möglichkeiten für sich auch wahrzunehmen und auf diese Weise Alternativen des Handelns sowie Freiheitsgrade und Freiheit für sich zurückzugewinnen. Dies habe ich bei einem Patienten mit einer recht langsam aber kontinuierlich und auch schubweise progredienten Multiplen Sklerose erfahren können. Der Krankheitsverlauf hatte diesen Mann im Alter von Anfang 40 in eine alle ihm verbleibenden Möglichkeiten wegwerfende resignative Haltung und letztlich in den Rollstuhl getrieben hat. Mithilfe des psychoanalytisch-ärztlichen Gespräches konnte er allmählich seine Resignation erkennen und kritisch reflektieren, und schließlich mithilfe seines Krückstockes und dann mit anderen Gehhilfen seine resignativen Haltungen, konkret gesagt, den Rollstuhl wieder verlassen und sich seiner ihm verbliebenen Eigenständigkeit und Unabhängigkeit noch über einen beträchtlichen Zeitraum erfreuen. In einem etwa vergleichbaren Sinne hat dies Viktor von Weizsäcker mit einem an seine Studenten gerichteten Diktum formuliert: »Bisher war die Einstellung zum Krankhaften: ›Weg damit‹. Ich aber sage: Eure Einstellung zum Krankhaften soll sein: ›Ja, aber nicht so‹« (von Weizsäcker 1951, S. 9). So kann aus einem Leiden machenden *Nur so und nicht anders* ein *So und auch anders* werden, ein Prozess, der dem Ich des kranken Menschen die Freiheit verschaffen kann, »so oder anders zu entscheiden« (Freud 1923b, S. 280). Es ist dieser Erkenntnisprozess der Freiheit zur Wahrheit, der nach psychoanalytischer Erfahrung intrapsychischen, psychische und psychosomatische Leidenssymptome auslösenden Druck mindert, dadurch die Leidenssymptome aufzuheben und einen wie auch immer möglichen und oft ja auch nur begrenzten

Ausgang aus nicht selten selbst gewählter Unmündigkeit zu ermöglichen vermag. Diese Perspektive hat selbst für jene kranken Menschen Geltung, deren Freiheitsgrade durch ein chronisches oder, bei einer unheilbaren Krebserkrankung, deren tödliches Leiden schon so weit fortgeschritten ist, dass die Freiheit eigenständiger Entfaltungsmöglichkeiten schon fast aufgehoben ist. Und ich verwende hier bewusst das Wort *fast*, mich an das erinnernd, was mir vor Kurzem eine Patientin von ihrem an Lungenkrebs sterbenden Vater erzählt hat: Der Vater, der wenige Tage später verstarb, hatte sich von sich aus noch einmal dazu aufgerafft, sich nicht vom Pflegepersonal rasieren zu lassen, sondern dies selbst für sich zu tun, und meine Patientin hatte am Gesichtsausdruck ihres Vaters dessen Stolz und Glück über das für sich Geleistete ablesen können, dass er diesen Akt autonomen Handelns für sich noch vollziehen konnte und vollzogen hatte.

Die binokuläre Sicht auf den kranken Menschen

Im ärztlichen Gespräch mit dem kranken Menschen wird sich diese dem Prinzip der Herrschaftsfreiheit in dem hier diskutierten Sinne folgenden Verständigung folglich zugleich an zwei Perspektiven zu orientieren und diese im Auge behalten zu haben: zum einen *die Realität dessen, was ist.* Das bedeutet, die Beeinträchtigungen einzugrenzen, die das Kranksein mit sich bringt, wie auch auf dessen körperlich begründete materielle Grundlagen und die von dieser Wirklichkeit her gegebenen Möglichkeiten, diese therapeutisch zu beseitigen, zu bessern; schließlich aber auch, wenn es der körperliche Krankheitsprozess so aufnötigt, die Wirklichkeit von dessen Nichtbeeinflussbarkeit zu erkennen, zu vermitteln und anzuerkennen. Auf der anderen Seite steht zugleich die Perspektive nicht der materiellen körperlichen Wirklichkeit, sondern der *Bedeutung dieser Wirklichkeit* (»Das, was geschehen ist, kränkt mich nicht so tief, allein das kränkt mich, was es mir bedeutet«, lässt Goethe den Tasso sagen (Goethe, *Tasso*, 2279f.). Zwischen der konkreten Wirklichkeit des Krankseins und deren subjektiver Bedeutung klafft ja nicht selten eine große Lücke, deren Überbrücken im Mittelpunkt des ärztlichen Gespräches stehen muss. Von daher ist eine Art *binokuläre Sicht* auf den kranken Menschen gefordert, ohne die der den Patienten als kranken Menschen sehende Arzt oder der in einem ärztlichen Sinne handelnde Psychotherapeut leicht entweder zum bloßen *Somatiker* oder zum bloßen *Psychiker* wird, der eine ganzheitliche Betrachtung des kranken Menschen in der ganzen subjektiv erlebten Wirklichkeit seines körperlichen und seelischen Krankseins und damit auch die ethischen Forderungen seiner Heilkunst verfehlt. Ich will diese Art der binokulären Sicht an einem kleinen Fallbeispiel erläutern:

Vor einiger Zeit kam eine Frau im Alter von 52 Jahren zu mir, die vor Kurzem wegen eines toxischen Adenoms der Schilddrüse mit erheblicher toxischer Hyperthyreose operiert worden war. Nach der Operation habe sie sich irgendwie nicht wieder aufraffen können. Sie fühle sich erschöpft und schlaff, mut- und initiativlos, ihr ganzer Körper sei »durcheinander«, sie finde keine innere Ruhe mehr, könne nicht mehr schlafen und denke daran, »dass das Leben für mich ohnehin zu Ende ist …« Die sichtlich depressive Patientin berichtete, dass ihre Hausärztin »meine Thyroxinwerte« nicht in den Griff bekäme, dass sie mal zu viel Thyroxin erhalte, mit dann entsprechenden hyperthyreotischen Folgen »wie vor der Operation«, mal zu wenig Thyroxin bekäme und dann ganz einem Gefühl der völligen Apathie verfalle. Es handelte sich hier offensichtlich um eine thyreoprive Situation nach Entfernung des toxischen Adenoms, bei der offensichtlich, wie häufig der Fall, mehr Schilddrüsengewebe entfernt werden musste, als dies einer normalen Funktion der Restschilddrüse zuträglich war.

Die zu mir geschickte, nicht von sich aus gekommene Patientin suchte anfänglich im Gespräch alle ihre jetzigen Beschwerden »meiner gestörten Schilddrüse« zuzuschreiben und jeden Versuch eines Gespräches über die Bedeutung ihres Erkrankens und ihrer daraus folgenden postoperativen Schwierigkeiten abzuwehren. So erkundete ich zunächst gemeinsam mit ihr ihre konkrete körperliche Situation. Dabei wurde zunehmend deutlich, dass die Versorgung des körperlichen Schilddrüsenbefundes aus verschiedenen Gründen nicht ganz angemessen war und zur Folge hatte, dass sie allein schon aus den Gegebenheiten ihrer ungenügend betreuten körperlichen Situation in Verzweiflung zu geraten mochte. Je länger wir über die aktuelle Situation ihrer körperlichen Erkrankung sprachen und auszuloten suchten, wie diese in ihre aktuelle Lebenssituation belastend eingreife, enthüllte das Gespräch aber zugleich neben dieser körperlichen Seite auch die ausgeprägte resignative Haltung, der sie in ihrer so wenig beherrschbaren körperlichen Situation verfallen war, und von der her die wirksamere Klärung ihrer körperlichen Situation und dementsprechend auch angemessene Hilfestellungen erschwert wurden. Dies alles betraf zunächst die *körperliche Perspektive*. In diesem Kontext der anfänglichen Bemerkung der Patientin folgend, »dass das Leben für mich ohnehin zu Ende ist …«, gelang es dann aber auch allmählich, die andere Perspektive, die *Perspektive der Bedeutung der körperlichen Erkrankung*, sukzessive zu erschließen, was neben jener der körperlichen Erkrankung auch noch eine ganz andere Geschichte enthüllte, durch die offenkundig wurde, dass das Leiden dieser Frau auf keinen Fall allein vom Thyroxinspiegel her zu beherrschen sei. Vielmehr war die schicksalhaft in das Leben der Patientin eingebrochene Schilddrüsenerkrankung in den Sog eines Grundgefühls der Patientin in ihrem aktuellen Alter und ihrer aktuellen Lebenssituation geraten – ein Grundgefühl, das von Einschränkung und Verlust, von Verlust an Lebenssinn und an Lebensperspektive gekennzeichnet war, ein Grundgefühl, in das sich das subjektive Gefühl eines durch ihre körperliche Krankheit geförderten körperlichen Verfallens nahtlos einfügte: Als unerwünschtes Kind war sie in ihrer Kindheit kaum abänderlichen Verhältnissen der Versagung, der Beschränkung, des Zuwendungsmangels und des Ausgeschlossenseins ausgesetzt. In ihrem späteren Leben hatte sie in ihrer Ehe und ihrer Funktion als Mutter ihrer Kinder gänzlich Erfüllung für sich gefunden, was sie auch dazu befähigt hatte, neben ihrer Funktion als Mutter ihrer Kinder aus eigenständigem Antrieb eine Ausbildung zu absolvieren und beruflich eigenständig tätig zu werden. Nun waren aber die Kinder erwachsen geworden. Einer nach dem anderen verließ das Elternhaus, und gerade jetzt, kurz bevor das toxische Adenom der Schilddrüse sich bemerkbar gemacht hatte, nicht lange nach ihrem endgültigen Eintreten in die Menopause, hatte der letzte Sohn beschlossen, aus dem Hause auszuziehen – ein einschneidendes, bedeutsames, alles verdichtendes Ereignis im Sinne einer so erlebten Erfahrung des Verlustes, des Verlustes alles dessen, was sie in ihrem bisherigen Leben gehalten und stabilisiert hatte. Ihr toxisches Adenom und dessen klinische Folgen, das subjektive Gefühl von körperlicher Krankheit und der scheinbaren Unbeherrschbarkeit dieser Krankheit sowie das daraus erwachsende Gefühl körperlichen Verfalls schienen sich für sie anzubieten, die in der jetzigen Situation aktualisierten, für sie höchst bedeutsamen Verlusterfahrungen im Kontext der grundlegenden Veränderungen ihres Lebens aufzunehmen und verdichtet zu repräsentieren, und auf diese Weise ihr seelisches Leiden mithilfe ihres körperlichen Leidens zu rationalisieren.

Die binokuläre Sicht und die Reflexion auf diese Sachverhalte hin erlaubte es der Patientin schließlich, zum einen aus eigener Initiative und im Konsens mit ihrer Hausärztin eine bessere Versorgung der Residuen ihrer Schilddrüsenkrankheit zu organisieren, und zum anderen aus der Perspektive der Bedeutung ihres körperlichen Krankseins zu einer fruchtbaren analytisch-psychotherapeutischen Klärung ihrer für sie so bedrückenden Lebenssituation zu finden, sodass es schließlich nicht nur zu einer Stabilisierung ihrer Thyroxinwerte kommen konnte, sondern auch zu einer grundsätzlicheren Klärung ihre aktuellen Lebenssituation, in deren Gefolge sie neue lebendige Perspektiven auf »mein Leben nach den Kindern« zu finden und neue Alternativen und Freiheitsgrade im Sinne eines *So und auch noch anders* für sich zu gewinnen vermochte.

Solche Überlegungen zur binokulären Sicht im ärztlichen Gespräch gewinnen nicht zuletzt auch dann eine besondere Relevanz, wenn sich der eher auf die Dimension des Somatischen oder eher bloß am Psychischen orientierte Arzt allzu schnell auf die Annahme einer »bloß psychogenen« Beschwerdenverursachung festlegt.

So sah ich vor Jahren in einer pschosomatischen Ambulanz einen Patienten mit diffusen Magenbeschwerden, von denen der konsultierte Gastroenterologe meinte, dass es sich um bloß funktionelle Magenbeschwerden handeln müsse, weshalb er den Patienten zur Konsultation an mich überwiesen hatte. Im Gespräch schienen mir die Beschwerden des Patienten von der Art zu sein, und sie wurden von dem Patient auch so beschrieben, wie dies Theodor Storm in einem autobiografischen Gedicht mit dem Titel *Beginn des Endes* formuliert hat:

Ein Punkt nur ist es, kaum ein Schmerz,
Nur ein Gefühl, empfunden eben;
Und dennoch spricht es stets darein,
Und dennoch stört es Dich zu leben.

Wenn Du es andern klagen willst,
So kannst du's nicht in Worte fassen.
Du sagst dir selber: »Es ist nichts!«
Und dennoch will es Dich nicht lassen

So seltsam fremd wird Dir die Welt,
Und leis verläßt dich alles Hoffen,
Bis du es endlich, endlich weißt,
Daß dich des Todes Pfeil getroffen.

Irgendwie wurde ich in dem Gespräch mit diesem Patienten, der recht offen und kritisch über sich, seine Lebensentwicklung und seine aktuelle Lebenssituation sprach, aber seine Beschwerden nicht wirklich zu artikulieren vermochte, an dieses Gedicht erinnert. Er suchte für das nicht Fassbare seiner Beschwerden, die ich im Gespräch plötzlich selbst körperlich nachzuempfinden vermochte, Worte zu finden und dies mit mir auch gemeinsam zu reflektieren, ohne dass ihm dieses Bemühen gelingen wollte. In einem Gefühl, weder die körperliche Seite noch die Beunruhigung des Patienten, dessen Vater an Magenkrebs verstorben war, hinreichend gefühlsmäßig nacherleben und gemeinsam mit dem Patienten begründen zu können, empfahl ich dem Kollegen, lieber doch noch einmal gastroenterologisch genauer hinzusehen, was schließlich zum Befund eines noch operablen Magenkarzinoms führte.

Ein solches Gespräch mit dem kranken Menschen ist ebenso wie der psychoanalytische Diskurs nicht in einer objektivierenden Weise verallgemeinerbar und in verallgemeinerbaren Regeln des Vorgehens zu fassen, wie man dies seit einigen Jahren mithilfe von nach entsprechenden diagnostischen Kriterien über das »Material« der aktuellen Begegnungsdiskurse gelegter Achsen höchst differenziert zu erarbeiten sucht, um dann in einem weiteren Schritt mithilfe von aus solchem Ansatz abgeleiteter Manuale verallgemeinerbare Gesprächs- und Interventionsregeln zu entwickeln, die man dann in entsprechenden Trainingslagern bis in konkrete Interventionsformulierungen hinein einzuüben habe, mit dem Ziel, im Sinne einer Objektivierung des Subjektiven das, was zwischen dem Arzt und dem kranken Menschen geschieht, »empirisch-wissenschaftlich« vergleichen und von daher effizienter, behandlungsverkürzend und kostensparender gestalten zu können.

Im Zuge einer solchen Praxis wird dann aber eine solche ärztliche Heilkunst zu einer empirisch kontrollierten Anwendungstechnik dieser Heilkunst, die dann allerdings zwangsläufig aufhört, noch Heil*kunst* im eigentlichen Sinne zu sein, und darüber hinaus mehr und mehr in den Dienst ökonomischer Interessen und Ziele gerät. Hier besteht eine unauflösbare Kontroverse, bei der die ärztliche Kunst als einer *Heilkunst* und ihre Kultur des ärztlichen Gespräches mit dem kranken Menschen, die ohnehin immer im Spannungsfeld mit der anderen Seite des ärztlichen Tuns, jener der *Erwerbskunst,* steht, im Zuge wachsender Ökonomisierung zugunsten der Erwerbskunst zurückgedrängt zu werden droht.

Die Verständigung mit dem kranken Menschen im Spannungsfeld von Heilkunst und Erwerbskunst

Der Begriff Erwerbskunst nimmt Bezug auf die ökonomischen Bedingungen des ärztlichen Tuns und deren Gestaltung. Dies wirft naturgemäß die Frage nach der Art der lebenspraktischen Begründungen und des Zwecks einer solchen Gestaltung des ärztlichen Tuns, die Frage nach dem »wie«, »woher«, »woraufhin« und »wozu« (Freud 1916/17, S. 294), nach der »Kausalität der Zwecke« (Aristoteles) einer solchen Gestaltung auf. Selbstverständlich lassen sich die grundlegenden ökonomischen Bedingungen, die im Sinne des Realitätsprinzips Freuds das ärztlich-therapeutische Handeln als eine von dessen Voraussetzungen mitbegründen, nicht einfach durch eine die Dimension der Ökonomie ausblendende idealistische Konstruktion verleugnen. Es stellt sich in diesem Kontext allerdings die Frage nach deren Angemessenheit. Um in dieser Frage differenzieren zu können, haben wir zwei relevante Perspektiven voneinander zu unterscheiden: die Perspektive der unmittelbaren Praxis des Arztes in seiner Tätigkeit als Arzt sowie, vom Ökonomischen her gesehen, die Perspektive auf die unmittelbaren *betriebswirtschaftlich ökonomischen Bedingungen* der Tätigkeit des jeweiligen Arztes in seinem freiberuflichen praktischen Tun – eine eher mit den Mitteln der Betriebswirtschaftslehre zu ergründende Betrachtung etwa seiner Einkünfte, seiner Kosten, der Rentabilität seiner freiberuflichen Tätigkeit als Arzt etc. Selbstverständlich arbeitet der Arzt nicht in einem luftleeren Raum. Wenn er die Gesetze betriebswirtschaftlicher Ökonomie in der Einrichtung seiner Praxis und der Ausübung seiner Tätigkeit nicht hinreichend würdigt, dann wird die Insolvenz seiner Praxis und seines ärztlichen Tuns unvermeidlich sein. Insofern kann er seine Heilkunst nur unter entsprechender Würdigung auch der Erwerbskunst angemessen ausüben. Das war zu allen Zeiten so, und es ist heute in ganz besonderer Weise so, wo die Budgetierung der Arztkosten insgesamt, die Honorardeckelung, der Punktwerteverfall, die Arzneimittelbudgetierung und drohende Regressforderungen, wie auch andere ökonomisch reglementierende und einschränkende Maßnahmen die freie Ausübung des ärztlichen Berufs mehr und mehr einengen. Und dies nötigt den Arzt oft genug dazu, zugunsten der unausweichlichen allgemeinen ökonomischen Gegebenheiten und der konkreten betriebswirtschaftlichen Notwendigkeiten seine ärztliche Tätigkeit diesen Notwendigkeiten unterzuordnen oder gar sie einzuschränken. So vernahm ich vor Kurzem, wie ein ärztlicher Schmerztherapeut auf einem Kongress für Schmerztherapie darüber klagte, dass er es der Budgetierung und deren Folgen wegen nicht mehr schaffe, zu einer angemessenen Umsetzung der aus dem psychosozialen Modell chronischer Schmerzverursachung hervorgegangenen Erkenntnisse und Konzepte der Schmerzbehandlung zu gelangen, denn auch der neue EBM beschere einem schon wieder Regress: »Ich stehe unter Druck, will dem Patienten angemessen helfen, aber die Rahmenbedingungen erlauben mir nicht, mit gutem Gewissen da ranzugehen! Für die Entwicklung der Palliativmedizin gibt es gar kein

Geld ...« Das bedeutet aber, dass aufgrund der restriktiven, administrativ überregulierten und kontrollierten ökonomischen Bedingungen der ärztlichen Tätigkeit nicht mehr der kranke Mensch, sondern die Ökonomie in den Mittelpunkt des ärztlichen Tuns rückt. Ärztliches Tun gerät somit in den Dienst der Ökonomie!

Schon in den 70er Jahren des zurückliegenden Jahrhunderts konnte man von ärztlichen Stammtischgesprächen hören, in denen abgesprochen wurde, wie sich am besten eine umsatzintensive, für den Arzt einträgliche, aufwendige Diagnostik realisieren lasse, etwa im Sinn der von Dermatologen aufgeworfenen Frage: »Wie laste ich einen Tripper aus«. Seinerzeit kamen auch spezielle Computerprogramme auf den Markt, die den Arzt gegen Ende des Quartals daran zu erinnern hatten, dass er im Vergleich mit dem Arztgruppendurchschnitt noch eine gewisse Zahl von EKG-Untersuchungen offen habe, sodass er dann oft genug an beliebigen Patienten solche EKG-Untersuchungen zusätzlich durchführte, um auf diese Weise, seinen Umsatz fördernd, den Arztgruppendurchschnitt zu erreichen. Auch jener Nervenarzt, der in seinem ersten Arztbericht über eine Patientin mit Spannungskopfschmerzen bei unauffälligem neurologischen Befund berichtete und darauf hinwies, dass die Patientin sich in einem schweren Ehekonflikt befinde, dürfte weniger aus wissenschaftlich begründetem Interesse gehandelt haben, wenn er in seinem Bericht dann weiter mitteilte, »dass ich vorsorglich ein EEG abgeleitet habe, das einen normalen Alpha-Rhythmus zeigte«. Diese Annahme vom Vorrang ökonomischer Interessen gegenüber ärztlich-wissenschaftlichen bestätigte sich mir um so mehr, als er in seinem kaum sechs Monate nach dem ersten Untersuchungstermin verfassten Bericht über eine weitere Untersuchung der Patientin feststellte: »Die Spannungskopfschmerzen bestehen ungebessert fort. Der Ehekonflikt ist weiterhin ungelöst. Im EEG weiterhin Alpha-Rhythmus.«

Die Bedingungen für eine solche Bereitstellung ausreichender und ausreichend verfügbarer ärztlicher Tätigkeit im Rahmen der ethischen Grundbedingungen ärztlich-medizinischer Praxis sind aber im politischen Raum zu bestimmen und festzulegen. Dies ist allerdings nicht eine Frage der Betriebswirtschaft, sondern eine der Volkswirtschaft, wobei man nicht selten den Eindruck gewinnen muss, dass die aktuellen Überlegungen zu einer immer stärker sich radikalisierenden Ökonomisierung der Gesundheitsplanung zum »Gesundheitsmarkt« eher nach Regeln betriebswirtschaftlicher Kosten-Nutzen-Rechnungen, des Gewinnkalküls und des freien Marktes erfolge, als aus übergeordneten volkswirtschaftlichen Überlegungen zu einem »vernünftigen« Umgang mit den vorhandenen Ressourcen und einer »vernünftigen« Regelung der allgemeinen Gesundheitsplanung, die der spezifischen Natur des ärztlichen Umgangs mit dem kranken Menschen und dessen grundlegenden ethischen Bedingungen hinreichend und angemessen Rechnung trägt.

Im Rahmen der immer konsequenter umgesetzten Ökonomisierung der gegenwärtigen Medizin bzw. der Transformation unseres Systems der Krankenversorgung zum Gesundheitsmarkt wird die ärztliche Behandlung und Betreuung des kranken Menschen mehr und mehr zu einer »Ware Gesundheit«, die von konkurrierenden Anbietern am Markt nach marktwirtschaftlichen Regeln anzubieten und von den jeweiligen Verbrauchern auszuwählen und einzukaufen ist. Der leidende Mensch wird auf diese Weise als ein *Homo oeconomicus* gedacht, der als ein normaler Marktteilnehmer nach dem besten Angebot für das, was er braucht, zu suchen, das »preiswerteste Angebot« frei auszuwählen und die kostengünstigste Form der therapeutischen Umsetzung dieses preiswerten Angebotes für sich zu akzeptieren vermag. Der billigste Patient mit den geringsten Krankheitsrisiken und der geringsten Kostenverursachung wird so zum besten, und der chronisch kranke, entsprechend kostenintensivste zum ökonomisch gesehen unerwünschtesten, und dann auch zum am wenigsten geltenden Patienten!

Unabhängig davon, dass die idealische Konstruktion des *Homo oeconomicus* in den neueren und neusten, zum Teil mit Nobelpreisen bedachten ökonomischen Theorien scharf attackiert wird, weil es einen solchen nach rationalen ökonomischen Kriterien am Markt urteilenden und handelnden Menschen überhaupt nicht gibt, sondern am Markt eher irrationale Entscheidungen der Marktteilnehmer und von daher eher Regeln und Gesetzte der Spieltheorie bestimmen, ist die Vorstellung vom kranken Menschen als eines frei am Markt agierenden *Homo oeconomicus* höchst absurd. Denn wenn die Irrationalität von Entscheidungen schon das Handeln des durchschnittlichen Marktteilnehmers bestimmt, wie dann erst das Handeln eines kranken Menschen, der in seiner Not in erster Linie Hilfe, Verständnis und vor allem Anlehnung und Vertrauen braucht. Indem aber im Gefolge eines massiven ökonomischen Reduktionismus die ökonomischen Bedingungen der reinen Lehre von Kapital, Markt und Konkurrenz von der Gesellschaft Besitz ergreifen, einer Lehre, die allein schon aufgrund der vielartigen Subventionen in fast allen Marktbereichen der Gesellschaft überhaupt nicht funktionieren kann – Christian Geyer stellte in diesem Kontext in einem kritischen Artikel in der *Frankfurter Allgemeine Zeitung* (8. April 2009, S. 29) fest, dass es bis heute eine der am »lautesten beschwiegenen« Tatsachen sei, »dass die Kluft zwischen wissenschaftlicher Selbstbeschreibung und praktischem Vollzug nirgends so groß ist, wie im ökonomischen System« –, wird dieses absolut reduktionistische ökonomische Prinzip vom freien Gesundheitsmarkt zur Norm des menschlichen Zusammenlebens überhaupt, was zunehmend zu einer Verschiebung oder gar zum Verlust ethischer Referenzen führen und eine grundlegenden Verschiebung des übergeordneten, die Ethik des staatlichen Handelns bestimmenden Menschenbildes zur Folge haben muss. Denn die Entwicklung in Richtung auf eine ungehemmte liberalistisch-ökonomische Gesellschaftsordnung muss im Zuge einer solchen radikalen Reduktion auf das bloß Ökonomische und ökonomisch Effiziente zwangsläufig und zunehmend die Schwächsten einer Gesellschaft mehr oder weniger ausgrenzen und damit auch deren angemessene, von Solidarität getragene Versorgung infrage stellen.

Radikaler ökonomischer Reduktionismus

Dies ist eine zwangsläufige Entwicklung, die allein aus der radikalen Reduktion bloß auf theoretische ökonomische Modelle und daraus abgeleiteten Prinzipien erwächst. Unangemessene Reduktionismen verstellen und zerstören aber, wie frühere Erfahrungen mit radikalen Reduktionismen in anderen Wissenschaftsbereichen auf erschütternde Weise gezeigt haben und leider auch heute wieder zeigen, den kritischen Blick auf die mit solchen Reduktionismen verbundenen Auswirkungen auf den Menschen und auf die menschliche Praxis. Hier sei nur an die absolute Reduktion auf biologistische Prinzipien im Gefolge von Darwin und Haeckel erinnert, die schließlich in ein Denken führte, das etwa zur Praxis der Ausgrenzung und Eliminierung erbkranken Nachwuchses aus der Gesellschaft und darüber hinaus auch noch zu weitaus katastrophischeren Ungeheuerlichkeiten geführt hat (vgl. Haesler 2003).

Eine vergleichbare radikale Reduktion droht auch in der wissenschaftlichen Debatte der letzten Jahrzehnte um die Genforschung und die Anwendung der Gentechnik am Menschen (vgl. Haesler 2006). Und die Hochkonjunktur, die derzeit die Neurowissenschaften genießen, für die die als renommiert geltenden Neurowissenschaftler wie Singer, Roth und auch Spitzer vor allem um der Forschungsgelder willen kräftig die Werbetrommel rühren, drohen auf dem Boden unzulässiger reduktionistischer Modelle das Menschenbild grundlegend zu verändern, auch wenn solche neurowissenschaftlichen Modellvorstellungen durch neueste Forschungsarbeiten grundsätzlich recht fragwürdig geworden sind (vgl. z.B. Logothetis 2008; Sirontin/Das 2009; Leopold 2009; Vul et al. 2009). Diese Forschungsarbeiten verweisen die stürmische Begeisterung über die neuesten neurowissenschaftlichen Befunderhebungen und vor allem die von diesen abgeleiteten radikal reduktionistischen Deutungen der erhobenen Befunde in das Reich der Spekulation. Viele der derzeit gängigen Schlussfolgerungen, wie etwa, dass »inzwischen auch die lokalisierbaren Hirnaktivitäten in den unterschiedlichsten psychischen Zuständen und Stadien mit Hilfe der modernen funktionellen bildgebenden Verfahren (PEP, MRT) direkt beobachtet werden können« und dass solche Befunde »bis in die differenziertesten Teilfunktionen des psychischen Erlebens […] immer genauere […] empirische […] Beschreibungen und theoretische […] Konzeptualisierungen des psychischen Apparates« erlaubten (vgl. van Gisteren 2008), gehören somit, nicht zuletzt auch aufgrund der kategorialen Grenzüberschreitungen, die solcher Art von Befunddeutungen zugrunde liegen (vgl. die brilliante Kritik neuropsychoanalytischer Positionen von Blass/Carmeli 2007), eher in den Bereich wunschbestimmter, spekulativer wissenschaftlicher

Fantasie. Behauptungen, »dass computerisierte Methoden nicht invasiver Neurobildgebung [...] hinreichend seien, um die Hirnfunktion und deren Störungen zu verstehen, sind nach meiner Meinung naiv und völlig inkorrekt«, bemerkte Nikolaus Logothetis resümierend in seinem kritischen Aufsatz zu dieser Frage in der Zeitschrift *Nature* (Logothetis 2008, S. 877).

Ich habe hier neben jenem des radikalen ökonomischen Reduktionismus andere Beispiele radikaler Reduktion in den empirischen Wissenschaften aufgeführt (zur Frage des wissenschaftlichen Reduktionismus vgl. Mayr 2004, S. 67ff.), um daran zu erinnern und uns davor zu warnen, die kritische Analyse zugunsten solcher scheinbar überzeugenden, unangemessenen wissenschaftlichen Reduktionismen zurückzustellen und dabei die grundlegende, übergeordnete Referenz des Bildes vom Menschen im Sinne des zweiten Nebensatzes des kategorischen Imperativs aus dem Auge zu verlieren. Dies gilt nicht zuletzt auch für die »strenge Wissenschaftlichkeit«, von der her man im Zuge der wachsenden Ökonomisierung des Gesundheitswesens die medizinische Praxis auf deren »wissenschaftliche Begründetheit« meint überprüfen und bewerten zu müssen, mit dem Ziel, nicht hinreichend empirisch-wissenschaftlich evidente Verfahren in der Medizin aus dem Kanon kostenerstattungspflichtiger Behandlungsverfahren auszuschließen, und von solcher Evidenzbasierung her die Einhaltung und korrekte technische Umsetzung solcher evidenzbasierten Praxis mithilfe eines rigiden sogenannten Qualitätsmanagements zu kontrollieren und zu überwachen.

Wissenschaftlich begründet, ja – aber *was*, *wie*, oder noch besser und kritischer gefragt: *Wer wem?* Wenn man die allgemeine medizinische Praxis verschiedener, miteinander vergleichbarer westlicher Länder anschaut, dann springt einem, statistisch gesehen, auf eindrückliche Weise die erhebliche Differenz und Diskrepanz in den verschiedenen Ländern hinsichtlich der Zahlen der einzelnen medizinischen Eingriffe, der Medikamentenverordnung und des Medikamentenkonsums wie auch anderer kurativer medizinischer Leistungen ins Auge. So ergeben sich zahlreiche, inzwischen sehr genau erforschte Bereiche medizinischer Praxis, in denen die Zahlen durchgeführter medizinischer Eingriffe und der Medikamentenverbrauch in den verschiedenen Ländern gravierend voneinander abweichen. So werden z.B. in den USA 2,5-mal mehr Frauen die Gebärmutter entfernt und doppelt so viele Kaiserschnitte durchgeführt als in Schweden, mehr als viermal so viele koronare Bypässe werden in den USA im Vergleich zu Kanada angelegt, und eine Studie aus dem Schweizer Kanton Tessin stellt fest, dass Tonsillektomien, Hysterektomien, Cholezystektomie und Hämorriden-Operationen bei Ärzten und Rechtsanwälten deutlich seltener vorgenommen werden als bei der allgemeinen Bevölkerung, und zwar im Vergleich um etwa 20–84% weniger. In Deutschland erbringen Internisten mit einer eigenen Röntgenanlage ein Vielfaches an Röntgenleistungen im Vergleich zu ihren Kollegen, die Röntgenuntersuchungen bloß als Auftragsleistungen ausführen lassen, und schließlich werden in Deutschland diagnostische Herzkatheter-Untersuchungen und Koronarinterventionen fast doppelt so häufig durchgeführt wie in Frankreich, Österreich und in der Schweiz. Ähnliches lässt sich von den Ergebnissen bei Arthroskopien des Kniegelenks und über die regional deutlich differierenden Arzneimittelverbrauchszahlen sagen, wie auch über die in Deutschland im Vergleich zu anderen Ländern überdurchschnittlich hohe Zahl von Krankenhausliegetagen pro Patient (vgl. Deppe 2007, S. 95f.). Ich zweifle nicht daran, dass die Kollegen, die ein solches Mehr an Eingriffen, Medikamentenverordnungen und Krankenhausliegetagen zu verantworten haben, ihre ärztlichen Entscheidungen mit »medizinischem Sachverstand« begründen und davon überzeugt sind, ihre ärztlichen Entscheidungen »streng wissenschaftlich begründet« zu treffen, auch wenn man an der Wissenschaftlichkeit der Begründung solcher Differenzen erhebliche Zweifel anmelden darf, denn die Erkrankungszahlen und die Sterbestatistiken der miteinander verglichen Länder weisen keine relevanten Unterschiede auf!

Die Frage nach den Gründen für eine solche eigentümliche Ausweitung von einzelnen medizinischen Leistungen etwa in Deutschland rührt an einem besonders wunden Punkt in unserem Gesundheitssystem, der dessen Kosten immer mehr in die Höhe treibt und die Bezahlbarkeit dieses Systems an dessen Grenzen stoßen lässt. Der renommierte Gesundheitsökonom Walter Krämer spricht in diesem Zusammenhang von unserem Gesundheitssystem (und insbesondere von unseren Krankenhäusern) als einem »der größten Ressourcenfriedhöfe der Volkswirtschaft« (vgl. Krämer 1989). Deshalb hat man sich in den letzten Jahren zunehmend und immer überzeugter auf das fragwürdige Remedium der Ökonomisierung des Gesundheitswesens besonnen und von daher Reformen in Gang gebracht, die das Prinzip der solidarischen Absicherung von Gesundheitsrisiken und der Kosten der Krankenbehandlung aufkündigt und im Zuge der ökonomisierenden Transformation des Gesundheitswesens zunehmende Gerechtigkeitsdefizite der sozialen Sicherungssysteme hervorbringt. Im Zuge einer solchen politisch gewollten Entwicklung des Gesundheitssektors und Gesundheitsmarktes in Richtung auf eine den Prinzipien der Rationalität des Marktes, der Ertrags-, der Kosten-Nutzen-Analyse und der Gewinnmaximierung verpflichteten Praxis hin wird der Arzt zunehmend zu einem »Gesundheitsanbieter«, der Leistungen am Gesundheitsmarkt anzubieten habe, die zunehmend mehr von Werkvertragsverhältnissen als von Dienstvertragsverhältnissen bestimmt werden – eine Entwicklung, die die Möglichkeiten des Arztes, in der Begegnung mit dem kranken Menschen, mit dem leidenden Subjekt, seine Heilkunst noch *lege artis* ausüben zu können, aus ökonomischen Gründen mehr und mehr einschränkt. Ein solcher Reduktionismus auf allein ökonomische Prinzipien des Marktes geht mit jener genannten Tendenz einher, die medizinische Praxis bedingungslos einem empirisch-wissenschaftlichen Reduktionismus, den Prinzipien der Evidenzbasierung und der Kontrolle dieser Praxis durch das Qualitätsmanagement zu unterwerfen. So gehen schließlich der ökonomische Reduktionismus und der empirisch-wissenschaftliche Reduktionismus Hand in Hand und begründen eine Entwicklung, die den Blick auf das leidende Subjekt und das ärztliche Handeln in der Begegnung mit dem kranken Menschen, wie auch die Ethik, die dieses Handeln bestimmt, mehr und mehr verstellt, einschränkt und am Ende gar aufhebt.

Im Zuge der Evidenzbasierung wird inzwischen das, was Evidenz sei, der Definition eines außerhalb der ärztlichen Praxis stehenden Instituts überantwortet und es werden zur Bestimmung der Evidenz vor allem RCT-Studien herangezogen, deren Aussagewert und Geltung für die praktische Medizin mit erheblicher Skepsis zu betrachten ist, nicht zuletzt aufgrund der spezifischen wissenschaftlichen und ökonomischen Interessen der diese Studie durchführenden Ärzte und der diese relativ kostenträchtigen Studien zu einem großen Teil finanzierenden Industrie (vgl. Kienle 2008). Hinzu kommt, dass, wie ein Expertengremium der WHO herausfand, »nur im Fall von etwa 20% aller medizinischen Leistungen eine ausreichend gute empirische Evidenz für den Nutzen erbracht werden kann, während im Bereich der übrigen 80% ein stufenloser Übergang von mehr oder weniger stark plausibler Evidenz bis hin zu gar keiner Evidenz zu konstatieren sei« (zit. nach Deppe 2007).

Wie wenig »wissenschaftlich begründet« und wie wenig frei von ökonomischen Interessen die Praxis der Kostenverwaltung des Gesundheitswesens erfolgt, mag man an jenem Bemühen der Krankenkassen ablesen, *vor* der jüngsten Einrichtung des sogenannten Gesundheitsfonds vermittels des Medizinischen Dienstes der Krankenkassen (MDK) Kosten dadurch zu drücken, dass man den in Krankenhäusern diagnostisch beurteilenden und dann entsprechend aufwendiger behandelnden Ärzten unterstellte, Fälle als »zu schwer krank« eingestuft zu haben, angeblich mit dem Ziel, den Umsatz der Klinik steigern zu wollen und von daher zu kostenintensiv zu arbeiten. Das hatte vonseiten des MDK eine Herabstufung der diagnostischen Beurteilungen der Klinikärzte von »schwerer krank« auf »leichter krank« zur Folge, während jetzt *nach* der Einrichtung des Gesundheitsfonds der MDK aufgrund des Risikostrukturausgleiches (RSA) zwischen den Kassen darauf drängt und den Ärzten gar Prämien dafür angeboten hat, die behandelten Patienten als schwerer krank einzustufen und entsprechende Korrekturen bei der Codierung vorzunehmen, um den Kassen zusätzliche Zuteilungen aus dem RSA zu sichern: *»Depression* ist lukrativer als *psychische Verstimmung«*, titelte in diesem Zusammenhang der Berliner *Tagesspiegel* (24. Januar 2009; vgl. auch den Arztbrief eines Klinikchirurgen zu diesem Thema im *Deutschen Ärzteblatt* 106/12, S. C464).

Auf die vielen geplanten evidenzbasierten und »qualitätsgemanagten« Strukturierungsmaßnahmen der Kontrolle und Überwachung ärztlicher Tätigkeit kann ich hier aus Zeitgründen *en détail* nicht eingehen. Heutzutage schon findet der Patient nicht selten seinen Arzt bei der

Konsultation am Schreibtisch hinter seinem Computer sitzend, den Blick eher auf seinen Bildschirm und auf die Tastatur gerichtet, vom Bildschirm abgelesene »evidenzbasierte« und von daher manualisierte Fragen stellend und aus administrativen und Kostengründen eher seiner computergestützten Dokumentationspflicht für das korrekte Qualitätsmanagement nachkommend, als dass der Patient ein ärztliches Gespräch in dem hier diskutierten Sinne finden kann. In dieser Weise tendiert die derzeitige Gesundheitsplanung für die zukünftigen Jahre zu einer Entwicklung, die die für den Schutz der Arzt-Patient-Beziehung essenzielle Vertrauensbasis nach geradezu Orwell'scher Manier durch administrativ verordnete, manualisierte diagnostische und behandlungstechnische Vorschriften, durch Maßnahmen der Messung, Überwachung und Kontrolle von außen zersetzt und dem Abgott bloß ökonomischer Rationalität zu opfern bereit ist. So werden am Ende in einem solchen System eines radikal ökonomisierten Gesundheitsmarktes nicht nur grundlegende Prinzipien ärztlicher Tätigkeit, die der *Heilkunst*, fundamental infrage gestellt und ausgehebelt, sondern zugleich auch zunehmend die schwächeren und schwächsten »Marktteilnehmer« vom Zugang zu diesem Markt ausgeschlossen (vgl. Hengsbach 2008).

In diesem Sinne geht der Blick auf das leidende Subjekt zugunsten bloß ökonomischer Effizienz im Rahmen von REFA-artig zeitgetakteter, evidenzenzbasierter, qualitätskontrollierter und qualitätsgemanagter ärztlicher Tätigkeit verloren und damit zugleich auch der angemessene Blick auf das leidende Subjekt. Denn erst der Blick auf das letztlich nur im Kontext seiner aktuellen Lebenswelt ganzheitlich zu verstehende Leiden dieses Subjekts ermöglicht eine angemessene hermeneutische Dimension des ärztlich-menschlichen Erfahrens, Erkennens und Wissens dieses leidenden Subjekts als eines kranken Menschen. Dieser angemessene hermeneutische Zugang zum kranken Menschen lässt sich aber nicht durch bloßes Auszählen, Wiegen, Messen und Verrechnen erschließen, sondern in binokulärer Sicht, die auch die Dimension des konkreten Körperlichen angemessen im Auge behält, nur durch Deutung und Verständigung im ärztlichen Gespräch. In diesem Sinne möchte ich mit dem schließen, was Hans-Georg Gadamer anlässlich der akademischen Feier seines 100. Geburtstages in Heidelberg am Ende der breiten wissenschaftlichen

Diskussion konstatiert hat: »Es lässt sich zwar vieles ausmessen. Das Angemessene aber lässt sich nicht ausmessen«. Dieses Angemessene lässt sich nur in gemeinsamer Verständigung deutend erschließen.

Literatur

Blass, R. B. & Carmeli, Z. (2007): The Case against Neuropsychoanalysis. On Fallacies underlying Psychoanalysis' latest scientific Trend and its negative Impact on Psychoanalytic Discourse. Int J Psychoanal 88(1), 19–40.

Deppe, H. U., (2007): Krankheit und Kommerz. Zur Kritik der herrschenden Gesundheitspolitik. Blätter f. deutsche und internationale Politik 1/2007, 93–100.

Fischer, G., (2008): Logik der Psychotherapie. Kröning (Asanger).

Freud, S., (1916/17): Vorlesungen zur Einführung in die Psychoanalyse. GW XI.

Freud, S., (1923b): Das Ich und das Es. GW XIII.

Freud, S., (1927c): Die Zukunft einer Illusion. GW XIV, 323–380.

Gisteren, L. van (2008):Psychoanalyse und Neurobiologie. Jb d Psa 56, 137–152.

Goethe, J.-W. v. (1981): Werke. München (C.H. Beck).

Haesler, L. (1989): Zum Problem des »therapeutischen« Denkens für die psychoanalytische Konzeptualisierung von Struktur und Dynamik der psychoanalytischen Begegnung. Tagungsband der DPV-Tagung in Berlin, 17.–20.05.1989. Frankfurt/M. (Geber + Reusch), S. 79–105.

Haesler, L.(1994): Psychoanalyse. Therapeutische Methode und Wissenschaft vom Menschen. Stuttgart (Kohlhammer).

Haesler, L.(1995a): Der Widerstand gegen die Psychoanalyse – von seiten des Psychoanalytikers. Zur Diskussion der wissenschaftlichen Position der psychoanalytischen Theorie und Methode. In: Kaiser, E. (Hg): Psychoanalytisches Wissen. Beiträge zur Forschungsmethodik. Opladen (Westdeutscher Verlag), S. 60–71.

Haesler, L. (1995b): Gestalterfassung und psychoanalytisches Wahrnehmen. In: Komarek, A. & Zwettler-Otte (Hg.): Psychoanalyse. Festschrift für H. Leupold Löwenthal. Wien (Turia + Kant).

Haesler, L. (1995c): »Herrschaftsfreiheit«: Die Bedeutung des Grundprinzips der psychoanalytischen Methode für die Krisenintervention, Kurztherapie und Langzeittherapie. In: Henning, H.; Fikentscher, E.; Bahrke, U. & Rosendahl (Hg.): Kurzzeitpsychotherapie in Theorie und Praxis. Lengerich, Berlin, Düsseldorf, Leipzig (Pabst), S. 80–99.

Haesler, L. (1999): Die Struktur der Triangularität und ihre grundlegende Bedeutung für Sprache und Denken sowie für die menschliche Kultur. In: Körner, J. & Gast, L. (Hg.): Psychoanalytische Anthropologie II: Ödipales Denken in der Psychoanalyse. Tübingen (edition diskord).

Haesler, L. (2003): Biologism in the Service of Apocalyptic Thinking. A Psycho-Analytic Perspective on Purity, Impurity and Race. In: J. Rozenberg (Hg.): Bioethical and Ethical Issues Surrounding the Trials and Code of Nuremberg. (Zusammenfassung der Vorträge auf dem gleichnamigen Symposium der philosophischen Fakultät der Bar Ilan Universität, Tel Aviv). Lewiston, Queenston, Lampeter (Mellen Press). Deutsche Fassung in: Zs Psa Theorie u Praxis 2002(17), 288–314.

Haesler, L., (2006): L'Identification au Divin et la Fiction d'Organismes Humain Génétiquement. In: Hervé, C. & Rozenberg, J. (Hg.): Vers la Fin de l'Homme. (Zusammenfassung der Vorträge auf dem gleichnamigen Symposium, Paris, Universität V-VII). Brüssel (de Boeck), S. 47–65.

Haesler, L., (2008): Scham und Intersubjektivität. Ein Beitrag zur Kritik intersubjektivistischer Konzeptualisierung. Forum Psa 24, 350–366.

Haesler, L., (2009): Vater-Gewissen-Gesetz im Werk Friedrich Schillers. Semesterjournal BPI 16, 9–30.

Hengsbach. F (2008): »Mehr Markt« macht nicht gesund – Gesellschaftliche Risiken und solidarische Sicherung entsprechen einander. Gesundheitswesen 70, 1–11.

Hontschik, B. (2006): Körper, Seele, Mensch. Versuch über die Kunst des Heilens. Frankfurt/M. (Suhrkamp).

Kant, I. (1783): Prolegomena zu einer jeden künftigen Metaphysik, die als Wissenschaft wird auftreten können. In: Weischedel, W. (1956–1964): Immanuel Kants Werke in sechs Bänden. Band V. Wiesbaden (Insel).

Kant, I. (1785): Grundlegung zur Metaphysik der Sitten. In: Weischedel, W. (1956–1964): Immanuel Kants Werke in sechs Bänden. Band VI. Wiesbaden (Insel).

Kant, I. (1983): Werke in 10 Bänden, herausgegeben von Wilhelm Weischedel. Darmstadt (WBG).

Krämer, W. (1989): Die Krankheit des Gesundheitswesens. Die Fortschrittsfalle der modernen Medizin. Frankfurt/M. (S. Fischer).

Kiekegaard, S. (1849): Die Krankheit zum Tode. Düsseldorf, Köln (Diederichs), 1982.

Kienle, G. S. (2008): Vom Durchschnitt zum Individuum. Deutsches Ärzteblatt 105(25), A1381–1385.

Leopold, D. A. (2009): Pre-emptive Blood Flow. Nature 457(7228), 387–388.

Logothetis, N. K. (2008): What we can do and what we cannot do with fMRI. Nature 453(7197), 869–878.

Mann, Th. (1967): Dr. Faustus. Frankfurt/M. (S. Fischer).

Mayr, E. (2004): What makes Biology Unique. Considerations on the Autonomy of a Scientific Discipline. Cambridge (Cambridge Univ. Press).

Platon (1983): Werke. Reinbek bei Hamburg (Rowohlt).

Sirontin, Y. B. & Das, A. (2009): Anticipatory haemodynamic signals in sensory cortex not predicted by local neuronal activity. Nature 457(7228), 475–479.

Vul, E.; Harris, C.; Winkielmann, P. & Pashler, H. (2009): Puzzlingly high Correlations in MRI Studies of Emotion, Personality, and Social Cognition. (Voodoo Correlations in Social Neuroscience). Im Druck.

Weizsäcker, V. v. (1951): Der kranke Mensch. Eine Einführung in die medizinische Anthropologie. Stuttgart (K.F. Koehler).

Weizsäcker, V. v. (2008): Warum wird man krank? Frankfurt/M. (Suhrkamp).

III
Psychoanalyse und Kultur

Psychoanalyse und Theater

Die Suche nach dem guten verlorenen Objekt

Dominique Bondy Borbély & Interview mit Luc Bondy

Wenn man Psychoanalyse mit anderen Bereichen verbinden, einen Dialog herstellen möchte, geht es darum zu sehen, welcher Austausch, welche Parallelen, welche gemeinsamen und divergierenden Punkte es gibt, und insbesondere zu ergründen, bis zu welchem Grad der eine Bereich den anderen – und umgekehrt – bereichern, befruchten kann.

Um eine Brücke zwischen der Psychoanalyse und der Kunst zu schlagen, werde ich hier zuerst ein paar psychoanalytische Grundgedanken, insbesondere die von Freud, Winnicott und Britton, über die Kunst, dann einige Gemeinsamkeiten zwischen dem Theater und der Psychoanalyse beschreiben. Danach möchte ich zur konkreten Veranschaulichung psychoanalytische Assoziationen zum Theaterstück von Marivaux, *Die zweite Überraschung der Liebe*, formulieren. Dabei habe ich mich auf das Thema »Die Suche nach dem guten verlorenen Objekt« konzentriert. Zum Abschluss werde ich die Gedanken von Luc Bondy, der dieses Theaterstück in 2008 inszeniert hat, wiedergeben.

Was verbindet die Psychoanalyse mit den Kunstwerken?

Die psychoanalytische Interpretation der Kunst, welche die Literatur, das Theater, die Malerei, die Skulptur umfasst, hat eine lange Tradition. Sie beschäftigt sich mit verschiedenen Aspekten: mit dem kreativen Prozess, mit der Arbeit des Künstlers, mit dem Werk selbst, mit den Theorien der Ästhetik und mit der Rezeption. Neben den Ausführungen von Freud gibt es eine große Anzahl von bedeutsamen psychoanalytischen Beiträgen zu diesen Themen. Dazu gehören z.B. die Arbeiten von D. Anzieu, C. Bollas, J. Chasseguet Smirgel, P. Dettmering, Ehrenzweig, A. Green, M. Klein, S. Kofman, P. von Matt, D. Meltzer, H. Rey, H. Segal, D.W. Winnicott um nur einige zu nennen.

Sigmund Freud

S. Freud hat seine ersten Entdeckungen der Mechanismen des Traumes und der psychischen Prozesse in der *Traumdeutung* aufgrund von Literatur (Sophokles, Shakespeare usw.) gemacht: Es waren die poetischen Werke, die ihm als Modell dienten. Literatur und Kunstwerke waren für Freud, der sich mit ihnen direkter in seinen Arbeiten über die *Gradiva,* den *Traum von Leonardo*, den *Moses von Michelangelo* und Dostojewski, um nur einige zu zitieren, auseinandersetzte, ein Ort wichtiger Entdeckungen für das Verständnis der psychischen Mechanismen, der Symbolisierung, des kreativen Schaffens und der archaischen Quellen der Universalfantasien. Er schreibt Folgendes in seiner Arbeit *Die Gradiva von Jensen* über die beiden Annäherungen:

> »Wir schöpfen wahrscheinlich aus der gleichen Quelle, bearbeiten das nämliche Objekt, ein jeder von uns mit einer anderen Methode, und die Übereinstimmung im Ergebnis scheint dafür zu bürgen, daß beide richtig gearbeitet haben. Unser Verfahren besteht in der bewußten Beobachtung der abnormen seelischen Vorgänge bei anderen, um deren Gesetze erraten und aussprechen zu können. Der Dichter geht wohl anders vor; er richtet seine Aufmerksamkeit auf das Unbewußte in seiner eigenen Seele, lauscht den Entwicklungsmöglichkeiten desselben und gestattet ihnen den künstlerischen Ausdruck, anstatt sie mit bewußter Kritik zu unterdrücken. So erfährt er aus sich, was wir bei anderen erlernen, welchen Gesetzen die Betätigung dieses Unbewußten folgen muß, aber er braucht diese Gesetze nicht auszusprechen, nicht einmal sie klar zu erkennen, sie sind infolge der Duldung seiner Intelligenz in seinen Schöpfungen verkörpert enthalten« (Freud 1906, S. 120).

Nun können wir uns fragen: Wie begegnet Freud den Kunstwerken, wie geht er vor? Freud wendet nicht die Psychoanalyse auf die Kunst an. Die Psychoanalyse liefert der Kunst nur einen Beitrag über die tiefen psychischen Schichten und über ihre Wirkungen auf das Ich. Freud gibt zu, kein Kunstkenner, sondern ein Laie zu sein:

> »Ich habe oft bemerkt, daß mich der Inhalt eines Kunstwerkes stärker anzieht als dessen formale und technische Eigenschaften [...]. Ich bin so veranlaßt worden, bei den entsprechenden Gelegenheiten lange vor ihnen zu verweilen, und wollte sie auf meine Weise erfassen, d.h. mir begreiflich machen, wodurch sie wirken« (Freud 1914, S. 172),

schreibt er im Text *Der Moses des Michelangelo.* Freud, immer bescheiden, behauptet nicht, dass man das Enigma eines Kunstwerkes lösen kann. Nach ihm: »Leider weiß auch die Psychoanalyse über die Schönheit am wenigsten zu sagen« (ebd., S. 441). Er nähert sich den literarischen Texten wie er es mit den Träumen tut: Es sind die kleinen Details, die Spuren, die uns zur Interpretation verleiten. Freud versucht, die Absichten des Künstlers zu verstehen, herauszufinden, warum sein Werk uns berührt. In seiner Analyse des *Moses von Michelangelo* sieht er eine Verbindung zwischen der Form und dem Inhalt, zwischen dem Affekt und der Vorstellung, um »die Absicht des Künstlers« zu entdecken: »Und um diese Absicht zu erraten, muß ich doch vorerst den Sinn und Inhalt des im Kunstwerk Dargestellten herausfinden, also es deuten können« (Freud 1914, S. 173).

In seinen Überlegungen des Beitrages der Literatur an die Psychoanalyse spricht Freud über die Quellen, aus denen der Künstler schöpft, um seine Welt zu kreieren. Es geht um Konflikte, die zum Teil aus der psychisch-archaischen Schicht stammen, die, ähnlich wie in der Traumarbeit, transformiert, verkleidet, figuriert und kondensiert werden.

Was in der literarischen Arbeit hinzukommt, ist die Arbeit des sekundären Prozesses. Der Künstler schöpft aus seinem Unbewussten, ohne unbedingt die Botschaft, die er mitteilen möchte, zu kennen, oft durch eine innere Notwendigkeit gedrängt, seine Fantasien durch das kreative Schaffen zu strukturieren. Diese Symbolisierungsarbeit, die darin besteht, eine Sprache und eine einmalige Ausdrucksform zu finden, ist Teil des Sekundärprozesses. Der Traum und das Werk sind der Ausdruck einer psychischen Arbeit. Ist der Traum mehr Ausdruck des Einzelnen, so überholt das Kunstwerk das Individuelle, obwohl es dort entsteht, geht über das Private hinaus durch seine Form, um am Generellen teilzuhaben, findet eine Sprache, die fähig ist, uns alle zu berühren.

In *Der Dichter und das Phantasieren* beschreibt Freud den Raum des Spiels beim Kind als einen Raum, der mit demjenigen der kreativen Welt Ähnlichkeiten hat: »Jedes spielende Kind benimmt sich wie ein Dichter, indem es sich eine eigene Welt erschafft oder, richtiger gesagt, die Dinge seiner Welt in eine neue, ihm gefällige Ordnung versetzt« (Freud 1908, S. 214). Die Bedeutung einen eigenen Raum, eine eigene Welt sich erschaffen, wird bei D.W. Winnicott eine weitere Dimension annehmen.

Donald W. Winnicott

Winnicott hat sich ganz besonders mit der Verbindung zwischen dem Raum, der in der Beziehung zwischen Mutter und Baby entsteht, und dem kulturellen Raum beschäftigt. Zwischen Mutter und Kind entwickelt sich ein Übergangsraum, der später den Raum für das Spiel, dann für die kreativen und kulturellen Aktivitäten darstellt. Doch zu Beginn geht es um einen potenziellen Raum zwischen dem subjektiven Objekt und dem als objektiv wahrgenommenen Objekt. Dieser potenzielle Raum entsteht aber nur, wenn das Baby ein Gefühl von Vertrauen und Sicherheit entwickeln kann. Diese Sicherheit bildet sich, wenn das Kind nicht zu langen frühen Trennungen ausgesetzt wird, wenn es *eine genügend gute Mutter* (a good enough mother) hat, die seine Projektionen aufnehmen, diese für es verarbeiten kann und ihm einen guten inneren Raum vermittelt. Für Winnicott geht es hier um eine Interaktion, um einen Prozess, der später eine ähnliche Form im kulturellen Raum findet. Der Mensch braucht diesen kulturellen Raum, in dem Fantasie und Realität in einem Hin und Her zwischen Projektion und Introjektion, archaische Fantasien, Ängste, Wünsche neu verarbeitet werden können. Britton beschreibt die Entstehung dieses Raums – sei es der psychische Raum oder der Raum, in dem die Kreativität sich entfalten kann – in einer weiteren Dimension, in der die ödipale Konstellation von essenzieller Bedeutung ist.

Ronald Britton

Ronald Britton zeigt in seiner Arbeit *Reality and Unreality in Phantasy and Fiction* (1995, S. 92), dass in der inneren Welt Sicherheit gebende Grenzen entstehen, wenn das Kind im ödipalen Dreieck die Bindung zwischen den Eltern erkennen kann. Dieser Raum ermöglicht dann eine dritte Position, die des wohlwollenden Beobachters, was für das Nachdenken, die Einsicht und die Neugier notwendig ist. In diesem neuen, nicht übersättigten Raum können neue Gedanken entstehen. Britton äußert in seinem Artikel Ideen über den Ursprung der Entwicklung eines Raumes für die Imagination und für die Kreativität. Die Fantasie ist der Raum, der vom Primärobjekt phantasmatisch besetzt ist, wenn es abwesend ist. Hier ist das Primärobjekt mit dem anderen Objekt: Die Mutter ist mit dem Vater. Dies ist das Setting für die unsichtbare Urszene. Dieses andere Zimmer ist der Ort, wohin Fantasien projiziert werden können: »[T]he other room is a space for fiction« (ebd., S. 103).

Dieser Raum, von Freud, Winnicott und Britton verschieden beleuchtet, wird auch der Raum sein, der es dem Künstler ermöglicht, seine eigene Geschichte zu erschaffen, Abwesenheit in Anwesenheit, Verlust in ein Wiederfinden mittels des Symbols zu transformieren.

Janine Chasseguet-Smirgel

Janine Chasseguet-Smirgel fokussiert in *Pour une psychanalyse de l'art et de la créativité* die reparative Funktion des kreativen Schaffens. Dank des kreativen Schaffens wird eine narzisstische Heilung möglich. Ihre Ansichten über die Reparation stützen sich auf diejenigen von Klein.

Melanie Klein

Melanie Klein vertieft in »Infantile anxiety situations reflected in a work of art and the creative impulse« (1929) die Elemente, die das Schaffen einer neuen Welt ermöglichen. Sie zeigt, dass die verfolgenden Ängste durch die Reparation modifiziert werden. Sie stellt eine Verbindung her zwischen der Reparation und dem Ursprung des kreativen Bedürfnisses. Die depressive Position, die von einem Gefühl der Schuld begleitet ist, vom Bewusstsein, dass die innere Welt zerstört ist, erzeugt beim Künstler die Notwendigkeit, etwas wiederherzustellen, das wie eine neue Welt erlebt wird. Diese Welt enthält Spuren einer bekannten Welt. Somit geht es eigentlich um die Neuerschaffung einer verlorenen Welt. Die wirkliche Reparation muss die Anerkennung der Aggression und deren Wirkungen beinhalten. Es gibt kein Kunstwerk ohne Spannung. Es ist an uns, das Werk zu vervollständigen, die Reparation ist nie vollendet.

Didier Anzieu

Bevor ich die theoretischen Bemerkungen abschließe, in denen ich nur ein paar wenige Aspekte aufgegriffen habe, möchte ich noch eine sehr treffende Formulierung von Didier Anzieu erwähnen. Er schreibt in *Créer, Détruire* (1996), dass die wichtigste Funktion des Werkes darin besteht, dass der Autor etwas mit dem Ungenutzten macht, vorbewusste Gedanken fixiert, sich von ihnen befreit, ohne sie zu zerstören, indem er Vorstellungen erfindet:

> »Das Werk webt über die Spuren, die das plötzliche Auftauchen eines Triebes (der einen Riss impliziert) hinterlassen hat, ein Spinnennetz, um sie einzufangen. Das Werk gibt ihnen eine fragile Hülle, die ausgeschnitten, zusammengenäht und zusammengestückelt wird. […] Das Werk bildet eine ›Wörterhaut‹ um das Ungedachte, um das nicht Vorgestellte und das Unsagbare« (Anzieu 1996, S. 29).

Zusammenfassung

Wenn ein Raum, in dem sich die Imagination entwickeln kann, sich nicht schützend genug etablieren konnte, wenn der Übergang der schizoparanoiden Position zur depressiven Position die Integration der Aggression nicht genügend ermöglicht hat und dadurch die Trennungs- und die Trauerarbeit nicht so erlebt werden konnten, dass sie eine genügende Integration der Destruktivität erlaubten, so kann man sagen, dass diese Mängel aufzufangen, das zerstörte Objekt zu reparieren, durch das kreative Schaffen ermöglicht werden kann. Aber gleichzeitig geht es für den Künstler um eine unaufhörliche Suche, um eine unendliche Arbeit, die oft von großen Leiden begleitet ist. Der Intensitätsgrad des Leidens ist wahrscheinlich einerseits mit der Stärke der Schuldgefühle dem zerstörten Objekt gegenüber und anderseits mit den Forderungen des Über-Ichs verknüpft. Der kreative Akt findet auf zwei Ebenen statt: Er stellt gewissermaßen *eine doppelte Arbeit* dar und bezieht sich nicht nur auf einen Inhalt, der seine Ausdrucksform sucht, sondern er ist gleichzeitig auch die Kreation eines Containers für diese Elemente, und es sind eben diese Einheit und seine einmalige (neue) Form, die die Kriterien der Qualität der künstlerischen Arbeit bilden werden. Wenn die kreative Arbeit eine Reparation ermöglicht, geht es dabei jedoch um eine relative und unvollkommene Reparation des Subjektes und des Objektes. In jedem Fall ist der kreative Akt, denke ich, ein Ort der Begegnung und der Transformation zwischen Innen und Außen, zwischen Fantasie und Realität, zwischen Vergangenheit und Gegenwart.

Wie soll man als Psychoanalytiker einem literarischen Text begegnen?

Die Deutungsarbeit in der psychoanalytischen Praxis ist eine Suche oder besser gesagt die Schaffung eines Sinns. Sie entsteht aus verschiedenen Quellen, die Teil der inneren Resonanz des Analytikers sind: seine Gegenübertragung, seine bewussten und unbewussten persönlichen Aspekte, die Integration verschiedener Theorien, die zum Teil auch unbewusst geworden sind, und die Konzepte, die er bevorzugt. Michel de M'Uzan (1993, S. 7) beschreibt diesen Vorgang sehr treffend: Es geht dabei um eine »totale psychische Aktivität«. Natürlich befinden wir uns nicht im Austausch lebendiger Interaktionen wie in der analytischen Praxis, wenn wir uns einem literarischen Text als Analytiker nähern. Und doch kann man von Interaktion sprechen bei der Lektüre eines literarischen Textes, der berührt, denn der Leser kommt in Kontakt mit einem Prozess, der wiederum einen Prozess auslöst, und er kommt auch indirekt in Kontakt mit der inneren Welt des Schriftstellers. Das Wichtige scheint mir, dass man sich einem solchen Text ganz öffnet, ihn in sich vibrieren lässt, sich von ihm einigermaßen »fangen« lässt, ohne sich dabei darin zu verlieren, um dann zu erfassen, welche Wirkung er auf uns ausübt, welche Struktur, Form, Ideen sich in uns kristallisieren. Da geht es in einem gewissen Sinn auch um eine totale psychische Aktivität, in der die persönlichen Elemente, die verinnerlichten psychoanalytischen Konzepte und das Phänomen der Gegenübertragung ihre Rolle spielen.

In seinem Buch *La déliaison* stellt André Green die Frage, was der Psychoanalytiker vor einem Text mache, und meint, dass er ihn nicht lese, sondern ihm zuhöre. »Er hört ihm zu entsprechend den Modalitäten, die dem psychoanalytischen Zuhören eigen sind. Die strenge Lektüre wird hier durch ein lockeres Zuhören verdoppelt, eine frei schwebende Lektüre« (Green 1992, S. 18). Doch was aus diesem Lesen oder Zuhören gemacht wird, ob man es mit einem Patienten oder mit einem literarischen Text zu tun hat, wird natürlich verschieden sein. Denn wenn es bei einem Patienten um den Versuch einer Objektivierung subjektiver Phänomene innerhalb einer Interaktion geht, wird man vor einem literarischen Text sich in einem neuen potenziellen Raum befinden, in dem verschiedene Wege und Spuren verfolgt werden können.

Einige formale Gemeinsamkeiten zwischen Psychoanalyse und Theater

Der potenzielle Raum

Die analytische Arbeit findet in einem potenziellen Raum statt, der durch die Herstellung des Settings realisiert wird. Patient und Analytiker begegnen sich regelmäßig im Praxisraum des Analytikers zu den abgemachten Zeiten. Man spricht auch vom Rahmen, vom Container, der die Sicherheit des Patienten garantiert, ihm Grenzen setzt und zugleich ein Raum ist, in dem er die ganze Freiheit hat, alles zu sagen was in ihm auftaucht. In diesem potenziellen Raum, den man auch im Sinne von Winnicott als Übergangsraum bezeichnen könnte, wird der Patient also mithilfe des Analytikers seine Geschichte, seine Gefühle, seine Fantasien ausdrücken, seine private Wahrheit finden, wiederfinden, erschaffen, neu erschaffen können. Natürlich stellt dieser Raum unter anderem auch einen Projektionsraum dar, der die Funktion einer frühen Brust, einer Mutter darstellt, die die Projektionen des Babys, des Kleinkindes in sich aufnimmt, die durch die Rêverie des Analytikers transformiert und in annehmbarer Form dem Kind, dem Patienten zurückgegeben werden.

Auch das Theaterstück findet in einem potenziellen Raum statt, der räumlich und zeitlich abgegrenzt ist. Wenn der Vorhang aufgeht, und wir vielleicht noch eine leere Bühne sehen, wissen wir noch nicht, was wir hier sehen und erleben werden. Was wir wissen: Hier gibt es einen Platz für die Fantasiewelt, hier werden Realität und Fantasie ganz frei artikuliert und vielleicht eine neue, unbekannte Erfahrung ermöglicht. Auch hier können wir von einem Container und einem Containment (im Sinne von W. Bion), in dem frühe archaische Fantasien und Ängste verarbeitet werden können, sprechen.

Die Figuren

Auf der Bühne sehen wir Interaktionen, Konflikte, die sich zwischen den verschiedenen Protagonisten abspielen. Tödliche Kämpfe. Ob es sich um Tragödie oder Komödie handelt – man wird Zeuge von einer Vielfalt menschlichen Ausdrucks und Erfahrungen.

In der Praxis sind Analytiker und Patient zu zweit. Scheinbar. Denn der Raum des Analytikers wird bewohnt von den vielen inneren Figuren des Patienten, die abwechslungsweise in Erscheinung treten, sich zeigen, sich verstecken, sich begegnen, sich streiten, sich lieben, sich abwenden oder auch sich getarnt zeigen. Interaktionen, Konflikte, Versöhnungen,

Missverständnisse finden hier statt. Auch hier geht es um tiefe persönliche Dramen. Der Analytiker wird in der Übertragung Züge der einen oder anderen Figur annehmen, wird nun zur inneren Familie des Patienten eingeladen und in eine oder mehrere Rollen involviert sein. Im Unterschied zum Theater wird der Analytiker immer wieder die Kleider, die der Patient über ihn gestülpt hat, ausziehen (was ihm nicht immer gelingt), das heißt, aus der Rolle, in die er gefangen ist, aussteigen (mit den Übertragungsdeutungen), um einen Teil Realität wiederherzustellen, um dem Patienten ein neues Szenario zu ermöglichen.

Das Hier und Jetzt

Sowohl im Theater wie in der analytischen Erfahrung geht es um eine Erfahrung im Hier und Jetzt, die die Präsenz von verschiedenen Wahrnehmungsmodalitäten mit einschließt. Beim Patienten wird erst durch die unmittelbare »neue« Erfahrung im Hier und Jetzt, verbunden mit einem tieferen Verständnis der Übertragungen, eine Veränderung und Integration möglich. Die Deutungsarbeit des Analytikers entsteht aus einer »activité psychique totale«, bei der nicht nur unser theoretisches Wissen, sondern auch unser Unbewusstes, die innere und äußere Realität und alle unsere Sinne mit einbezogen werden.

Bei der Inszenierung hat man es nicht nur mit einem Text zu tun, sondern mit einem visuellen Ganzen, das auf verschiedenen Ebenen stattfindet und Teil einer Textinterpretation ist: Die Inszenierung, das Bühnenbild, das Licht, die Musik, das Spiel der Schauspieler, der Text selbst schaffen in einem gegenseitigen Spiegelungseffekt eine Erfahrung, die alle Sinne umfasst und die gemeinsam im unmittelbaren Hier und Jetzt erlebt wird und etwas tief Verborgenes in uns berühren kann. Diese Form grenzt auch das Theater stark von allen anderen Kunstformen ab, die nicht vom momentanen Geschehen abhängig sind, ein Buch, ein Bild kann zu jeder Zeit, quasi außerhalb der Zeit, zur Verfügung stehen. Luc Bondy wird etwas mehr über diese unmittelbare Vergänglichkeit der Theaterwelt sagen. Auch im Stück von Marivaux sind Vergänglichkeit, Zufall und Überraschung wichtige Themen.

Die zweite Überraschung der Liebe – Einige psychoanalytische Gedanken

Im Theaterstück von Marivaux gibt es verschiedene Themen: das Thema der Kommunikation (genauer gesagt der gewollten und ungewollten Missverständnisse), der Liebe und der Freundschaft, der Nähe und der Distanz, des Zögerns in den Beziehungen, der Triebe und des Intellekts usw.

Ich habe die Analyse dieses Textes auf das Thema der »Suche nach dem guten verlorenen Objekt« fokussiert, denn ich denke, dass im Grunde alles, was wir tun oder nicht tun, von dem Bedürfnis, das verlorene gute Objekt wiederzufinden, begleitet wird. Die Bedeutung des Objekts, sei es ein inneres oder/und ein äußeres, wird von Eric Brenman folgendermaßen beschrieben: »Wer oder was uns begleitet oder verlässt auf der Reise durch das Leben, das macht den ganzen Unterschied. Die Natur der äußeren und inneren Objekte ist natürlich von existenzieller Konsequenz« (Brenman 2006, S 94). Brenman sagt auch, dass das Wiederfinden der guten Objektbeziehung eine Hilfe darstellt, um ein unerbittliches und archaisches Objekt zu mildern. Denn das Über-Ich will ignorieren, dass wir von der Liebe und dem Hass gedrängt werden, es will die Komplexität und die Ambiguität der Gefühle nicht anerkennen. Diese Suche nach dem guten Objekt impliziert verschiedene Aspekte und Funktionen. Wenn es sich um ein defektes oder zerstörtes Objekt handelt, besteht ein Bedürfnis, es zu reparieren oder neu zu erschaffen. In der Arbeit des Künstlers besteht so eine Möglichkeit. Aber die Suche nach dem guten Objekt kann verschiedene Wege nehmen, sich auf eine Vielfalt von Sachen beziehen, kann versagen oder gelingen. In diesem Stück von Marivaux können wir uns fragen, ob und wie dies gelingt.

La seconde surprise de l'amour (dt.: *Die zweite Überraschung der Liebe*) wurde 1727 geschrieben und ein Jahr später publiziert. Wir haben es von Anfang an mit zwei trauernden Protagonisten zu tun. Beide haben das gute Objekt verloren. Der Ehemann der Marquise starb nach einer sehr kurzen Ehe. Angélique, die Geliebte des Chevalier, hat sich in ein Kloster zurückgezogen. Beide behaupten nun für immer die Liebe aufgegeben zu haben. Gefühle, die den Zustand einer großen Trauer, eines tiefen Verlusts ausdrücken, werden hier sehr differenziert beschrieben. Wenn dieser Zustand andauern würde, spräche man hier mit Freud von einem Zustand von Melancholie. Thomas Umbricht sagt über den Schmerz Folgendes: »Lieber sich nach einem Objekt verzehren, als es ganz verloren geben und damit der Öde, vielleicht auch der Panik des objektlosen Zustandes überlassen sein« (Umbricht 2008). Die Marquise drückt sich so aus:[1]

- »Meine Trauer gefällt mir!« (S. 146)
- »Ich muss lebenslang seufzen!« (S. 147)
- »Es gibt keinen Trost!« (S. 147)
- »Ich habe alles verloren!« (S. 148)
- »Ich will mich nur noch um meinen Schmerz kümmern!« (S. 148)

Der Chevalier äußert sich ganz ähnlich:

- »Ich sterbe, ich möchte sterben und weiß nicht, wie ich weiterleben kann!« (S. 160)
- »Ich habe sie verloren.« (S. 165)
- »Ich möchte den Schmerz über meinen Verlust verdoppeln, um davon ganz durchtränkt zu werden, bis ich daran sterbe.« (S. 165)
- »Ich verzichte auf jegliches Engagement!« (S. 165)

Sie sind Nachbarn sowohl auf der konkreten wie auf der psychischen Ebene. So wie es der Diener Lubin sagt: »Eure Häuser kommunizieren, von dem einen geht man in das andere« (S. 171). Der Chevalier kommt nun, um sich von der Marquise zu verabschieden, um ihr zu sagen, dass er fortreisen, sich zurückziehen will. Er zeigt ihr den Brief, den er an Angélique geschrieben hat, der zugleich eine Liebeserklärung wie einen Verzicht enthält. Wenn es um eine psychoanalytische Sitzung ginge, würde man den Übertragungscharakter dieser Geste sehen. Diese Zeilen, angeblich an Angélique gerichtet, sind jetzt quasi auf die Marquise übertragen. Also ist diese Begegnung, bei der beide

1 Die folgenden Zitate sind *La Seconde Surprise de l'amour* von Marivaux entnommen und wurden von mir ins Deutsche übersetzt. Die Seitenzahlen beziehen sich auf Marivaux 2005 (Anm. D.B.B.).

von Trauer erfasst, über den Verlust des Partners betrübt sind und behaupten, auf die Freuden des Lebens verzichten zu wollen, zugleich der Beginn einer keimenden Liebe, die sich durch Annäherung und Rückzug, durch ein Hin und Her der beiden Protagonisten, die diese Liebe weder dem anderen noch sich selber zugeben können, manifestieren wird. (Dies wird auf der Bühne durch zwei Häuser verdeutlicht, die sich je nachdem nähern oder auseinandergehen.) Die zwei Verliebten werden sich durch eine Folge von Missverständnissen verwirren lassen, und dabei werden die jeweiligen Diener ihre bestimmende Rolle spielen, um diejenigen, die sich eigentlich lieben und suchen, näher zueinander zu bringen.

Jeder Diskurs der Protagonisten sagt sein Gegenteil. Das Ja und das Nein. Geht es wirklich um Ambivalenz, Ungewissheit oder Treue für das verlorene Objekt, oder verbirgt das Nein einfach ein Ja? Und warum sollte sich das Ja so sehr verbergen? Sich in der Verneinung zeigen? Den zweiten Brief, den der Chevalier geschrieben hat und in dem er der Marquise seine Liebe direkt äußert, hat er zuerst weggeworfen – er wurde wieder gefunden. Diese Fehlleistung beinhaltet auch ein Ja und ein Nein. Die Ungewissheit, vom anderen zurückgeliebt zu werden, ist sicher Teil des Versteckspieles.

Als Psychoanalytiker könnte man sich fragen, um was für einen Trauerprozess es sich hier handelt. Der Verlust dient zumindest als Hintergrund der Geschichte. Ist das Sich-ineinander-Verlieben eventuell eine Abwehr einer nicht abgeschlossenen Trauer? Doch bei Marivaux scheint mir das Thema der Trauer eher zweitrangig zu sein. Was ihn interessiert, ist die Frage nach der Liebe, die sich durch die seelischen Bewegungen, die Unsicherheiten, das Zögern, Annäherung und Rückzug manifestiert. Das Zeigen und das Verbergen der Liebesgefühle entspricht einem Hin und Her zwischen Angst und Wunsch.

Man könnte sich auch fragen: Gibt es eine Angst, das Objekt der Trauer zu schnell zum Verschwinden zu bringen? Würde dies einen narzisstischen Verlust bedeuten? Ich denke, dass die Möglichkeit, einer neuen Liebe Platz zu geben, eher einen echten Trauerprozess in Gang bringen könnte.

Die Parallelität der Situationen ermöglicht es den Protagonisten einerseits, sich vom ersten Liebesobjekt zu emanzipieren, einen narzisstischen Zustand zu verlassen, anderseits wird die Unsicherheit das gute Objekt nochmals zu verlieren, aktiviert. Und jeder Liebesverlust umfasst auch, den allerfrühesten Verlusten und Trennungen wieder zu begegnen, die je nachdem retraumatisierend wirken können. Jenseits der Missverständnisse gibt es, gab es immer wieder verbale und averbale Risse. Und es ist wegen dieser Risse, dass die Kraft der Liebe, die Kraft der Begierde sich durchsetzen und triumphieren werden.

Der Begriff der Überraschung ist hier sehr interessant. Die Liebe, die Suche nach dem guten Objekt, das heißt auch die Rückkehr zum Leben, kommt ohne ihr Zutun, ohne ihr bewusstes Wissen. Dies ist auch ein Leitmotiv in der Welt von Marivaux. Der Mensch bei Marivaux ist verloren, weiß nicht, wer er ist, wo er ist, lebt im Chaos, konstituiert sich im Moment und vorübergehend durch die Überraschung der Emotionen, der Leidenschaften. Der Begriff der Überraschung ist ein wichtiges Element der psychoanalytischen Arbeit. Sie zeigt den Durchbruch von etwas Neuem an, von etwas, das hereinplatzt, wenn die Abwehr gelockert ist, und ermöglicht oft eine Wende.

Das Theaterstück, das mit einem Seufzer (*»Ah!«*) anfängt, endet in der Ungewissheit. Obwohl die zwei Protagonisten nach einem langen gewundenen Weg sich gefunden oder wiedergefunden haben. Der Chevalier und die Marquise sitzen nun nebeneinander, ohne sich ein Wort zu sagen. Sind sie erschöpft, desillusioniert? Oder ist die Sprache jetzt nicht mehr notwendig? Es ist der Diener Lubin, der mit dem letzten Satz des Stückes das Paar ermutigen möchte mit einem: »Allons, de la joie!« (»Etwas Freude!«) Dieses Ende hat etwas Zwiespältiges. Ist die Liebe, wenn sie mit der Eroberung, mit der Ungewissheit gekoppelt ist, vitaler, als wenn es ein gemeinsames Ja gibt? Und welche Transformation findet in der Liebe statt, wenn sie nicht mehr gesucht wird, sondern ihren Platz gefunden hat?

Das Schweigen des Paares am Ende des Stückes könnte eine neue Entwicklung andeuten, aber wir als Zuschauer bleiben im Ungewissen. Ich denke, dass wir uns an einer Kreuzung befinden, wo es unklar ist, ob die Protagonisten bereit sind, einen schwierigen psychischen Weg zu gehen, oder ob sie zu etwas Altem zurückkehren werden. Wird es ihnen gelingen, das idealisierte verlorene Objekt aufzugeben, um eine echte Trauer einzuleiten und so das gute Objekt in sich zu finden, oder wird das grausame Über-Ich an der Idealisierung festhalten? Kommt es zur Erstarrung oder zur Lebendigkeit, wie Lubin dies erhofft?

Aus einem Interview mit dem Theaterregisseur Luc Bondy

Es war nicht einfach die Mitarbeit Luc Bondys zu gewinnen, denn er sagte mir:

> Ich kann nichts Psychologisches schreiben. Das ist eben das, was ich vermeide, wenn ich inszeniere. Es gibt nur das Verhalten, das mich interessiert, das Unerwartete, wenn man etwas Deterministisches vorausgesehen hat. Deswegen habe ich Mühe, in Worte zu fassen, was ich in Bewegungen und Choreografie verwandle. In meiner Theaterzeit habe ich von meinem Mentor gelernt, alles immer wieder infrage zu stellen, mich in nichts zu verbeißen und Umwege als das eigentlich Kreative zu sehen.

Dominique Bondy Borbely: Ich habe geschrieben, dass das, was das Theater von den anderen künstlerischen Ausdrucksformen unterscheidet, seine Unmittelbarkeit ist. Ein Buch, ein Bild kann man jederzeit lesen, anschauen, es ist sozusagen außerhalb der Zeit. Das Buch, in dem du mit Georges Banu im Dialog stehst, heißt ja auch *La Fête de l'instant (Das Fest des Augenblickes)*. Kannst du mir etwas über diese Unmittelbarkeit, die man auch in der analytischen Sitzung erlebt und in der es Platz für die Überraschung und die Kreativität gibt, sagen?

Luc Bondy: Das Theater ist an sich das gegenwärtigste Medium überhaupt. Es passiert jetzt, vor unseren Augen: Wenn ein Schauspieler während des Spielens einen Hirnschlag erleiden würde, müsste man einen Krankenwagen bestellen, damit er nicht schon jetzt stirbt. Wenn er allerdings als Figur sterben würde, könnte er in der Pause aufstehen und in der Kantine ein Bier trinken. Dadurch, dass die Dialoge eines sogar verstorbenen Autors gerade vermittelt werden, sind wir noch luzider, wenn nicht empfindsamer für ihre Aufnahme. Das Theater ist eine Form, die von vielen Wissenschaften profitiert, und vermag wiederum einige Wissenschaften, wie auch die Psychoanalyse, zu beeinflussen.

Die Arbeit des Regisseurs mit den Schauspielern ist zudem eine interaktive Arbeit, die auf Seelenforschung wie auf Verhaltensweisen basiert.

Ich muss als Regisseur das Unterbewusstsein eines Schauspielers mit ans Leben ermöglichen, so wie es die Fantasie des Dichters tut. Meine Techniken sind handwerklicher Natur, also nicht einfach zu beschreiben. Natürlich ist die Imagination des Regisseurs beeinflusst (so tief wie möglich) von der des Autors. Ich tue so, als spielte ich als Regisseur keine Rolle. Natürlicherweise fließen in die Stücke, die ich inszeniere, eigene verborgene Erlebnisse hinein. Die Schauspielerin Bulle Ogier meint immer, ich würde beim Inszenieren ›meine Psychoanalyse‹ machen. Ich höre es ungern, auch wenn etwas davon stimmt. Ich beschäftige mich mehr, im Falle von Marivaux besonders, mit Verhaltensmechanismen, die laut des Autors etwas Deterministisches verbergen. Er sagt: Unter diesen oder jenen Umständen werden Menschen (Liebende bei Marivaux), die sich begegnen, das oder jenes sagen und tun, um ihre Gefühle voreinander zu verbergen und gleichzeitig entdecken zu lassen. Der Zuschauer sollte im Stück von Marivaux das intendierte Experiment vergessen, um mit dem Hin und Her der bewegten Figuren mitzubeben. Es wäre gut und wünschenswert, wenn eine Überraschung auf der Bühne eine Überraschung im Zuschauer ergibt. Wenn man im Voraus wüsste, was endlich mit den sich tastenden Figuren geschieht, käme es schnell zu einer Erstarrung – wie in der Psychoanalyse denke ich, da sollte man nicht in Theorien erstarren, aber zuhören können, sich überraschen lassen, Neues entdecken. Das Stück von Marivaux erschöpft sich im Unmittelbaren, was nachher kommt, wird man nie erfahren. Was man »marivaudage« nennt, ist das Sich-Suchende, Sich-Entdeckende bis zum Ende des Stückes. Der Beginn ist wie ein erster Atemzug, das Stück endet wie mit einem letzten Atemzug. Als Regisseur sollte man in dieser

Zwischenzeit die Figuren so menschlich wie nur möglich darstellen und das Schematische von bestimmten Verhaltensweisen in der Theaterform verbergen.

D.B.B.: Ich möchte noch von dir hören, was du zu dem Ende des Stückes denkst?

L.B.: Am Ende ist die Liebesgrammatik ausbuchstabiert. Ich denke, die Protagonisten sind mehr als desillusioniert, sie sind über sich selbst überrascht. Die Figuren von Marivaux haben eigentlich ganz existenzielle Fragen. Sie fragen sich: Wer bin? Wo bin ich? Die Überraschung der Liebe ermöglicht es ihnen, sich zu spüren, ist eine Art Beweis, dass sie existieren.

D.B.B.: Kannst Du noch etwas am Ende unseres Gespräches darüber sagen, was deiner Meinung nach die Arbeit des Psychoanalytikers mit deiner Arbeit als Theaterregisseur, was die Psychoanalyse mit dem Theater verbinden könnte?

L.B.: Was mich vielleicht mit der psychoanalytischen Arbeit verbindet, ist, dass meine Arbeitsweise assoziativ ist. Nichts ist frontal bei mir. Ich nähere mich einem Text, dann der Inszenierung von der Seite her. Ich befinde mich lieber auf der Seite, in einem Winkel. Ich schaue wie durch einen Spalt die Welt, die Vergangenheit an. Bei sogenannten ›alten‹ Stücken versuche ich, die Vergangenheit in die Gegenwart zu bringen. Mit Shakespeare oder Marivaux besteht die Freude darin, nicht mehr zu wissen, was Vergangenheit, was Gegenwart bedeutet. Der Diskurs der Figuren ist von heute und von gestern.

Was mich fasziniert ist, dass die Vergangenheit immer wieder an der Oberfläche auftaucht, aber große Teile davon verborgen bleiben. Man kann natürlich nicht die Vergangenheit festhalten, aber man kann sie träumen.

Literatur

Anzieu, D. (1996): Créer, Détruire. Paris (Dunod).

Bion, W. R. (1962): Learning from experience. London (Karnac).

Bollas, C. (1987): The shadow of the object. London (Free Association Books).

Brenman, E. (2006): Recovery of the lost good object. London (Routledge).

Britton, R. (1995): Reality and unreality in Phantasy and Fiction. London (Karnac).

Chasseguet-Smirgel, J. (1971): Pour une psychanalyse de l'art et de la créativité. Paris (Payot).

Fonagy, P.; Person, E. & Sandler, J. (Hg.) (1995): On Freud's Creative Writers and day-dreaming. New Haven (Yale University press).

Freud, S. (1906): Der Wahn und die Träume in W. Jensens »Gradiva«. GW VII, S. 29–122.

Freud, S. (1908): Der Dichter und das Phantasieren. GW VII, S. 213–223.

Freud, S. (1913): Das Interesse an der Psychoanalyse. GW VIII, S. 389–420.

Freud, S. (1914): Der Moses des Michelangelo. GW X, S. 172–201.

Freud, S. (1917): Eine Kindheitserinnerung des Leonardo da Vinci. GW VIII, S. 127–211.

Freud, S. (1919): Das Unheimliche. GW XII, S. 227–268.

Freud, S. (1928): Dostojewski und die Vatertötung. GW XIV, S. 399–418.

Freud, S. (1930): Das Unbehagen in der Kultur. GW XIV, S. 419–506.

Green, A. (1992): La déliaison. Paris (Hachette).

Hinshelwood, R. D. (1989): A dictionary of kleinian thought. London (FA).

Klein, M. (1929): Infantile anxiety-situations reflected in a work of art and in the creative impulse in Psychoanalysis and Art (Karnac)

Klein, M.; Heiman, P.; Isaacs, S. & Riviere, J. (1980): Développements de la Psychanalyse. Paris (Puf).

Marivaux (2005): La seconde surprise de l'amour. Paris (Gallimard).

Meltzer, D. (1963): Concerning the Social Basis of Art. London (Tavistock).

Milner, M. (1997): Freud et l'interprétation de la littérature. Paris (Sedes).

M'Uzan, M. de (1993): Interpretation et mémoire:L'interpretation. Revue française de psychanalyse 57(1), S. 7–20.

Segal, H. (1991): Dream, Phantasy and Art. New York (Tavistock/Routledge).

Umbricht, T. (2008): Der psychische Schmerz. Vortrag am Freud-Institut Zürich, 25.01.2008.

Winnicott, D. W. (1971): La localisation de l'expérience culturelle. Nouvelle Revue de Psychanalyse 4, S. 15–23.

Psychoanalyse und Literatur – »Literaturanalyse«

Peter Dettmering

»Psychoanalyse und Literatur« ist ein Thema, das es in sich hat. Lassen wir die beiden Worte – mitsamt dem »und« – einen Augenblick lang stehen, bevor wir sie zu *einem* Wort zusammenziehen. Die sich profilierende Psychoanalyse – verkörpert in der Person Sigmund Freuds – nahm in ihren Anfangszeiten Anleihen bei der Literatur auf, entlehnte in der Literatur beheimatete Namen und synthetisierte sie mit klinischen Entdeckungen. In diesem Sinne hat K.R. Eissler in seiner Hamlet-Monografie darauf hingewiesen, dass es zu einfach wäre zu sagen, Freud habe das Konzept des Ödipuskonfliktes klinisch beobachtet und erst dann mit einem in der Literatur gefundenen Namen belegt (Eissler 1971, S. 467). Wie Eissler konstatiert, war Freuds Kenntnis des *Hamlet* oder des *König Ödipus* eine nicht wegzudenkende Komponente des psychoanalytischen Entdeckungsprozesses: »Der Dichter war jederzeit der Vorläufer der Wissenschaft und so auch der wissenschaftlichen Psychologie« (Freud 1907, S. 70). Was Freud zu dieser Auffassung und seiner Anleihe legitimierte, war die Tatsache, dass er – unter anderem – selbst ein großer Literat, ein *Schriftsteller* war. Wie weit Freuds Umrisse über die Person hinausreichen, hat W.H. Auden (1966, S. 168) mit den Worten »a whole climate of opinion« bezeugt.

Erst nachdem dieses Verhältnis von Psychoanalyse *und* Literatur einen Augenblick lang bedacht worden ist, können wir ins Auge fassen, dass aus der Verbindung von Psychoanalyse und Dichtung etwas hervorgegangen ist, das eigene Geltung beansprucht. Der Begriff »Literaturanalyse« hat sich nur langsam gebildet und durchgesetzt, lange nachdem Freud seine Arbeiten zu literarischen Themen schrieb und in seiner »Mittwochsgesellschaft« Adepten der Psychoanalyse Gelegenheit gab, Dichterpersönlichkeiten analytisch zu durchforschen und sich so die ersten Sporen zu verdienen. Freud ließ sie gewähren: Zweifellos sah er, wie anfechtbar manches davon – soweit es nach außen drang – in den Augen seiner Wiener Umwelt erscheinen musste. Er fand einen erbitterten Gegner in Karl Kraus, der zunächst Freuds immanente Gesellschaftskritik – den aus seiner *Wahrheitsliebe* entspringenden Kampf gegen gesellschaftliche Korruption und Heuchelei – gutgeheißen hatte, dann jedoch gerade an den Referaten der Mittwochsgesellschaft Anstoß nahm: Zwischenträger zwischen Freud und Kraus – Jekel, Wittels – gab es genug (Kory 2008). Man sieht, es war ein weiter, mühsamer Weg bis zu Thomas Manns »Die Stellung Freuds in der modernen Geistesgeschichte« (1929). Aber es ist bekannt, dass seine gewohnte Nüchternheit Freud auch in diesem Fall nicht im Stich ließ. Er registrierte, dass Thomas Mann andere, ihn gerade beschäftigende Gedanken mit Psychoanalyse nur »fourniert« hatte: »Die Masse ist aus anderem Holz« (28. Juli 1929, an Lou Andreas-Salomé).

Ähnlich nüchtern äußert sich – mit langem zeitlichem Abstand – Michael Schröter in der Rezension eines Buches, das den Titel »Literatur und Psychoanalyse« trägt und sich zur Aufgabe gesetzt hat, die Geschichte der Literaturanalyse in Form von authentischen Selbsterfahrungsberichten einzufangen. Schröter stellt die skeptische Frage, ob es sich vielleicht bei der psychoanalytischen Literaturwissenschaft um das Projekt einer Generation handele, das für nachfolgende Generationen »nicht mehr dieselbe Evidenz und gewiss nicht mehr den Reiz des Innovativen oder gar des Aufsässigen« in sich barg (Schröter 2009, S. 196). Und in der Tat ist von der Erwartungshaltung, mit der Germanisten und vor allem Germanistikstudenten in den 70er Jahren des letzten Jahrhunderts sich von der Psychoanalyse Einblick in die geheimen Kammern des Schreibprozesses erhofften, nicht viel übrig geblieben. Es gibt Autoren aus literaturwissenschaftlichem Lager, die mit Formeln wie »Von der Psychoanalyse will man heute nicht mehr viel wissen« den Leser gleich eingangs um Verständnis bitten, dass sie sich mit diesem Gebiet befassen. Und Michael Schröter nennt auch den

Mangel bei Namen, der dem Gebiet der Literaturanalyse anhaftet und nur sein Vorzeichen inzwischen geändert hat:

> »Die Gefahr besteht, dass die heutigen, germanistischen Vertreter des im Grunde interdisziplinären Felds in ähnlicher Weise analytisch dilettieren, wie die früheren, ärztlichen Vertreter literaturwissenschaftliche Dilettanten waren. Vielleicht ist das der unvermeidliche Preis der angewandten Psychoanalyse« (2009, S. 195).

Betrachten wir einen der Aufsätze Freuds, seinen Beitrag zur Urgestalt der *Brüder Karamasow* mit dem Titel »Dostojewski und die Vatertötung« von 1928. Ein Kuriosum des Aufsatzes ist, dass Freud mitten im Text den Gegenstand wechselt und zu einem anderen Autor – Stefan Zweig – übergeht. Sein Interesse an einem Erkenntnisgewinn *(Spielsucht)* überwog das Interesse am individuellen Autor. Auch sind die beiden Texte – *Die Brüder Karamasow* und Zweigs *Vierundzwanzig Stunden aus dem Leben einer Frau* – gelinde gesagt ungleichwertig. Aber wesentlicher ist wohl, dass Freud in Bezug auf Dostojewski zwiespältig empfand und sich zum Teil fast feindlich äußerte. Ein starker Affekt war im Spiel, der es ihm offensichtlich erschwerte, mit dem Gegenstand zu sympathetisieren. Da sich die Psychoanalyse zu jener Zeit in den Augen der Öffentlichkeit als *jüdische* Wissenschaft darstellte, musste sie nicht nur mit Anfeindungen üblicher Art, sondern auch antisemitischen Vorurteilen rechnen. Es mag für Freud eine ungute Überraschung gewesen sein, bei der Vorbereitung der Arbeit in Dostojewski auf einen radikalen Antisemiten zu stoßen, aber Rücksicht auf den Verlag und die Öffentlichkeit bestimmten ihn offenbar, den Antisemitismus unerwähnt zu lassen und seinen Grimm pauschal zu äußern: »Dostojewski hat es versäumt, ein Lehrer und Befreier der Menschen zu werden, er hat sich zu ihren Kerkermeistern gesellt; die kulturelle Zukunft der Menschen wird ihm wenig zu danken haben« (Freud, 1928, 402).

Es existiert eine 2007 posthum veröffentlichte Arbeit von Susan Sontag – »Loving Dostojewski« –, die sich mit dem gleichen Dilemma auseinandersetzt und zwiespältige Gefühle ähnlich offen äußert. Ich übersetze – unter Hervorhebung einiger Worte – ins Deutsche:

> »*Liebt man Dostojewski*, was soll man anfangen – was eine *Jüdin* anfangen? – mit dem Wissen, dass er Juden gehasst hat? Wie soll man sich den bösartigen Antisemitismus eines Mannes erklären, der in seinen Romanen so sensibel für das Leiden anderer war, diesen eifernden Anwalt der *Erniedrigten und Beleidigten*? Und wie die besondere Anziehungskraft verstehen, die Dostojewski auf Juden auszuüben scheint? « (Sontag 2007, S. 32)

Der Vergleich der beiden Zitate macht deutlich, in welcher Situation sich Freud beim Schreiben seines Aufsatzes befunden haben mag. Es bot sich ihm die Gelegenheit, vor einem literarischen Leserkreis von den Möglichkeiten der Psychoanalyse zu sprechen, aber Forderungen der Diskretion und Rücksichtnahme (so wie später andere politische oder klerikale Gegebenheiten) standen im Weg. Es resultierten zwei Dostojewski-Bilder, ohne zu einer zumindest notdürftigen Verschmelzung miteinander zu gelangen. Auch wenn es abschließend heißt, die »Brüder Karamasow« seien der wahrscheinlich großartigste Roman, »der je geschrieben wurde«, hebt das die polemischen Worte nicht auf. Man kann aber aus diesem Aufsatz ablesen (mit dieser Absicht habe ich ihn ausgewählt), eine wie große Rolle in der Geschichte der Psychoanalyse – schon bei ihrem Gründer – Affekte spielen: Die Psychoanalyse hat sich nicht umsonst, vereinfacht formuliert, die Erforschung der Affekte zum Ziel gesetzt. Möglich also, dass eine Allianz der Psychoanalyse mit anderen, »abgeklärteren« Wissenschaftszweigen – die sich mit dem befassen, was in feste Form gebracht längst vorliegt – schon im Ansatz auf Schwierigkeiten stößt.

Behalten wir diesen Gegensatz im Auge, wenn es jetzt um den Wiederanschluß der Psychoanalyse – und der Literaturanalyse – an die Zeit vor 1933 geht. Auch hier stoßen wir auf einen Affekt: die Entschlossenheit, mit lieb gewordenen bürgerlichen Vorurteilen ein für alle Mal aufzuräumen. Verstand Johannes Cremerius' Aufsatzsammlung *Neurose und Genialität* (1971) sich noch vorwiegend als Rückblick, so machte Alexander Mitscherlich in seinem Vorwort zu *Psycho-Pathographien I* (1972) einen energischen Vorstoß, den herkömmlichen Geniebegriff zu eliminieren:

> »Das beste Ergebnis, welches das vorliegende Buch erzeugen könnte, wäre, dass der Leser die Distanz zwischen idealisierter Künstlerfigur und sich selbst zu verringern vermöchte. Er kommt, sich einfühlend, dem schöpferischen Vermögen um soviel näher, wie er die Idealisierung überwinden kann. Denn die Idealisierung ist doch der große Widerstand gegen die kreative Erfindung, gegen die schöpferische Umwälzung, die der Idealist gerne von sich weggeschoben, allein dem Künstler aufgebürdet hätte (wie es tatsächlich charakteristisch für das bürgerliche Kunstverständnis war). Im Übrigen möge der Leser nicht vergessen, dass die Psychoanalyse als eine über klinische Aufgaben hinausreichende Methode neueren Datums ist und ein großes Feld für schöpferische Entdeckungen, die uns heute schon gut täten, noch vor sich hat« (Mitscherlich 1972, S. XII–XIII).

Diese Sätze vermitteln etwas von der Aufbruchstimmung, wie sie damals an der Tagesordnung war. Sie ging einher mit einer Assimilation dessen, was sich in der Zwischenzeit innerhalb der angloamerikanischen Psychoanalyse getan hatte. K.R. Eissler wurde mit einer seiner großen Monografien bereits genannt. Kann man sie noch auf den Nenner einer minutiös verfeinerten Genieforschung bringen, so liegt der Schwerpunkt bei Heinz Kohut – eindeutiger noch – auf der Erforschung der *Kreativität.* Er prägte den Begriff der Kreativitätsübertragung – »das Bedürfnis des Schaffenden nach einer Verschmelzung mit einem idealisierten Selbstobjekt« (Kohut 1987, S. 287) – und vertiefte so die von Mitscherlich erhobene Forderung nach Verringerung der Distanz zwischen Künstler und Rezipient, Schriftsteller und Leser.

Es fällt nicht schwer, Beschreibungen des kreativen Aktes und des kreativen Umgangs mit Literatur zu finden, teils auf literarischem, teils auf analytischem Gebiet. Ein Passus in Friedrich Nietzsches »Ecce Homo« ist wahrscheinlich nicht als Beschreibung einer bestimmten biografischen Situation und als Aussage über konkrete oder verinnerlichte Eltern, sondern als Metapher für Kreativität zu verstehen: »Das Glück meines Daseins, seine Einzigkeit vielleicht, liegt in seinem Verhängnis: ich bin, um es in Rätselform auszudrücken, als mein Vater bereits gestorben, als meine Mutter lebe ich noch und werde alt« (Nietzsche 1969, S. 516).

Ist dies Sprechen in Rätselform eine der Möglichkeiten, sich der »endopsychisch« (Freud 1907, S. 221) wahrgenommenen eigenen Kreativität zu nähern, so gibt es daneben eine andere Form der Annäherung, die der Partizipation an großen Vorbildern. Ich zitiere Ezra Pound:

> Noch keiner hat gewagt, dies auszusprechen:
> Doch weiß ich, wie die Seelen großer Männer
> Zuweilen durch uns ziehn,
> Wie wir in ihnen aufgehn und nichts sind,
> Nichts sind als ihrer Seelen Spiegelbild.
> So bin ich Dante eine Zeitlang, bin
> Einer namens Villon, Balladen-Prinz und Dieb,
> Bin solche Heiligen, dass ich ihre Namen
> Nicht nennen mag aus Angst vor Blasphemie –
> Dies einen Augenblick, und dann erlischt die Flamme.
> (Pound 1959, S. 156)

Nietzsches Rätsel und Pounds »Angst vor Blasphemie« scheinen beide darauf hinzuweisen, dass etwas im Wesen des kreativen Vorgangs »unentdeckt, unenträtselt bleiben will« (Dettmering 2004, S. 171). Kohut spricht von »glückliche(n) Augenblicke(n)« (1966, S. 568), in denen Ich-Ideal und (in seiner damaligen Nomenklatur) narzisstisches Selbst miteinander eine *kreative Konfiguration* bilden:

> »Auf die Gefahr hin, anthropomorphistisch zu erscheinen, in Wirklichkeit jedoch gestützt auf eine Fülle klinischer Eindrücke und lebensgeschichtlicher Rekonstruktionen, bin ich versucht zu sagen, dass das Ich den Einfluss des Ich-Ideals als von oben kommend erlebt, den des narzisstischen Selbst als von unten kommend« (ebd., S. 567).

Thomas Manns die Josephsromane prägende Formel von dem Segen, der von oben kommt, und dem Segen der Tiefe, die unten liegt, sagt Ähnliches. Der an der Entzifferung künstlerischer, literarischer Phänomene interessierte Analytiker steht so im Zwischenraum zwischen Metapher und wissenschaftlicher Strenge:

> »Es ist [...] vielleicht nur eine ganz leichte Wendung in der Entwicklung, dass aus einem Menschen ein Psychoanalytiker und nicht ein Schriftsteller wird, und in ihren besten Arbeiten greifen die Psychoanalytiker oft zu

bildhaften Darstellungen, um ihre Gedanken zu illustrieren. Bald aber gewinnt der Kliniker in ihnen wieder die Oberhand, und das Bild wird den strengen Forderungen der Logik unterworfen« (Leavy 1965, S. 220).

Behält der Psychoanalytiker, der sich einem Werk der Literatur nähert, diese Polarität von Bild und Wort im Auge – »Metapher« und »Formel« heißt es bei Kleist (Kleine Schriften, Fragment 2) –, wird er sich in der Regel vor konkretistischen Deutungen in Acht nehmen, die in der Praxis hin und wieder unterlaufen – so wenn das Rauschen der Bäume (in einem Film) als »Rauschen des Unbewussten« apostrophiert wird.

Sigmund Freuds Interpretationsmodelle

Was das Verhältnis von Literaturwissenschaft und Psychoanalyse in der *Praxis* bedeutet, erlebte ich gerade bei dem Vortrag einer jungen Literaturwissenschaftlerin über die Träume in Dostojewskis *Schuld und Sühne* (beziehungsweise – in der Übersetzung Svetlana Gaiers – *Verbrechen und Strafe*). Nachdem die Vortragende sich zunächst eindeutig von der Psychoanalyse und deren Traumverständnis abgegrenzt hatte, unterlief ihr im Lauf ihres Vortrags der Satz, die Figur des Swidrigailow in Dostojewskis Roman sei der »unbewusste, verdrängte Teil Raskolnikows«. Sie benutzte also, entgegen ihrer erklärten Absicht, psychoanalytische Vokabeln, die bereits in den allgemeinen (und so auch literaturwissenschaftlichen) Sprachgebrauch eingedrungen sind. Vor allem aber machte sie Gebrauch von einem Denkmuster, das es vor der Einführung der Psychoanalyse noch kaum gab: Figuren eines Romans als zusammengehörige Komponenten einer zugrunde liegenden *einzigen* Person zu verstehen. Sigmund Freud hat diesen Mechanismus der Spaltung in zwei antagonistische Figuren in »Der Dichter und das Phantasieren« ein für alle Mal gültig beschrieben:

»Der psychologische Roman verdankt im ganzen wohl seine Besonderheit der Neigung des modernen Dichters, sein Ich durch Selbstbeobachtung

> in Partial-Ichs zu zerspalten und demzufolge die Konfliktströmungen seines Seelenlebens in mehreren Helden zu personifizieren« (Freud 1908, S. 220f.).

Raskolnikow und Swidrigailow bei Dostojewski entstammen dieser Spaltung in »Partial-Ichs« ebenso wie Hamlet und Fortinbras bei Shakespeare oder Faust und Mephisto bei Goethe. Vergleichbares gilt auch für weibliche Paarbildungen wie Charlotte und Ottilie in den *Wahlverwandtschaften* oder Katerina Iwanowna und Gruschenka in *Die Brüder Karamasow*. Über ein berühmtes Bühnenpaar – Macbeth und Lady Macbeth – heißt es bei Freud,

> »dass Shakespeare häufig einen Charakter in zwei Personen zerlegt, von denen dann jede unvollkommen begreiflich erscheint, solange man sie nicht mit der anderen wiederum zur Einheit zusammensetzt. So könnte es auch mit Macbeth und der Lady sein, und dann würde es natürlich zu nichts führen, wollte man sie als selbständige Person fassen und nach der Motivierung ihrer Umwandlung forschen, ohne auf den sie ergänzenden Macbeth Rücksicht zu nehmen. Ich folge dieser Spur nicht weiter, aber ich will doch anführen […], dass die Angstkeine, die in der Mordnacht bei Macbeth hervorbrechen, nicht bei ihm, sondern bei der Lady zur Entwicklung gelangen. […] So erfüllt sich an ihr, was er in seiner Gewissensangst gefürchtet; sie wird die Reue nach der Tat, er wird der Trotz, sie erschöpfen miteinander die Möglichkeiten der Reaktion auf das Verbrechen, wie zwei uneinige Anteile einer einzigen psychischen Individualität und vielleicht Nachbilder eines einzigen Vorbildes« (Freud 1915, S. 379f.).

Finden sich hier Charakterzüge wie Reue, Trotz und Gewissensangst auf ein *Paar* verteilt, so beschreibt Freud in »Das Unheimliche«, dass sich in der schönen Puppe Olimpia – in E.T.A. Hoffmanns *Der Sandmann* – der weibliche Seelenanteil des Protagonisten »materialisiert« und so zu einem Gegenüber, einem »Objekt« wird:

> »Diese automatische Puppe kann nichts anderes sein als die Materialisation von Nathaniels femininer Einstellung zu seinem Vater in früher Kindheit. […] Olimpia ist sozusagen ein von Nathaniel gelöster Komplex, der ihm als Person entgegentritt; die Beherrschung durch diesen Komplex findet in der unsinnig zwanghaften Liebe zu Olimpia ihren Ausdruck. Wir haben das Recht, diese Liebe eine narzisstische zu heißen, und ver-

stehen, dass der ihr Verfallene sich dem realen Liebesobjekt entfremdet« (Freud 1919, S. 244f.)

»Narzisstisch« in diesem Sinne ist aber noch ein weiteres Phänomen, das Freud in der gleichen Arbeit beschreibt und das ebenfalls der Vorstellungswelt des Protagonisten angehört:

»Das Doppelgängertum in all seinen Abstufungen und Ausbildungen, also das Auftreten von Personen, die wegen ihrer gleichen Erscheinung für identisch gehalten werden müssen, die Steigerung dieses Verhältnisses durch Überspringen seelischer Vorgänge von einer dieser Personen auf die andere [...], so dass der eine das Wissen, Fühlen und Erleben des anderen mitbesitzt, die Identifizierung mit einer anderen Person, so dass man an seinem Ich irre wird oder das fremde Ich an die Stelle des eigenen versetzt, also Ich-Verdopplung, Ich-Teilung, Ich-Vertauschung« (ebd., S. 246).

Fassen wir die von Freud beschriebenen *Verdoppelungsmechanismen* noch einmal zusammen:

- Aufspaltung der einen Person durch Ich-Spaltung in »Partial-Ichs«, was zu männlichen oder weiblichen Gegensatzpaaren führt;
- Funktionsteilung innerhalb eines Paares, zum Beispiel Mann und Frau;
- Verselbstständigung einer weiblichen Komponente durch »Materialisation«.
- Verselbstständigung tief verdrängter, der Selbstwahrnehmung entzogener Wesensteile zum »Doppelgänger«.

Hätte Freud allein diese vier Hinweise für ein vertieftes Verständnis von Literatur gegeben, wäre ihm ein Ehrenplatz in der Literaturforschung sicher. Umso seltsamer die Stärke der Abwehr – oder das Ineinander von Assimilation und Abwehr –, das die Psychoanalyse bei Freuds literarischen Zeitgenossen hervorrief.

Auch wer sich gegen die Psychoanalyse verwahrt, kann sich – wie Walter Schönau beschreibt – ahnungslos ihrer Vokabeln und Denkmuster bedienen:

»Solche tagtäglich zu machenden Erfahrungen lehren uns, dass Freud den modernen Diskus über die Seele zwar begründet hat, dass die meisten

> […] das aber nicht wissen oder es leugnen. So wie Monsieur Jourdain bei Molière erstaunt feststellte, er habe, ohne sich dessen bewusst zu sein, immer Prosa gesprochen, so können wir manchem Zeitgenossen versichern, er »spreche Freud« ohne es zu wissen, ja, ohne es zu wollen. Sogar viele Kritiker der Psychoanalyse ahnen nicht, wie viel Spuren Freudschen Denkens ihre Angriffe enthalten« (Schönau 2006, S. 249.).

Aber selbst dort, wo ein hochbewusster Schriftsteller einen psychoanalytischen Text zitiert, geschieht es auf verborgene, »kryptische« Weise. Nicht ganz gesichert ist der folgende Fall: der amerikanische Literaturwissenschaftler Oscar Cargill meint bereits in Henry James' *The Turn of the Screw* (1898) ein solch kryptisches Zitat gefunden zu haben. Während seiner Auffassung nach die meisten psychopathologischen Besonderheiten des Textes auf die Erfahrungen zurückgehen, die James mit der Borderline-Hysterie seiner Schwester Alice machte, hält er für denkbar, dass James über seinen Bruder William – den berühmten Psychologen – mit Freuds 1895 erschienenen *Studien über Hysterie* vertraut gewesen ist. Natürlich kann es Zufall sein, dass hier wie dort eine Erzieherin für zwei verwaiste oder halbverwaiste Kinder zu sorgen hat und gleichzeitig erotische Wünsche hegt, die dem Hausherrn beziehungsweise dem Vormund der Kinder gelten, und dass ein sich Lucy R. aufdrängender Geruch nach verbrannter Mehlspeise sein Äquivalent bei James im Geruch von gebackenem Brot haben könnte, der der Protagonistin an einer Stelle des Textes bewusst wird (Cargill 1966, S. 158).

Zwingender ist der Hinweis des Literaturwissenschaftlers Peter Henninger auf synonyme Stellen bei Freud und Musil. Heißt es in den *Studien über Hysterie*: »Ich sehe nur gewissermaßen die Spitzen des Gedankenganges ins Unbewusste eintauchen«, so bei Musil: »Ja, es gab in ihm Gefühle, die, wenn seine Worte sie suchten, noch gar keine Gefühle waren, sondern nur als hätte sich etwas in ihm verlängert, mit den Spitzen sich schon hineintauchend« (Henninger 1980, S. 170). Oder Musil variiert das von Freud seinerzeit noch empfohlene Handauflegen auf die Stirn des Patienten: »Wie Hände manchmal auf einer Stirn ruhn, wenn nichts mehr sagbar ist« (ebd., S. 169). Aber diente das Auflegen der Hand bei Freud der Anregung des Assoziationsprozesses, so besagt

Musils Gebrauch der Metapher das genaue Gegenteil. Offenbar hatte Freuds Text Musils kreative Fantasie angeregt und vor allem die Metaphorik der »Vereinigungen« (1911) beeinflusst, gleichzeitig aber auch einen spezifischen Widerstand wachgerufen, wie er dann in einem Text wie »Der bedrohte Ödipus« zur Ausformung kommen sollte.

Ein Sonderfall: Rainer Maria Rilke

Dramatischer als bei den bisher genannten Autoren gestaltete sich die Auseinandersetzung mit der Psychoanalyse bei Rilke. Künstler wussten von jeher um die Verletzlichkeit, die anfälligen Stellen ihrer kreativen Disposition, und der Gedanke an psychoanalytische Therapie, den Rilke zeitweise erwog, kam dem Betreten einer Terra incognita gleich. Da die frühe Psychoanalyse noch nicht zwischen defensiven und kompensatorischen Abwehrstrukturen unterschied (Kohut 1979), bestand die Gefahr für den Künstler – auch wenn manche Auskunft Freuds anders lautet –, unter der Wirkung der Psychoanalyse seine kreativen Fähigkeiten einzubüßen. Rilke fasste eine Begegnung mit dem psychoanalytisch orientierten Dr. Stauffenberg in einem Brief an Lou Andreas-Salomé vom 9. September 1914 folgendermaßen zusammen:

> »Das Ergebnis? Er versuchte immer wieder auf jenes Gebiet zu kommen, wo er meint, vor allem Macht zu haben, wir gingen auch zuweilen darüber hin, nur dass eben alles Graben und Jäten und eigentliche Arbeit dort ausgeschlossen blieb. Mit Schrecken empfand ich manchmal eine Art von geistigem Brechreiz, den er hervorzurufen bemüht war; es wäre furchtbar, die Kindheit so in Brocken von sich zu geben, furchtbar für einen, der nicht darauf angewiesen ist, ihr Unbewältigtes in sich aufzulösen, sondern ganz eigentlich dazu da, es in Erfundenem und Gefühltem verwandelt aufzubrauchen in Dingen, Tieren – worin nicht? –, wenn es sein muss in Ungeheuern (Briefwechsel Rilke/Salomé 1952, S. 368).

In einer Prosaaufzeichnung mit dem Titel »Erinnerung« formte Rilke diese Gedanken dann endgültig aus. Ein Brief an Freud vom 12. Februar 1916 unterstreicht sein Zögern, sich mit der Psychoanalyse einzulassen:

> »Öfters war ich daran, mir durch eine Aussprache mit Ihnen aus der Verschüttung zu helfen. Aber schließlich überwog der Entschluss, die Sache allein durchzumachen, soweit einem eben noch ein trüber Satz Alleinseins bleibt. Wenn ich es nach und nach zu etwas Fassung bringe, so frag ich mich sicher bei Ihnen an und komme: ich weiß, das wird gut sein« (zit. nach Ungern-Sternberg 2004, S. 193).

Dass Freud über Rilkes Zögern enttäuscht und verstimmt war, zeigt sein Brief an Lou Andreas-Salomé vom 27. Juli des gleichen Jahres:

> »Wir sehen hier einem Urlaubsbesuch von Ernst, in dem Sie eine Ähnlichkeit mit R.M. Rilke erkannt haben, entgegen. Dieser letztere, dem ich zu seiner Wiederkehr in die Poetenfreiheit gratulieren möchte, hat uns in Wien deutlich genug zu erkennen gegeben, dass »kein ewiger Bund mit ihm zu flechten« ist. So herzlich er bei seinem ersten Besuch war, es ist nicht gelungen, ihn zu einem zweiten zu bewegen« (ebd., S. 194).

Auf diesen Brief Freuds bezieht sich Lou Andreas-Salomés Äußerung, Rilkes Zurückhaltung sei keine Entfremdung von der Psychoanalyse, sondern Ausdruck dessen, was sie seine »Zerbrochenheit« nennt (Freud/Andreas-Salomé 1966, S. 57). Offenbar verstand sie sich als Mittlerin zwischen Freud und Rilke und war bemüht, ihm psychoanalytische Erkenntnisse in einer Form nahezubringen, die auf seine Bedürfnisse zugeschnitten war. Aus den in ihrem Freud-Tagebuch enthaltenen Passagen über Rilke geht klar hervor, dass sie sich über die privaten Hintergründe von Mythologemen wie »Engel« und »Puppe« im Klaren war, aber wie in einer Vorwegnahme Kohuts verstand, dass diese Bildungen kompensatorischer Natur waren. Sie versuchte daher, Rilke in seiner Auseinandersetzung mit seinen disparaten Selbstaspekten empathisch zu begleiten, sich als Einheit verbürgendes Selbst-Objekt verfügbar zu halten und so zu verhindern, dass Rilke unwiderruflicher Desintegration, »Fragmentierung« anheimfiel.

Lou Andreas-Salomés *Tagebuch* wirft im Übrigen ein grelles Licht auf die seelische Verfassung Rilkes in seinen Krisenjahren – wann aber war seine Verfassung nicht »kritisch«? Andreas-Salomé bringt das zentrale Problem Rilkes auf den Begriff:

> »Das ›Nichtwiedergeliebtwerdenwollen‹, das schon in M.L. Brigge steht, hat sich gegenüber die Glorifizierung des *weiblichen* Liebenkönnens wie eine Versuchung, ›so geliebt zu werden‹. Das Weib in Rainer selbst fühlt sich davon aber bestochen, identifiziert sich damit, lebt sich aus: und auf diesem Umwege wird so der Mann in ihm vom Weib in ihm verführt – nicht vom Weibe *draußen* –, daraus ergeben sich die Konflikte. Dadurch sind sie aber auch unvermeidlich und ist kein Ausweg aus der Introvertierung« (1965, S. 144).

Die Sprache, in die Andreas-Salomé ihr Wissen kleidet, weist noch Anklänge an die Sprache des 19. Jahrhunderts auf (»das Weib in Rainer«), aber wenn man ihre Diktion umformuliert und sich dazu des Anima-Konzepts von C.G. Jung bedient – schon der Begriff »Introvertierung« weist in diese Richtung –, könnte man mit gleichem Recht sagen, dass Rilkes Anima – hypertrophiert – den »Mann in ihm« zeitweise zu ersticken drohte.

Dass sich an Rilkes seelischer Verfassung trotz vermiedener psychoanalytischer Behandlung auf die Dauer etwas veränderte, lässt sich verfolgen an seinen in verschiedenen Schaffensphasen entstandenen »Narziss«-Gedichten, in denen die Beziehung zum eigenen Spiegelbild negativ nur dort ist, wo sie ein *männliches* Ich, nicht wo sie (im Spätwerk) ein *weibliches* Ich betrifft. D.W. Winniccott (1973, S. 91) spricht von einem abgespaltenen gegengeschlechtlichen Persönlichkeitsteil, der entweder auf der gleichen Entwicklungsstufe bleibt oder »nur langsam reift« (ebd.). Ich zitiere aus dem siebenstrophigen Gedicht *Narziss* von 1913 eine Stelle, in der es um das Bild geht, das sich im Innern der Frau vom Manne bildet:

> Hob es sich so in ihrem Traum herbei
> Zu süßer Furcht? Fast fühl ich schon die ihre.
> Denn, wie ich mich in meinem Blick verliere,
> ich könnte denken, dass ich tödlich sei.

Im Vergleich dazu die letzte Strophe eines Gedichts von 1924, in dem eine Frau angesprochen wird:

> Gesteigert um dein Bild, wie bist du reich.
> Dein Ja zu dir bejaht dir Haar und Wange;

> und überfüllt von solchem Selbstempfange
> taumelt dein Blick und dunkelt im Vergleich.

Unter Rückgriff auf einen der früher erwähnten Freudschen Denkanstöße kann man diese Diskrepanz in der Weise deuten, dass die dem männlichen »Narziss« fehlende *Selbstbejahung* sich in der weiblichen Figur »materialisiert«. Die englische Dichterin George Eliot (alias Mary Ann Evans) hat analog davon gesprochen, dass sich unter Umständen die Verzweiflung am eigenen Selbst mit dem seligen Bewusstsein eines jenseits davon gelegenen Lebens versöhnen lasse (»which would reconcile self-despair with the rapturous consciousness of life beyond self«; Eliot 1996, S. 3). Etwas Vergleichbares gibt es überraschenderweise bei Franz Kafka, und zwar in den Schlusssätzen einer seiner düstersten Erzählungen, *Die Verwandlung*. Indem er an die Stelle einer soeben traumatisch ausgelöschten männlichen Existenz eine weibliche Figur als Hoffnungsträgerin setzt, äußert sich – erstmals in diesem Text – etwas wie Hoffnung. Den Eltern wird am Ende der Erzählung beim Anblick ihrer Tochter bewusst,

> »wie sie in letzter Zeit trotz aller Plage, die ihre Wangen bleich gemacht hatte, zu einem schönen und üppigen Mädchen aufgeblüht war. Stiller werdend und fast unbewusst durch Blicke sich verständigend, dachten sie daran, dass es nun Zeit sein werde, auch einen braven Mann für sie zu suchen. Und es war ihnen wie eine Bestätigung ihrer neuen Träume und guten Absichten, als am Ziele ihrer Fahrt die Tochter als erste sich erhob und ihren jungen Körper dehnte« (Kafka 1961, S. 93).

Trennendes und Gemeinsames

In seiner Rede zur Verleihung des Goethepreises 1930 spricht Sigmund Freud von dem »Webermeisterstück«, das sich zwischen Triebanlagen, Erlebnissen und den Werken eines Künstlers ausbreite; er sagt an der gleichen Stelle, dass Goethe nicht nur ein großer Bekenner, sondern auch ein sorgsamer *Verhüller* gewesen sei. Bei manchen Künstlern äußert sich dieses Bedürfnis nach Verborgenheit in Form einer eigentümlichen Ambivalenz: Das Bedürfnis, verstanden und kritisch gewürdigt zu werden, ist ebenso groß wie das, unbemerkt zu bleiben und *nicht* gefunden zu werden. Winnicott spricht von einem »differenzierten Versteckspiel, in dem es eine Freude ist, verborgen zu sein, aber ein Unglück, nicht gefunden zu werden« (Winnicott 1974, S. 244; im Original kursiv). Der Wunsch nach Verborgenheit bezieht sich wohl vor allem auf die Gefahr, das kreative Potenzial könne durch ein Zuviel an Beobachtung ausgebeutet und »vernichtet« werden (ebd., S. 191). Gab es diese Gefahr bereits *vor* der Psychoanalyse, so wurde von nun an der Analytiker zu dem gefürchteten Gegenüber, das in die geheimen – produktiv bedeutungsvollen – Seelenwinkel des Künstlers hineinspäht und durch Gegenmaßnahmen – meist durch Lächerlichmachen – depotenziert werden muss. Karikaturen von Psychoanalytikern ziehen sich durch die gesamte moderne Literatur und reichen von Dr. Krokowski im *Zauberberg* bis hin zu einem Branntweinschenk in Heimito von Doderers *Dämonen*, den der Autor mit dem Namen »Freud« ausstattet. Es bildete sich ein kollektiver Abwehrwall, den kreativen Bereich vor dem Zugriff ausbeuterischer Indiskretion abzuschirmen. Karl Kraus' bereits zitierte Feindschaft gegen die Psychoanalyse hat sicherlich hier ihre Wurzeln, und er muss anderen aus der Seele gesprochen haben, denn sie wandelten Kraus' polemische Worte auf ihre Weise ab. Doderer macht sich in seinem Roman über eine Pianistin lustig, der ein Analytiker zu helfen imstande war:

> »Hierdurch [...] war sie unheilbar geworden, denn sie erhielt nun für alles in der Welt, was immer ihr am Mitmenschen auffiel, einen gutpassenden Schlüssel, erschloss damit alsbald den Sachverhalt und fand richtig drinnen eine Benennung irgendwelcher Art sozusagen schon vorbereitet liegen. [...] Man kann sagen, sie war, statt aller früheren Übel, nunmehr endgültig und für immer an der Psychoanalyse selbst erkrankt; für eine Heilwissenschaft jedenfalls ein beachtenswertes Resultat« (Doderer 1956, S. 432f.).

Michael Balint hat den hier beschriebenen Vorgang auf den (von Sándor Ferenczi stammenden) Begriff »Über-Ich-Intropression« gebracht: Der Analytiker vermittelt in solchem Fall die Vorstellung, er sei allwissend und verfüge über eine unfehlbare Sprache, in der sich alles ausdrücken lässt (Balint 1968). Das führt aufseiten des Schriftstellers zu dem Versuch, den Analytiker zu übertrumpfen, indem er diese »omnipotente« Sprache imitiert und so den Teufel durch Beelzebub austreibt: »to out-herod Herod«, wie es in *Hamlet* (III, 2) heißt.

Soviel zur Abwehr realer oder eingebildeter Gefahren. Dem gegenüber steht das vorsichtige, behutsame Abwägen, das etwa Eisslers Annäherung an Goethe charakterisiert. Eissler war es übrigens, der mit seiner Unterscheidung von exo- und endopoetisch auf die Möglichkeit hinwies, die Person des Dichters könne bei der Analyse eines literarischen Werks unberücksichtigt bleiben (Eissler 1971, S. 6). Auf diese Weise haben sich unterschiedliche Formen von Literaturanalyse entwickelt, so Heinz Kohuts Einführung des Begriffs »Tiefenbiographie« (»biography in depth«, 1960, S. 584) oder Janine Chasseguet-Smirgels Verständnis des literarischen Textes als die ihm eigentümliche, unverwechselbare Objektbeziehung (Chasseguet-Smirgel 1970). Die naive Vorstellung, ein literarischer Protagonist sei gleichsam eine wirkliche Person, wurde Schritt für Schritt verlassen und auch von Freud nicht geteilt. Sigmund Freud schrieb an Richard Flatter am 30. März 1930,

> »dass man doch kein Recht hat, vom Dichter korrekt zutreffende Krankheitsbilder zu verlangen. Genug, wenn unser Gefühl an keiner Stelle beleidigt wird, und wenn unsere sozusagen populäre Psychiatrie uns gestattet, der als abnorm dargestellten Person auf alle Abwege zu folgen« (Freud 1960, S.392).

Abschließend noch einige Worte zum Problem der *Priorität*: Wer hat am tiefsten geschürft, der Dichter oder der Analytiker? Hat Thomas Mann Recht mit seiner Äußerung im *Svenska Dagbladet* vom 4. August 1953, Shakespeare sei der größte Psychoanalytiker gewesen, der je gelebt habe? (Posener 1995, S. 143) Wie auch immer: Freuds Verdienst wird nicht geschmälert, wenn man einen großen Dichter wie Shakespeare seinen Vorläufer nennt.

Eine wie große, unverzichtbare Rolle – grundsätzlich gesehen – der Gestalt eines »Vorgängers« oder »Vorläufers« zukommt, geht aus dem Kreativitätsmodell hervor, das Manfred Clemenz in seinem Buch *Freud und Leonardo* 2003 vorgelegt hat. Clemenz – selbst Sozialpsychologe *und* bildender Künstler – nennt sechs Kriterien, die den angehenden oder noch nicht anerkannten Künstler konstituieren: Er muss frei genug sein, sich kreativ zu versuchen; er muss in der Lage sein, einen »master teacher« zu finden, an dem er sich orientiert; er muss etwas nicht nur gut, sondern *ungewöhnlich* gut machen wollen; er muss (innerhalb oder außerhalb tradierter Muster) auf der Suche nach Neuem sein; er muss zeitweise soziale Isolierung ertragen können, aber wiederum über die Kraft verfügen, Gleichgesinnte anzuziehen und seine Kunst in den Schutz ihm treu ergebener Wegbegleiter zu stellen. Freud selbst sah sich nicht als Künstler, und Clemenz beschreibt ihn als einen Menschen, der seine Kreativität – die »ozeanische« Seite in sich – immer wieder bändigen, objektivieren, in den Dienst der *Sache* stellen musste. Dennoch lassen sich die sechs von Clemenz genannten Kriterien mit seltener Deutlichkeit auch in der Biografie Freuds aufzeigen.

Ich weiß nicht besser zu schließen als mit einem Text Maurice Maeterlincks, den Robert Musil seinen »Verwirrungen des Zöglings Törleß« vorangestellt hat und der den Dichter, den Literaturwissenschaftler, den *Analytiker* gleichermaßen angeht:

> »Sobald wir etwas aussprechen, entwerten wir es seltsam. Wir glauben in die Tiefe der Abgründe hinabgetaucht zu sein, und wenn wir wieder an die Oberfläche kommen, gleicht der Wassertropfen an unseren bleichen Fingerspitzen nicht mehr dem Meere, dem er entstammt. Wir wähnen eine Schatzgrube wunderbarer Schätze entdeckt zu haben, und wenn wir wieder ans Tageslicht kommen, haben wir nur falsche Steine und Glasscherben mitgebracht; und trotzdem schimmert der Schatz im Finstern unverändert« (Musil 1978, Bd. 6, S. 7).

Literatur

Andreas-Salomé, L. (1965): In der Schule bei Freud. Tagebuch eines Jahres, 1912/1913. München (Kindler).

Auden, W. H. (1966): Collected Shorter Poems 1927–1957. London (Faber & Faber).

Balint, M. (1968/1970): Therapeutische Aspekte der Regression. Die Theorie der Grundstörung. Stuttgart (Klett).

Cargill, O. (1966): The Turn of the Screw and Alice James. In: Kimbrough, R. (Hg.): The Turn of the Screw. An Authoritative Text. Backgrounds and Sources. New York (Norton), S. 145–165.

Chasseguet-Smirgel, J. (1971): Letztes Jahr in Marienbad. Zur Methodologie der psychoanalytischen Erschließung des Kunstwerkes. In: Mitscherlich, A.: Psycho-Pathographien I. Frankfurt/M. (Suhrkamp).

Clemenz, M. (2003): Freud und Leonardo. Eine Kritik psychoanalytischer Kunstinterpretation. Frankfurt/M. (Brandes & Apsel).

Cremerius, J. (1971): Neurose und Genialität. Psychoanalytische Biographien. Frankfurt/M. (S. Fischer).

Dettmering, P. (1973): Psychoanalyse als Instrument der Literaturwissenschaft. Psyche – Z Psychoanal 27(7), 601–613. Auch in: Scheid, J. vom (Hg.): Psychoanalyse. Selbstdarstellung einer Wissenschaft. München (Nymphenburger), S. 246–258 und Einleitungsaufsatz zu dem Buch gleichen Titels: Eschborn (Dietmar Klotz), 1981.

Dettmering, P. (1976): The Development of Studies in Creativity in the German-Language Area. In: Strelka, Joseph P. (Hg.): Literary Criticism and Psychology. Yearbook of Comparative Criticism ... University Park und London (The Pennsylvania State University Press), S. 249–259.

Dettmering, P. (1984): Psychoanalyse im Spiegel literarischer Veröffentlichungen. In: Bach, H. et al. (Hgg.): Psychoanalyse, Psychotherapie und Öffentlichkeit. Göttingen (Verlag für Medizinische Psychologie im Verlag Vandenhoeck & Ruprecht). Aufgenommen in: Dettmering, P. (1995): Das »Selbst« in der Krise. 2. Auflage. Eschborn (Dietmar Klotz).

Dettmering, P. (2004a): Zum Verhältnis von Literatur und Psychoanalyse. In: Dettmering, P.: Konfliktbewältigung durch Kreativität. Würzburg (Königshausen & Neumann), S. 171–177.

Dettmering, P. (2004b): Gutartige und bösartige Regression. Dostojewskis »Die Brüder Karamasow«. In: Dettmering, P.: Konfliktbewältigung durch Kreativität. Würzburg (Königshausen & Neumann), S. 91–97.

Dettmering, P. (2008): »Wort« und »Bild«. Mein Weg zur Literaturanalyse. In: Mauser, W. & Pietzcker, C. (Hg.): Literatur und Psychoanalyse. Erinnerungen als Bausteine einer Wissenschaftsgeschichte. Würzburg (Königshausen & Neumann), S. 61–74.

Doderer, H. v. (1956): Die Dämonen. Nach der Chronik des Sektionsrates Geyrenhoff. 2 Bände. München (Biederstein).

Dostojewski, F. M. (1928): Die Urgestalt der Brüder Karamasow. Herausgegeben von R. Fülöp-Miller und F. Eckstein. Mit einer einleitenden Studie von Sigmund Freud. München (Piper).

Eliot, George (1871–1874/1996): Middlemarch. London (Penguin).

Eissler, K. R. (1971): Discourse on Hamlet. HAMLET. New York (International Universities Press).

Freud, S. (1895): Studien über Hysterie. GW I.

Freud, S. (1907): Der Wahn und die Träume in W. Jensens »Gradiva«. GW VII.

Freud, S. (1908): Der Dichter und das Phantasieren. GW Band VII.

Freud, S. (1915): Einige Charaktertypen aus der psychoanalytischen Arbeit. Zweiter Teil: Die am Erfolge scheitern. GW X.

Freud, S. (1919): Das Unheimliche. GW XII.

Freud, S. (1928): Dostojewski und die Vatertötung. GW XIV.

Freud, S. (1960): Briefe 1873–1939. Frankfurt/M. (S. Fischer).

Freud, S. & Andreas-Salomé, L. (1966): Briefwechsel. Frankfurt/M. (S. Fischer).

Henninger, P. (1980): Der Buchstabe und der Geist. Unbewusste Determinierung im Schreiben Robert Musils. Frankfurt/M., Bern, Cirencester (Peter Lang).

James, H. (1972): Die Tortur (The Turn of the Screw). In der Übersetzung von Christian Grote. Frankfurt/M. (Suhrkamp).
Jung, C. G. (1954): Welt der Psyche. Eine Auswahl zur Einführung. Zürich (Rascher)
Kafka, F. (1961). Die Erzählungen. Frankfurt/M. (S. Fischer).
Kleist, H. v. (1964): Werke in acht Bänden. München (dtv).
Kohut, H. (1966): Formen und Umformungen des Narzissmus. Psyche – Z Psychoanal 20(8), 561–587.
Kohut, H. (1978): The Search for the Self. Selected Writings of Heinz Kohut 1950–1978. Zwei Bände, herausgegeben von Paul H. Ornstein. New York (International Universities Press).
Kohut, H. (1987): Wie heilt die Psychoanalyse? Herausgegeben von Arnold Goldberg unter Mitwirkung von Paul Stepansky. Übersetzt von Elke vom Scheidt. Frankfurt/M. (Suhrkamp).
Kory, B. P. (2007): Im Spannungsfeld zwischen Literatur und Psychoanalyse. Die Auseinandersetzungen von Karl Kraus, Fritz Wittels und Stefan Zweig mit dem »großen Zauberer« Sigmund Freud. Stuttgart (Ibidem-Verlag).
Leavy, S. A. (1965): Lou Andreas-Salomés Freud-Tagebuch. Psyche – Z Psychoanal 19(3), 219–240.
Mann, T.(1968): Freud und die Zukunft. Das essayistische Werk. Frankfurt/M. (S. Fischer).
Martynkewicz, W. (1999): Sabina Spielrein und C. G. Jung. Eine Fallgeschichte. Berlin (Rowohlt).
Musil, R. (1978): Gesammelte Werke in neun Bänden. Reinbek bei Hamburg (Rowohlt).
Nietzsche, F. (1972): Werke in sechs Bänden. Herausgegeben von Karl Schlechta. Frankfurt/M., Berlin, Wien (Ullstein).
Posener, A. (1995): Shakespeare (In der Reihe: Rowohlts Monographien). Reinbek bei Hamburg (Rowohlt).
Pound, E. (1959): Dichtung und Prosa. Ausgewählt und übertragen von Eva Hesse. Westberlin (Ullstein).
Rilke, R. M. (1966): Werke in sechs Bänden. Frankfurt/M. (Insel).
Rilke, R. M. & Andreas Salomé, L (1952): Briefwechsel. Zürich und Wiesbaden (Max Niehans/Insel).
Schönau, W. (2006): Freud als Sprachschöpfer und Diskursbegründer. Freiburger literaturpsychologische Gespräche Bd. 26. Würzburg (Königshausen & Neumann), 245–254.
Schröter, M. (2009): Rezension von Mauser/Pietzcker: Literatur und Psychoanalyse. In: Freiburger literaturpsychologische Gespräche Bd. 28: Körper. Konstruktionen. Herausgegeben von Joachim Pfeiffer, Joachim Küchenhoff. Würzburg (Königshausen & Neumann), S. 193–196.
Sontag, S. (2007): At the Same Time. Essays and Speeches. New York (Picador).
Ungern-Sternberg, W. v. (2004): Er hat uns in Wien deutlich genug zu erkennen gegeben, dass ›kein ewiger Bund mit ihm zu flechten‹ ist. Zu zwei Begegnungen zwischen Rilke und Freud. In: Braungart, G.; Harzer, F.; Neureuter, H. P. & Rösch, G.: Bespiegelungskunst. Begegnungen auf den Seitenwegen der Literaturgeschichte. Tübingen (Attempto), S. 181–198.
Winnicott, D. W. (1971): Vom Spiel zur Kreativität. Übersetzt von Michael Ermann. Stuttgart (Klett).
Winnicott, D. W. (1974): Reifungsprozesse und fördernde Umwelt. Übersetzt von Gudrun Theusner-Stampa. München (Kindler).

Verwandlung und Transformation

Assoziationen zu Kafkas Text *Die Verwandlung*

Dominique Bondy Borbély

Einführung

Warum *Die Verwandlung*? Ich las zum ersten Mal diesen berühmten Text von Franz Kafka (publiziert im Jahr 1915) mit 13. Diese Geschichte hatte mich so fasziniert, so tiefe Spuren hinterlassen, dass sie mir immer wieder in den Sinn kam. Es war nicht nur die furchterregende Erzählung, sondern auch die Schreibweise von Kafka, die sich an einer Grenzzone zwischen Realität und Fantasiewelt bewegt, die etwas in mir tiefer berührten und dem ich weiter auf die Spur kommen wollte. Ohne eigentlich zu wissen, wohin es mich führen würde. Anfänglich war ich auch unsicher, mich mit so einem berühmten, von so vielen Kritikern, aus allen Richtungen beackerten Text zu beschäftigen. Doch die Bemerkung von Marthe Robert, einer großen Kafka-Kennerin, hat mich ermutigt weiterzumachen. Sie schreibt:

> »In einer klaren und einfachen Sprache geschrieben und von einer gewissen Seite her klassisch, die Werke von Kafka beinhalten immer mehr und etwas anderes als das, *was sie zu sagen scheinen, und haben so die Forschungen angespornt und gleichzeitig haben sie nie ihr letztes Wort ausgeliefert*« (Marthe Robert 1960, S. 46; kursive Hervorh. D.B.B.).

Wenn ich einen Text von Kafka gewählt habe, ist es auch, weil er einer der seltenen Schriftsteller ist, bei dem man eine so große Einheit zwischen seinem »Ich« und seinem Schreiben fühlt, und weil in seinen Arbeiten die tiefsten unbewussten Schichten der Seele widerhallen.

Ein Tagebucheintrag bestätigt dies am 21. August 1913: »Da ich nichts anderes bin als Literatur und nichts anderes sein kann und will [...]«, und weiter in einem Brief an Felice (14. Januar 1913): »Schreiben heißt ja sich öffnen bis zum Übermaß.« In seinen Erzählungen ist er durch viele Aspekte mit der analytischen Welt verwandt: Mittels Analogien, Bildern, Metaphern beschreibt er auf schonungslose Weise unsere innere Welt, er hat eine Leidenschaft für die Wahrheit, er alterniert zwischen Zweifel und Gewissheit.

Dazu befindet man sich in einer Zwischenzone – wie im analytischen Setting –, wo Realität und Fantasien sich gegenseitig bedingen, wo die Fantasien durch die Sprache strukturiert werden. M. Robert kommentiert die Absicht von Kafka in ihrer Einführung zur französischen Übersetzung seiner Tagebücher folgendermaßen: »Er möchte der Welt ihre enigmatischen Aspekte zurückgeben, sie gleichermaßen entfernt und nahe zeigen und das Seltsame der Details hervorheben« (Kafka 2002, S. 13).

Die Bedeutung der Literatur für uns Analytiker

Ich möchte noch erwähnen, wie wichtig es meiner Meinung nach ist, sich als Analytiker der Literatur zuzuwenden. Freud, wie wir wissen, hat seine wichtigsten Entdeckungen der Mechanismen des Traumes, der psychischen Prozesse, der Symbolisierung, des kreativen Schaffens und der archaischen Quellen der Universalfantasien aufgrund der Literatur gemacht. Es waren die poetischen Werke, die ihm als Modelle dienten. Er schrieb dazu: »Wertvolle Bundesgenosse sind aber die Dichter und ihr Zeugnis ist hoch anzuschlagen, denn sie pflegen eine Menge von Dingen zwischen Himmel und Erde zu wissen, von denen unsere Schulweisheit noch nichts träumen läßt« (Freud 1907, S. 33).

Ich möchte an dieser Stelle neben Freud noch ein paar Autoren nennen, die sich eingehend mit den verschiedensten Aspekte der Kreativität beschäftigt haben und dessen Werke mich durch diese Arbeit begleitet haben, auf dessen Konzepte ich Bezug nehme. Es handelt sich um D. Anzieu, W.R. Bion, Ch. Bollas, J. Chasseguet, M. Klein, S. Kofman,

A. Green, H. Rey und H. Segal, D.W. Winnicott. In der integralen Version nehme ich bestimmte Gedanken und Aussagen von ihnen auf, die eine Bedeutung für mein Thema haben, die ich hier aber leider draußen lassen muss.

Was mich besonders interessiert hat an der *Verwandlung*, ist, dass man diese Erzählung als die Beschreibung einer psychischen Desintegration lesen kann, als das Versagen einer wirklichen Verwandlung im Sinne einer Transformation und einer Integration wie man es von einer Analyse erwarten kann. Kafka evoziert, beschreibt, lässt den Leser psychische Phänomene spüren, die jenseits der Vorstellung liegen. Er schrieb *Die Verwandlung* »mit einem unbegrenzten Verlangen«, sich »in sie auszugießen, deutlich von aller Trostlosigkeit aufgestachelt« (Kafka 1967, Brief vom 18. November 1912).

Was die ergreifende Eigenart von Kafkas Sprache und Welt ausmacht, ist, dass sie sich an der Grenze des Eigenen und des Generellen, des Äußeren und des Inneren, des Sichtbaren und des Unsichtbaren, des Zweifels und der Gewissheit, der Realität und des Fantastischen bewegt.

In der Analyse dieser Erzählung werde ich meine Aufmerksamkeit besonders den Phänomenen der Dissoziation und der Fragmentierung widmen, sowie den Bewegungen, die trotz allem zur Integration und Vereinheitlichung tendieren. Dann werde ich versuchen zu ergründen, weshalb und bis zu welchem Grad die Reparationsarbeit misslingt (ich benutze das von Melanie Klein beschriebene Konzept der Reparation) und welche Bedingungen notwendig sind, damit Verwandlung zur Transformation kommen kann. Auch wenn die Konzepte Transformation, Reparation und Kreativität nicht synonym sind, hängen sie, meiner Meinung nach, zusammen und sind Teil der Arbeit der depressiven Position. Hier nun ein kurzer theoretischer Exkurs:

Hanna Segal hat sich, nach Melanie Kleins Konzepten, in ihrer Arbeit *Dream, Phantasy and Art* von 1991 eingehend mit den Quellen der Kreativität beschäftigt. Sie sagt, dass mit dem Aufkommen der depressiven Position, mit der Erfahrung der Trennung, des Verlustes, die symbolischen Vorstellungen ins Spiel kommen. Sie sind notwendig, um den Schmerz des Objektverlustes zu überwinden und um das Objekt vor seinen Aggressionen zu schützen. Sie ermöglichen die Kommunikation nicht nur mit der Außenwelt, sondern auch mit der inneren Welt. Dank der Arbeit der depressiven Position ist der Mensch fähig, primitivere Aspekte seiner Erfahrungen zu integrieren und zusammenzuhalten. Es geht darum, die Verantwortung für alle Teile des Ichs, die für das Objekt widersprüchlich und gefährlich sind, zu übernehmen. Dieser Transformationsprozess ist an sich komplex, und es geht dabei um einen konstanten Prozess, der jedoch bei jedem Stadium behindert werden kann.

Wir werden in der »Verwandlung« die Unterbrechung dieses Prozesses sehen, die das Misslingen einer Transformation mit sich bringt, und werden versuchen zu verstehen, welche Faktoren eine Entwicklung verhindert haben.

Was erfahren wir aus dieser Erzählung? Was sagt sie über uns, über unsere Patienten? Ich werde meine Arbeit mit zwei Patienten aus meiner Praxis, die wie Gregor Samsa in einem Panzer gefangen sind, wie auch die schwierige Arbeit des Analytikers im Schlussteil beschreiben und sehen, welche Bedingungen notwendig sind, damit eine Transformation, das heißt auch eine Reparation der deformierten Anteile möglich wird.

Die Verwandlung

Bevor ich zur Analyse des Textes komme, werde ich die Erzählung in einer Art Reader's Digest sehr knapp zusammenfassen:

> *Die Verwandlung* ist die Geschichte der Metamorphose von Gregor Samsa, der eines Morgens als ein riesiges Insekt aufwacht.
>
> Im ersten Teil stehen die körperlichen Veränderungen von Gregor, die Art, seinen neuen Zustand zu bewältigen, die Konfrontation mit dem Geschäftsführer, der ihn zur Arbeit abholen will, die Konfrontation mit den Familienmitgliedern (Eltern und Schwester) und ihren Reaktionen ihm gegenüber im Vordergrund. Am Ende dieses Teils wird Gregor ein erstes Mal mit der Gewalt seines Vaters konfrontiert, der ihn mit einem Stock in sein Zimmer zurückstößt.
>
> Im zweiten Teil spielt seine Beziehung zu seiner Schwester

Grete eine wichtige Rolle. Während er mehr und mehr isoliert, ausgegrenzt ist, ist sie die Einzige, die sich um ihn kümmert. Sie räumt ihm sein Zimmer aus, damit er sich freier darin bewegen kann, wogegen er sich aber versucht zu wehren. Der zweite Teil endet mit der Verletzung, die der Vater Gregor zufügt, als er ihn in sein Zimmer zurückjagt, indem er auf ihn Äpfel wie Geschosse wirft.

Der dritte Teil kulminiert in der Szene, in der die Schwester für die drei Untermieter Geige spielt und in der Gregor, vom Klang der Musik angezogen, im Wohnzimmer erscheint. Alle sind über sein Aussehen entsetzt, den Todesstoß versetzt ihm seine Schwester, indem sie sagt, man müsse sich Gregors entledigen. Kurz danach »versteht« und akzeptiert Gregor, der schon länger nichts mehr gegessen hat und geschwächt ist, sein Urteil. Bevor er friedlich stirbt, denkt er an seine Familie »mit Rührung und Liebe zurück. Seine Meinung darüber, daß er verschwinden müsse, war womöglich noch entschiedener, als die seiner Schwester« (Kafka 1994, S. 66). Die Bedienerin findet ihn am nächsten Tag, tot und ausgetrocknet in einer Ecke seines Zimmers. Die Familie ist entlastet, fängt wieder an zu leben, hat neue Zukunftsperspektiven.

Analyse des Textes

Die verschiedenen Räume im Raum des Textes

1) *Die Verwandlung* als Geschichte und auch als bedeutungsvolles Phänomen vollzieht sich in einer Übergangszone zwischen einer realen und einer Traumwelt. Der Leser wird in diesen Raum von Anfang an hineingeworfen: »Als Gregor Samsa eines Morgens aus unruhigen Träumen erwachte, fand er sich in seinem Bett zu einem ungeheueren Ungeziefer verwandelt. [...] ›Was ist mit mir geschehen?‹, dachte er. Es war kein Traum« (Kafka 1994, S. 7).

Somit gibt es den Raum eines Albtraumes, dessen Inhalt man nicht kennt und der gewissermaßen der Geschichte vorausgeht: ein Text vor dem Text. Ein Kippen also in eine Welt, in der die Grenzen zwischen Traum und Realität schwanken und verschwinden, in der die neue Realität mit der sogenannten Normalität in Berührung kommt. Gregor erkennt sein Zimmer: »Sein Zimmer, ein richtiges, nur etwas zu kleines Menschenzimmer, lag ruhig zwischen den vier wohlbekannten Wänden« (ebd.).

2) Wir nehmen Teil am inneren Raum des Erzählers Gregor, der uns von innen und von außen am Drama der Situation teilhaben lässt. Während der ganzen Erzählung ist dieses denkende Ich »erwachsen«, den anderen gegenüber empathisch, hört keinen Moment auf nachzudenken. Und obwohl Gregor nicht mehr sprechen kann (was auch heißt, sich nicht verständlich machen zu können), versteht er die Sprache der anderen, die nicht wissen, dass er sie versteht.

3) Dann gibt es den Raum seines Körpers, dieses Panzers, den er so lange wie möglich zu negieren versucht: »›Wie wäre es, wenn ich noch ein wenig weiterschliefe und alle Narrheiten vergäße‹, dachte er«; »Zunächst wollte er ruhig und ungestört aufstehen, sich anziehen und vor allem frühstücken« (ebd., S. 11). Er wird langsam und schmerzlich lernen, seine neue Form anzunehmen. Er glaubt zu sprechen, als er durch die Türe dem Geschäftsführer gegenüber eine lange Rede hält, und merkt dann, dass er den Gebrauch der menschlichen Sprache verloren hat. Er kann seinen Zustand nicht mehr verleugnen:

> »Gregor erschrak, als er seine antwortende Stimme hörte, die wohl unverkennbar seine frühere war, in die sich aber, wie von unten her, ein nicht zu unterdrückendes, schmerzliches Piepsen mischte, das die Worte förmlich nur im ersten Augenblick in ihrer Deutlichkeit beließ, um sie im Nachklang derart zu zerstören, daß man nicht wußte, ob man recht gehört hatte« (ebd. S. 10).

Sein Panzer ist bildlich der deformierte Teil seines Ichs, ein vom denkenden Ich abgespaltener Teil. Kafka visualisiert so den Bruch im Ich von Gregor. Man kann den Panzer als Schutz, als Barriere vor der Verflüssigung des Ichs sehen. Man kann ihn aber auch als Rückkehr zu einem primären Zustand verstehen. Wie Kafka die Schwierigkeiten von Gregor, sich zu bewegen, beschreibt, wie er seine Glieder entdeckt, wie er sich auf die Beine stellt und wie er körperliche Autonomie erwirbt, erinnert an ein Baby, das seinen Körper entdeckt und Freude an seinen erworbenen Fähigkeiten hat: »Kaum war das geschehen, fühlte er zum ersten mal an diesem Morgen ein körperliches Wohlbehagen; die Beinchen hatten festen Boden unter sich; sie gehorchten vollkommen, wie er zu seiner Freude merkte« (ebd., S. 25). Schutz, Neubeginn, Regression im Dienste des Ichs, Ort des Rückzugs (so wie Steiner 1993 es definiert) sind die eine Seite der Münze. Die andere Seite wird sich mehr und mehr im Verlauf der Geschichte zeigen: Ort der absoluten Einsamkeit, des Eingesperrtseins, Sackgasse (»Ich bin in der Klemme«), Ausgeschlossenheit aus der menschlichen Welt. Die Verwandlung ist nicht ruckgängig zu machen, es gibt keine Fee, die den verzauberten, gefangenen Protagonisten erlöst, keine Eltern, die den Schmerz ihres Sohnes näher anschauen, ernst nehmen können, auch keinen Analytiker, der ihm zur Hilfe kommt.

4) Ein anderer Raum ist sein Zimmer, ein zentraler Ort, an dem sich das meiste der Erzählung abspielt. Man kann es auch als eine erweiterte Darstellung der inneren Welt von Gregor sehen und als einen Raum für die Projektionen der anderen. Wenn Gregor zuerst Mühe hat, seine von innen abgeschlossene Türe aufzumachen (eine der zentralen Szenen, meiner Meinung nach, in der die große Kontaktschwierigkeit metaphorisch dargestellt wird), wird diese später von außen abgeriegelt und dann abends etwas offen gelassen, damit er ein bisschen am Familienleben während des Abendessens teilhaben kann. Sein Zimmer ist klein. Es hat drei Türen, ist somit gewissermaßen ein *Durchgang*.

Dieser Raum verwandelt sich zudem im Zusammenhang mit den schwierigen Beziehungen von Gregor zu seinen Objekten. Obwohl seine Schwester anfangs ein gutes Objekt darstellt, das versucht, Gregor zu helfen und seine Bedürfnisse zu erraten (sie ist die Einzige, die sich um ihn kümmert, sein Zimmer putzt, ihm heimlich Essensreste bringt), wird sie sich später zurückziehen und ihren Bruder vernachlässigen. Bevor sie sich von ihm abwendet, kommt sie auf den Gedanken, sein Zimmer auszuräumen, damit er sich darin freier bewegen kann. Aber in Wirklichkeit wird Gregor seiner wenigen

Sachen beraubt, die ihm aus seinem früheren Leben, aus seinem Leben als Mensch geblieben sind und die auch einen Teil seiner Identität repräsentieren (wie z.B. seinen Arbeitstisch). Gregor wird sich dem widersetzen, er wird sich an einem Bild an der Wand festklammern, sich daran kleben. Es stellt eine Frau mit ihren Pelzen dar und ist eine Fotografie, in einem selbst gefertigten goldenen Rahmen, die er aus einer Zeitschrift geschnitten hat. Dieses Bild darf man ihm nicht wegnehmen. Es könnte ein Primärobjekt darstellen, eine Haut-Pelz-Mutter, die Repräsentanz eines guten Objektes, auch eines Objektes der Begierde (Gregor klebt den unteren Teil seines Körpers auf das Bild), das er retten will, um eine letzte Verbindung mit sich, mit seiner Vergangenheit, mit einem guten Objekt herzustellen. Vielleicht kann man hier auch von einem Kontakt zwischen Körper und Bild, zwischen etwas Konkretem und etwas Symbolischem, auch zwischen dem Autor und seinem Text sprechen.

Von leer wird dieses Zimmer zu voll (von Elementen, von fremden Objekten, die darin projiziert werden), denn am Schluss der Erzählung verwandelt sich das Zimmer wieder: Man hat Möbel aus einem anderen Zimmer reingestellt, um für die Untermieter Platz zu machen. Das Zimmer wird zur Rumpelkammer, wird nicht mehr gereinigt. Es ist nur noch ein Container für Abfälle und repräsentiert so auch die innere Veränderung von Gregor, der, von allen verlassen, aufgehört hat zu essen, in ein Loch fällt und sich aufgibt: Entwertet, vergessen, verleugnet wird er zum Auffangbecken der schlechten Anteile der anderen.

5) Gregors Außenraum wird durch ein Fenster und die drei Türen seines Zimmers dargestellt. Das Fenster spielt eine wichtige Rolle als Zugang zur Außenwelt. Gregor verbringt offenbar viel Zeit, indem er durchs Fenster schaut. Interessant dabei ist die Beschreibung eines Gebäudes, das er dabei erblickt: »Es war inzwischen viel heller geworden; klar stand auf der anderen Straßenseite ein Ausschnitt des gegenüberliegenden, endlosen, grauschwarzen Hauses – es war ein Krankenhaus – mit seiner hart die Front durchbrechenden regelmäßigen Fenstern« (Kafla 1994, S. 22). Dieses Gebäude, welches eigentlich ein Ort der Heilung wäre, erinnert eher an ein Gefängnis, ist düster und scheint von der Menschheit verlassen zu sein. Es ist gleichzeitig der Spiegel der

Krankheit, des Gefängnisses von Gregor und ein Bild für eine dunkle, depressive Außenwelt.

Die Beschreibung des dunstigen Wetters, das Abnehmen der Sicht auf die äußere Welt, zeigen metaphorisch die Degradierung des psychischen Zustands von Gregor, seine abnehmende Wahrnehmung der äußeren Realität.

Die Türe von seinem Zimmer spielt auch eine zentrale Rolle. Sie stellt eine Schwelle, einen Übergang und ein Symbol zwischen Innen und Außen, zwischen Teilhaben und Ausgeschlossensein dar. Vor allem repräsentiert sie die Kontaktmöglichkeit zu seinen Objekten. Aber sie bleibt die meiste Zeit geschlossen. Gregor wurde isoliert, der bedrohliche, beängstigende Teil, den er in den anderen weckt, muss auf die Seite geschoben werden. »Die Tür wurde noch mit dem Stock zugeschlagen, dann war es endlich still« (ebd., S. 27). »Aber nun wurde die Tür nicht mehr geöffnet und Gregor wartete vergebens« (ebd., S. 29). Das Verleugnen von ihm geht so weit, dass seine Schwester Grete sagt: »Weg muß es, das ist das einzige Mittel, Vater. Du mußt bloß den Gedanken loswerden suchen, daß es Gregor ist« (ebd., S. 64). Um die Verantwortung über die Aggression, um jegliches Schuldgefühl zu vermeiden, muss man ihm den letzten Schatten einer menschlichen Identität wegnehmen, ihn zu einem »es« reduzieren (hier kann man auch das erkennen was 25 Jahre später mit den Juden gemacht wurde).

Es gibt keinen Trennungsprozess, sondern Schnitt, Abspaltung, Evakuation.

6) Man kann auch von den psychischen Räumen sprechen, so etwa denjenigen zwischen Gregor und der Schwester, zwischen ihm und dem Vater, zwischen ihm und der Mutter, zwischen ihm und dem Block Schwester-Mutter-Vater. Diese psychischen Räume stellen auch Orte dar, in denen die projektiven Identifikationen aktiv sind, in denen Angreifer und Angegriffener, Verfolger und Verfolgter sich vermischen.

Wer ist Gregor Samsa?

Gregor gelang es nicht den Schoß der Familie zu verlassen, ein erwachsenes, autonomes Leben zu führen. Die riesige Diskrepanz zwischen seinem denkenden Ich und seiner »tierischen« Seite zeigt, dass ein Teil in ihm sich nicht entwickelt hat, kein gutes Objekt verinnerlicht wurde, und dass er in einem falschen Selbst eingeschlossen ist. Er konnte seinen sexuellen Körper, der sich in seiner ganzen Deformation zeigt, nicht besetzen. Man erfährt später, dass er es bedauert, einer jungen Frau gegenüber, die ihm gefiel, nicht aktiver gewesen zu sein. Er kennt wenig Vergnügen, geht abends nie aus. Seine Tätigkeiten sind kindlicher Natur: Er studiert gerne Zugfahrpläne und bastelt. Am Anfang der Erzählung kreisen seine Gedanken vor allem um die Arbeit: Als Handelsreisender für Tuchwaren muss er ständig unterwegs sein, hat einen unerbittlichen Chef, muss die Familie versorgen. Die Mutter, eine schwache Person, scheint als einzige zu merken, dass Gregor krank ist. Erträgt aber nicht sein Anblick. Gregor leidet unter einem Vater, der grausam, gewalttätig, verständnislos ist. Dagegen ist Gregor äußerst verantwortungsvoll, voller Sorgen, wenn er merkt, dass er nicht aufstehen kann, zu spät an die Arbeit kommen könnte, und hat bis zu dem Tag, an dem er als Käfer aufwacht, nie gefehlt. Insofern ist es ein Skandal und ein Drama, dass er es wagt, »krank zu sein«. Man kann sich gut vorstellen, dass er sein eigenes Leben, seine eigenen Bedürfnisse bis zum Zeitpunkt seiner Verwandlung geopfert hat, auch um den Eltern ein Leben frei von Geldsorgen zu ermöglichen. Seine tiefe psychische Wunde wird durch körperliche Schmerzen dargestellt, als ob sie erst auf der somatischen Ebene erfahrbar würde, »als er in der Seite einen noch nie gefühlten, leichten, dumpfen Schmerz zu fühlen begann« (ebd., S. 8). Einer der Äpfel, die sein Vater am Ende des zweiten Teils auf ihn wie ein Geschoss wirft, bleibt in seinem Panzer stecken, in dem er verfault und somit seine Wunde vertieft.

Es ist erstaunlich, dass Gregor im Laufe der Erzählung gegenüber seiner Umgebung, die ihn misshandelt, ignoriert oder attackiert, so wenig Aggression zeigt. Er wurde eigentlich verlassen, weil seine Verwandlung auch Verlust bedeutet, doch er »dachte nicht im geringsten daran, seine Familie zu verlassen« (ebd., S. 16). Es ist hauptsächlich am Anfang der Geschichte, dass eine gewisse Aggressivität seinem Vorgesetzten gegenüber an den Tag kommt: »Der Teufel soll das alles holen!« (ebd. S. 8); »Wenn ich mich nicht wegen meiner Eltern zurückhielte, ich hätte längst gekündigt, ich wäre vor den Chef hingetreten und hätte ihm meine Meinung von Grund des Herzens aus gesagt« (ebd.). Eine Form von primitiver Aggression zeigt sich noch bei seinen oralen Trieben (er möchte seine Schwester beißen). Doch nach und nach verlässt er sich selbst, wie er verlassen wird, hört auf zu essen, und am Ende der Erzählung kann man seinen Zustand als »essenzielle Depression« (vgl. Marty 1968) bezeichnen, er befindet sich »im Dunkel«, wird sich sterben lassen. Es ist aus Rücksicht und vor allem aus Scham, dass er sich ihnen nicht zeigt, sich unter dem Sofa versteckt, eine Decke über sich zieht.

Am Ende der Erzählung, als er nichts mehr zu verlieren hat, als er sich in einer Art von Apathie befindet, von Dreck und verfaulenden Abfällen bedeckt ist, als die Musik ein letztes Mal die Möglichkeit einer echteren und substanzielleren Nahrung evoziert, wagt er es, angezogen durch das Geigenspiel seiner Schwester, in das Wohnzimmer einzudringen und sich vor seiner Familie und den Untermietern blicken zu lassen. Die Musik weckte in Gregor die Hoffnung, nochmals menschliche Wärme zu finden: »War er ein Tier, da ihn Musik so ergriff?« (Kafka 1994, S. 60) In diesem Abschnitt wird die Möglichkeit einer Reparation suggeriert, die Möglichkeit einen Kontakt zu seiner Schwester, deren Blick er sucht, zu finden. Die Musik hätte als Übergangsobjekt ein Objekt des Teilens werden können, ein Ort der Versöhnung. Aber »das Monstrum« Gregor, welches menschlicher als die ihn umgebenden »Menschen« ist, wird endgültig aus der Gemeinschaft der unmenschlichen Menschen verbannt.

Wenn man es mit einem Patienten zu tun hätte, könnte man sagen, dass Gregor an einem Punkt angelangt ist, wo er mit seiner neuen Form, seinem Insektenkörper, gewissermaßen »Halt! Ich kann nicht mehr!« sagt oder eher schreit. Die Krankheit, die Metamorphose wäre die legitime Sprache, einen Zustand von totaler Verzweiflung mitzuteilen, ein Hilferuf, der keine Worte mehr findet, um übermittelt und ausgedrückt zu werden.

Verletzung und Angst

Gregor leidet nicht nur, sondern sein Schmerz wird durch die Attacke seines Vaters noch verschlimmert. Hier hat man es mit einem doppelten Schmerz zu tun. Der ursprüngliche Schmerz wird durch einen sekundären Schmerz verstärkt. Die Verletzung im Rücken Gregors heilt nicht mehr, sie wird zur offenen Wunde. Wegen seiner narzisstischen Wut will der Vater den Sohn zerstören: Das Symptom, die Deformation, der Abwehrpanzer müssen zum Verschwinden gebracht werden, weil es in ihm etwas berührt, das er in sich zum Verschwinden bringen will. Man kann in dieser Szene die Komplexität kumulativer Phänomene sehen. Der vom Vater geworfene und in ihm faulende Apfel ist als fremdes und schlechtes Objekt Repräsentanz des ihn deformierenden Vaters. Der durch den Vater hervorgerufene Schmerz vertieft den ursprünglich eigenen.

Der progressive Ausschluss von Gregor zeigt, dass es keinen Container für seine Schmerzen gibt.

Die Rolle des Blicks

Schauen, die Augen schließen, wegschauen, sich verstecken, in Ohnmacht fallen – diese Prädikate spielen hier eine zentrale Rolle und sind Träger von verschiedenen Bedeutungen. (Mit dem Blick entstehen die ersten Bindungen zwischen Mutter und Kind. Im und durch den Blick der Mutter fühlt sich das Baby erkannt, unterstützt und gespiegelt, insofern die Mutter fähig ist, es zu verstehen, zu halten, auch seine Ängste und sein Unwohlsein aufzunehmen. Mit dieser primären Identifikation konstituiert sich beim Baby der erste Kern seines Ichs.) Den Blick von Gregor durch das Fenster seines Zimmers kann man als die Suche eines Sicherheit gebenden mütterlichen Blickes interpretieren: »In solchen Augenblicken richtete er die Augen möglichst scharf auf das Fenster, aber leider war aus dem Anblick des Morgennebels, der sogar die andere Seite der engen Straße verhüllte, wenig Zuversicht und Munterkeit zu holen« (Kafka 1994, S. 12). Gregor wird immer kurzsichtiger:

> »[W]enn er nicht genau gewußt hätte, daß er in der stillen, aber völlig städtischen Charlottenstraße wohnte, hätte er glauben können, von seinem Fenster aus in eine Einöde zu schauen, in welcher der graue Himmel und die graue Erde ununterscheidbar sich vereinigten« (ebd., S. 38).

Man kann sagen, dass er es mit einem undurchdringlichen, leeren und depressiven Primärobjekt, das auch sein eigener Spiegel ist, zu tun hat. Wenn es ihm endlich gelingt, seine Türe aufzumachen und somit gesehen zu werden, fällt seine Mutter in Ohnmacht, der Vater erstarrt und deckt seine Augen mit den Händen zu. Gregors bittender und verängstigter Blick zu seinem Vater wird von diesem nicht aufgenommen, er nimmt die Botschaft nicht wahr. Sein Anblick löst bei seiner Schwester Grete Ekel aus. Gregor schont sie, indem er sich unter das Sofa verkriecht, jedes Mal wenn sie in sein Zimmer kommt, um ihm Essensreste zu bringen.

Je mehr Gregor aus der menschlichen Welt verschwindet, desto mehr bekommt sein Vater einen wachsamen Blick, während es bei Gregor – alleine in seinem Zimmer – oft um Schatten und Dunkelheit geht. Auch sein Gedächtnis über die Zeit, als er noch unter Menschen war, benebelt sich. Und bevor er stirbt: »Sein letzter Blick streifte die Mutter, die nun völlig eingeschlafen war« (ebd., S. 66).

Es ist ironisch und bitter, dass Gregor, bevor er stirbt, seine Mutter anschaut, die schläft und seinen Blick nicht erwidern kann.

In diesem Text kann man die Rolle des Blickes, des Sehens und Gesehenwerdens von zwei Standpunkten angehen.

Es gibt einerseits das progressive Erblinden von Gregor als Symbol des Verlustes von Kontakt mit der Realität, was man auf einer gewissen Ebene als Symbol der Kastration durch den Vater, als ein Nicht-sehen-Wollen der Urszene, als Verweigerung, den Trennungsschmerz zu akzeptieren, betrachten kann. Anderseits ist die Welt, in der Gregor Samsa lebt, falsch, grausam, manipulierend. Es ist eine Welt, in der er seinen eigenen Platz nicht gefunden hat. Seine Eltern sind von ihm existenziell abhängig, und auch er hat nicht die Absicht, sich von ihnen zu trennen. Die Abhängigkeit ist gegenseitig in einer Welt der Teilobjekte. Diese Welt nicht mehr zu sehen, nicht mehr sehen zu wollen, kann auch als eine Form der Revolte verstanden werden. Eine Suche nach einem Ausweg, die aber hoffnungslos und fatal bei seinem gefangenen Zustand ist. Sein »klares«, vernünftiges und im Allgemeinen ruhiges Denken gegenüber der Aufregung seiner Familie könnte man als Suche nach einem authentischeren Blick, einem Blick nach innen, verstehen. Dieser Blick, der repräsentiert wird durch das Denken, das die Erzählung begleitet, findet keinen Behälter, keinen Container, und somit keine Transformationsmöglichkeit. Gregors Welt wird immer enger, wird immer dunkler. Denn er zeigt vor den Augen der anderen einen Teil von sich, nämlich das Monster, dessen Ansicht unerträglich ist, den niemand sehen will und der sozusagen das nicht Vorstellbare, die Angst vor dem Unbekannten, vor der Kastration darstellt.

Im denkenden Teil von Gregor gibt es ein besser entwickeltes Funktionieren, das aber den deformierten, monströsen Teil nicht integrieren kann, das keine Worte hat, um einen fundamentalen Schrecken und einen fundamentalen Schmerz auszudrücken.

Die Rolle des Containers: Die Suche nach einem Objekt

Dieser Text von Kafka zeigt uns, bis zu welchem Grad durch die Objektbeziehung und in ihr eine Hilfe nötig gewesen wäre: »[W]ie einfach alles wäre, wenn man ihm zu Hilfe käme« (Kafka 1994, S. 13). Auch hätte er Ermutigung gebraucht: »Alle hätten ihm zurufen sollen, auch der Vater und die Mutter: ›Frisch, Gregor‹, hätten sie rufen sollen, ›immer nur heran, fest an das Schloß heran!‹« (ebd., S. 20) Die drei Versuche von Gregor zu rebellieren, die auch eine Suche nach einem Objekt darstellen, welches Bollas »die Suche nach einem transformierenden Objekt« nennt, misslingen. An einer anderen Stelle heißt es: »Würden sie [die Eltern] erschrecken, dann hätte Gregor keine Verantwortung mehr und konnte ruhig sein« (ebd., S. 18). Bei diesem Gedanken sieht man einerseits seinen tiefen Wunsch zu regredieren, aufgenommen zu werden, anderseits impliziert Erschrecken als Kommunikationsquelle die Suche nach dem Objekt, den Wunsch, eine Wirkung auf den anderen zu haben, ihn seinerseits zu transformieren, zu berühren.

Die Reparation

Man vergisst oder findet es nicht mehr notwendig, einen Arzt und einen Schlosser kommen zu lassen. Diese Figuren, der Arzt und der

Schlosser, könnten zusammengenommen den Psychoanalytiker symbolisieren, also jemanden, der heilt und der die Schlüssel besitzt, um in die innere Welt des Patienten Gregor hineinzukommen. Jemand, der vielleicht für ihn, den Sprachlosen, Worte gefunden hätte. Der Schrecken, den Gregor auslöst, kann auch in Verbindung gebracht werden mit dem, was Freud in seiner Arbeit »Das Unheimliche« darüber schreibt: »[D]ies Unheimliche ist wirklich nichts Neues oder Fremdes, sondern etwas dem Seelenleben von alters her Vertrautes, das ihm nur durch den Prozess der Verdrängung entfremdet worden ist« (Freud 1919, S. 254). Gregors Erscheinung (das, was konkret gesehen wird) evoziert die Rückkehr von etwas »Unsichtbarem« und Unbewusstem, das absolut erschreckend und unerträglich ist. Das Unheimliche bringt den Riss mit alldem, was vertraut und beruhigend ist, und repräsentiert den Bruch mit der Vernunft, die Ankündigung der Verrücktheit. Die Familie reagiert auf die Verwandlung von Gregor mit schizoparanoidem Funktionieren: Was sie als Bruch erlebt, veranlasst sie zum Bruch, was sie als Verlust erlebt, bringt ein Verlassen Gregors mit sich. Keine fruchtbare Begegnung zwischen diesen zwei Welten findet statt. Die Begegnung bleibt im Unheimlichen gefangen und Gregor kann seinen Panzer nicht verlassen, keine Transformation erfahren: Der Versuch einer Reparation ist ihm misslungen. Eine Reparation ist nicht möglich ohne Hilfe, ohne haltendes und heilendes Objekt, das den Übergang der schizoparanoiden zur depressiven Position begleitet. Wie soll man sich diese Hilfe vorstellen?

Henri Rey schreibt dazu in seiner Arbeit »Reparation«, dass zusätzlich zur Arbeit des Unbewussten, zur Traumarbeit und zur Trauerarbeit, das interne Objekt den reparativen Bemühungen antworten muss. »Eine innere Mutter, die fähig ist zu antworten, muss auftauchen« (1994, S. 223). Aber dieses gute Objekt kann nur in Erscheinung treten, wenn die omnipotenten und konkreten Reparationsfantasien aufgegeben werden, was auch das Akzeptieren einer unvollständigen Reparation impliziert. Wie auch immer die Form der Reparationsarbeit aussehen mag, sie benötigt einen Container, der die psychische Transformation und Integration der deformierten Teile ermöglicht.

Begegnung in der Praxis mit »unerreichbaren« Patienten

Wenn man es mit Patienten zu tun hat, die wie Gregor Samsa in einem Teil ihres Ichs von ihren Gefühlen abgeschnitten sind, fällt auf, dass sie viele ähnliche Bilder und Vergleiche finden, um sich zu beschreiben. Herr D. z.B. spricht von seinem Teflonbelag, von seiner »Blackbox«. Um mir seine innere Blindheit seinen Gefühlen gegenüber verständlich zu machen, sagt er: »Es ist, wie einem Blinden die weiße Farbe erklären zu wollen, indem man ihm die Form seines Arms zu spüren gibt und ihm dabei sagt: ›So sieht ein weißer Schwan aus.‹« Das Problem von solchen Patienten besteht darin, dass sie, ähnlich wie Gregor, nicht in Kontakt mit ihrer Aggressivität stehen. Ihre Intelligenz und ihr beobachtendes Denken werden als Abwehr gegen Gefühle, somit auch Übertragungsgefühle eingesetzt. In der Gegenübertragung existiere ich lange nicht, die Trennungen werden geleugnet.

Sie stecken in mich ihren devitalisierten Teil, ich darf kein lebendiges Objekt sein, das ihnen wichtig sein könnte. Egal welche Interventionen ich diesbezüglich versuche zu machen, sie fallen in die »Blackbox«. Die Nichtresonanz, die Leere, in die ich falle, stellt einen Teil von ihnen dar.

Die Schwierigkeit mit solchen Patienten ist, dass der deformierte Teil in ihnen, der »Insektenteil«, der nicht entwickelte Teil, einen fundamentalen Mangel repräsentiert. Wenn sie ihm in einem Traum begegnen oder ihn in sich entdecken, wenden sie sich von ihm ab, oder dieser Teil, voller Scham, Hass und Machtlosigkeit, wendet sich von ihnen ab, will nicht in Kontakt treten mit ihrem entwickelten Teil. Doch eine gewisse Annäherung findet in den Träumen statt: Herr D. träumt von einem gefährlichem, monströsen Tier, das er zähmen möchte, da er sich dank einem Zaun dazwischen geschützt fühlt. Auch wird hier etwas lebendiger, denn er träumte vorher vorwiegend von Tieren aus Styropor. Es ist die Arbeit an der Beziehung oder Nichtbeziehung zwischen diesen internen Anteilen, die vielleicht eine Annäherung und eine Integration ermöglicht, bevor die Projektionen aufgelöst und in den Analytiker-Container gebracht werden können.

Patient Herr C., 37 Jahre alt, präsentiert sich als ein »genialer« Mathematiker, als ein junger »Alter«. Ein Teil von ihm ist sehr eingemauert, was er folgendermaßen formuliert: »Ich habe einen Safe in mir, den ich nicht öffnen kann, dessen Code ich vergessen habe.« Als Kind hat er nicht gesprochen, nur mit seiner Mutter. Nach vielen Analysejahren begann er, zu Beginn der Pubertät, zu sprechen. Er hat sein Leben in Analysen und Therapien verbracht, hat keine Freunde. Wenn er mit mir spricht, habe ich nicht das Gefühl, dass er zu mir spricht. Es sind aus ihm herausgeworfene Sätze ohne Erwartung, dass ich sie empfangen werde. Sprache als Trennungs- und Objektivierungsort hat etwas Gefährliches für ihn. Er arbeitet in der Forschung zur Optimierung der Kommunikationswege bei Stau! Nur einmal während ein paar Monaten hatte er eine Beziehung zu einer Frau, die 15 Jahre älter war als er. Die einzigen Personen, mit denen er »redet«, sind seine früheren Therapeutinnen, mit denen er per E-Mail kommuniziert. (Ich verstehe diese Kontakte als Nebenübertragungen, und zwar umso mehr, als er mir seine Mails und die Antworten darauf in den Sitzungen mitteilt.) Es ist klar, dass es sich hier um einen sehr gestörten Patienten handelt.

Herr C. entwertet mich und deponiert in mir seine negativen Affekte, seinen Hass, seine Depressionen, seine Verzweiflung. Seine Form von Kommunikation ist teilweise konkret: Seine Verachtung klebt fast an meiner Haut. Er will mich überzeugen, dass ich unfähig bin, ihm zu helfen, dass niemand ihm helfen kann, dass er immer einsam und unverstanden bleiben wird. Die Übertragung kann nicht als Übertragung analysiert werden, nur die Bestätigung seiner Projektionen geben ihm das Gefühl verstanden zu werden. Er erlebt mich, insbesondere wenn es um die Ferien geht, wie das Meer (und somit wie die Mutter), das ganz unberechnend kommt und geht. Dieses Meer, sagt er, bringt Nahrung oder Abfälle und nimmt sie zurück. Ein Fortschritt im Sinne einer Symbolisierungsarbeit schien zu entstehen, als er von einem Baby träumte, um das er sich kümmerte, das er anzog, dem er zu trinken gab. Seine Mutter befand sich in einem der Zimmer, sein Vater war auch da, aber die Eltern waren nicht zusammen. Das Haus, in dem sie sich befanden, war verpanzert, mit Metall zugedeckt. Damit sagt er mir auch, dass ich nie in ihn eindringen werde, dass er nie herauskommen wird. In einem weiteren Traum erscheint ein Supervisor, der anstatt einer Hand einen Metallzylinder hat. Es ist ein Patient, der sich psychisch und physisch sehr deformiert erlebt. Diese Hand aus Metall hat natürlich viele Bedeutungen. Hier gibt es, meiner Meinung nach, eine Annäherung zwischen dem metallischen und dem menschlichen Teil, einen Anfang, mit einer Deformation zu leben, die Ankündigung des psychischen Schmerzes als etwas Annehmbareres (diese Deutung entstand aus seinen Assoziationen). Herr C. lebt nun seit zwei Jahren in einem anderen Land. Wir hatten noch eine Zeit lang einmal die Woche eine Telefonanalyse eingerichtet (ich habe über die Grenzen und die Möglichkeiten der Telefonanalyse im Bulletin der SGP einen Artikel geschrieben). Vor Kurzem habe ich von ihm erfahren, dass er eine Partnerin gefunden hat – eine seriöse Beziehung –, dass er in seiner Arbeit Erfolg hat und nun mit seinem Leben zufrieden ist.

Vielleicht muss vieles im Geheimen stattfinden, im Versteck vor sich selbst. Ein erster Kontakt zwischen dem Baby und der Mutter entsteht durch einen Reparationsprozess, weit weg von meinem Blick, im Dunkel, an einem Ort, wo der verletzte und deformierte Teil zuerst eine Haut bilden muss, bevor er die Wörter dazu findet. Diese interne Mutter, von der Henri Rey spricht, muss, denke ich, lange genug in einer inneren Welt versteckt und rekonstruiert werden. Dies vielleicht auch wegen eines unbewussten Schuldgefühls, mir die »gute Nahrung«, die ich versuche zu geben, stehlen zu wollen, die Verbindungen, die ich versuche herzustellen, anzugreifen. Ich denke jedoch, dass diese innere und versteckte Arbeit nur möglich ist dank der Präsenz eines Objektes, das die äußeren und inneren Grenzen garantiert und somit dem deformierten Teil erlaubt, langsam einen Kontakt – so schmerzlich auch immer er sein mag – mit dem erwachsenen Teil zu finden.

Schlussfolgerung

Mit solchen Patienten ist die Gegenübertragung oft sehr schwer auszuhalten – auch weil unter anderem das eigene Denkvermögen in der Gegenübertragung oft beeinträchtigt wird –, weil die Vorstellung einer

Beziehung, eines Austausches, einer möglichen Bereicherung durch die Objektbeziehung sich bei ihnen offenbar nicht entwickelt hat. Sie können das Objekt nicht »benutzen«, und es ist sehr schwierig, Worte zu finden, die sie berühren, Worte für das Nicht-Formulierbare (Danielle Quinodoz) um das Nicht-Sagbare zu benennen. Wenn es dem Analytiker gelingt, in sich selbst einen potenziellen Raum zu konstituieren, kommt man, so meine ich, in die Nähe der Welt des Schriftstellers. Diese innere Kreation ist beim Analytiker der Ausgangspunkt einer Brücke, eines Überganges, wo sich die Möglichkeit eines wahren Verständnisses entwickeln kann. Aber wie kann sich dieser Raum entwickeln? Parallel zu der Tatsache, dass diese Patienten ohne mein Wissen ein lebendiges Objekt in sich selbst erschaffen müssen, muss ich lange genug ihren hilflosen, machtlosen, verzweifelten Teil in mir behalten, diese Projektionen annehmen, um sie dann später zu transformieren, wenn ich meine Fähigkeit zu denken wieder erworben habe und die Situation für mich konzeptualisieren kann. Das Denken und die theoretischen Hilfen gestalten dann gewissermaßen die Dimension des Dritten, einen Raum, der ein revitalisiertes Zuhören ermöglicht. Dies wirkt einer Haltung entgegen, die derjenigen der Eltern von Gregor Samsa ähnlich wäre, nämlich, sich abzuwenden und die inneren Türen zu schließen. Wenn man zu schnell konzeptualisiert, besteht die Gefahr von Flucht und Selbstschutz vor dem Kontakt mit dem verzweifelten Teil, der sich hinter dem Panzer versteckt. Man würde sich dann nicht nur wie die Eltern und die Schwester von Gregor verhalten, die zurückschrecken und nichts mit der Verwandlung/Deformation ihres Sohnes und Bruders zu tun haben wollen, sondern man läuft auch Gefahr, wie Gregor in einem konzeptuellen Panzer, in dem Sprache und Gefühl abgespalten sind, eingeschlossen zu bleiben.

Zusätzlich zur Bedeutung des Containers möchte ich hier die Bedeutung der emotionalen Anteilnahme hinzufügen. Gregor Samsa hat versucht, »gehört« zu werden, indem er sich »gezeigt« hat. Mit dem Erschrecken, das er provozierte, wollte er die anderen (an)rühren, damit ihm geholfen werde. Es ist dasselbe mit meinen erwähnten Patienten: Sie glauben an die Wirkung der analytischen Begegnung nur, wenn sie überzeugt sind, dass sie mich (be)rühren können, indem sie ihren negativen Abdruck in mir hinterlassen. Das Bedürfnis zu partizipieren, eine emotionelle Erfahrung zu teilen, obwohl sie alles tun, um dies zu vermeiden, ist Teil des »Containing« und der reparativen Funktion. Das ist wahrscheinlich, was Rey meinte, als er sagte, dass bei solchen Patienten eine innere Mutter entstehen sollte, die auch antworten kann.

Am Ende der Erzählung spielt die Musik eine zentrale Rolle. Sie ist vielleicht ein Zwischenraum, in dem die Emotionen in einer vorsymbolischen Form erlebt und empfunden werden. So erwähnt Gregor die sanfte Stimme seiner Mutter (Kafka 1994, S. 10). Die Wörter sind da nicht vor allem Bedeutungsträger, aber sie transportieren die Emotionen und lassen somit Bindungen entstehen. Nicht nur der Austausch der Blicke, sondern auch die Melodie der mütterlichen Stimme ist Teil eines anfänglichen signifikanten Kontakts für das kleine Kind.

Bei meinen beiden Patienten spielt die Musik eine große Rolle. Sie erlaubt es ihnen, ihre tiefe Trauer zu spüren und Tränen zu vergießen. Herr D. geht oft ins Konzert und erzählt mir von den starken Emotionen, die er dabei verspürt. Herr C. hört viel Musik aus den 70er Jahren, er hüllt sich in traurige und für ihn berührende Melodien ein. Die Musik als narzisstische Hülle kann, denke ich, eine Rückkehr zu einer frühen inneren Mutter ermöglichen. Und sie ist Teil eines Beginns einer Reparationsarbeit, wenn sie nicht ein Ort des Rückzuges wird. Gregor kann die Erfahrung, etwas zu teilen, nicht machen. Seine Schwester erwidert seinen suchenden Blick nicht, während sie Geige spielt, und er wird nach seinem Erscheinen im Wohnzimmer definitiv aus der Welt der Menschen verbannt.

Nun zum Schluss mache ich noch einen Bogen, der etwas abrupt erscheinen mag, da ich hier wenig darauf eingehen konnte, zur Kreativität. Die Verwandlung von Gregor ist eine Form von Kreativität insofern, als er unbewusst eine wahrere Ausdrucksmöglichkeit für sein Leiden gesucht hat. Aber diese »Kreation« bleibt eine konkrete Kreation und wird nicht zu einer symbolischen. Sie findet keinen Container, um sich zu transformieren. Sie bleibt Verwandlung und wird weder Transformation noch Integration der deformierten Anteile.

Dagegen ist für uns als Leser *Die Verwandlung* als Text ein symbolisches Objekt, er ist Repräsentation und Transformation. Das Undenkbare hat Worte gefunden. Die berühren.

Literatur

Anzieu, D. (1996): Créer, Détruire. Paris (Dunod).

Bion, W. R. (1962): Learning from Experience. London (Tavistock).

Bollas, C. (1987): The shadow of the object, London (FAB).

Chasseguet-Smirgel, J.: Pour une Psychanalyse de l'Art et de la Créativité. Paris (Payot).

Fonagy, P.; Person, E. & Sandler, J. (Hg.) (1995): On Freud's Creative Writers and daydreaming. New Haven (Yale University press).

Freud, S. (1906): Der Wahn und die Träume in W. Jensens »Gravida«. GW VII, S. 29–122.

Freud, S. (1914): Der Moses des Michelangelo. GW X, S. 172–201.

Freud, S. (1919): Das Unheimliche. GW XII, S. 227–268.

Green, A. (1992): La Déliaison. Paris (Hachette).

Hinshelwood, R. D. (1989): A dictionary of kleinian thought. London (FA).

Kafka, F. (1967): Briefe an Felice. Frankfurt/M. (Fischer).

Kafka, F. (1994): Die Verwandlung. Frankfurt/M. (Fischer).

Kafka, F. (2002): Journal. Paris (Bernard Grasset).

Kafka, F. (2005): Die Tagebücher. Frankfurt/M. (Melzer Verlag).

Klein, M.; Heimann, P.; Isaacs, S. & Riviere, J. (1980): Développements de la Psychanalyse. Paris (Puf).

Kofman, S. (1970): L'Enfance de l'Art. Paris (Payot)

Marty, P. (1968): La dépression essentielle. Revue française de Psychanalyse 32(3), 595–598.

Rey, H. (1994): Universals of psychoanalysis in the treatment of psychotic and borderline states. London (FA).

Robert, M. (1960): Kafka. Paris (Gallimard).

Robert, M. (1967): L'ancien et le nouveau. Paris (Payot).

Segal, H. (1991): Dream, Phantasy and Art. New York (Tavistock/Routledge).

Smadja, C. (2001): La vie opératoire. Paris (Puf).

Steiner, J. (1993): Psychic Retreats. London (Routledge).

Winnicott, D. W. (1971): La localisation de l'expérience culturelle. Nouvelle Revue de Psychanalyse 4, S. 15–23.

Psychoanalyse und Film

Ioannis S. Zachariadis

Dialog und Dialektik

Ein Dialog in der ursprünglichen altgriechischen Bedeutung (aus dem griechischen *dia-légesthai*: sich unterhalten, sich unterreden; *dia-logein*: einander zurechnen; etymologisch *dia-logos:* διά (»dia« = [hin]durch) und λόγος (»logos« = Wort, Sinn, Bedeutung = Fließen von Worten) hatte definitionsgemäß etwas unscharf Konfrontatives und setzte zwei Thesen, die in aller Regel unterschiedlich voneinander waren, voraus. Aus dem gleichen Wortstamm wie das Wort Dialog kommt auch der Begriff der Dialektik, ein – sowohl in der Antike, wie auch heute – ziemlich uneinheitlich gebrauchter Begriff, der erstmals in seiner subjektivischen Form bei Platon *dialektiké (téchne)*, eigentlich: »Kunst der Unterredung«; gleichbedeutend zu lateinisch *»(ars) dialectica«* (»[Kunst] der Gesprächsführung«) vorkommt und eine Methode der Gesprächsführung oder Argumentation sowie den Bereich, der heute mit dem Begriff der Logik bezeichnet wird, beschreibt. Seit dem 18. Jahrhundert setzt sich eine neue Verwendung des Begriffes durch: die Lehre von den Gegensätzen in den Dingen bzw. den Begriffen, sowie die Auffindung und Aufhebung dieser Gegensätze. Der Begriff wird also zum ersten Mal nicht nur als rhetorische Kunstform oder Disziplin benutzt, sondern erfährt eine Evolution und schließt, gemäß Platon (in seinem Werk *Der Staat* und in den verschiedenen »Dialogen«), eine Philosophie und eine philosophische Haltung, die Ideenforschung und die Metaphysik ein. Trotz der Uneinheitlichkeit des Begriffes nähert sich die Definition, begriffssynthetisch gesprochen, an eine fundierte rhetorische und schriftliche Disziplin an, die prinzipiell der Wahrheitsfindung dient. Ein letzter erwähnenswerter Punkt, auf den auch Platon hingewiesen hat, ist, dass Dialektik nicht unbedingt mit einem vorausgesetzten Widerspruch einhergehen muss: »Offenbar ist doch, dass dasselbe (tauton) nie zu gleicher Zeit Entgegengesetztes tun und leiden wird (tanantia poiein ê paschein), wenigstens nicht in demselben Sinne genommen und in Beziehung auf ein und dasselbe« (Platon Pol. 436b, 8–9).

In dieser Sichtweise setze ich mich mit dem Dialog zwischen Psychoanalyse und Kinematografie (ich werde in diesem Kapitel hauptsächlich mit dem Begriff der Kinematografie arbeiten, da er mir als der umfassendste erscheint und sowohl die meisten Aspekte wie Filmtheorie, -sprache und -technik beinhaltet, wie auch gleichzeitig die Aktion und das Erlebnis an sich, ins Kino zu gehen, am ehesten zusammenfasst) auseinander: Beide Disziplinen weisen meines Erachtens nur punktuell etwas Konfrontatives auf. Die anfänglichen Ungereimtheiten sollen der Beginn einer Entdeckungsdialektik sein und dabei wird versucht zu zeigen, dass zwischen den beiden Disziplinen durchaus Gemeinsamkeiten, Berührungspunkte, Diskursanfänge und vielleicht sogar Steppunkte (points de capiton) existieren.

Zeit und Fluss

Als eine gute Metapher für das menschliche Leben und Er-leben erachte ich das Wasser im heraklitischen Sinne. »Ta panta rhei«, schrieb der vorsokratische Philosoph und gemäß Hegel erste fundierte Dialektiker der Philosophiegeschichte. Somit hat er – sicherlich ungewollt – das Phänomen, das unsere Augen tagtäglich erleben, präzise beschrieben: Alles fließt. Eine logische, optisch wahrnehmbare Verkettung von Bildern, die zudem ein zeitliches Kontinuum darstellen. Historisch betrachtet kann man hierzu jedoch behaupten, dass sowohl Psychoanalyse als auch Kinematografie diesbezüglich einen bedeutungsvollen Schnitt darstellen. Zum ersten Mal sind wir mit dem – auf den ersten Blick – antilogischen und sogar antinomischen Dilemma konfrontiert, dass das Verstehen und

Realisieren – ikonisch übersetzt – nicht unbedingt eine Bildabfolge in dieser festen und regelhaften Logik sein muss. Das Gegenteil ist sogar der Fall: Durch die Fülle der »unfiltrierten Bilder« entgeht uns manchmal der verborgene Sinn, die Essenz des Erlebten. Die Kinematografie (durch Schnitttechniken, Montage etc.) und die Psychoanalyse (z.B. durch das freie Assoziieren oder die Bearbeitung des Traumerlebens) erzielen einerseits durch Zeitsprünge und andererseits durch Materialkonzentration und -bereinigung eine Diskontinuität der zeitlichen Dimension, wobei wir jedoch erstaunlicherweise kein unsicheres Gefühl bekommen, trotz Entchronifizierung und Desynchronisation. Es stellt sich trotz allem eine Natürlichkeit und ein physikalisch-kosmisches unbewusst-bewusstes Equilibrium dar. Zudem entschlüsseln wir dadurch bedeutsame Motive, versteckte Botschaften etc., die sich auf einer tieferen unbewussten Ebene befinden und nicht »auf den ersten Blick« zu sehen sind.

Ödipus

»Wäre Ödipus Faust, welche Farbe hätte dann das Licht?« (Stamos 1993, S. 11ff.), fragt sich sehr treffend Panagiotis Stamos in seinem Buch Αδηλων Οψις, um die Bedeutung des Ödipus für die menschliche Historie zu unterstreichen. Für die Psychoanalyse ist bekannterweise die Ödipus-Saga einer der wichtigsten motivischen Anfangspunkte. In einem Brief an Fließ schrieb Freud im Jahre 1897: Man »versteht die packende Macht des Königs Ödipus […], die griechische Sage greift einen Zwang auf, den jeder anerkennt, weil er dessen Existenz in sich verspürt hat« (Freud/Fließ 1975, S. 238). In Anlehnung an die Tragödie von Sophokles erscheint also hier in ihrer ersten sogenannten »positiven« Form der Todeswunsch gegenüber dem gleichgeschlechtlichen Rivalen und der sexuelle Wunsch gegenüber der Person des anderen Geschlechtes, wobei es dabei ja – wie auch Freud selbst bemerkte – um eine Vereinfachung oder Schematisierung ging. Die ödipale Historie liefert uns aber auch genug metaphorisches Material, wenn wir das Kino kontrapunktisch in Betracht ziehen. Ein weiteres essenzielles und in unserem Fall relevantes Motiv der griechischen Tragödientrias von Sophokles (*König Ödipus*,

Antigone und *Ödipus auf Kolonos*) ist meines Erachtens das Moment der selbst herbeigeführten Erblindung des Ödipus im Exodus der vierten Episode von *Ödipus der Tyrann* von Sophokles.

Stamos behauptet, dass sich Ödipus nicht aus den Gründen, die er selbst erwähnt, die Augen aussticht (dafür benutzt er die schönen Broschen seiner erhängten Frau und Mutter), sondern damit er einen unmittelbaren Zugang zum Raum bekommt. Im Tageslicht erwarte ihn eine rutschige Sicherheit, während er im Dunklen die stereotaktische Unsicherheit des Tastsinns findet, die für ihn deutlich sicherer ist. Er verliere sein Licht, dass er seine permanente Anwesenheit in seiner Dunkelheit sicherstellen könne. Licht im Licht ist anwesend und erreichbar, aber gleichzeitig vernachlässigbar, während das Licht im Dunkeln, wo es durch Abwesenheit glänzt, eher schreit. Stamos deutet darauf hin, dass das Sehen eine gewisse Unsicherheit birgt, eine Täuschung impliziert.

Der absichtliche Gang in die Dunkelheit und die »optische Täuschung« erinnert an den Kinozuschauer, der die Welt der Lichter verlässt, um in der Dunkelheit des Kinos Refugium zu finden und einen besseren und genaueren – wenn auch indirekten – Blick auf das Leben zu erhaschen. In diesem Sinne und nach der ursprünglichen Definition betreibt er Philosophie, da er einen Schritt nach hinten geht (praktisch vom Tageslicht in die Dunkelheit regrediert), um einen besseren Blickwinkel auf die Realität zu haben. Und es stellt sich auch die Frage: Sieht er in dieser Situation nicht doch eben mehr als in seiner »wirklichen und wahren Realität«? Im Kino spielen die Stereotaxis und der Tastsinn nicht im wörtlichen, aber im metaphorischen Sinne eine Rolle. Ich spreche von einer psychischen Stereotaxis, die eine Bearbeitung von diversen Phänomenen in einer plastischen Art und Weise darstellt.

Mit etwas Mut lässt sich behaupten, dass Kinematografie und Psychoanalyse beide ödipale Künste sind.

Freud und die Kinematografie

Die anekdotische Geschichte der Berührung Freuds mit der Leinwand ist gut dokumentiert. Samuel Goldwyn (Mitgründer von MGM und

United Artists) soll ihm eine beträchtliche Geldsumme angeboten haben, um seine Mitarbeit in dem ambitionierten Projekt der Darstellung der Psychoanalyse auf Filmstreifen zu sichern, in dem Film, der später als *Geheimnisse einer Seele* von dem Regisseur Georg Wilhelm Pabst im Jahre 1926 realisiert wurde. Die Antwort Freuds war nicht reserviert oder skeptisch, sondern kategorisch ablehnend. Gegenüber Karl Abraham, der Freud gebeten hatte mitzumachen, um zumindest die filmische Vulgarisierung der Psychoanalyse unter einer gewissen fachlichen Kontrolle zu halten, äußerte er sich auch negativ. Ihm erschien der Versuch unmöglich, die im analytischen Prozess auftauchenden unbewussten Prozesse und deren Deutungen, die teilweise häufig am Rande der Abstraktion seiltänzerisch stattfinden, plastisch darzustellen. In einem Brief, den er Sándor Ferenczi schrieb, sagte er sogar, dass er mit keinem Film in Verbindung gebracht werden möchte, und dass »in Filmsachen dumme Dinge vorgehen« (Freud/Ferenczi 2005, S. 49).

Es ließe sich hiermit also die These aufstellen, Freud sei in einem konservativen Geiste technischen Neuerungen gegenüber negativ gewesen. Umso erstaunter ist man jedoch, wenn man in seinem Aufsatz »Ratschläge für den Arzt bei der psychoanalytischen Behandlung« folgende Stelle liest:

> »Er [der Analytiker] soll dem gebenden Unbewußten des Kranken sein eigenes Unbewußtes als ein empfangendes Organ zuwenden, sich auf den Analysierten einstellen wie der Receiver des Telephons zum Teller eingestellt ist. Wie der Receiver die von Schallwellen angeregten elektrischen Schwankungen der Leitung wieder in Schallwellen verwandelt, so ist das Unbewußte des Arztes befähigt, aus den ihm mitgeteilten Abkömmlingen des Unbewußten dieses Unbewußte, welches die Einfälle des Kranken determiniert hat, wiederherzustellen« (Freud 1912, S. 381f.).

Diese Metapher scheint geradezu entmythisierend und entmystifizierend für den ganzen psychoanalytischen Prozess zu sein. Nicht nur versteckt sich Freud nicht hinter einer konspirativen Kunst einer Handvoll geübter »Magier«, sondern geht sogar einen Schritt weiter und vergleicht einen wichtigen (vielleicht sogar den wichtigsten) Aspekt der Psychoanalyse mit einer technischen Apparatur, vermutlich um ihn verständlicher zu machen. Und das tut er nicht irgendwo, sondern gerade in seinem eigens verfassten Kanon mit empirischen Ratschlägen für jeden hoffnungsvollen Aspiranten und Anwärter auf eine »Thronbesteigung« der Psychoanalyse! Die im gleichen Text erstmals erwähnte »gleichschwebende Aufmerksamkeit« des Analytikers entpuppt sich in der Metapher als nichts anderes als eine elektrische Spannung und die Frage der Stellung bei einem psychoanalytischen Setting verwandelt sich in die Position des Telefonierenden, der seinen Zuhörer nicht in seinem optischen Blickfeld hat. Zwar kann man die Psychoanalyse nicht plastisch und dreidimensional darstellen, wie es auch heutzutage noch manchmal mit grotesken Ergebnissen versucht wird. Ein Blick auf die häufig entschlüsselnde Technik dahinter (vektoriell und gegenseitig gesehen) kann jedoch die erstaunlichen Parallelen zwischen den beiden Disziplinen und die auf den ersten Blick nicht wahrnehmbaren Gemeinsamkeiten aufzeigen. Eine Sicht oder der Blick ist nicht automatisch mit der Wahrnehmung gleichzusetzen, da das optische Bild sowohl ein optisches Muster beinhaltet, als auch eine geistige Erfahrung bedeutet.

Kreisschluss: Vertov

In den letzten zwei Kapiteln haben wir gesehen, wie trügerisch der Blick und die Sicht sein können und dass beides nicht mit der Wahrnehmung gleichzusetzen sind. Meines Erachtens kann man die Konzepte von Dziga Vertov hierzu heranziehen und sogar einen Schritt weiter als Heraklit gehen, indem der einfache menschliche Blick, durch den fließend-mechanischen Blick der Filmkamera ersetzt wird. Um dieses Prinzip zu verdeutlichen gebe ich Auszüge aus seinem Manifest »Kinoki-Umsturz« von 1923 (zit. n. Albersmaier 2005) wieder:

> »Der Ausgangspunkt ist: Die Nutzung der Kamera als Kinoglaz, das vollkommener ist als das menschliche Auge, zur Erforschung des Chaos von visuellen Erscheinungen, die den Raum füllen.«
>
> »Bis auf den heutigen Tag haben wir die Kamera vergewaltigt und sie gezwungen, die Arbeit unseres Auges zu kopieren.«

> »Ich bin Kinoglaz. Ich bin ein mechanisches Auge. Ich die Maschine, zeige euch die Welt so, wie nur ich sie sehen kann. Von heute an und in alle Zukunft befreie ich mich von der menschlichen Unbeweglichkeit. Ich bin in ununterbrochener Bewegung, ich nähere mich Gegenständen und entferne mich von Ihnen, ich krieche unter sie, ich klettere auf sie, ich bewege mich neben dem Maul eines galoppierenden Pferdes.«

Hierbei kann man die Parallelität mit der psychoanalytischen Arbeit am genausten verfolgen. Das innere Auge des Unbewussten nimmt häufig eine spiegelähnliche mechanische Gestalt an, indem es uns ja jenseits aller Grenzen – vor allem Grenzen zeitlicher Natur – führt und diese mehrfach sprengt. Auch die ununterbrochene Arbeit kann mit der kontinuierlichen Funktion des psychischen Apparates verglichen werden.

> »Ein Tag mit seinen visuellen Eindrücken ist vorüber. Wie die Eindrücke des Tages in ein wirksames Ganzes, in eine visuelle Etüde *umsetzen*? Würde man alles, was das Auge gesehen hat, auf einen Film aufnehmen, käme natürlich ein Tohuwabohu heraus. Wenn man geschickt das Fotografierte montiert, so wird es klarer. Wenn man den störenden Abfall wegwirft, wird es noch besser. Wir erhalten ein organisiertes Merkblatt der Eindrücke eines *gewöhnlichen Auges.* Das menschliche Auge, die Kamera, ablehnend die Nutzung des menschlichen Auges als Gedächtnisstütze, zurückgestoßen und angezogen von den Bewegungen, spürt im Chaos visueller Ereignisse den Weg für seine eigene Bewegung oder Schwingung auf und experimentiert, indem es die Zeit dehnt, Bewegung zergliedert oder umgekehrt Zeit in sich absorbiert, Jahre verschluckt und so langdauernde Prozesse ordnet, die für das menschliche Auge unerreichbar sind« (Vertov, zit. n. Albersmaier 2005).

Und hier wird erneut auf die Täuschung und Verzerrung durch den genauen menschlichen Blick hingewiesen, der in der analytischen Arbeit durch die Position des Analysanden neutralisiert werden soll (im Liegen findet kein optischer Kontakt mit dem Analytiker statt), und durch die Klarheit, die die Verarbeitung dieser tagtäglichen Erlebnisse mit sich bringen kann (ein organisiertes Merkblatt!).

Zusammenfassend knüpft eine gewisse Mechanik, die mit der Kamera und ihrer Nutzung zu tun hat, direkt an die technische Frage der Psychoanalyse; und die oben erwähnte Freud'sche Metapher »Telefon« gewinnt hier eine klare funktionelle Bedeutung. Somit kann die Mechanik im Sinne der Technik, trotz der offenkundigen Paradoxie, ein Paradigma für die Darstellung interner und teilweise unbewusster Prozesse darstellen.

Geschichtliches zur Entwicklung der psychoanalytischen Filmanalyse

Über die Bedeutung eines aktiven Austausches zwischen Psychoanalyse und Kinematografie schrieb schon Lou Andreas-Salomé im Jahre 1912. Insbesondere läge die Faszination des Kinos darin, dass die filmische Technik und Sprache mit ihrer schnellen Abfolge von Bildern, die psychischen Bilder zu simulieren vermöge. Sie sagte dem Medium eine große Zukunft voraus, weil es die seelische Konstitution des Menschen respektiere. Wie stehen diese jedoch in Verbindung? Der Anfang der Entwicklung einer psychoanalytischen Filmtheorie und die zahlreichen Debatten darüber entstammen ursprünglich Hugo Münsterbergs Arbeiten. Er war der erste, der dem Medium die Interaktivität zugesprochen hat. Im Zentrum der verschiedenen psychoanalytischen Filmtheorien steht insbesondere die strukturelle Ähnlichkeit von Traum und Filmerlebnis. Münsterberg, der in Harvard Philosophie lehrte und Schüler von William James, dem Begründer der modernen Psychologie, war, wendete diverse psychologische Prinzipien auf das Medium Film an und kam zu dem Schluss, dass es sich dabei nicht um eine passive Haltung des Zuschauers dem Erlebnis gegenüber handelt, sondern dass es eine interaktive Beziehung zwischen Film und Betrachter gibt, die vielleicht die kraftvolle Dynamik der Erfahrung besser erklären kann. Er geht von einer kontinuierlichen geistigen Aktivität des Zuschauers aus, die ihn zum gleichwertigen Partner des Regisseurs macht. Ohne es konkret zu benennen, beschrieb er bereits das sogenannte Phi-Phänomen (das Phänomen der Wahrnehmung einer nicht existenten Bewegung nach Wertheimer [1912]). Nicht das statische Phänomen sei wichtig für den Zuschauer, sondern die Interpretation der Serie der vorgeführten Einzelbilder. In den 1970er Jahren haben dann Metz und Baudry diesen angedeuteten Übergang näher gefasst. Die gehen von einer künstlich hergestellten Regression des Zuschauers aus (durch die Unbeweglichkeit und die Dunkelheit hervorgerufen, ähnlich Platons Höhle, schreibt Baudry) und nehmen an, dass in einer sekundären Bearbeitung aus diesen Inkohärenzen und Absurditäten eine Fiktion entsteht, die dem Zuschauer als Eindruck von Realität vermittelt wird. Während die psychoanalytische Interpretation darauf angelegt sei, die Bilder, die der Patient verwendet, das heißt sein primärprozesshaftes Denken und Fühlen in Worte zu fassen und sekundärprozesshaftes Verstehen einzuleiten, so verlaufe der Rezeptionsmechanismus beim Filmesehen genau umgekehrt (vgl. Zeul 1994).

Vor allem die französischen Kritiker der Zeitschrift *Cahiers du Cinema* versuchten in den 60er und 70er Jahren des 20. Jahrhunderts die Einbeziehung des Zuschauers in den Film zu erklären und bezogen sich dabei auf die psychoanalytische Theorie Jacques Lacans. Aus dieser Filmtheorie leitete sich die Idee eines zuschauenden Subjekts ab, das durch spezifische Techniken wie Parallelmontage und subjektive Einstellung seine Position zugewiesen bekommt und dadurch festgelegt ist, den Film in ganz bestimmter Weise zu verstehen und dessen Begriffe zu akzeptieren (vgl. Nowell-Smith 1996, S. 713f.). Lacan geht von seinem Konzept des Spiegelstadiums aus und beschreibt das Phänomen bei Kindern zwischen sechs und 18 Monaten, wenn ihnen ein Spiegel vorgehalten wird. Das Kind missidentifiziert seinen fragmentarischen Körper als ganz und identifiziert sich gleichzeitig mit dieser illusorischen Einheit. Im Verlauf übernimmt das Kind langsam die Kontrolle über den Körper, der unvollständig ist, und diese Selbsttäuschung formt die Basis für die Entwicklung des kindlichen Ichs. Lacan postuliert, dass die Formierung des Ichs durch einen imaginären Prozess stattfindet und stellt damit eine Analogie zwischen dem Kind des Spiegelstadiums und dem Zuschauer her.

Ein meisterhaftes Paradigma: *Citizen Kane*

Orson Welles drehte den »Film aller Filme« in 1941 im Alter von 25 Jahren. Seit mehreren Jahren besetzt *Citizen Kane* die erste Stelle der meisten Auflistungen der besten Filme aller Zeiten. Warum ist das so? Anhand einiger Elemente des Films soll die Parallelität mit der Psychoanalyse und die Größe dieses Filmes verdeutlicht werden. Für diejenigen, die den Film nicht gesehen haben, hier eine kurze Zusammenfassung in den Worten des Regisseurs:

> »Citizen Kane ist die Geschichte der Recherche eines Journalisten namens Thompson [...], um die Bedeutung von Kanes letzten Wörtern herauszufinden. [...] Er denkt, dass die letzten Wörter eines Mannes sein Leben erklären würden – vielleicht tun diese das auch. Er kann jedoch nie herausfinden, was Kanes Wörter bedeuteten. Aber das Publikum kann es. Seine Recherchen führen ihn zu fünf Menschen, die allesamt Kane gut kannten – Menschen, die ihn mochten, liebten oder hassten. Sie erzählen jeweils fünf verschiedene Geschichten, jede aus der eigenen Perspektive und Affektlage, sodass die Wahrheit über Kane, wie die Wahrheit über jeden Menschen, nur über die Summe des über ihn Gesagten zusammengerechnet werden kann.
>
> Kane, wird uns gesagt, liebte nur seine Mutter – nur seine Zeitung – nur seine zweite Ehefrau – nur sich selbst. Vielleicht liebte er alles Erwähnte, vielleicht keins davon. Es obliegt dem Publikum dies zu entscheiden. Kane war verliebt in sein Ego und gleichzeitig ohne Ego, ein großer Mann und gleichzeitig ein kleiner Mann, ein Idealist und gleichzeitig ein Schurke. Es hängt immer davon ab, wer gerade über ihn spricht. Er wird nie mit der Subjektivität eines Autors beurteilt und die Pointe des Films ist nicht so sehr eine Lösung des Problems, sondern vielmehr die Darstellung des gleichen« (Bazin 1991, S. 58f.).

Diese fragmentierte Geschichte gab dem Regisseur die Möglichkeit und Freiheit, mit der Chronologie experimentieren und spielen zu können. Die »normale« Zeitlichkeit wird im Film nicht mehr genau genommen. Früher waren Flashbacks einfache narrative Mittel, hier werden sie zu einer »Dignität eines metaphysischen Blickwinkels« erhoben (vgl. ebd.).

Zum Inhalt des Filmes sollte hier noch Welles' Obsession mit der Kindheit erwähnt werden. Nicht zufällig beginnt der Film mit der Inszenierung des Todes des Moguls Charles Foster Kane (wenn man es genau nimmt, mit einem traumwandlerischen Spaziergang durch das Anwesen Kanes, wobei sich im Hintergrund immer das riesige Haus mit einem beleuchteten Fenster befindet, das Licht des Lebens befindet, dem wir uns mit jeder Einstellung nähern) und einer von seiner Hand fallenden Glaskugel, die ein Stück Kindheitserinnerung ist. In dieser Kugel wird ein Miniaturschneefall auf ein kleines Haus durch Schütteln ausgelöst, was auch an die einzige Kindheitsszene des Protagonisten im Film erinnert. Die drohende »Weißheit« des Schnees ist mit der unbewusst verschmutzt-ödipalen kindlichen Naivität verbunden. Zudem flüstert er sein letztes Wort: »Rosebud«; ein Wort, dass auf den Schlitten seiner Jugendjahre geritzt ist, ein Schlitten, der von ihm später im Film und früher im Leben als Waffe gebraucht wird, als die Trennung von seinen Eltern droht. Die Kugel fällt aus der Hand und zerbricht, das Licht geht plötzlich aus, der Moment des Todes ist erreicht. Das erste gesprochene Wort im Film ist gleichzeitig das letzte des Lebens.

Ich komme jetzt zu verschiedenen technischen Mitteln, die Welles in dem Film angewandt hat, und die mit der Technik der Psychoanalyse sehr vieles gemeinsam haben.

Entfernung, Anordnung, Proportion, Tiefenschärfe (deep focus)

Welles und Gregg Toland, sein Kameramann für *Citizen Kane*, verwendeten in dem Film weitwinklige Linsen, um den Effekt der Theatralik zu betonen, sodass zusätzlich zur Tiefenschärfe auch eine laterale Tiefe der Einstellungsschärfe hinzukam. Diese bis dahin in der Geschichte des Films relativ unbekannte Modifikation (die auch natürlich mit der zeitgleichen Entwicklung der entsprechenden Linsen zusammenhing) hatte den Effekt, dass die Einstellungswinkel der menschlichen Augenperzeption sehr nahe kamen und die Bildproportionen erheblich beeinflusst wurden. Es wird dadurch der Eindruck erweckt, dass eine prokrustische Verlängerung der Objekte in der Einstellung stattfindet, was die Tiefenschärfe noch mehr betont. Beide Elemente in Kombination erzielen über den ganzen Film den konkreten Eindruck von Spannung und Konflikt, als ob die Bilder kurz vor dem Zerreißen sind. Die gewollte Disproportionierung schafft eine überzeugende Affinität zwischen dem physikalischen und den imponierenden metaphysischen Aspekten der Filmdramatik. Unter Tiefenschärfe versteht man die durchgehende Schärfe des Bildes in der Tiefenebene. Dabei spielen die Anordnung der Elemente, die Entfernung zur Kamera und die Proportionen des Bildes, die wichtigste diegetische Rolle. Die klassische Szene aus dem Film mit dem Suizidversuch von Kanes Ehefrau zeigt die Bedeutung der Inszenierung meisterhaft. Links vorne steht ein Glas mit einem Löffel darin; daneben eine Medikamentenflasche, in der Mitte eine amorphe dunkle Masse auf dem Bett und rechts im Hintergrund die Tür des Zimmers. Drohend und riesig die Schlafmittelflasche im Vordergrund, schwer atmend der Körper der Frau in der Mitte des Bildes; der sorgenvolle Kane tritt durch die im Hintergrund befindliche Tür ein. Die Anordnung der Aufnahme zeigt die Bedeutung der verschiedenen Elemente für die Szene und erzählt gleichzeitig eine Geschichte in der Art und Weise, wie diese Elemente in dieser Aufnahme miteinander verbunden sind, ohne von mehreren Schnitten, die sonst erforderlich wären, Gebrauch zu machen. Von links nach rechts, von unten nach oben gewinnt das Bild an Dynamik durch das meisterhaft diagonale Einsetzen der Elemente. Eine Diagonale enthält immer mehr Dynamik als eine Horizontale, vielleicht spielt dies bei der Analyse im Liegen auch eine Rolle. Der Blick des Analysanden von der Couch ist der sogenannte diagonale (schräg nach oben) »Theaterblick«, der per se eine gewisse inszenierende Dynamik mit sich bringt. Es ist allerdings, gemäß Bazin, nicht die Linse, die das Arrangement für unsere Augen aufstellt, sondern es ist unserer Hirn, das gezwungen wird, dem dramatischen Spektrum in seiner Ganzheit innerhalb dieses sichtbaren Raumes zu folgen (Bazin 1997, S. 235).

Mehrfachbeleuchtung

Meines Erachtens ist die Mehrfachbeleuchtung eines der interessantesten Elemente, das in gewissen Unterformen eine gewisse Ähnlichkeit mit der Deutung in der Psychoanalyse hat. Mehrfachbeleuchtung ist einer der unnatürlichsten Codes des Filmes überhaupt, da wir ja in Wirklichkeit selten zwei Bilder – vor allem in Form einer Überblendung – gleichzeitig sehen können, kann aber gleichzeitig einer der bedeutungsreichsten sein. Nicht nur werden Übergänge angedeutet, sondern durch diese Technik werden häufig offene Fragen gestellt, die mit der Entwicklung der Handlung zu tun haben. Auch mehrere Realitätsebenen können angedeutet werden und dadurch entsteht häufig eine versteckte Botschaft mit latenter Be-deutung. Später wird diese Technik durch Hitchcock (z.B. die perfide Szene mit der doppelten Spiegel-Überblendung aus *North by Northwest*) zur Perfektion geführt werden. Diese Technik, die etwas Verborgenes, Unterdrücktes zeigt – etwas, was nicht »offen« gesagt werden kann – fordert – wie der Analytiker in der Analysesituation – den Zuschauer/Analysanden auf, genauer hinzuschauen und zu decodieren, um sich Zugang zu unbewusstem Material zu verschaffen.

Zeit und Zeitlichkeit

Narrative Originalität durch die subjektive Kameraführung, die dadurch erzielte Multiplizität der Meinungen und die große Frage der Desynthese der Zeit sind sehr wichtige Aspekte des Filmes *Citizen Kane*. Wir sehen z.B. immer die gleiche Szene am Frühstückstisch, immer ein wenig verändert, um vor allem die zeitliche Achse voranzutreiben, wodurch der Konflikt der Eheleute am Tisch immer klarer wird, da seine Ehefrau zum Schluss sogar die gegnerische Zeitung am Tisch liest. So spart Welles viel Zeit und komprimiert eine für sein Konzept nicht so wichtige Geschichte innerhalb weniger Minuten. Welles geht mit dem Zeitproblem intelligent-ökonomisch um. Mich erinnert es auch an die Abwehrmechanismen, die häufig von den wichtigen Elementen ablenken. In diesem Fall besteht die Rolle des Analytikers in der »Defragmentierung« der Abwehrmechanismen und der Fokussierung auf Bedeutungsvolles, genauso wie es uns Welles hier vorführt. Das Puzzlespiel erscheint in der Perspektive riesig. Metaphorisch könnte man behaupten, dass dies das Leben von Kane symbolisiert, auf einer zweiten Ebene sogar den ganzen Film, da es dabei ja um eine Rekonstruktion aus mehreren Stücken des Lebens von Kane geht. Eine dritte Ebene bezieht sich auf die psychoanalytische Arbeit, die losgelöste Details häufig wie Puzzlestücke zusammenführt, damit ein klares Bild entstehen kann.

Hinzu kommt die Zeitachse des Films, die unorthodox und sprunghaft ist. Wir werden durch Welles gezwungen, in der Zeit häufig hin und her zu reisen, damit eine vollständige Meinung über Kanes Leben gebildet werden kann. Der Anfang des Filmes skizziert die Konturen der Narration schon vor und informiert uns über einen großen Teil der Geschichte. Wie beim Anfang einer Analyse sind die Informationen kodiert und nicht ganz klar in ihrer Formulierung, sodass Arbeit notwendig ist, um von diesem Ausgangspunkt aus weiterzukommen. Die Geschichte (und die Analyse) kann beginnen, sobald es den ariadnischen Faden in Form einer fassbaren Erinnerungsspur gibt: Dies geschieht, indem Welles uns eine Spur vorgibt, die zu einer – im Freud'schen Sinne – sogenannten Nachträglichkeit beiträgt, damit der Zuschauer im Verlauf des Filmes den chronologischen Kompass nicht ganz aus den Augen verliert.

Schlusswort

Die definitive psychoanalytische Filmtheorie gibt es nicht. Ich vermute, dass es sie nie geben wird, es sei denn, es gelingt eine Synthese aus Elementen diverser Filmtheorien und psychoanalytischer Gedankengänge. Solange neue Augen geboren werden, solange es Seelen gibt, wird es immer wieder verschiedenartige Zugangsweisen zu den Dioskuren Kinematografie und Psychoanalyse geben. Freud und Lacan auf der einen Seite und Filmtheoretiker auf der anderen haben uns ein Werk hinterlassen, durch dessen Prisma alles kaleidoskopisch erscheinen kann. Das Ende soll in Eliotschem Sinne auch gleichzeitig ein Anfang werden. Bevor ich also THE END schreibe, erinnere ich an Folgendes: »What we call the beginning is often the end. And to make an end is to make a beginning. The end is where we start from« (Eliot 1969, S. 197).

Literatur

Albersmeier, F.-J. (2005): Texte zur Theorie des Films. 5. durchges. und erw. Aufl., Nachdr. Stuttgart (Reclam).

Bazin, A. (1991): Orson Welles. A critical view. Los Angeles (Acrobat Books), S. 53–82.

Bazin, A. (1997): Bazin at work. Major essays & reviews from the forties & fifties. Hrsg. von B. Cardullo. New York (Routledge), S. 231–238.

Bazin, A. (2005a): What is cinema? Bd. 1. Übersetzt von H. Gray. 2. Aufl. Berkeley (Univ. of California Press).

Bazin, A. (2005b): What is cinema? Bd. 2. Übersetzt von H. Gray. 2. Aufl. Berkeley (Univ. of California Press).

Bubner, R. (1980): Zur Sache der Dialektik. Stuttgart (Reclam).

Bubner, R. (1990): Dialektik als Topik. Bausteine zu einer lebensweltlichen Theorie der Rationalität. Erstausg. Frankfurt/M. (Suhrkamp).

Collmer, Th. (2002): Hegels Dialektik der Negativität. Untersuchungen für eine selbstkritische Theorie der Dialektik; »selbst« als ›absoluter‹ Formausdruck, Identitätskritik, Negationslehre, Zeichen und ›Ansichsein‹. Gießen (Focus Verlag).

Eliot, T. S. (1969): Complete Poems and Plays. London (Faber and Faber).

Evans, D. (2002): Wörterbuch der Lacanschen Psychoanalyse. Aus dem Englischen von G. Burkhart. Wien (Turia + Kant).

Freud, S. (1912): Ratschläge für den Arzt bei der psychoanalytischen Behandlung. GW IIX, S. 376–387.

Freud, S. & Fließ, W. (1975): Aus den Anfängen der Psychoanalyse. Briefe an Wilhelm Fließ; Abhandlungen und Notizen aus den Jahren 1887–1902. Korr. Nachdr. d. Ausgabe von 1962. Frankfurt/M. (Fischer).

Freud, S. & Ferenczi, S. (2005): Briefwechsel. Hrsg. Von E. Brabant und E. Falzeder. Wien (Böhlau).

Halfwassen, J. (1992): Der Aufstieg zum Einen. Untersuchungen zu Platon und Plotin. Univ. Diss. Köln, 1989. Stuttgart (Teubner).

Lacoste, P. (1990): L'étrange cas du professeur M. Psychanalyse à l'écran. Paris (Gallimard).

Laplanche, J. & Pontalis, J.-B. (2005): Das Vokabular der Psychoanalyse. 17. Aufl., Nachdr. Frankfurt/M. (Suhrkamp).

Monaco, J. (2008): Film verstehen. Kunst, Technik, Sprache, Geschichte und Theorie des Films und der Medien; mit einer Einführung in Multimedia. 10. Aufl., überarb. und erw. Neuausg. Reinbek bei Hamburg (Rowohlt), 2000.

Nowell-Smith, G. (2006): Geschichte des internationalen Films. Aus dem Englischen von H.-M. Bock, zusammen mit einem Team von Filmwissenschaftler/-innen. Sonderausgabe. Stuttgart (J.B. Metzler).

Schopenhauer, A. (1988): Werke in fünf Bänden. Hrsg. von L. Lütkehaus. Neued. der 3., verb. und beträchtl. verm. Aufl. Leipzig 1859. Zürich (Haffmans).

Stamos, P. (1993): Αδηλων Οψις. Athen (Verlag Lotos).

Zeul, M. (1994): Bilder des Unbewussten. Zur Geschichte der psychoanalytischen Filmtheorie. Psyche – Z Psychoanal 48(11), 987–993.

Zwergel, H. A. (1972): Principium contradictionis. Die aristotelische Begründung des Prinzips vom zu vermeidenden Widerspruch und die Einheit der Ersten Philosophie. Univ. Diss./71, Frankfurt/M. 1970. Meisenheim a. Glan (Hain).

IV
Psychoanalyse und Psychotherapie

Was leistet die Psychoanalyse für die Selbstkonstitution?

Joachim Küchenhoff

Einleitung

Wenn im Titel des nachfolgenden Beitrags von Selbstkonstitution die Rede ist, so soll einleitend erläutert werden, was der Begriff meint. Selbstkonstitution ist Selbstaufbau; im Wort Konstitution (lateinischer Stamm: constituere = errichten) ist die *Suche* nach dem Selbst enthalten. Von Selbst*findung* zu sprechen, könnte ein Missverständnis nahelegen, nämlich dass das Ziel, das Ende, das Ergebnis entscheidend ist, nicht der Prozess. Um nicht falsche Erwartungen zu wecken, soll daher also vorab betont sein, dass nicht Merkmale eines wie immer vollständigen Selbst oder einer ausgebildeten Identität oder Persönlichkeit beschrieben werden, sondern allein die Wege, die sich durch die Psychoanalyse anbieten, zu sich selbst ein Verhältnis zu entwickeln und sich selbst auf die Spur zu kommen.

Ein anderes Missverständnis kann durch die Begriffswahl nicht ausgeschlossen werden. Selbstkonstitution könnte nach Selbstermächtigung klingen. Im Gegensatz dazu wird zu betonen sein, dass der Andere für die Selbstkonstitution entscheidend ist. P. Ricoeur (1990), der große Hermeneutiker, der sich so viel mit Freud und der Psychoanalyse befasst hat, hat einem weitem Weg der Selbstfindung einen kurzen gegenüber gestellt. Der kurze und zu kurz greifende Weg ist die Reflexion, das Nachdenken über sich selbst. Der weite ist der Weg der vermittelten oder umweghaften Selbsterkenntnis, der über die Aktivität, über das Handeln und den Anderen führt. Auch psychoanalytisch kann Selbstkonstitution nicht als ein einsamer Prozess des sich mit sich auseinandersetzenden Individuums beschrieben werden. Selbstreflexion kommt nachträglich und schreibt dem Selbst Intentionen zu, die sich erst aus den spontanen, triebhaften, unbewusst motivierten Handlungsweisen und Begegnungsformen erschließen lassen.

Damit ist bereits ein weiteres Merkmal der Selbstkonstitution eingeführt. Sie ist keine Frage der Erkenntnis allein. Der Name Martin Heidegger steht philosophiegeschichtlich für diese Ausweitung des Selbstverstehens (vgl. Angehrn 2003). Heidegger hat das Verstehen nicht nur als Sprach- oder Denkleistung, sondern als einen Aspekt des Seins herausgearbeitet; nicht der denkende Mensch, sondern das Dasein versteht sich. Das will sagen, dass Selbstkonstitution unsere Lebenspraxis, unser Erleben und Handeln ebenso wie unsere Gedankenwelt umfasst.

Selbstkonstitution ist – noch einmal anders gesagt – nicht Ergebnis einer Leistung des Bewusstseins, sondern – wie Maurice Merleau-Ponty, der französische Phänomenologe, dies ausgedrückt hat – eines inkarnierten Bewusstseins. Wenn wir vom Selbst reden, reden wir – und dieser Gedanke ist für die Psychoanalyse freilich entscheidend – nicht von einer abstrakten Idee, sondern auch vom Körper (vgl. Küchenhoff/Weigerling 2008).

Noch einmal ist zu betonen, dass Selbstkonstitution nicht substanzialistisch oder solipsistisch oder kognitiv verkürzt werden soll. Stattdessen wird Selbstkonstitution hier als ein Suchen, als Fragen, als Hinterfragen des zunächst naiv und fraglos Hingenommenen verstanden. Der Mensch lässt sich als das fragen könnende Wesen charakterisieren (Angehrn 2009). Wenn nach sich selbst zu fragen, nach sich selbst zu suchen den Menschen ausmacht, ist das Fragen, nicht unbedingt die Antwort entscheidend, und das Fragen, das bei den griechischen Philosophen das Sich-wundern hieß, ist ein nicht abschließbarer Prozess.

Welchen Beitrag leistet nun die psychoanalytische Psychotherapie zu dieser Suche nach sich selbst? Diese psychoanalytische Selbstkonstitution wird das Thema der weiteren Ausführungen sein. Sie wird in vier Schritten entfaltet. Die ersten drei Schritte lassen sich inhaltlich charakterisieren als Formen psychoanalytischer Selbstkonstitution.

Hintereinander wird es um die folgenden Formen gehen: die Einsicht in die eigene Bedingtheit, die Differenzierung zwischen Selbst und Anderen und schließlich die Rückgewinnung des Selbstverständnisses aus der Selbstentäußerung im Symptom. Für jede Form wird ein kurzes Fallbeispiel gegeben. Abschließend wird in einem vierten Schritt das Ergebnis der psychoanalytischen Selbstkonstitution herausgestellt, und zwar in zwei Hinsichten; es wird zu zeigen sein, was Identität aus psychoanalytischer Sicht bedeutet, und dass sich die emotionalen und Handlungskonsequenzen der Selbstkonstitution mit dem Begriff der Selbstfürsorge gut fassen lassen.

Selbstkonstitution als Einsicht in die eigene Bedingtheit

Der Philosoph Peter Bieri, der uns mittlerweile besser als der Schriftsteller Pascal Mercier bekannt ist, hat in seinem Buch *Handwerk der Freiheit* (Bieri 2003) überzeugend dargelegt, dass Freiheit nicht die Freiheit von Bedingungen oder bedingungsloses Handeln bedeutet, sondern umgekehrt aus der Einsicht in die eigenen Bedingtheiten entspringt. Dieser Gedanke ist, das betont Bieri auch im Nachwort, mit psychoanalytischem Denken gut vereinbar. Die psychoanalytische Kur erlaubt es, die eigene Geschichte zu rekonstruieren bzw. zu konstruieren. Sie führt in die lebensgeschichtlichen Bedingungen der eigenen Existenz ein. Mit dieser Neukonzeption der eigenen Biografie leistet die Analyse aber mehr, als das einsame Nachdenken über sich selbst oder eine eigenhistorische Quellenforschung ermöglichen könnte.

1. Die Analyse vervollständigt zwar auch die Erinnerung an das tatsächlich Geschehene. Sie tut dies aber auf eine besondere Weise, nicht indem sie mit faktischen Funden und Ergänzungen Erinnerungslücken füllt oder Erinnerung anreichert, sondern indem sie die Erinnerung selbst untersucht. Sie ermöglicht es, dort wo es sich um schmerzhafte und traumatische Erfahrungen handelt, sich ihnen überhaupt zu stellen. Sie bearbeitet zu diesem Zweck die Widerstände, die sich der Rückerinnerung in den Weg stellen.

2. In der Psychoanalyse geht es bekanntlich nicht – in den Worten Freuds – um die materiale, sondern die psychische Realität. Nicht nur was war, sondern auch was hätte sein sollen, die aus der Vergangenheit herkommenden ungelösten Ansprüche an die eigene Person werden untersucht. Dabei sind die Selbstüberschätzungen, also die narzisstischen Größenvorstellungen, ebenso wichtig wie die sogenannten Delegationen oder die »rätselhaften Botschaften«, von denen zuletzt Jean Laplanche (1988) gesprochen hat, die sich von den Anderen, von den früheren Generationen her in der heute so wichtigen transgenerationalen Perspektive, auf das Kind gelegt haben.
3. Psychoanalyse ist nicht ein Erkenntnisprozess, sondern eine Aneignung der eigenen Bedingtheiten im Rahmen der Übertragungsbeziehung. Die Übertragung bleibt das ausgezeichnete Erkenntnisprinzip der Psychoanalyse ebenso wie das Prinzip des emotionalen Durcharbeitens dieser Erkenntnisse. In der Übertragung wiederholen sich die Beziehungsmuster in einem re-enactment, von dem ausgehend nachträglich die prägenden Beziehungserfahrungen und ihre Folgen für die Selbstkonstitution rekonstruiert werden. In diesem Sinne ist die Übertragung Erkenntnisinstrument für die unbewussten Prägungen der eigenen Geschichte. Zugleich ist Übertragung auch die Bedingung der Möglichkeit des emotionalen Verkraftens von Erkenntnis, sie ist immer auch »containing«. Das heißt: zur psychoanalytischen Erkenntnis der eigenen Bedingtheiten gehört auch die Trauerarbeit, die Arbeit, sich abzufinden mit den schicksalhaft viele Hoffnungen verunmöglichenden Lebensbedingungen, mit den im eigenen Leben verpassten Chancen, mit den Selbstüberschätzungen.

Auf diese Weisen ermöglicht die Psychoanalyse das, was Michael Balint (1934) den Neubeginn genannt hat. Gerade die Erkenntnis der eigenen Bedingtheit erlaubt es dem Analysanden, neu mit dem, wie und was er geworden bin, umzugehen und die Freiheitsgrade im Denken und Handeln zu erweitern.

Klinisches Beispiel

Herr A kommt in psychoanalytische Psychotherapie wegen einer Depression und auch wegen eines schädlichen Gebrauchs von Alkohol, der sich mit der Depression entwickelt zu haben scheint. Auslöser war offenbar die Krise des großen Wirtschaftsunternehmens, in dem Herr A seit vielen Jahren in leitender Position tätig gewesen ist. Er ist degradiert worden, hat sein unabhängiges Arbeitsfeld verloren. Der Fall scheint klar: eine narzisstische Verletzung hat zu einer psychischen Krise geführt; die Therapie hat zum Ziel, ihn über diese Kränkung hinweg zu geleiten und ihn wieder zu stabilisieren. – Und doch ist alles komplizierter. Zunächst einmal wird deutlich, dass das Alkoholproblem ganz rezent nicht ist. Aber ich erfahre erst langsam davon. Immer deutlicher wird mir, dass Herr A es sehr schwer hat, mir offen von seinen schambesetzten Makeln zu berichten, von den alkoholischen und emotionalen Abstürzen, den finanziellen Sorgen, den Beziehungskonflikten. Dieser »menschliche Makel« will nicht zu seinem Selbstbild passen. Darauf angesprochen, entfaltet sich allmählich die großbürgerliche Welt eines sehr strengen und anspruchsvollen Elternhauses, das nur eine Maxime kennt: Erfolg! Herr A fügt sich, er wird erfolgreich, er lebt das Leben eines erfolgreichen Wissenschaftlers und Geschäftsmannes – aber er füllt es nicht aus, sein Leben ist von einem Gefühl unentwegter Hochstapelei begleitet, er lebt über seine Verhältnisse, gesundheitlich, ökonomisch, beruflich. – Die psychoanalytische Therapie hat ihm nichts Positives zu bieten, so scheint es: er erkennt, dass er unter der Maske des Großbürgers die Sensibilität eines verletzlichen Knaben bewahrt hat, der nicht robust genug ist, in den luftigen Höhen eines führenden Industrieunternehmens zu überleben. Er erkennt, dass seine fachliche Begabung geringer ist als erhofft, weil das Fachgebiet, deckungsgleich mit dem väterlichen Tätigkeitsfeld, von ihm nicht wirklich mit eigenem Interesse und mit Leidenschaft besetzt worden ist. Er steigt aus, er steigt ab, von einem hohen Ross, auf das ihn andere gesetzt hatten – er kommt schließlich an auf einem Boden, der erst einmal ohne Glanz ist, auf dem er aber zu stehen lernt, ohne Alkohol, ohne Lüge und Hochstapelei.

Rückgewinnung des Selbst aus der Begegnung mit Anderen

Selbstkonstitution – darauf wurde, ausgehend von Paul Ricoeur, schon hingewiesen – kann psychoanalytisch nicht als ein monadischer Prozess verstanden werden. Sich selbst gewinnen heißt immer auch, sich von anderen zu differenzieren und zugleich die Möglichkeit zu haben, sich mit anderen zu verbinden, mit ihnen zu verschmelzen. Wie bedeutsam ist – so ist nun zu fragen – der Andere für die Selbstkonstitution? Einige zunächst heterogen erscheinende Konzepte können die Bedeutung des Anderen in je unterschiedlicher Weise bestätigen.

Unsere Frage richtet sich zunächst an die Entwicklungspsychologie. Sie hat in den letzten Jahren den »kompetenten Säugling« (Dornes 1997) hervorgehoben, also die autonomen Fähigkeiten des Kleinkinds betont. Aber diese Autonomie verdankt sich nicht einfach einer umweltunabhängigen Reifung. Daniel Stern (1992), der vielleicht wichtigste empirische Entwicklungspsychologe der Gegenwart, hat hervorgehoben, dass das Selbst sich aus den Interaktionsmustern herausschält, die erst ganz punktuell, später immer mehr generalisiert gespeichert werden. Am Anfang ist auch hier Beziehung.

Dass die autonome Entwicklung von Funktionen nicht einfach der Bedeutung des Anderen widerspricht, lehrt gleichfalls die klinische Theorie, die von Melanie Klein her kommt. M. Klein ging bekanntlich, wie viel später die Säuglingsforschung, von einem sehr früh entwickelten Ich aus. Dieses Ich ist aber nicht das Selbst; das Selbst bildet sich mit den Mechanismen der Projektion und Introjektion – und es wird das ganze Leben damit zu tun haben, sich mit den projektiven Verzerrungen der Fremdsicht und den introjektiven Vereinnahmungen des eigenen Selbst auseinander zu setzen. Der Begriff der projektiven Identifizierung ist heute ein unverzichtbares Werkzeug der klinischen Praxis, ebenso wie sein affektives Korrelat, das Containing, wenn wir Menschen mit schweren Persönlichkeitsstörungen behandeln wollen. Das aber heißt nichts anderes, als dass wir damit rechnen, dass wir als analytisch reflektierende Beziehungspartner immer wieder die externalisierten, dem Selbst nicht erträglichen Selbstanteile aufnehmen, um sie schließlich zurückzuerstatten, zurückzugeben. Von einer frühen Ichentwicklung auszugehen und die Bedeutung des Anderen anzuerkennen: darin muss also kein Widerspruch liegen.

»Ich ist ein Anderer« – dieser Satz Rimbauds hat für J. Lacan eine eminente Rolle gespielt; der Andere – mit großem Anfangsbuchstaben geschrieben – ist für Lacan (1975) die Sprache, in die das Kind hineingeboren wird, die Benennungen, angefangen mit dem Namen, die dem Kind aufgeprägt werden, und von deren Prägung es sich Zeugnis ablegen kann in der Analyse. Die Sexualität des Erwachsenen, die unbewussten Wünsche, die die Eltern oder Bezugspersonen an die Kinder richten und die sich traumatisch auswirken auf das Kind, weil sie nicht verstanden werden können: für Jean Laplanche ist der Andere der notwendig sexuell geprägte Andere, der nicht anders kann als das Kind zu begehren und durch sein Begehren das Kind zu prägen.

Welches Fazit muss aus diesen Befunden gezogen werden? Psychoanalytisch gesprochen ist das Selbst nie völlig abgegrenzt, es oszilliert zwischen Projektionen und Introjektionen. Ich muss mich über den anderen konstituieren, ich verliere mich auch immer wieder im Anderen. Andererseits kann ich mich nur dann verselbstständigen und mich loslösen, wenn ich mit der Verinnerlichung des Anderen seine Präsenz nicht unentwegt brauche. In der Operationalisierten Psychodynamischen Diagnostik (OPD 2006) ist daher ein Qualität guter Bindung, sich einlassen, aber auch sich trennen zu können. Endgültig freilich ist die Selbstabgrenzung nie.

Klinisches Beispiel

Ein besorgter Vater meldet seinen immerhin 25 Jahre alten Sohn, Herrn X, zur Konsultation an; ich erhalte – mit Einverständnis des Sohns – den Vorbefund eines Kollegen, der eine beginnende Schizophrenie diagnostiziert hat. Die Eltern kommen mit dem Patienten. Dieser ist freundlich, hat aber kein Anliegen, ja empfindet nicht einmal ein eigenes Leid. Ihm selbst geht es subjektiv gut. Ohne weiteres gesteht er zu, was die Eltern sagen, dass er seit zwei Jahren, kurz vor dem möglichen

Ende seines Studiums, nicht mehr zur Uni gegangen ist, dass er auch zu Hause keiner definierten Beschäftigung nachgeht, sondern im Bett liegt und sich isoliert. Die Sorgen ebenso wie die Behandlungsmotivation liegen ganz bei den Eltern, so scheint es. Aber sie entstehen auch in mir; im dem Familiengespräch folgenden Erstgespräch allein mit dem Sohn rührt er mich sehr an, ich empfinde ein starkes Mitgefühl mit dem jungen Mann, jenseits seiner emotionalen Gleichgültigkeit habe ich viele warme Empfindungen ihm gegenüber und den Wunsch, ihn zu unterstützen.

Die Eltern hatten im gemeinsamen Gespräch viel über ihn gesprochen, aber auffallend wenig über sich berichtet. Sie hatten die Fragen nach ihrer eigenen Ehe abgewiegelt, obgleich ich den Eindruck hatte, dass sie emotional nicht aufeinander bezogen sind.

Als der Patient und ich nun etwas ratlos im Gespräch zusammen sitzen, teile ich ihm meine Gegenübertragungsgefühle in dosierter Form mit: dass ich spürte, dass von ihm noch etwas anderes ausgehe als diese affektlose Unbekümmertheit, dass ich mich frage, ob mein Wunsch ihn zu unterstützen auch ein Wunsch sei, der ihn selbst bewegen könnte, aber nicht bewegen dürfe. Zu meiner eigenen Überraschung versteht er mich besser, als ich gedacht habe: er bekommt Tränen in die Augen. Ich frage ihn nach den Anfängen seiner Beschwerden, und er meint, er habe nach dem Abitur schon eine Krise gehabt. Auf mein Nachfragen erwähnt er, dass er gedacht habe, die Familie verliere sich. Nun erst kann er berichten, dass er während der Schulzeit einen Spitznamen gehabt habe: »Familienseelsorger«. Alle sind mit ihren Nöten zu ihm gekommen, er war der, bei dem sich die Mutter, bei dem sich der Vater – getrennt voneinander – ausgesprochen hatten. Er ist das Sprachorgan einer sprachlosen Welt. Der Sohn wird zum Container aller Emotionen in der Familie. Er sorgt sich um die Seelen der Eltern. Es bleibt dabei – das ist der Preis – kein Platz mehr für eine eigenständige Entwicklung; auf der Strecke bleibt die Selbstkonstitution, die Suche nach sich selbst. An ihre Stelle tritt ein allzu fertiges Größenselbst: ich bin der Retter meiner Eltern. Und doch fühlt sich Herr X herausgefordert, erwachsen und selbstständig zu werden. Aber dieser Wunsch nach einem eigenen Weg ist so viel schwacher als der Wunsch, Container der elterlichen verleugneten Emotionen zu sein. Der psychotisch anmutende Totstellreflex ist eine – freilich sehr leidvolle – Kompromissbildung. Es ist, als sagte er damit zugleich: »Ich bleibe den Eltern erhalten, ich bin nur noch bei ihnen«, aber auch: »Ich ziehe mich von den Eltern zurück und bin für sie, wie für alle anderen, unerreichbar.«

Indem ich im Erstgespräch versucht habe, Herrn X das vollständig projizierte Gefühl der Fürsorglichkeit und der Angst um andere zurückzugeben, war es ihm möglich, ein eigenes Leid überhaupt zuzulassen und zu spüren. Es ist der allererste Schritt, dem in der Psychotherapie weitere folgen müssen, Schritte, die es erlauben, das Selbst aus dem Geflecht von Projektionen und Introjektionen zu lösen, und damit Herrn X es zu ermöglichen, die Frage nach einem eigenen Selbst überhaupt erst einmal wirksam sich selbst zu stellen.

Die Rückgewinnung des Selbst aus der Veräußerung ins Symptom

Die bisher beschriebenen Dimensionen haben es erlaubt, Anteile des Selbst mithilfe der analytischen Methode dort aufzufinden, wo sie nicht vermutet werden, in den verborgenen Aspekten der eigenen Geschichte und in den Verstrickungen mit existenziell wichtigen Bezugspersonen. Nun wird es um eine dritte Dimension gehen, das Symptom. Das Symptom ist, psychoanalytisch gesehen, immer auch als Wahrheit des Subjekts, als Ort der Selbstkonstitution ernstzunehmen. Das bedeutet nicht, dass es in der psychoanalytischen Psychotherapie nicht um die Heilung vom Symptom geht. Sie wird freilich nicht umstandslos als Symptombeseitigung verstanden, sondern als Aufhebung im bekannten Doppelsinn: das Symptom erübrigt sich, hebt sich auf, wenn der in ihm entäußerte Selbstanteil bewahrt, aufgehoben, zurückgewonnen werden kann. Für die Neurosenpsychologie war diese Annahme selbstverständlich. Sie ist es nicht mehr, wenn schwerwiegende Einschränkungen der Persönlichkeitsstruktur oder selbstdestruktive Verhaltensmuster ins Spiel kommen.

Die psychoanalytische Psychosomatik geht davon aus, dass der

Körper zum Platzhalter verdrängter Intentionen werden kann. V. von Weizsäcker (1949) hatte davon gesprochen, dass Körper und Seele sich wechselseitig vertreten. Diese Stellvertretung kann verschiedene Formen annehmen:

1. Der Körper kann, wenn ein seelisches Leiden nur einen körperlichen Ausdruck finden kann, zum Träger einer Botschaft werden, er kann funktionalisiert werden, um bestimmte und besonders problematische Aspekte einer Objektbeziehung, um abgewehrte Beziehungserwartungen und -vorstellungen, die für den Betreffenden unbewusst bleiben, auszudrücken. Das ist das Modell der *Konversion*: Der Körper wird in der Konversion zum Signifikanten, zum Träger einer geheimen Botschaft innerhalb einer Objektbeziehung. Das Begehren, das sich auf das Objekt richtet, wird – aus verschlungenen biografischen Gründen, die in der Analyse zu entschlüsseln sind – unterdrückt. Die verdrängten (Triebwunsch-)Repräsentanzen können auf den Körper verschoben werden. Bewusst weiß das Selbst nichts von diesem Begehren. Der Körper beherbergt also einen wesentlichen Anteil der Wunschwelt, deren Analyse ein Beitrag zur Selbstkonstitution ist.
2. Nun ist es aber auch möglich, negative, zerstörerische Varianten des Umgangs mit dem eigenen Körper analytisch zu verstehen und ihre selbsterhaltende Funktion zu untersuchen. Selbstverletzendes Verhalten, das heute in stationären Therapien eine besondere Herausforderung darstellt, lässt sich nicht mit Konversionstheorien verstehen. Es ist psychodynamisch vieldeutig und nicht nach einem einzigen Muster zu deuten. Dennoch ist der folgende Ansatz klinisch oft hilfreich. Er geht davon aus, dass in der Selbstverletzung der Körper zum Objekt wird, dass (Teil-)Objektbilder auf den Körper projiziert werden. Das Problem, dessen Lösung die Selbstverletzung darstellt, ist die Unvereinbarkeit der affektiven Einstellungen zu anderen: Beziehungsfantasien existieren nebeneinander, die nicht miteinander vermittelt werden können, die daher voneinander abgespalten oder voneinander dissoziiert werden. Mit der Folge, dass die eine Beziehungsgestalt im Verhältnis zum eigenen Körper inszeniert wird, wobei der eigene Körper

wie ein Objekt besetzt wird. Die andere Interaktionsfigur kann im intersubjektiven Verhältnis gelebt werden, und dabei handelt es sich meist um die unbedrohlichen Objektbeziehungen. Mit gleichem Recht ließe sich sagen, dass der Körper selbst zu einem »Container« wird, er muss Erfahrungen bergen oder als Ort der Beziehungsinszenierung dienen, von Beziehungsformen, die den äußeren Objekten nicht mehr zugemutet oder zugetraut werden können. Der Schnitt in die eigene Haut hinterlässt Markierungen, die unter Umständen die einzigen Orte sind, die sonst verleugnete Selbstaspekte, oft genug destruktive und aggressive Selbstanteile, bewahren.

3. Ein anderes Beispiel eines negativen Symptoms ist der eindeutig beschreibbare Verlust psychischer Funktionen. In der Alexithymie, die als ein Kennzeichen z.B. chronischer psychosomatischer Erkrankungen angesehen worden ist, ist die Fantasietätigkeit blockiert, die Differenzierung zwischen den eigenen Gefühlen und denen der anderen verblasst gegenüber einer emotionalen Nivellierung und Gleichförmigkeit. In der postpsychotischen Residualverfassung können die Funktionen des Denkens und Fühlens ähnlich eingeschränkt sein. In beiden Beispielen wurden und werden neurobiologische angeborene oder durch den Krankheitsprozess erworbene Defizite als Ursprung angesehen. Die Negativität erscheint hier schlicht als Abwesenheit der psychischen Funktionen, der Ichfunktionen, die entweder nicht ausgebildet waren oder die wieder verloren gegangen sind. Was aber, wenn man nun gerade diese Abwesenheit der psychischen Funktionen dynamisch betrachtet – und das heißt, die Objektbeziehungen und das Begehren berücksichtigt werden? Das ist nicht leicht, weil ja offensichtlich nicht nur Funktionen, sondern auch Erlebnisbereiche, die eigene Triebhaftigkeit ebenso wie das differenzierte Erleben der Anderen, verloren gegangen oder aufgegeben worden sind. Die Negativität, die Abwesenheit psychischer Funktionen kann indes relativiert werden, sie kann als Abwesenheit, die auf eine Positivität verweist, verstanden werden. Dann gilt es zu untersuchen, ob es Motive gibt, die dazu geführt haben könnten, das eigne Denken, die

> eigne Fantasie zu zerstören. Dazu sind wichtige Arbeitshypothesen entstanden; vielleicht ist die wichtigste die früheste, nämlich die von S. Ferenczi, der den Terminus der Ichregression geprägt hat, der in der psychoanalytischen Debatte zu Unrecht beinahe untergegangen ist. Strukturelle Einschränkungen können – das meint das Konzept – Folgen eines – freilich verzweifelten – Abwehrvorgangs sein. J. Lacan hat als den psychotischen Grundmechanismus ebenfalls einen Abwehrvorgang beschrieben, die Verwerfung, die radikaler als jede Verdrängung die Grundlagen des Denkens angreift. Joyce McDougall (1989) hat dieses Konzept auf die psychosomatischen Leiden bezogen und anschaulich von der Herstellung eines sterilen Raumes gesprochen: die alexithyme Verfassung steckt einen Raum der Leere ab, der Schutzraum gegen die übermächtigen, intrusiven, das Selbst überwältigenden Objekte ist.

Akte der Selbstkonstitution – das allein war zu zeigen – lassen sich auch dort noch vermuten, wo zunächst einmal negative, sinnfremde oder scheinbar sinnlose Verhaltensweisen vorherrschen. Die Psychoanalyse ist nicht defizitorientiert. Das heißt nicht, dass defizitäre Ichfunktionen nicht wahrgenommen würden, dass die Negativität der Selbstverletzung oder – reduktion nicht gesehen und gewürdigt würde. Psychoanalyse verleugnet den Mangel, die Einschränkung, den Verlust nicht. Aber sie versucht, im Negativen auch ein Nein zu hören, und im Nein einerseits die Macht der Destruktivität, aber auch die Bewahrung eines Selbst, das anders nicht geschützt werden kann.

Klinisches Beispiel

Frau Z hat in der Adoleszenz eine schwere Essstörung entwickelt. Im frühen Erwachsenenalter beginnt sie eine Psychotherapie, die ihr hilft, die Magersucht zu überwinden. Mittlerweile ist Frau Z normgewichtig. Aber sie ist nicht wirklich frei von der Essstörung. Sie erlebt die anorektischen Anteile ihrer Persönlichkeit weiterhin als bedrohlich, es sind gierige, unberechenbare Seiten ihres Selbst, die sie kennengelernt hat, und die sie nur mühsam in Schach halten zu können glaubt.

Es reicht nicht aus, in der psychotherapeutischen Behandlung chronischer Krankheiten nur an der Symptombesserung zu arbeiten. Die Krankheit selbst muss verarbeitet werden, die subjektive Krankheitsüberzeugung muss überprüft und möglicherweise angepasst werden.

Frau Z hat die Anorexie als Person in der Person erlebt und sie mit der Qualität eines anderen oder zweiten Selbst ausgestattet, eines unzuverlässigen, nicht zu steuernden Selbstanteils. Unschwer ist zu erkennen, dass diese Vorstellung auch ein Effekt der Psychotherapie ist. Zu Recht hat sie lernen müssen, dass es diese hungrigen, niemals satt werdenden Wünsche in ihr gibt, mit denen sie umgehen muss. Aber die Deutung der Triebhaftigkeit des Symptoms ist nicht ausreichend. Die orale Gier wird zwar von der Patientin anerkannt, aber sie wird verurteilt und nicht wirklich integriert. Das eben ist nur möglich, wenn zugleich die selbstkonstituierende Leistung des Symptoms gewürdigt ist. Frau Z hat die Anorexie nicht zuletzt auch deshalb entwickelt, weil sie sich im Elternhaus von früh an nie sicher sein konnte, was sie beanspruchen und bekommen konnte. Nie wurden Grenzen verlässlich gezogen. Das Symptom der Essstörung, in seinem Wechseln von Gier und Askese, wurde das konkrete Bild dieser unsicheren Demarkation und zugleich der – wie selbstschädigend auch immer sich auswirkende – Ort eines Einübens des Wechselspiels von Ablehnung und Zulassen, also ein Ort des Ringens um eine anders nicht herstellbare Autonomie.

Schluss: Das Ziel der Selbstkonstitution durch die Psychoanalyse

Drei Wege der Selbstkonstitution wurden in dieser Arbeit beschrieben, die durch eine psychoanalytische Therapie beschritten werden können: die Selbstkonstitution durch die Einsicht in die eigene biografische Bedingtheit, die Selbstkonstitution durch die Differenzierung des Selbst vom Anderen, und schließlich die Selbstkonstitution durch die Rückgewinnung des Selbst aus den Veräußerungen in ein zunächst als negativ erscheinendes Symptom. Nun lassen sich zwei End- oder Zielpunkte dieser Selbstkonstitution im Anschluss an die einleitend gemachten Bemerkungen charakterisieren. Der eine Endpunkt ist die Frage nach der eigenen Identität als Ziel der Selbstkonstitution. Was können wir unter Identität in psychoanalytischer Hinsicht verstehen? Der andere Endpunkt ist pragmatisch und handlungsorientiert: welche praktische Konsequenz hat die Selbstkonstitution? Wenn der Philosoph Ch. Taylor (1994) die Suche nach dem Selbst auf die Suche nach dem guten Leben bezogen hat, also auf die Ethik, so gilt dies auch für eine psychoanalytische Betrachtung: Prozesse der Selbstkonstitution müssen praktisch folgenreich sein.

Selbst und Identität

Die Selbstkonstitution hat zum Ziel, die eigene Identität zu stärken. Was aber ist Identität? Die Definition Karl Jaspers' ist eindeutig: Identität ist die Stabilität des Selbstbildes über die Zeit hinweg. Dann ist Identität als Ziel der Selbstkonstitution der Erwerb einer stabilen Selbstvorstellung, die über die Zeit hinweg gleich bleibt. Das nachhaltigste psychoanalytische Identitätskonzept stammt von E.H. Erikson, und dieses an den Lebenszyklen orientierte Konzept passt zu dieser Vorstellung einer – zu den verschiedenen Entwicklungsstufen passenden – Identität, die erworben wird und die dann auf dem erreichten Entwicklungsniveau aufrecht erhalten werden kann oder muss.

Wahrscheinlich verwenden wir heute den Begriff der Identität am häufigsten im Zusammenhang mit der Identitätsdiffusion, die nach O. Kernberg ein zentrales Merkmal der Borderline-Organisation ist. Sie ist gerade dadurch ausgezeichnet, dass die Selbstbilder nicht in ein kohärentes und dauerhaftes Selbstbild integriert werden können. In diesem Kontext macht der psychopathologische Identitätsbegriff durchaus Sinn. Dabei geht es freilich nicht um einen Inhalt, sondern um die formale Fähigkeit, heterogene Vorstellung integrieren zu können.

Paul Ricoeur (1990), dem wir mit *Das Selbst als ein anderer* ein philosophisches Hauptwerk zum Selbst verdanken, hat – was im Französischen gut möglich ist – zwischen der »mêmeté« und der »ipséité« unterschieden. Erstere, die mêmeté oder Selbigkeit, deckt sich mit dem soeben eingeführten Identitätsbegriff. Letztere, die ipséité oder Selbstheit, hingegen ist die Identität, die sich gleichsam als roter Faden durch die Erzählungen meiner Identität hindurch zieht. Identität als Selbstheit ist nicht Selbigkeit, also die Summe aller gleichbleibenden Merkmale, sondern vielmehr die Fähigkeit, im Wechsel der Erfahrungen und Selbstzuschreibungen den in der eigenen Person verankerten Ausgangs- und Endpunkt zu bewahren. Warum ist das für unseren Zusammenhang wichtig? Psychoanalytische Identität erschöpft sich nicht im Festhalten an dem einmal erreichten Selbstbild. Zu ihr gehört das Wechselspiel von Identifizierung und Desidentifizierung, von Sich-Gewinnen und Sich-Verlieren. Das Lösen der Identifizierungen ermöglicht den Neubeginn. Die Psychoanalyse eröffnet die Möglichkeit, den unbewussten Entwürfen, die in der bewussten Welt des Nachdenkens nicht aufgehen, zu folgen, um sie in die Selbstentwürfe zu integrieren. Selbstkonstitution – und diese Aussage führt uns zur Einleitung zurück – ist unabschließbar, und insofern ist sie als Weg, als Suche, als permanente Selbstbefragung wichtiger als im Resultat. Psychoanalytisch ist Selbstkonstitution nur als Prozess zu konzipieren, nicht als Ergebnis im Sinne des Erreichens eines festgefügten Selbst.

Selbstfürsorge: Der poietische (pragmatische) Horizont der Selbstkonstitution

Selbstkonstitution als Prozess ist allerdings nicht nur ein kognitiver Akt oder eine Erkenntnisleistung, sondern auch ein emotionaler Prozess. Selbstkonstitution ist in der affektiven Einstellung zu sich selbst verankert. Daher hat sie notgedrungen Handlungskonsequenzen. Die Einsicht in die konservative Seite der Selbstzerstörung, ein Verständnis der Selbstverletzung dergestalt, dass es bei ihr auch um Selbsterhaltung geht, muss gefolgt sein von einer freieren, direkten, unverdeckten Form, für sich selbst zu sorgen. Sonst bleibt sie unvollständig. Die Einsicht in die Autonomie fördernde Funktion der Essstörung sollte die Konsequenz haben, dass Autonomie auf anderen Wegen als durch den Umweg des Symptoms gegangen werden kann. Die Anerkennung der eigenen biografischen Bedingtheiten sollte zu Wandlungen in den Lebenszielen führen. Und die Fähigkeit, sich selbst aus den Verstrickungen mit anderen zu befreien, sollte den Weg frei machen zu einer offenen Suche nach sich selbst. Warum ist es wichtig, dies zu betonen? Vor allem deshalb, weil in Psychoanalysen der Gesichtspunkt der Veränderung, der Umsetzung der in der Kur gewonnenen Erkenntnisse in die eigene Lebenspraxis also, oft vernachlässigt wird. Dabei gehört es zum Repertoire der klassischen psychoanalytischen Technik, als einen besonderen Widerstand den Widerstand gegen Veränderung zu bearbeiten. Und der kann ganz unterschiedliche Hintergründe haben: dem Analytiker nicht gönnen, dass seine Arbeit zum Erfolg führt; sich mit der containing-Funktion des Analytikers nicht identifizieren zu können, sodass nur die analytisch-kognitive Funktion, nicht aber die Fürsorge übernommen und für sich selbst gewonnen werden kann.

Selbstkonstitution durch die psychoanalytische Kur: sie ist ein Prozess der Selbstfindung, die es erlaubt, sich zu gewinnen und sich wieder zu verlieren, sich zu stabilisieren und sich infrage zu stellen, in dem aber der Möglichkeitsraum, der auf diese Weise zwischen Identität und Nichtidentität aufgespannt wird, immer von Fürsorge und also Selbstfürsorge getragen ist.

In der Psychotherapieforschung ist ein wohl bekannter und immer wiederkehrender Forschungsbefund, dass ein wichtiger unspezifischer Wirkfaktor von Psychotherapien die Qualität der therapeutischen Beziehung ist, also das Beziehungsangebot, das der Therapeut macht, eine Haltung, die er einnimmt, die den Patienten zur Fürsorge und zur Sorge um sich selber führen kann. Es ist ein verhängnisvoller Irrtum der gegenwärtig allerorts zu beobachtenden Effizienzsteigerung, dass Beziehungserfahrungen gegenüber technisch instrumentalisierter Zielorientierung abgewertet werden. Es bewirkt eben nicht dasselbe, ob ich Verhalten einübe aus der bewussten Überzeugung, dass ich ein bestimmtes Verhalten als schädigend unterlassen soll, oder ob ich ein schädigendes Verhalten aufgebe, weil ich mich in eine Beziehung wieder als wertvoll erleben konnte. Selbstkonstitution aus psychoanalytischer

Sicht endet in der Liebe, auch in einer recht verstandenen, vom Anderen her kommenden Selbstliebe.

Abschließend soll weder ein Psychoanalytiker noch ein Philosoph zu Wort kommen, sondern ein Dichter, und dann noch einer, der mit der Psychoanalyse nicht viel zu tun hatte, nämlich Bertolt Brecht.

> *Morgens und abends zu lesen*
>
> Der, den ich liebe
> Hat mir gesagt,
> Dass er mich braucht
>
> Darum
> Gebe ich auf mich acht
> Sehe auf meinen Weg und
> Fürchte von jedem Regentropfen
> Dass er mich erschlagen könnte.

Das Gedicht heißt *Morgens und abends zu lesen*, es verbindet die Liebe und Sehnsucht, die ein anderer Mensch für uns empfindet, ganz selbstverständlich mit der Sorge um das eigene Selbst. Selbstfürsorge ist bei Brecht kein Appell ans eigene Selbst, keine Aufforderung, den Nebenmenschen zu ignorieren, sondern ganz im Gegenteil, Selbstfürsorge hat als Ausgangspunkt die Liebe des Anderen. Der Titel verweist darauf, dass sich das Gedicht nicht nur in die christliche Tradition des Abendgebets, sondern auch in die noch frühere stoische Tradition einschreibt. Schließlich geht die Tradition des Abendgebetes auf die Selbstbesinnung eines Seneca oder Mark Aurel zurück: »Man kann, abends oder morgens, einige Augenblicke der Besinnung reservieren, der Prüfung dessen, was man getan hat, der Erinnerung an gewisse nützliche Grundsätze […] das morgendliche und abendliche Prüfen der Pythagoräer findet sich […] bei den Stoikern wieder« (Foucault 1984, S. 66f.). Brecht knüpft formal an diese Selbstbesinnungstradition an (»morgens und abends zu lesen«), aber verkehrt den Inhalt in sein Gegenteil: Selbstbesinnung ist bei ihm keine Selbstabgrenzung, vielmehr betont das Gedicht die Fundierung der Selbstfürsorge in der Zuneigung des Anderen. Dieses Fundierungsverhältnis ist genau der

Grund, warum ich Ihnen das schöne Gedicht in Erinnerung gebracht habe. Die Psychoanalyse leistet viel für ein Erkennen des Selbst, es ist aber immer in der Beziehung zum Anderen, ja: in der Zuneigung des Anderen fundiert.

Literatur

Angehrn, E. (2003): Interpretation und Dekonstruktion. Weilerswist (Velbrück).

Angehrn, E. (2009): Selbstsein und Selbstverständigung. Zur Hermeneutik des Selbst. In: Angehrn, E. & Küchenhoff, J. (Hg.): Vermessung der Seele. Weilerswist (Velbrück). Im Druck.

Arbeitskreis OPD (2006): Operationalisierte Psychodynamische Diagnostik OPD-2. Bern (Huber).

Aurel, M. (1959): Selbstbetrachtungen. Stuttgart (Reclam).

Balint, M. (1934): Das Endziel der psychoanalytischen Behandlung. In: Balint, M. (1969): Die Urformen der Liebe und die Technik der Psychoanalyse. Frankfurt/M. (Fischer), S. 191–202.

Bieri, P. (2003): Das Handwerk der Freiheit. Über die Entdeckung des freien Willens. Frankfurt/M. (Fischer).

Brecht, B. (o.J.): Gedichte. Frankfurt/M. (Suhrkamp).

Dornes, M. (1997): Die frühe Kindheit. Frankfurt/M. (Fischer).

Erikson, E. H. (1966): Identität und Lebenszyklus. Frankfurt/M. (Suhrkamp).

Foucault, M. (1984): Le souci de soi. Paris (Gallimard).

Freud, S. (1925): Die Verneinung. GW XIV, 9–16.

Kernberg, O. (1980): Borderline-Störungen und pathologischer Narzissmus. Frankfurt/M. (Suhrkamp).

Küchenhoff, J. & Wiegerling, K. (2008): Leib und Körper. Philosophie und Psychologie im Dialog. Göttingen (Vandenhoeck & Ruprecht).

Lacan, J. (1975): Schriften. Frankfurt/M. (Suhrkamp).

Laplanche, J. (1988): Die allgemeine Verführungstheorie. Tübingen (edition diskord).

McDougall, J. (1989): Theaters of the body. New York (Norton).

Merleau-Ponty, M. (1964): Le visible et l'invisible. Paris. Deutsche Übersetzung (1986): Das Sichtbare und das Unsichtbare. München(Fink).

Ricoeur, P. (1990): Soi-même comme un autre. Paris (Éditions du seuil).

Stern, D. (1992): Die interpersonale Welt des Kindes. Stuttgart (Klett Cotta)

Taylor, Ch. (1994): Quellen des Selbst. Die Entstehung der neuzeitlichen Identität. Frankfurt/M. (Suhrkamp).

Weizsäcker, V. von (1949): Psychosomatische Medizin. Gesammelte Schriften. Frankfurt/M. (Suhrkamp), 1986.

Die zukünftige Rolle der Psychoanalyse in der Psychiatrie

Peter Hartwich

> *Der unendliche Weg: »Der Seele Grenzen kannst du nicht entdecken gehen, auch wenn du jeden denkbaren Weg begehst: so unerschöpflich ist, was sie zu erklären hat.«*
> (Heraklit, Fragment 45, Übersetzung zit. n. Stemich-Huber 1996)

Um über die zukünftige Rolle der Psychoanalyse in der Psychiatrie etwas Gesichertes aussagen zu können, müsste man tatsächlich die Zukunft vorausschauen können. Gewiss gibt es Forscher, die mit hochmodernen Bildgebungsverfahren des Gehirns ausgestattet sind und sich zu futuristischen Vorhersagen bereitfinden. Es gibt auch Menschen mit seltenen Sonderbegabungen, die nicht nur prospektiv, sondern auch prophetisch tätig sind, aber auch bei ihnen treffen nicht alle Vorhersagen pünktlich ein. Da der Autor dieses Beitrags sich weder zu der einen noch zu der anderen Kategorie zählen darf, ist von vornherein klarzustellen, dass seine Aussagen und Hinweise nicht ohne spekulativen Charakter sein können. Seine Erfahrungsperspektive von etwa vier Jahrzehnten, in denen er als Wissenschaftler, klinischer Psychiater im Pflichtversorgungsbereich und als Psychoanalytiker tätig ist, wird sich in diesem Beitrag widerspiegeln, mit der entsprechenden Beschränkung auf das persönliche Erlebnisfeld.

Trotzdem soll versucht werden, die Vorhersagen über die zukünftige Rolle der Psychoanalyse in der Psychiatrie doch mit einem gewissen Maß an Wahrscheinlichkeit zu verknüpfen. Dazu bedarf es zunächst der Darstellung dreierlei Aspekte, um zum vierten zu kommen:

1. Da wir in unserem Fach, ob Psychoanalyse und/oder Psychiatrie, auf den Schultern unserer Väter und Vorväter stehen, ist eine *historische Rückschau* dessen, wie sich in diesen wissenschaftlichen und praktischen Bereichen die Entwicklung vollzogen hat, unerlässlich.
2. Institutionen, Institute und klinisch stationäre Einrichtungen als Träger der wissenschaftlichen Modelle, Theorien und Hypothesen sollen – teilweise auch kritisch – beleuchtet werden, inwieweit sie zu einer *gemeinsamen Fortentwicklung* beitragen oder in welcher Weise sie sich um *Abgrenzung voneinander* bemühen und damit eine fruchtbare Weiterentwicklung blockieren.
3. Der *gegenwärtige Stand* des Verhältnisses von Psychoanalyse und Psychiatrie ist zu skizzieren, wobei insbesondere die psychoanalytische und psychodynamische Bearbeitung der Psychosenpsychotherapie im Vordergrund stehen soll.
4. Auf der Grundlage der genannten drei Aspekte wird es erst möglich werden, eine *prospektive Sichtweise* zu entwickeln, die von derzeitigen Fakten als überdauernden Bestandteilen ausgeht, um diese zu extrapolieren.

Zu Punkt 1: In der bewegten *Historie des psychiatrischen Fachgebietes* sind interessante Etappen zu nennen, die auf ein in der Zeitstrecke der Jahrzehnte stattfindendes Wechselspiel hindeuten. Aus der Rückblickperspektive ist es faszinierend nachzuvollziehen, wie sich die beiden Betrachtungsweisen einerseits der »psychischen Dominanz« mit ihrer psychologischen Innenschau und der dazugehörigen Bedeutung der Erlebniswelt des Subjektes mit andererseits der »somatischen Dominanz« mit ihren morphologisch begründeten Erklärungsmodellen einschließlich naturwissenschaftlich geprägten empirischen Erforschungsstrategien des Objektes abwechseln.

Die Wellenbewegungen, bei denen mal die eine und mal die andere Dominanz Wellental und Wellenkamm bestimmt, scheinen sich an ein psychiatriegeschichtliches Ablaufmodell zu halten. Diese Beobachtung veranlasst denjenigen, der über die zukünftige Entwicklungen etwas aussagen möchte, dieses mit einer gewissen Sicherheit zu tun, die über das rein Spekulative hinausgehen kann.

Fragt man, warum sich ein solches Wechselgeschehen im Zeitablauf gestaltet, so werden wir auch an die »Struktur der wissenschaftlichen Revolution« des Philosophen Kuhn (1976) erinnert. Er weist darauf hin, dass jede Wissenschaftsperiode auch ein *dogmatisches* Element enthält, welches *unpassende Alternativen zu unterdrücken* pflegt; nehmen diese aber im Laufe der Zeit dann doch überhand und lassen sich nicht mehr ausgrenzen, so kommt es zur Krise, die zu einem Wechsel der leitenden Hypothesen und Modelle führen, im Sinne eines Paradigmenwechsels (siehe auch Hoyningen-Huene 2003).

Wenn wir bei unserem Bild der Wellenbewegung bleiben, so wird auf diese Weise die nächste Welle angeschoben. Das Bild von Wellenkamm und Wellental beinhaltet jedoch nicht nur die Alternativen, sondern auch fließende Übergänge, die der Betrachtung von Polarität Raum lässt.

Beim Versuch, die Behauptung des *periodischen Wechsels der Dominanzen* durch einige psychiatriehistorische Skizzierungen zu belegen, gehen wir zunächst auf philosophische Wurzeln zurück:

Wenn wir Wyrsch (1976) folgen, so hat René Descartes mit der Trennung des Menschen in res cogitans und res extensa die Subjekt-Objekt-Spaltung auch für die Psychologie und Psychopathologie formuliert.

> »Er [Descartes] nimmt zwar eine Wechselwirkung zwischen beiden an, die in der Zirbeldrüse stattfinde, dem einzigen einpaarigen Teil des Gehirns, den er darum als Sitz der Seele betrachtete. Aber beides bleibt doch getrennt: der Seele das Denken und der Wille; dem Körper Empfindung, Reizbarkeit, Passiones und Bewegung. Also Ähnlichkeit mit einer Maschine« (Wyrsch 1976, S. 972).

Um im geschichtlichen Verlauf zeitlich willkürlich einzusetzen, beginnen wir mit der psychisch geprägten spekulativ-romantischen Psychiatrie, für die unter anderen auch Heinroth (1773–1843), Ideler (1835, 1838) und Carus (1860) stehen, worauf Schipperges (1975) hinweist. Allerdings kündigt sich in dieser Epoche schon der Streit zwischen Psychikern und Somatikern an, der, wie Wyrsch (1976, S. 986f.) hervorhebt, in Deutschland fast erbittert ausgefochten wurde.

In der Folgezeit begann die Epoche der Hirnanatomie in der Psychiatrie. Hier sind neben anderen Griesinger (1845) und Meynert (1884) zu nennen. Wyrsch (1976, S. 998f.) schreibt dazu:

> »Daß nun die Progressive Paralyse auf mikroskopisch feststellbare Befunde im Gehirn und in der Cerebrospinal-Flüssigkeit sich stützen konnte, ungeachtet ihres psychopathologischen Befundes, gab Anstoß und Hoffnung, die Psychiatrie könne sich gleichberechtigt und gleich bewundert der Körpermedizin beigesellen.«

Die somatische Dominanz wurde später nach einigem Hin und Her unter anderem in der Schweiz zugunsten der psychischen Dominanz insofern abgelöst, als unter Eugen Bleuler (1911) die Psychoanalyse Freuds (1905, 1909–1913, 1920–1924) zunächst fruchtbaren Boden finden konnte und auch bei psychotisch Erkrankten eingesetzt wurde. Müller (1972) weist darauf hin, dass die von Freud und Jung (1911/1919) ausgehenden psychodynamischen Ansätze in der Schizophrenieforschung in der Anfangszeit mit »einer ersten Woge des Enthusiasmus« verfolgt wurden, um später einer gewissen »Ernüchterung« zu weichen. Dieses sei die Folge der Erkenntnis gewesen, dass eine intensive Deutungsarbeit vor allem im Bereich der sexuellen Symbolik den Schizophrenen nicht weiter half. Wie Hell und Baur (2006) formulieren, kam es bei Eugen Bleuler selbst zunächst zu Lob und Begeisterung bezüglich der Psychoanalyse, in einer zweiten Phase zur Versachlichung und später zur Abgrenzung. Die psychodynamischen Aspekte, die sich am Kranken tatsächlich verifizieren ließen, hat Eugen Bleuler weiterhin anerkannt. Den Vereinen und Institutionen der Psychoanalytiker bescheinigt er jedoch, dass sie das boshafte Wort von der *Sekte* selbst zur Wahrheit gemacht haben (zitiert nach Küchenhoff 2006, S. 45).

Nichtsdestotrotz sind zu dieser Zeit Psychiater im Burghölzli tätig gewesen, die in den kommenden Jahren in Europa und in den USA die psychoanalytischen Gedanken weiterentwickelt und die gesamte Landschaft der Psychiatrie und vor allem der Psychoanalyse wesentlich mitgestalte haben, im Sinne der psychischen Dominanz (Jung 1875–1961, Abraham 1877–1925, Eitington 1881–1943, Brill 1874–1948, Minkowski 1885–1972). Für analytische Ansätze bei der Behandlung Schizophrener sind Benedetti 1975, 1979), Müller (1972, 1976) unter anderen zu nennen.

Für die Weiterentwicklung dieser Dominanz in den USA sind Meyer (1866–1950) und später als beispielhaft Arieti (1974) hervorzuheben.

In der deutschen Psychiatrie jedoch hatte Kraepelin (1889) in der psychiatrischen Forschung klar das nomothetische Prinzip im positivistischen Sinne vertreten und sich nicht mit Einzelfallbeschreibungen begnügt. Er stand damit auf der »anderen Seite«, eine Integration der Psychoanalyse, wie sie Bleuler versucht hat, war von ihm ausgeschlossen worden.

Hinsichtlich der Stellung der Psychoanalyse in der deutschen Psychiatrie kann als sicher gelten, dass Karl Jaspers in seiner *Allgemeinen Psychopathologie* (1913) einen für den damaligen Abschnitt der Psychiatriegeschichte entscheidenden Beitrag geleistet hat, die Psychoanalyse aus der Psychiatrie herauszuhalten. Hinsichtlich der beiden gegensätzlichen Dominanzen ist der Aufsatz von Schmitt (1980, S. 55) aufschlussreich:

> »Dem ›Hirnmythologen‹ Wernicke stellt Jaspers Sigmund Freud als Hauptvertreter einer ›Psychomythologie‹ gegenüber. Er ist für Jaspers der Inbegriff des verstehenden Psychologen, der die Grenzen des Verstehens überschreitet und alles verstehen will. Er wirft Freud ein Selbstmißverständnis vor, insofern er glaube, naturwissenschaftlich argumentierender Psychologe zu sein und kausal erkennend vorzugehen. In Wahrheit betreibe er verstehende Psychologie in naturwissenschaftlich theoretisierender Gestalt. Freuds Postulat, daß alles Seelische determiniert, d.h. aber verständlich sei, beruhe auf der Verwechselung verständlicher und kausaler Zusammenhänge. Jaspers räumt ein, daß Freud viele einzelne verständliche Zusammenhänge überzeugend aufzeige. Er sei ins unbemerkte Seelenleben vorgedrungen und habe es zum Bewusstsein erhoben. […] Die Psychoanalyse ist ihm nicht nur aus methodologischen Gründen suspekt, sondern auch aus weltanschaulichen.«

Rückblickend ist festzustellen, dass diese Aussagen die Haltungen einer ganzen Generation von Psychiatern und nachfolgender Generationen beeinflusst haben.

Aufgrund der starken positivistischen Strömungen und der Forderung nach empirischen, durch Versuchsreihen abgesicherten Aussagen in der psychiatrischen Forschung war eine Tendenz festzustellen, die auch Prinzhorn (1922) bewegte, als er die Resonanz der Fachwelt auf sein Buch *Bildnerei der Geisteskranken* vorwegnehmend zu dieser Frage Stellung bezog: »Obendrein stehen solche Forschungen heute nicht mehr hoch im Kurs, weil sie eben nicht auf exakt Meßbares zurückgehen« (ebd., S. 11).

Kandel (2006, S. 390–402) schreibt über die Entwicklung in den USA:

> »In den fünfziger Jahren kappte die Psychiatrie, die an den Universitäten gelehrt wurde, einige der Wurzeln, die sie mit der Biologie und der Experimentalmedizin verbanden, und entwickelte sich allmählich zu einer therapeutischen Disziplin, die sich auf psychoanalytische Theorien stützte. In dieser Form zeigte sie sich seltsam uninteressiert an empirischen Daten oder am Gehirn als dem Organ, wo geistige Aktivität stattfindet.«

Weiter stellt Kandel fest, dass trotz der Fortschritte in der somatischen Forschung zahlreiche Analytiker eine radikale Haltung vertraten: Die Biologie sei, so ihre These, für die Psychoanalyse irrelevant.

Ein noch größeres Problem sieht er in dem mangelnden Interesse der Psychoanalytiker, objektive Untersuchungen durchzuführen oder auch nur die Voreingenommenheit der Forscher zu überprüfen.

Mit dieser kurzen Skizzierung wird deutlich, dass »Wellenbewegungen der Dominanzen« durchaus nachgezeichnet werden können, wobei diese in den unterschiedlichen Ländern nicht parallel und auch innerhalb der Länder in der Universitätspsychiatrie anders als in den psychiatrischen Versorgungskrankenhäusern verlaufen. Wir werden im vierten Teil des Beitrags darauf eingehen, inwieweit der geschichtliche Rückblick eine Voraussage der weiteren Wellenbewegungen und ihren damit verbundenen Dominanzen zulassen.

Zu Punkt 2: Das *derzeitige Verhältnis zwischen Psychiatern und Psychoanalytikern* ist bis auf einige Ausnahmen in der Weise gekennzeichnet, dass die einen die anderen nicht zur Kenntnis zu nehmen scheinen. Die Tatsache, dass die meisten psychoanalytischen Institute mit ihrer schwindenden Mitgliederzahl sich mit leichteren psychischen Störungen befassen und die älteren Analytiker (Lehranalytiker) fast nur noch Ausbildungskandidaten analysieren und diese Erfahrungen generalisieren, formt einen flacher und enger werdenden Blickwinkel auf psychische Störungen, die mit den schwereren psychiatrischen Erkrankungen, die der klinische Psychiater behandelt, nur noch wenig gemeinsam haben. Diese Diskrepanz, gepaart mit der unreflektierten Selbstüberschätzung vieler Psychoanalytiker, doch alle psychischen Krankheiten verstehen und behandeln zu können, wird durch die Unfähigkeit, somatische Teilaspekte als Grundlage in der Ätiologie der schizophrenen, schizoaffektiven und affektiven Psychoseerkrankungen wahrnehmen zu können, noch weiter vergrößert.

Auf der anderen Seite, der der Psychiater, hat die Dominanz der somatischen Perspektive in einer Weise Platz gegriffen, dass ihr Paradigma nicht infrage gestellt werden darf. Ähnlich wie vor etwa 150 Jahren, zu »hirnmythologischen« Zeiten, wie Jaspers formulierte, wird aufgrund der bahnbrechenden Forschungen im Bereich der Genanalysen und der faszinierenden Befunde durch immer weiter verfeinerte bildgebende Verfahren nicht nur suggeriert, »die Psychiatrie könne sich gleichberechtigt und gleich bewundert der Körpermedizin beigesellen« (zit. n. Wyrsch 1976 S. 986f.), sondern die psychischen Funktionen und ihre krankhaften Aberrationen könnten sichtbar gemacht werden. Zumindest sei das unmittelbare somatische Korrelat der psychischen Vorgänge apparativ darstellbar. Manche Psychiater neigen dazu, Korrelation und Kausalität miteinander zu verwischen, was noch einmal die somatische Dominanz in besonders ausgeprägter Weise verabsolutiert. Wir werden hier wieder an den Philosophen Kuhn erinnert, der die dogmatischen Elemente in jeder Wissenschaftsperiode sieht, wie sie alternative Ansätze unterdrücken.

Mit der Darstellung der *Diskrepanz,* in der die jeweiligen Vertreter der Lager verfangen sind, wird deutlich, dass gegenwärtig von den tätigen und forschenden Fachleuten in der europäischen und nordamerikanischen Kongresspsychiatrie jeglicher Ansatz, der die »Gefahr« einer psychischen Dominanz heraufbeschwören könnte, unterdrückt werden muss.

Mit der Skizzierung des »Mainstreams« ist jedoch nicht die gesamte Wirklichkeit der weiten Landschaft von Psychiatrie und Psychoanalyse abgebildet. Es gibt Minderheiten, die nicht der verständlichen

Faszination der Vereinfachung bezüglich der einen kleineren oder der anderen sehr großen Dominanz unterliegen. Diese Fachleute verlassen die einseitige Perspektive und deren Bindungskraft des Konsensus und versuchen stattdessen, beide Aspekte in sich zu verkörpern. Das sind Psychiater und manche Psychologen, die aufgrund ihres beruflichen Werdegangs naturwissenschaftlich geprägt und der empirischen Forschung zugeneigt, aber gleichzeitig psychoanalytisch ausgebildet sind und sich mit psychodynamischen Hypothesen, der Innenschau und der dazugehörigen Bedeutung der Erlebniswelt des Subjektes des psychisch kranken Menschen befassen. Die Fachleute dieser Minderheit tragen die genannte Polarität in sich. Wenn es ihnen gelingt, die innere Spannung, die aus der äußeren Diskrepanz resultiert, zu bewältigen, lernen sie mit der Relativität der Unsicherheit des Bodens, auf dem sie sich bewegen, zu leben. Es gibt eine Reihe von solchen Fachleuten, die die innere Pendelbewegung zwischen den unterschiedlichen Polen nicht zu einem Gemisch werden lassen, sondern die daraus erwachsende Dynamik mit kreativem Antrieb umsetzen können, um Neues zu gestalten.

Zu Punkt 3: Hinsichtlich der Entstehungsmodelle und der Behandlungsverfahren bei den oben genannten psychotischen Erkrankungen hat die (in *zu Punkt 2* genannte) Minderheit seit einer Reihe von Jahren psychoanalytische Grundlagen und Behandlungsverfahren in einer Weise *modifiziert* und auf psychotische und andere schwerere psychische Erkrankung abgewandelt, dass man von der Psychoanalyse im klassischen Sinne überhaupt nicht mehr sprechen kann. Das ist nur möglich, weil gleichzeitig die somatischen Grundlagen der Psychosenätiologie einschließlich der pharmakologischen Behandlungsfortschritte nicht nur als Lippenbekenntnis akzeptiert, sondern auch unvoreingenommen als Realität vertreten und in Handlung umgesetzt werden.

Zu den ersten Vertretern der genannten Richtung, in der modifizierte psychoanalytische sowie andere psychodynamische Komponenten und biologisch-somatische Grundlagen ernsthaft miteinander verknüpft wurden, gehören in den USA unter anderen Gabbard (2000), in Skandinavien Alanen (1994) sowie Tienari et al. (1994) und im deutschsprachigen

Raum Benedetti (1975, 1979, 1983, 1987, 1992), Müller (1976), Scharfetter (1986, 1996, 2009), Mentzos (1996, 2001) und eine Reihe weiterer Psychiater, wie z. B. auch aus dem französischsprachigen Bereich in gewisser Weise Racamier (1982).

Weiter entwickelt wurde diese genannte Richtung in Deutschland durch eine Gruppe von Fachleuten, die als Dozenten aus Deutschland, Österreich und der Schweiz die »Überregionale Weiterbildung in analytischer Psychosentherapie« in München seit 1992 regelmäßig gestalten, hierzu gehören Schwarz (2001a, b) und Lempa (2001) als Leiter. Weitere Gruppierungen sind daraufhin in Berlin, Hamburg, Göttingen und Frankfurt am Main in diesem Feld tätig.

Hinter den genannten Orten und Namen steht eine Fülle inhaltlicher Darstellungen, von denen lediglich einige Leitlinien hier genannt werden sollen. Benedetti (1992) betont im Erlebnisbereich Schizophrener den Ich-Zerfall, Ich-Auflösung und Ich-Fragmentierung, den der Kranke durch Projektion teilweise aufzuheben versucht, indem er Selbstfragmente auf die Umwelt oder den eigenen Körper projiziert. Dies führt auf der Symptomebene zu Beeinflussungserlebnissen, Wahn und Halluzinationen im Sinne von Rekompensations- und Rekonstruktionsversuchen. Im therapeutischen Umgang stehen dialogische Positivierung, progressive Psychopathologie und die Bedeutung des Übergangssubjektes im Vordergrund. Scharfetter (1986) geht in seinen fünf Stufen der Ich-Psychopathologie bei Schizophrenen von unterschiedlichen Desintegrationsstufen aus und beschreibt die Symptome als Manifestationen von autotherapeutischen Anstrengungen im Sinne von Selbstheilungsversuchen.

Die Wechselwirkung zwischen biologischer Grundkomponente und spezieller psychodynamischer Konstellation – somato-psychisch und psycho-somatisch – sieht Mentzos (1996) für die Schizophrenie in dem Sinne, dass die Intrusivität der Mutter oder das Fehlen eines aktiv vorhandenen Vaters (Triangulierung) zur Entstehung der Schizophrenie beitrage. Dabei sei denkbar, dass eine biologisch bedingte übermäßige Sensibilität des Kindes die Intrusivität der Mutter oder das Fehlen der Triangulierung durch den Vater bei weitem virulenter werden lässt, als dies bei einem Kind mit einer normalen biologischen Sensibilität/

Vulnerabilität der Fall wäre. Mentzos geht von einer beständigen Wechselwirkung zwischen einem unspezifischen biologischen Faktor und eher speziellen entwicklungspsychologischen Aspekten aus. Mentzos geht nicht nur von einer anzunehmenden Defizienz aus, die sich via Genetik als erhöhte Sensibilität manifestiert, sondern sieht einen typischen Grundkonflikt für die schizophrene Erkrankung, der in der »elementaren Gegensätzlichkeit mit dilemmatischem Charakter bei gegenseitig sich ausschließenden selbstbezogenen und objektbezogenen Tendenzen« besteht.

Böker (1999) ist einer der wenigen, die psychotherapeutische Forschung auch bei solchen depressiven Erkrankungen, die in den Bereich der psychotischen Depression hineinragen, sorgfältig und systematisch betreiben. Er hat in einer 1999 publizierten Studie mittels Repertory-Grid-Technik in der Kombination mit Fragebogenverfahren ideografische Befunde mit subjektiv relevanten Informationen erfasst und diese nomothetisch weiterverarbeitet. Insbesondere mittels der durch die Hauptkomponentenanalyse gewonnenen Indizes wird ein überindividueller Vergleich ermöglicht. Damit ist ihm eine Verbindung von wissenschaftlichen Objektivierungsansprüchen der derzeitigen Psychiatrie einerseits und subjektiv erfassten individuellen Erlebnisdimensionen andererseits auf hohem wissenschaftlichem Niveau gelungen. In seinen Publikationen (z.B. Böker 2006, 2009) betont er, dass bei depressiven Erkrankungen biologische, psychische und soziale Dimensionen wechselseitig miteinander verknüpft sind und dass aufgrund der Vielzahl empirischer Befunde sich die Depressionen als Psychosomatose der Emotionsregulation auffassen lasse, in die die Antriebs- und Stimmungssysteme einbezogen sind. Eine solche zirkuläre Sichtweise könne wesentlich zu einer therapeutischen Haltung mit modifizierter Technik beitragen, die dem persönlichen Aspekt depressiven Erlebens im jeweiligen Einzelfall gerecht werde. Weiter führt er aus (2006, S. 151):

> »Die Ergebnisse der neurobiologischen Forschung und der Psychotherapieforschung unterstreichen, dass durch unterschiedliche therapeutische Maßnahmen (Somatotherapie, Psychotherapie) systemeigene Prozesse angestoßen werden können, die eine Erholung von der depressiven Störung bewirken (Triggerfunktion therapeutischer Maßnahmen).«

In seinen zusammen mit Northoff et al. (2003) durchgeführten neurobiologischen Forschungen werden *Korrelationen* zwischen dysfunktionalen Aktivierungsmustern im orbitofrontalen Kortex, Veränderungen im medialen präfrontalen und im prämotorischen Kortex während negativ emotionaler Stimulation einerseits und des mithilfe der Reperatory-Grid-Technik operationalisierten negativen Selbstbildes, des emotionalen Arousal und der sozialen Isolation andererseits aufgezeigt. Weiter finden wir bei Böker (2006, S. 9): »Northoff vermutet, dass bestimmte Abwehrmechanismen in einen Zusammenhang mit spezifischen funktionellen Einheiten bzw. entsprechenden neuronalen Netzwerken gebracht werden können.« Dieses bringt er in Zusammenhang mit der von uns für schizophrene, schizoaffektive und teilweise auch affektive Psychosen entwickelten Parakonstruktion (Hartwich 1997). Was meinen wir damit: Parakonstruktionen sind Symptome der schizophrenen Psychose, die wir als ihre Reaktionsformen auf die innerbiologisch und psychodynamisch mitbedingte Desintegration (Fragmentierung) interpretieren. Das Konzept der Parakonstruktion ist ein somoato-psychodynamisches, welches somit einen Ansatz darstellt, der das Konzept der somatisch-genetischen Disposition mit dem psychodynamischen Zugangsweg zu den Psychosen verbindet.

Bei schizophren Erkrankten, die generell ein labileres Strukturniveau haben als Neurosen, sind die Schutz-, Rekompensations-, Selbstrettungs- und Rekonstruktionsversuche, die sie aufgrund ihrer Desintegration und der erlebten Auflösungsgefahr des Selbst unternehmen, in den meisten Fällen keine gelungenen realitätsgerechten Rekonstruktionen. Ihre Gegenregulationen entstammen der kreativen Kraft, die Leben und Psyche erhalten will, um Kohärenz wieder zu erreichen und um aus der Desintegration wieder zu einer Integration zu kommen. Da das in den meisten psychotischen Zuständen nicht gelingt, kommt es nur zu Partialkohärenzen auf dem Organisationsniveau der Parakonstruktion (Hartwich 2002, 2004, 2006). Erst bei Wiedererlangung von stabileren Strukturen auf höherem Niveau der Ich-Festigkeit, wird es möglich, von Abwehr sprechen.

Die von mir (1997) beschriebenen Parakonstruktion kann sich in vielen Symptomen manifestieren. Eines davon kann die katatone Erstarrung als unvollkommen gelungener Schutz- und Bewältigungsversuch (Hartwich/Grube 2003) sein. Diese bringt Böker (2006, S. 9) mit den folgenden Befunden in Zusammenhang:

> »Interessanterweise ist dieser theoretische Zugang kohärent mit empirischen Befunden eigener, zusammen mit Northoff (2003) durchgeführter Studien bei Katatonen. Es fanden sich dysfunktionale Aktivierungsmuster im orbitofrontalen Kortex sowie Veränderungen im medialen präfrontalen und prämotorischen Kortex. Die festgestellten präfrontalen kortikalen Dysfunktionen können als Korrelate fehlender emotionaler Kontrolle und der dadurch induzierten sensomotorischen Regression im Sinne einer angstbedingten Immobilisierung in der Katatonie interpretiert werden.«

Damit hätte das Konzept der Parakonstruktionsbildung, fußend auf klinischer Beobachtung, durch Befunde aus neurobiologischen Untersuchungen eine Stütze; dieses könnte in der Zukunft differenzierter ausgebaut werden.

Hinsichtlich der psychoanalytischen Behandlungsstrategien, die es in der modernen Entwicklung zu modifizieren galt, hat Schwarz (2001a) auf die drohende *symbiotische Verschmelzung* hingewiesen; damit ist gemeint, dass bei Schizophrenen, deren Ich-Abgrenzung und damit deren Unterscheidungsfähigkeit zwischen Ich und Außenwelt beeinträchtigt oder gar aufgehoben ist, die Einordenbarkeit des Therapeuten als Objekt, als etwas außerhalb seiner selbst, erschwert ist. Diese pathologisch verzerrte Nähe-Distanz-Regulation hat aber noch einen gegenteiligen Pol, nämlich die *autistische Isolation* mit einer extremen Form von Abgrenzung. Die drohende symbiotische Verschmelzung – also das Zu-nahe-Kommen – führt bei der Übertragung des Schizophrenen dazu, sich unter bestimmten Bedingungen abrupt zurückzuziehen, eine Therapie abzubrechen oder sie gar nicht erst zu beginnen, worauf Schwarz (2001b) hinweist. Im Ansetzen der Therapie und auch später geht es darum, die Entwicklung einer positiven Übertragung zu fördern, wie es Benedetti (1987) vorschlägt. Hier wird der Therapeut also aktiver, als das bei der analytischen Neurosentherapie der Fall ist.

Hinsichtlich spezieller Aspekte bei der Gegenübertragung in der Arbeit mit psychotischen Patienten betont Lempa (2001, S. 114) die

Bedrohung des eigenen Realitätsgefühls, das in die Gegenübertragungsreaktionen eingehen kann: »Die einen beharren als Selbstschutz auf ihrer Realitätsauffassung (den eigenen Selbstschutz sollte man hier betonen) und versuchen eine Art Bekehrung. Die anderen lassen sich verführen und laufen fast zur Realität des Patienten über.« Entscheidend ist, dass dabei ein *Gegenübertragungswiderstand* auftritt, und zwar aufgrund der Bedrohung der Identität des Therapeuten. Der Gegenübertragungswiderstand kann aufgelöst werden, indem der Therapeut sich der Gefahr stellt, die beim Aufeinanderprallen mehrerer unterschiedlicher Realitäten Existenzangst auslöst. Ich habe das die *Chaosfähigkeit* des Therapeuten, die nur teilweise etwas mit dem Sich-einlassen-Können in das Primärprozesshafte des Patienten zu tun hat (Hartwich 2007), genannt. Lempa (2001, S. 115) sieht die therapeutischen Möglichkeiten darin, dass die »doch sehr ängstigende Übertragungs- und Gegenübertragungssituation zumindest prinzipiell auf ein symbolisches Niveau gehoben wird.«

Auf eine wichtige Gegenübertragungsreaktion bei chronischer Suizidalität weist Gabbard (2000) hin, nämlich den »countertransference hate«. Es handelt sich dabei um den unbewussten Wunsch des Therapeuten, dass der Patient doch sterben solle. Gabbard weist darauf hin, dass der Gegenübertragungshass etwas ist, was als Teil der eigenen Erfahrung akzeptiert werden sollte, damit man überhaupt in der Lage sei, suizidale Patienten zu behandeln. Wenn der Gegenübertragungsärger oder -hass vom Therapeuten abgespalten, verleugnet und auf den Patienten projiziert werde, kämen zur Suizidalität auch noch die unbewussten zerstörerischen Wünsche des Therapeuten hinzu. Zusätzlich weist Milch (1994) auf die Gefahr der im Therapeuten liegenden eigenen suizidalen Impulse hin, die unbewusst ins Gegenteil verkehrt werden und den Helfer zu Aktionen verleiten, die aufgrund der gemeinsam geteilten Todeswünsche deletäre Auswirkungen haben können.

Zu Punkt 4: Einige Gedanken zur Zukunft:
Aus dem Dargestellten der historischen Wellenbewegungen geht meines Erachtens schlüssig hervor, dass die derzeitig dominante ausgeprägt positivistische und mechanistische Sichtweise der Psychiatrie

»austrocknen« und man sich allmählich immer mehr auf die Bedeutung der in den letzten Jahren vernachlässigten *subjektiven Erlebnisseite* mit der an Bedeutung zunehmenden Psychodynamik besinnen wird. Dabei wird man vermutlich nicht auf den Wellenkamm der letzten Periode zurückgreifen, sondern, da jede Generation »das Rad neu zu erfinden« pflegt, wird es eine Reihe neuer Bezeichnungen geben, die das beinhalten werden, was sich in der Psychoanalyse bewährt hat und in eine neue Zeit herübergerettet werden kann. *Abwehrmechanismen*, *Übertragung* und *Gegenübertragung* sowie einige Behandlungstechniken werden dabei eine Rolle spielen. Die Formulierung von Janzarik (1972, S. 604), dass dem »geschichtsunwilligen Fachmann gerade hier wieder das Erleben der eigenen Originalität verschafft wird«, dürfte dann zutreffen. So haben eine Reihe von Abwehrvorgängen bereits unter dem Oberbegriff Adaptation und Coping Eingang in die Psychologie gefunden. Die dynamische Betrachtungsweise, die es vor Freud schon gab, wird nicht nur bleiben, sondern eine Renaissance mit wesentlichen Erweiterungen erfahren. Scharfetter (persönliche Mitteilung 2009) weist darauf hin, dass Psychodynamik intrapersonell mit komplexen Interaktionen von Einbrüchen, Verletzungen, Ausfällen etc. und Reaktionen darauf, im Rahmen eines Modells entwickelt werden sollte; was intrapersonell supponiert wird kann von extrinsischen sowohl wie intrinsischen Einflussfaktoren angestoßen werden. Als besonders zukunftsträchtig ist die Erforschung des *Indikationsbereichs* von Psychotherapie anzusehen.

Aus der Sicht Kandels (2006) haben sich zwei Trends herausgebildet, die das psychoanalytische Denken zunehmend beeinflussen. Der eine ist die Forderung, dass sich die Psychotherapie auf empirische Daten stützen müsse. Der zweite, schwieriger zu realisierende Trend ist der Versuch, die Psychoanalyse mit der gerade entstehenden Biologie des Geistes zu verbinden. Weiter führt Kandel auf Seite 398 aus:

> »Hätte es 1895, als Freud seine Abhandlung ›Psychologie für den Neurologen‹ schrieb, schon Hirnscans gegeben, hätte er der Psychoanalyse vielleicht eine ganz andere Richtung gegeben und sie in enger Abstimmung mit der Biologie entwickelt, so wie er es in diesem Aufsatz skizzierte. Unter diesem Gesichtspunkt stellt die Verbindung von Neuroimaging

> und Psychotherapie eine Untersuchung des Geistes von oben nach unten dar und setzt das wissenschaftliche Programm fort, das sich Freud ursprünglich vorgenommen hatte.«
>
> »Wenn wir die Biologie und die psychoanalytischen Ideen zusammenbringen, werden wir dadurch wahrscheinlich die Bedeutung der Psychiatrie in der modernen Medizin beleben und dafür sorgen, dass sich eine empirisch begründete psychoanalytische Theorie jenen Kräften zugesellt, welche die moderne Wissenschaft des Geistes prägen. Das Ziel dieser Fusion besteht darin, den radikalen Reduktionismus, der für die Fortschritte in der biologischen Grundlagenforschung verantwortlich ist, mit dem humanistisch geprägten Bemühen um das Verständnis des menschlichen Geistes zu verbinden, das die treibende Kraft der Psychiatrie und Psychoanalyse ist« (ebd., S. 402).

Diejenigen, die sich ernsthaft um die *Verknüpfung* von ideograpischem und nomothetischem Ansatz unter Einbezug der Neurowissenschaften, zum Beispiel im Sinne der *Erste-Person-Neurowissenschaft*, bemühen, werden in naher Zukunft wahrscheinlich die Hauptrolle spielen.

In der Erste-Personen-Neurowissenschaft (Northoff 2006; Northoff et al. 2006) werden individuelle psychische Erlebnisinhalte und synchron neuronale Aktivitäten erfasst. Dabei geht es nicht um Hirnlokalisation, sondern um die Komplexität der Strukturen, der neuronalen Integration. In der Top-down-Modulation und der reziproken Modulation wurden Muster von Signalveränderungen festgestellt, die mit Abwehrmechanismen einhergehen (Northoff et al. 2007), wobei angenommen wird, dass der orbitofrontale Kortex eher eine wesentliche Rolle bei der Bildung reiferer Abwehrmechanismen (Intellektualisieren, Rationalisieren, Affektisolierung) spielen, während die zusätzliche Dysbalance in der reziproken Modulation mit lateralen Regionen eher mit unreifen Abwehrmechanismen (Spaltung, projektive Identifikation, Verleugnung, psychotische Introjektion/Projektion) einhergehen.

Vermutlich wird man in Zukunft feststellen, dass die sogenannten reiferen Abwehrmechanismen der Neurosen so ubiquitär beim Menschen vorkommen, dass eine differenzierte Aussage von Korrelationen für die Psychotherapieforschung wenig ergiebig sein wird. Wahrscheinlich wird in Zukunft bei noch wesentlich weiter verbesserter methodischer bildgebender Darstellung eher eine »qualitative Synchronizität«, die vielleicht mehr sein kann als eine Korrelation zwischen psychischen und komplexen neuronalen Befunden im Bereich der sogenannten *unreifen* Abwehrmechanismen, zustande kommen. Man wird lernen, diese nicht mehr als Abwehrmechanismen zu bezeichnen, da es sich hier nicht um Konfliktlösungen in dem Sinne, dass Psychisches aus Psychischem hervorgeht, handelt, sondern dass es sich bei Psychosen und anderen schwereren psychiatrischen Erkrankungen um somatopsychische Vorgänge handelt, die zutreffender als Parakonstruktionen zu bezeichnen sind. Hier besteht die Chance, in Zukunft noch wesentlich genauer die vom Patienten versuchten und steckengebliebenen Schutzkonstruktionen, die sich in Symptomen manifestieren, synchron mit ihren neuronalen Aktivitätsmustern darzustellen. Wahrscheinlich wird man auf diese Weise Symptomgruppierungen bei schizophrenen, schizoaffektiven und affektiven Untergruppen darstellen und in der Lage sein, vor allem auch *individuelle Gewichtungen* vornehmen können. Im weiteren Fortschritt wird es darum gehen, die Behandlung, ob pharmakologisch oder modifiziert psychoanalytisch oder hoffentlich meistens *kombiniert,* anhand der Dysfunktionsmuster abbilden zu können. Damit würde die modifizierte psychoanalytische Behandlung der schizophrenen, schizoaffektiven und affektiven Psychosen in ihrer Effizienz besser erforscht werden können, vorausgesetzt, eine »echoplanare Bildverarbeitung«, wie sie Kaku (1998) schon beschrieb (siehe unten) oder eine vergleichbar effiziente Technik macht die Abbildung der komplexen neuronalen Muster zur Routine für die psychotherapeutische Praxis. Die Parakonstruktionen, die differenzierter unterschieden und individueller abgegrenzt und vermutlich mit einigen neuen Namen belegt werden, sind bei Psychosen anhand der besseren Darstellung der Synchronizität neurointegraler Phänomene aufzufinden, daneben wird es in postakuten Psychosephasen Abwehrmechanismen (psychodynamische) geben, wie sie bei Neurosen und Normalpersonen auch zu finden sind. Bei schweren Depressionen gehen Böker und Northoff (2005) aufgrund ihrer Untersuchungen davon aus, dass deren Somatisierungstendez mit einem abnormalen

Gleichgewicht der Bottom-up- und der Top-down-Modulation zwischen der emotionalen und internen Körperverarbeitung verbunden ist, die vermutlich auf die veränderte neuronale Aktivität im medialen präfrontalen Kortex, in der Amygdala und den subkortikalen medialen Regionen zurückzuführen sei. Im Hinblick auf die Notwendigkeit in der Psychotherapie, eine *Resymbolsierung* zu schaffen, könnte man sich in der Zukunft vorstellen, dass die *Sichtbarmachung* der Muster der neuronalen Dysbalance dem Patienten selbst während des therapeutischen Prozesses, sowie die *Spiegelung* der für ihn erreichbaren Balance, ihm die Chance gibt, die neuronale Balance mit psychotherapeutischer und gezielterer pharmakotherapeutischer Hilfe willentlich besser herstellen zu können, um die depressive Hemmung sowie die Entkoppelung von Emotion und Kognition zu überwinden. Dieses Vorgehen würde einem Feedback-Verfahren während der Behandlungsstunden ähneln.

Damit soll verdeutlicht werden, dass das *Ineinandergreifen* von neurowissenschaftlichen Untersuchungen, modifiziertem psychoanalytischen Vorgehen und gezielterem Einsatz von Psychopharmaka in Zukunft die Therapie der schweren Erkrankungen, wie z.B. Depressionen und schizophrenen sowie schizoaffektiven Psychosen, bestimmen wird. Wenn diejenigen, die Psychoanalyse betreiben, ihren Alleinvertretungsanspruch aufgeben und zur integrativen Zusammenarbeit bereit sein werden, könnte die modifizierte Psychoanalyse einen respektablen Stellenwert innerhalb der Psychiatrie erhalten. Rohde-Dachser (persönliche Mitteilung 2009) formuliert folgendermaßen:

> »Was die Psychoanalyse ihrerseits seit Freud aufgebaut und weiterentwickelt hat, kann (und darf!) nicht einfach von der Bildfläche verschwinden. Dass die Psychoanalyse ihr Wissen in einer für die Psychiatrie akzeptablen und durchführbaren Form anbieten muss, ist dabei selbstverständlich. Wir sollten als Psychoanalytiker viel eher darauf achten, dass während der Ausbildung noch mehr als bisher die Einschätzung der Struktur der Patienten bei der Indikation einer psychoanalytischen Psychotherapie miteinbezogen wird. Anzubieten ist eine kollegiale Zusammenarbeit, wie sie an vielen Orten geschieht. Und wenn die ›International Psychoanalytic University in Berlin‹ mit der Arbeit beginnt, werden wir dies als eine unserer vordringlichsten Aufgaben sehen.«

Die psychoanalytischen Institute, die nicht zu der beschriebenen Integration fähig sind, werden austrocknen oder zumindest für die Psychiatrie keine Rolle spielen.

Kaku (1998, S. 236) schreibt in seinem Buch *Zukunftsvisionen: Wie Wissenschaft und Technik des 21. Jahrhunderts unser Leben revolutionieren*, dass mit einer neuen Variante der Kernspinresonanztomografie zu rechnen ist, nämlich der echoplanaren Bildverarbeitung. Die Darstellungsgeschwindigkeit bei dieser Technik werde etwa tausendmal so hoch sein wie bei den gegenwärtig verfügbaren Techniken. Diese hochauflösenden Geräte werden in der Lage sein, bis zu 30 Aufnahmen pro Sekunde zu machen, das entspricht etwa der Frequenz, mit der Fernsehbilder am Bildschirm aufgebaut werden. Vermutlich werde es damit leichter möglich werden, Korrelate sichtbar zu machen, die bei psychotherapeutischen Prozessen ablaufen und parallel zum subjektiven Befinden des Patienten einen Spiegel der Effektivität des therapeutischen Prozesses sein können. In weiterer Zukunft dürfe es auch möglich werden, die Gegenübertragungsreaktionen im Sinne der »qualitativen Synchronizität« als neuronale Muster parallel zum Patienten darzustellen, um dem Therapeuten dieses Phänomen, ähnlich einem Feedback, bewusst zu machen und damit die Psychotherapie effektiver zu gestalten. Der Umgang mit der Gegenübertragung bei psychisch Kranken sollte durch solche Techniken und mithilfe von Supervision gefördert werden, sonst entsehen die üblichen Fehler: Unverständnis, Demütigung, Pseudoverstehen und Abschiebung der »schwierigen« Patienten.

Parallel zum jeweiligen Mainstream in näherer Zukunft der psychischen Dominanz oder dann wieder in fernerer Zukunft der somatischen Dominanz wird es eine wachsende Gruppe von psychiatrisch, psychoanalytisch und gleichzeitig neurowissenschaftlich orientierten Forschern geben, die in der Lage sind, die drei Aspekte miteinander zu verknüpfen. Dabei geht es nicht mehr um das Subjekt *oder* das Objekt, sondern es wird das *Verhältnis* zwischen Subjekt und Objekt selbst zum Gegenstand der Forschung gemacht. Die Integration von Neurowissenschaft mit ihren wachsenden technischen Möglichkeiten, von modifizierter Psychoanalyse, Psychopathologie und Psychopharmakologie wird uns auf ein neues Niveau im Verständnis der Psychopathologie und Psychodynamik bei psychiatrischen Patienten heben und neue Therapieverfahren, die empirischen Untersuchungen zugänglich sind, erschließen.

Doch auf diesem neuen Niveau wird es neue Frage geben. Das Rätsel des Fremden, des Unbekannten, des Nichtverstehens mancher Krankheitsphänomene und die Unergründlichkeit der Psyche weiter zu erforschen, wird auch in weiter Zukunft eine bleibende Herausforderung an unsere wissenschaftliche Neugier sein.

Literatur

Abraham, H. (1976): Karl Abraham. Sein Leben für die Psychoanalyse: Eine Biographie. München (Kindler).

Alanen, Y. (1994): An attempt to integrate the individual-psychological and interactional concepts of the origins of schizophrenia. British J Psychiat 164 (suppl 23), 56–61.

Alanen, Y. (2001): Schizophrenie. Entstehung, Erscheinungsformen und bedürfnisangepasste Behandlung. Stuttgart (Klett-Cotta).

Arieti, S. (1974): Interpretation of schizophrenia. 2. Aufl. New York (Basic Books).

Benedetti, Gaetano (1975): Ausgewählte Aufsätze zur Schizophrenielehre. Göttingen (Vandenhoeck & Ruprecht).

Benedetti, G. (1979): Psychodynamik als Grundlagenforschung in der Psychiatrie. In: Kisker, K. P. et al. (Hg.): Psychiatrie der Gegenwart, Bd I/1. Berlin, Heidelberg, New York (Springer), S. 43–89.

Benedetti, G. (1983): Todeslandschaften der Seele. Göttingen (Vandenhoeck & Ruprecht).

Benedetti, G. (1987): Psychotherapeutische Behandlungsmethoden. In: Kisker, K. P. et al. (Hg.): Psychiatrie der Gegenwart, Bd. IV: Schizophrenien. Berlin, Heidelberg, New York (Springer), S. 285–323.

Benedetti, G. (1992): Psychotherapie als existenzielle Herausforderung. Göttingen (Vandenhoeck & Ruprecht).

Bleuler, E. (1911): Dementia praecox oder Gruppe der Schizophrenien. Leipzig, Wien (Deuticke).

Böker, H. (1999): Selbstbild und Objektbeziehungen bei Depressionen: Untersuchungen mit der Repertory Grid-Technik und dem Gießen Test an 139 PatientInnen mit affektiven Erkrankungen. Darmstadt (Steinkopff).

Böker, H. (2000): Interaktionsdynamische Depressionsmodelle. In: Böker, H. (Hg.): Depression, Manie und schizoaffektive Psychosen. Gießen (Psychosozial-Verlag), S. 101–125.

Böker, H. (2001): Psychodynamik der affektiven Psychosen. In: Schwarz, F. & Maier, C. (Hg.): Psychotherapie der Psychosen. Stuttgart (Thieme), S. 170–188.

Böker, H. (2002): Psychotherapie bei bipolaren affektiven Störungen: In: Böker, H. & Hell, D. (Hg.): Therapie der affektiven Störungen. Psychosoziale und neurobiologische Perspektiven. Stuttgart (Schattauer), S. 230–245.

Böker, H. (2006): Melancholie, Depression und affektive Störungen. Zur Entwicklung der psychoanalytischen Depressionsmodelle und deren Rezeption in der klinischen Psychiatrie. In: Böker, H. (Hg.): Psychoanalyse und Psychiatrie. Heidelberg (Springer), S. 115–157 und Einleitung S. 1–20.

Böker, H. (2009): Psychotherapeutische Langzeitbehandlung bei Dysthymie, double Depression und chronischer Depression. In: Hartwich, P. & Barocka, A. (Hg.): Psychisch krank, das Leiden unter Schwere und Dauer, Sternenfels (Wissenschaft & Praxis), S. 17–43.

Böker, H. & Northoff, G. (2005): Desymbolisierung in der schweren Depression und das Problem der Hemmung: ein neuropsychoanalytisches Modell der Störung des emotionalen Selbstbezugs Depressiver. Psyche – Z Psychoanal 59(9–10), 964–989.

Brill, A. A. (1913): Psychoanalysis. Its Theories and Practical Applications. Philadelphia (Saunders).

Carus, C. G. (1860): Psyche. Neudruck 1975. Darmstadt (Wissenschaftliche Buchgesellschaft).

Eitington, M. [Artikel]. In: Roudinesko, E. & Plon, M. (2004): Wörterbuch der Psychoanalyse. Wien, New York (Springer), S. 208–212.

Freud, S. (1905): Über Psychotherapie. GW V, 11–26.

Freud, S. (1909–1913): Psychoanalytische Bemerkungen über einen autobiographisch beschriebenen Fall von Paranoia (Dementia paranoides). GW VIII, 239–320.

Freud, S. (1920–1924): Neurose und Psychose. GW XIII, 385–391.

Gabbard, G. O. (2000): Psychodynamic psychiatry in clinical practice. 3. Aufl. Washington (American Psychiatric Press).

Griesinger, W. (1845): Die Pathologie und Therapie der psychischen Krankheiten. Amsterdam (Bonset), 1964.

Grimm, S. et al. (2009): Altered negative bold responses in the default-mode network during emotion processing in depressed subjects. Neuropsychophamacology 34(4), 932–942.

Hartwich, P. (1987): Schizophrenien, kognitive Gesichtspunkte. In: Kisker, K. P. et al. (Hg.): Psychiatrie der Gegenwart. 3. Aufl. Berlin, Heidelberg, New York (Springer), S. 175–196.

Hartwich, P. (1997): Die Parakonstruktion: eine Verstehensmöglichkeit schizophrener Symptome. Vortrag Frankfurter Symposion: Schizophrenien – Wege der Behandlung. Vortrag beim Schizophrenie-Symposion Frankfurt/M. Erweiterte Fassung publiziert in: Hartwich, P. & Pflug, B. (Hg.) (1999): Schizophrenien – Wege der Behandlung. Sternenfels (Wissenschaft & Praxis), S. 19–28.

Hartwich, P. (2002): Psychodynamik und Psychotherapie schizoaffektiver Psychosen. In: Böker, H. & Hell, D. (Hg.): Therapie der affektiven Störungen. Psychosoziale und neurobiologische Perspektiven. Stuttgart (Schattauer), S. 255–264.

Hartwich, P. (2004): Wahn – Sinn und Antikohäsion. In: Hartwich, P. & Barocka, A. (Hg.): Wahn: Definition, Psychodynamik, Therapie. Sternenfels (Wissenschaft & Praxis), S. 85–98-

Hartwich, P. (2006): Schizophrenie, zur Defekt- und Konfliktinteraktion. In: Böker, H. (Hg.): Psychoanalyse und Psychiatrie. Heidelberg (Springer), S. 159–179.

Hartwich, P. (2007): Psychodynamisch/somatopsychodynamisch orientierte Therapieverfahren bei Schizophrenen. In: Hartwich, P. & Barocka, A. (Hg.): Schizophrene Erkrankungen. Prophylaxe, Diagnostik und Therapie. Wissenschaft und Praxis. Sternenfels (Wissenschaft & Praxis), S. 33–98.

Hartwich, P. & Grube, M. (2003): Psychosen-Psychotherapie. Psychodynamisches Handeln in Klinik und Praxis. 2. Aufl. Darmstadt (Steinkopff).

Heinroth, J. C. A. (1816): Lehrbuch der Störungen des Seelenlebens, 2 Theile. Leipzig (Vogel).

Hell, D. & Baur, N. Wie das psychodynamische Denken ins Burghölzli Einzug hielt. . In: Böker, H. (Hg.): Psychoanalyse und Psychiatrie. Heidelberg (Springer), S. 33-40.

Hering, W. (2004): Schizoaffektive Psychose. Psychodynamik und Behandlungstechnik. Göttingen (Vandenhoeck & Ruprecht).

Hoyningen-Huene, P. (2003): Thomas S. Kuhn: Die Struktur wissenschaftlicher Revolution (The Structure of Scientific Revolutions, 1962.) Stuttgart (Reclam).

Ideler, K. W. (1835): Grundriss der Seelenheilkunde. I.Teil. Berlin (Enslin).

Ideler, K. W. (1838): Grundriss der Seelenheilkunde. II.Teil. Berlin (Enslin).

Janzarik, W. (1972): Forschungsrichtungen und Lehrmeinungen in der Psychiatrie: Geschichte, Gegenwart, forensische Bedeutung. In: Göpinger, H. & Witter, H. (Hg.): Handbuch der forensischen Psychiatrie I. Berlin, Heidelberg, New York (Springer), S. 588–662.

Jaspers, K. (1956): Allgemeine Psychopathologie. 6. unveränderte Aufl. (Erstauflage 1913). Berlin, Göttingen, Heidelberg (Springer).

Jung, C. G. (1911/1919): Über das Problem der Psychogenese bei Geisteskrankheiten. GW III, 237–252.

Kaku, M. (1998): Zukunftsvisionen: Wie die Wissenschaft und Technik des 21. Jahrhunderts unser Leben revolutionieren. München (Lichtenberg).

Kandel, E. (2006): Auf der Suche nach dem Gedächtnis. Die Entstehung einer neuen Wissenschaft des Geistes. München (Siedler).

Kraepelin, E. (1889): Psychiatrie. Ein Lehrbuch für Studierende und Ärzte. 3. Aufl. Leipzig (Barth).

Küchenhoff, B. (2006): Zur Geschichte der Beziehung zwischen Sigmund Freud und Eugen Bleuler. In: Böker, H. (Hg.): Psychoanalyse und Psychiatrie. Heidelberg (Springer), S. 41–52.

Kuhn, Th. S. (1976): Die Struktur wissenschaftlicher Revolutionen. 2. Aufl. Frankfurt/M. (Suhrkamp).

Lempa, G. (2001): Desymbolisierung, Versprachlichung – Modifikation der Behandlungstechnik aufgrund des schizophrenen Dilemmas. In: Schwarz, F. & Maier, C. (Hg.): Psychotherapie der Psychosen. Stuttgart (Thieme), S. 110–117.

Mentzos, S. (1996): Psychodynamische und psychotherapeutische Aspekte endogener Psychosen. In: Hartwich, P. et al. (Hg.): Pharmakotherapie und Psychotherapie bei Psychosen. Sternenfels (Wissenschaft & Praxis), S. 17–29.

Mentzos, S. (2001): Psychodynamik der affektiven Psychosen: In: Schwarz, F. & Maier, C. (Hg.): Psychotherapie der Psychosen. Stuttgart, New York (Thieme).

Meyer, A. [Artikel]. In: Roudinesko, E. & Plon, M. (2004): Wörterbuch der Psychoanalyse. Wien, New York (Springer), S. 683–684.

Meynert, Th. (1884): Psychiatrie. Klinik der Erkrankungen des Vorderhirns. Wien (Braumüller).

Milch,W. (1994): Gegenübertragungsprobleme bei suizidalen Patienten unter stationärer psychiatrischer Behandlung. Psychiatr Prax 21, 221–225.

Minkowski, E. [Artikel]. In: Roudinesko, E. & Plon, M. (2004): Wörterbuch der Psychoanalyse. Wien, New York (Springer), S. 687.

Müller, C. (1972): Psychotherapie und Soziotherapie der endogenen Psychosen. In: Kisker, K.-P. et al. (Hg.): Psychiatrie der Gegenwart, Bd II/1. Berlin, Heidelberg, New York (Springer), S. 291–342.

Müller, C. (1976): Psychotherapie und Soziotherapie der Schizophrenen. In: Huber, G. (Hg.): Therapie, Rehabilitation und Prävention schizophrener Erkrankungen. Stuttgart (Schattauer), S. 46–54.

Northoff, G. (2006): Neurobiologie und Psychoanalyse: Kompatibilität! In: Böker, H. (Hg.): Psychoanalyse und Psychiatrie. Heidelberg (Springer), S. 279–291.

Northoff, G. et al. (2003): Orbitofrontal cortical dysfunction and »sensorimotor regression« a combined study of fMRI and personal constructs in catatonia. Neuropsychoanalysis 5, 149–175.

Northoff, G. et al. (2005): NMDA hypofunction in the posterior cingulate as a model for schizophrenia: an exploratory ketamine administration study in fMRI. Schizophrenia Research 72(2/3), 235–248.

Northoff, G.; Böker, H. & Bogerts, B. (2006): Subjektives Erleben und neuronale Integration im Gehirn: Benötigen wir eine Erste-Person-Neurowissenschaft? Fortschr Neurol Psychiat 74(11), 627–633.

Northoff, G. et al. (2007): How does our brain constitute defense mechanisms? First person neuroscience and psychoanalysis. Psychther Psychosom 76(3), 141–153.

Prinzhorn, H. (1922): Bildnerei der Geisteskranken. Ein Beitrag zur Psychologie und Psychopathologie der Gestaltung. 2. Aufl. Berlin-Heidelberg (Springer).

Racamier, P.-C. (1982): Die Schizophrenen. Eine psychoanalytische Interpretation. Berlin, Heidelberg, New York (Springer).

Scharfetter, C. (1986): Schizophrene Menschen. 2. Aufl. München, Weinheim (Urban & Schwarzenberg).

Scharfetter, C. (1996): Das weite Spektrum bedürfnisangepasster Therapien bei Schizophrenen. In: Hartwich P. &Haas, S. (Hg.): Schizophrenien – Wege der Behandlung. Sternenfels (Wissenschaft & Praxis), S. 31–40.

Scharfetter, C. (2009): Vom Lebensleid zu psychischen Krankheiten. Sternenfels (Wissenschaft & Praxis).

Schipperges, H. (1975): Psychiatrische Konzepte und Einrichtungen in ihrer geschichtlichen Entwicklung. In Kisker, K.-P. et al. (Hg.): Psychiatrie der Gegenwart Bd. III. 2. Aufl. Berlin, Heidelberg, New York (Springer), S. 1–38.

Schmitt, W. (1980): Die Psychopathologie von Karl Jaspers in der modernen Psychiatrie. In: Peters, H.-U. (Hg.): Die Psychologie des 20. Jahrhunderts Bd X. Zürich (Kindler), S. 46–62.

Schwarz, F. (2001a): Selbstpsychologie. In: Schwarz, F. & Maier, C. (Hg.): Psychotherapie der Psychosen. Stuttgart (Thieme), S. 10–16.

Schwarz, F. (2001b): Übertragung und Gegenübertragung bei der Psychotherapie schizophrener Patienten. In: Schwarz, F. & Maier, C. (Hg.): Psychotherapie der Psychosen. Stuttgart (Thieme), S. 127–135.

Stemich-Huber, M. (1996): Heraklit, der Werdegang des Weisen. Amsterdam, Philadelphia (R.B. Grüner).

Tienari, P. et al. (1994): The Finnish adoptive family study of schizophrenia. Implications for family research. Br J Psychiatry 164(suppl 23), 20–26.

Volkan,V. (1999): Identification with the therapist's functions and ego-building in the treatment of schizophrenia. The inner world of the schizophrenic patient. Vortrag auf der Tagung: Analytische Psychosenpsychotherapie, München 27.02.1999.

Wyrsch, J. (1976): Wege der Psychopathologie und Psychiatrie. In: Balmer, H. (Hg.): Die Psychologie des 20. Jahrhunderts. Bd I. Zürich (Kindler), S. 953–1012.

Psychoanalyse und Psychosenpsychotherapie

Zur Bedeutung der Affektentwicklung für die Behandlung von Psychosen

Michael Dümpelmann

»The etiology of schizophrenic illness is to be sought in events that involve the individual« (Sullivan 1962, S. 248).

Einführung

Dass für die Wirksamkeit einer Behandlung psychischer Störungen die Qualität der therapeutischen Beziehung ein wesentliches, sehr wahrscheinlich das ausschlaggebende Kriterium ist (Luborsky 1990; Okiishi et al. 2003), wird Schulen übergreifend anerkannt (Krause 1997, S. 45). Was konkret hier und jetzt zwischen Patient und Therapeut passiert, entscheidet weitgehend darüber, ob eine effektive Zusammenarbeit zustande kommt. Bei der Behandlung psychotischer Menschen ist das nicht anders und zeigt sich in Form von besseren Behandlungsergebnissen, verkürzten Hospitalisierungszeiten und geringerer Medikation (Cullberg et al. 2003). Die »richtige« Theorie zur Ätiopathogenese hilft nur, wenn sich von ihr klinische Arbeitsmodelle ableiten lassen, die die therapeutische Begegnung zu einem Milieu von Kommunikation machen können und Medium wie Mittel für Veränderungen liefern (Streeck/Dümpelmann 2003, S. 23).

Psychische Störungen entwickeln sich in menschlichen Beziehungen und auch bei gegebener biologischer Vulnerabilität spielen Umweltfaktoren wie etwa Traumata eine erhebliche Rolle bei der Krankheitsentstehung bis hin zur Genexpression (Bauer 2008, S. 183–190). Das gilt auch für Psychosen (Read 1997; Dümpelmann 2002; Read/Gumley 2009). Psychische Störungen weisen sich nicht nur durch Symptome aus, sondern ereignen sich auch in Beziehungen in typischen Erlebens-, Verhaltens- und Interaktionsmustern, die in der therapeutischen Begegnung evident werden und sich dort bearbeiten lassen.

Effektive Therapien brauchen demnach Behandlungsmodelle, in denen, metaphorisch gesprochen, die Kirche der klinischen Behandlung im Dorf der realen sozialen Erfahrungen gelassen oder zumindest wieder dorthin zurück gebracht wird. Sullivans seinerzeit utopisch anmutende Sicht, dass der Zugang zu realen Beziehungserfahrungen auch für schizophrene Störungen essenziell sei, zum Verständnis ihrer Entstehung wie auch für ihre Behandlung (Sullivan 1962, S. 183), und das von ihm geforderte »practical understanding« (ebd., S. 186) ist aus heutiger Sicht nicht nur kein Gegensatz und keine Alternative zu wissenschaftlichen Befunden, sondern wurde durch sie vielfach bestätigt (Übersichten bei Walker/Diforio 1997; Hartmann 2003; Dümpelmann 2003).

Therapeutische Anwendungen der Ergebnisse der Entwicklungs-, Bindungs- und Interaktionsforschung liegen auch für schwere Störungen ausgearbeitet vor und wirken nachweislich effektiv (Fonagy et al. 2004; Rudolf 2004). Affekte und Affektentwicklung sind darin zentrale Elemente. Affekte sind essenzielle »Ausdrucks- und Verhaltensprogramme« (Krause 1998, S. 49) zur Selbstwahrnehmung wie auch zur Kommunikation mit anderen Menschen. Durch die Bindungsforschung konnte empirisch nachgewiesen werden, dass der affektive Austausch zwischen Säugling und primärer Bezugsperson grundlegend für die Entstehung des Selbstgefühls ist (Fonagy et al. 2004, S. 10), ein Kernaspekt psychotischer Störungen.

Affektstörungen im Befund zu erwähnen, ist auch bei psychotischen Störungen Routine. Welchen klinischen Stellenwert bei Psychosen etwa Angst, Verachtung oder ekstatische Zustände von Verzückung bei einem Liebeswahn haben, bedarf keiner weiteren Erklärung.

Es erstaunt daher, dass nur wenige elaborierte Forschungsergebnisse zur Bedeutung der Affektivität für die Entstehung von Psychosen vorliegen, die eine »Affekthypothese« (Ciompi 1999, S. 70) von Psychosen darstellen und davon abgeleitet auch konkretes therapeutisches

Handeln implizieren (Leff/Vaughn 1985; Ciompi 1997; Machleidt 1999; Vauth/Stieglitz 2008). Dies erstaunt erst recht deshalb, weil die Arbeit an Affekten und Affektverarbeitung, an Angst, Trauer, Freude, Wut etc. klinische Anschaulichkeit und konkreten, »handfesten« Zugang zur therapeutischen Begegnung ermöglicht. Affekte werden über die Grenzen von theoretischen Bezugssystemen hinweg als biologisch fundierter Ausdruck innerer Gestimmtheit wie auch als psychische Repräsentanten von Motiven und Beziehungswünschen anerkannt, die soziale Interaktionen steuern, etwa in Richtung von mehr Abstand bei Wut oder von mehr Nähe bei Freude (Krause 1997, S. 61f.).

Dass trotz all dem Affekte bisher in theoretischen und therapeutischen Konzepten für Psychosen eher randständig Beachtung fanden, ist ein Phänomen, das mit Sullivan als »persisting psychiatric astigmatisms« (1962, S. 321) benannt werden darf. Welche Gründe könnte das haben?

Affekte sind immer auch individuell, subjektiv gefärbt und nicht so einfach zu messen wie etwa Transmitteraktivitäten oder Worte, die gestörte Kognitionen wiedergeben, was nicht der in der Psychiatrie weit verbreiteten Vorstellung wissenschaftlicher Objektivität entspricht und das Interesse biologisch orientierter Forscher verringert, sie zu untersuchen. Das kann als Folge einer Trennlinie zwischen zwei wissenschaftlichen Kulturen in Psychiatrie und Psychotherapie (Streeck/Dümpelmann 2003, S. 13) angesehen werden und ergibt einen paradigmatischen Filter: In die Designs psychiatrischer Forschung zu Psychosen werden in der Regel entwicklungspsychologische, für die Bewertung von Affektivität relevante Untersuchungen nicht eingeschlossen. Und Entwicklungs- und Bindungsforscher, die sich intensiv mit der Affektentwicklung beschäftigen, zeigen nur geringes Interesse an Psychosen. Aus beidem resultiert, dass Psychosen aus der aktuellen Forschung zu Entwicklung und Bindung, zur Entstehung eines abgegrenzten und autonomen Selbsterlebens und zur essenziellen Rolle der Affekte für all das in psychiatrischen Studien weitgehend ausgeschlossen bleiben. So wird die auf Kraepelin zurückgehende systematische Trennung von Psychosen des schizophrenen von denen des affektiven Typs aufrechterhalten, die heute aber auch als Altlast gesehen und angezweifelt wird (Ciompi 1999, S. 70).

Es lässt sich fragen, ob neben diesen epistemologischen und nosologischen Aspekten auch andere, praktische und praxeologische Gründe beteiligt sind, Affekte bei Psychosen als sekundär im Vergleich zu intensivst beforschten kognitiven Störungsanteilen anzusehen. Affekte finden »diesseits«, in realen Begegnungen statt, die, will man sie untersuchen, die Zentrierung der Aufmerksamkeit auf die Beziehung und nicht nur auf die Symptome erfordern, auf das, was sich zwischen Patient und Therapeut konkret ereignet. Das führt weg von einer schnellen Bedeutungszuteilung durch endogenistische Hintergrundtheorien (Resch 1999, S. 7), ob nun biologischer, psychodynamischer oder behavioristischer Provenienz, und hin zu mehr teilnehmender Erlebnis- und Verhaltensnähe und zu scheinbar nur subjektiven und individuellen Daten, zu weniger Metapsychologie und mehr Konzentration auf das, was in der Interaktion passiert. Dieser Verzicht fällt oft nicht leicht, ist er doch damit verbunden, erst einmal in eine therapeutische Situation mit affizierenden Symptomen wie etwa Wahn und Halluzinationen ohne die schnelle Hilfe eines theoretischen Rasters einbezogen zu sein, das die Mitbeteiligung durch Objektivierung, Konkretisierung und Reifizierung dämpfen kann (McCabe et al. 2002).

Es lässt sich weiter kritisch hinterfragen, ob die selektiven »harten Tatsachen«, die im Labor, im Scanner und im Mitschnitt verbalisierter schizophrener Denkstörungen erfassbar werden, wirklich schon eine objektive Wiedergabe des Erkenntnisgegenstands »Psychose« darstellen. Besteht so nicht die Gefahr, dass durch die geforderte wissenschaftliche Objektivität der Forschung das Objekt verloren geht, nämlich wie Psychosen sich ereignen, in und mit Menschen? Bedeutet Nähe zur »Klinik«, an deren Bedeutung niemand explizit zweifelt, hier nicht per se auch Arbeit am Subjektiven?

Hier trennen sich aber nicht nur wissenschaftliche »Welten«, sondern auch die Interessen von therapeutischen Schulen und »scientific communities«, die für Annahme oder Ablehnung von Forschungsinhalten und die Implementierung von therapeutischen Strategien entscheidend sind.

Dem gängigen »Morbusmodell« psychotischer Störungen (Scharfetter 1990, S. 6) gebricht es auf den ersten Blick nicht an Anschaulichkeit:

Psychotische Symptome werden als Ausdruck einer Hirnkrankheit oder zumindest als Endergebnis einer stark biologisch fundierten Vulnerabilität aufgefasst, die unter unspezifischer Belastung zur Manifestation einer spezifischen Störung führt. Dem entsprechend werden aufwendig biologische Parameter von Psychosen untersucht, denen Spezifität attribuiert oder in denen sie zumindest vermutet wird: Veränderungen an Genen, Transmittern, Synapsen, präfrontalem Kortex u.v.m. Das Ergebnis ist ein beeindruckender Kanon von Befunden, der ein weitgehend geschlossenes und scheinbar objektives Bild mit spezifisch imponierenden Ursache-Wirkungs-Relationen zur Genese schizophrener und anderer psychotischer Störungen zur Darstellung bringt. In der Erweiterung zum Vulnerabilitäts-Stress-Modell (Zubin/Spring 1977) bleiben psychische Faktoren nicht unerwähnt, bekommen aber eine eher marginale, vor allem aber keine spezifische Rolle zugewiesen. Das Wesentliche wird im Bereich der in sich hochgradig geschlossen konzeptualisierten Hirnbiologie gesehen. Einzelne Manuale aus der kognitiven Verhaltenstherapie, in der Psychiatrie meist einseitig bevorzugt, bekommen dann die im Verhältnis zur Somatotherapie oft additiv erscheinende Aufgabe, die kognitiven Symptom-Endstrecken der spezifisch gedachten Störungen zu bearbeiten. Vauth und Stieglitz, beide Verhaltenstherapeuten, kritisieren im Vorwort zu ihrem Buch *Training emotionaler Intelligenz bei schizophrenen Störungen* ausdrücklich diesen Umstand und mahnen dort eine neue Sichtweise psychotischer Störungen an, in der die psychische Entwicklung, soziale Erfahrungen und emotionale Fähigkeiten erheblich stärker zu gewichten seien (Vauth/Stieglitz 2008).

Über den Erfolg einer Behandlung entscheidet nicht allein die »richtige« Theorie. Dazu sind therapeutische Konzepte notwendig, die klar und verständlich sein müssen, damit sie bei Therapeuten wie Patienten auf eine positive, motivierende Rezeption treffen.

Das in der Psychiatrie derzeit vorherrschende Paradigma einer wesentlich hirnbiologisch bedingten Störung »Schizophrenie«, deren objektivierbare Faktoren spezifisch erfasst, kausal zugeordnet und dann störungsspezifisch behandelt werden, ermöglicht solch eine praktikable, »griffige« Rezeption der Krankheitsbilder. Sozialwissenschaftlich betrachtet stellt es eine Authentifikation dar, woneben psychische Faktoren zumindest implizit fiktionalisiert werden (vgl. Leggewie 2000). Darüber hinaus baut es auf Uniformitätsmythen (Kiesler 1977) von Krankheitseinheiten durch einfache Kausalitäts- und Spezifitätsannahmen auf, die nicht der Komplexität des Gehirns, seiner Neuroplastizität und seiner nachgewiesen großen Sensibilität für soziale Einflüsse (vgl. Hartmann 2003; Braun/Helmeke/Bock 2009) entsprechen.

Angesichts der wissenschaftlich begründeten Einwände sollte der unbestreitbare Erfolg dieses Paradigmas auch als Folge seiner Praxistauglichkeit verstanden werden, wenn auch oder vielleicht gerade weil durch Reduktion von Komplexität entstanden: Klare Rollenverteilung zwischen Arzt und Patient, klare Orientierung am Symptom sowie schnelle und wirksame Hilfe, vornehmlich durch psychopharmakologische Behandlung, was in Zeiten hohen Kostendrucks und knapper Zeit in Kliniken und Praxen nicht außer Acht gelassen werden kann.

Können psychodynamische Modelle für die Psychosenbehandlung, die sich wesentlich an der therapeutischen Beziehung und nicht nur am Symptom orientieren, es damit aufnehmen? Effektiv sind sie (Übersicht bei Leichsenring et al. 2005). Lässt sich mit solchen Modellen ein praktikabler, für Aufklärung und Motivation der Patienten sowie für Ausbildung und Training der Therapeuten schlüssig vermittelbarer Behandlungsansatz darstellen? Welche Rolle kann die Arbeit an Affekten und Affektentwicklung dabei übernehmen? Dazu soll es im Weiteren gehen, zunächst mit einer Fallgeschichte und danach mit der Darstellung unseres Vorgehens in der stationären psychiatrischen Psychotherapie, typische Affektverarbeitungsmuster psychotischer Menschen zu identifizieren und darauf abgestimmte therapeutische Antworten zu formulieren.

Eine Fallskizze

Ich bin im Gespräch mit einem Mann, der seit einiger Zeit wegen einer paranoiden Symptomatik zur Behandlung zu mir kommt. Ich mache mir ernste Sorgen um ihn, weil er zunehmend depressiv wirkt, aber nicht darüber spricht. Langsam und leise, mit fast starrer Mimik berichtet er heute über Schmerzen und seine Befürchtung, schwer krank und verloren zu sein. Dabei ist er bedrückt, spricht aber nüchtern und detailliert davon, dass er in den letzten Jahren permanent vergiftet worden und jetzt am Ende sei, auch an Suizid dächte. Ich fühle mich von Trauer geradezu angesteckt und schwer, gucke eine Weile verlegen zur Seite und kann mich nicht rasch entscheiden, was ich ihm antworte, sodass eine Pause entsteht. In die hinein teilt er mir trocken mit, dass er auch hier vergiftet würde und zwar von mir. Obwohl mir das nicht leicht fällt, lasse ich mir das ausführlich schildern und bestätige ihm, dass unsere Begegnung ganz offenbar bedrohlich für ihn ist.

Solche Sequenzen gab es zu der Zeit öfter: Mitteilungen, dass er sich bedroht erlebt, Traurigkeit und Schwere bei mir und Vergiftungsideen bei ihm, die er explizit auch auf mich und unsere Begegnungen bezog. Trotzdem kam es nie zu einer Terminabsage.

»Liest« man diese Fallskizze auf der Suche nach Indizien für eine Störung, findet man rasch, dass hier statt einer im Ansatz erkennbaren depressiven Verstimmung eine paranoide Symptombildung auftaucht. Eine Behandlung dieser Störung durch Medikamente wäre keineswegs allein eine wissenschaftlich und empirisch begründete Behandlung einer paranoiden Symptomatik, sondern würde den Hinweis des Patienten, dass er sich vom Therapeuten vergiftet fühlt, nicht nur nicht aufgreifen, sondern ihn darüber hinaus mit Rollenzuweisungen beantworten, die in solchen Fällen leicht Compliance-Probleme verstärken, indem Vergiftungsgefühle gegenüber Medikamenten und deren Geber zunehmen.

Werden Erlebnisqualität und Interaktion in das Verständnis dieser Fallskizze integriert, ergeben sich einige konkrete Fragen: Warum kommt es zu Wahn anstelle einer Depression? Warum entfaltet sich in dieser Situation dieses Beziehungsmuster? Welche Funktion hat es, dass eine psychotische Symptombildung auftaucht? Was von mir könnte giftig erlebt werden? Warum wird das nicht anders gesagt? Lässt sich das Erkenntnispotenzial des Subjektiven hier therapeutisch nutzen?

In klassischer psychodynamischer Sicht werden hier traurige Affekte verleugnet, projiziert und von mir identifikatorisch übernommen, aber nicht ungeschehen gemacht. Darauf reagiert der Patient, indem er seine extreme Angst, sich selber depressiv zu erleben und mir das zu zeigen, in regressiver Symbolik (vgl. Benedetti 1991) mit »Vergiftung« metaphorisiert und externalisiert. Nicht seine Affekte bedrohen ihn dann, sondern ich. Die Selbst-Objekt-Differenzierung (Mentzos 1991, S. 39) wird so kontrastschärfer und Wünsche, Nähe und Hilfe bei mir zu suchen, werden erst gar nicht wirkmächtig. Die so entstandene »negative Intimität« (Steimer-Krause 1996, S. 279) dichtet Grenzen ab, dämpft weitere Mobilisierung wie sie auch in scheinbar paradoxer Weise den weiteren Kontakt möglich macht.

Affekte, Selbst und Kontingenzerfahrungen

Analysiert man diese Beziehungsepisode mit Konzepten aus Entwicklungspsychologie, Bindungs- und Traumaforschung, eröffnet sich ein präziseres Verständnis und vor allem ein weiterer Zugang zur klinischen Situation. Es kommt ja nicht nur zu einer Übertragung, sondern es kommt zu einer Interaktion zwischen ihm und mir, in der Trauer- und Angstaffekte interpersonell durch uns beide bearbeitet werden. Nicht nur eine Störung beim Patienten, sondern eine auffällig »gestörte« Beziehung etabliert sich. Das gut beobachtbare Auftreten des Vergiftungswahns ist nur ein Teil davon und verweist mit seiner Erlebnisqualität auf den Grad der subjektiven Bedrohung. Schlimmer für ihn ist, seine Affekte nicht gut tolerieren, regulieren und nicht kommunizieren zu können, erst recht nicht in meiner Nähe. Da werde ich zu einer Giftquelle. Die wahnhafte Zuschreibung schützt vor der beschämenden Offenlegung seiner Ohnmacht dabei, sich selbst traurig, hilflos und berührt zu erleben, und ermöglicht eine ambitendente Balance im Kontakt: Ich »bekomme« zwar den Affekt, werde aber zugleich auf Abstand gehalten. Das Muster, das sich hier zeigte, könnte etwa mit den Worten beschrieben werden: »Ich kann nicht ertragen, depressiv zu sein und das auch noch offen zeigen zu müssen! Komm und nimm mir das ab, aber komm mir damit auch nicht zu nah und rede erst recht nicht darüber!«

Wie durch diese und in dieser Interaktion Affekte reguliert wurden, folgte frühen Kontingenzerfahrungen (Resch 1999, S. 103f.; Dornes 1993, S. 91f.) des Patienten. Zeigte er sich nämlich als Kind schwach, wurde er oft zurückgewiesen und besonders von seinem Vater entwürdigt, gedemütigt und bestraft. Die Mutter schützte ihn nicht ausreichend davor, sondern ordnete sich dem Vater unter. Sich mit Gefühlen von Traurigkeit, Angst und den dazu gehörigen Wünschen nach Nähe einer Bezugsperson zuzuwenden, wurde so als doppelte Gefahr erlebt, nämlich ohnmächtig dazustehen und auch noch den Verlust essenzieller Beziehungen zu riskieren. Das gipfelte in einer Schlüsselszene, als er im Alter von vier Jahren zusammen mit den Eltern und anderen Personen bei einem Explosionsunglück verschüttet wurde. Das Haus brannte und die Erwachsenen reagierten panisch, nässten und koteten ein, und besonders sein Vater, der sonst so oft brutal zu ihm gewesen war, verlor jegliche Kontrolle über sich. Den infiltrierenden Geruch von Schweiß, Fäkalien und Brand hat er nie aus der Nase verloren (vgl. Dümpelmann 2004b). Gefühle von Angst und Bedrohung sowie der Wunsch nach Schutz trafen in dieser Situation auf real vom Tod bedrohte Eltern. Statt Sicherheit gab es Pestgeruch. Ähnliches wiederholte sich in unseren Gesprächen, wenn auch erheblich weniger dramatisch: Näherte er sich seiner Bedürftigkeit und nahm er auch nur kleinste Zeichen dafür wahr, dass auch ich belastet, nicht so aufmerksam und so agil wie sonst war, war das – erneut, aber vertraut – Gift für ihn.

»Kontingenz« bezeichnet etwas Gegebenes und Erfahrenes, das prinzipiell zwar so nicht notwendig und auch anders möglich gewesen wäre, sich unter den gegebenen Umständen einer Situation aber so ereignet hat (Luhmann 1988, S. 152). Nicht innere, endogene Gesetzmäßigkeiten, ob psychodynamisch oder biologisch angenommen, werden untersucht, sondern welche Berührungen und Begegnungen sich in der Interaktion ergeben und welche Auswirkungen sich beobachten lassen. Diese exogenistische Perspektive (Resch 1999, S. 7) hat Folgen für Kausalitätsannahmen: Die werden erst einmal nicht gemacht, sondern zunächst werden die Wechselwirkungen der beteiligten Faktoren in ihrer Komplexität betrachtet. Kontingenz geht über bloße Korrelation erheblich hinaus und beschreibt inhaltliche Zusammenhänge, vermeidet jedoch vorschnelle linear-kausale Schlüsse im Sinn einer »premature hypothetic formulation« (Sullivan 1952, S. 321). In der Entwicklungspsychologie hat die Erfassung von Kontingenzen große Bedeutung, weil damit z. B. präziser beschrieben werden kann, wie reales elterliches Verhalten die Motivation von Säuglingen und Kleinkindern beeinflusst, sich selbst und die Welt aktiv zu erkunden (Resch 1999, S. 103). Was dem Erleben und Verhalten des Kindes durch das Verhalten der Eltern konkret zufällt, zeigt Muster der Eltern-Kind-Interaktionen, die dann, wenn sie sich wiederholen, als typische Beziehungs- und Bindungsmuster codiert werden. Das gilt – für Psychosen besonders bedeutsam – auch für den präsymbolischen und besonders für den nonverbalen, affektiven Austausch. Der Unterschied zum Konstrukt der unter Einfluss von Libido und Aggression internalisierten Objektbeziehungen ist nicht nur ein begrifflicher. Kontingenzen beschreiben diesseits der Metapsychologie erst einmal konkrete emotionale Ablaufschemata, wie Kontakte zu und Berührung mit Bezugspersonen verliefen, wie sie erlebt wurden und welchen Einfluss sie auf die Entwicklung psychischer Fähigkeiten und die von Vulnerabilität und Resilienz hatten. Aus dieser Sicht erschließt sich auch, warum und wozu Bezugspersonen bei strukturellen Störungen, zu denen auch Psychosen gehören, oft persistierend als Selbstobjekt in Vorgänge der Selbst- und Beziehungsregulierung einbezogen bleiben, so wie ich im oben skizzierten Fall in die Affektregulierung, die per Interaktion gemeinsam bearbeitet wurde und vertrauten Kontingenzen folgte (vgl. Lempa 1992).

Für die Behandlung von Psychosen hat die Identifizierung wichtiger Kontingenzen in Form von Beziehungsepisoden (Dümpelmann 2004a) ihren besonderen Wert darin, dass die Entwicklungslinien von Ich-Funktionen, die für die Entstehung psychotischer Vulnerabilität essenziell sind, anschaulich zusammen mit ihrer Interaktionsgeschichte erfasst werden können: Affektregulierung, Selbstgefühl, Subjekt-Objekt-Differenzierung und Nähe-Distanz-Regulierung. Kontingenzen herzustellen, Berührung, Kontakt und (Verhaltens-)Antworten zu suchen, bezeichnet Kächele prägnant als den ersten Trieb (Kächele 2009). In der Psychoanalyse wurde das lange zugunsten der Narzissmustheorie vernachlässigt (ebd.). Dass anstelle »narzisstischer Pathologie« oder einer Störung der »frühen oralen Phase« bei Psychosen und anderen

»frühen Störungen« nunmehr reale frühe Beziehungen und ihre Auswirkungen konkreter erfasst und bewertet werden können, erleichtert erheblich, individuelle Behandlungsschritte zu formulieren und sie auf die affektiven Erfahrungen abzustimmen, die mit der Entstehung der Symptomatik im Einzelfall verbunden sind. Die Entwicklungsdefizite, die der Symptomentstehung vorangingen und ihr zugrunde liegen, können so für die Behandlung und auch in der Behandlung greifbar gemacht werden.

Selbst- und Affektentwicklung sind eng miteinander verbunden. Das zeigt sich auch klinisch: Je durchlässiger die Grenzen zwischen Subjekt und Objekt sind, je labiler die Kohäsion des Selbst ist, desto eher werden Affekte überschwemmend und unerträglich erlebt und überfordern individuelle Verarbeitungsmöglichkeiten. Und umgekehrt ist die Mentalisierung von Affekten, die Fähigkeit, Vorstellungen über emotionale Zustände in Subjekt und Objekt zu entwickeln, das »Präludium« der Entwicklung des Selbstgefühls (Fonagy et al. 2004, S. 12). Auch die Zusammenfassung des Kernproblems psychotischer Menschen demonstriert die Wechselwirkung zwischen Selbst- und Affektentwicklung: In – affizierenden – Beziehungen verlieren sie leicht ihr abgrenzbares Selbstgefühl. Grenzen sie sich verstärkt ab und beziehen sie sich auf sich selbst, um Affizierung zu dämpfen, verlieren sie Beziehungen – das psychotische Dilemma zwischen Selbst- und Objektbezug bzw. zwischen Fusion und Autismus (Mentzos 1991).

Die Entwicklung eines kohäsiven Selbstgefühls und die dazu notwendige Fähigkeit, Grenzen zwischen Ich und Du konstruieren zu können, verläuft abhängig davon, ob positive frühkindliche Erfahrungen mit dem Erleben des eigenen Willens und mit der Propriozeption und ob ausreichend differenzielle Kontingenzerfahrungen gemacht werden konnten: mit eigenen Handlungen effektiv beeinflussen zu können, ob eine Bezugsperson verlässlich herbeikommt, z.B. durch Schreien, oder allein für sich zu bleiben und etwa lustvoll spielen zu können (vgl. Dornes 1993, S. 90f.).

Für die Affektentwicklung gilt: Können Affekte wahrgenommen werden? Können sie toleriert werden? Können Affekte ausgedrückt und kann ihre Wirkmächtigkeit zugelassen werden, das heißt, dass sie anderen Menschen nicht entgehen und sie beeinflussen (vgl. Fonagy et al. 2004, S. 437f.)?

Entwicklungsaspekte dieser bei Psychosen essenziellen Ich-Funktionen lassen sich in Beziehungsepisoden in Biografie und Interaktion und typischen Musterbildungen in Symptomatik und Psychodynamik erfassen und ermöglichen Zugang dazu, ob die eigene Person und ihre Affekte abgegrenzt und autonom wahrgenommen wie auch handelnd erlebt werden können und wann und wie das gestört wurde und jetzt störbar ist. Das ist ein gravierender Unterschied von Autonomiekonflikten zwischen Über-Ich und Es-Impulsen! Um Autonomie geht es in beiden Fällen, bei Neurosen und Persönlichkeitsstörungen um die Impulskontrolle, bei Psychosen aber um das Erleben eines autonomen Selbst, das mit der Wahrnehmung eigener Affekte beginnt und abhängig von ausreichend stabilen Grenzen bleibt. Im Vergleich zu Angst- und Zwangsstörungen, bei denen Affekte auch als Bedrohung der Autonomie erlebt werden, stellen Psychosen einen Extremfall dar, weil bei ihnen nicht nur die Autonomie der Impulssteuerung, sondern auch die des Selbst gefährdet ist.

Zur Therapie

Der psychodynamische Beitrag zur Psychosenbehandlung besteht neben der Identifizierung der individuellen Vulnerabilität in der Formulierung eines Rahmens, in dem eine gezielte und effektive Therapie stattfinden kann. Das Verständnis für relevante Entwicklungsaspekte bis auf die Ebene gestörter Ich-Funktionen und deren Entstehung ermöglicht die Formulierung von Arbeitsmodellen, die auf unterschiedliche Schwerpunkte innerhalb des Spektrums psychotischer Krankheitsbilder abgestimmt werden können. Nicht Spezifität wird beansprucht oder angestrebt, sondern ein Rahmen für die Entfaltung und Bearbeitung der Beziehungserfahrungen, die im Einzelfall relevant sind. Leitbild für diesen Rahmen ist, dass er flexible Anpassung und steuerbaren emotionalen Kontakt ermöglichen muss, um die Erfahrungen des Patienten zu teilen, sowie gemeinsam handelnde, expressive und nonverbale Therapieformen neben Einzel- und Gruppentherapie integrieren können muss. Die Fokussierung auf unterschiedliche Modi der Affektverarbeitung bei Psychosen ist dazu gut geeignet. Sie sind klinisch gut differenzierbar und ermöglichen einen auch für die Patienten nachvollziehbaren Einstieg in die gemeinsame Arbeit. Weitgehend übereinstimmende Schemata der Affektverarbeitung sind beschrieben (Krause 1997, S. 61; Fonagy et al. 2004, S. 438f.), auch bei Psychosen (Vauth/Stieglitz 2008, S. 18).

Im Folgenden werden mit kurzen Fallbeispielen die Schwerpunkte dargestellt, die wir in Tiefenbrunn bei der psychotherapeutischen Behandlung von unterschiedlichen Typen der Affektverarbeitung setzen.

Störungen der Affektwahrnehmung

Affekte und Kontakte werden als unerträglich erlebt und extrem vermieden.

Ein Ingenieur mit einer häufig rezidivierenden paranoid-halluzinatorischen Schizophrenie litt vor allem unter dem quälenden Erleben, alle anderen könnten in ihn hineinsehen, seine Gedanken lesen und auch mitbekommen, was er fühlt. Kontakte waren kaum erträglich für ihn. Im Einzelgespräch war er sehr gespannt, mied Blickkontakt und sprach kaum. Er war mit 30 Jahren noch abhängig von seiner dominanten Mutter, die seit seiner Kindheit sofort auf jede Regung bei ihm reagierte, ihm jeden vermeintlichen Wunsch von den Augen ablas, ihn umgehend unter ihrer Regie erfüllte und darauf bestand, dass er das akzeptierte. Das ging anfangs selbst in der Klinik so weiter. Schon als Kind litt er unter massiven Schulängsten und nässte bis zum 13. Lebensjahr ein. Aktuell war er arbeitslos und stand unter Druck, sich auf Stellenangebote zu bewerben.

Autonomes Selbsterleben war hier nicht nur behindert, sondern ausgerottet und durch eine Art Fremdherrschaft der Mutter ersetzt worden. In der Psychose traten diese Kontingenzen zutage, nämlich bei jedem Schritt unter der Kontrolle – und dem dysfunktionalen Schutz – der

Mutter zu sein. Vor der Erstmanifestation mit 18 Jahren hatte der Patient die Kontrolle über sich verloren und seinen Vater mit einem Messer attackiert. Aktuell waren nun selbstständige Schritte von ihm gefordert, die ihn massiv mit Angst wie auch mit Abhängigkeit konfrontierten.

In solchen Fällen

- konnotieren wir alles positiv, was auf Schutz und Abstand zielt, auch Wünsche, zu gehen,
- beschränken und konzentrieren wir uns darauf, den Kontakt zu erhalten,
- bieten wir das Erlernen von Stabilisierungsübungen zur Selbstregulierung an,
- thematisieren und trainieren wir das frühzeitige Ansprechen von Spannungen,
- bearbeiten wir, wie möglich sein könnte, sich Hilfe zu holen,
- legen wir Wert auf gemeinsames Handeln, auch ohne (viele) Worte,
- malen oder musizieren wir mit den Patienten im Gespräch und
- raten wir dazu, mobilisierende Gesprächsthemen aufzuschieben, bis der Kontakt »steht«.

Störungen der Affekttoleranz

Affekte werden erlebt, aber nicht gut ertragen und deshalb oft stark verfremdet und in psychotischer Metaphorik kommuniziert.

Eine junge Designerin kam mit dem dritten Rezidiv einer schizodepressiven Psychose zu uns, in der sie sich verzweifelt als Bedrohung und als gefährliche Hexe erlebte und erleichtert darüber war, dass zwischen ihr und ihrem Partner, Seemann von Beruf, viel Wasser war, das die von ihr ausgehende Gefahr verdünne. Die Patientin war früh von ihrer Mutter verlassen worden, die sie danach spüren ließ, ihre neue Partnerschaft zu stören, wenn sie ihre Nähe suchte. Von ihrem Vater wurde sie parentifiziert, was zu einem emotionalen Wechselbad wurde: Sie schlief bis zur Pubertät im Ehebett und war intime Gesprächspartnerin für seine Sehnsüchte, wurde von ihm aber auch minutiös nach allem ausgefragt, was in ihr vorging, und dabei oft massiv gekränkt und entwertet.

Eine anhaltende Erfahrung dieser Patientin war, dass intime Gefühle entweder zu Zurückweisung bei der Mutter oder zu sie überfordernder Übererregung und Beeinflussung durch den Vater führten. Das behinderte die Entwicklung der Fähigkeit zur autonomen Affektregulierung, was sie zudem genau deshalb noch abhängiger von der Kontrolle ihrer Gefühle durch ihre Eltern machte. In der Psychose erlebte sie ihre Gefühle so, als wäre sie zuvor von ihren Eltern vernichtend kritisiert und erniedrigt worden.

In solchen Fällen

- intervenieren wir im Gespräch streng klarifizierend und nicht deutend,
- suchen wir gemeinsam nach Worten und Sprachbildern für innere Zustände,
- untersuchen wir das Selbsterleben der Patienten im therapeutischen Kontakt,
- fokussieren wir dabei besonders Gefühle von Sicherheit oder Unsicherheit,
- empfehlen wir genügend Rückzug und kreative Aktivitäten auch auf den Zimmern und
- verordnen besonders häufig expressive Therapieformen mit einem flexibel handhabbaren verbalen Anteil: Musik-, Körper- und Gestaltungstherapie.

Störungen des Erlebens der Wirkmächtigkeit der Affekte

Affekte können erlebt und auch toleriert werden, solange sie anderen verborgen bleiben.

Eine Informatikerin kam völlig aufgelöst und verunsichert nach einer erstmals aufgetretenen, akuten wahnhaften Störung zu uns. Sie hatte kurz davor mit ihrem Freund in einem Bergdorf Urlaub gemacht, wo sie nach langer Zeit wieder Lust gespürt hatte und sexuell aktiv geworden war. Sie genoss es erstmalig, entwickelte aber schon kurz danach die Vorstellung, das ganze Dorf hätte es gehört, und bezog Radiomeldungen und andere ihr auffällig erscheinende Dinge auf sich und ihre Sexualität, was unter Behandlung schnell remittierte. Danach traten für längere Zeit Zwangssymptome auf. Die Patientin hatte früh ihren Vater durch Suizid verloren, wonach ihre Mutter viele Jahre lang depressiv und suizidal war. Sie tat alles, um die Mutter zu entlasten, wurde eine brillante Schülerin und versorgte den Haushalt. Die Mutter zeigte bigottes Verhalten, trat Sekten bei, ging Beziehungen zu Männern ein und schlief öfter mit ihnen, ohne sich zurückzuziehen. Mit 9 Jahren überraschte sie die Mutter und deren Freund in flagranti in ihrem Kinderbett, was für sie eine Katastrophe und wie der Verlust der Mutter war.

Nach lange gehemmter und oft vermiedener Sexualität erlebte die Patientin ihre Lust mit vernichtender Scham. Sie wurde dadurch mit einer lange abgewehrten traumatischen Identifikation mit ihrer Mutter und schlagartig auch damit konfrontiert, so haltlos und triebhaft zu sein wie sie. Der Kontrollverlust über ihr Begehren vor ihrem Freund fiel für sie mit dem Verlust der gewohnten Selbstsicherheit zusammen, die stark an das Erleben von Disziplin und Verzicht geknüpft war.

In solchen Fällen

- bestätigen wir zunächst Ängste, Scham- und Schuldgefühle explizit als gerade verfügbares Mittel der Regulierung, auch wenn sie den Patienten selbst unangemessen erscheinen,
- untersuchen wir intensiv den Beziehungskontext der Symptomentstehung,
- untersuchen wir die Affekte und ihre Modulation in der therapeutischen Situation,
- empfehlen wir – meist gegen Ende der Behandlung – Expositionstrainings,
- bearbeiten wir innere Normen und Wertvorstellungen und
- schließen wir manchmal eine vorsichtige Analyse rigider Abwehrmuster an.

In den dargestellten Fällen zeigen sich traumatische Kontingenzen, die für die Affekt- und Selbstentwicklung bedeutsam waren und sich in Biografie, Symptomatik, Interaktion und Psychodynamik erfassen und nutzen ließen. Die Strukturierung der Behandlungsschritte verläuft dabei zwischen zwei Polen, von erheblicher Durchlässigkeit zu nur partiell gestörten Grenzen bzw. von mehr Selbstregulierung zu mehr Beziehungsregulierung und vom Achten auf Sicherheit und Bindung zu mehr Bearbeitung von Problemen.

Fazit

Für die Behandlung psychotischer Störungen ist nicht nur ein Modell der Störung notwendig, um sie dann vermeintlich spezifisch behandeln zu können, sondern auch ein Modell für reale Beziehungen, einmal die therapeutische Beziehung, in der diese Behandlung stattfinden soll, zum anderen die Beziehungen, in denen sich die Störung entwickelt hat. Mit psychodynamischen Mitteln lassen sich davon ausgehend unterschiedliche Modi der Affektregulierung bei psychotischen Krankheitsbildern differenzieren und Arbeitsmodelle davon ableiten, die Zugang zu typischen Entwicklungsstörungen bei Psychosen sowie dort ansetzend einen individuellen Rahmen für die Zusammenarbeit aller an der Therapie Beteiligten ermöglichen.

Literatur

Bauer, J. (2008): Das kooperative Gen. Hamburg (Hoffmann & Campe).

Benedetti, G. (1991): Todeslandschaften der Seele. Göttingen (Vandenhoeck & Ruprecht).

Braun, K.; Helmeke, C. & Bock, J. (2009): Bindung und der Einfluss der Eltern-Kind-Interaktion auf die neuronale Entwicklung präfrontaler und limbischer Regionen: Tierexperimentelle Befunde. In: Brisch, K. H. & Hellbrügge, Th. (Hg.): Wege zu sicheren Bindungen in Familie und Gesellschaft. Stuttgart (Klett-Cotta), S. 52–78.

Ciompi, L. (1997): Die emotionalen Grundlagen des Denkens. Göttingen (Vandenhoeck & Ruprecht).

Ciompi, L. (1999): Affekte als grundlegende Organisatoren des Denkens – Argumente für die Affekthypothese der Schizophrenie aus der Sicht der »fraktalen Affektlogik«. In: Machleidt, W.; Haltenhof, H. & Garlipp, P. (Hg.): Schizophrenie – eine affektive Erkrankung? Stuttgart (Schattauer), S. 69–85.

Cullberg, J.; Levander, S.; Holmquist, R.; Wieselgren, I.-M. & Mattson, M. (2003): Bedürfnisangepasste Behandlung psychotisch ersterkrankter Patienten im Parachuteprojekt. In: Aderhold, V.; Alanen, Y.; Hess, G. & Holm, P. (Hg.): Psychotherapie der Psychosen. Gießen (Psychosozial-Verlag), S. 115–125.
Dornes, M. (1993): Der kompetente Säugling. Frankfurt/M. (Fischer).
Dümpelmann, M. (2002): Psychosen und affektive Störungen nach Traumatisierung. In: Böker, H. & Hell, D. (Hg.): Therapie der affektiven Störungen. Stuttgart (Schattauer).
Dümpelmann, M. (2003): Traumatogene Aspekte bei psychotischen Krankheitsbildern. Selbstpsychologie 12(4), 184–206.
Dümpelmann, M. (2004a): Kontingenzerfahrungen und Affektentwicklung – Entwicklungspsychologische Ansätze in der Psychotherapie von Psychosen. In: Ardjomandi, M. E. (Hg.): Jahrbuch der Gruppenanalyse, Band 10. Heidelberg (Mattes), S. 169–178.
Dümpelmann, M. (2004b): Zur tiefenpsychologischen Psychotherapie schizophrener Störungen. In: Leichsenring, F. (Hg.): Lehrbuch der Psychotherapie, Band 2. München (CIP-Medien), S. 109–126.
Fonagy, P.; Gergely, G.; Jurist, E. L. & Target, M. (2004): Affektregulierung, Mentalisierung und die Entwicklung des Selbst. Stuttgart (Klett-Cotta).
Hartmann, H.-P. (2003): Der Beitrag der Säuglingsforschung zur Ätiopathogenese psychotischer Erkrankungen. Selbstpsychologie 4(12), 207–270.
Kächele, H. (2009): Mündliche Mitteilung. Kasuistisch-technisches Seminar am Asklepios Fachklinikum Tiefenbrunn am 14.05.2009.
Kiesler, D. J. (1977): Die Mythen der Psychotherapieforschung und ein Ansatz für ein neues Forschungsparadigma. In: Petermann, F. (Hg.): Psychotherapieforschung. Weinheim (Beltz), S. 7–50.
Krause, R. (1997): Allgemeine Psychoanalytische Krankheitslehre, Band 1. Stuttgart (Kohlhammer).
Krause, R. (1998): Allgemeine Psychoanalytische Krankheitslehre, Band 2. Stuttgart (Kohlhammer).
Leggewie, K. (2000): Fischer syne Fru und des Kanzlers neue Kleider: Inszenierungen des Politischen – Politik als Theater? In: Streeck, U. (Hg.): Erinnern Agieren Inszenieren. Göttingen (Vandenhoeck & Ruprecht), S. 222–245.
Leff, J. & Vaughn, C. (1985): Expressed Emotion in Families. New York (Guilford Press).
Leichsenring, F.; Dümpelmann, M.; Berger, J.; Jaeger, U. & Rabung, S. (2005): Ergebnisse stationärer psychiatrischer und psychotherapeutischer Behandlung von schizophrenen, schizoaffektiven und anderen psychotischen Störungen. Z psychosom Med Psychother 51(1), 23–37.
Lempa, G. (1992): Zur psychoanalytischen Theorie der psychotischen Symptombildung. In: Mentzos, S. (Hg.): Psychose und Konflikt. Göttingen (Vandenhoeck & Ruprecht), S. 29–77.
Luborsky, L. (1990): Theory and Technique in Dynamic Psychotherapy – Curative Factors and Training Therapists in Maximize Them. Psychother Psychosom 53(1–4), 50–57.
Luhmann, N. (1988): Soziale Systeme. Frankfurt/M. (Suhrkamp).
Machleidt, W. (1999): Affekttypologie schizophrener Psychosen. In: Machleidt, W.; Haltenhof, H. & Garlipp, P. (Hg.): Schizophrenie – eine affektive Erkrankung? Stuttgart (Schattauer), S. 94–112.

Mentzos, S. (1991): Psychodynamische Modelle in der Psychiatrie. Göttingen (Vandenhoeck & Ruprecht).

McCabe, R.; Heath, C.; Burns, T. & Priebe, S. (2002): Engagement of patients with psychosis in the consultation: conversation analytic study. British Medical Journal 325, 1148–1151.

Okiishi, J.; Lambert, M. J.; Nielsen, S. L. & Ogles, B. M. (2003): Waiting for Supershrink: An Empirical Analysis of Therapist Effects. Clin Psychol Psychother 10(6), 361–373.

Read, J. (1997): Child Abuse and Psychosis: A Literature Review and Implications for Professional Practice. Professional Psychology: Research and Practice 28(5), 448–456.

Read, J. & Gumley, A. (2009): Bindungstheorie und Psychose. In: Brisch, K. H. & Hellbrügge, Th.: Wege zu sicheren Bindungen in Familie und Gesellschaft. Suttgart (Klett-Cotta), S. 237–314.

Resch, F. (1999): Entwicklungspsychopathologie des Kindes- und Jugendalters. Weinheim (Beltz Psychologie Verlags Union).

Rudolf, G. (2004): Strukturbezogene Psychotherapie. Stuttgart (Schattauer).

Scharfetter, C. (1990): Schizophrene Menschen. München (Psychologie Verlags Union Urban & Schwarzenberg).

Steimer-Krause, E. (1996): Übertragung Affekt und Beziehung. Bern (Peter Lang AG).

Streeck, U. & Dümpelmann, M. (2003): Psychotherapie in der Psychiatrie. In: Wolfersdorf, M.; Ritzel, G. & Hocke, V. (Hg.): Psychotherapie als Haltung und Struktur in der klinischen Psychiatrie. Regensburg (S. Roderer Verlag), S. 11–44.

Sullivan, H. S. (1962): Schizophrenia as a Human Process. New York (W.W. Norton & Company).

Vauth, R. & Stieglitz, R.-D. (2008): Training emotionaler Intelligenz bei schizophrenen Störungen. Göttingen (Hogrefe).

Walker, E. & Diforio, D. (1997): Schizophrenia: A neural diathesis-stress model. Psychological Review 104(4), 1–19.

Zubin, J. & Spring, B. (1977): Vulnerability: A New View of Schizophrenia. Journal of Abnormal Psychology 86(2), 103–126.

Psychoanalytische Ausbildung und institutionelle Psychiatrie

Die Perspektive der Ausbildungskandidaten

Holger Himmighoffen & Michael Bertschinger

Die psychoanalytische Ausbildung erfolgt, seitdem sie institutionell organisiert ist, bis heute in mehr oder weniger unveränderter Weise: Gefordert sind neben der Aneignung der psychoanalytischen Theorie vor allem die eigene hochfrequente Lehranalyse und die Durchführung einer bestimmten Anzahl hochfrequenter Analysen in Standardtechnik unter Supervision eines Ausbildungsanalytikers. Somit liegt der *Schwerpunkt der psychoanalytischen Ausbildung nach wie vor in der jahrelangen Behandlung von Patienten mit vorwiegend neurotischen Strukturen.* Daran hat sich nichts bemerkenswert geändert, obwohl innerhalb der Psychoanalyse reichhaltige Erfahrungen sowie gut ausgearbeitete und überzeugende theoretische und klinisch-praktische Konzeptionen für die Behandlung von Patienten mit Borderlinezuständen, Psychosen und Psychosomatosen existieren.

Die *Psychiatrie* als Fachgebiet und Institution unterliegt hingegen einem steten Wechsel der Ausrichtung auf biologische oder psychologische Erklärungs- und Behandlungsansätze von psychischen Störungen. Sie lässt sich bemerkenswert stark von gesellschaftlichen Strömungen und dem, was man gemeinhin den »Zeitgeist« nennt, beeinflussen. Diese beinahe flatterhafte Unstetigkeit gründet einerseits darin, dass die Psychiatrie als Institution immer auch Adressat gesellschaftlicher Aufträge ist, und andererseits darin, dass der Gegenstand der Psychiatrie, nämlich die Psyche, kaum zu fassen ist. Diese schwere »Fassbarkeit« der Psyche hat u. a. damit zu tun, dass einerseits versucht wird, diese mit ihren dysfunktionalen und pathologischen Funktionen im Rahmen psychischer

Erkrankung wie ein »Objekt« zu erfassen – vergleichbar einem sonst im Körper erkrankten Organ wie Herz, Lunge etc. –, und andererseits die psychisch erkrankte Person, die der Kooperationspartner bei der Behandlung ist, mit der »Subjektivität« ihres psychischen Erlebens in angemessener Weise wahrzunehmen. Die große Herausforderung und Aufgabe in der Psychiatrie ist es, das »Subjektive« und »Objektivierbare« psychischen Erlebens ganzheitlich zu integrieren. Man stelle sich die Schwierigkeiten für orthopädische Kollegen vor, wenn sie ihre Behandlungsvorschläge tatsächlich an das zu behandelnde Knie richten müssten. Es scheint fast, als ob die Psychoanalyse angesichts dieses »schwer Fassbaren« eher in einer gewissen Dogmatik Halt sucht, während die Psychiatrie die Tendenz hat, sich auf den gesellschaftlich generierten Zeitgeist abzustützen.

Die Psychiatrie hat sich, nachdem sie sich über eine gewisse Zeit durchaus mit psychoanalytischen Inhalten auseinandergesetzt hat, in den letzten 30 Jahren aus verschiedenen Gründen zunehmend in eine andere Richtung entwickelt. In diesem Zusammenhang seien das Aufkommen der Psychopharmaka sowie die Veränderung des gesellschaftlichen Auftrages weg von »Verwahrung« hin zur Forderung nach kosteneffektiven und zeitökonomischen Behandlungen psychischer Störungen genannt. Die Folge davon sind zunehmend kürzere stationäre Aufenthaltsdauern – aktuell in der Psychiatrischen Universitätsklinik Zürich rund 30 Tage – und somit die Verunmöglichung längerfristiger therapeutischer Arbeit mit den Patienten. Dies hat selbstverständlich enorme Auswirkungen auf die Rolle des Einzeltherapeuten, sowohl in Bezug auf seine Funktion in der Arbeit am Patienten, wie auch auf seine Funktion als Auszubildender, speziell wenn er eine psychoanalytische Ausbildung absolviert.

Neben dem Aspekt der Verkürzung der Aufenthaltsdauer gibt es aber noch eine Reihe weiterer, altbekannter Probleme, denen sich ein Therapeut, der sich in psychoanalytischer Ausbildung befindet, in seiner Funktion als Klinikarzt oder fallführender Psychologe gegenübersieht. Genannt sei hier das psychoanalytische Gebot der *Abstinenz*, die Verpflichtung also, in der Therapie zu sprechen und nicht zu handeln, die psychoanalytische Behandlungssituation nicht zur Befriedigung von eigenen Beziehungswünschen zu missbrauchen und nicht aktiv an der Gestaltung der Übertragung mitzuwirken. Alle drei Aspekte werden in psychiatrischen Settings systematisch und zwangsläufig verletzt. Weiter ist der Therapeut als in aller Regel gleichzeitig fallführender Arzt oder Psychologe nicht nur dem Patienten verpflichtet, sondern steht letztlich in mindestens gleichem Ausmaß der psychiatrischen Institution und häufig sogar dritten Stellen (z. B. Justizbehörden) gegenüber in einer Verantwortung. So ist er zum Beispiel maßgeblich an der Festsetzung der Ausgangsregelung beteiligt, notabene aufgrund seiner in den Therapiegesprächen entstandenen Einschätzung des Patienten. Allfällige Zwangsmaßnahmen werden von ihm verordnet und auch durchgeführt. Über das (absolut notwendige) Sprechen über Patienten im Rahmen des interdisziplinären Austausches im Team werden vielfältige Beziehungsaspekte zwischen Therapeut und Teammitgliedern implizit reguliert, dies selbstredend unter Verletzung jeder Vertraulichkeit. Aus gruppendynamischen Überlegungen kann abgeleitet werden, dass durch die in den letzten Jahren in der Psychiatrie mit gutem Grund aufgeweichten Hierarchien geradezu eine Zwangsläufigkeit zur Selbststrukturierung der potenziell destabilisierten Behandlungsteams besteht. Dies wird weitgehend über »Patiententalk« geleistet, Positionen werden über divergente Einschätzungen von Diagnosen, Behandlungsstrategien etc. bezogen, dies letztlich nicht zum Nutzen des Patienten, sondern um die unklar gewordenen Zuständigkeiten und Kompetenzen der Teammitglieder voneinander abzugrenzen und zu thematisieren. Gerade weniger erfahrene Therapeuten sind diesen Mechanismen in besonderer Weise ausgesetzt, was immer wieder zu sehr schwierigen Situationen führt. Gerade in diesem Zusammenhang erscheint uns eine psychoanalytische Ausbildung mit der dazugehörenden ausgebauten Selbsterfahrung sehr hilfreich.

Trotz dieser nach innen zunehmend unklareren Rollenverteilungen zwischen Einzeltherapeuten und Pflegeteams – und damit zum dritten Aspekt der Abstinenz – *induziert die Organisation einer psychiatrischen Station oft eine ganz bestimmte Übertragungskonstellation.* Aus unserer Erfahrung werden die Einzeltherapeuten durch ihre Funktion eher als väterliche Figuren erlebt, während die Pflegenden eher mütterliche Übertragungstendenzen hervorrufen. Weiter werden Übertragungen durch die realen Handlungen (siehe oben) dauernd beeinflusst und gestört. Ein oft kaum reflektierter Umstand, mit ebenfalls massiven Auswirkungen auf die Übertragung, ist die Tatsache, dass sich Patienten recht ausgiebig untereinander über die Therapeuten austauschen. Selbstredend bestimmt auch der Eintrittsmodus, vor allem die Freiwilligkeit, die Übertragung. Auch hat sich im Rahmen der veränderten Organisation psychiatrischer Behandlungsteams und der kürzeren Aufenthaltsdauern die Bedeutung des Einzeltherapeuten bei der Behandlung der Patienten verringert, während gleichzeitig die Pflegeteams in ihrer Bedeutung aufgewertet wurden. Dies unter anderem auch, weil die zumeist akut psychisch erkrankten Patienten, die in der Psychiatrie behandelt werden, in erster Linie eines Holding und Containing bedürfen, um sich zu stabilisieren. Therapeutische Prinzipien und Methoden der klassischen Psychoanalyse wie freie Assoziation, gleichschwebende Aufmerksamkeit oder Analyse von Übertragungen und Widerständen mittels Deutungen spielen in der Akutpsychiatrie keine Rolle. Das Gesamtbehandlungsteam in der Psychiatrie hat die wichtige Funktion, den Patienten ein ihnen *angemessenes Holding* zu schaffen und ausreichendes Containing zu bieten. In diesem Zusammenhang ist eine gute Fähigkeit zur Selbstreflektion des im Behandlungsteam stark exponierten Einzeltherapeuten eine äußerst wichtige Grundkompetenz.

Der Druck der gesellschaftlichen Fantasie, verbunden mit einem dementsprechenden Auftrag, psychische Erkrankungen ebenso schnell zu beseitigen, zu reparieren und zu heilen, wie es vermeintlich in der somatischen Medizin möglich ist, führt in den psychiatrischen Institutionen einerseits zu Abwehrhaltungen wie zunehmender Hinwendung zu Bürokratisierung und starrer Formalisierung, sowie andererseits zur Kreation virtueller Verläufe. Beides bedeutet in zwingender Weise eine Abwendung von den Patienten. Hierzu kann – muss aber nicht in jedem Fall – auch das Engagement in der Forschung nach dem Vorbild der somatischen Medizin auf der einen Seite, aber auch in der Form eines abstrakten Theoretisierens unter Ausklammerung der äußeren und inneren Realität der Patienten beitragen. All dies kann den Zugang zu den Patienten verstellen und vermeidet letztlich die Auseinandersetzung mit ihrem zentralen Problem, nämlich mit ihrem subjektiven Erleben in der Realität zurechtzukommen.

Das Behandlungssetting der stationären Psychiatrie birgt auf eine besondere Art und Weise ein hohes Regressionspotenzial. Die Patienten werden infantilisiert und in einer gewissen Weise ähneln ihre Tagesabläufe denen von Internatszöglingen. Sie erhalten Stunden- und Ämterpläne, es gibt ein ausgebautes Stationsregelwerk und Gespräche beispielsweise zur Regelung des Ausgangs, welche sich in ihrer Dynamik nicht wesentlich von denen zwischen Eltern und Teenagern unterscheiden. Es entsteht der Eindruck, dass sich Patienten und Institution auf ein Regressionsniveau einigen, dass in etwa dem des späten Grundschulalters entspricht. Das führt oft dazu, dass pädagogische Haltungen die Behandlung mitbestimmen und häufig Konflikte aus dem Bereich Autonomie versus Abhängigkeit evoziert werden. Die gesundheitspolitisch gewünschten und tatsächlich erfolgten Verkürzungen der Hospitalisationsdauer in den letzten Jahren verschärfen diese Problematik noch. Vom Eintrittstag an besteht ein Zwang zur eindeutigen Zielorientierung, eine abwartende Haltung ist zunehmend schwierig durchzuhalten. Diese Herangehensweise liegt der Psychoanalyse ferner als anderen Therapiemethoden wie z.B. der Verhaltenstherapie.

Nach unserem Eindruck finden sich in psychiatrischen Institutionen kaum noch Psychoanalytiker oder Psychoanalytikerinnen in Ausbildung. Gehörte es früher als angehender Psychiater zum guten Ton, zumindest eine Lehranalyse zu absolvieren, gilt das mittlerweile geradezu als Kuriosum. Für Kollegen, die sich für eine dauerhafte Tätigkeit und Laufbahn in einer psychiatrischen Institution interessieren, ist das Absolvieren einer langjährigen psychoanalytischen Ausbildung im Hinblick auf die Karriere mittlerweile nicht nur unnötig, sondern sogar hinderlich. Insbesondere die akademische Psychiatrie hat sich in den letzten Jahren zunehmend von psychoanalytischen Modellen wegentwickelt und steht dazu oft auch in dezidierter Opposition. Die universitären Zentrumskliniken entwickeln sich aktuell zu Forschungsanstalten mit angeschlossener Versorgungseinheit, die Arbeit mit Patienten wird implizit als peripher betrachtet und zählt für eine Karriere wenig bis gar nichts. Das Publizieren in Journalen mit möglichst hohen Impact-Faktoren hat sämtliche anderen vorstellbaren Kriterien komplett marginalisiert. Die heutzutage für eine Laufbahn in psychiatrischen Institutionen geforderten hohen Publikationsraten sind aber mit Forschungen psychoanalytischer Ausrichtung nicht zu erreichen, da die entsprechenden Fragestellungen zu komplex und die Forschungen insgesamt zu langwierig sind, um den verlangten Forschungsoutput zu generieren und so eine akademische Karriere aufbauen zu können.

Der Wettbewerb unter den Kollegen wird zunehmend intensiver und man ist angehalten, möglichst rasch, das heißt schon von Beginn der Assistenzarztzeit an, Publikationen vorzubereiten, deren klinische Relevanz letztlich sekundär ist. Weiter gefragt sind Fähigkeiten im Bereich des Networkings, die offensive Anwendung aller möglichen Arten von karrieretaktischem Verhalten sowie eine möglichst nüchterne und frühzeitige Karriereplanung.

Eine langsame und organische Entwicklung von therapeutischen Fähigkeiten, mit der dafür unabdingbaren langwierigen Auseinandersetzung mit sich selbst, das also, was das Ziel einer psychoanalytischen Ausbildung ist, hat in diesem Anforderungsprofil keinen Platz und erweist sich als hinderlich. Es stellt sich durchaus die Frage, ob eine leidlich gut laufende Analyse überhaupt genügend Raum und Kapazität lässt für diese Art von Karrierismus, der notwendigerweise viel unbearbeiteten Narzissmus sowie die anal-phallischen Aspekte des rasch Fabrizierten – und eben gerade nicht das organisch, langsam Gewachsene – als Basis haben muss. Wir wollen keineswegs behaupten, dass eine Psychoanalyse von diesen Dingen einfach befreit und zu einem »besseren Menschen« macht, denken aber, dass die andauernde Problematisierung gerade dieser Aspekte in einer Analyse zumindest dazu führt, dass diese Mechanismen nicht mehr mit der gleichen Dynamik zur Beförderung der Karriere ausagiert werden können, was so gesehen eine etwas kuriose Art eines Wettbewerbsnachteils darstellt. Weiter ist das psychoanalytische Grundverständnis von Psyche, mit der sich ein angehender Analytiker in aller Regel im Verlauf seiner Ausbildung in erheblichem Maße identifiziert und auch identifizieren muss, einer im Zusammenhang mit akademischer Forschung, wie sie aktuell praktiziert wird, inhärenten Notwendigkeit von Komplexitätsreduktion und Zerstückelung von Fragestellungen auf ein für rasche Publikationserfolge handhabbares Maß abträglich.

Um in beiden Bereichen, das heißt sowohl innerhalb der psychoanalytischen als auch innerhalb der psychiatrischen Institution, bestehen zu können, wäre wohl eine nur schwerlich zu leistende Identitätsspaltung Voraussetzung. Unserer Beobachtung nach gibt es kaum Kollegen, die das längerfristig durchhalten können, was dazu führt, dass man sich früher oder später für das eine oder andere entscheiden muss. In vielen Fällen geht diese letztlich durch die Umstände aufgezwungene Entscheidung mit einer Entwertung des Verworfenen, also entweder der Psychoanalyse oder der psychiatrischen Institution einher, was den Graben zwischen beiden Welten noch vertieft.

Zusammenfassend ist eine Ausbildung zum Psychoanalytiker zunehmend unvereinbar damit, gute Chancen für eine Karriere in einer psychiatrischen Institution zu haben. Dies gilt insbesondere für das Einschlagen einer akademischen Laufbahn in einem universitären Zentrum, aber auch Kliniken der regionalen psychiatrischen Versorgung machen diese Entwicklung mit. Dort kann ebenfalls vermehrt beobachtet werden, dass dieselben oben ausgeführten Kriterien, wie sie für die Vergabe von Leitungsfunktionen an psychiatrischen Universitätskliniken gelten, angewandt werden, wenn auch noch in abgeschwächter Form. Hinzu kommt, dass sich die psychoanalytischen Ausbildungsinstitute und die überwiegende Mehrzahl der Ausbildungsanalytiker, wie eben auch die universitären Kliniken in Großstädten befinden. Das notwendigerweise hochfrequente Setting einer Lehranalyse schränkt die Mobilität stark ein, ist mit einem sehr großen Zeitaufwand verbunden und verunmöglicht Teilzeitpensen wegen der im Rahmen der psychoanalytischen Weiterbildung anfallenden hohen Kosten. Deshalb ist es Ausbildungskandidaten kaum möglich, gleichzeitig mit der psychoanalytischen Ausbildung ausreichend Zeit und Energie für den Aufbau einer Karriere in einer psychiatrischen Institution aufzubringen und seine psychiatrische Tätigkeit und Ausbildung dahingehend auszurichten.

Falls sich der Trend fortsetzt, die Forschungstraditionen und damit die Kriterien, die in der somatischen Medizin für akademische Laufbahnen gelten, für die Psychiatrie ohne einer den Besonderheiten des Faches angemessenen Modifikation zu übernehmen, werden Auslandsjahre während der Ausbildungszeit zunehmend unabdingbar. Diese sich sehr deutlich abzeichnende zusätzliche Anforderung ist nun schlechterdings völlig unvereinbar mit einer seriösen langjährigen Lehranalyse.

Wir sind überzeugt, dass die sinnvolle Behandlung von psychisch erkrankten Menschen letztendlich wie in kaum einem anderen medizinischen Fach eine Frage von Erfahrung ist. Erfahrung mit der eigenen seelischen Komplexität, die eine langjährige, hochfrequente Lehranalyse wie kein anderes Verfahren zu leisten imstande ist auf der einen Seite, aber vor allem auch Erfahrung in der konkreten Behandlung möglichst vieler Patienten unter einer guten Supervision. Die Kriterien der Kaderselektion in psychiatrischen Kliniken verunmöglichen in den letzten Jahren zunehmend das Sammeln dieser Erfahrungen im notwendigen Umfang, sofern man nicht von vornherein auf die Möglichkeit einer institutionellen Laufbahn verzichtet.

Es ist eine Illusion zu glauben, dass eine wie auch immer geartete Forschung und daraus evtl. abgeleitete, auf »Therapiehandbüchern« basierte Behandlungsmodule oder sonstige »zauberhaft anmutende«, sogenannte manualisierte und bei jedem Patienten gleichermaßen anwendbare Behandlungskonzepte, diese langwierigen Erfahrungswege obsolet machen würden oder auch nur abkürzen könnten. An vermeintlich verheißungsvollen Schlagwörtern, die diese Illusionen nähren, seien »evidenzbasierte Therapie« oder in letzter Zeit auch zunehmend die sogenannten »maßgeschneiderten, personalisierten Behandlungsstrategien«, u.a. auf der Basis von neurobiologischen Erkenntnissen, genannt. Inhärent ist diesen Visionen und Trends der zum Scheitern verurteilte Versuch, die letztlich von jeder Generation von Therapeuten immer wieder von neuem geforderte Notwendigkeit, sich beide Erfahrungswelten – Selbsterfahrung und Patientenkontakt – von Null auf aneignen zu müssen, zu umgehen und als zukünftig überflüssig darzustellen. An deren Stelle sollen Guidelines und Manuale treten, also konkrete, objektivierte Handlungsanweisungen, die letztlich der in der Psychiatrie eben wie in keinem anderen Fach alles entscheidenden und nicht auszuklammernden Subjektivität des Erlebens keinen adäquaten Raum mehr lassen. Verkannt und verleugnet werden damit die zentrale

Bedeutung der Persönlichkeit des Therapeuten und das eigentliche Agens einer erfolgreichen Behandlung, nämlich die Beziehung mit dem sowie die »Benutzbarkeit« des Therapeuten als Gegenüber. Kompetenz für psychiatrisch-psychotherapeutische Behandlungen kann letztendlich nicht tradiert werden, ist nicht in Handbüchern und Handlungsanweisungen festzuhalten. Jede neue Generation von Psychiatern wird sich fast voraussetzungslos von Grund auf das dazu notwendige Rüstzeug aneignen müssen: Selbsterfahrung und der möglichst häufige Patientenkontakt unter qualifizierter Supervision. Wir sehen keinen Weg, der an diesen Notwendigkeiten vorbei führen würde und auch keine Abkürzung. Die Auswirkungen der Fantasien, es gäbe schon jetzt oder in nächster Zukunft eine überlegene objektiv-rationale Psychotherapie unter Ausklammerung der so langwierigen und beschwerlichen Persönlichkeitsentwicklung des Therapeuten, hat im Hinblick auf die Behandlungen unserer Patienten eine verheerende Wirkung. Es ist in den letzten Jahren zunehmend festzustellen, dass gerade in universitären Zentren viele Kolleginnen und Kollegen der psychotherapeutischen Ausbildung immer weniger Raum zugestehen wollen oder können. Dies betrifft die Psychoanalyse als langwierigstes Verfahren zwar besonders; aber auch die weniger intensiven, durchaus seriösen, beispielsweise verhaltenstherapeutischen Ausbildungslehrgänge erhalten zunehmend Konkurrenz von Instituten, die sich vor allem dadurch auszeichnen, dort in wenigen Monaten die durch die Ärztevereinigungen minimal geforderten Ausbildungsstunden absolvieren zu können. In den auf den jeweiligen Klinik-Homepages veröffentlichten Curricula aktueller Chefärzte finden sich meistens schon gar keine Hinweise auf etwaig besuchte psychotherapeutische Ausbildungslehrgänge mehr.

Ebenso wie die Psychoanalyse innerhalb der Psychiatrie immer weniger Platz hat, findet in den Ausbildungsinstitutionen eine reziproke Entwicklung statt: Es finden sich heutzutage in den psychoanalytischen Gesellschaften immer weniger Mitglieder, die wesentlich länger als die für den psychiatrischen Facharzttitel geforderte Zeit in psychiatrischen Institutionen gearbeitet haben. Damit einhergehend ist eine zunehmende Distanz und Erfahrungslosigkeit der Ausbildungsanalytiker und Supervisoren in der Behandlung nichtneurotischer Patienten und den damit verbundenen Problemen festzustellen. Gleichzeitig machen wir die Beobachtung, dass die Ausbildungskandidaten zunehmend und mittlerweile fast ausschließlich Patienten mit erheblichen strukturellen Störungen in Analyse haben, sodass sich die Erfahrungswelten der Supervisoren und ihrer Supervisanden mehr und mehr unterscheiden. Immer weniger Menschen interessieren sich a priori dafür, eine Psychoanalyse zu machen, sodass die Ausbildungskandidaten ihre Analysanden in aller Regel aus laufenden, niederfrequenten Psychotherapien von Patienten mit sogenannten frühen Störungen rekrutieren. Wir haben den Eindruck, dass sich die psychoanalytischen Ausbildungsorgane, wohl aufgrund der in diesem Bereich eben geringer werdenden Kompetenz, auf diese Entwicklung nicht einstellen und wenig flexibel reagieren. Sie bestehen eher auf einer puristischen, insbesondere abstinenten Art des Analysierens, was bei diesen Patienten kaum durchzuhalten ist und zu erheblichen Schwierigkeiten in der Behandlung führen kann.

Dies führt zu zunehmenden Schwierigkeiten der Ausbildungskandidaten, ihre real existierenden Ausbildungsfälle vor den entsprechenden Gremien durchzubringen. Vielfach werden diese Patienten kurzerhand als nicht geeignet für Analysen taxiert, eine Modifikation der Technik, wie sie von vielen anerkannten Theoretikern schon weit entwickelt wurde, erscheint nach wie vor als nicht tolerierbare Entwertung des »Goldes der Analyse«. Es drängt sich schon der Verdacht auf, dass hinter diesen Mechanismen nicht nur einfach die viel diskutierte Sorge vor einer Verwässerung der Psychoanalyse steht, sondern auch eine nicht eingestandene Ratlosigkeit der mit diesen Patienten einfach nicht vertrauten Mitgliedern der analytischen Ausbildungsinstitute.

Hinter all diesen Betrachtungen steht natürlich die Frage, inwieweit es notwendig oder auch nur wünschbar sein könnte, dass ein Austausch zwischen der Psychiatrie und der Psychoanalyse weiterhin stattfindet. Wir sind der Auffassung, dass es für beide Welten einen großen Verlust darstellen würde, wenn sie den Kontakt zueinander vollständig verlieren. Die Psychoanalyse liefe ohne eine Verankerung in der Institution Psychiatrie Gefahr, zunehmend sektiererische Züge anzunehmen und sich von Realitäten zu entfernen. Die fehlende Auseinandersetzung der Psychoanalyse mit den Fragen der psychiatrischen Versorgung und damit letztlich den psychischen Gegebenheiten der nichtneurotischen Patienten würde eine starke Einengung bedeuten und auch die Gefahr beinhalten, von der Gesellschaft zunehmend als bedeutungslos angesehen zu werden. Was das für die ohnehin schon prekäre Nachwuchssituation bedeuten würde, liegt auf der Hand. Für die Psychiatrie auf der anderen Seite ist die psychoanalytische Sichtweise deswegen unverzichtbar, da sie ein Gesamtkonzept seelischen Erlebens und der damit verbundenen Störungen vertritt. Diese integrale Sichtweise ist für die heutige Psychiatrie ein notwendiges Korrektiv für das aktuell vorherrschende Konzept der Atomisierung psychischer Störungen in einzelne kleinste Einheiten, die beziehungslos nebeneinander stehen. Wir sind der Überzeugung, dass die psychoanalytische Theorie nach wie vor den bis jetzt brauchbarsten Versuch darstellt, die einzelnen »Inseln« psychischer Symptome als einen Archipel zu begreifen, den ein Zusammenhang unter der Oberfläche miteinander in Verbindung hält. Der mögliche Abschied von dieser Konzeptualisierung des Seelischen wird nicht zu einer Weiterentwicklung der Psychiatrie beitragen, sondern beschwört einen zunehmend konzeptlosen Zustand herauf. Das Ganzheitliche des psychischen Erlebens, seiner Entwicklungslinien und fließenden Übergänge sowie seiner gewachsenen Strukturen nicht mehr wahrzunehmen, wäre ein verheerender Weg. Die Patienten werden eine solche Betrachtungsweise mit Sicherheit nicht nachvollziehen. Das Primat des subjektiven Erlebens in der Behandlung von psychischen Krankheiten unterscheidet unser Fachgebiet letztlich fundamental von allen anderen medizinischen Disziplinen. Die Expertenrolle ist in der Psychiatrie nicht wie in der somatischen Medizin eindeutig dem Arzt zugeordnet, sondern dort zwischen Arzt und Patient in komplexer Weise verteilt. Diese Tatsache zeichnet das Fachgebiet aus und definiert es geradezu. Dies zu verleugnen führt nirgendwohin.

Sich als Behandelnder dem Subjektiven zu stellen und damit zu arbeiten verlangt Kompetenzen, die in vielen psychiatrischen Institutionen heute leider weder zentral sind, noch gefördert werden.

Psychoanalyse und psychoanalytische Ausbildung

Die Perspektive eines Lehranalytikers

Alexander Moser

Die psychoanalytische Ausbildung hat die Psychoanalytiker seit jeher besonders intensiv beschäftigt und ist bis zum heutigen Tag weltweit Gegenstand umfangreicher kontroverser Diskussionen und Auseinandersetzungen, obwohl die Grundfragen dieselben geblieben sind (vgl. Lebovici/Solnit 1982). Der optimale Weg zwischen Chaos und Petrifikation muss immer wieder neu gefunden werden (Wallerstein 1993).

Psychoanalysespezifische Probleme und Schwierigkeiten

Mary Target (2001) und Otto Kernberg (2006, 2007) haben die mehrere Hundert Titel umfassende Literatur zu diesem Thema gesichtet. Kernberg fokussiert in einem zweiteiligen, besonders ausführlichen Artikel zuerst auf die Kritik, welche die strukturellen Aspekte der psychoanalytischen Ausbildungsinstitutionen betrifft. Er argumentiert für einen radikalen Wechsel der organisatorischen Strukturen von Ausbildungsinstituten und kritisiert das System der Ausbildungsanalyse sowie die Selektion und die Funktion der Supervisoren. In einem zweiten Teil fordert er Änderungen in Bezug auf das Curriculum, die theoretische Ausbildung in Seminaren, die Art und Weise, wie psychoanalytische Institute geführt werden, und deren Beziehungen zu den psychoanalytischen Vereinigungen, und untersucht die Rolle von Universitäten in der Entwicklung von Wissenschaft und Forschung auf dem Gebiet der Psychoanalyse. Er diskutiert die Aufnahmebedingungen für Kandidaten, deren Weiterentwicklung während der Ausbildung und die Prozesse der Evaluation und Zertifikation.

Einige besonders wichtige Punkte, welche in diesem umfassenden Überblick diskutiert werden, sollen im Folgenden aufgegriffen werden.

Eine erste Problematik besteht in der Auswahl der Ausbildungskandidaten. Soll mithilfe von Interviews schon vor dem Beginn einer Ausbildungsanalyse eine Selektion erfolgen oder erst nachdem die Analyse schon fortgeschritten ist? Wie will man lediglich anhand von Interviews, vor dem Beginn einer Psychoanalyse, die künftige Entwicklungsfähigkeit von jemandem so zuverlässig voraussagen, dass sich schon zu diesem Zeitpunkt ein Ausschluss rechtfertigen lässt? Sicher lassen sich an dieser Stelle Personen mit manifesten Psychosen, Psychopathien und eventuell Perversionen oder psychotischer Vergangenheit ausschließen. Aber bei der Beurteilung schwerer narzisstischer Störungen oder von Borderlinepersönlichkeitsstrukturen wird die Beurteilung der künftigen Entwicklungsfähigkeit problematisch. Soll man angesichts derartiger Schwierigkeiten einen so extremen Standpunkt einnehmen, wie er auch schon formuliert und praktiziert worden ist, dass man nämlich erst am Schluss einer jahre- bis jahrzehntelangen Ausbildung feststellen könne, ob jemand ein Analytiker geworden ist oder nicht? Die meisten Vereinigungen versuchen hier einen Mittelweg mit einer Schritt-für-Schritt-Selektion zu gehen, wobei, wie etwa in der Schweiz, den Erfahrungen in der Supervision ein zentrales Gewicht beigemessen wird; mit dem Nachteil, dass die Selektion sehr spät erfolgt. Sämtliche Versuche nach endlosen Diskussionen des Themas, zu konkreteren Kriterien zu gelangen, sind bis heute nicht besonders erfolgreich. Eine spezielle von der IPA gebildete Kommission zu dieser Frage meint, man könne kaum mehr sagen, als dass es sich um eine Person handeln müsse, die analysierbar erscheine, den Wunsch habe, Analytiker zu werden, und im Leben so viel erfüllt habe, dass man annehmen könne, sie sei imstande, das, was sie sich zu tun vorgenommen oder was sie werden möchte, auch zu Ende bringen könne.

Ein pièce de résistance erster Güte war über lange Zeit die Einbindung des Psychoanalytikers in die Beurteilung des Kandidaten, aus der falschen Vorstellung heraus, dass der Analytiker nicht nur Spezialkenntnisse über die unbewussten Funktionsweisen seines Analysanden besäße, sondern auch eine besonders zuverlässige Beurteilungsmöglichkeit in Bezug auf die Fähigkeiten seines Analysanden in der Realität. Dass damit die Grundlage des psychoanalytischen Settings über den Haufen geworfen wurde, die verlangt, dass sich, ganz gleich was der Analysand assoziiert, nichts an der äußern Realität verändert, wurde lange kleingeredet, mit dem Resultat, dass ehemalige Kandidaten erst später in der Karriere eine zweite eigentliche Analyse machen mussten, in der sie wirklich alles bearbeiten konnten, was ihnen einfiel und nicht nur das, von dem sie annehmen konnten, dass es dem Analytiker nicht missfallen und so ihr Vorwärtskommen beeinträchtigen würde. Dass die »Lehranalyse« völlig abgetrennt vom übrigen Ausbildungsgang, unter totaler Diskretion verlaufen muss, war also eine Einsicht, die sich nicht von selbst einstellte.

Endlose Diskussionen seit Jahren betreffen die Frage, ob eine Lehranalyse fünf (wie in England) oder, wie von der IPA über lange Zeit verlangt, vier Stunden pro Woche betragen soll (wie auch in den USA), oder ob gar drei Stunden, wie in Frankreich häufig praktiziert, genügen können. Die Mehrzahl der Psychoanalytiker ist sich immer noch darüber einig, dass vier oder gar fünf Stunden für den Analysanden und den Analytiker eine größere Chance dafür bieten, dass sich Übertragungs- und Gegenübertragungsphänomene und unbewusste Abläufe allgemein in intensiverer Weise und in gewissem Sinn in karikierter Form, und so leichter wahrnehmbar für beide Seiten, darstellen, obwohl es dafür keine einschlägigen wissenschaftlichen Beweise gibt. Beobachten kann man, dass es in niederfrequenten Behandlungen häufig zu sogenannten Übertragungshaltungen kommt, die durchaus analysierbar sind, aber weniger oft zu länger dauernden, zusammenhängenden Übetragungserscheinungen. Der Unterschied wird manchmal allegorisch darzustellen versucht, indem man die einzelne Stunde einer niederfrequenten Behandlung mit einer Fotografie vergleicht und die zahlreicheren Stunden pro Woche mit einem Film, in dem die zusätzliche Dimension der Bewegung hervortritt.

Ein weiteres heiß diskutiertes Thema sind die manchmal »paranoiagenen« Stimmungen in Ausbildungsinstitutionen, zu denen die schlecht definierbaren und nahe beim subjektiven Ermessen des Beurteilers liegenden Kriterien beitragen, die während der Ausbildung erfüllt werden müssen. Tuckett (2005) hat versucht, hier eine erste Präzisierungsmöglichkeit zu skizzieren, wie subjektive klinische Urteile in besser objektivierbare Beurteilungen verwandelt werden könnten. Er unterscheidet eine Beobachtungsebene von einer konzeptuellen. Auf der ersteren wird die Fähigkeit des Kandidaten eingeschätzt, relevante Daten, Affekte und unbewusste Bedeutungen erfassen zu können. Auf der konzeptuellen Ebene hätte der Kandidat zu zeigen, dass er fähig ist, die beobachteten Daten sinnvoll mit der relevanten unbewussten Dynamik zu verbinden. Die dritte Ebene betrifft die Interventionen des Kandidaten, in denen einerseits zum Ausdruck kommen muss, was er verstanden hat, und andererseits ebenfalls, wie sehr er im Stande war, die Reaktion des Patienten auf seine Interpretation zu verstehen.

Ein wichtiger Vorwurf an psychoanalytische Institutionen und an Psychoanalytiker ist die Vernachlässigung der wissenschaftlichen Forschung. Hintergrund für die Debatte sind Fragen wie die, ob die Psychoanalyse eine Wissenschaft ist oder eine Kunst; wenn sie eine Wissenschaft ist, ob dann empirisch oder konzeptuell oder ob auf beide Art und Weisen geforscht werden soll. Die keineswegs von allen Analytikern, aber wohl doch von einer Vielzahl geteilte Meinung ist, dass ein breites Spektrum wissenschaftlicher Forschung notwendig ist, vom hermeneutischen Zugang bis zur klassisch empirischen Forschung. Dabei dürfen aber die außerordentlich großen Handicaps nicht vergessen werden, die Psychoanalytikern in eigener Praxis die Teilnahme an der Forschung erschweren. Einmal sind die Pionierzeiten wohl vorbei, in denen, wie Freud es gezeigt hat, in kurzer Zeit an Einzelfalluntersuchungen bahnbrechend und spektakulär Neues erforscht werden kann. Für die Teilnahme an größeren Gemeinschaftsprojekten fehlt es öfter an Zeit, an Geld, und zum Teil auch an der Motivation, als idealistische Zulieferer von Daten zu funktionieren.

Skandalös findet Kernberg zurecht, wie wenig Arbeit geleistet wurde, um klarere Standards für das professionelle Funktionieren zu definieren, anstatt, wie dies nicht überall, aber oft geschieht, in zwangsneurotisch bürokratischer Weise prioritär das Zählbare zu registrieren, angefangen bei der Anzahl Analysestunden pro Woche, der totalen Anzahl Analysestunden bei Lehranalysen, den entsprechenden Zahlen bei supervidierten Analysen, der Anzahl von Supervisionsstunden und der Anzahl absolvierter Stunden in Seminaren. Ironischerweise sind die Adepten des Zählens des Zählbaren oft dieselben, welche die Idealisierung von Zählen und Messen in den empirischen Wissenschaften, nicht immer zu Unrecht, kritisieren. Die subjektiven Kriterien von erfahrenen Psychoanalytikern für psychoanalytische Kompetenz sind sicher ein sehr sensibles Instrument. Aber diese Form von Beurteilung ist weit entfernt von einem Beurteilungsprozess, der etwa den heutigen wissenschaftlichen Erfordernissen entspricht, und so besseren Schutz vor bürokratischen, latent sadistischen, politischen und anderen sachfremden Faktoren bieten würde.

Der steinige Weg der Kritik

Eine derart umfassende Kritik ist erst nach jahrzehntelangen Entwicklungen möglich geworden. Bis in die 60er Jahre wurde auftauchende Kritik totgeschwiegen, rasch erstickt, und der Psychoboom der 1970er Jahre bestätigte allzu sehr, dass eigentlich alles zum Besten bestellt sei. Mit den in der Folge immer zahlreicher werdenden Konkurrenztherapien wuchs seit den 1980er Jahren auch die Chance, dass Kritik nicht mehr völlig wirkungslos verpuffte. Aber die außerordentlich zähe Resistenz gegenüber ganz gleich welcher Änderung kann bis heute kaum überschätzt werden. Manchmal erinnern psychoanalytische Organisationen an schwer gestörte narzisstische Patienten, für die jede Änderung nicht einen erstrebenswerten Fortschritt und Gewinn darstellt, sondern ein unerträglich kränkendes Eingeständnis von Unvollkommenheit, ein Verlust, der als ebenso bedrohlich erlebt wird, wie das Einstürzen der ersten Karte eines Kartenhauses. Möglicherweise spielt hier, wie schon Béla Grunberger (1998) vermutet hat, der Umstand eine Rolle, dass narzisstische Gründe bei der Berufswahl des

Psychoanalytikers oft eine zentrale Rolle spielen. Die Aussicht, Macht über das dynamische Unbewusste zu erlangen und dadurch eine Überlegenheit zu gewinnen, welche denjenigen, die sich auf diesem Gebiet nicht auskennen, verschlossen bleibt, hat ein besonderes Gewicht. »So, jetzt wollen wir das Unbewusste mal austrocknen«, formuliert ein Analysand den ersten Satz zu Beginn der ersten Analysestunde im Stehen, bevor er sich energisch auf die Couch schmeißt. Aber, wie Patrick Casement kritisch bemerkt, auch nach langen Ausbildungsanalysen bestehen des Öfteren Anzeichen pathologisch narzisstischer Störungen weiter oder stellen sich nach einiger Zeit wieder ein. Wer die Probleme psychoanalytischer Organisationen kennt oder auch das gelegentliche Verhalten bekannter Analytiker auf dem internationalen Parkett beobachtet, kann diese Vermutung nur bestätigen. So beklagen etwa Präsidenten von Organisationen, denen international bekannte Fachleute einen dringenden Reformbedarf in ihrer Vereinigung wiederholt bestätig haben, öffentlich, dass in den vorhergehenden Jahren schon viel zu viele Veränderungen stattgefunden hätten, und dass ihre Vereinigung nun endlich eine längere Pause der Ruhe brauche und eigentlich alles zum Besten bestellt sei.

Casement erwähnt die allgemein bekannte Tatsache, dass des Öfteren bekannte Analytiker aus narzisstischen Gründen über andere noch bekanntere Berufskollegen so reden, dass klar wird, dass sie diese anderen nicht als eigentliche Analytiker, das heißt, nur als Analytiker zweiter Klasse anerkennen. So etwa beurteilen gelegentlich in privater Praxis tätige Analytiker Kollegen in Institutionen, insbesondere in Universitäten, als »nicht eigentliche« Analytiker und umgekehrt, mit dem Vorwurf der Wissenschaftsferne an die Praktiker. Französische Analytiker betrachten des Öfteren noch die Nichtfranzosen als untergeordnet, was einer alten nationalistischen, hierarchischen Tradition entspricht, die sich etwa in der berühmten *Encyclopédie Française* darin äußerte, dass alle nichtfranzösichen Literaturangaben ins Französische übersetzt werden mussten, obwohl sie nur selten zitiert wurden. Umgekehrt begegnen französische Psychoanalytiker auf internationalem Parkett manchmal großem Misstrauen, nicht nur wegen des nicht immer leicht verständlichen Stils ihrer wissenschaftlichen Arbeiten, sondern auch wegen ihrer Anerkennung der von nur dreimal wöchentlich durchgeführten Analysen (im Gegensatz zur viermal wöchentlichen Analyse in den meisten psychoanalytischen Vereinigungen), und den in der Tat nicht besonders überzeugenden theoretischen Begründungen, die den Verdacht offenlassen, dass man eine Anpassung an die Konkurrenz Lacan'scher und anderer Gruppierungen, die mit niedrigerer Frequenz arbeiten, nachträglich zu rechtfertigen versucht.

Kirsner erwähnt die leidige Tatsache, dass von dem Moment an, in dem Psychoanalytiker eine Position in der Administration erlangt haben, sich der korrumpierende Effekt der Macht bemerkbar macht – genau gleich, könnte man anfügen, wie uns dies von der allgemeinen Politik her bekannt ist. Wer ein Stückchen Macht erobert hat, möchte sie auch lustvoll ausüben. Auf dem Gebiet von Evaluation und Selektion wird des Öfteren über die Unfähigkeit, Nein sagen zu können, diskutiert – gleichzeitig müsste auch die Lust am machtvollen Neinsagen ein ständiger Diskussionsgegenstand sein. Psychoanalytiker haben in ihrem einsamen Beruf im Gegensatz zu anderen Berufen keine Möglichkeiten, in größerem Stil Macht auszuüben. Die Versuchung, dies in Vereinigungen im Kleinen nachzuholen, darf nicht übersehen werden, wenn die zurecht beanspruchte Autorität, die sich auf professionelle Erfahrung gründet, überschritten wird. André Green hat zwei verschiedene Arten der Machtausübung unterschieden (vgl. Wallerstein 1993, S. 173): Die erste Art von Machtausübung ist durchaus real und basiert auf hierarchischen Positionen in lokalen, regionalen, nationalen und internationalen Institutionen. Die zweite Art von Macht wird durch Kollegen verliehen aufgrund von Vorträgen oder Publikationen; sie basiert also auf der Kapazität zu denken und zu theoretisieren und ist symbolischer Natur.

Die Lust an der Machtausübung fördert sicher auch die Identifikation mit hierarchischen Strukturen, von dem Moment an, wo die Kandidaten die höchste Stufe der hierarchischen Leiter überschritten haben. Es ist in der Tat erstaunlich und erschütternd zu sehen, wie diejenigen, die sich über Jahrzehnte zurecht über die oft überflüssige Hierarchisierung beklagt haben, trotz außerordentlich lang dauernder Psychoanalysen plötzlich alles in Ordnung finden, sobald sie die oberste Stufe erklommen haben, die es jetzt ihnen gestattet, ihrerseits Macht auszuüben. Die aktuell verschärfte Konkurrenzsituation unter den Psychoanalytikern wegen der selteneren Nachfrage nach höherfrequenten Psychoanalysen verschärft diesen Prozess. Man bekommt den Eindruck, dass viele Psychoanalytiker gerne klassische Psychoanalysen durchführen und ebenso Supervisionen von klassischen Psychoanalysen, aber viel weniger gerne als psychoanalytische Psychotherapeuten arbeiten. Deshalb könnte man meinen, sie lieben Ausbildungskandidaten, die sie analysieren und supervidieren können, aber bedeutend weniger zukünftige Kollegen und Konkurrenten, weshalb letztlich jedes erdenkliche Hindernis, das dazu beiträgt, dass aus Kandidaten keine zukünftigen Konkurrenten werden, passiv und aktiv unterstützt wird. Auch Klauber meint, dass Kandidaten einerseits unsere Hoffnungen darstellen, uns aber als die zukünftigen Nachfolger Angst einflößen. Und so nutzen die umfassenden, über Jahrzehnte publizierten theoretischen Einsichten bezüglich dringend notwendiger Reformen viel zu wenig. Es liegt auf der Hand, dass diese Tendenz für die psychoanalytische Gemeinschaft und die Psychoanalyse der Zukunft suizidal ist. Wer meint, lang dauernde Psychoanalysen müssten doch vor solch offensichtlichem Fehlverhalten zuverlässig schützen, liegt offensichtlich falsch, und man ist an die sarkastisch überspitzte Formulierung von Fritz Morgenthaler (persönliche Mitteilung 1973) erinnert, der in Bezug auf die psychoanalytische Ausbildung meinte:

> »Mit der psychoanalytischen Ausbildung können wir zufrieden sein, wenn der ausgebildete Analytiker sich auf seinem Stuhl hinter der Couch in der Beziehung zum Analysanden deutlich weniger neurotisch verhält, als er dies ohne Ausbildung tun würde; alles andere ist das Produkt einer unzulässigen Idealisierung.«

In der psychoanalytischen Ausbildung geht es um die Formung einer aktuellen Psychoanalytikergeneration, im Weiteren aber auch um die Weitergabe und Weiterentwicklung der Psychoanalyse für eine längerfristige Zukunft. Serge Lebovici hat die gegensätzlichen Entwicklungsmöglichkeiten zukünftiger Analytiker mit Hermann Hesses *Narziß und Goldmund* verglichen. Narziss, der sein Erwachsenenleben damit zubrachte, institutionelle Regeln zu befolgen, weil er das Risiko, er selbst zu sein, nicht ertragen konnte, während der Abenteurer Goldmund die Regeln der Gemeinschaft schlecht zu ertragen vermochte, floh und schließlich zufällig getötet wurde. Lebovici wünschte sich, dass künftige Analytiker die Qualitäten von Narziss und Goldmund vereinen könnten, also imstande wären, sowohl Regeln zu befolgen, wie auch Kreativität zu beweisen.

Alle Auseinandersetzungen um die Ausbildung sind mit starken Emotionen verbunden, weil der Beruf des Psychoanalytikers so eng mit der Persönlichkeit und der Identität verknüpft ist. Im Folgenden sollen einige weitere Gesichtspunkte aus der umfangreichen Diskussion der letzten Jahre ausgewählt werden, die auch ein allgemeines Interesse verdienen.

Über die *Grundausbildung*, welche die Basis für die spezialisierte Ausbildung zum Analytiker bilden soll, ist viel gestritten worden. In vielen Ländern hat sich heute die Regelung durchgesetzt, dass ein abgeschlossenes Universitätsstudium in Psychologie oder Medizin verlangt wird, was im Gegensatz zu Freuds Vorstellungen steht. Er wünschte sich Psychoanalytiker mit verschiedenstem akademischen Hintergrund, damit allen Bereichen im menschlichen Leben, in dem Unbewusstes eine Rolle spielt, forschend nachgegangen werden könnte (Freud 1926). So schreibt er:

> »Wir halten es nämlich gar nicht für wünschenswert, daß die Psychoanalyse von der Medizin verschluckt werde und dann ihre endgültige Ablagerung im Lehrbuch der Psychiatrie finde, im Kapitel Therapie, neben Verfahren wie hypnotische Suggestion, Autosuggestion, Persuasion. […] Als ›Tiefenpsychologie‹, Lehre vom seelisch Unbewußten, kann sie all den Wissenschaften unentbehrlich werden, die sich mit der Entstehungsgeschichte der menschlichen Kultur und ihren großen Institutionen wie Kunst, Religion und Gesellschaftsordnung beschäftigen« (ebd., S. 283).

Wenn man die Entwicklung der Psychiatrie während der letzten Jahrzehnte beobachtet, muss man Freud zugestehen, eine wichtige Gefahr vorausgesehen zu haben, da heute nicht allein die Psychoanalyse davon bedroht ist, von der Medizin verschluckt zu werden, sondern auch die gesamte bewährte biopsychosoziale Psychiatrie.

In der Tat geht es bei der psychoanalytischen Spezialausbildung um viel mehr als um das Erlernen bestimmter Fähigkeiten und Techniken in einer Lehrzeit, deren Dauer von vorneherein feststeht, und nach der dem Betreffenden ein Fähigkeitsausweis erteilt werden kann, wie dies in vielen Berufen der Fall ist; der Einfluss auf die ganze Persönlichkeitsentwicklung ist bei der Ausbildung zum Psychoanalytiker besonders groß. Andeutungsweise sollen Beispiele der speziellen Fähigkeiten erwähnt werden, die vom künftigen Analytiker erwartet werden.

Da die Hauptzielsetzung einer Psychoanalyse darin besteht, bestehende unbewusste Hindernisse für Wahrnehmung und Handlungen bewusst zu machen, zu verringern oder zu beseitigen, muss der zukünftige Analytiker in einer »Lehranalyse« die Wirkungen unbewusster Faktoren in seiner eigenen Psyche erleben und kennenlernen. In den von ihm später durchgeführten Analysen sollte er in seiner professionellen Arbeit mit Analysanden nicht mehr in grober, untolerierbarer Weise von eigenen unbewussten Problemen behindert werden, was keineswegs heißt, wie irrtümlich manchmal idealisierend angenommen wird, dass dies auch in seinem ganzen übrigen Leben gleichermaßen der Fall sein kann.

Klauber meint, dass der künftige Analytiker lernen muss, seinen alltäglichen Wunsch nach Objektbeziehungen durch eine Tendenz zu Identifizierungen mit dem Analysanden zu ersetzen. Seine Objektbeziehungen wären charakteristischerweise stark durch Zielhemmungen geprägt, während er sich besonders empfänglich für emotionelle und triebmäßige Stimulierungen vonseiten des Analysanden erweisen muss. Und dies alles muss er hinter der Couch sitzend leisten können, abgeschnitten von den üblichen menschlichen Ausdrucksmitteln, welche unsere Beziehungen seit der Säuglingszeit, Auge in Auge, von einer Person zur anderen, dominiert haben. Weiter, meint Klauber, gehe es darum, während der Ausbildungsjahre in der Mitte seines Lebens ein Gleichgewicht zu entdecken zwischen der Aneignung eines anspruchsvollen Denksystems und einer konzeptuellen Technik einerseits und andererseits der Gefahr, durch das Gewicht von Autoritäten jede Originalität zu ersticken. Im Weiteren ist Klauber davon überzeugt, dass auch die guten Analytiker die Modalitäten ihrer Ausbildung kaum ohne die Unterstützung durch eine starke kompetente Fachgesellschaft aufrechtzuerhalten vermögen.

Der künftige Analytiker muss also lernen, eine im übrigen Leben so nicht vorkommende Zurückhaltung einzunehmen, unter Umständen eher zu schweigen als viel zu reden, davon frei zu sein, Passivität mit rasch erfolgenden Aktivitäten abwehren zu müssen, und es ertragen zu können, manchmal über längere Zeit nicht verstehen zu können, was abläuft – und dies alles, ohne in künstliche, doktrinäre Verhaltensschemata zu verfallen.

Im Weiteren geht es um die Fähigkeit zu erkennen und zu ertragen, dass er in der Beziehung zum Analysanden von ihm in affektbetonten positiv und negativ gefärbten Rollen erlebt wird, die vor allem durch frühere Erfahrungen bedingt sind, und weniger durch die aktuelle Beziehungssituation. Gleichzeitig muss er in sich selbst hineinfühlen und möglichst uneingeschränkt eigene Vorstellungen und Wünsche wahrnehmen können, ganz gleich wie unrealistisch und fantastisch sie erscheinen mögen. Dabei sollte er lernen, nicht automatisch sofort zu reagieren, sondern diese Wahrnehmungen vorerst zum Verständnis des tieferen Funktionierens der Psyche des Analysanden zu verwenden. Bei den Aktivitäten des Analytikers geht es umgekehrt darum, nicht in Passivität zu verharren, wenn dringend eine Intervention notwendig ist. Er soll abschätzen können, wie weit ein Patient in dem Moment imstande und bereit ist, auf ein bestimmtes Thema einzugehen und die Intervention so taktvoll und gleichzeitig so wirkungsvoll wie möglich einzusetzen.

Bei der praktischen Arbeit mit Analysanden kommen neben den Erfahrungen in der Lehranalyse zwei weitere Grundpfeiler der psychoanalytischen Ausbildung zum Tragen. Das notwendige *theoretische und technische Wissen* wird berufsbegleitend in Seminaren, Kongressen und vor allem auch im Selbststudium erworben. Ebenso wichtig ist in den ersten Jahren der analytischen Tätigkeit die regelmäßige *Supervision* der eigenen Arbeit durch einen erfahrenen Analytiker. Selbstverständlich spielen auch die allgemeine klinische Erfahrung und das klinische Wissen eine große Rolle.

Die Institutionalisierung der psychoanalytischen Ausbildung

Bereits aufgrund der bisherigen Ausführungen wird klar, dass die Ausübung der Methode der Psychoanalyse ohne gründliche Ausbildung fragwürdig ist, obwohl der Titel Psychoanalytiker gesetzlich nicht geschützt ist. Deshalb haben sich schon früh Psychoanalytiker zu einer »International Psychoanalytical Association« (IPA) zusammengeschlossen, um für ihre Mitglieder weltweit gegenüber der Öffentlichkeit eine Ausbildung mit »Minimalstandards« in Bezug auf Lehranalyse, theoretische Kenntnisse und praktische Tätigkeit unter Supervision zu garantieren. Auf dem II. Psychoanalytischen Kongress in Nürnberg unterbreitete Ferenczi 1910 in einem ausführlichen Vortrag mit dem Titel »Zur Organisation der psychoanalytischen Bewegung« seinen Vorschlag, dass sich die wissenschaftlichen Arbeiter der Psychoanalyse zu einer »Internationalen Vereinigung« zusammenschließen mögen. Zuerst begründet er die Notwendigkeit einer Vereinigung mit den ungezählten Anfeindungen, denen sie von Anfang an ausgesetzt war. In einem ersten von Ferenczi »heroische Periode« genannten Zeitraum war Freud etwa über zehn Jahre vollständig allein.

> »Man versuchte es zuerst mit dem altbewährten Mittel des Totschweigens, dann kamen Verhöhnung, verächtlicher Spott, sogar Verleumdung an die Reihe. […] die einzige Art des Lobes, das man ihm spendete, war das Bedauern, daß sein Talent das Opfer solcher ungeheueren Verwirrung werden konnte. […] Die gewöhnlichste und verwerflichste Art der Akzeptierung von Freuds Theorien ist wohl die, daß man sie neu entdeckt und unter neuem Namen in Verkehr bringt. […] Uns droht sozusagen die Gefahr, in Mode zu kommen, womit die Zahl derjenigen, die sich Analytiker nennen, ohne es zu sein, gar bald ansehnlich wachsen dürfte. Wir können aber die Verantwortung für all die Unvernunft nicht tragen, die man unter dem Namen Psychoanalyse auftischt, wir haben also außer unseren Publikationsorganen einen Verein nötig, deren Mitgliedschaft einige Garantie dafür bietet, daß wirklich Freuds psychoanalytisches Verfahren und nicht eine zum eigenen Gebrauch zurecht gebraute Methode angewendet wird. (ebd., S. 51)«

So wurde denn die Gründung der »Internationalen Psychoanalytischen Vereinigung« beschlossen.

Je nach soziokultureller Situation haben sich in den letzten 100 Jahren in über 50 Ländern, vorwiegend in Europa sowie in Nord- und Südamerika, zum Teil unterschiedliche Ausbildungsformen entwickelt, die je nachdem liberaler oder bürokratischer funktionieren. Obwohl alle Organisationen der IPA grundsätzlich demokratische Verfassungen haben, kommt es unweigerlich auch zu ähnlich beklagenswerten Funktionsweisen, wie wir sie von der Welt der Politik her kennen.

Ein erstes Problem besteht schon in der Frage wie alt ein Ausbildungskandidat minimal sein sollte, um »reif« genug für eine so schwierige Aufgabe zu sein und gleichzeitig, ob man Altersgrenzen für diese Tätigkeit einsetzen sollte. Da die meisten Kandidaten ihre Ausbildung in Psychoanalyse nach einem Grundstudium in Medizin oder Psychologie im Anschluss oder gleichzeitig mit einer psychiatrischen oder psychotherapeutischen Weiterbildung beginnen, haben die meisten dieser Kandidaten bereits ein Alter zwischen 30 und 40 erreicht. Wenn nun in den psychoanalytischen Vereinigungen nach dem Kandidatenstatus unter den Mitgliedern zwischen assoziierten Mitgliedern, Vollmitgliedern und Lehranalytikern unterschieden wird – und, immer im Interesse einer möglichst perfekten Weiterbildung, Zwischenprüfungen eingesetzt werden, besteht die Gefahr der Ausbildung *bürokratischer Strukturen*, in denen jedermann, der eine Stellung in einem Gremium neu besetzt, Verbesserungen anbringen möchte, die meist auch mit kleinen Machtpositionen verbunden sind, an denen zäh festgehalten wird. So können absurde gerontokratische Strukturen entstehen, in denen 60- bis 80-Jährige endlos darüber diskutieren, wie sie ihre 50- bis 70-jährigen Kollegen noch besser examinieren können, um die Ausbildungsstandards hochzuhalten und damit eine fragwürdige Hierarchisierung innerhalb der Vereinigungen. Ein Klima nicht endender Rivalität und lebenslang anhaltende Kränkungen einmal bei einer Prüfung Abgewiesener beeinträchtigen ein fruchtbares Klima der kreativen Zusammenarbeit und fördern anstatt Selbstständigkeit und Kritikfähigkeit sterile Anpassung. Besonders begabte und kritische Interessenten an der psychoanalytischen Ausbildung werden so von vorneherein abgeschreckt oder sie entschließen sich, die faszinierende Ausbildung als Kandidaten zu durchlaufen, ohne am Schluss in die Vereinigungen einzutreten und dort verantwortungsvolle Aufgaben zu übernehmen, was die Situation der überlasteten Gerontokratie weiter verschlimmert. Ironischerweise besäßen gerade Psychoanalytiker die Mittel, um die Hintergründe derartiger Fehlentwicklungen besser zu verstehen.

Psychoanalytische Hintergründe von Fehlentwicklungen

Ein Artikel von Béla Grunberger aus dem Jahre 1984 mit dem Titel »Von der Reinheit« ist in dieser Hinsicht besonders interessant. Reinheit definiert Grunberger als narzisstisches Ideal von Allmacht und absoluter Souveränität, aus dem die Dimension der Triebwünsche vollständig ausgeschlossen ist. Im Wunsch, Analytiker zu werden, steckt immer auch der derjenige, das erwähnte Ideal durch Beherrschung des Unbewussten zu erreichen. Auch nach jeder noch so gründlichen Analyse meldet sich der Wunsch nach diesem narzisstischen Ideal unübersehbar wieder. Zum Ideal der Reinheit *erhebt* man sich, sagt Grunberger, und damit entfernt man sich vom Boden der Realität. Reinheit und Aggressivität gehören untrennbar zusammen. »Pur et dur«, heißt es auf Französisch. Eine Regression zu einem Ich mit zwei Polen findet statt: Suche nach Reinheit auf der einen Seite und Projektion von allem, was zur sogenannten analen Entwicklungsphase (in der die Erziehung zur Reinheit erfolgt ist) gehört, andererseits: das Schmutzige, Stinkende, Eklige, Unerwünschte, Wertlose und Böse befindet sich dann außerhalb des Ichs, beim Träger der Projektion, zum Beispiel beim Ungewohnten, Fremden oder beim Abgewiesenen nach einer verfehlten Prüfung. Die Reinheit birgt die Grausamkeit in sich, wie die Wolke das Gewitter. Die aggressive Abwehr des Narzissten kann zu einer absoluten Distanzierung vom Träger der analen Projektion führen. Der Projektionsträger der Analität erfährt den narzisstischen Affekt der Verachtung, wenn man ihm gegenüber die Nase rümpft, als Reaktion auf das Unreine, Stinkende. So wird er automatisch isoliert und ausgeschlossen und im Extremfall als Projektionsfläche eliminiert. Wenn Kandidaten oder auch Mitglieder bei Prüfungen scheitern, droht ihnen manchmal ein ähnlich gefärbtes Schicksal. Das Ideal der Reinheit äußert sich oft in Form eines religiösen Glaubens oder einer Ideologie, deren Reinheit der Gläubige um jeden Preis erhalten muss. So werden unter dem Banner der Heiligkeit und Reinheit kriegerische Auseinandersetzungen geführt, die auch unter Analytikern nicht unbekannt sind. Der Narzisst kann nicht anders, als an der Reinheit seiner Überzeugung zu zweifeln, er muss sich ständig steigern, um sich und der Umgebung seine reine Glaubenstreue zu beweisen; dabei findet der Reine immer einen noch Reineren, der ihn reinigt – eine gefährliche Gruppendynamik zum Beispiel in Gremien von Prüfenden. Gerade bei denjenigen, welche den Berufsweg des Psychoanalytikers wählen, ist die narzisstische Besetzung der Analyse und häufig der analytischen Institutionen besonders ausgeprägt, und damit auch die narzisstische Traumatisierbarkeit bei Enttäuschungen in diesem Bereich. Wenn es zu einer Umwandlung der ursprünglich positiven Besetzung – oder gar der Idealisierung von Analyse, Analytiker und analytischer Institution – in eine narzisstische Wunde kommt, und dadurch das Bedürfnis ausgelöst wird, die Analität zu projizieren, werden Analyse, Analytiker und analytische Institutionen in Abfall und wertlosen Dreck verwandelt. Der Betreffende hat die Tendenz, sich »denjenigen, die sich woanders hinsetzen«, Dissidenten nämlich, anzuschließen und die neu dem Dreck Zugeteilten lebenslang zu verachten und zu bekämpfen. So produziert die organisierte Psychoanalyse mit der von ihr zu Recht grundsätzlich als unvermeidlich betrachteten Selektion seit jeher einen Halo von feindlich gesinnten ehemaligen Anhängern. Gerade unter diesem Aspekt muss die Frage gestellt werden, ob die psychoanalytischen Organisationen mit ihren gelegentlich mehr oder weniger öffentlichen Examen, diesem Umstand so weit, wie das möglich wäre, Rechnung tragen, und ob die Mitglieder die vorhandenen demokratischen Mittel zur Verbesserung offensichtlich ungenügender Zustände voll ausgenutzt haben. Auch hier gilt: Jede demokratisch organisierte Gesellschaft hat diejenige Demokratie, die sie verdient!

Problematische Ausbildung ohne formelle Selektion

Die erwähnten Probleme, die sich grundsätzlich bei allen Vereinigungen der organisierten Psychoanalyse finden, führen dazu, dass in verschiedenen Ländern Gruppen von Analytikern die Ausbildung jüngerer Kollegen ohne jede formelle Selektion organisieren, indem sie auf die Selbstautorisierungsfähigkeit der Betreffenden vertrauen. Ein Hauptproblem in derartigen Gruppierungen besteht darin, dass sich kaum ausgebildete, hochstaplerische Trittbrettfahrer finden, die im Schlepptau des guten Rufes von Kollegen, die ihre Aus- und Weiterbildung ernst nehmen, deren Ruf missbrauchen und sogar Führungspositionen in solchen Vereinigungen einnehmen.

Um die möglichen schädlichen Konsequenzen für Analysanden schlecht ausgebildeter Analytiker abschätzen zu können, muss man sich das spezifische psychoanalytische »Setting«, den Rahmen, in dem eine Psychoanalyse stattfindet, vor Augen führen. Zwei Menschen sehen sich in Dutzenden oder Hunderten von Stunden. Der Analysand lernt, mit der Methode der freien Assoziation rückhaltlos alles in Worte zu fassen, was in ihm vorgeht. Ganz gleich, was er über die intimsten, beschämendsten, verbotensten Gedanken, Fantasien, Wünsche und Ängste äußert, die auch seine Beziehung zum Analytiker oder der Analytikerin betreffen, tut er dies im Wissen und Vertrauen darauf, dass sich die analytische Situation um kein Jota verändert; dass es also unter gar keinen Umständen zwischen Analytiker und Analysand zu Handlungen, z. B. sexueller oder aggressiver Art, kommt. Eine solche Garantie der absoluten Stabilität und Sicherheit des Rahmens, über eine so große Anzahl von Stunden, Wochen, Monaten oder Jahren in größter Intimität, existiert in keiner anderen menschlichen Zweierbeziehung. Sie ist die grundlegende Voraussetzung dafür, dass der Analysand die Widerstände und Ängste vor dem Kennenlernen seiner selbst zu überwinden vermag.

Die menschliche und professionelle Stabilität, welche für eine derartige Arbeit notwendig ist, kann nicht mit der hastigen Akquisition irgendeiner Technik erworben werden, sondern verlangt eine umfassende, sorgfältige, jahrelange auch theoretische Ausbildung mit Selbsterfahrung in eigener Analyse und Erfahrungen in mehrjährigen Supervisionen. Die potenziellen Gefahren der Psychoanalyse als regressionsinduzierendes Verfahren für Analysanden und Analytiker ohne angemessene Ausbildung werden bis zum heutigen Tag unterschätzt und viel zu wenig diskutiert – oft weil zukünftige Analysanden nicht abgeschreckt werden sollen. Aber eine unprofessionelle Handhabung der psychoanalytischen Situation kann unerwünschte Regressionen in depressive oder psychotische Zustände, mit Suizidalität oder mit Dekompensationen in Richtung psychosomatischer Erkrankungen befördern. Tendenzen zu verfrühten, nicht genügend bearbeiteten Handlungen oder Entscheidungen, welche jahrzehntelang gewachsene berufliche oder private Beziehungen zerstören, können ungewollt verstärkt anstatt gebremst werden. Schon Sigmund Freud hat die Psychoanalyse mit »ferrum und ignis«, mit dem Stahl und dem Feuer der frühen Chirurgen verglichen, aber wohl die potenziellen Risiken eher noch unterschätzt. Dies gilt insbesondere auch in Bezug auf die Stabilität und Verlässlichkeit der Analytiker. Berühmte Beispiele wie wie C.G. Jung oder Sándor Ferenczi haben unter vielen anderen gezeigt, dass geniale Intelligenz und Kreativität bei einer damals üblichen allzu kurzen Ausbildung keine genügenden Garantien für die strikte Respektierung des Settings durch Therapeuten darstellen. Erst in den letzten Jahren wurden die Probleme um Settingverletzungen durch Therapeuten auch unter Analytikern intensiver untersucht und diskutiert (vgl. z.B. Gabbard 2003; Sandler 2004). Ein Versagen des Settings hat für den Analysanden wie für den Analytiker oft ungeahnt weitreichende Folgen. Ein Analysand, der erlebt hat, dass Fantasien und Vorstellungen innerhalb der Analyse in Handlungen umschlagen können, ist künftig schwer behindert in der weiteren Erforschung seiner eigenen psychischen Funktionen innerhalb einer Psychoanalyse, weil die Unsicherheit darüber, ob sich nicht der erfahrene Umschlag aufs neue wiederholt – auch dann, wenn es sich um einen anderen Analytiker handelt – ist kaum mehr auszurotten und wirkt sich bremsend auf eine weitere analytische Arbeit aus. Oft kommt es zur Wiederholung einer früheren psychotraumatischen Situation. Eventuell kann auch ein therapeutischer Erfolg, der anders als psychoanalytisch nicht zu erzielen ist, verunmöglicht werden. Für den Analytiker können die Folgen ebenfalls viel weiter gehen, als je vorausgesehen wurde. Wünsche von Analysanden, die in Analysen auftauchen, sind stark von frühen kindlichen Wünschen und Ängsten mitgeprägt und deshalb von ganz besonders großer und auch für erfahrene Analytiker überraschender Ambivalenz, sodass der Versuch, real auftauchende Wünsche zu befriedigen, meist große Ängste auslöst und rasch mit dem berechtigten Gefühl verbunden ist, ausgenutzt worden zu sein. Eine solche Situation kann beim Analysanden heftige Aggressionen auslösen, die sich außer in juristischen Klagen, in Wiedergutmachungsforderungen und gar in lang dauernden Erpressungssituationen äußern können, welche für den Analytiker seine gesamte sozioprofessionelle Situation infrage stellen. Auch aus diesen Gründen kann man verstehen, dass Albert J. Solnit seine Betrachtungen über die psychoanalytische Ausbildung mit der Feststellung abschließt, dass man sie nicht allein der persönlichen Initiative überlassen könne.

In Bezug auf die innerhalb der Internationalen Psychoanalytischen Vereinigung stattfindenden Ausbildung muss man jedoch feststellen, dass eine Reorganisation der Ausbildung unter der Berücksichtigung der vielfältigen Kritik überlebensnotwenig ist, und dass dabei eine Verflachung hierarchischer Strukturen in Ausbildungsinstitutionen und eine frühzeitigere, transparentere Struktur der Selektion eine zentrale Rolle einnehmen.

Literatur

Casement, P. (2005): The Emperor's clothes: Some serious problems in psychoanalytic training. Int J Psychoanal 86(4), 1143–1160.

Ferenczi, S. (1910): Zur Organisation der psychoanalytischen Bewegung, In: Ferenczi: Schriften zur Psychoanalyse I. Frankfurt/M. (S. Fischer), S. 48–58.

Freud, S (1926).: Die Frage der Laienanalyse. GW XIV, 207–296.

Gabbard, G. O. (2003): Misslungene psychoanalytische Behandlungen suizidaler Patienten. Z psychoanal Theorie u Praxis 18(2), 170–188.

Grunberger, B. (1984): Von der Reinheit. In: Narziß und Anubis. Die Psychoanalyse jenseits der Triebtheorie. München, Wien (Verlag Internationale Psychoanalyse), Band 2, S. 111–131.

Grunberger, B. (1998): Persönliche Mitteilung.

Kernberg, O. F. (1996): Thirty Methods To Destroy The Creativity Of Psychoanalytic Candidates. Int J Psychoanal 77(5), 1031–1040.
Kernberg, O. F. (2006): The coming change in psychoanalytic education (Part I). Int J Psychoanal 87(6), 1649–1673.
Kernberg, O. F. (2007): The coming change in psychoanalytic education (Part II). Int J Psychoanal 88(1), 183–202.
Kirsner, D. (2000): Unfree associations. London (Process).
Klauber, J. (1979): Die Identität des Psychoanalytikers. Sigmund Freud House Bulletin 31, 5–9.
Körner, J. (2002). The didactics of psychoanalytic education. Int J Psychoanal 83(6), 1395–1405.
Morgenthaler, F. (1973): Persönliche Mitteilung.
Lebovici, S. & Solnit, A. J. (1982): La formation du psychanalyste. Symposium de Broadway (Grand-Bretagne 1980). Paris (Presses Universitaires de France).
Lebovici, S. (1982): Sur la formation des psychanalystes. In: Lebovici/Solnit (1982), S. 17–43.
Solnit, A. J. (1982): Réflexions sur la formation psychanalytique et la formation des psychanalystes. In: Lebovici & Solnit (1982), S. 45–60.
Tuckett, D. (2005): Does anything go? Int J Psychoanal 86(1), 31–49.
Regazzoni Goretti, G. (2006): The crisis of psychoanalysis and psychoanalytical training: The suffering of the candidate on the long road towards qualification. Int J Psychoanal 87(3), 827–842.
Sandler, A.-M. (2004): Institutional responses to boundary violations: The case of Masud Khan. Int J Psychoanal 85(1), 27–42.
Target, M. (2001): Some issues in psychoanalytic training: An overview of the literature and some resulting observations. Presented at: The 2nd Joseph Sandler Research Conference. University College London, March10.
Wallerstein, R. S. (1993): Between Chaos and Petrification. Int J Psychoanal 74(1), 165–178.

Zusammenfassung und Ausblick

Heinz Böker

Das vorliegende Buch berührt zentrale Fragen der spezifischen wissenschaftstheoretischen Position der Psychoanalyse im Diskurs mit anderen Wissenschaften, innerhalb des gesellschaftlichen und kulturellen Kontextes und im Bereich der Diskussion um die Bedeutung der Psychotherapie. Die Klärung der wissenschaftstheoretischen Position der Psychoanalyse hat letztlich auch sehr bedeutende Auswirkungen auf die Diskurse und das Menschenbild in den jeweiligen Debatten, nicht zuletzt auch im Bereich der Gesundheitspolitik und der Diskussion um die Weiterentwicklung der psychoanalytischen Ausbildung.

Die durch die Vorträge und Arbeitsgruppen der »1. Psychoanalytischen Arbeitstage Zürich« und die ergänzenden Buchbeiträge angestoßenen Akzente sollen im Folgenden thesenhaft zusammengefasst werden:

Psychoanalyse im Dialog: Wissenschaft

Ist die Integration von neurobiologischen und psychoanalytischen Ansätzen möglich? Subjektivität im Bereich der Psychoanalyse und der Neurowissenschaften konstituiert unterschiedliche Bereiche mit je einer eigenen Kultur, mit eigenen Methoden und Denkweisen. Ein zentraler Fokus des Dialogs zwischen der Psychoanalyse und den Neurowissenschaften einerseits und den Gesellschafts- und Kulturwissenschaften andererseits besteht in der neuronalen, psychischen und intersubjektiven Konstituierung des Selbst, in dem mangelhaft konstituierten und integrierten Selbst und den destruktiven Prozessen, die daraus resultieren, und ferner in dem spezifischen Beitrag der Psychoanalyse und der Psychoanalytischen Psychotherapie für die Selbstkonstitution.

Angesichts der bestehenden »tiefen epistemologischen und methodologischen Kluft« (Whittle 1999), und des aus logischen und kategorialen Gründen zum Scheitern verurteilten Ziels einer Objektivierung des Subjektiven (vgl. den Beitrag von Haesler im vorliegenden Band) müsse es in einem komplementären Wissenschaftsverständnis um die Beantwortung der Frage gehen, wie die Erkenntnisse, die in einem der Felder gewonnen werden, das jeweils andere Feld beeinflussen. In diesem Zusammenhang widerspricht der Psychiater und Philosoph Vogeley (2008) der unter anderem von Michel Foucault vertretenen Position, eine Vermittlung zwischen Psychopathologie und Neuropathologie sei undenkbar: Vogeley (2008) plädiert für eine »Zusammenführung beider Phänomenbereiche mit der Entwicklung einer Metapathologie«. Diese könne gelingen, »wenn neurowissenschaftlich die hohe Komplexität menschlichen Erlebens differenziert berücksichtigt wird«.

Vogeley verdeutlicht, dass auf einer konzeptuellen Ebene eine kategorische und scharfe Trennung zwischen den Domänen der Natur und der Kultur gar nicht plausibel zu machen sei, vielmehr müsse von einer »dialektischen Durchdringung von Natur und Kultur« ausgegangen werden. Foucault hatte für psychische Probleme drei Explananda geltend gemacht: Subjektivität, Individualität, Kulturalität; seiner Meinung nach seien diese Kriterien gegenüber der Neurologie inkompatibel. Dem hält Vogeley entgegen, dass alle drei Explananda inzwischen auch in der neurowissenschaftlichen Forschung – wenn auch nur ansatzweise – etabliert seien. Zurecht weise Foucault darauf hin – wie Vogeley zusammenfasst –, dass »dem menschlichen Erleben, dem wir in ungeminderter Komplexität auch in der psychiatrisch relevanten Störungssituation begegnen, auch eine adäquate Feinkörnigkeit und Differenziertheit in der neurowissenschaftlichen Erforschung psychischer Erkrankungen entsprechen muss. Diese Differenziertheit ist bisher sicher nicht erreicht«.

Zusammenfassend setzt der Dialog zwischen Psychoanalyse und

Neurowissenschaften klare Regeln voraus, welche die erkenntnistheoretischen und methodologischen Unterschiede in adäquater Weise berücksichtigen. Dieser Dialog fokussiert spezifische Dimensionen:

- *Das Gehirn als »Umweltorgan«:* Die neurowissenschaftlichen Befunde der vergangenen Jahrzehnte unterstreichen, dass das Gehirn als Umweltorgan die Entwicklung dynamischer Prozesse zwischen dem Individuum und seinen Bezugspersonen moduliert. Das Wissen um die Erfahrungsabhängigkeit der Gehirnentwicklung (Neuroplastizität) hat zu einer Rekonfigurierung der Begriffe der Anlage-Umwelt-Debatte beigetragen und die Annahmen der Psychoanalyse unterstützt, dass die frühe emotionale Beziehung einen qualitativ prägenden Einfluss auf die Entwicklung des Subjektes ausübt.
- *Kognitive Neurowissenschaften und Psychoanalyse:* Westen und Gabbard (2002a, b) plädieren für eine Integration der kognitiven Neurowissenschaften und der Psychoanalyse: »Wir erweisen und selbst einen Bärendienst, wenn wir dem psychoanalytischen Diskurs moderne Konzepte der Kognitionswissenschaften – etwa das implizite und prozedurale Gedächtnis – einverleiben, ohne sie zu den Ergebnissen des jahrzehntelangen klinischen Denkens und der klinischen Beobachtung in Beziehung zu setzen und sorgfältig zu untersuchen, inwieweit sie mit dem psychoanalytischen Denken übereinstimmen bzw. von ihm abweichen. Integration impliziert eine wechselseitige Beeinflussung [...]. Modelle der kognitiven Neurowissenschaft können von der psychoanalytischen Theorie und von psychoanalytischen Daten profitieren und dasselbe gilt auch umgekehrt« (Westen/Gabbard 2002a, S. 59).

  Integration bedeutet mehr als eine bloße Übersetzung von einer Diskursform in eine andere. Dementsprechend warnen Westen und Gabbard vor der »trügerischen Versuchung, nämlich der Illusion, dass reiche klinische Theorien durch eine Beschreibung neuraler Leitungsbahnen ersetzt werden können, welche den einen oder anderen der von diesen Theorien beschriebenen Prozesse vermitteln« (ebd.).
- *Zur Bedeutung der Affekte und der Affektforschung:* Affekte lassen sich als Teil einer komplexen Gruppe von dynamischen Prozessen

auffassen, die allesamt im Dienste der Anpassung stehen. Aus dem Dialog zwischen Psychoanalyse und Neurowissenschaften ergeben sich Herausforderungen für beide Seiten: Für die Naturwissenschaften besteht die Herausforderung darin, anzuerkennen, dass Affektzustände wahrscheinlich die letzten Ursachen komplexer Motivationen und Verhaltensweisen darstellen und keineswegs als »epiphänomenales Treibgut« abgetan werden können. Die Herausforderung für die Psychoanalyse bestehen darin, zur wissenschaftlichen Klärung der auf Erfahrung beruhenden Dimensionen des Lebens beizutragen. In diesem Zusammenhang plädiert Panksepp (1999) für einen vertieften Dialog, da die Vertreter der affektiven und kognitiven Neurowissenschaften nun in der Lage seien, konkrete neuronale Entitäten mit abstrakten psychologischen und psychoanalytischen Konzepten in Verbindung zu bringen. Es sei selbstverständlich, dass Modifizierungen und Feinabstimmungen der psychoanalytischen Theorie und Terminologie notwendig werden, sobald man sie der neurowissenschaftlichen Feuerprobe unterziehe. In entsprechender Weise werde vielleicht auch die funktionelle Neurowissenschaft Verbesserungen erfahren, wenn sie im Mörser des psychoanalytischen Denkens bearbeitet werde. Zu berücksichtigen ist ferner, dass bestimmte Entwicklungsprozesse kritische Zeitfenster haben, woraus sich die Bedeutung frühzeitiger Präventiv-Interventionen ergibt.

- *Die Psyche als multimodulares System:* Die menschliche Psyche lässt sich als ein multimodulares System auffassen, das eine breite Vielfalt biopsychischer Motivationen zu prozessieren vermag (Gedächtnissysteme, Bindungs- und Sicherheitsstreben, emotionale Regulationssysteme).
- *Zum Pluralismus der Wissenschaften:* Angesichts des Pluralismus der Wissenschaften, der sich aus den unterschiedlichen Erfahrungsbegriffen ergibt, steht die Psychoanalyse im Strom der heutigen Wissenschaften und ihrem Versuch, »untereinander die Spezifität ihrer Disziplin transparent zu machen, darüber in einen kritischen Austausch zu treten und im besten Falle aus den unterschiedlichen Zugangsweisen zum gleichen Forschungsgegen-

stand eine interdisziplinäre Zusammenarbeit zu begründen« (vgl. Leuzinger-Bohleber 2002, S. 18). Trotz der gemeinsamen Grundhaltung von Wissenschaftlern unterschiedlicher Disziplinen (z. B. im Hinblick auf angestrebte Genauigkeit und Vollständigkeit des Wissens) verwirklicht sich die Vielfalt der Erkenntniswerte in den verschiedenen Wissenschaften auf unterschiedliche Weise. Dazu wurden unterschiedliche Methoden entwickelt, um zu garantieren, dass die für sie jeweils spezifische Genauigkeit, Vollständigkeit und Kontrastschärfe auch Schritt für Schritt entwickelt werden kann. Dementsprechend ist der Pluralismus der Wissenschaften »also erstens einer der *Theorien*, zweitens einer der *Erfahrungen*, drittens einer der *Erkenntniswerte* und viertens einer der *Methoden*« (vgl. Hampe/Lotter 2000, S. 33).

Angesichts der Pluralität der Wissenschaften ist die Psychoanalyse aufgefordert, die Eigenständigkeit ihrer spezifischen Forschungsmethode im Dialog der Wissenschaften in transparenter Weise zu vertreten, ohne sich einem für ihren Forschungsgegenstand ungeeigneten Wissenschaftsverständnis unterwerfen zu müssen. Angesichts der im Fokus psychoanalytischer Forschung stehenden Idiosynkrasie des Einzelfalls ergibt sich in dem Bemühen um »externale Kohärenz« psychoanalytischer Konzepte im interdisziplinären Dialog ein dauerhaftes Spannungsfeld.

➢ *Zur Psychotherapieforschung:* Die Logik des experimentellen Forschungsparadigmas setzt eine Trennung zwischen »Erkenntnissubjekt« und »Erkenntnisobjekt« voraus. Sie lässt sich nur begrenzt auf die psychotherapeutische Situation übertragen, in der sich ein dynamisches Beziehungssystem entfaltet, das von den Beteiligten gestaltet wird. Die Psychotherapie-Prozessforschung, die danach fragt, wie, warum und wann eine bestimmte psychotherapeutische Behandlung welchen Patienten am besten hilft, wurde zugunsten der Outcome-Forschung (des Vergleichs der Wirksamkeit unterschiedlicher Psychotherapiemethoden bei einer spezifischen Störung) vernachlässigt. Im Fokus einer mehrstufig angelegten Psychotherapieforschung – z. B. bei depressiv Erkrankten – sollten neben der randomisiert-kontrollierten Erforschung der Wirksamkeit bestimmter therapeutischer Interventionen insbesondere auch Fragen der Differentialindikation für eine Kurz- oder Langzeittherapie, Passungsproblematik und der prognostischen Parameter (Prädiktorvariablen) stehen. Dies erfordert Forschungsparadigmen, welche Verläufe unter Klinik- und Praxisbedingungen abzubilden vermögen.

Psychoanalyse im Dialog: Gesellschaft und Kultur

Der Dialog zwischen Psychoanalyse, Gesellschafts- und Kulturwissenschaften formuliert die Spannung und Dialektik von Individuum und Gesellschaft und unterstreicht die Notwendigkeit mehrperspektivischer Betrachtungen subjektiver und gesellschaftlicher Phänomene. Zwischen der subjektiven, allgemeinpsychologischen und der im weitesten Sinne verstandenen soziologisch-objektiven Perspektive besteht im Sinne von George Devereux ein Komplementaritätsverhältnis. Die Maxime der »komplementaristischen Methode in den Wissenschaften vom Menschen« könnte weiterhin Leitfaden eines interdisziplinären Diskurses sein (Müller 2009):

- Die Psychoanalyse kann einen wesentlichen Beitrag liefern zum Verständnis von »Bereitstellungsmechanismen« der Entwicklung von Destruktivität, insbesondere im Zusammenhang mit Verletzungen des kollektiven Selbstwertgefühls und in einer transgenerationalen Perspektive.
- Bei der psychoanalytischen Interpretation subjektiver und kollektiver Phänomene anderer Kulturen ist die Grenze der Reichweite psychoanalytischer Theorien zu berücksichtigen: Die Öffnung gegenüber den Perspektiven der Gesellschafts- und Kulturwissenschaften ist unabdingbar.
- Die Begegnung von Psychoanalyse mit Kunst und Literatur war stets spannungsvoll und von Ambivalenz geprägt. Die Psychoanalyse liefert wesentliche Beiträge zum Verständnis kreativer Prozesse, deren Voraussetzungen und Inhalte.

Psychoanalyse im Dialog: Psychotherapie

Der Dialog zwischen Psychoanalyse und Psychotherapie ist ein dreifacher: Er ist ein inneranalytischer Dialog, ein Dialog mit der Psychotherapiewissenschaft (einschließlich der sogenannten Allgemeinen Psychotherapie und der Psychiatrie) und ein gesundheitspolitischer Dialog (Müller 2009):

- Der innerpsychoanalytische Dialog zielt zum einen auf die Frage nach den Übereinstimmungen und Unterschieden zwischen dem klassischen »Setting« und den Modifikationen im Rahmen der psychoanalytischen Psychotherapie, zum anderen auf die Frage, ob und inwieweit die »Psychoanalytische Psychotherapie« auch ohne die Erfahrung in der eigenen Arbeit mit hochfrequenten Analysen gelehrt und praktiziert werden kann (vgl. Müller 2009).
- Ohne den Dialog zwischen Psychoanalyse und Psychotherapiewissenschaft einerseits und der Gesundheitspolitik andererseits besteht die Gefahr der Selbstexklusion der Psychoanalyse innerhalb der relevanten wissenschaftlichen und gesundheitspolitischen Diskurse.
- Zur Bedeutung der Bindungsforschung: Die zentrale These der Bindungsforschung besteht darin, dass Menschen ein biologisches, evolutionär vorteilhaftes Potenzial besitzen, interpersonale Vorgänge zu interpretieren. Eine Fähigkeit, eigene innere Zustände und die innere Verfasstheit anderer Menschen zu »lesen« und zu verstehen. Ist diese Fähigkeit in ihrer Entwicklung beeinträchtigt oder schwer gestört, sind interpersonale Schwierigkeiten die Folge. Vor diesem Hintergrund kann die therapeutische Beziehung auch als das Medium verstanden werden, das die Entfaltung von Mentalisierung und Reflexion anregt (vgl. Fonagy 2000).
- Die Übertragung ist nicht nur eine wesentliche Grundlage der therapeutischen Beziehung, sondern zugleich auch ein ausgezeichnetes Erkenntnisinstrument.
- Neue Beziehungserfahrungen in der therapeutischen Beziehung tragen wesentlich zu Entwicklungsprozessen und Veränderungen bei (auch wenn der Schaden der Vergangenheit nicht ungeschehen zu machen ist). Jedes psychodynamische Modell muss mit dem

aktuellen Wissensstand vereinbar sein: Psychoanalytische Modelle des Geistes, die sich auf eine schmale Bandbreite an Organisationsprinzipien stützen (z.B. Theorie der Psychosexualität oder eine begrenzte Anzahl psychischer Positionen oder Mechanismen) wird dem, was heute über die beeindruckende Komplexität der Entwicklung und Funktionsweise der Psyche bekannt ist, nur unzureichend gerecht (vgl. Green 2005).

- Es besteht die Notwendigkeit, die metapsychologischen Theorien der Psychoanalyse im Lichte der modernen neurowissenschaftlichen Erkenntnisse zu überprüfen, ohne dabei die reiche klinische Tradition der Psychoanalyse aus den Augen zu verlieren.
- Die Zukunft der Psychoanalyse ist in wesentlichem Umfang auch abhängig von der Verwirklichung von Ausbildungsreformen. Aufrütteln sollte die Einschätzung des Herausgebers des *Journal of the American Psychoanalytic Association*: »It is largely uninspiring, uninviting, prohibitively expensive, frequently infantilizing and rife with conflict among participants; not surprisingly, it fails to attract the students we want« (Levy 2004, S. 8).

Ein breiter psychoanalytischer Dialog zu Fragen notwendiger institutioneller Veränderungen und zur Entwicklung eines die Neugier befördernden, das Denken schulenden Curriculums ist dabei als wesentlicher Schritt einer zukünftigen Ausbildungsreform anzusehen.

Literatur

Fonagy, P. (2000): Attachment and borderline personality disorder. J Am Psychoanal Assoc 48(4), 1129–1146; discussion, 1175–1187.

Green, A. (2005): The illusion of common ground and mythical pluralism. Int J Psychoanal 86(3), 627–632.

Hampe, M. & Lotter, M. (Hg.) (2000): »Die Erfahrungen, die wir machen, sprechen gegen die Erfahrungen, die wir haben«. Über Formen der Erfahrung in den Wissenschaften. Berlin (Duncker & Humblot).

Leuzinger-Bohler, M. (2002): Ist die Psychoanalyse eine Wissenschaft? – Zur Wiederkehr einer alten Debatte in Zeiten des Pluralismus der Wissenschaften. In: Leuzinger-Bohleber, M.; Ruhiger, B.; Stuhr, U. & Beutel, M. (Hg.): Forschen und Heilen in der Psychoanalyse: Ergebnisse und Berichte aus der Forschung und Praxis. Stuttgart (Kohlhammer).

Levy, J. (2004): Our literature. J Am Psychoanal Assoc 52(1), 5–10.

Müller, H. (2009): Kommentar des Tagungsbeobachters der »1. Psychoanalytischen Arbeitstage Zürich«. Unveröffentlichtes Manuskript.

Panksepp, J. (1999): Affective neuroscience. The foundations of human and animal emotions. Oxford, New York (Oxford University Press).

Vogeley, K. (2008): Zum Begriff der Metapathologie von Psychopathologie und Neuropathologie. In: Vogeley, K.; Fuchs, T. & Heinze, M. (Hg.): Psyche zwischen Natur und Kultur. Lengerich (Pabst Science Publishers), S. 153–176.

Whittle, P. (1999): Experimental psychology and psychoanalysis: What we can learn from a century of misunderstanding. Neuro-Psychoanalysis 1, 233–245.

Westen, D. & Gabbard, G. O. (2002a): Development in Cognitive Neuroscience, I Conflict, Compromise, and Connectionism. J Am Psychoanal Assoc 50(1), 53–98.

Westen, D. & Gabbard, G. O. (2002a): Development in Cognitive Neuroscience, II Implications for Theories of Transference. J Am Psychoanal Assoc 50(1), 99–134.

Autorinnen und Autoren

Michael Bertschinger studierte Medizin in Basel und Zürich und absolvierte seine Ausbildung zum Facharzt für Psychiatrie und Psychotherapie an verschiedenen psychiatrischen Institutionen. Er ist Oberarzt an der kantonalen psychiatrischen Klinik in Liestal und Ausbildungskandidat am Freud-Institut Zürich (Schweizerische Gesellschaft für Psychoanalyse).

Heinz Böker, Prof. Dr. med., ist Facharzt für Psychiatrie und Psychotherapie, Kinder- und Jugendpsychiatrie und Psychosomatische Medizin, Psychoanalytiker (DPV/IPA), Leitender Arzt am Zentrum für Depressions- und Angstbehandlung der Psychiatrischen Universitätsklinik Zürich sowie Leiter der Forschungsgruppe »Verlaufs- und Therapieforschung«. Darüber hinaus ist er Titularprofessor für Psychiatrie an der Universität Zürich. Im Psychosozial-Verlag ist von ihm zuletzt erschienen: *Depression, Manie und schizoaffektive Psychosen* (2001).

Luc Bondy wurde 1948 in Zürich geboren; Ausbildung in Paris an der Schauspielschule von Jacques Lecoq. Er gilt als einer der führenden Bühnenregisseure der Welt und arbeitet an allen großen Häusern (Paris, Berlin, Zürich, London, Milano, Wien, New York, Sydney usw.). Seit 2002 ist er Intendant der Wiener Festwochen. Darüber hinaus hat er drei Filme gemacht und Bücher geschrieben: Das Fest des Augenblicks (1997), *Wo war ich. Einbildungen* (1998), *Meine Dibbuks* (2005), *Am Fenster* (2009).

Brigitte Boothe, Prof. Dr. phil., Dipl.-Psych., ist Inhaberin des Lehrstuhls für Klinische Psychologie, Psychotherapie und Psychoanalyse an der Universität Zürich. Neben zahlreichen Büchern, unter anderem *Der Patient als Erzähler in der Psychotherapie* (Gießen 2004), hat sie eine Vielzahl von Aufsätzen veröffentlicht, unter anderem zur Psychoanalyse der weiblichen Entwicklung, zur Bedeutung des Wünschens in der Psychoanalyse, zu Panne und Fehlleistung, Ordnung und Destruktivität. Arbeitsschwerpunkte: Psychoanalyse, Erzähl- und Beziehungsforschung.

Dominique Bondy Borbély, geboren 1946 in Zürich, aufgewachsen in Paris, studierte Romanistik, Vergleichende Literatur (Lic. Phil.) in Zürich und an der Harvard University (M. A.) und absolvierte eine psychoanalytische Ausbildung am Freud-Institut Zürich; Eröffnung einer eigenen psychoanalytischen Praxis (1975) und Ausbildung in Gruppentherapie nach Foulkes; von 1975 bis 1978 psychoanalytische Gruppentherapie mit Strafgefangenen. Seit 1988 ist sie ordentliches Mitglied der SGP und IPA, seit 2006 Lehranalytikerin (SGP und IPA) und nimmt in verschiedenen Funktionen an Ausbildungen im Freud-Institut Zürich teil. Neben der Praxis ist sie Malerin (mehrere Ausstellungen) tätig. Darüber hinaus hat sie mehrere Aufsätze im *Bulletin* der SGP publiziert. Ihr zentrales Interesse sind die Verbindungen von Literatur und Kunst mit der Psychoanalyse.

Peter Dettmering, Dr. med., geb. 1933 in Oldenburg/O., wuchs in Hamburg auf und studierte dort Medizin. Er absolvierte eine Ausbildung zum Psychiater und Neurologen in Tübingen (1962–1968) und arbeitete im Anschluss daran als klinischer Abteilungsarzt und Leiter sozialpsychiatrischer Dienste in Berlin, Bremen und Hamburg. Von 1973 bis 2003 war er Mitglied des PEN und von 1987 bis 2007 niedergelassener Psychotherapeut mit analytischem Schwerpunkt in Wedel (Holstein). Seit 1965 zahlreiche Veröffentlichungen zur psychoanalytische Deutung von Literatur und Film.

Michael Dümpelmann, Dr. med., ist Nervenarzt und Facharzt für Psychotherapeutische Medizin Psychotherapie, Psychoanalyse. Er ist

Leitender Arzt des Funktionsbereichs »Klinische Psycho- und Soziotherapie« des Asklepios-Fachklinikums Tiefenbrunn, Lehr- und Kontrollpsychoanalytiker (DGPT) am Lou-Andreas-Salomé-Institut in Göttingen, Lehrbeauftragter für Psychotherapie und Psychosomatik der Georg-August-Universität Göttingen und Dozent der Überregionalen Fort- und Weiterbildung in psychoanalytischer Psychosentherapie in München. Er ist Gründer und Leiter (gem. mit Sybille Styllos; Dipl.-Psych., Kassel) des Arbeitskreises »Psychotherapie bei Psychosen« Tiefenbrunn. Publikationen zu folgenden Themen: Psychotherapie psychotischer und Psychose naher Störungen, Trauma und Psychose, Suizidalität bei Psychosen, Psychodynamik des Wahns, paranoide Störungen, Borderline-Syndrome, Dysmorphophobie, Zwang, Depersonalisation, Schmerz, Anorexie.

Mario Erdheim wurde 1940 in Ecuador geboren und lebt seit 1953 in Zürich. Er studierte Ethnologie, Philosophie und Psychologie in Wien, Basel und Madrid. Seit 1975 ist er in Zürich als Psychoanalytiker tätig. 1982 erschien bei Suhrkamp Die gesellschaftliche Produktion von Unbewusstheit; 1986 Habilitation in Frankfurt am Main. Er veröffentlichte zahlreiche Aufsätze zu Kultur und Adoleszenz.

Ludwig Haesler ist Facharzt für Psychotherapeutische Medizin und Psychoanalytiker (DPV/IPA) in eigener Praxis. Zahlreiche Veröffentlichungen zur Theorie und Praxis der Psychoanalyse sowie zu interdisziplinären Fragestellungen.

Peter Hartwich, Prof. Dr. med., ist Facharzt für Psychiatrie und Psychotherapie, Neurologie, Psychoanalyse, Forensische Psychiatrie; Promotion: *Die Farbe im bildnerischen Gestalten bei Schizophrenen* (1967), Habilitation: *Kognitive Störungen bei Schizophrenen*, (Universität Aachen 1977); psychoanalytische Weiterbildung in Zürich, apl. Professor 1981. Von 1986 bis 2008 war er Leiter der Klinik für Psychiatrie und Psychotherapie-Psychosomatik der Städtischen Kliniken Frankfurt am Main. Er ist Autor und Herausgeber von über 20 Büchern und hat weit über 100 Zeitschriften- und Buchbeiträge publiziert. Seine Hauptthemen sind u.a.: modifizierte Psychoanalyse bei Psychoseerkrankungen.

ROLF HAUBL, Prof. Dr., ist Germanist und Gruppenanalytiker (DAGG), Professor für psychoanalytische Sozialpsychologie an der Johann Wolfgang Goethe Universität in Frankfurt am Main und Direktor des Sigmund-Freud-Instituts. Seit 2004 ist er Mitherausgeber der Zeitschrift *Gruppenpsychotherapie und Gruppendynamik*, seit 2006 Mitherausgeber der Zeitschrift *Freie Assoziation* im Psychosozial-Verlag.

HOLGER HIMMIGHOFFEN, Dr. med., studierte Medizin in Frankfurt am Main und war im Rahmen seiner Ausbildung zum Facharzt für Psychiatrie und Psychotherapie in verschiedenen psychiatrischen Institutionen tätig. Er ist Oberarzt in der Klinik für Affektive Erkrankungen und Allgemeinpsychiatrie Zürich Ost der Psychiatrischen Universitätsklinik Zürich und Ausbildungskandidat am Freud-Institut Zürich (Schweizerische Gesellschaft für Psychoanalyse).

ALICE HOLZHEY-KUNZ, Dr. phil., ist praktizierende Daseinsanalytikerin und Präsidentin der Gesellschaft für hermeneutische Anthropologie und Daseinsanalyse (GAD). Ihre Arbeitsschwerpunkte sind die Verbindung von Existenzphilosophie und Psychoanalyse und die theoretische Weiterentwicklung der Daseinsanalyse. Dazu liegen zahlreiche Publikationen vor, darunter folgende Bücher: *Leiden am Dasein* (Wien, 2. Aufl. 2001), *Das Subjekt in der Kur* (Wien, 2002), *Daseinsanalyse* (Wien 2008). Sie ist auch Mitherausgeberin der Ausgewählten Werke Ludwig Binswangers.

JOACHIM KÜCHENHOFF, Prof. Dr. med., ist Arzt für Psychiatrie, Psychotherapeutische Medizin, Psychoanalytiker (DPV, SGPsa, IPA), Professor für Psychiatrie und Psychotherapie sowie Chefarzt der Kantonalen Psychiatrischen Klinik Liestal. Seine wissenschaftlichen Schwerpunkte sind interdisziplinäre Forschung in Kulturwissenschaften und Psychoanalyse, psychoanalytische Theorie, Psychotherapieforschung, Körpererleben, Psychosomatik. Letzte Buchpublikationen: Körper. Konstruktionen (2009; hrsg. gem. mit J. Pfeiffer), Psychotherapie im psychiatrischen Alltag (2009; hrsg. gem. mit R. Mahrer Klemperer), Die Vermessung der Seele (2009, hrsg. gem. mit E. Angehrn).

Marianne Leuzinger-Bohleber, Prof. Dr. phil, ist Professorin für Psychoanalytische Psychologie der Universität Kassel, Direktorin des Sigmund-Freud-Instituts, Lehranalytikerin der Deutschen Psychoanalytischen Vereinigung, Mitglied der Schweizer Gesellschaft für Psychoanalyse, Chair des Research Subcommittees for Conceptual Research of the International Psychoanalytical Association und Visiting professor am University College London. Arbeitsschwerpunkte: klinische, konzeptuelle und empirische Forschung in der Psychoanalyse, Psychoanalyse im interdisziplinären Dialog mit Erziehungswissenschaft, Embodied Cognitive Science, Neuro- und Literaturwissenschaften.

Alexander Moser, Dr. med., ist Spezialarzt für Psychiatrie und Psychotherapie FMH, Psychoanalytiker SGPsa/IPA in eigener Praxis, ehemaliger Präsident der Schweizerischen Gesellschaft für Psychoanalyse und langjähriger Dozent für Fallanalyse und Interviewtechnik an der Universität Zürich. Darüber hinaus ist er als Dozent und Ausbildungsanalytiker am Freud-Institut Zürich sowie als Supervisor an verschiedenen Institutionen tätig. Publikationen zu Theorie und Technik von Psychoanalyse und Psychotherapie, zur Anwendung der Psychoanalyse auf soziokulturellem Gebiet, zur Geschichte der Psychoanalyse und zu Ausbildungsfragen.

Georg Northoff, Prof. Dr. Dr., ist Professor für Geist, Gehirn und Neuroethik auf einem eigens für ihn eingerichteten Lehrstuhl an der Universität Ottawa (Kanada) und Inhaber der Michael Smith Professur für »Neuroscience and Mental Health«. Er hat sowohl in Medizin/Psychiatrie als auch Philosophie jeweils promoviert und habilitiert. Seine Forschungsschwerpunkte sind u.a. funktionelle Bildgebung des Gehirns, psychiatrische Erkrankungen und Neurophilosophie; zahlreiche Veröffentlichungen zu Fragen der Neurowissenschaften, Psychiatrie, Neuropsychoanalyse, Neurophilosophie und Neuroetik. Zuletzt erschienen u.a. folgende Buchpublikationen: *Die Fahndung nach dem ICH. Eine neurophilosophische Kriminalgeschichte* (2009), *Philosophy of the brain. The brain problem* (2004).

Thomas Stark, Dr. med., ist Psychoanalytiker in eigener Praxis in Winterthur, Mitglied der Schweizerischen Gesellschaft für Psychoanalyse, Ausbildungsanalytiker sowie Dozent am Freud-Institut Zürich und in der Postgradualen Weiterbildung in Psychoanalytischer Psychotherapie der Universität Zürich. Darüber hinaus ist er Mitglied des Interdisziplinären Psychoanalytischen Forums der Universität und der ETH Zürich. Letzte Veröffentlichung: Wunsch und Wucht. Die masturbatorische Position, der Zusammenbruch der Adoleszenz und die Zerstörung der Analyse. Zur psychoanalytischen Behandlung Früher Störungen. *Psyche* 64(5)/2010, 437–464.

Regula Umbricht, Dr. med., ist Fachärztin für Plastische-, Wiederherstellungs- und Ästhetische Chirurgie in eigener Praxis in Zürich, Master of Science in Theoretical Psychoanalysis (UCL) und Kandidatin der Schweizerischen Gesellschaft für Psychoanalyse. Publikationen zu folgenden Themen: ethische Richtlinien in der Plastischen Chirurgie, Schönheit und Krebs, Psychoanalyse und Chirurgie.

Thomas Umbricht, Dr. med., ist Psychiater und Psychoanalytiker in eigener Praxis in Zürich, assoziiertes Mitglied der Schweizerischen Gesellschaft für Psychoanalyse und Guest Member der British Psychoanalytical Society. Darüber hinaus ist er Supervisor an verschiedenen psychiatrischen Institutionen im Kanton Zürich und Dozent am Psychoanalytischen Seminar Bern.

Hans-Jürgen Wirth, Prof. Dr., Dipl.-Psych., ist Psychologischer Psychotherapeut, arbeitet als Psychoanalytiker (DPV, IPA, DGPT) und psychoanalytischer Paar- und Familientherapeut (BvPPF) in eigener Praxis in Gießen. Von 2004 bis 2009 war er außerplanmäßiger Professor für Psychoanalyse und psychoanalytischen Sozialpsychologie an der Universität Bremen, seit 2010 außerplanmäßiger Professor für Soziologie und psychoanalytischen Sozialpsychologie an der Johann Wolfgang Goethe Universität Frankfurt am Main. Er ist Gründer und Verleger des Psychosozial-Verlages. Wichtigste Buchpublikation: *Narzissmus und Macht. Zur Psychoanalyse seelischer Störungen in der Politik* (2002).

Ioannis S. Zachariadis studierte Literaturwissenschaften und arbeitete bis 1996 als freier Journalist für verschiedene Zeitungen und Zeitschriften. Danach studierte er Medizin in Gießen; erste Arbeitsschritte an der Universitätsklinik Düsseldorf und später am Burghölzli in Zürich; Abschluss einer tiefenpsychologischen psychotherapeutischen Ausbildung am Freud-Institut Zürich im Jahr 2009. Er ist regelmäßiger Besucher von Kursen des Lacan-Seminars Zürich und hielt bereits mehrere Vorträge zum Thema Psychoanalyse und Kino in der Psychiatrischen Universitätsklinik Zürich.

Jeannette Zahner, geb. 1971, studiert auf dem zweiten Bildungsweg Psychologie, Psychopathologie und Philosophie an der Universität Zürich. Sie arbeitet aktuell im Rahmen ihres Lizentiats in der Forschungsgruppe Therapie- und Verlaufsforschung an der Psychiatrischen Universitätsklinik Zürich.

Sachregister

Antonino Ferro

Psychoanalyse als Erzählkunst und Therapieform

2009 · 224 Seiten · Broschur
ISBN 978-3-89806-795-9

Der Autor betrachtet die Psychoanalyse aus zwei Blickwinkeln: als eine Form der Literatur, also als eine Reihe von Erzählungen, die zwischen Patient und Analytiker entstanden sind, und als eine Therapie oder auch Kur von seelischem Leid. Das Buch ergründet den Zusammenhang von Narrationen und Deutungen innerhalb der analytischen Sitzung sowie den Begriff des Charakters, wie er in der Literatur und in diversen psychoanalytischen Modellen gebraucht wird. Ein zentraler Teil ist den Möglichkeiten gewidmet, Sexualität zu verstehen – und Sexualität als Zugang zu den Funktionsweisen des Geistes zu begreifen. Ebenso wird ein Thema wieder aufgenommen, das Ferro besonders am Herzen liegt: die Kinderpsychoanalyse.

Antonino Ferro

Das bipersonale Feld

2003 · 298 Seiten · Broschur
ISBN 978-3-89806-220-6

Antonino Ferro entwickelt ein neues konzeptuelles System zur Analyse des »bipersonalen Feldes«, auf das sich sein Deutungsansatz richtet. Während sich die Analyse in der Tradition Freuds auf die bewussten und unbewussten Auswirkungen der Biografie und der äußeren Beziehungen des Patienten konzentrierte und der kleinianische Ansatz auf dessen innere Welt der unbewussten Fantasien, rücken bei Ferro Interpersonalität und Intersubjektivität ins Zentrum der Behandlung. Der Autor beschreibt eine narratologische Theorie der Psychoanalyse, nach der an die Stelle der durch »starke« Deutungen des Analytikers gesetzten Zäsuren gemeinsame, von Patient und Analytiker konstruierte Narrationen treten – die Dechiffrierung von Bedeutungen wird ersetzt durch die Konstruktion neuer Bedeutungen.

Günter Gödde

Traditionslinien des »Unbewußten«

2009 · 688 Seiten · Broschur
ISBN 978-3-89806-826-0

»Was Günter Göddes Buch leistet, ist genau jene Integration von Vorgeschichte und Geschichte der Psychoanalyse, von innerer und äußerer Betrachtung, die es braucht, um jede voreilige Reduktion der psychoanalytischen Theorie zu vermeiden. Die Theorie des Unbewussten erweist sich weit weniger als der monolithische Block, für den sie angesehen wird. [...] Insgesamt gelingt Gödde so etwas wie eine Triangulation Schopenhauer-Nietzsche-Freud [...].«

Hans-Dieter Gondek in der Süddeutschen Zeitung

Michael B. Buchholz, Günter Gödde (Hg.)

Das Unbewusste Bände 1–3

2006 · zus. 2347 Seiten · Gebunden
ISBN 978-3-89806-472-9

»Das Unbewusste« ist keine Erfindung Freuds, sondern wurde von ihm im 19. Jahrhundert aus anderen Feldern in die Medizin und Psychologie »umgebucht«. Durch Freud wurde es zum Zentralbegriff der Psychoanalyse und Tiefenpsychologie. Dennoch blieb die Frage, wie und ob es überhaupt »gedacht« werden kann, Gegenstand heftiger Kontroversen – auch wieder zunehmend in anderen Disziplinen.

Die in den drei Bänden von Michael B. Buchholz und Günter Gödde einzigartig weitreichend zusammengetragenen Erinnerungen und Vergegenwärtigungen auch aus der Zeit vor Freud werden helfen, es angemessen für unsere Zeit zu denken.

Psychosozial-Verlag

Erich Fromm

Sigmund Freuds Psychoanalyse

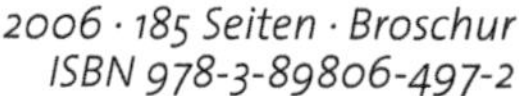

2006 · 185 Seiten · Broschur
ISBN 978-3-89806-497-2

Fromm weist die seiner Meinung nach wichtigsten Entdeckungen Freuds im Einzelnen auf. Er zeigt, wo und in welcher Weise das für Freud charakteristische bürgerliche Denken seine Entdeckungen eingeschränkt und manchmal wieder verdeckt hat. Diese wissenschaftstheoretisch brisante Auseinandersetzung Fromms mit Freud zeigt die Tragweite der psychoanalytischen Entdeckungen und würdigt gerade darin die Psychoanalyse. Zugleich ist sie eine hervorragende Einführung in Fromms eigenes psychoanalytisches Denken.

Sandra Buechler

Psychotherapeutische Tugenden

2009 · 228 Seiten · Broschur
ISBN 978-3-89806-814-7

Sandra Buechler beschreibt elementare Emotionen und Werte, an denen sich die Therapie orientieren sollte. Dies ist unverzichtbar in der heutigen Welt, in der unser Wissen und unser Stellenwert grundsätzlich hinterfragt werden. Ausgehend von diesen Tugenden kann alles, was Analytikerinnen und Analytiker als Menschen erlebt haben – jedes Buch und jede Theateraufführung, jede persönliche Krise und Freude –, in den Therapiesitzungen zur Anwendung kommen. Buechlers erfrischend offenes und ehrliches Buch ist an erfahrene und zukünftige Therapeutinnen und Therapeuten gerichtet.

www.ingramcontent.com/pod-product-compliance
Ingram Content Group UK Ltd.
Pitfield, Milton Keynes, MK11 3LW, UK
UKHW040022200726
13854UKWH00001B/315